大足石刻全集

第七卷
宝顶山大佛湾石窟第15—32号考古报告

上册

大足石刻研究院　编

黎方银　主编

DAZU SHIKE
QUANJI

重庆出版集团　重庆出版社

THE DAZU ROCK CARVINGS

Vol. VII

DAFOWAN (NOS. 15—32), BAODINGSHAN

Part One

EDITED BY
ACADEMY OF DAZU ROCK CARVINGS

EDITOR IN CHIEF
LI FANGYIN

总 策 划　　郭　宜　黎方银

《大足石刻全集》学术委员会

主　　任　　丁明夷
委　　员　　丁明夷　马世长　王川平　宁　强　孙　华　李志荣　李崇峰　李裕群
　　　　　　李静杰　杨　泓　陈明光　陈悦新　杭　侃　姚崇新　郭相颖　雷玉华
　　　　　　霍　巍（以姓氏笔画为序）

《大足石刻全集》编辑委员会

主　　任　　王怀龙　黎方银
副 主 任　　郭　宜　谢晓鹏　刘贤高　郑文武
委　　员　　王怀龙　毛世福　邓启兵　刘贤高　米德昉　李小强　周　颖　郑文武
　　　　　　郭　宜　黄能迁　谢晓鹏　黎方银（以姓氏笔画为序）
主　　编　　黎方银
副 主 编　　刘贤高　邓启兵　黄能迁　谢晓鹏　郑文武

《大足石刻全集》第七卷编纂工作团队

调查记录　　张媛媛　邓启兵　陈　静　黄能迁
现场测绘　　胡云岗　赵　岗　蒋小菁　卢光宇　张玉敏　周　颖
　　　　　　毛世福　黄能迁　邓启兵
绘　　图　　毛世福　周　颖
图版拍摄　　郑文武（主机）　王　远　吕文成　周　瑜
拓　　片　　唐长清　唐毅烈
铭文整理　　赵凌飞
资料整理　　赵凌飞　张媛媛　未小妹　李朝元
英文翻译　　姚淇琳
英文审定　　Tom Suchan　唐仲明
报告编写　　刘贤高　邓启兵　黄能迁　黎方银
统　　稿　　刘贤高
审　　定　　丁明夷

《大足石刻全集》第七卷编纂工作团队

工作统筹　　郭　宜　郑文武
三　　审　　康聪斌　夏　添　邓士伏　郭　宜　邱振邦
编　　辑　　郑文武　夏　添　王　远　吕文成
印前审读　　曾祥志
图片制作　　郑文武　王　远　吕文成
装帧设计　　胡靳一　郑文武
排　　版　　杨　琴
校　　色　　宋晓东　郑文武
校　　对　　唐联文　刘　真　何建云　李小君　唐云沄　刘　艳

总目录

第一卷　　　北山佛湾石窟第1—100号考古报告

第二卷　　　北山佛湾石窟第101—192号考古报告

第三卷　　　北山佛湾石窟第193—290号考古报告

第四卷　　　北山多宝塔考古报告

第五卷　　　石篆山、石门山、南山石窟考古报告

第六卷　　　宝顶山大佛湾石窟第1—14号考古报告

第七卷　　　宝顶山大佛湾石窟第15—32号考古报告

第八卷　　　宝顶山小佛湾及周边石窟考古报告

第九卷　　　大足石刻专论

第十卷　　　大足石刻历史图版

第十一卷　　附录及索引

GENERAL CATALOGUE

Vol. I　　　　FOWAN (NOS. 1–100), BEISHAN

Vol. II　　　　FOWAN (NOS. 101–192), BEISHAN

Vol. III　　　　FOWAN (NOS. 193–290), BEISHAN

Vol. IV　　　　DUOBAO PAGODA, BEISHAN

Vol. V　　　　SHIZHUANSHAN, SHIMENSHAN AND NANSHAN

Vol. VI　　　　DAFOWAN (NOS. 1–14), BAODINGSHAN

Vol. VII　　　　DAFOWAN (NOS. 15–32), BAODINGSHAN

Vol. VIII　　　　XIAOFOWAN AND SURROUNDING CARVINGS, BAODINGSHAN

Vol. IX　　　　COLLECTED RESEARCH PAPERS ON THE DAZU ROCK CARVINGS

Vol. X　　　　EARLY PHOTOGRAPHS OF THE DAZU ROCK CARVINGS

Vol. XI　　　　APPENDIX AND INDEX

目　录

第一章　概述 1
　第一节　报告内容 1
　第二节　体例规范 1
　　一　编写体例 1
　　二　报告文本 1
　　三　测绘图 4
　　四　图版 5
　第三节　编写经过 5
第二章　第15—17号 7
　第一节　本章各编号位置及相互关系 7
　第二节　第15号 7
　　一　位置 7
　　二　形制 7
　　三　造像 7
　　四　铭文 30
　　五　晚期遗迹 36
　第三节　第16号 37
　　一　位置 37
　　二　形制 37
　　三　造像 37
　　四　铭文 43
　　五　晚期遗迹 47
　第四节　第17号 48
　　一　位置 48
　　二　形制 48
　　三　造像 48
　　四　铭文 77
　　五　晚期遗迹 81
第三章　第18—20号 88
　第一节　本章各编号位置及相互关系 88
　第二节　第18号 88
　　一　位置 88
　　二　形制 89
　　三　造像 89
　　四　铭文 145
　　五　晚期遗迹 147
　第三节　第19号 152
　　一　位置 152
　　二　形制 152
　　三　造像 152
　　四　铭文 160
　　五　晚期遗迹 165
　第四节　第20号 166

		一 位置	166
		二 形制	166
		三 造像	166
		四 晚期遗迹	223

第四章 第21—32号 ... 237
第一节 本章各编号位置及相互关系 ... 237
第二节 第21号 ... 237
一 位置 ... 237
二 形制 ... 237
三 造像 ... 237
四 铭文 ... 267
五 晚期遗迹 ... 267
第三节 第22号 ... 271
一 位置 ... 271
二 形制 ... 271
三 造像 ... 271
四 晚期遗迹 ... 284
第四节 第23号 ... 284
一 位置 ... 284
二 形制 ... 284
三 造像 ... 284
四 铭文 ... 285
五 晚期遗迹 ... 290

第五章 第24—32号 ... 294
第一节 本章各编号位置及相互关系 ... 294
第二节 第24号 ... 295
一 位置 ... 295
二 形制 ... 295
三 造像 ... 297
四 铭文 ... 298
五 晚期遗迹 ... 298
第三节 第25号 ... 300
一 位置 ... 300
二 形制 ... 300
三 造像 ... 300
四 铭文 ... 300
五 晚期遗迹 ... 302
第四节 第26号 ... 303
一 位置 ... 303
二 形制 ... 303
三 铭文 ... 303
四 晚期遗迹 ... 306
第五节 第27号 ... 307
一 位置 ... 307
二 形制 ... 307
三 造像 ... 307
四 晚期遗迹 ... 307
第六节 第28、29号 ... 317

一　位置 317
　　　二　形制 317
　　　三　造像 317
　　　四　铭文 370
　　　五　晚期遗迹 371
　　第七节　第30号 378
　　　一　位置 378
　　　二　形制 378
　　　三　造像 378
　　　四　铭文 395
　　　五　晚期遗迹 395
　　第八节　第31号 402
　　　一　位置 402
　　　二　形制 402
　　　三　造像 402
　　　四　铭文 402
　　　五　晚期遗迹 405
　　第九节　第32号 405
　　　一　位置 405
　　　二　形制 405
　　　三　造像 405
　　　四　铭文 408
　　　五　晚期遗迹 409
第六章　结语 416
　　第一节　龛窟布局及形制特点 416
　　第二节　年代分析 416
　　第三节　题材及定名 418
　　第四节　晚期遗迹 426
附录　宝顶山大佛湾石窟造像一览表 429

Catalogue

Chapter One   Overview 1

  Section One   Content of Vol. Ⅶ 1

  Section Two   Editorial Guidelines and Organization of Vol. Ⅶ 1

      2.1   Editorial Guidelines and Organization 1

      2.2   Text 1

      2.3   Plans and Drawings 4

      2.4   Photographs 5

  Section Three   Writing and Editing Process of Vol. Ⅶ 5

Chapter Two   Nos. 15-17 7

  Section One   Locations and Interrelations of Nos. 15-17 7

  Section Two   No. 15 7

      2.1   Location 7

      2.2   Dimensions and Layout 7

      2.3   Carved Images 7

      2.4   Inscriptions 30

      2.5   Alterations and Additions 36

  Section Three   No. 16 37

      3.1   Location 37

      3.2   Dimensions and Layout 37

      3.3   Carved Images 37

      3.4   Inscriptions 43

      3.5   Alterations and Additions 47

  Section Four   No. 17 48

      4.1   Location 48

      4.2   Dimensions and Layout 48

      4.3   Carved Images 48

      4.4   Inscriptions 77

      4.5   Alterations and Additions 81

Chapter Three   Nos. 18-20 88

  Section One   Locations and Interrelations of Nos. 18-20 88

  Section Two   No. 18 88

      2.1   Location 88

      2.2   Dimensions and Layout 89

      2.3   Carved Images 89

      2.4   Inscriptions 145

      2.5   Alterations and Additions 147

  Section Three   No. 19 152

      3.1   Location 152

      3.2   Dimensions and Layout 152

      3.3   Carved Images 152

      3.4   Inscriptions 160

      3.5   Alterations and Additions 165

  Section Four   No. 20 166

      4.1   Location 166

      4.2   Dimensions and Layout 166

	4.3 Carved Images	166
	4.4 Alterations and Additions	223

Chapter Four Nos. 21-23 237

Section One Locations and Interrelations of Nos. 21-23 237

Section Two No. 21 237

    2.1 Location 237

    2.2 Dimensions and Layout 237

    2.3 Carved Images 237

    2.4 Inscriptions 267

    2.5 Alterations and Additions 267

Section Three No. 22 271

    3.1 Location 271

    3.2 Dimensions and Layout 271

    3.3 Carved Images 271

    3.4 Alterations and Additions 284

Section Four No. 23 284

    4.1 Location 284

    4.2 Dimensions and Layout 284

    4.3 Carved Images 284

    4.4 Inscriptions 285

    4.5 Alterations and Additions 290

Chapter Five Nos. 24-32 294

Section One Locations and Interrelations of Nos. 24-32 294

Section Two No. 24 295

    2.1 Location 295

    2.2 Dimensions and Layout 295

    2.3 Carved Images 297

    2.4 Inscriptions 298

    2.5 Alterations and Additions 298

Section Three No. 25 300

    3.1 Location 300

    3.2 Dimensions and Layout 300

    3.3 Carved Images 300

    3.4 Inscriptions 300

    3.5 Alterations and Additions 302

Section Four No. 26 303

    4.1 Location 303

    4.2 Dimensions and Layout 303

    4.3 Inscriptions 303

    4.4 Alterations and Additions 306

Section Five No. 27 307

    5.1 Location 307

    5.2 Dimensions and Layout 307

    5.3 Carved Images 307

    5.4 Alterations and Additions 307

Section Six	Nos. 28 and 29	317
6.1	Location	317
6.2	Dimensions and Layout	317
6.3	Carved Images	317
6.4	Inscriptions	370
6.5	Alterations and Additions	371
Section Seven	No. 30	378
7.1	Location	378
7.2	Dimensions and Layout	378
7.3	Carved Images	378
7.4	Inscriptions	395
7.5	Alterations and Additions	395
Section Eight	No. 31	402
8.1	Location	402
8.2	Dimensions and Layout	402
8.3	Carved Images	402
8.4	Inscriptions	402
8.5	Alterations and Additions	405
Section Nine	No. 32	405
9.1	Location	405
9.2	Dimensions and Layout	405
9.3	Carved Images	405
9.4	Inscriptions	408
9.5	Alterations and Additions	409

Chapter Six Conclusion 416

Section One Distribution and Structural Characteristics of Stone Carvings 416

Section Two Periodization and Dating 416

Section Three Subject Matter and Naming 418

Section Four Alterations and Additions 426

Appendix List of Stone Carvings at the Dafowan, Baodingshan 429

插图目录

图1	宝顶山大佛湾石窟平面图	2
图2	大佛湾石窟第15—32号龛窟分组图	4
图3	第15—17号龛在本卷龛窟中的位置图	8
图4	第15号龛立面图	10
图5	第15号龛平面图	12
图6	第15号龛剖面图	14
图7	第15号龛龛顶仰视图	15
图8	第15号龛上层七佛立面及编号图	16
图9	第15号龛上层第1佛像（居中佛像）等值线图	18
图10	第15号龛中层造像立面及分组图	20
图11	第15号龛中层序品造像立面图	22
图12	第15号龛中层第1组造像立面图	22
图13	第15号龛中层第2、3组造像立面图	23
图14	第15号龛中层第4、5组造像立面图	24
图15	第15号龛中层第6、7组造像立面图	28
图16	第15号龛中层第8、9组造像立面图	29
图17	第15号龛中层第10组造像立面图	30
图18	第15号龛下层地狱场景造像立面图	32
图19	第15号龛下层铭文编号图	34
图20	第16号龛立面图	38
图21	第16号龛剖面图（向东）	40
图22	第16号龛剖面图（向西）	41
图23	第16号龛平面图	42
图24	第16号龛龛顶仰视图	42
图25	第16号龛上部造像立面及编号图	44
图26	第16号龛上部左起第1像效果图	47
图27	第17号龛立面图	50
图28	第17号龛剖面图	52
图29	第17号龛平面图	53
图30	第17号龛龛顶仰视图	54
图31	第17号龛造像分组图	56
图32	第17号龛主尊佛像等值线图	57
图33	第17号龛主尊佛像左、右侧视图	58
图34	第17号龛主尊佛像头顶上方毫光造像立面图	58
图35	第17号龛主尊佛像头部左、右侧光芒内外造像立面及分组图	59
图36	第17号龛左侧壁下部序品造像立面图	60
图37	第17号龛主尊佛像左下弟子像等值线图	62
图38	第17号龛左侧壁下层序品右起第3身像效果图	63
图39	第17号龛左侧壁下层序品吹笛女等值线图	63
图40	第17号龛左侧壁第1、2组造像立面图	65
图41	第17号龛左侧壁第3组造像立面图	66
图42	第17号龛左侧壁第4、5组造像立面图	68
图43	第17号龛右侧壁第1、2组造像立面图	71
图44	第17号龛右侧壁第3组造像立面图	73
图45	第17号龛右侧壁第4、5组造像立面图	75
图46	第17号龛右侧壁第6组造像立面图	78
图47	第17号龛右侧壁第6组最左弟子像等值线图	80
图48	第18—20号龛在本卷龛窟中的位置图	88
图49	第18号龛立面图	90
图50	第18号龛剖面图	92
图51	第18号龛平面图	93
图52	第18号龛龛顶仰视图	94
图53	第18号龛中部上层主尊佛像等值线图	94
图54	第18号龛中部上层主尊佛像及左右胁侍菩萨像立面图	96
图55	第18号龛中部上层左侧主尊菩萨像立面图	98
图56	第18号龛中部上层左侧主尊菩萨像等值线图	98
图57	第18号龛中部上层右侧主尊菩萨像立面图	99
图58	第18号龛中部上层右侧主尊菩萨像等值线图	99
图59	第18号龛中部上层左侧十佛立面图	102
图60	第18号龛中部上层右侧十佛立面图	102
图61	第18号龛中部上层左侧飞天及青鸟立面图	103
图62	第18号龛中部上层右侧飞天及青鸟立面图	103
图63	第18号龛中部上层左侧大宝楼阁建筑及造像立面图	104
图64	第18号龛中部上层右侧珠楼建筑及造像立面图	105
图65	第18号龛中部上层勾栏左起第1—4乐童像立面图	106
图66	第18号龛中部上层勾栏左起第5—7乐童像立面图	107
图67	第18号龛中部下层"三品九生"造像展开及分组图	108
图68	第18号龛上品上生造像立面图	114
图69	第18号龛上品中生造像立面图	115
图70	第18号龛上品下生造像立面图	116
图71	第18号龛中部下层左、右下侧世俗人像立面图	119
图72	第18号龛中品三生造像立面图	120
图73	第18号龛下品三生造像立面图	124
图74	第18号龛中部右侧下品上生左侧菩萨像等值线图	126
图75	第18号龛下方勾栏、童子、菩提树立面及编号图	128
图76	第18号龛左侧壁8组造像立面及编号图	132
图77	第18号龛左侧壁第1、2组造像立面图	133
图78	第18号龛左侧壁第3、4组造像立面图	134
图79	第18号龛左侧壁第5、6组造像立面图	135
图80	第18号龛左侧壁第7、8组造像立面图	136
图81	第18号龛右侧壁8组造像立面及编号图	139
图82	第18号龛右侧壁第1、2组造像立面图	140

图83	第18号龛右侧壁第3、4组造像立面图 …… 141
图84	第18号龛右侧壁第5组造像立面图 …… 143
图85	第18号龛右侧壁第6、7组造像立面图 …… 144
图86	第18号龛右侧壁第8组造像立面图 …… 145
图87	第18号龛第2—8则晚期铭文位置及编号图 …… 148
图88	第19号龛立面图 …… 154
图89	第19号龛剖面图 …… 155
图90	第19号龛平面图 …… 156
图91	第19号龛上部造像立面图 …… 157
图92	第19号龛主尊坐像等值线图 …… 158
图93	第19号龛主尊像座下动物立面图 …… 159
图94	第19号龛主尊左、右侧毫光内造像立面图 …… 161
图95	第19号龛第1—14则铭文编号图 …… 162
图96	第20号龛立面图 …… 168
图97	第20号龛剖面图 …… 170
图98	第20号龛平面图 …… 171
图99	第20号龛龛顶仰视图 …… 172
图100	第20号龛主尊及左右侍者像 …… 174
图101	第20号龛主尊菩萨像等值线图 …… 175
图102	第20号龛主尊菩萨像左、右侧视图 …… 176
图103	第20号龛第一层左起第1圆龛坐佛立面图 …… 176
图104	第20号龛第一层左起第2、3圆龛坐佛立面图 …… 177
图105	第20号龛第一层左起第4、5圆龛坐佛立面图 …… 178
图106	第20号龛第一层左起第6、7圆龛坐佛立面图 …… 179
图107	第20号龛第一层左起第8、9圆龛坐佛立面图 …… 180
图108	第20号龛第一层左起第10圆龛坐佛立面图 …… 181
图109	第20号龛主尊左右坐式主像、立式侍者像立面及编号图 …… 182
图110	第20号龛第二层左起第2身主像右侧侍者像等值线图 …… 187
图111	第20号龛第二层左起第9身主像左侧侍者像等值线图 …… 187
图112	第20号龛第三、四层造像分幅示意图 …… 189
图113	第20号龛第三、四层第1幅造像立面图 …… 192
图114	第20号龛第三、四层第2幅造像立面图 …… 193
图115	第20号龛第三、四层第3幅造像立面图 …… 193
图116	第20号龛业秤立面图 …… 194
图117	第20号龛第三、四层第4幅造像立面图 …… 194
图118	第20号龛第三、四层第5、6幅造像立面图 …… 195
图119	第20号龛第三、四层第7、8幅造像立面图 …… 197
图120	第20号龛第三、四层第9幅造像立面图 …… 199
图121	第20号龛第三、四层第10幅造像立面图 …… 200
图122	第20号龛第三、四层第11幅造像立面及分组图 …… 202
图123	第20号龛第三、四层第12幅造像立面图 …… 207
图124	第20号龛第三、四层第13幅造像立面图 …… 208
图125	第20号龛第三、四层第14幅造像立面图 …… 210
图126	第20号龛第三、四层第15幅造像立面图 …… 211

图127	第20号龛第三、四层第15幅养鸡女像效果图 …… 212
图128	第20号龛第三、四层第16幅造像立面图 …… 214
图129	第20号龛第三、四层第16幅卷发人像等值线图 …… 215
图130	第20号龛第三、四层第17幅造像立面及分组图 …… 216
图131	第20号龛第三、四层第18幅造像立面及分组图 …… 220
图132	第21—23号龛在本卷龛窟中的位置图 …… 238
图133	第21—23号龛立面及相互位置关系图 …… 240
图134	第21—23号龛所在崖壁纵剖面图 …… 242
图135	第21—23号龛所在崖壁平面图 …… 243
图136	第21号龛立面图 …… 244
图137	第21号龛剖面图 …… 246
图138	第21号龛平面图 …… 247
图139	第21号龛龛顶仰视图 …… 248
图140	第21号龛造像布局图 …… 248
图141	第21号龛主尊及侍者像立面图 …… 249
图142	第21号龛主尊坐像等值线图 …… 250
图143	第21号龛第一排第1圆龛佛像 …… 251
图144	第21号龛第一排第2、3圆龛佛像立面图 …… 251
图145	第21号龛第一排第4、5圆龛佛像立面图 …… 252
图146	第21号龛第一排第1、2圆龛菩萨像立面图 …… 253
图147	第21号龛第一排第3、4圆龛菩萨像立面图 …… 254
图148	第21号龛第二排第1组造像立面图 …… 259
图149	第21号龛第二排第2组造像展开图 …… 259
图150	第21号龛第二排第3组造像立面图 …… 260
图151	第21号龛第二排第4组造像立面图 …… 260
图152	第21号龛第二排第5组造像立面图 …… 261
图153	第21号龛第二排第6组造像立面图 …… 261
图154	第21号龛第二排第7、8组造像立面图 …… 264
图155	第21号龛第二排第9组造像立面图 …… 265
图156	第21号龛第二排第10组造像立面图 …… 265
图157	第21号龛第三排信众像立面及编号图 …… 268
图158	第21号龛第三排第1身信徒像等值线图 …… 270
图159	第21号龛第三排第2身信徒像效果图 …… 270
图160	第22号龛立面图 …… 272
图161	第22号龛剖面图 …… 274
图162	第22号龛平面图 …… 275
图163	第22号龛左起第1身明王像立面图 …… 275
图164	第22号龛左起第2身明王像立面图 …… 278
图165	第22号龛左起第3身明王像立面图 …… 278
图166	第22号龛左起第4身明王像立面图 …… 279
图167	第22号龛左起第5身明王像立面图 …… 280
图168	第22号龛左起第6身明王像立面图 …… 281
图169	第22号龛左起第7身明王像立面图 …… 281
图170	第22号龛左起第8身明王像立面图 …… 282

图171	第22号龛左起第8身明王像效果图	282
图172	第22号龛左起第9、10身明王像立面图	283
图173	第23号龛立面图	286
图174	第23号龛剖面图	288
图175	第23号龛平面图	289
图176	第24—32号龛窟在本卷龛窟中的位置图	294
图177	第24号龛平、立面图	296
图178	第24号龛剖面图	297
图179	第25号龛平、立面图	301
图180	第25号龛剖面图	302
图181	第26号窟平、立、剖面图	304
图182	第26号窟窟外东壁、北壁、西壁展开图	305
图183	第27号龛及左右碑刻立面图	308
图184	第27号龛平、剖面图	310
图185	第27号龛龛顶仰视图	311
图186	第27号龛主尊佛像等值线图	311
图187	第27号龛晚期铭文编号图	313
图188	第29号窟立面图	318
图189	第29号窟平面图	319
图190	第29号窟纵剖面图（向西）	320
图191	第29号窟纵剖面图（向东）	322
图192	第29号窟横剖面图（向南）	324
图193	第29号窟横剖面图（向北）	326
图194	第29号窟透视图	328
图195	第29号窟窟顶仰视图	330
图196	第29号窟窟外左壁伏狮立面图	331
图197	第29号窟正壁、左壁、右壁造像展开图	334
图198	第29号窟正壁造像立面图	336
图199	第29号窟正壁中佛像等值线图	338
图200	第29号窟正壁左佛像等值线图	338
图201	第29号窟正壁右佛像等值线图	339
图202	第29号窟正壁左、右端转折处立像立面图	339
图203	第29号窟窟内左壁立面及造像编号图	340
图204	第29号窟左壁内起第1身菩萨像立面图	342
图205	第29号窟左壁内起第2身菩萨像立面图	343
图206	第29号窟左壁内起第3身菩萨像立面图	344
图207	第29号窟左壁内起第4身菩萨像立面图	345
图208	第29号窟左壁第3、4身菩萨像间造像立面图	346
图209	第29号窟左壁内起第5身菩萨像等值线图	346
图210	第29号窟左壁内起第5身菩萨像立面图	347
图211	第29号窟左壁内起第6身菩萨像立面图	348
图212	第29号窟左壁内起第1、2组场景造像立面图	350
图213	第29号窟左壁内起第3、4组场景造像立面图	351
图214	第29号窟左壁内起第5组场景造像立面图	352
图215	第29号窟左壁内起第6组场景造像立面图	352
图216	第29号窟右壁立面及造像编号图	354
图217	第29号窟右壁内起第1身菩萨像立面图	357
图218	第29号窟右壁内起第2身菩萨像立面图	358
图219	第29号窟右壁内起第3身菩萨像立面图	359
图220	第29号窟右壁内起第4身菩萨像立面图	360
图221	第29号窟右壁内起第5身菩萨像立面图	361
图222	第29号窟右壁内起第6身菩萨像立面图	362
图223	第29号窟右壁内起第2、3身菩萨像间托钵僧立面图	363
图224	第29号窟右壁内起第4身菩萨像等值线图	363
图225	第29号窟右壁内起第4身菩萨像效果图	363
图226	第29号窟右壁内起第1、2组场景造像立面图	364
图227	第29号窟右壁内起第3、4组场景造像立面图	365
图228	第29号窟右壁内起第5组场景造像立面图	366
图229	第29号窟右壁内起第6组场景造像立面图	367
图230	第29号窟窟底前侧案台立面图	367
图231	第29号窟窟底中部跪式菩萨像正视、左视、右视、背视图	368
图232	第29号窟甬道左壁晚期铭文编号图	374
图233	第29号窟甬道右壁晚期铭文编号图	375
图234	第30号龛立面展开图	380
图235	第30号龛平面图	382
图236	第30号龛剖面图	382
图237	第30号龛造像分组示意图	384
图238	第30号龛第1组造像展开和第2组造像立面图	386
图239	第30号龛第3、4组造像立面图	387
图240	第30号龛第5、6组造像立面图	388
图241	第30号龛第7组造像立面图	390
图242	第30号龛第8、9组造像立面图	392
图243	第30号龛第10组造像立面图	394
图244	第30号龛第10组牧人像效果图	395
图245	第30号龛第11、12组造像立面图	396
图246	牧牛亭平面图	399
图247	牧牛亭立面图	400
图248	牧牛亭侧立面和剖面图	401
图249	第31号龛立面图	403
图250	第31号龛剖面图	404
图251	第31号龛平面图	404
图252	第32号龛立面展开图	406
图253	第32号龛平面图	406
图254	第32号龛剖面图	407

第一章　概述

第一节　报告内容

如本报告集第六卷《宝顶山大佛湾石窟第1—14号考古报告》第一章概述所叙，根据宝顶山大佛湾石窟分布特点，大致将其划分为南崖、东崖、北崖三部分。为记述方便，又将南崖细分为西段、中段、东段造像区，北崖细分为东段、中段、西段造像区（图1）。

本卷报告所涉内容为宝顶山大佛湾石窟第15—32号，共18个编号。其中，第15—19号位于北崖中段，第20—23号位于北崖西段，第24—32号位于南崖西段（图版Ⅰ：1、图版Ⅰ：2）。

自大佛湾北崖东段第14号窟外崖右侧壁面始，崖壁大致向西纵向延伸，壁面略有起伏。在此崖壁，自东向西比邻布置第15—23号龛，直至北崖西段崖壁向北圆弧转折处。其中，自第15号龛至第17号龛，龛前地坪下降约0.2米，崖壁面亦平缓增大。第18号和19号龛龛前地坪下降约2米，致崖壁面进一步增大。第20—23号龛龛前地坪再次下降约4米，致使崖壁幅面陡然增大。

大佛湾南崖西段左侧为一段大致呈南北走向的竖直崖壁，右侧为一段呈东西走向的竖直崖壁；此两段崖壁略呈垂直相接。南北走向崖壁中部为一外凸石堡，此石堡西面布置第24号龛，北面布置第25号龛。在东西走向崖壁的上部，自西向东，依次布置第26—30号龛窟。此五龛窟开凿有同一水平高程的龛前地坪面。

第31号龛位于第28号龛所在崖壁下部，临近大佛湾沟沟谷。第32号龛位于南崖西段第24号龛向西约80米的圆弧崖壁上。

本卷报告18个编号龛窟中，第26号为一不规则洞穴，第29号为一深窟，其余皆为摩崖像龛。根据龛像设置、开凿和分布情况，本卷报告所涉18个龛窟可分为四组：第一组包括第15—17号，共三龛；第二组包括第18—20号，共三龛；第三组包括第21—23号，共三龛；第四组包括第24—32号，共九龛窟（图2）。

第二节　体例规范

一　编写体例

根据以上分组情况，本卷报告共分为六章：第一章为概述，主要介绍本卷报告的内容、体例规范与编写经过等；第二章介绍第15—17号；第三章介绍第18—20号；第四章介绍第21—23号；第五章介绍第24—32号；第六章为结语，就大佛湾石窟开凿年代、龛窟形制、造像题材、晚期遗迹等略作讨论。报告最后附录《宝顶山大佛湾石窟造像一览表》。

本卷报告分为上下两册，上册主要包括报告文本、测绘图、示意图、地图等；下册主要包括造像、铭文及拓片等摄影图版。

二　报告文本

章节　报告文本除第一章概述外，各章按编号单独设节。每节依次介绍龛窟位置、形制、造像、铭文、晚期遗迹等五项基本内容。需要说明的是，由于有的龛窟图文并茂，龛窟中的经、偈、颂等与造像密切相关，具有特定的指向性，故将其纳入造像项中一并记录，未再纳入铭文项。卷末设结语，简要讨论宝顶山大佛湾石窟龛窟形制、造像题材、开凿年代、晚期遗迹等有关问题[1]。

编号　本卷报告中，编号仍遵从1982年大足县文物保管所的编号，与1985年《大足石刻内容总录》基本一致，仅增加了第32号

1　因宝顶山大佛湾石窟各龛窟年代相近，内容存有关联性，故本报告集第六卷《宝顶山大佛湾石窟第1—14号考古报告》卷末未设结语，在本卷报告结语中一并讨论。

图1 宝顶山大佛湾石窟平面图

一个编号。

位置　崖壁、龛窟、造像、碑铭等方位，均以其本身背向、左右定位。龛窟具体位置，先结合上一龛窟总体定位，再记述其四至状况。例：第18号龛位于大佛湾北崖中段右侧。左右分别与第17号、第19号紧邻，上为平直外挑的岩檐，下与参观地坪相接。

形制　宝顶山大佛湾石窟仅有两个洞窟，其余主要表现为沿崖连续雕刻的摩崖造像，各编号造像间虽能区分其界限，但并不像大足北山石窟那样具备传统意义上的龛制特点。为使大足石刻的相关术语相对统一，并遵从长期以来约定俗成的习惯，本卷报告仍将其称为"龛"。本卷报告对一个相对完整的龛窟在形制结构上先总体表述其龛窟型，再分述龛窟口、龛窟底、龛窟壁、龛窟顶等；对完全不具备龛制特点的造像，则按实际情况记述。

造像　按造像位置，从正壁、侧壁、顶部至龛窟外的顺序依次叙述。对于造像较多需编号者，按从上至下、从左至右的原则记述。对于每身造像的详细介绍，除特例外，均以体量、头部（头光、背光、发式、冠式）、面部、胸饰、衣饰、手姿、身姿、座台等为序记述。

造像具体尺寸，均为可见或残毁后可辨识的部分。坐式造像的量度数据主要有坐高、头长、肩宽、胸厚等。坐高是自造像座台的台面至头顶、发髻顶部或冠顶的高度，不含座台和下垂的腿部；头长是自下颌底部至头顶、发髻顶部或冠顶的高度；肩宽是双肩水平向最大宽度；胸厚是指后背与前胸之间的最大厚度。立式造像的量度数据主要有通高、头长、肩宽、胸厚等。通高是自最低足底至头顶、发髻顶部或冠顶的高度，其余部位的量度数据取值与坐式造像同。

因造像为三维空间雕塑，且是手工雕凿，在水平和铅锤方向，几乎没有完全平直的线条，也因此几乎没有完全均等整齐的长宽高尺寸。本报告使用的量度数据，部分为人工量测，通常为约数，而测绘线图中的数据则是铅锤方向的正投影数据，为相对精确的数据。人工数据和测绘数据存在一定差异，除注明的以外，各量度数据的变化在测绘线图中有清楚显示，读者可清楚观察和实际量测。

铭文　本卷报告所称铭文是指刻写在龛窟、碑碣中的各种文字，如碑文、造像记、题记、榜题、经偈颂等。

（1）本卷报告铭文主要以1993年重庆大足石刻艺术博物馆拓本为底本实录；在拓本图版中，对应配有现存的实物照片，以便了解现存铭文情况，并可相互比对。个别此前所拓或其后补拓者，在文中注明；未注明者，均为1993年拓本。所有拓本录文均未据文献校补。除个别漶蚀或原搨拓时依稀可辨者遵从《大足石刻铭文录》[1]外，其余均据拓片或现场辨识结果实录。

（2）除个别需按拓本格式实录外，其余一律分行横写，录文一行即为原文一行。为方便阅读，行前以阿拉伯数字标注行数；个别铭文书写不规整、行文较为特殊者，因难以标注行数，其录文和图版则不予标注。

（3）铭文中的繁体字，除可能引起歧义者照录外，一律按照国家规范的简化字录写。铭文中出现的异体字（即字书中不常见的字、历史文献上的古体字、别字及石刻铭文作者的自造字等），根据辨识结果，录写为《现代汉语词典》、《汉语大字典》等工具书中的规范字。为求客观记录，方便读者自辨，在报告各章后，以尾注形式，将异体字拓片的照片辑出。为与说明性脚注相区别，尾注采用方括号"［］"加阿拉伯数字的形式标注，如［1］、［2］。

（4）凡铭文行文行中未刻字的空字位，一个字位书写一个三角符号"△"；漶灭字，一个字书写一个方框符号"□"，不明字数的在字里行间夹注"（漶）"字表示；依稀可辨的字，夹注在一般方括号"〔　〕"内。

（5）统计字数，以拓本或现场可辨识的字为限。

晚期遗迹　指龛窟像开凿后添加的遗迹。主要包括晚期妆绘、后世题记、构筑遗迹等。需要说明的是，由于妆绘遗迹较为复杂，在目前条件下，报告者对其层位、色彩、颜料、损毁程度等难以准确辨识记录，故仅在晚期遗迹项中作了概括性的介绍。

在本卷报告结语中，整理大佛湾部分龛像中保存较好的妆绘涂层遗迹，简单分析了妆绘涂层的主要色种、着色部位以及涂层内外的区别。

为客观反映大足石刻造像妆绘情况，本报告集第九卷《大足石刻专论》特收录《大足石刻彩绘颜料检测分析报告》，报告选择大足石窟中部分代表性龛像中的标本，对包括颜料保存现状、成分、次第等情况作了具体检测分析。

1　《大足石刻铭文录》由重庆大足石刻艺术博物馆组织编纂，重庆出版社1999年出版。鉴于本卷报告中多次提及此书，以下均简称1999年《大足石刻铭文录》。

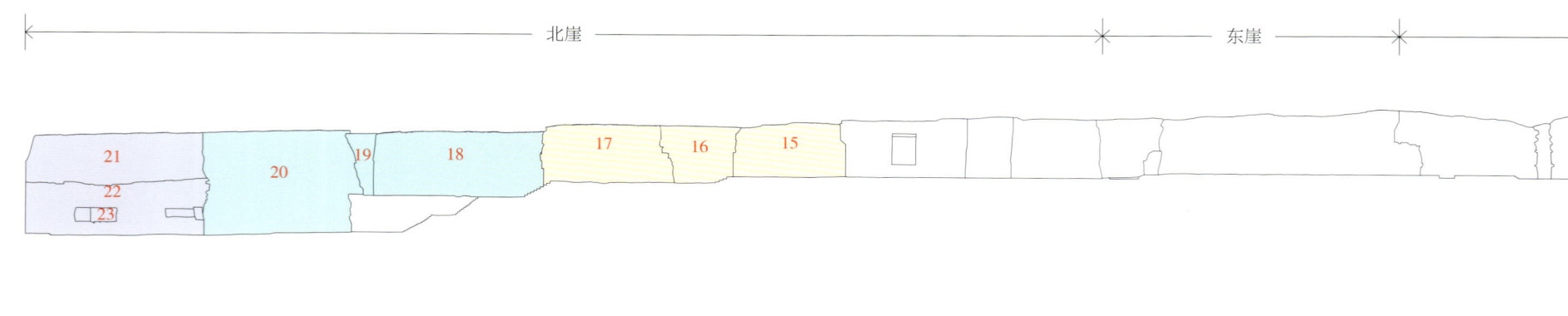

图 2　大佛湾石窟第 15—32 号龛窟分组图

三　测绘图

本卷报告的测绘图，主要包括各龛窟平、剖、立面图，部分重要单体造像的侧视、立面和等值线图，部分龛窟窟顶仰视图以及"牧牛亭"建筑测绘图等。

龛窟平、剖、立面图　此部分图是采用"大足宝顶山石窟三维测绘"项目中的正投影像成果，由专业人员绘制完成。此外，第28—30号龛窟顶"牧牛亭"建筑测绘图，则是采用了原重庆建筑工程学院建筑系于20世纪90年代的测绘成果。

平面图　以龛窟底面或建筑底面的投影面作为基础，根据龛窟、建筑空间结构以及造像布置情况，选取相应高程绘制水平断面，将不同高程的水平断面叠加，投影在龛窟底面或建筑底面的投影面上。平面图上以颜色区分不同高程的断面（以A、A'，B、B'，C、C'等英文大写字母标明），并标注剖面图剖视方向（以直角箭头"⌐"标注）。

立面图　包括建筑、龛窟外立面和各壁立面，壁面转角造像单独绘制立面图。立面图上标注平面图剖线所对应的不同高程，用英文字母加短横线（如A-、-A'，B-、-B'，C-、-C'）表示。

此外，部分龛窟还绘制了龛窟顶部仰视图、造像细部图，以及正视角度的等值线图。

剖面图　沿龛窟纵深方向者为纵剖面，与纵剖面垂直的剖面为横剖面。原则上选择与龛窟底投影面相垂直的正壁主尊中轴线或正壁中轴线作为剖线，同时考虑查阅的直观性和反映龛窟空间关系，将可见的侧壁、龛窟口、龛窟顶等内容投影在剖面上；其中，造像、龛窟口的原迹使用同一线型（实线），其余部分则据实使用相应的线型（虚线、圆点线等）。建筑的剖面图，原则上选择建筑的中轴线为剖线，将可视部分的建筑结构投影在剖面上。

上述测绘图均配以方格网坐标尺。方格网依据正摄影像生成，网格大小依据绘图比例确定，标注数值以厘米为单位。全部测绘图均集中编印在本卷报告上册，即文本卷内；部分测绘图的局部图，虽作为插图使用，但也是实测的成果。

用线原则　龛窟形制、图像、残破线等用实线表示，人为增加的壁面分界线用灰色线表示，后期人为修补线用圆点线表示；龛窟形制或造像复原线用虚线表示。此在每张测绘图图例中已作说明。

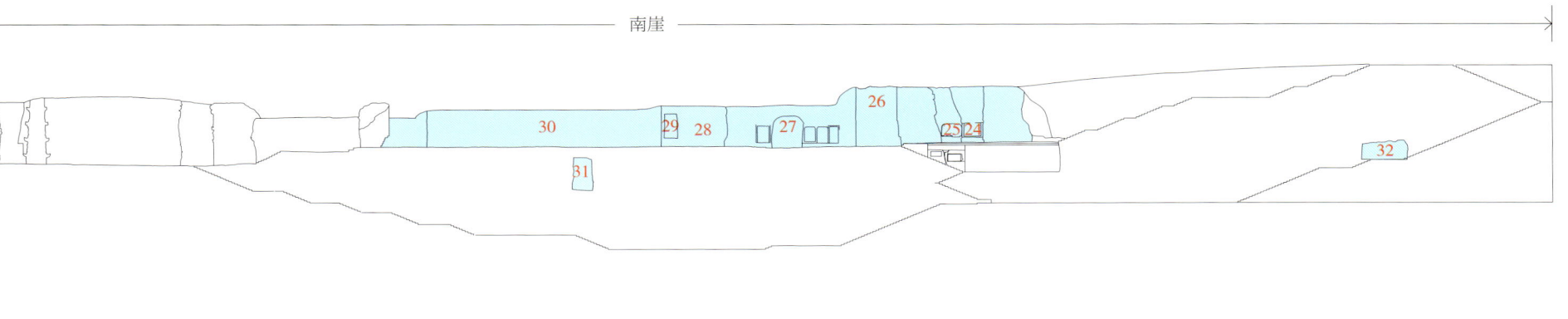

第四组

四 图版

本卷报告下册为图版卷，分为图版Ⅰ、图版Ⅱ两个部分。

图版Ⅰ为摄影图版。大多为2015—2016年用高清数字相机拍摄，部分为2017年上半年补拍。由于环境条件所限，部分图版无法达到正投影的要求，故个别图版采用了三维测绘的正投影图像，或采用了数字拼接技术，此已在图版说明中注明。本卷报告的航拍图拍摄于2017年。

图版Ⅱ为铭文图版。包括铭文实物照片和拓本照片两部分。其中，铭文实物照片均为2016年下半年至2017年上半年，用高清数字相机拍摄；拓本除注明者外，均为1993年至1994年所拓，2016年装裱后拍摄。

第三节 编写经过

2016年3月，按照《大足石刻全集》课题工作进度安排，课题组在启动宝顶山大佛湾石窟第1—14号现场调查工作的同时，宝顶山大佛湾石窟第15—32号现场调查工作亦同时展开。按照分工，课题组组长黎方银负责总体组织协调，刘贤高负责具体指导。

现场调查 现场调查的文字记录工作按照《大足石刻考古学研究现场调查文字记录规范》进行。2016年3月至6月，张媛媛、陈静、邓启兵共同完成了第15—32号的现场调查记录。其中，张媛媛完成第17号、第19号、第20号以及第24—31号的调查记录，陈静完成第16号、第18号、第21—23号的调查记录，邓启兵完成第15号、第32号的调查记录。

龛窟测绘 本卷报告的测绘图，系利用中国文化遗产研究院、大足石刻研究院组织，北京帝测科技股份有限公司具体实施完成的"大足宝顶山石窟三维测绘"项目中的正投影像成果，按照考古线图测绘的总体要求，在黎方银、黄能迁具体统筹和协调下，由周颖、毛世福绘制完成。其中，2016年3月至2017年2月，毛世福完成第18—23号龛立面图和本卷报告所需全部龛像细节图的室内绘制；周颖完成了第24—32号龛窟立面图和本卷报告所涉龛像的平、剖面图以及部分龛顶仰视图的室内绘制。2017年3月，周颖、毛世福、黄能迁、邓启兵将全部测绘图件携至大佛湾现场，逐龛逐像进行核对、修改，最后由周颖、毛世福终校定稿。

本卷报告的示意图、造像效果图等由周颖、毛世福绘制完成。

造像图版　2016年3月至9月，重庆出版集团美术编辑中心副主任、主摄影师郑文武和助理摄影师吕文成、王远进驻宝顶山大佛湾，充分利用每天早、晚游客参观较少的时段完成了大部分图版的现场拍摄工作。2016年12月至2017年1月，利用宝顶山石窟景区旅游参观淡季，于龛像前搭建高6—8米，宽3—4米的工作平台，完成了第15—22号等八个龛像外立面和部分造像细节的图版拍摄。其后，又根据课题组要求，先后数次补拍了部分图版。

拓片图版　本卷报告中的拓片，系1993年6月至1994年2月重庆大足石刻艺术博物馆（现大足石刻研究院前身）在进行宝顶山石窟铭文收集时，由唐毅烈、唐长清所拓。拓片拍摄由重庆出版集团郑文武、吕文成、王远完成。

报告编写　2016年10月，本卷报告进入编写阶段。其中，2016年10月至12月，邓启兵对调查文字进行了室内整理和规范；随后，邓启兵、黄能迁、陈静对调查文稿作了现场校对和修改；赵凌飞对铭文作了校对。至2017年2月，邓启兵、黄能迁完成了报告文本第一至五章的撰写，刘贤高完成报告文本第六章的撰写。2017年4月，由黎方银、刘贤高、黄能迁、邓启兵选配本卷报告图版、测绘图、示意图等。

2017年2月至4月，刘贤高在报告文本初稿的基础上，反复修改，多次现场核实，最终形成报告文本定稿。2017年4月，黎方银、刘贤高、邓启兵、黄能迁等，共同对本卷报告的文字、测绘图、图版作了调整、润色、修改和审定，最终形成报告定稿。

第二章　第15—17号

第一节　本章各编号位置及相互关系

本章记录第15—17号等3个龛像，位于大佛湾北崖中段左侧（图3；图版Ⅰ：1）。从左至右，依崖水平布置。其中，第15号龛位于北崖中段最左端，左与北崖东段右侧的第14号窟紧邻，右与第16号龛比邻（图版Ⅰ：3、图版Ⅰ：4、图版Ⅰ：5、图版Ⅰ：6）。第16号龛居中，壁面中部略内凹，两端外凸，与相邻龛像分界明显。第17号龛位于第16号龛右侧，右与北崖中段右侧第18号龛相邻（图版Ⅰ：7、图版Ⅰ：8）。

第二节　第15号

一　位置

位于大佛湾北崖中段最左端。左与北崖东段最右端的第14号窟外崖紧邻，右与第16号龛比邻，上为外挑的岩檐，下接补砌的基脚壁面。基脚与现今地坪垂直相接。

龛口南向，方向175°。

二　形制

横长方形龛（图4、图5、图6、图7；图版Ⅰ：9、图版Ⅰ：10）。

于崖壁向内凿进而成。龛口呈横长方形，最高676厘米，最宽1344厘米，至后壁最深208厘米；左右上角呈圆弧形。龛壁竖直，两端圆弧外展，与相邻龛像转折相接，分界较为明显。龛壁下部基脚毁，现为补砌的条石壁面，并与现今参观通道地坪垂直相接。龛壁与岩檐略垂直衔接。龛顶即为外挑的岩檐，大部毁，现已补接完整，与左右龛窟岩檐大致水平衔接。龛顶现为平顶，呈横长方形，外挑壁面约144厘米。

三　造像

造像作上中下三层横向排列（图版Ⅰ：9）。其中，上层刻半身佛像7身，中层刻"父母恩德"序品及"父母恩德"图像，共计11组，下层刻地狱场景图像1幅。

据造像布局，分为上层、中层、下层造像三部分。

（一）上层

刻半身佛像7身（图8）。佛像体量相近，高约175—220厘米，头长64—72厘米，肩宽120—135厘米，胸厚25—37厘米。佛像皆浅浮雕圆形头光，直径100厘米，外凸壁面约4厘米；内彩画放射状光芒。

现将居中佛像编为第1像，以此为中心，从内至外，左侧三佛编为第2—4像，右侧三佛编为第5—7像。其中，第1像，头顶升起两道毫光，竖直延至龛顶。其余佛像头部未见刻出毫光。

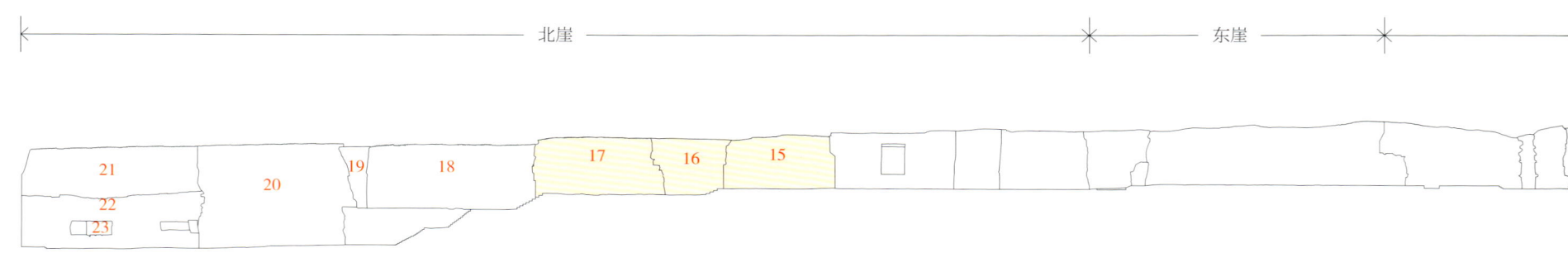

图3　第15—17号龛在本卷龛窟中的位置图

佛像特征略同，头浑圆，刻螺发、髻珠，圆面，弯眉，眼细长微闭，直鼻，双唇微抿，下颌略外凸。耳垂肥大，颈刻三道肉褶线，宽肩。内着僧祇支，外披双领下垂式袈裟。其中，第1像袈裟一角系于左肩哲那环上，第3、6像袈裟一角经后背覆于右肩。袈裟彩画勾描花卉和云纹图案。佛像双手胸下结印或持物。

佛像手姿、持物等特征如下。

第1像　左手结印，置胸下，右手举胸前作说法印。右手与胸之间刻云纹相接。其身左侧壁面饰刻云纹（图9；图版Ⅰ：11）。

第2像　双手覆巾，置胸下。巾上置贝叶经，略残。贝叶经长约38厘米，最宽19厘米（图版Ⅰ：12）。

第3像　双手胸下结定印。手背下方刻三朵云纹（图版Ⅰ：13）。

第4像　双手叠于胸下结印。自右手掌心发出一道毫光，沿左胸，经左肩飘至头部左侧。双手下部刻饰云纹（图版Ⅰ：14）。

第5像　双手覆巾，置胸下。巾上置经卷。经卷长41厘米，宽21厘米，厚4厘米（图版Ⅰ：15）。

第6像　双手胸下结定印。手背之下刻饰云纹（图版Ⅰ：16）。其身右侧与第7身佛像间饰刻云纹。

第7像　双手覆巾，置于胸下。巾上置宝珠。宝珠径约17厘米（图版Ⅰ：17）。

（二）中层

横向排列图像11组（图10）。居中一组为序品，其余十组以序品为中心，从内至外，先左后右，交错次第展开。其中，左侧五组，为第1、3、5、7、9组，右侧五组，为第2、4、6、8、10组。各组造像比邻的空隙壁面凿刻一平整面，镌刻与造像内容对应的一则铭文[1]。其余空隙壁面饰刻云纹，似造像置于云纹中。

序品

刻一对年轻夫妇相对而立，于佛前敬香礼拜，双足隐入云纹（图11；图版Ⅰ：18）。

左男像　立高约119厘米，头长32厘米，肩宽37厘米，胸厚16厘米。头戴巾帽，面长圆，着圆领宽袖长服，腰束带，双手胸前持长柄香炉，向右侧身而立。香炉全长约40厘米，炉钵高18厘米，口径15厘米，柄长32厘米。

右女像　立高约121厘米，头长32厘米，肩宽32厘米，胸厚16厘米。头挽高髻，戴冠，面长圆，内着圆领紧身长服，腰带束内衣，外着宽袖对襟长服，左手屈肘添香，右手胸前托宝珠，向左侧身直立。宝珠直径约11厘米。

---

[1] 因图像比邻，空间局限等因素，第一、三组，第五、七组，第四、六组的铭文分别并刻于同一平整面的左右侧。

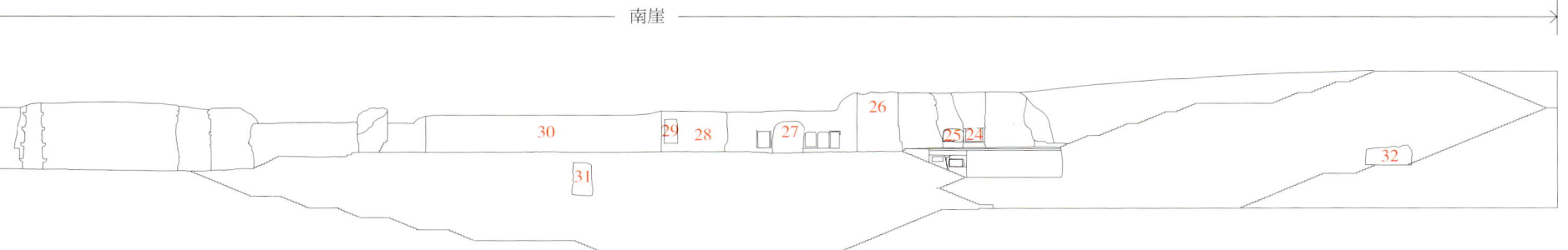

　　二像身下刻一前凸的方台，高44厘米，宽94厘米，深29厘米。台正面刻铭文1则（图版Ⅱ：1）。文左起，额横刻"投佛祈求嗣息"6字，楷体，字径8厘米。文左起，竖刻18行，存89字，楷体，字径5厘米。

　　投佛祈求嗣息（额）
01　赐紫慈觉大师
02　□宗颐颂曰
03　古佛未生前
04　疑然一相圆
05　释迦犹□会
06　迦叶岂能传
07　父母同香火
08　求生孝顺儿
09　提防年老日
10　起坐要扶持
11　父母皆成佛
12　绵绵法界如
13　尔时心愿足
14　方乃证无余
15　有得非为得
16　无功始是功
17　一轮千圣外
18　元是旧家风[1]

图4 第15号龛立面图

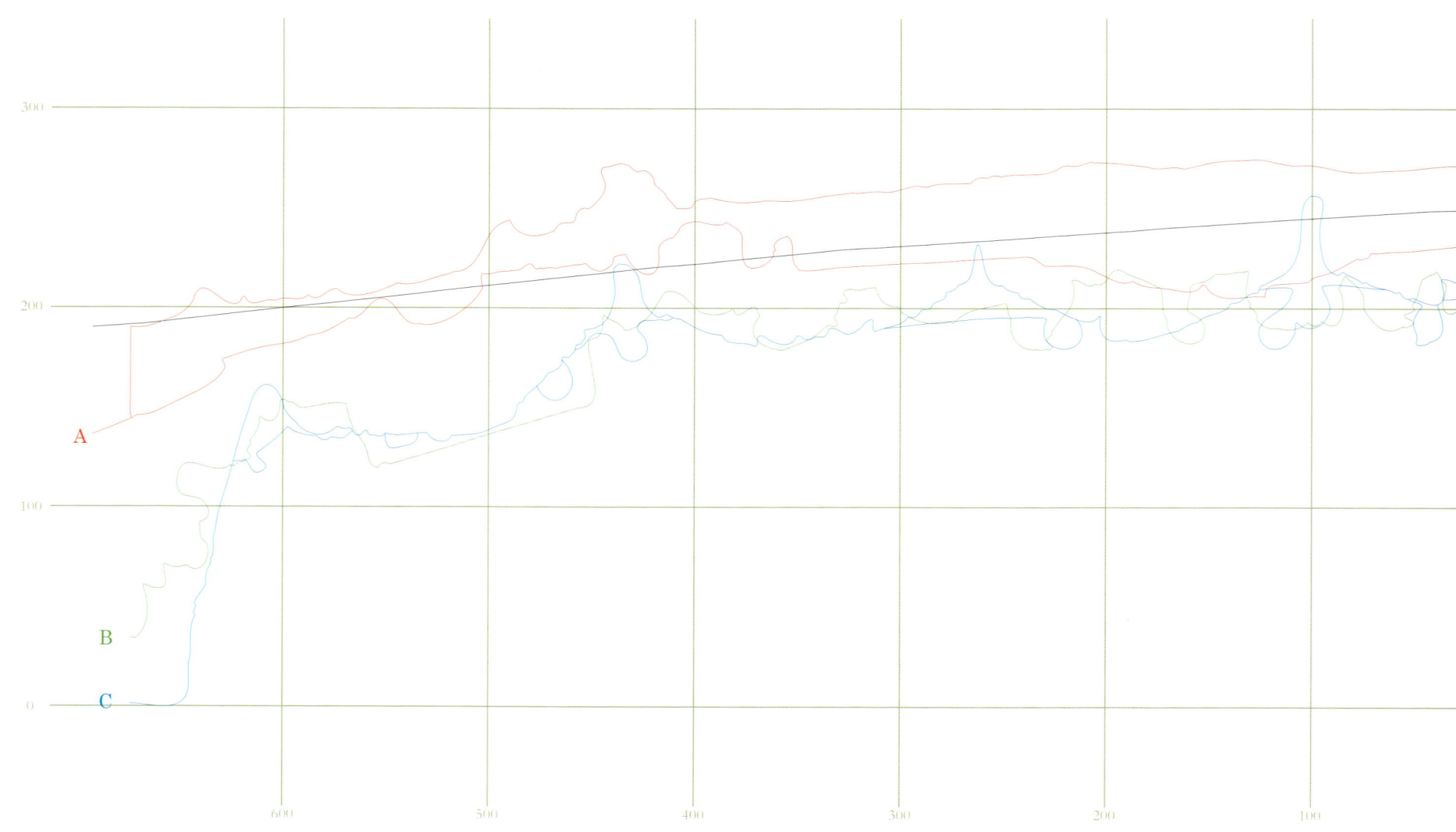

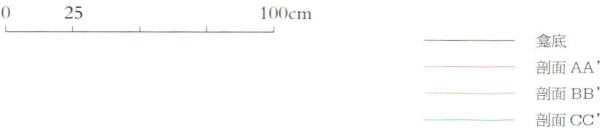

图5　第15号龛平面图

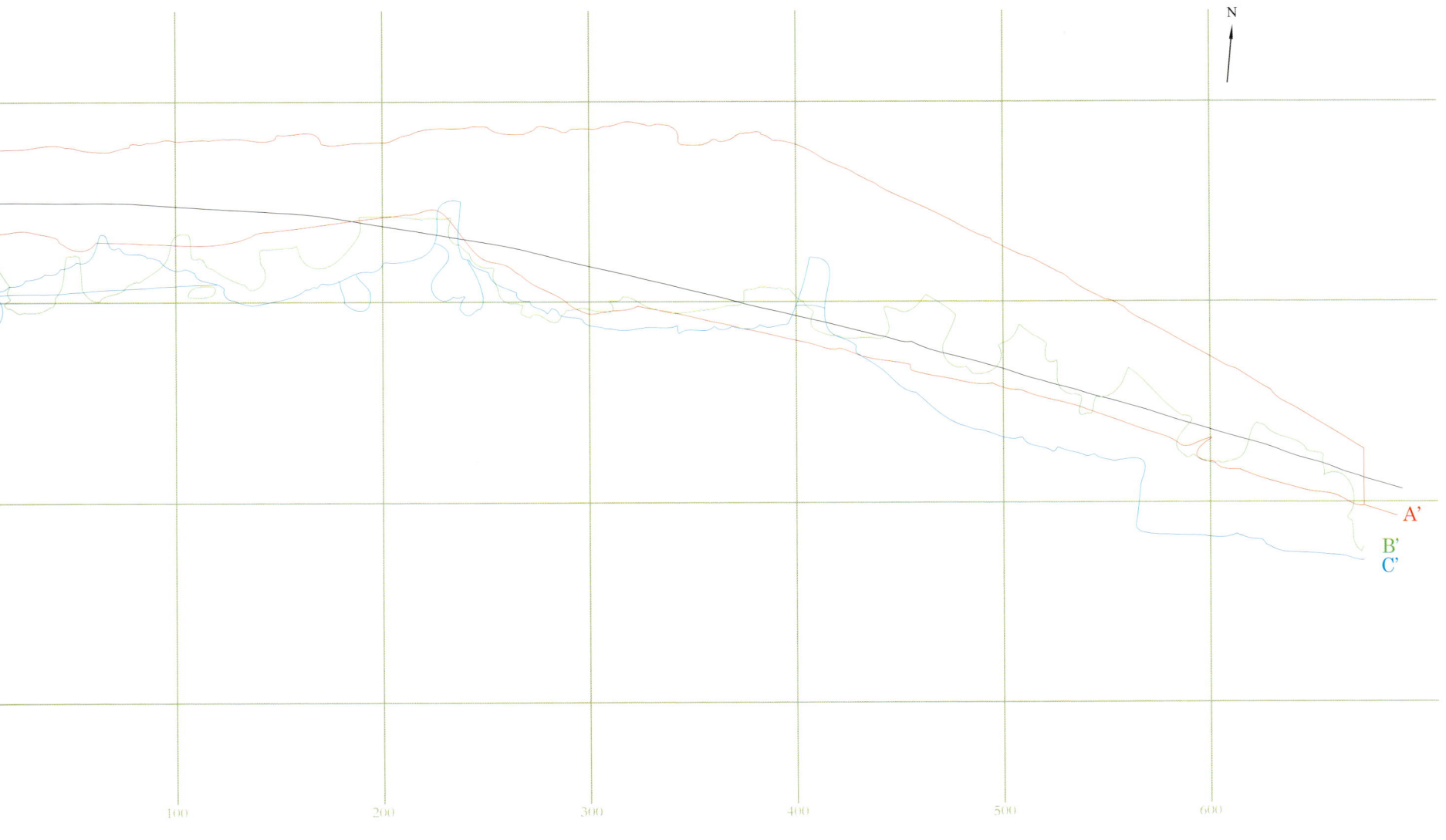

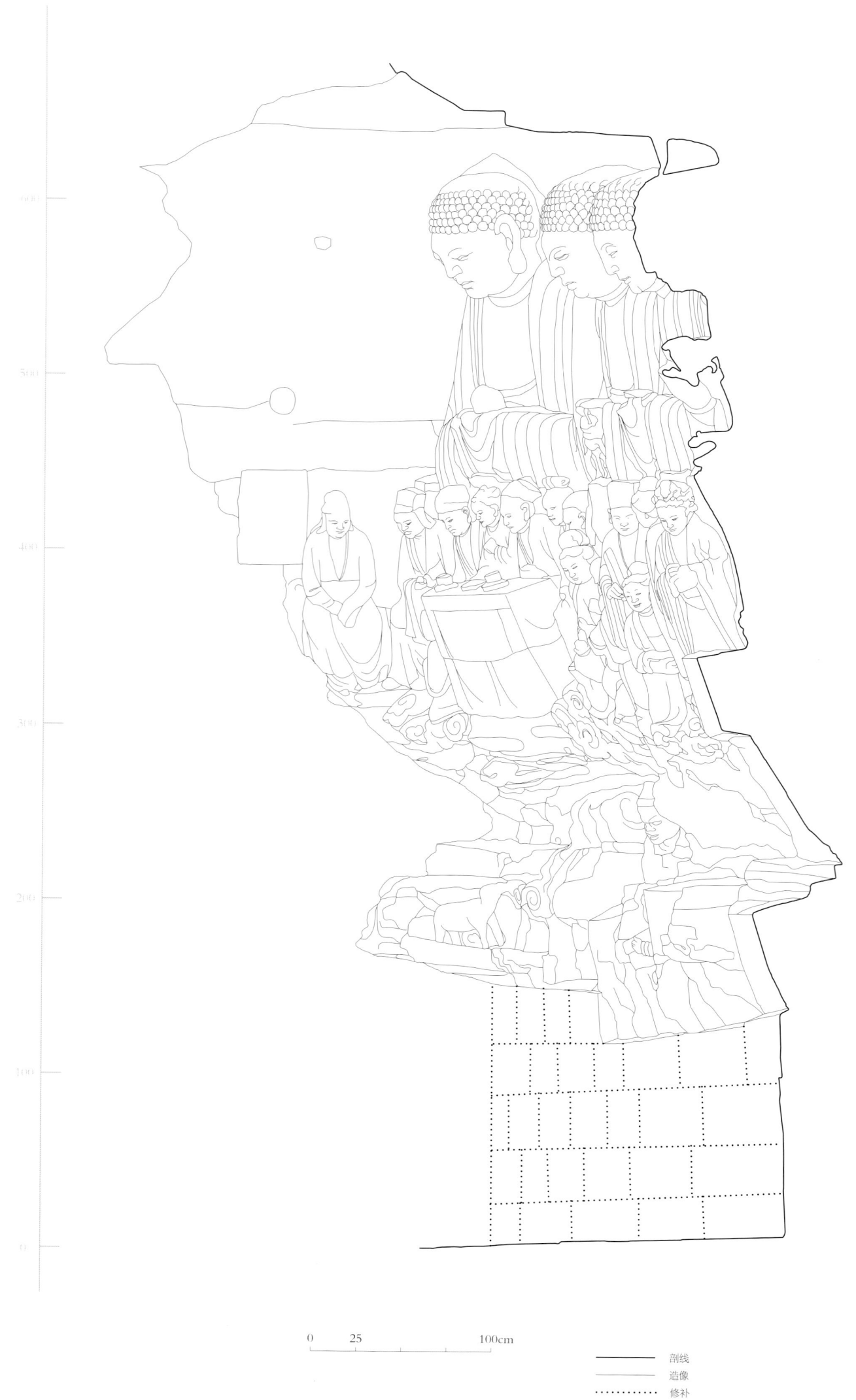

图 6　第 15 号龛剖面图

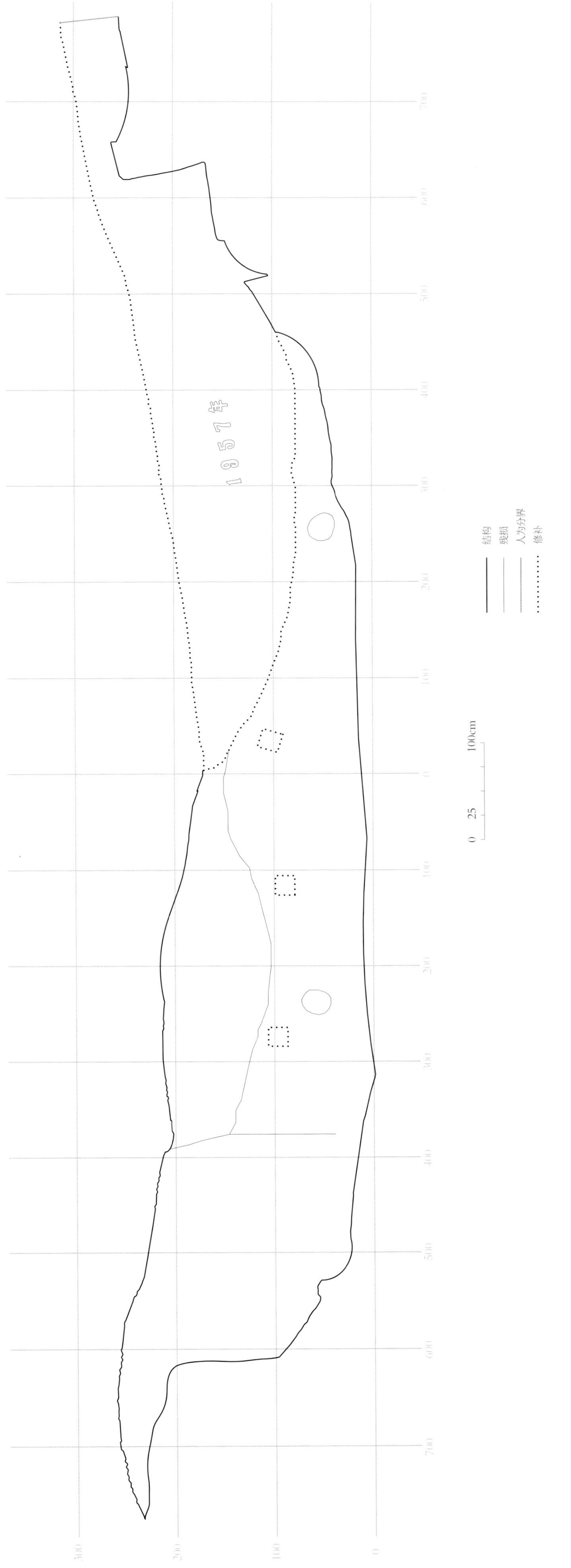

图 7　第 15 号笼笼顶仰视图

图8　第15号龛上层七佛立面及编号图

第二章 第15—17号　17

图9　第15号龛上层第1佛像（居中佛像）等值线图

第1组

刻坐式妇人像和立式侍女像各1身（图12；图版Ⅰ：19）。

妇人像　居右，略侧身向左而坐，坐高约119厘米，头长29厘米，肩宽33厘米，胸厚16厘米。头挽高髻，罩巾，面长圆，直鼻小口，体态丰满，小腹微鼓。内着抹胸，外着对襟窄袖长服，腰束带。左手隐袖内垂搭于左腿上，右手横置腹前，前伸作接碗状。端坐于方台上，长服下缘显露双足。

侍女像　居左，右向侧身站立，通高约115厘米，头长22厘米，肩宽26厘米，胸厚16厘米。头挽双髻，面圆，内着抹胸，外披对襟窄袖衫，腰系短裙，下着长裤。双手胸前捧碗，前伸向妇人作递送状。碗通高13厘米，口径12厘米。裤缘下显露双足。

造像上方刻一平整面，高30厘米，宽100厘米；内右侧刻铭文1则，幅面宽约50厘米。文左起，竖刻7行，存29字，楷体，字径5厘米（图版Ⅱ：2）。

01　第一

02　怀[2]担守护恩

03　△禅师颂曰

04　慈母怀胎日

05　令身重若□

06　母黄如有病

07　动转亦□难

第2组

刻像4身。左前侧刻站立的待产妇人像1身，其身左后刻扶持的侍女立像1身，身右前刻胡跪的接生婆像1身，最右端刻男像1身（图13-1；图版Ⅰ：20）。

妇人像　立高144厘米，头长30厘米，肩宽36厘米，胸厚16厘米。头挽高髻，面方圆，眼半眯，嘴左咧，作待产痛苦状。体态丰盈，上着对襟窄袖衫，胸下束带系长裙，下着裤。左手笼袖内垂置体侧，右手轻抚鼓腹，着鞋站立。

侍女像　大部身躯隐于妇人像身后，显露立高约105厘米。头挽髻，面方，抿唇，身着长服，左手置于妇人像左腋，右手扶产妇右肩，作用力扶持状。

接生婆像　跪身高100厘米，头长30厘米，肩宽36厘米，胸厚18厘米。头挽髻，面长圆，微仰，着交领窄袖长服，腰束带。左手挽右手袖摆，右手前伸。着鞋，侧身胡跪作接生状。

男像　立高143厘米，头长3厘米，肩宽34厘米，胸厚18厘米。头戴巾，长圆脸，双目平视；着交领宽袖长服，腰束带。左手屈肘外展，手残，右手胸前持经函。侧身直立，足鞋。经函长30厘米，宽11厘米，厚3厘米。

造像上方凿一平整面，高36厘米，宽73厘米，内刻铭文1则。文左起，竖刻11行，存45字，楷体，字径5厘米（图版Ⅱ：3）。

01　第二
02　临产受苦恩
03　慈觉颂曰
04　□□慈亲苦
05　□人眼泪□
06　□知恩力重
07　〔能〕取出胎时
08　慈父闻将产
09　空惶不自持
10　□生都未〔报〕
11　头耳皱双眉

第3组

刻像3身。左刻妇人抱持小儿侧身站立，右刻男像侧身相对直立（图13-2；图版Ⅰ：21）。

妇人像　立高116厘米，头长22厘米，肩宽26厘米，胸厚13厘米。头挽髻，圆脸，目光平视，嘴角微翘。上着对襟窄袖衫，胸下系带束齐膝长裙，下着裤。左臂抱托小儿，右手握小儿左手。着鞋侧身而立。小儿坐高48厘米。光头，圆脸，侧头倚靠母亲。着圆领窄袖衫，坐于母亲臂弯，双足略残。

男像　立高133厘米，头长28厘米，肩宽32厘米，胸厚18厘米。头戴巾，面方，双目半睁，口微张。身略前倾，着双层交领窄袖长服，左手前伸，抚摸母亲右手前臂，右手置腹前，残。着鞋左向侧身站立。

此组造像铭文刻于第1组造像平整面的左侧，幅面宽50厘米。文左起，竖刻7行31字，楷体，字径5厘米（图版Ⅱ：2）。

01　第三
02　生子忘忧恩
03　△慈觉颂曰
04　初见婴儿面
05　双亲笑点头

图10　第15号龛中层造像立面及分组图

06　　从前忧苦事

07　　到此一时休[3]

第4组

刻怀抱小儿的妇人坐像1身（图14-1；图版Ⅰ：22）。

妇人像　坐高90厘米，头长24厘米，肩宽31厘米，胸厚17厘米。头挽髻，圆脸。着交领窄袖长服，腰束带。怀抱小儿，左手抚小儿背，右手隐袖内，抱小儿左小腿，端坐于方台上。小儿坐于妇人左腿，坐高43厘米。光头，圆脸上扬，小口微张。上着圆领短衫，下着裤。左手垂于体侧，右手握一圆饼举至妇人胸前。

造像上方刻一平整面，高33厘米，宽105厘米，内左刻铭文1则，幅面宽约46厘米。文左起，竖刻7行，存26字，字径6厘米（图版Ⅱ：4）。

01　　第四

02　　咽苦吐甘恩

03　　△慈觉颂曰

04　　□□儿子吃

05　　□□自家餐

06　不□知恩少

07　他时报德难[4]

第5组

刻妇人和小儿像各1身，侧卧于矮床之上（图14-2；图版Ⅰ：23）。

矮床侧面向外，全长143厘米，高43厘米，深33厘米。床面内侧刻向外侧卧的妇人像，身长约123厘米。头挽髻，面长圆，双眼微睁。内着抹胸，外着对襟紧袖衫，下着裙。上身略撑起，左手抓握小儿左足，右手枕圆枕，抱小儿于臂弯。上身略撑起，作把尿状。左腿微曲，双足隐裙内。小儿，身长约53厘米，位于床沿。光头，圆脸，闭眼仰面。袒胸露腹，仅着对襟短衫。身后仰，双手下垂，叉腿作撒尿状。

造像上方刻一平整面，高30厘米，通宽125厘米，内右侧刻铭文1则，幅面宽约50厘米。文左起，竖刻7行，存30字，楷体，字径5厘米（图版Ⅱ：5）。

01　第五

02　推干就湿恩

03　△慈觉颂曰

04　干〔处让〕儿卧

图11　第15号龛中层序品造像立面图

图12　第15号龛中层第1组造像立面图

图13 第15号龛中层第2、3组造像立面图
1 第2组 2 第3组

第二章 第15—17号 23

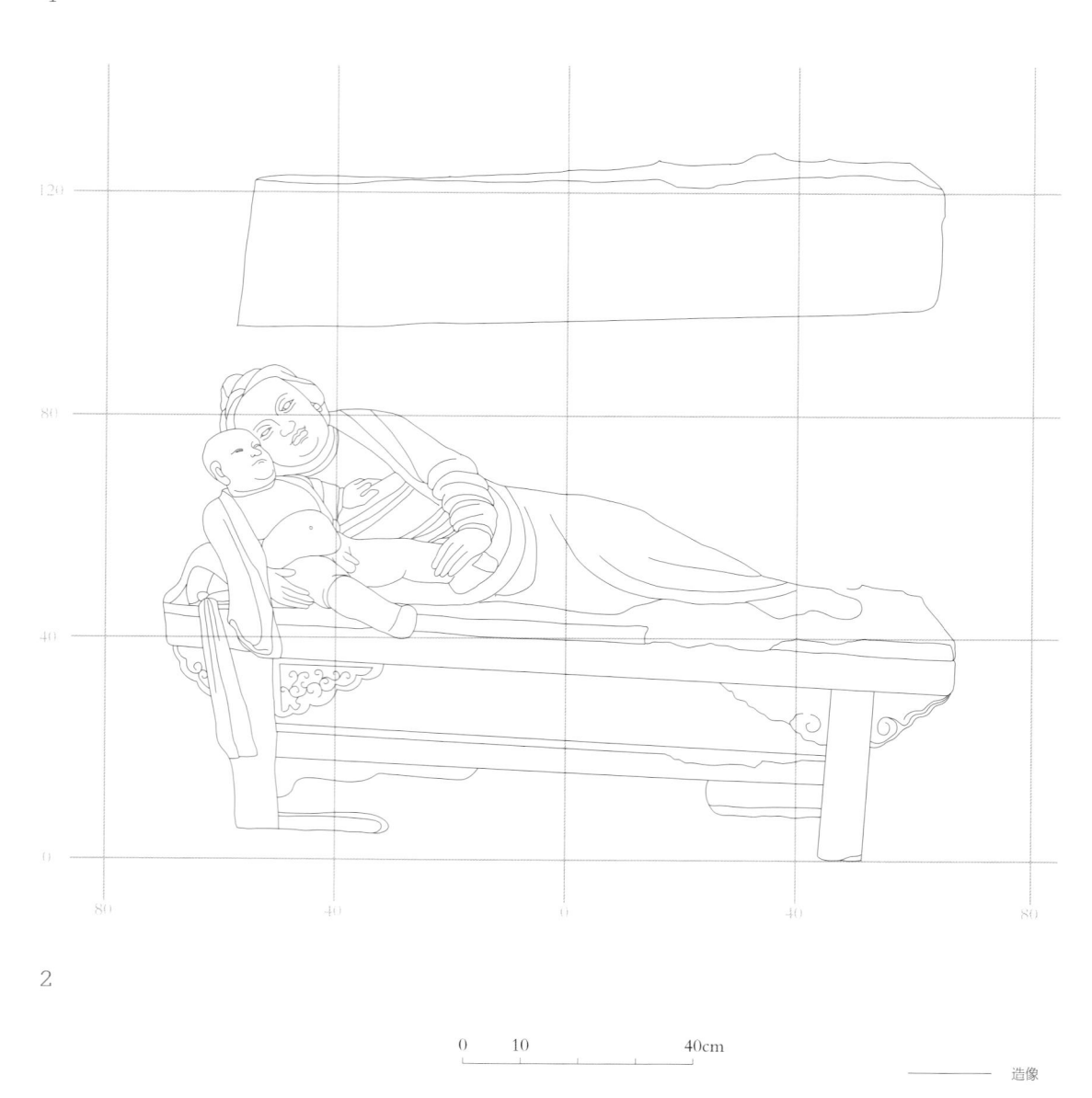

图 14　第 15 号龛中层第 4、5 组造像立面图
1　第 4 组　2　第 5 组

24　大足石刻全集　第七卷（上册）

05	儿身熟□睡
06	仰推慈母〔为〕
07	诸佛亦何偏[5]

第6组

刻妇人坐像和小儿立像各1身（图15-1；图版Ⅰ：24）。

妇人像　坐高111厘米，头长32厘米，肩宽36厘米，胸厚20厘米。头挽髻，面长圆。身丰硕，袒胸露乳，上着对襟窄袖衫，腰系带，下着长、短两层裙。左手外伸，触碰左侧第4组妇人像右肩，右手握圆状馍饼置右腿上，端坐哺乳。裙摆下显露着鞋的双足。

小儿像　立高71厘米，头长16厘米，肩宽17厘米，胸厚10厘米。头挽总角，圆脸，张嘴含妇人左乳作吸吮状。上着短衫，下着开裆裤。左手前伸，抓握妇人右乳，右手攀扶妇人左肩。左腿前迈，蹬右足，着鞋侧身而站。

此组造像铭文刻于第4组造像平整面的右侧，幅面宽约55厘米。文左起，竖刻8行35字，楷体，字径6厘米（图版Ⅱ：4）。

01	第六
02	乳哺养育恩
03	△慈觉禅师
04	△宗赜颂曰
05	乳哺无时节
06	怀中岂暂离[1]
07	不愁脂肉尽
08	唯恐小儿饥[6]

第7组

刻像4身[2]。前刻洗衣妇人像1身，其身后刻抱持小儿的立像1身，右后侧刻女童像1身（图15-2；图版Ⅰ：25）。

妇人像　残坐高约85厘米。头挽髻，面残，扭颈回望。袒胸，上着对襟窄袖衫，下着裙。身前刻一圆盆，左手扶盆沿，右手于盆内作洗涤状。叉腿而坐。其身后立像，头毁，残高约102厘米。似着交领宽袖长服，双手身前抱举小儿，直身站立。小儿头亦大部毁，残高约53厘米，上着对襟衫，下着裤。双足似蹬踏妇人像后背。

女童像　位于第5组造像床榻左内侧，侧身向左，高约79厘米。头挽双髻，着圆领窄袖长服，腰束带。左手前伸，举持花枝逗乐小儿，右手下垂。

此组造像铭文刻于第5组造像平整面左侧，幅面宽约75厘米。文左起，竖刻11行，存43字，楷体，字径5厘米（图版Ⅱ：5）。

01	第七
02	洗濯不净恩
03	慈觉大师颂曰
04	小儿□□□
05	襁褓□时干
06	〔怀子无□孩〕
07	慈心不□□
08	儿身多秽污

1　此"离"字《大足石刻铭文录》录为"立"。重庆大足石刻艺术博物馆编：《大足石刻铭文录》，重庆出版社1999年版，第99页。

2　此组造像残损最为严重。民间流传，洗衣的圆盆为"打儿窝"，若信众将金、银、铜钱等抛撒入圆盆，家中适龄妇女就可产子续香火。造像饱受损坏，皆系信众抛撒所致。20世纪50年代后，此陋习逐步消亡。

09　洗浴 □□□

10　父母年需日

11　谁供一勺汤[7]

第8组

刻像5身。其中，左侧刻一男一女立像2身，作杀猪状；右侧方案之后刻像3身（图16-1；图版Ⅰ：26）。

左男像　立高97厘米，头长29厘米，肩宽37厘米，胸厚14厘米。头戴巾，面方圆，双眼略上挑，咬牙抿唇。着交领窄袖长服，腰系带。双手持木棍，作挥棍击打状。其身前刻一头猪，显露前半身，垂双耳，张嘴作哀嚎状，趴伏于地。猪头左后侧竖刻一刀，插于鞘内。

左女像　立高约104厘米，头长29厘米，肩宽35厘米，胸厚14厘米。头挽高髻，面长圆，细眼直鼻，小口半开。内着抹胸，外披对襟窄袖长服，下着裙。左手隐袖内，曲置腹前，右手横胸前，作挽袖状。双足不现。其身前刻一圆盆。盆高13厘米，径30厘米。

右侧刻一方案。案高62厘米，宽120厘米，深28厘米。敷搭双层帷布，案面置三盏，三盏皆高约3.5厘米，径约17.5厘米。其中，左起第一、三盏内另置一圆碗，碗高5厘米，径10厘米。案后刻男像3身，左右男像面略老，居中男像面稚。左男像坐高67厘米。头戴巾，面方圆，表情略严肃。着交领宽袖长服。左手置左腿上，右手隐袖内，端坐于案后，现左腿，足着鞋。中男像，高约56厘米。头挽"品"字髻，圆脸。着圆领宽袖服。双手交握胸前。右男像，高约62厘米，面略今侧，余特征与左男像略同。

方案正面上层帷布刻铭文1则，幅面高38厘米，宽111厘米。文左起，竖刻7行31字，楷体，字径5厘米（图版Ⅱ：6）。

01　第八

02　为造恶业恩

03　△古德颂曰

04　养儿方长大

05　婚嫁是寻常

06　筵会多杀害

07　罪业使谁当[8]

第9组

刻立像3身。其中，左为青年男像，中为老妪像，右为老翁像（图16-2；图版Ⅰ：27）。

青年像　立高约127厘米，头长27厘米，肩宽31厘米，胸厚15厘米[1]。头戴巾，圆脸，右向扭颈仰面。上着交领宽袖齐膝服，腰系绳带作结，下着长裤，扎绑腿，足着鞋。搭袋作结，负于左肩。左手扛雨伞于左肩，右手隐袖内，下垂体侧。挺胸直立，似作迈步状。

老妪像　立高约126厘米，头长29厘米，肩宽33厘米，胸厚17厘米。头挽高髻，饰珠串发箍。脸长圆，略残；侧面右顾，略显不满。内着抹胸，上着对襟窄袖衫，腰系带，下着裙。左手隐袖内，曲于腹前，右手屈肘似作回击状。

老翁像　立高约135厘米，头长31厘米，肩宽36厘米，胸厚17厘米。头戴巾，面残，双眼与老妪对视，下颌似存胡须。身前倾，驼背弓腰，着交领宽袖长服。双手隐于袖内，左手前伸上抬，触碰老妪，右手拄竹杖。着鞋站立。

老妪像身下刻一平整面，高34厘米，宽80厘米，内刻铭文1则。文左起，竖刻11行，存41字，楷体，字径5厘米（图版Ⅱ：7）。

01　第九

02　远行忆念恩

03　△慈觉颂曰

1　该青年像头、胸及左臂早年毁，至迟于20世纪70年代修补完整。

04 乳下为儿时
05 三年岂离怀[1]
06 如何千里外
07 □家不回□
08 □□□□□
09 出必□□□
10 恐倚门庐望
11 归来莫太迟[9]

第10组
刻像3身。左刻青年男像1身，侧身向右作跪拜状；右刻老翁、老妪端坐像2身（图17；图版Ⅰ：28）。

青年男像　跪高约67厘米，头长23厘米，肩宽27厘米，胸厚13厘米。头戴巾，面圆。着圆领长服。双手交握胸前。侧身跪地，作聆听状。

老翁像　居中而坐，坐高110厘米，头长27厘米，肩宽34厘米，胸厚15厘米。头戴巾，巾幅垂于头后。面方，额刻皱纹，垂眉下视，下颌刻三绺胡须。着交领宽袖长服，腰束带。左手撑台面，右手横置胸前，直指青年，作说教状。端坐于方台上，足着鞋。

老妪像　坐高113厘米，头长27厘米，肩宽30厘米，胸厚15厘米。头挽髻罩巾，巾幅垂于头后。面方，双眼似微闭，脸颊略瘦。内着抹胸，外着交领窄袖长服，腰束带。双手隐袖内交置腹前。交腿而坐，显露着鞋右足。

老妪像身右侧刻一平整面，高54厘米，宽38厘米，内刻铭文1则。文左起，竖刻5行37字，楷体，字径6厘米（图版Ⅱ：8）。

01 究竟怜悯恩△颂曰
02 百岁△唯忧八十儿
03 不舍△作鬼也忧之
04 观喜怒常不犯慈颜
05 非容易从来谓色难[10]

此外，在"序品"造像铭文竖直下方另凿一平整面。平整面高62厘米，宽107厘米，下距地坪约225厘米；内刻铭文1则。文两端外侧各竖刻1行共8字，中部左起竖刻4行20字，楷体，字径皆10厘米（图版Ⅱ：9）。

知恩者少（左外）
假使热铁轮
于我顶上旋
终不以此苦
退失菩提心
负恩者多（右外）

（三）下层
壁面右侧刻地狱场景1组（图18；图版Ⅰ：29）。此外，中部和左侧壁面刻山石、云纹作背景，内间置铭文7则。

地狱场景刻狱卒像1身和受刑者像3身。从左至右，编为第1—4像。

第1像　为受刑者，高约47厘米。头挽髻，颈戴枷，左手扶枷，右手及肩下隐没不现。其身下刻一铁蛇，口吐毒焰，身折四曲。

1　此"怀"字《大足石刻铭文录》录为"位"。重庆大足石刻艺术博物馆编：《大足石刻铭文录》，重庆出版社1999年版，第99页。

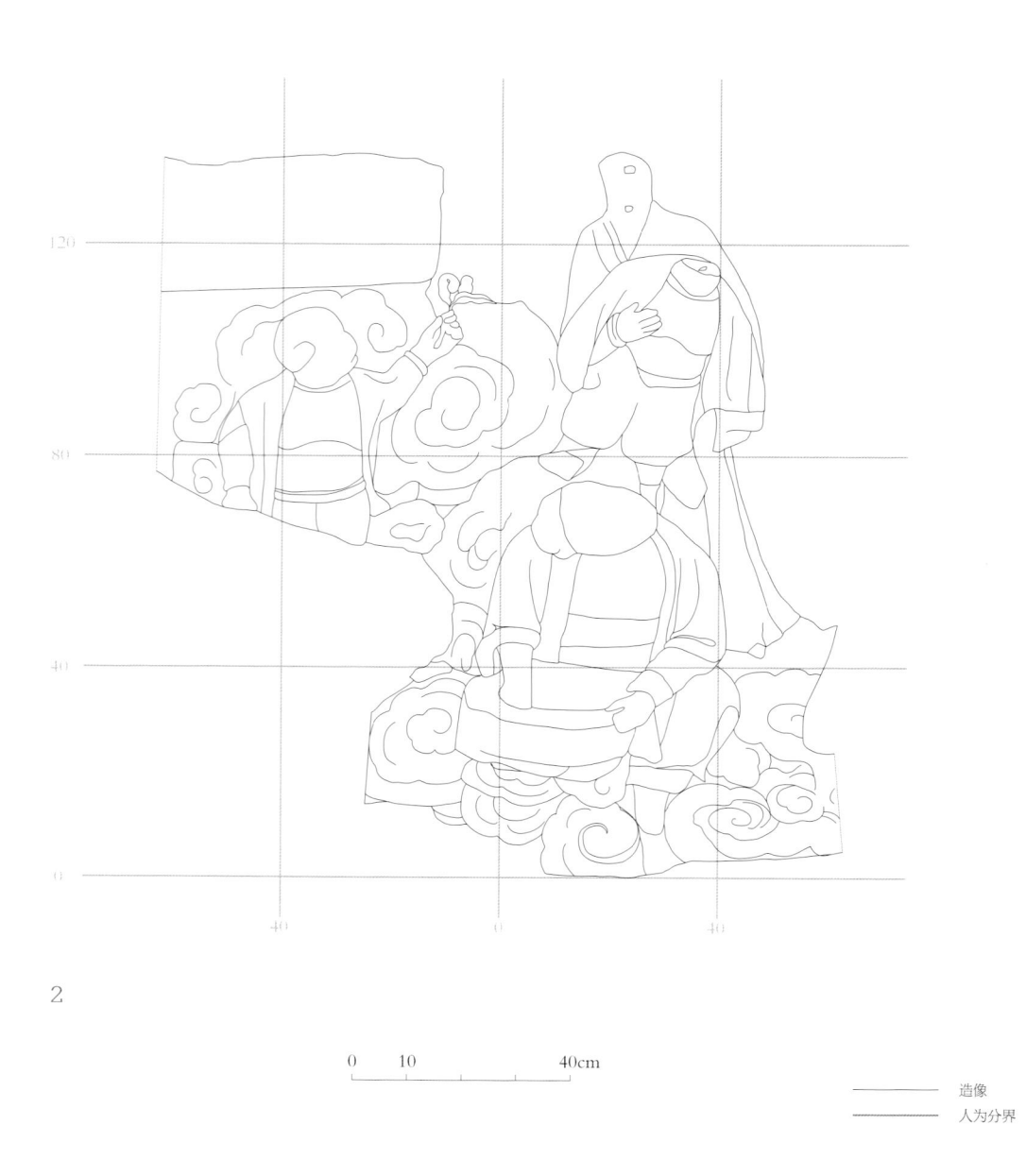

图 15　第 15 号龛中层第 6、7 组造像立面图
1　第 6 组　2　第 7 组

1

2

图 16　第 15 号龛中层第 8、9 组造像立面图
1　第 8 组　2　第 9 组

图17　第15号龛中层第10组造像立面图

第2像　为受刑者，高约40厘米。头束发，上身赤裸，左手抚石壁，右手不现。

第3像　为狱卒像，半身高约79厘米。头扎巾，作结后上扬。面方，蓬发上竖。着圆领服。左手按压第2像头部，右手持勺舀洋铜灌罪人。其左侧一铁蛇，身折三曲现半身，口吐毒焰。

第4像　为受刑者，仅露头部，长约15厘米。头顶圆形火盆，烈焰熊熊。火盆高25厘米，宽44厘米，外凸壁面约20厘米。面圆，双目紧闭，紧咬牙关，作痛苦状。其右侧刻一铜狗，侧身向左直立，身长79厘米，高36厘米。仰头伸颈，口吐浓烟，向左蔓延。

四　铭文

下层壁面左侧和中部刻平整面7块，大致水平间置于山石、云纹间，下距地坪约119—174厘米。从左至右，编为第1—7则（图19）。其中，第1则刻于最左，右距第2则78厘米；第2、3则相距103厘米，第3、4则相距108厘米，第4、5则相距40厘米，第5、6则相距72厘米；第7则刻于第6则右下方，竖直相距约18厘米。

第1则

佛说报父母恩德经，南宋淳熙至淳祐年间（1174—1252年）。平整面高30厘米，宽90厘米。文左起，竖刻16行，其中，前9行存44字，字径4厘米；后7行漶（图版Ⅱ：10）。

01　□藏报父母恩德
02　□□佛告阿难
03　日有善男子善
04　女人欲得报父
05　□□□为于父
06　□□写大乘为于
07　父母说读诵大
08　〔藏〕为于父母听
09　□□□□赞曰

（第10—16行漶）

第2则

佛说为于父母供养三宝经，南宋淳熙至淳祐年间（1174—1252年）。平整面高28厘米，宽98厘米，上部剥落。文左起，竖刻14行，存47字，楷体，字径4厘米（图版Ⅱ：11）。

01　大藏佛言
02　为于父母
03　供养三宝
04　为于父母
05　□施修福
06　赞曰
07　佛法僧三宝
08　□□妙福田
09　□□酬罔[1]极
10　□□定无边
11　□□真可念
12　□□更堪怜
13　□□如诸圣
14　□□即敬田[11]

第3则

佛说为于父母□悔罪愆经，南宋淳熙至淳祐年间（1174—1252年）。平整面高37厘米，宽85厘米。文左起，竖刻13行，存64字，楷体，字径5厘米（图版Ⅱ：12）。

01　大藏佛言为于
02　父母□悔罪愆[2]
03　为于父母持斋
04　持戒□等若能
05　如是□日孝子

1　此"罔"字《大足石刻铭文录》录为"网"。重庆大足石刻艺术博物馆编：《大足石刻铭文录》，重庆出版社1999年版，第101页。
2　此"愆"字《大足石刻铭文录》录为"德"。同前引。

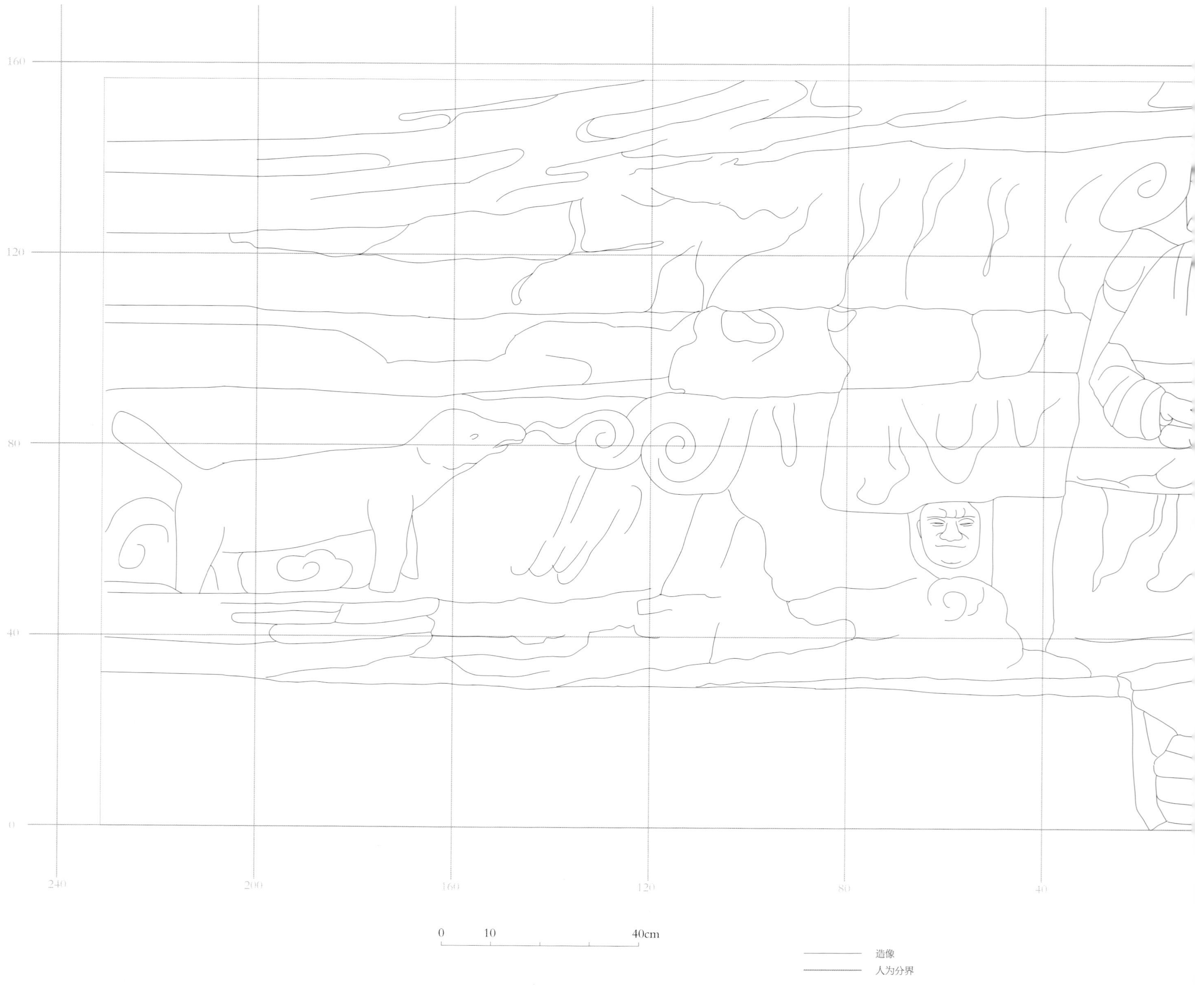

图18 第15号龛下层地狱场景造像立面图

大藏經玄佛告阿難不孝之人身

惡友熏習
造作非理
生遭王法
死入阿鼻

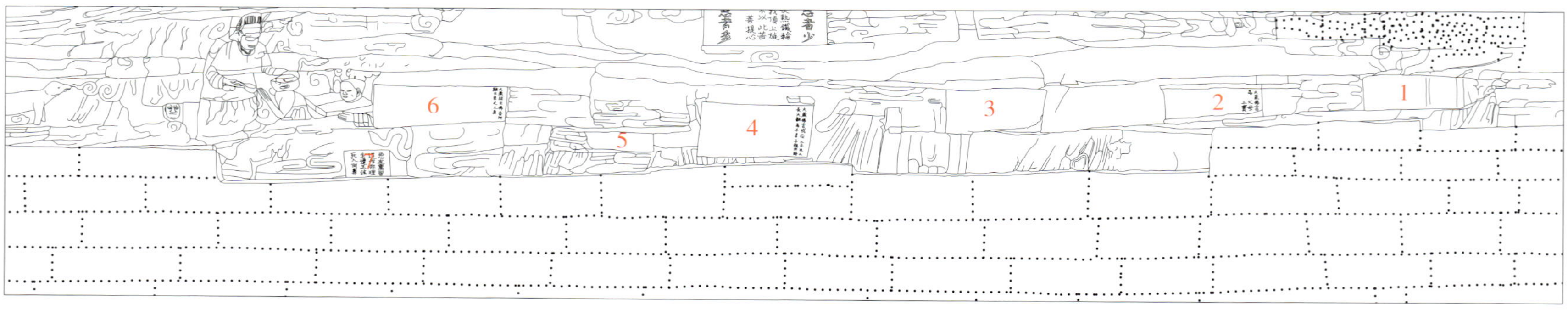

图19　第15号龛下层铭文编号图

06　若〔不〕持此行者
07　终是地狱之人
08　不孝之子
09　△赞曰
10　欲□无穷孝
11　当求出世因
12　曾日不到处
13　须问释迦文[12]

第4则

佛说不孝罪为先经，南宋淳熙至淳祐年间（1174—1252年）。平整面高54厘米，宽100厘米。文左起，竖刻16行，存152字，楷体，字径4厘米。平整面上方左右端各刻钱币一堆（图版Ⅱ：13）。

01　大藏佛言或□儿子及其
02　长大翻为不孝尊亲共语
03　应对恍惚[1]拗眼烈睛欺凌
04　伯叔打骂兄弟毁辱亲情
05　无有礼仪不遵师范弃诸
06　胜友朋逐恶人习已性成
07　遂为狂计不崇学艺□逐[2]
08　异端无赖粗颜好习无益
09　斗打窃盗触犯乡闾饮酒

1　此"恈"字《大足石刻铭文录》录为"降"。重庆大足石刻艺术博物馆编：《大足石刻铭文录》，重庆出版社1999年版，第102页。
2　此"逐"字《大足石刻铭文录》录为"逐"。同前引。

10　㮈蒲奸非过法带累弟兄

11　恼乱爷娘晨去暮归

12　尊人忧念△△赞曰

13　三千条律令不孝罪为先

14　天网无逃处常应悔在前

15　非为妨孝养博[1]戏破家财

16　未必雠忧患慈亲亦恼怀[13]

第5则

刑法题记，南宋淳熙至淳祐年间（1174—1252年）。平整面高15厘米，宽55厘米。文左起，竖刻7行14字，楷体，字径5厘米（图版Ⅱ：14）。

01　刑法

02　诸骂

03　祖父

04　母父

05　母者

06　绞殴

07　者斩

第6则

佛说不孝之人堕阿毗地狱经，南宋淳熙至淳祐年间（1174—1252年）。平整面高37厘米，宽113厘米。文左起，竖刻21行134字，楷体，字径3厘米（图版Ⅱ：15）。

01　大藏经云佛告阿

02　难不孝之人身坏[2]

03　命终堕阿毗狱其

04　地狱纵广八千由

05　旬四面铁城其地

06　亦铁铁为罗网炽

07　火洞然猛烈焰炉

08　雷奔电烁洋[3]铜烧

09　铁流灌罪人铜狗

10　铁蛇恒吐烟焰炮

11　烧煮炙支节焦然

12　历劫受殃无时间

13　歇更得入诸小狱

14　中头戴火盆其身

1　此"博"字《大足石刻铭文录》录为"愽"。重庆大足石刻艺术博物馆编：《大足石刻铭文录》，重庆出版社1999年版，第102页。

2　此"坏"字《大足石刻铭文录》录为"橯"。重庆大足石刻艺术博物馆编：《大足石刻铭文录》，重庆出版社1999年版，第103页。

3　此"洋"字《大足石刻铭文录》录为"烊"。同前引。

15　烂坏肠肚寮乱骨
16　肉踪横千生万死
17　△赞曰
18　父母如忧念
19　乾坤定不容
20　人间遭霹雳
21　地狱饮洋[1]铜[14]

第7则

偈语，南宋淳熙至淳祐年间（1174—1252年）。平整面高39厘米，宽23厘米。文左起，竖刻4行16字，楷体，字径5厘米（图版Ⅱ：16）。

01　恶友熏习
02　造作非礼
03　生遭王法
04　死入阿鼻[15]

五　晚期遗迹

（一）构筑

1956年，以条石错缝叠砌加固龛壁下方残蚀的基脚，横贯全龛，左右端皆与相邻龛像修补的基脚条石衔接。补砌条石显露最高6级，最低4级；每级条石高约32厘米。

1956年，拆除龛前一楼一底木质结构的危房[2]。今龛顶底部左右端各存一圆形柱孔，对称布置。孔大小相近，直径约27厘米，深约46厘米。龛中层第2组和第3组造像外侧下方，对称各保留一长方形凿孔。左孔宽22厘米，高50厘米，最深约50厘米。右孔宽17厘米，高30厘米，深42厘米。这些遗迹，估计皆为拆除木构建筑后的遗存。

1957年，以钢筋混凝土补接龛顶及岩檐。今龛顶底部左侧存"1957年5月培修"字样。

2007年，再次对本龛进行应急抢险加固保护，修复造像脱落处，打小锚钉加固，治理龛顶裂隙渗水，补接檐口滴水线。今龛顶中部横向保存三个铆接方孔，等距布置。孔大小相近，边宽约16厘米，已填充补实。

龛顶底部左侧，即第1、2身佛像间上方，横向存三个方孔，等距布置，相距约12厘米。孔大小相近，高5厘米，宽10厘米，深6厘米。

龛右侧圆转外凸壁面上部存一不规整圆孔和一方孔，竖直相距约80厘米。圆孔直径约10厘米，深约15厘米。方孔边宽约13厘米，深15厘米。比邻下部方孔下侧，另存一方形槽口，高18厘米，宽140厘米，最深23厘米。

龛中层第9组造像中，青年男像身右侧壁面因裂缝而毁。裂缝自本龛岩檐与第14号窟岩檐相接处曲折而下，经青年男像头部左侧，再斜向右侧延伸，止于下方软弱夹层带，全长约700厘米。裂缝局部已粘合，粘合处最宽约18厘米。青年男像身右侧壁面以条石嵌入修补，并仿刻云纹。条石补砌面最高75厘米，最宽35厘米。

龛下层左侧软弱夹层带蚀，现以条石嵌砌修补，仿刻云纹。修补面长约300厘米，高约80厘米。

1　此"洋"字《大足石刻铭文录》录为"烊"。重庆大足石刻艺术博物馆编：《大足石刻铭文录》，重庆出版社1999年版，第103页。
2　王庆煜：《大足石窟维修保护概况》，《大足石刻研究》2002年创刊号（内刊），第60页。

（二）妆绘

清光绪十五年（1889年），信士戴光升装彩本龛造像[1]。

龛壁整体施绘红色涂层。

上层七佛像存红色、黑色、蓝色、绿色等四种涂层。此外，佛像头部和胸部贴金箔。

中层造像存蓝色、绿色、红色、黑色等四种涂层。此外，第一、三、四、五、六组造像面部、胸部或衣饰贴有金箔。

下层造像、壁面存灰白色和红色两种涂层，造像和平整面铭刻的妆绘大多剥蚀殆尽。

第三节　第16号

一　位置

位于大佛湾北崖中段，左、右分别与第15号龛和第17号龛转折相接，上为外挑的岩檐，下与地坪垂直相接。

龛口南向，方向197°。

二　形制

方形龛（图20、图21、图22、图23、图24；图版Ⅰ：30、图版Ⅰ：31）。

龛口略呈方形，通高约727厘米，宽约735—944厘米，上部略宽，下部稍窄，至后壁最深约170厘米。龛壁不规整。其中，上部龛壁中部内凹，两侧外凸，其左端与第15号龛右侧壁外端转折相接，右端与第17号龛左侧壁亦转折相接。下部龛壁稍显平直，左侧与第15号龛下层壁面贯通，右侧与第17号龛左下方龛壁转折相接，有明显区分。龛壁上部与龛顶略垂直相接，下部与地坪垂直相接。龛顶即为外挑的岩檐，大部为后世补接，外挑最深约169厘米。

龛壁中下部软弱夹层带和左下部岩壁基脚毁，后世以条石填塞，补砌完整。

三　造像

造像布列于龛壁上部和下部，其余壁面空隙饰刻云纹（图版Ⅰ：30）。据此，将造像分为上部、下部两部分。

（一）上部

刻像6身，沿壁面起伏横向排列。从左至右编为第1—6像（图25）。

第1像　高193厘米，头长44厘米，肩宽50厘米，胸厚23厘米（图26；图版Ⅰ：32）。头右扭，挽髻束巾，巾带上扬。方面略残，双目圆睁，短鼻肥大，髭须飘拂。着圆领宽袖服，下着裤。披巾环于头后，经双肩飘垂体侧。左手屈肘抱持风袋上部，右手抓握袋口，作放风状。左腿屈膝，右腿斜伸，呈弓步，着鞋蹲立。

第2像　猪头人身，高218厘米，头长68厘米，肩宽71厘米，胸厚20厘米（图版Ⅰ：33）。猪头左扭，与第1像相对。长嘴前凸，张口吐焰，焰尖斜向上飘。露齿，扁耳垂搭。着圆领紧袖服，下着裤。左手腹前持一锥，手及锥部分残，锥残长48厘米；右手上举持一短柄斧，作敲击状。斧全长75厘米，斧面最宽47厘米。左腿斜伸直立，右腿屈膝上竖，足靴。其身四周环刻七面圆鼓。圆鼓竖直外凸，凸显8—35厘米，饰刻一周圆形鼓钉。鼓面大小相近，直径约47厘米。

第3像　女像，位于壁面中部内凹处左侧，通立高231厘米，头长50厘米，肩宽50厘米，胸厚35厘米（图版Ⅰ：34）。挽髻戴冠，云鬟覆耳。面长圆，略右倾。体态丰盈，内着抹胸，外着对襟窄袖服，腰束带，下着裙。裙摆之下显露内着的长裤，裤筒宽大。披巾环于头后，沿肩飘垂体侧。左手持圆镜曲举头顶，右手持圆镜斜伸体侧。二圆镜中心各刻一圆珠，并发出一道毫光，斜飘至镜

---

[1] "装绚……送子殿满堂神像"，《戴光升装彩千手观音华严三圣父母恩重经变像镌记》，见本报告集第六卷上册第93页；另见重庆大足石刻艺术博物馆编：《大足石刻铭文录》，重庆出版社1999年版，第257页。

图20　第16号龛立面图

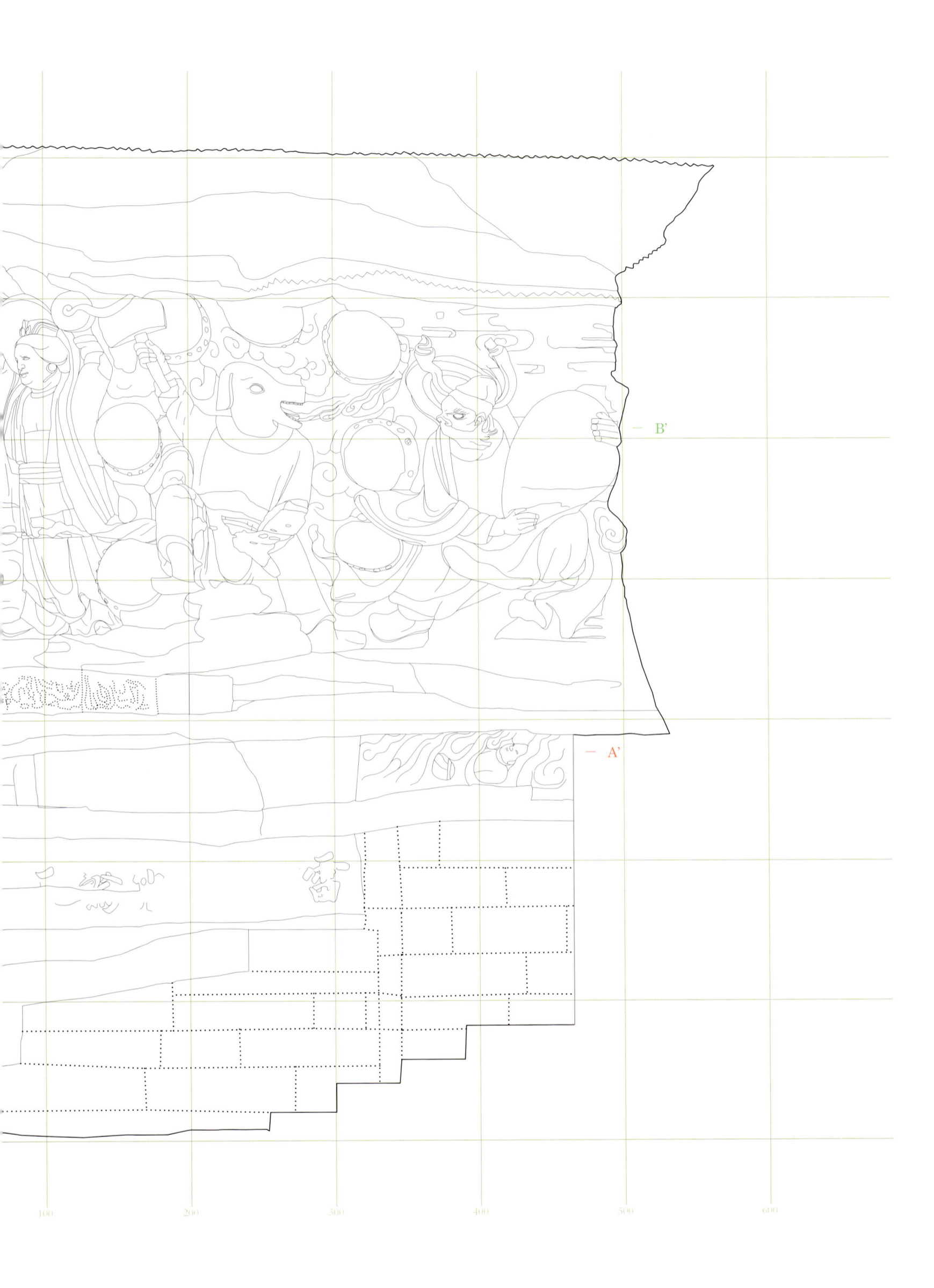

图 21　第 16 号龛剖面图（向东）

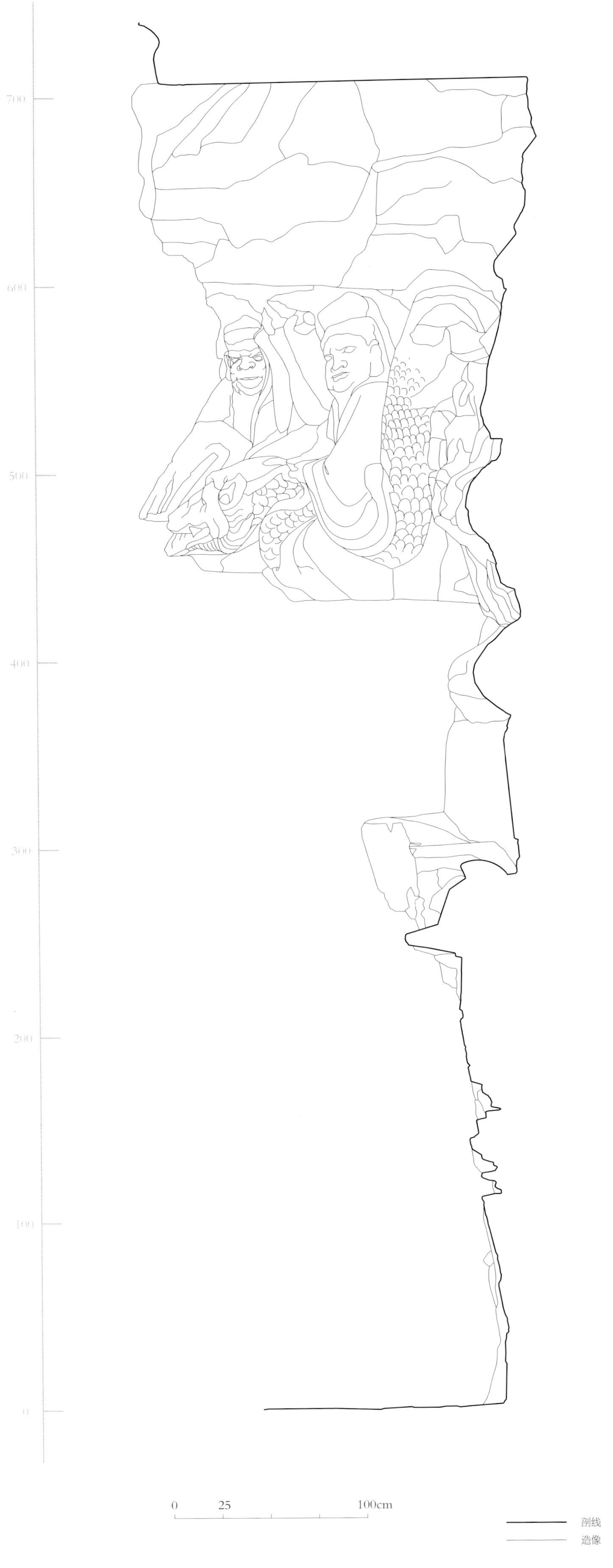

图 22　第 16 号龛剖面图（向西）

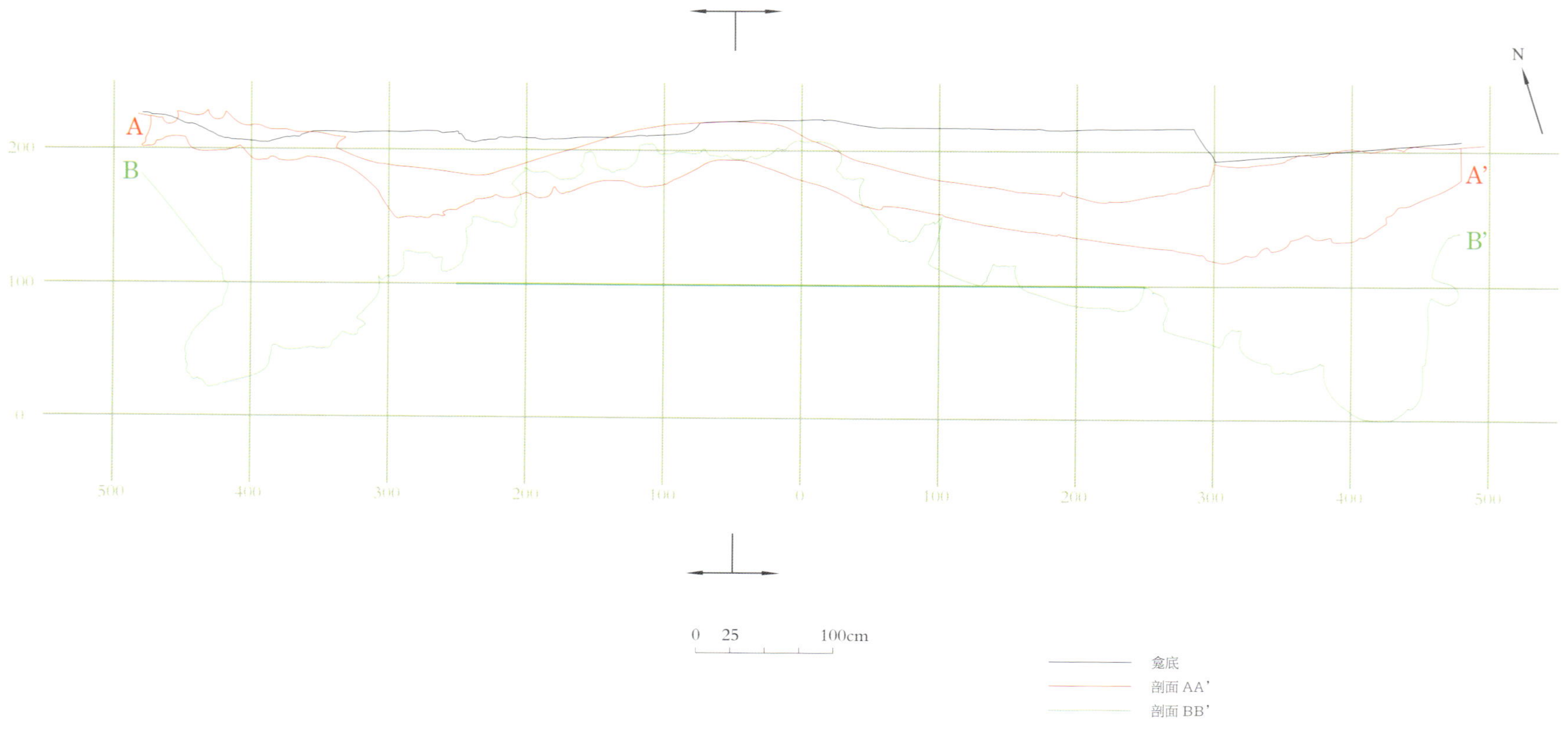

图 23　第 16 号龛平面图

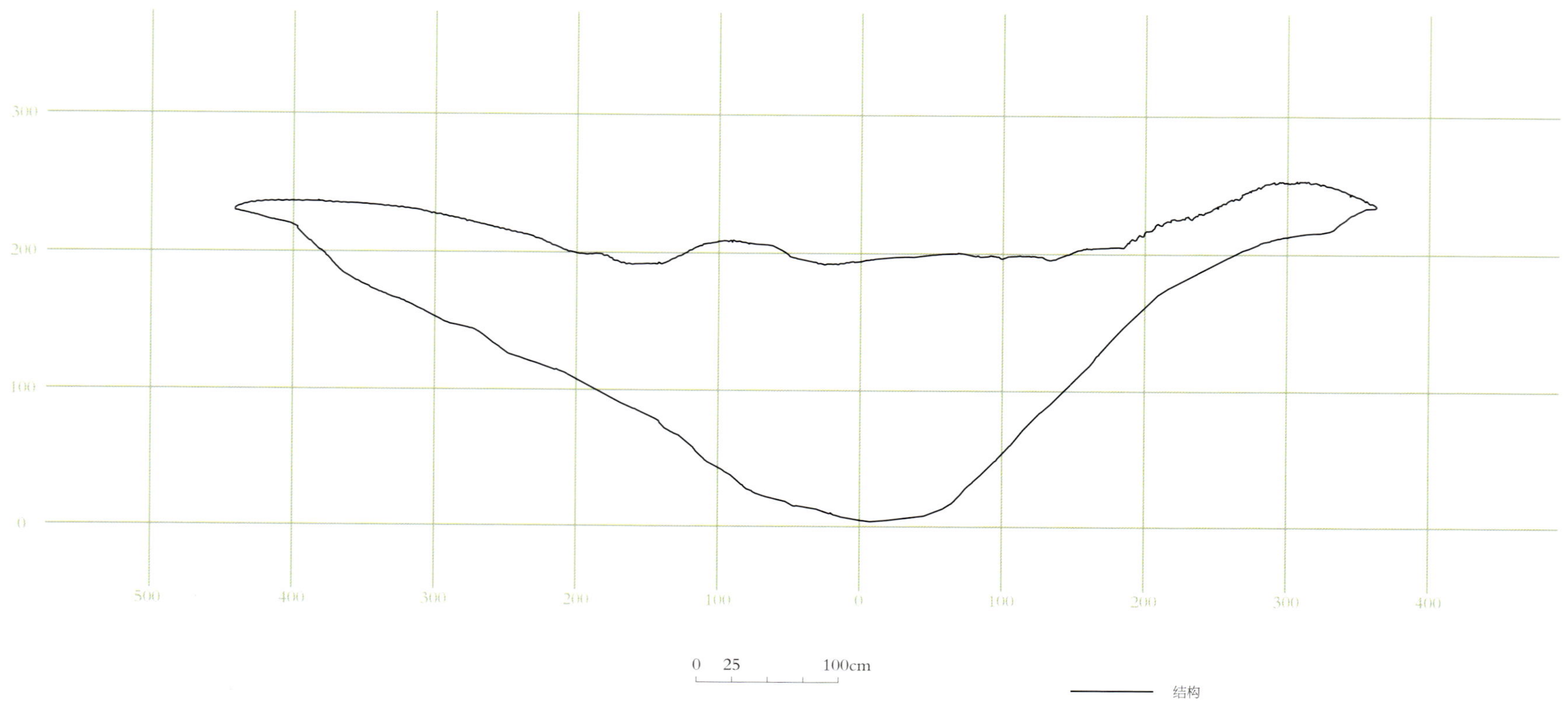

图 24　第 16 号龛龛顶仰视图

外。镜面直径40厘米。双足着尖头鞋，呈"八"字形站立。

第4像　位于壁面中部内凹处右侧，显露上半身，高约90厘米，头长43厘米，肩宽40厘米，胸厚11厘米（图版Ⅰ：35）。头挽髻戴冠，扭颈仰面，着交领窄袖服，置身火焰之中，作痛苦状。其身四周壁面刻上蹿的火焰纹。

第5像　身高165厘米，头长53厘米，肩宽56厘米，胸厚28厘米（图版Ⅰ：35）。头挽髻戴冠，方面，扭颈向左，双目圆睁，似与第3像对视。双唇紧闭，浓须斜飘。着双层交领宽袖服，袖口飞卷，下着裤。左手胸前托盏，盏高12厘米，宽22厘米，右手曲于体侧，似持柳枝，屈膝骑跨龙身之上，足残。龙身曲长540厘米，龙头向右，口半开，刻龙角，曲颈，身修长，未见前肢，后左肢作蹬踏状，爪显露局部，龙尾曲折上翘。

第6像　位于壁面右端，显露半身，高约112厘米，头长34厘米，肩宽53厘米，胸厚46厘米（图版Ⅰ：35）。头戴软脚幞头，扭头向左，面方，浓眉蹙额，眼眶深陷，双目圆睁，短鼻阔嘴，嘴半开，浓须飘垂。着圆领宽袖长服，双手持一折叠的簿册。其身下岩体脱落。

簿册局部残，长50厘米，宽44厘米，厚18厘米。簿册竖刻"敕烧｜煞五｜逆〔者〕"[16]3行6字，字径20厘米（图版Ⅱ：17）。

（二）下部

壁面左右侧各刻受刑者像1身（图20）。

左受刑者　头向左，仰面横躺于烈火中，显露身长约123厘米（图版Ⅰ：36）。光头，圆面，双目微睁，双唇微闭，上身袒，下着裤。左手置体侧，右手隐于内侧。左腿屈膝上拱，跣足；右腿隐于内侧。身四周刻火焰纹。

右受刑者　俯身横卧，显露身长约50厘米（图版Ⅰ：37）。头挽髻，圆面向下，可辨部分右臂。身四周刻火焰纹。

四　铭文

3则，分刻于壁面下部。

第1则

古圣雷音霹雳诗，南宋淳熙至淳祐年间（1174—1252年）。刻于壁面左下方平整面，下距地坪约245厘米。平整面高35厘米，宽214厘米。文左起，竖刻54行，可辨136字，第19—25行漶，字径3厘米（图版Ⅱ：18）。

01　古圣雷音霹雳诗
02　一自开辟至天地
03　得有千般万般鬼
04　就中罪恶说忽雷
05　隐在峨眉山洞里
06　若说忽雷人稀见
07　寓离口事三拳面
08　颜发黑赤似朱砂
09　横身黳黑如蓝靛
10　大王胯下师子裈
11　牙如利剑口如盆
12　□□拗亚多□折
13　□□文如踏黑云
14　□□□爪如□
15　□□□□□日晖

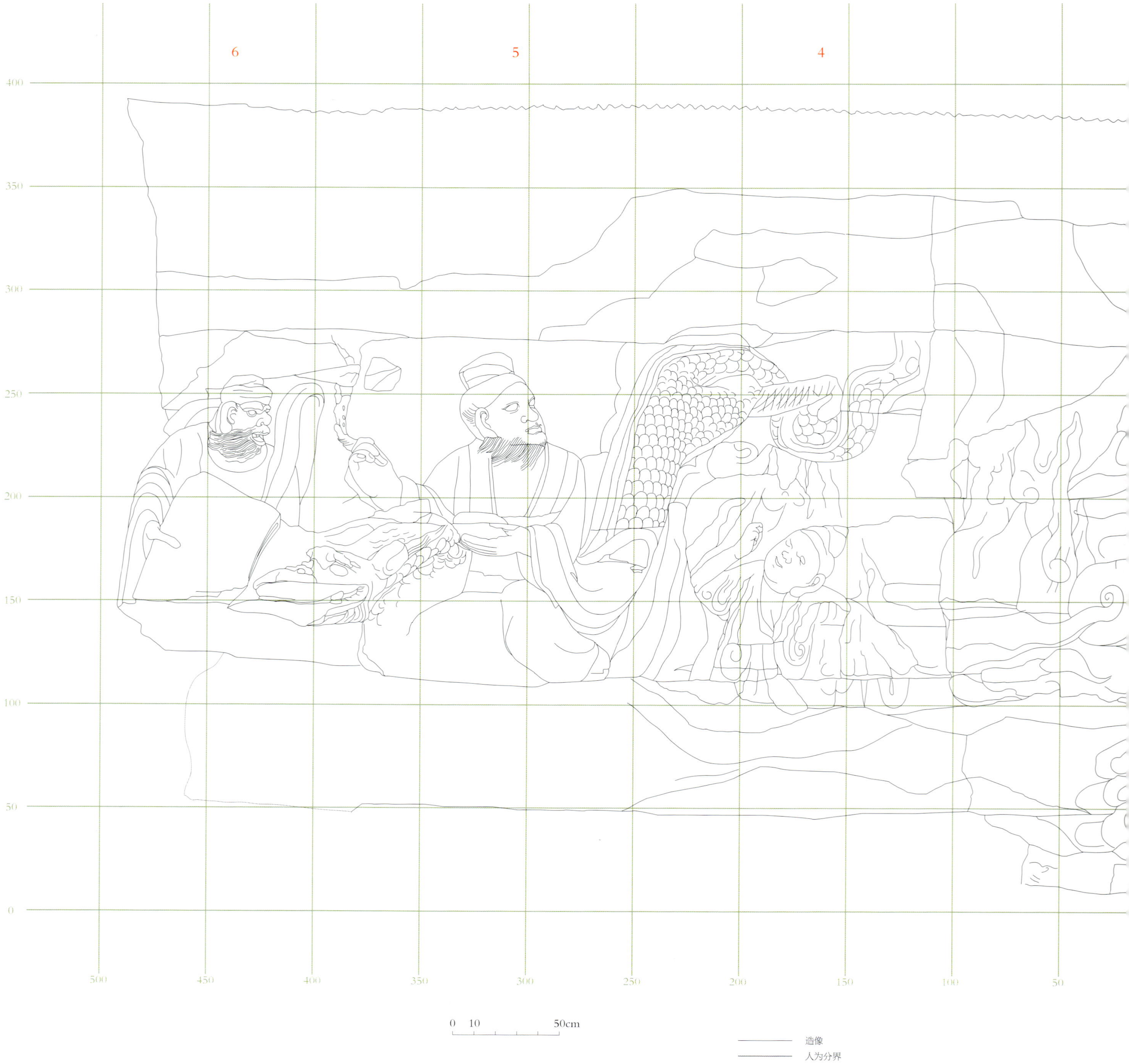

图 25　第 16 号龛上部造像立面及编号图

第二章 第15—17号 45

16　□□□□眼雪白
17　□□□□□□尘
18　□□□□□□归
　　（第19—25行漶）
26　□□□□甲□
27　□□□□□□
28　□□□□如星
29　惊□世□不孝女
30　□□□□女逆儿
31　□□□□□□
32　□□□□□□
33　□□□□□龙
34　□□□□开□
35　□□□□〔老〕□
36　□□□□□□
37　□戒□□□□
38　□□□□佛□
39　□□比□□□
40　□□□□赤素
41　□□□□□高
42　□□□莫□错
43　□□□□□□
44　□□□□□□
45　□□三宝□□
46　□□□□□□
47　□世界□□乾坤
48　□□往□□长存
49　□□□□□□
50　□沙走石□暂停
51　□□愣□□母□
52　□□□母□□□
53　□□□□归去□
54　□□□□□□□[17]

第2则

偈语，南宋淳熙至淳祐年间（1174—1252年）。刻于下部壁面中部，形如横幅；下距地坪约146厘米。刻石面高65厘米，宽550厘米，左起横刻1行14字，字径31厘米（图版Ⅱ：19）。

　　雷音一震惊天地△万物生芽别是春

图26　第16号龛上部左起第1像效果图

第3则

偈语，南宋淳熙至淳祐年间（1174—1252年）。刻于壁面下部，下距地坪约39厘米。刻石面高80厘米，宽90厘米。文左起，竖刻4行，存16字，字径12厘米（图版Ⅱ：20）。

01　湛□□天不可欺
02　□□□动已先知
03　善□□□终有报
04　□□□□与来迟[1][18]

五　晚期遗迹

（一）构筑

1956年，以条石错缝叠砌加固龛壁左下方基脚岩石，并与第15号龛下部条石齐平。条石补砌最高七级，通高约140厘米。同年，补接龛檐，至1957年完成。

1998年，以两级条石填塞、加固龛壁中部软弱夹层带；并仿刻火焰纹。条石修补面高约70厘米，宽约550厘米。该修补面左侧下方约30厘米处，分布一条横向裂隙，现以环氧树脂粘合修补。修补裂隙全长约230厘米，宽20厘米。

龛壁上部右侧保存两个不规整的方孔，水平相距约150厘米。左孔高约14厘米，宽约22厘米，深约10厘米。右孔高约10厘米，宽

---

[1] 本则铭文中的湮灭字，《大足石刻铭文录》据佛祖岩石刻及参考陈杨炯《普贤菩萨》一书补入，重庆大足石刻艺术博物馆编：《大足石刻铭文录》，重庆出版社1999年版，第104页。

约12厘米，深约15厘米。

龛壁下部（即第2则铭文右上方），以单级条石填塞修补裂缝。条石修补面高27厘米，宽约165厘米。

（二）妆绘

龛壁存灰白色、红色两种涂层。

造像存红色、蓝色、黑色、灰白色等四种涂层。其中，上层第2身造像涂层保存较好。

第四节　第17号

一　位置

位于大佛湾北崖中段。左紧邻第16号龛，右比邻第18号龛，上方为外挑的岩檐，下部与地坪垂直相接。

龛口南向，方向182°。

二　形制

横长方形龛（图27、图28、图29、图30；图版Ⅰ：38、图版Ⅰ：39）。

龛口呈横长方形，最高约740厘米，最宽约1509厘米，至后壁最深约227厘米。龛口左侧中部岩体塌落，右侧中下部岩体毁（现以条石叠砌修补）。龛口左上角作直角处理，右上角略呈弧形。龛壁竖直，左侧与外凸的第16号龛外右壁垂直相接，右侧圆转外凸，再转折与第18号龛相接。龛壁与龛顶垂直相接。龛顶为外挑岩檐，右侧毁，今水泥修补完整，外挑最深约92厘米。龛顶现为平顶，略呈方形。

三　造像

壁面中刻主尊佛像1身，显露半身；其左右侧壁面共刻造像12组，大致以主尊像为中心，左右排列。左右侧壁面上部刻横幅式偈语1则。此外，壁面空隙处刻饰山石、云纹作背景（图27、图31；图版Ⅰ：38、图版Ⅰ：40、图版Ⅰ：41）。

据造像位置，划分为中部、左侧、右侧造像三部分。

（一）中部

高浮雕主尊佛像1身，显露半身，略前倾。佛身下部刻一外凸的方台与地坪相接（图32、图33；图版Ⅰ：42）。

佛像　高373厘米，头长145厘米，肩宽240厘米，胸厚48厘米。头刻尖状螺发，与耳廓齐平，刻髻珠。自髻珠放出一道毫光直达龛顶，并沿龛顶向左右延伸。毫光中部刻一座单重建筑，置于云纹上。佛像面方圆，略低垂，弯眉细目，眼微睁下视，鼻高直，唇角微收，略带笑意。耳垂硕大。颈刻三道肉褶线。内着僧祇支，束带打结，带呈"八"字形下垂；外着双领下垂式袈裟，袈裟一角系于左肩哲那环上。两前臂处的横向裂隙，后世用黄泥粘合修补。腕镯，左手胸前托圆钵，右手胸前结印，其拇指、食指、中指直伸，余指弯曲。钵高45厘米，直径55厘米。

佛像头顶毫光内刻一座单重楼阁，下部云纹承托，屋顶与龛顶相接，通高65厘米（图34；图版Ⅰ：43）。屋身两柱一间，面阔78厘米，进深52厘米，下部刻勾栏。立柱圆形，柱间刻横枋。正面屋身勾栏内刻像4身。檐下刻一方匾，高15厘米，宽63厘米，内左起横刻"忉利〔天〕宫"4字，字径7厘米（图版Ⅱ：21）。屋顶为庑殿顶，显露部分，翼角上翘。

屋身正面勾栏内刻像4身，皆露上半身，残蚀甚重，可辨轮廓，残高约27厘米。其中，居中二像正面向外，浮雕桃形身光。左像头戴冠，面长圆，着交领长服，双手胸前合十；右像可辨双手置胸前。左右外侧二像，浮雕桃形头光，侧身相对。左外侧像头戴冠，冠带下垂及肩，着双领下垂式袈裟，双手持一长条形物。右外侧像，双手覆巾，置于胸前，余同左外侧像。

自佛像双肩后侧发出五色光芒，沿龛壁斜向延至龛顶，略外凸于壁面。光芒内、外共浮雕造像5组，呈左三右二布置于佛像头部左右（图版Ⅰ：44）。从上至下，从左至右编为第1—5组（图35）。其中，第1、2、4组刻于光芒内，第3、5组刻于光芒外。

第1组

刻像4身（图35；图版Ⅰ：45）。其中，下部三身为俗人像，体量稍大，呈"品"字形布置；上部一身为佛像，体量较小，置于圆形浅龛内。

俗人像　3身，皆残略重。左上像，残高约52厘米。可辨着交领宽袖长服，双手笼袖内置腹前，足鞋而立。中像，立高47厘米。头残，着交领宽袖长服，双手胸前合十，足着鞋而立。右上像，残蚀略重，残高约55厘米。头似戴冠，面长圆，似着圆领宽袖长服。披帛自两肩下垂，斜飘体侧。双手覆巾，交置胸前，直身而立。

佛像　置于圆形浅龛内。龛直径25厘米。佛像残蚀甚重，残坐高22厘米。可辨着袈裟，双手置腹前，残，结跏趺坐。

第2组

刻三面八臂立式武士像1身（图35；图版Ⅰ：46）。

武士像　略蚀，残立高约60厘米。长发上扬，额束巾，中部饰一圆形物，两侧巾脚向上扬起。三面略残，正面方圆，双眉紧皱，目光下视；左右面蚀。上身袒，腰束带，下外着长裙，内着裤，足着靴直立。披巾自两肩下垂，敷搭手臂后飘于体侧。身八臂，皆腕镯，中两臂胸前作拱。左右上臂屈肘上举，托云纹，内置一圆轮。左中臂持盾，右中臂执索。左下臂斜伸持长戟，右下臂腹前挂长剑。

第3组

下部刻一座方形城池，内刻地狱场景；城外上方刻立像1身（图35；图版Ⅰ：47）。

城池平面呈方形，显露三面城墙，边长约70厘米。墙上共刻六墙垛。正面墙身刻一盘绕的蛇。城内右下刻一羊头人身狱卒像，高约33厘米。着圆领紧袖长服，腰部束带，双手持叉刺入受刑者胸膛。受刑者显露高18厘米，头挽高髻，面长圆，上身袒，下着犊鼻裈。双手平放腿上，双腿屈起蹲地而坐。受刑者身后刻一圆锅，口径25厘米，高10厘米。锅中沸腾，一受刑者仰面浮于其中，露头、肩和双腿。锅下刻熊熊火焰。紧邻锅外右侧刻立像1身，高30厘米。披发齐耳，面圆，着交领宽袖长服，左手垂于体侧，右手胸前指向左上方。

城外上方立像通高45厘米，头戴冠，面长圆，着交领宽袖长服，双手笼袖内，相交腹前；足鞋踏龟而立。

第4组

下部刻动物4头，大致呈纵向布置；上部刻立像1身（图35；图版Ⅰ：48）。

动物皆蚀，可辨部分细节。自上而下，第1头为一鹿，残蚀甚重，可辨头上仰，向左侧立。第2头为一狮，身长32厘米，高17厘米，四腿分踏仰莲。头扭颈上扬，身曲，尾上翘，向右侧立。第3头为一象，身长42厘米，高17厘米，象鼻前伸，前端卷曲，双耳下耷，四蹄各踏一仰莲，向左侧立。第4头为一牛，身长37厘米，高30厘米，伸颈上扬，四腿直伸，向左侧立。

上部立像，仅存轮廓，残高30厘米。可辨着宽袖长服，双手胸前似捧物。其左上方刻一小树，枝叶茂密。

第5组

刻像3身。其中，下部刻立像和饿鬼像各1身，上部刻立像1身（图35；图版Ⅰ：49）。

左立像　通高52厘米，披发齐耳，面长圆，着交领宽袖长服，左手腹前托一圆物，右手持一枝条伸于饿鬼面前。着鞋，侧身向右，与饿鬼相对而立。

右饿鬼像　显露高50厘米，长发上扬，方面，圆目，塌鼻，阔口。上身袒，腹外鼓，双手胸前合十，侧身向左，目视左侧立像。

上部立像　头、胸风蚀，残高52厘米。可辨着交领宽袖长服，腰带长垂足间。披巾自两肩垂下，沿身侧下垂至地。双手笼袖内，交于腹前，着鞋而立。

此外，主尊佛像胸下与地坪之间，刻一梯形方台，通高234厘米，外凸佛像胸部约19厘米。台正面竖直，宽240厘米，内刻楹联和颂词。左、右侧面均45°斜置，外缘与左右侧壁弧面相接，分界较明显。左侧面宽约70厘米，右侧面宽约63厘米，内皆刻经文。正面与左右侧壁面转折相接处，左右侧壁下部均刻饰云纹。

图 27　第 17 号龛立面图

第二章 第15—17号　51

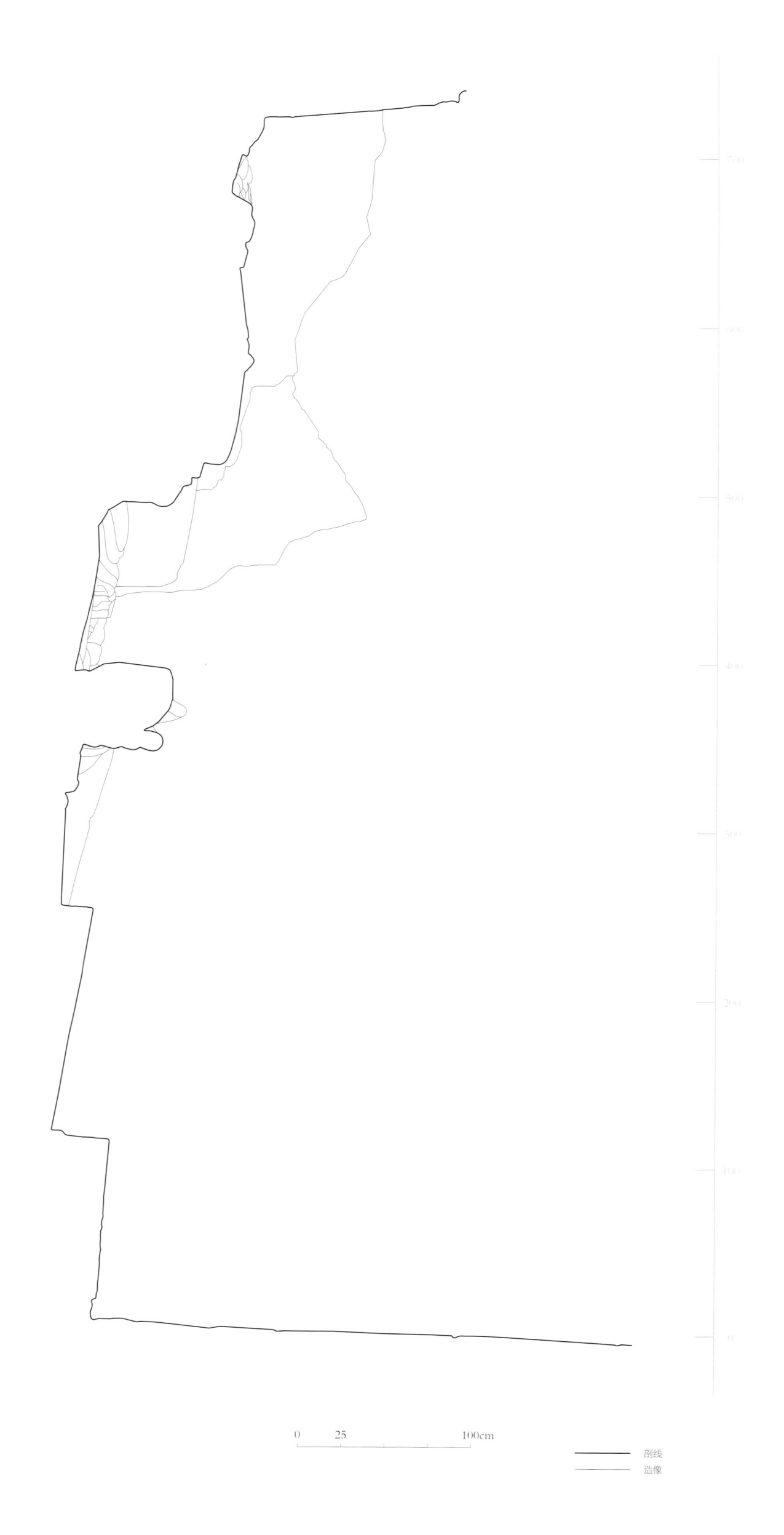

图28 第17号龛剖面图

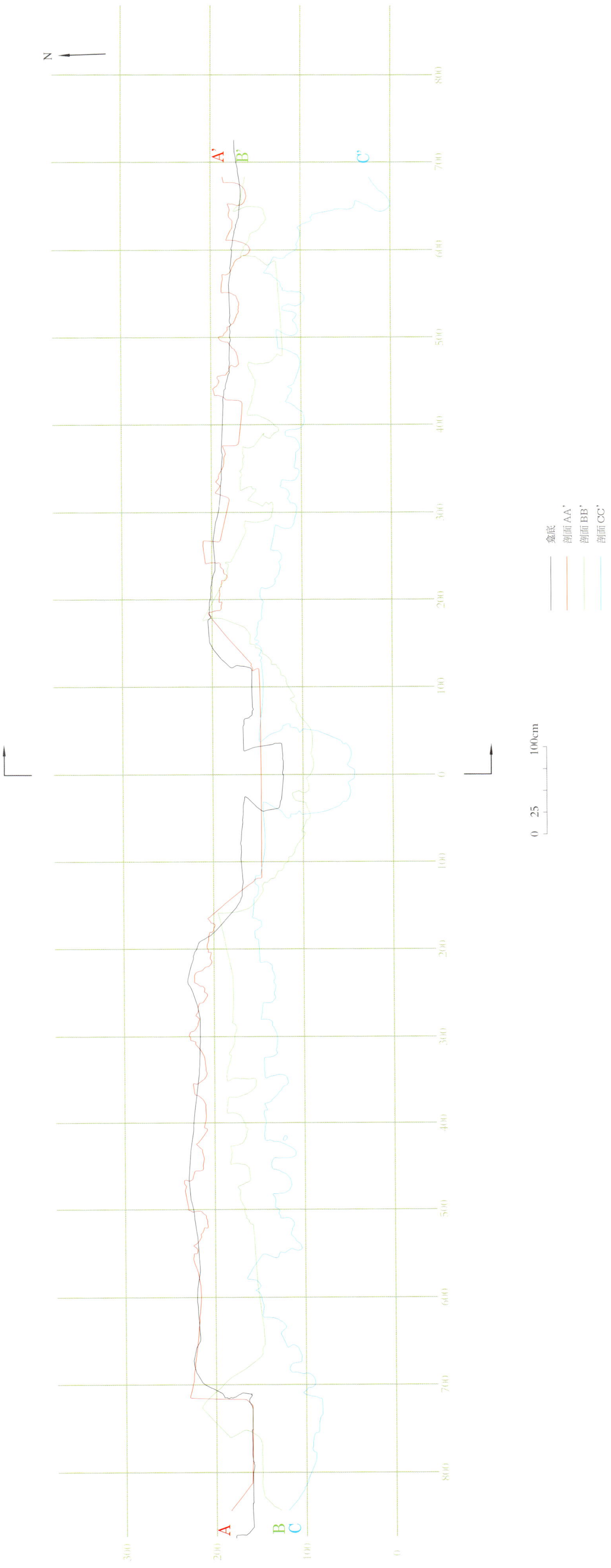

图 29　第 17 号龛平面图

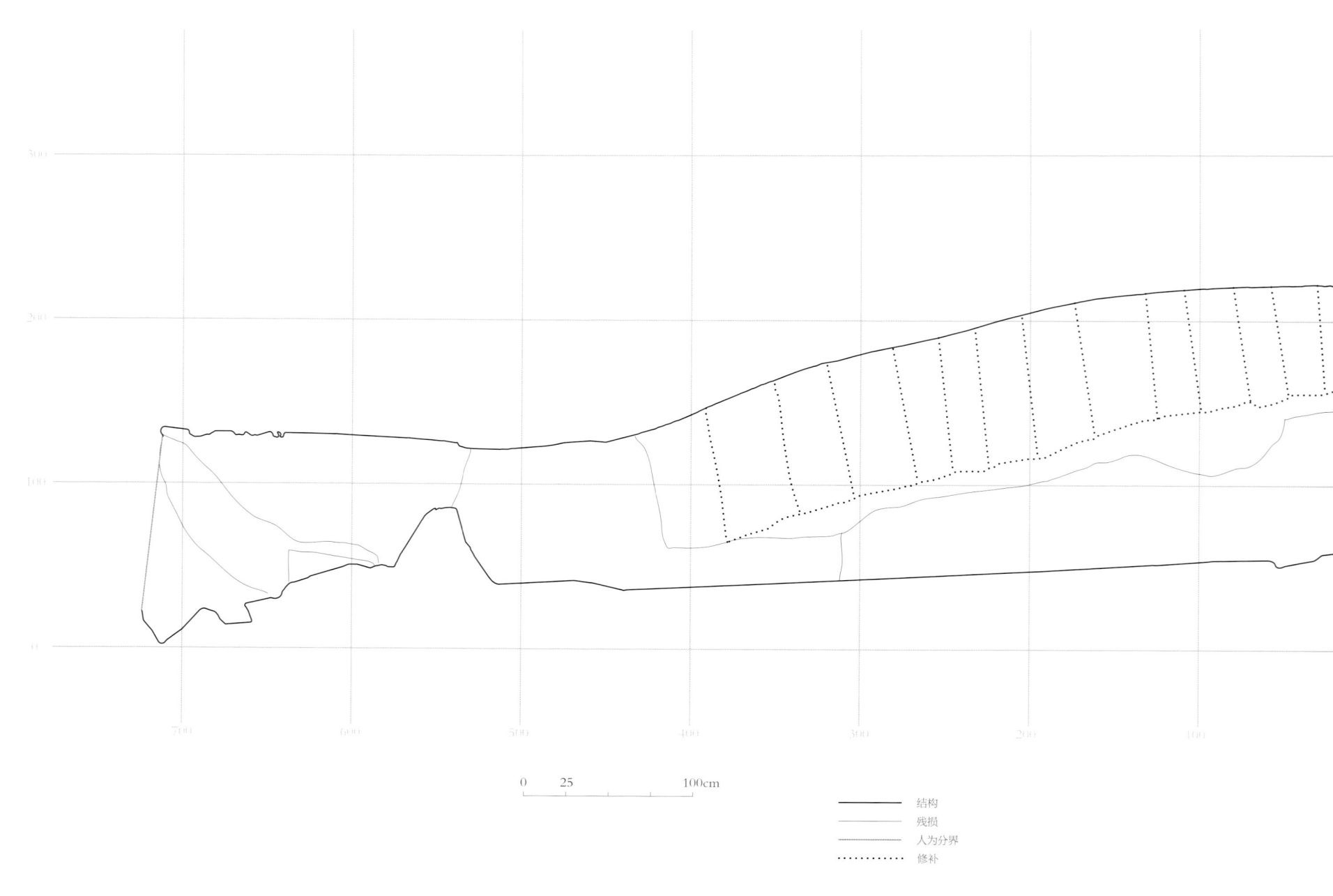

图 30　第 17 号龛龛顶仰视图

（二）左侧壁

刻造像6组，皆高浮雕，自下而上作三层排列。其中，下层刻序品1组，中层刻像2组，上层刻像3组。各组造像皆图文并茂，即于造像紧邻处凿刻平整面，内刻与造像内容相对应的铭文1则。各组造像间刻山石与云纹，分界较为明显。壁面存留粗大的凿痕（图27、图31；图版Ⅰ：40）。

记录时，先记录下层序品造像，再记述上层、中层等五组造像。五组造像自上而下，从内至外编为第1—5组。

序品

刻像10身，横贯左壁（图36；图版Ⅰ：50）。其中，最右端刻弟子立像1身，其身右侧，即主尊佛像身前方台左侧面刻铭文1则，中刻青年乞丐肩挑父母行乞像，共3身，左侧刻外道像6身。造像下部凿出外凸的平台，下至地坪，最高约80厘米，最深约34厘米，饰刻山石和云纹。

弟子像　立高160厘米，头长27厘米，肩宽37厘米，胸厚19厘米（图37；图版Ⅰ：51）。光头，面长圆，略左侧，低眉顺目，塌鼻阔嘴。内着交领宽袖长服，外着袒右式袈裟，腰束带。双手略残，拱于胸前。着鞋而立，足残。

乞丐像　显露高118厘米，头长30厘米，肩宽35厘米，胸厚18厘米（图版Ⅰ：52）。头裹巾，扎带，面方圆，略右侧，双目下视，短鼻阔嘴。内着双层交领长服，右肩处长服刻出破洞，显露肩头，腰束带，作结。左腰带内侧刻一圆饼，显露部分。肩挑长担，左手前伸，扶搭担挑上；右手笼袖内，下垂体侧。担挑两端各刻悬挂的布带，其下方系一方篮，篮中各刻一身坐像。左像为老翁，高约63厘米。头戴巾，扎带，面方，略右侧，左眼微睁，右眼紧闭，张口露齿，齿部分残缺。长须垂于胸前。着交领窄袖长服，腰束带

54　大足石刻全集　第七卷（上册）

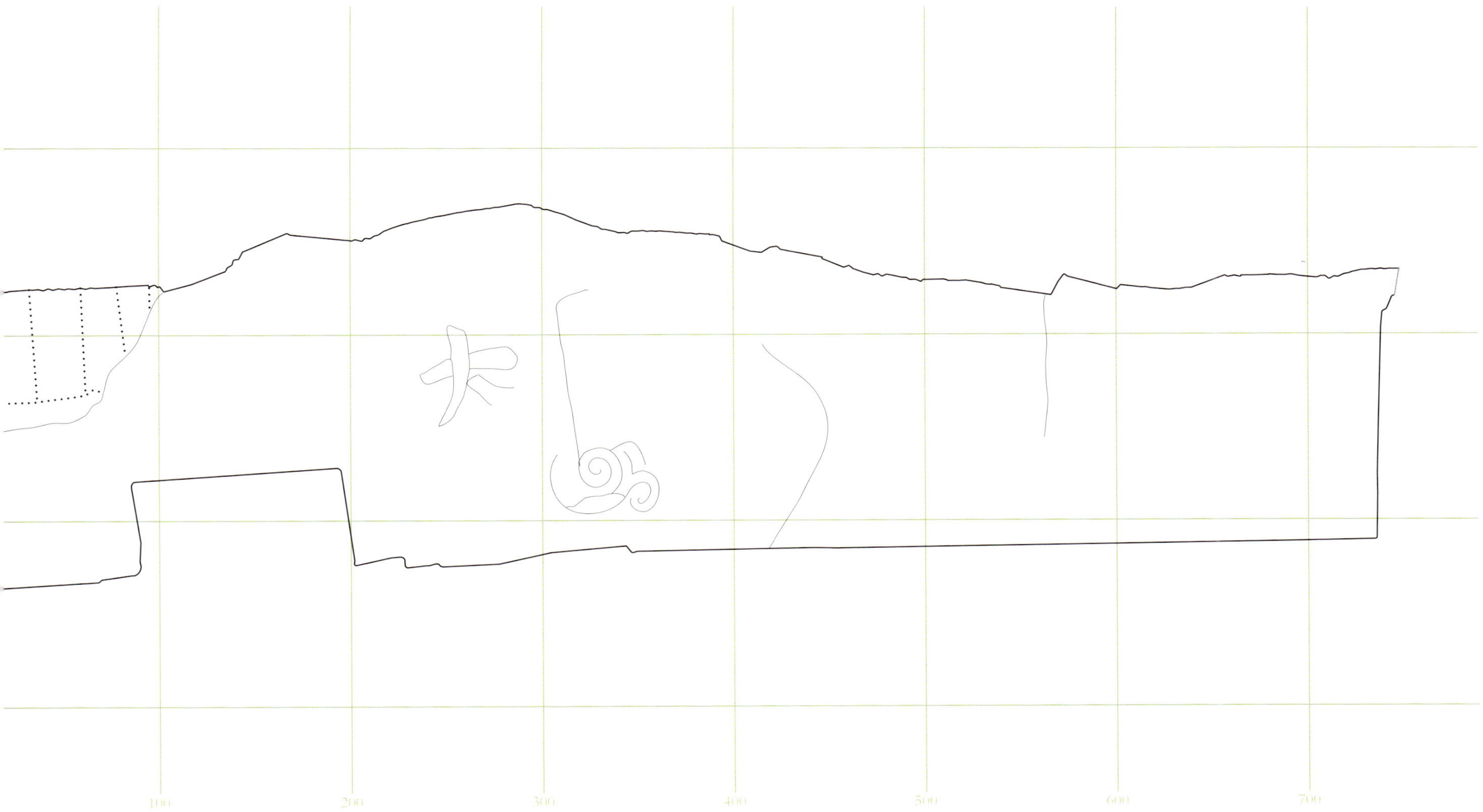

打结。左手握篮沿，右手置腹前，持一圆饼，盘腿而坐。圆饼直径约11厘米。右像为老妪，高约56厘米。头戴巾，披幅覆肩，面方圆，略左侧，双眼紧闭，张口。着交领窄袖长服，腰束带。双手身前捧一圆饼，盘腿而坐，饼大部残。

外道像　6身。从右至左，第1像显露高147厘米，头长29厘米，肩宽34厘米，胸厚13厘米（图版Ⅰ：53）。头束髻戴冠，面方，略向左回转，深目、宽鼻、阔嘴、长耳、络腮短须。上着氅，腰束带打结，带尾下垂及膝，下着长裙。左手笼袖内，斜置腹前，右手屈肘外展，伸食指指向乞丐，回头作交流状。双足不现。第2像立高143厘米，头长27厘米，肩宽32厘米，胸厚14厘米（图版Ⅰ：54）。头挽二小髻，面方，深目阔嘴，嘴角上翘。上着窄袖短褂，衣角腹前打结，腰系革带，束抱肚，腰带作结后下垂至膝，下着长裙。左手竖拇指，置胸前；右手笼袖内下垂体侧。侧身向右，似与第1像作交流状。着鞋直立。第3像立高131厘米，头长27厘米，肩宽29厘米，胸厚18厘米（图38；图版Ⅰ：55）。头戴瓜棱帽，顶刻长缨，下颌系带。转头向左，面方，睁双眼，平视第4像，咧嘴含笑。外着披风，于胸前作结，内着交领窄袖服，腰束带打结，带尾下垂及膝，下着长裙。双手举六合拍板于右胸前，作演奏状。拍板左内侧与肩之间饰刻云纹。身微曲，左足直立，右足虚踩。第4像，略残，残高132厘米，头长30厘米，肩宽35厘米，胸厚19厘米（图版Ⅰ：56）。头刻齐耳卷发，深目阔鼻，鼻孔外翻，阔口大笑，刻络腮卷曲短须。上身着窄袖短褂，衣角腹前作结，腰束带，下着长裙。身左转，双手笼袖内，左手置腹前，右手屈肘外展，袖摆右甩。左腿屈膝上抬，右腿微屈踏地，作舞蹈状。第5像残损其重，残高126厘米，头长52厘米，肩宽38厘米，胸厚15厘米（图版Ⅰ：57）。头戴圆顶帽，略残，顶刻长缨，下颌系带作结，长发垂于脑后。面方，深目阔鼻，鼻孔外翻，咧嘴大笑。上着短褂，衣角腹前打结，下身衣饰残。头略右转，左手屈肘抱细腰鼓，鼓面略凸，右手置鼓面作拍击状，扭腰而立。鼓大部残，可辨鼓网。第6像，为女像，刻于第4像上方圆拱浅龛内（图39；图版Ⅰ：58）。龛

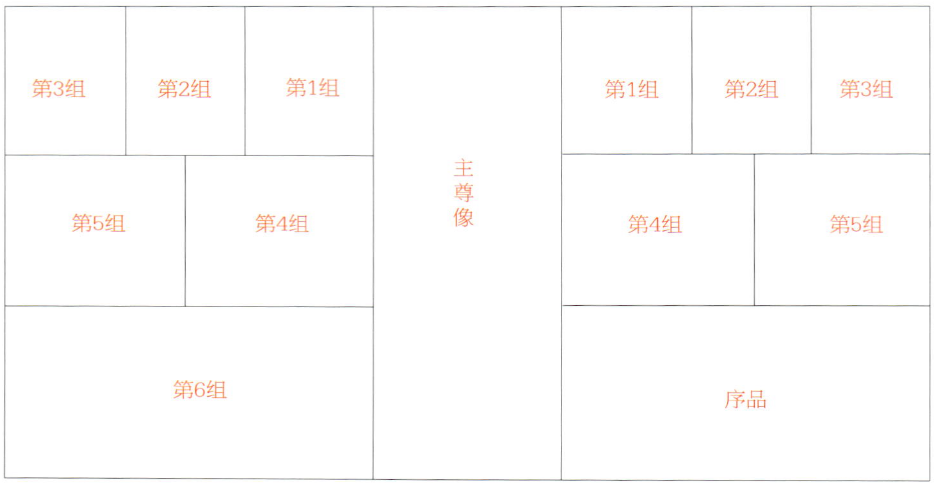

	第3组	第2组	第1组		第1组	第2组	第3组
	第5组	第4组	主尊像	第4组	第5组
	第6组		序品	

图 31　第 17 号龛造像分组图

高 79 厘米，宽 100 厘米，深 22 厘米，打磨较粗糙。像高 58 厘米，发辫盘绕头顶，左右肩各下垂一发辫。面长圆，扭颈侧头。着交领窄袖衣。双手右胸前横持弓笛，作吹奏状，右肘后刻云纹。弓笛左端弓曲，右端笔直，全长约 62 厘米，直径约 4 厘米。

此六身外道像上方，横刻一长方形框，高 13 厘米，宽 86 厘米。框内左起横刻"六师外道谤佛不孝"8 字，字径 8 厘米（图版Ⅱ：22）。

最右弟子像身后壁面，即主尊佛像身前方台左侧面，刻"大藏佛说大方便佛报恩经"1 则。文左起，竖刻 12 行 339 字，字径 4 厘米（图版Ⅱ：23）。

01　大藏佛说大方便佛报恩经
02　如是我闻一时佛在耆阇崛山中大众围绕时阿难入城乞食城中有一〔男子孝〕
03　〔养〕父母家里荡尽担父母行乞好者奉亲恶者自食阿难偈赞男子供养〔父母〕
04　〔时〕特难及有六师徒执着邪论残灭正法心怀嫉妒语阿难言汝师释种〔自言〕
05　〔孝〕好有大功德唯有空名而无实行舍父出城不知恩分是不孝人阿难〔闻已〕
06　心怀惭愧诣佛白言佛法中颇有孝养父母不佛言谁教汝问阿难言乞〔食逢〕
07　六师徒见毁骂辱如上所陈世尊微笑放五色光至十方如来所彼国菩〔萨同〕
08　音何缘有此光明彼佛言有娑婆界佛号释迦为大众说大方便佛报〔恩经〕
09　欲令众生孝养父母故放斯光明尔时如来身中现五趣身一一身中现〔无量〕
10　微尘数不思议形类一切众生具足受身以受身故一切众生曾为如来父母
11　如来亦曾为一切众生作父母故常修难行苦行难舍能舍勤修精进具足万
12　行不休不息心无疲倦为孝养父母故今得速成无上菩提由孝德也[19]

第 1 组

刻像 4 身，呈上三下一排列。从上至下，从左至右编为第 1—4 像（图 40-1；图版Ⅰ：59）。

第 1 像　坐高 80 厘米，头长 22 厘米，肩宽 33 厘米，胸厚 12 厘米。头刻齐耳卷发，面圆，额头凸起，双目下视，口微张，耳垂肥大。内着交领宽袖服，腰束带，外着双领下垂式袈裟。左手握右手，交叠腹前。结跏趺坐。身下刻帷垫，部分垂搭于平整面上。

第 2 像　坐高 80 厘米，头长 31 厘米，肩宽 37 厘米，胸厚 14 厘米。头戴通天冠，面方，双目下视，下颌残。着交领宽袖长服，腰束带。左手笼袖内，垂于大腿内侧，右手曲胸前，指向第 1 像，作说教状。着云头鞋，倚坐于方台上。

第 3 像　坐高 84 厘米，头长 48 厘米，肩宽 40 厘米，胸厚 13 厘米。头挽高髻，戴花冠，显露部分缯带。冠前装饰一莲台，其上置一

图32 第17号龛主尊佛像等值线图

图 33　第 17 号龛主尊佛像左、右侧视图
1　右侧视　2　左侧视

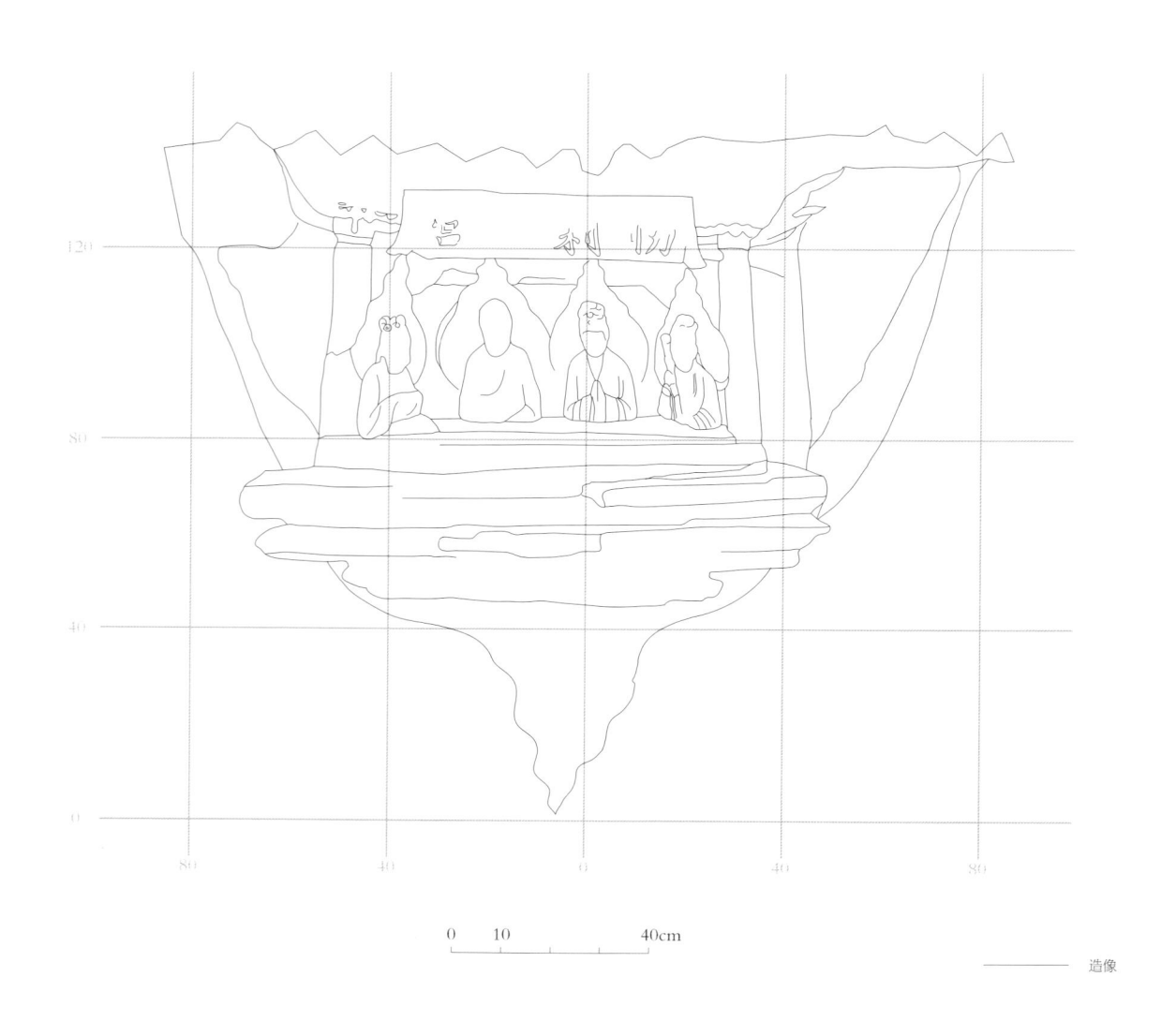

图 34　第 17 号龛主尊佛像头顶上方毫光造像立面图

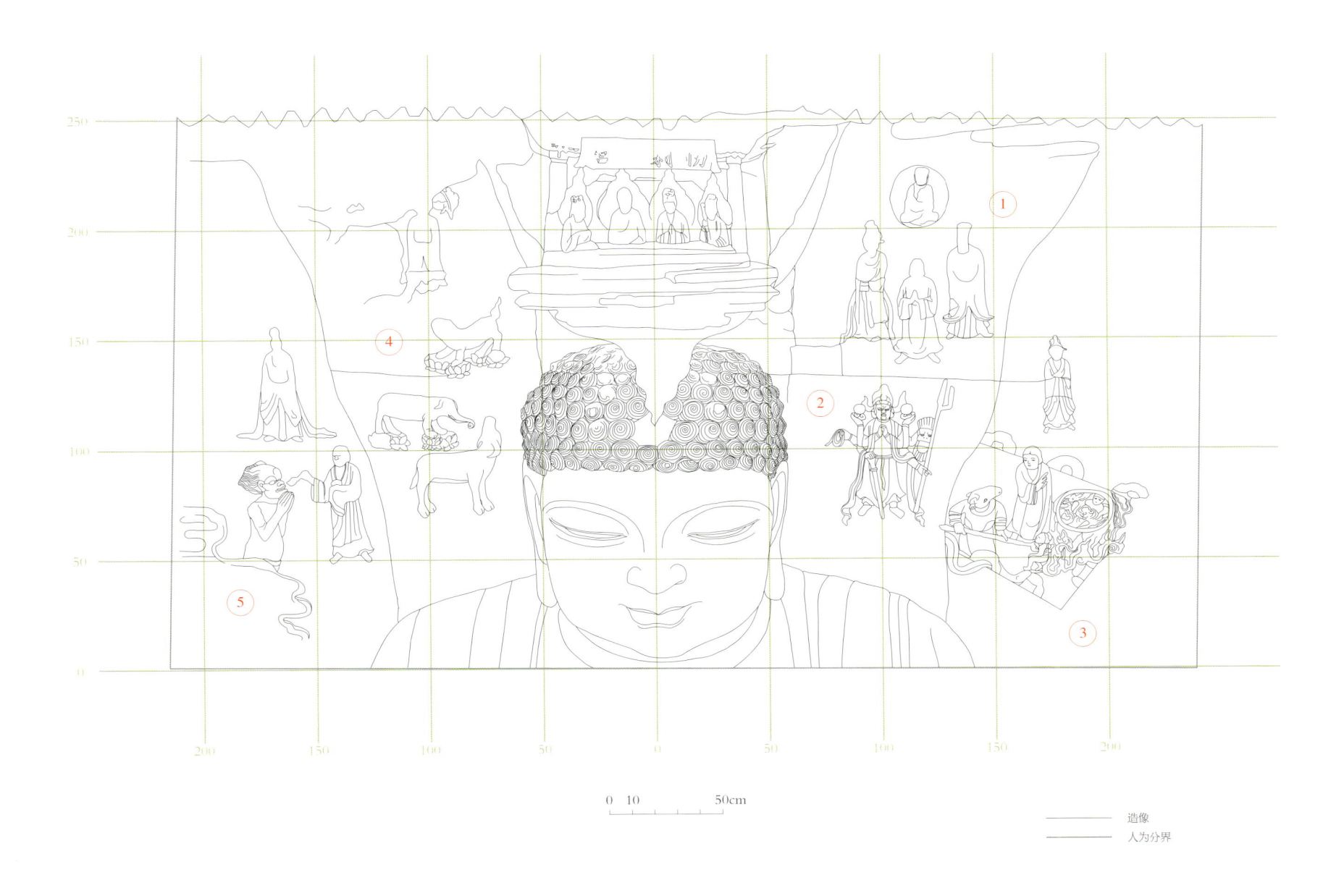

图 35　第 17 号龛主尊佛像头部左、右侧光芒内外造像立面及分组图

宝珠；宝珠向上放出桃形光芒。面长圆，双目微睁，小口闭合。肩刻云肩，着圆领宽袖长服，领口外翻；腰束带，下垂蔽膝；披帛自两肩下垂及地。双手笼袖内，垂置腹前。着尖头鞋，与第2像坐于同一低台上。

第4像　跪高80厘米，头长31厘米，肩宽30厘米，胸厚15厘米。头戴通天冠，仰面上望，面长圆，眉目细长。着交领宽袖长服，腰束带，带尾下垂及膝。双手胸前合十，侧身向第1、2像而跪。

第1、2像下方平整面内，即第2组造像平整面右侧，刻铭文1则。文左起，竖刻16行183字，字径4厘米；刻石幅面宽100厘米（图版Ⅱ：24）。

01　释迦佛因行孝证三十二相
02　大藏经云文殊白佛言座中菩
03　萨见佛三十二相八十种好端
04　正无比有何因缘得如是乎
05　佛言我于世世喜燃灯于佛寺
06　及师长父母前用是因故佛身
07　光明殊妙无比我于世世奉事

图 36　第 17 号龛左侧壁下部序品造像立面图

孝不佛謗道外師六

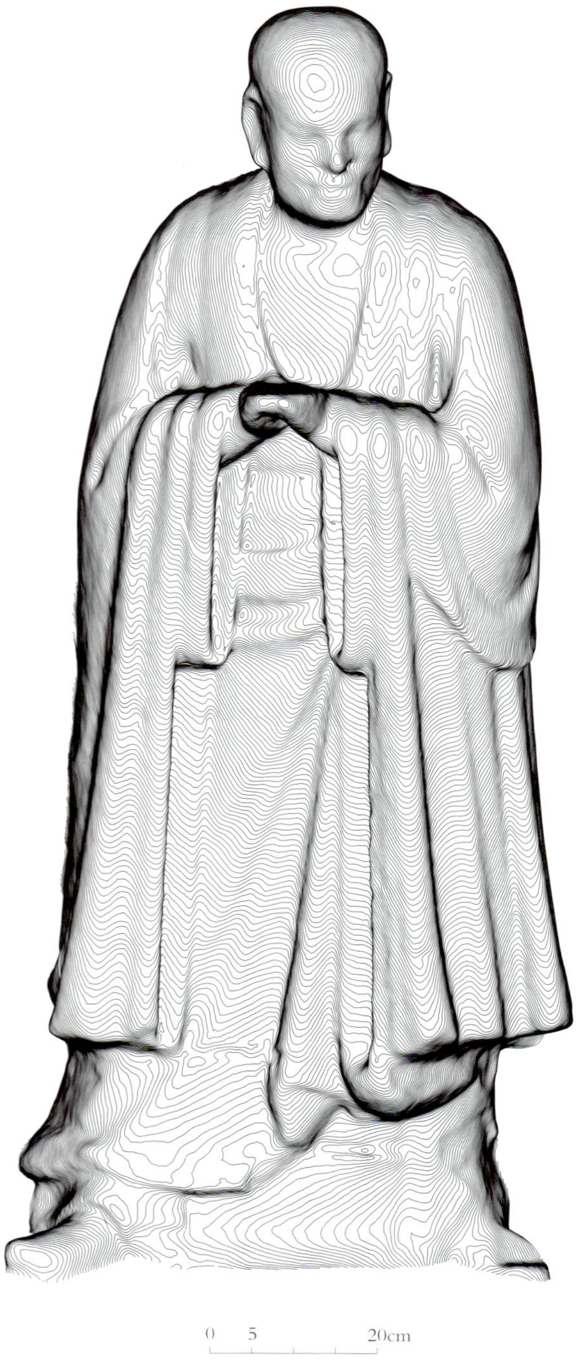

图37　第17号龛主尊佛像左下弟子像等值线图

08　师长父母四威仪中饮食卧具
09　由是因故诸天鬼神赉[1]持世间
10　所有珍宝以用上佛三十二相
11　八十种好一一相好皆是由我
12　从初发心坚固菩提知恩报恩
13　是故今得无上菩提视诸众生
14　犹如父母以是因缘得是种相
15　使我疾得阿耨多罗三藐三菩
16　提由孝德也[20]

第2组

刻像5身，呈左三右二排列（图40-2；图版Ⅰ：60）。造像右下刻一平整面，内刻经文1则。

左侧3像，略纵向布置。上像显露高约122厘米，头长26厘米，肩宽28厘米，胸厚16厘米。头戴巾，面方，眉头微皱，双目下视，紧抿双唇，刻络腮短须。腰束带。左手前伸，托中像下颌，右手持一尖刀，对准中像左眼，侧身作剜眼状。中像坐高71厘米，头长20厘米，肩宽23厘米，胸厚15厘米。刻齐耳短发，面长圆，着交领宽袖长服，显露右臂。面微扬，双手胸前合十，侧身向左，结跏趺坐。座前刻鞋一双。下像侧身跪地，高84厘米，头长22厘米，肩宽24厘米，胸厚17厘米。头挽髻，垂发齐耳，面长圆，略上扬，

1　此"赉"字《大足石刻铭文录》录为"普"。重庆大足石刻艺术博物馆编：《大足石刻铭文录》，重庆出版社1999年版，第108页。

图 38　第 17 号龛左侧壁下层序品右起第 3 身像效果图

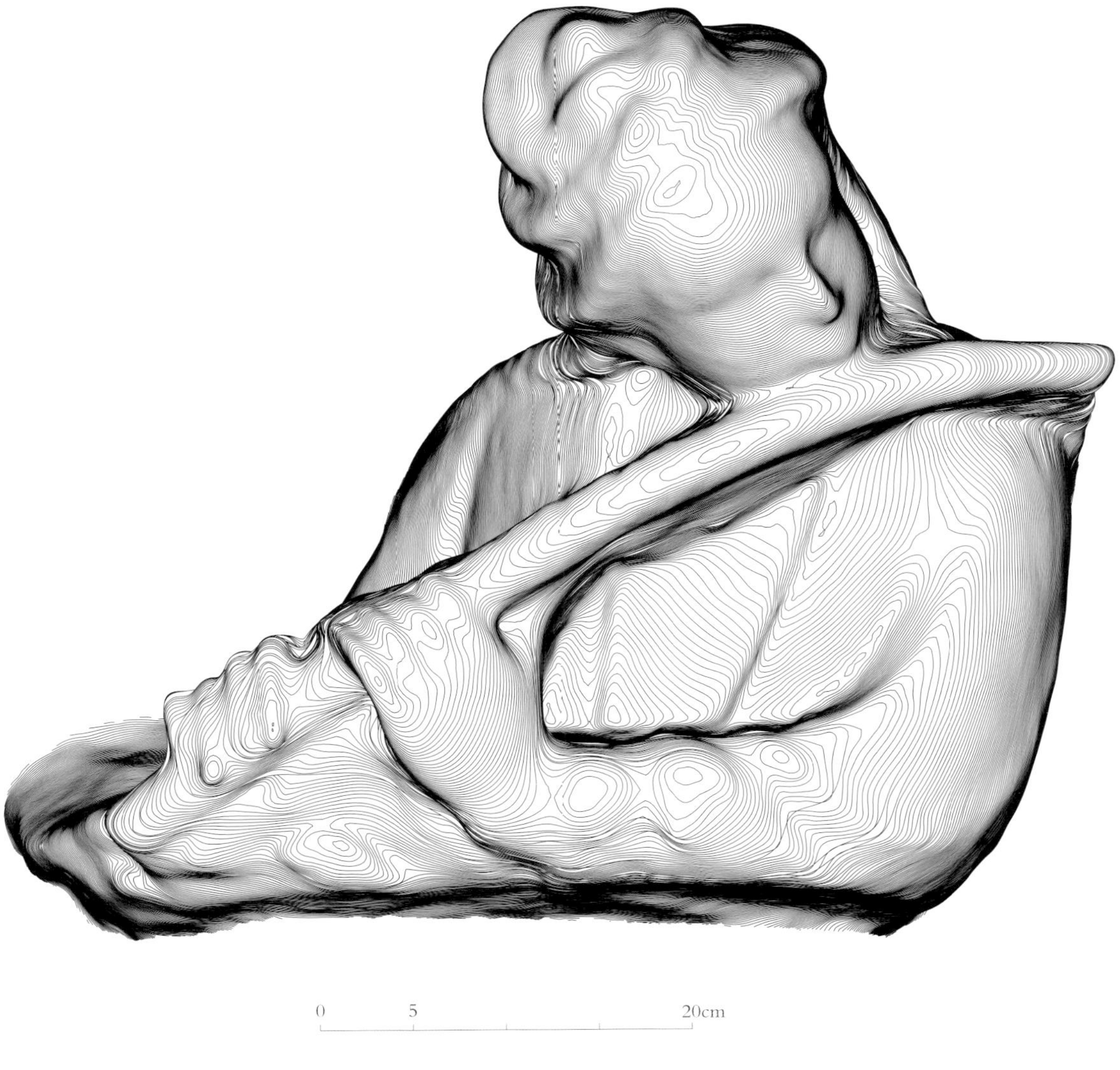

图 39　第 17 号龛左侧壁下层序品吹笛女等值线图

目视中像。着圆领宽袖长服，腰束带，着鞋。身右侧，双手胸前托举圆盘，直腰跪于中像身前，作承接状。圆盘高7厘米，直径17厘米。

右侧2像，横向排列。左像，身略右侧，高82厘米，头长33厘米，肩宽27厘米，胸厚18厘米。头戴东坡巾，面长圆，双目下视，抿唇。着圆领宽袖长服，腰束带，下摆两侧开衩。左手笼袖内托举右像左手，右手食指、中指搭于其手腕，作把脉状。右像坐高84厘米，头长29厘米，肩宽29厘米，胸厚16厘米。头挽髻，戴小冠，长面，略显消瘦，双目微闭。着交领宽袖长服，腰束带。左手前伸，掌心向上，露出手腕；右手笼袖内，垂腹前。左腿隐于内侧，盘右腿。背靠三足凭几，向左侧身而坐。凭几高20厘米，端头内卷，饰卷云，三足底形似如意头。

在此右侧二像下方，凿一外凸平整面。平整面高73厘米，宽214厘米；内左侧刻铭文1则。文左起，竖刻13行148字，字径4厘米，刻石幅面宽77厘米（图版Ⅱ：24）。

01　释迦因地行孝剜睛出髓为药
02　大藏经云忍辱太子知其父王
03　身婴重病命在旦夕求药疗治
04　太子问言药是何物大臣答曰
05　是不嗔人眼睛及其人髓若得
06　此药即全王命太子言但使父
07　王病得校者舍百千身亦不为
08　难况此秽身也即呼旃陀罗剜
09　其两目断骨出髓尔时大臣合
10　药奉王服即病差太子命终以
11　牛头旃檀阇维身骨起塔供养
12　是知如来行孝报恩历尘沙劫
13　不可思议[21]

第3组
位于上层左上角壁面。刻立式男像1身和鹦鹉3只（图41；图版Ⅰ：61）。男像身下刻一方形平整面，高73厘米，宽91厘米；内刻铭文1则。

男像　显露身高73厘米，头长36厘米，肩宽45厘米，胸厚16厘米。头裹巾，扎带，带尾垂于头后。面长圆，长眉细眼，鼻残。着双层交领宽袖长服，腰带作结，下垂身前。左手屈肘外展，握持一鹦鹉，右手横置胸前，伸食指、中指，作问询状。男像手中鹦鹉身长32厘米，短颈，敛翅，长尾，头向男子，张口欲言。男像左后方刻一丛稻谷，茎叶繁茂，谷穗饱满。

男像左上壁面刻一株树，高106厘米。树干粗壮，遍刻圆形斑纹，分两杈，树冠刻花形叶。树杈间刻一对鹦鹉。左鹦鹉头残，侧头回顾；右鹦鹉侧头向左，与左鹦鹉相对而立。

男像身下平整面刻经文1则。刻石面宽120厘米，高73厘米。文左起，竖刻14行196字，楷体，字径4厘米（图版Ⅱ：25）。

01　释迦因地鹦鹉行孝
02　大藏杂宝藏经云有一鹦鹉父母俱盲
03　常采花果先奉父母时有田主初种谷
04　时而作誓言所种之物与众生共时鹦鹉
05　采取稻穗以供父母是时田主按行苗
06　稼见剪稻穗忽生嗔怒网捕鹦鹉△告
07　言先有好心施物无吝如何今日而见

图40 第17号龛左侧壁第1、2组造像立面图
1 第1组　2 第2组

图 41　第 17 号龛左侧壁第 3 组造像立面图

08　网捕田主问言汝取此谷意复何为鹦
09　鹉答言有盲父母愿以奉之田主欢喜
10　遂放而去尔时世尊而说偈言
11　善哉鹦鹉有智惠△能怀孝养供父母
12　我从今日以稻施△任汝供养于二亲
13　如是过去无量事△无有苦行而不作
14　未曾有怀疲厌意△以求无上清净道[22]

第4组

刻像3身（图42-1；图版Ⅰ：62）。造像右侧刻一平整面，内刻铭文1则。

左男像　立高157厘米，头长30厘米，肩宽37厘米，胸厚18厘米。头戴通天冠，面长圆，长眉细目。着交领宽袖长服，腰束带，下垂蔽膝。左手笼袖内，抱持小儿，右手外展握剑。剑身竖直，全长约70厘米；剑首形如云头，环中系带垂至剑格。侧身向右，目视右像，着云头鞋直立。

66　大足石刻全集　第七卷（上册）

小儿像 坐高40厘米，刻齐耳短发，面圆，双目平视右侧女像。上着短袖小褂，腰束带，下着长裤。腕饰镯，双手交握胸前，左上臂及两前臂各刻出一处凹陷，似剜割所致。着鞋，交足坐于男像臂弯。

右女像 立高170厘米，头长40厘米，肩宽35厘米，胸厚16厘米。头挽高髻，戴花冠，冠前饰一莲台，上置一宝珠，宝珠发出尖桃形光芒。面长圆，眉目清晰。肩刻云肩，外着圆领宽袖长服，领口外翻，下着裙。披帛自两肩垂下，飘于体侧。双手平伸身前，掌心向上，作捧接状。着尖头鞋，侧身向左，与右男像相对而立。

女像身右后刻一外凸平整面，高62厘米，宽115厘米。内刻经文1则，文左起，竖刻19行162字，楷体，字径5厘米（图版Ⅱ：26）。

01　释迦因地割肉供父母
02　大藏经云佛告阿难昔
03　有国王生一太子字曰
04　阇提身黄金色
05　时罗睺恶逆王惊抱太
06　子出投邻国粮尽犹远
07　饥渴所逼太子白言就
08　子身上日割三斤肉分
09　作三分二分奉上父母
10　一分自食父母听子割
11　而食之随路而去太子
12　誓言假使热铁轮在我
13　顶上旋终不以此苦退
14　于无上道若我欺诳身
15　疮不合若不尔者平复
16　如故即时身体端正倍
17　常佛告阿难彼父母者
18　今父母是尔时太子即
19　我身是[23]

第5组

刻像4身和虎1只（图42-2；图版Ⅰ：63）。造像前侧方台正面刻铭文1则。

前刻一外凸的方台，高40厘米，宽112厘米，深38厘米。台面刻仰卧的一副骸骨。头左，身长87厘米。圆形头骨，眼窝凹陷，口张露齿，四肢自然下垂，仰面躺于方台上。台左侧刻虎一只，显露半身，身长63厘米，高65厘米。圆头短耳，双目圆睁，鼻孔外翻，阔口大张，舌吐露，二前腿直立。

方台后侧刻一男一女两身立像，身微侧，相对作悲戚状。左男像，身略右侧，高73厘米，头长35厘米，肩宽37厘米，胸厚16厘米。头戴通天冠，面长圆，长眉细目，双眼下视。着交领宽袖长服。左手抚头，右手不现。其身后刻卷云与壁面相连。右女像，身略左侧，立高138厘米，头长33厘米，肩宽33厘米，胸厚17厘米，头梳高髻，戴花冠，冠前饰一莲台，上置一宝珠，宝珠发出桃形光芒。面长圆，眉目纤细，双目下视。刻云肩，着圆领宽袖长服，领口外翻，披帛自两肩垂下，长飘至地。左手垂于体侧，右手抚骸骨小腿，直身而立。二像间上方刻一朵云纹，云尾右上斜飘。云头刻立像1身，似从天而降。立像高45厘米，头长13厘米，肩宽13厘米，胸厚5厘米。浮雕圆形头光，直径28厘米。头戴冠，面长圆，双目下视。着交领宽袖长服，腰束带，下垂蔽膝，披帛自双肩垂下，飘于体侧。双手腹前笼袖内。着尖头鞋，立于云纹上。

方台正面刻铭文1则。刻石面高39厘米，宽110厘米。文左起，竖刻21行189字，楷体，字径4厘米（图版Ⅱ：27）。

图42　第17号龛左侧壁第4、5组造像立面图
1　第4组　2　第5组

01　佛因地修行舍身济虎
02　大藏佛言萨埵太子舍
03　身济虎父母闻已奔至
04　舍身之处时虎食肉已
05　唯有骸骨狼籍在地父
06　母扶其头足哀号闷绝
07　时太子命终生兜率天
08　天眼见前父母悲悼啼
09　哭过甚或丧身命我当
10　往谏即从天下住于空
11　中种种言词解谏父母
12　父母仰问是何神耶天
13　曰我是太子摩诃萨埵
14　我由济虎生兜率天父
15　母当知有法归无生必
16　有终何不自觉父母言
17　汝行大慈恩及一切于
18　是天人复以偈句报谢
19　父母令得醒悟皆是如
20　来神智洞达不可思议
21　时萨埵太子即我是也[24]

（三）右侧壁

刻图文并茂的六组造像，布局、装饰与左侧壁同。其中，上层刻像3组，中层刻像2组，下层刻像1组。亦从上至下，从内至外编为第1—6组（图27、图31；图版Ⅰ：41）。

第1组

刻像3身（图43-1；图版Ⅰ：64）。其中，左下方刻跪像1身，右上方刻坐像2身。造像右下刻一平整面，内左侧刻铭文1则。

跪像　男像，身内侧凿云纹与壁面相连，跪高96厘米，头长28厘米，肩宽34厘米，胸厚16厘米。头挽髻戴冠，面方圆，双目微睁。着交领宽袖长服，腰束带。双手胸前托举一盘，内置一宝珠，侧身向右而跪。盘呈八角形，高5厘米，最宽21厘米。宝珠直径12厘米。

左坐像　男像，坐高89厘米，头长32厘米，肩宽37厘米，胸厚16厘米。头戴通天冠，面长圆，略低伏。着交领宽袖长服，腰束带，下垂蔽膝。双手腹前笼袖内。着云头鞋坐于低台上。

右坐像　女像，风蚀甚重，显露残高82厘米，头长33厘米，肩宽38厘米，胸厚17厘米。可辨头挽髻戴冠，面长圆，肩刻云肩，着圆领宽袖长服，披帛自两肩垂下，双手腹前笼袖内。

该二坐像上方刻一鸟，残蚀严重，身长约71厘米。可辨喙衔一绳，绳系物，双翅平展，尾后伸，向左作飞翔状。

女坐像下方刻一平整面，高59厘米，宽272厘米。内左侧刻铭文1则，刻石幅面宽105厘米。文左起，竖刻19行，存219字，楷体，字径3厘米（图版Ⅱ：28）。

01　大藏佛说大方便佛报恩经
02　释迦因地雁书报太子
03　大藏佛言善友太子入海采宝

04　留滞他国未入海时养一白雁
05　时母夫人往语雁太子昔时常
06　共汝俱今入大海生死未分汝
07　今云何不念太子雁即报言欲
08　觅太子不敢违命时夫人作书
09　系在雁颈其雁飞空至于大海
10　遥见太子敛身而下太子取书
11　披封披读即知父母追念太子
12　两目失明寻即归国父母欢喜
13　王与夫人目瞑不见太子形容
14　以手扪摸作如是言父母念汝
15　忧苦如是太子问讯起居事讫
16　持珠发愿此是如意宝者令父
17　母两目明净如故作是愿已寻
18　即平复父母见子欢喜无量时
19　善友太子者亦□来[25]

第2组

刻像3身，横向排列（图43-2；图版Ⅰ：65）。造像下方刻一平整面，内右侧刻铭文1则。

左男像　坐高77厘米，头长21厘米，肩宽28厘米，胸厚15厘米。头刻齐耳卷发，面圆，双目微闭。内着僧祇支，系带作结，外着双领下垂式袈裟。左手抚膝，右手戴镯，伸食指、中指作指点状，侧身向右，结跏趺坐。

中男像　显露半身，高约59厘米。头束髻戴小冠，面长圆，低眉垂目，紧抿双唇。上身袒，腕饰镯，双手胸前合十，侧身向左，面朝左像礼拜。

右立像　头毁，残高约73厘米。可辨左手前伸，右手上举，残，侧身弯腰，向左站立。其身后有一树，风化严重，可见树干分杈，树冠中花叶茂盛，左侧一树枝上悬挂下垂的衣物。

该三像下方凿平整面，即是第2组造像平整面。平整面右侧刻经文1则。文左起，竖刻32行370字，楷体，字径3厘米（图版Ⅱ：28）。

01　释迦因地剐肉
02　大藏佛言尔时转轮圣王为求
03　佛法故遍处宣令谁解佛法皆
04　云言无有婆罗门解知佛法时
05　王出迎请入正殿敷王御座前
06　请大德愿坐此座尔时大王见
07　师坐已合掌白言大师解佛法
08　耶师言吾解佛法王言为我解
09　说师言王大愚也吾学是法久
10　受勤苦因乃得成大王云何直
11　欲得闻若能就王身上剐作千

图 43 第 17 号龛右侧壁第 1、2 组造像立面图
1 第 1 组　2 第 2 组

12　疮然[1]灯供养吾为汝说不尔吾
13　去尔时大王即自思惟报大师
14　言所需供养当速办之时王入
15　宫报诸[2]夫人五百太子今共汝
16　别今我请师相许供养不得违
17　错夫为孝子不违父意王诣师
18　所端身正坐告诸大臣谁能剜
19　吾千疮时有旃陀罗前语王言
20　欲剜身者我能为之王闻欢喜
21　汝今真是我无上道伴时旃陀
22　罗持刀剜已驰走而去尔时大
23　王于身疮灌油取细氈[3]为炷尔
24　时大师见是事已告大王言精
25　进如是难为能为修此苦行今
26　当为王宣说半偈云
27　夫生辄死△此灭为乐
28　王闻法已告诸人民应为我忆
29　持是法其见闻者速发无上菩
30　提心尔时大王然[4]灯供养其明
31　远照一切众会皆发道心欢喜
32　而去是故转轮圣王即是如来[26]

第3组

刻像5身。其中，中部方台上刻仰卧像1身，方台左侧刻立式男像1身，右侧刻一男一女坐像2身；后壁上方刻立式男像1身（图：44；图版Ⅰ：66）。造像前侧刻一外凸平整面，内刻铭文1则。

卧像　身长42厘米，头向右，面残，双手贴体下垂，仰面躺于方台上。

左男像　立高148厘米，头长32厘米，肩宽36厘米，胸厚17厘米。头戴冠，扭头向右，面长圆，目视卧像，抿唇。内着圆领长服，领口外翻；外着裲裆甲，腰束带。披帛沿两肩下垂体侧。左腰处刻悬挂的长剑、箭筒和弓囊，均显露部分。长剑长38厘米，剑首呈云形，穿圆孔，剑鞘装饰圆形斑纹。箭筒长14厘米，内刻羽箭数支。弓囊仅显露少许。双手拱于胸前，着鞋直立。

右男像　显露高82厘米。头似挽髻，面长圆，略残，刻络腮长须垂胸，扭头望左男像。着交领宽袖长服。左手抚于卧像右腋窝，右手前伸，置于卧像后颈，作托扶状。

右女像　坐高76厘米，头长26厘米，肩宽30厘米，胸厚16厘米。头挽高髻，长面略蚀，着交领窄袖长服，腰束带。双手屈肘托持卧像头后。着鞋，侧身向左而坐。

上方男像　显露立高110厘米，头长32厘米，肩宽40厘米，胸厚12厘米。头戴冠，面残，似俯视卧像。内着交领服，外着交领宽袖长服，腰束带，下垂蔽膝。左手笼袖内垂于体侧，右手置腹前托巾，巾上置一葫芦形物残高12厘米。

造像前侧平整面高62厘米，宽82厘米，内刻经文1则。文左起，竖刻16行220字，字径4厘米（图版Ⅱ：29）。

1　此"然"字《大足石刻铭文录》录为"燃"。重庆大足石刻艺术博物馆编：《大足石刻铭文录》，重庆出版社1999年版，第110页。
2　此"诸"字《大足石刻铭文录》录为"请"。同前引。
3　此"氈"字《大足石刻铭文录》录为"毡"。同前引。
4　此"然"字《大足石刻铭文录》录为"燃"。同前引。

图 44　第 17 号龛右侧壁第 3 组造像立面图

01　释迦佛因地为睒子行孝
02　大藏佛说睒子经云佛告阿难昔有
03　菩萨名曰慈惠孝养父母师长时迦
04　夷国中有一长者孤无儿子两目皆
05　盲心愿入山求无上惠菩萨念言此
06　人入山学道若我寿终当为作子菩
07　萨命终即便往生盲父母家字曰睒
08　子睒年十岁随父母入山采果汲水
09　时国王出猎箭误中睒胸被毒命终
10　王心怖惧诣盲父母所具言上事父
11　母令王牵我二人至于子所扪摸睒
12　箭仰天呼言睒子至孝天地所知箭
13　当拔出作是言已感帝释与药更生

第二章　第 15—17 号　73

14　如故父母闻已两目皆开王大欢喜

15　睒语王言欲具福者安慰人民当令

16　奉戒佛告阿难彼睒子者我身是也[27]

第4组

刻像3身和树1株（图45-1；图版Ⅰ：67）。造像左侧刻一略微外凸的平整面，内刻铭文1则。

左侧刻一株树，通高44厘米，树干分杈，树冠刻六瓣花叶。树杈间浮雕一像，头下脚上，呈坠落状。像身长75厘米，刻齐耳短发，面残，着交领宽袖长服，双手胸前合十，屈膝，着鞋，仰身自树杈间坠下。坠像右下刻一身跪像，高约105厘米。头戴通天冠，面方圆，双目微睁。着交领宽袖长服，腰束革带。左手屈肘前伸，右手笼袖内，亦前伸。侧身向左，直伸跪地作捧接状。

右立像显露高126厘米，头长48厘米，肩宽35厘米，胸厚17厘米。长发上扬，扎巾。面方，眉骨高耸，双目深陷、圆瞪，阔鼻外翻，张口露齿，尖耳上竖。上身着交领窄袖短褂，显露胸骨，衣角胸下作结。腰束带打结，飘垂腹前。下着裙，裙腰外翻。左手叉腰，右手戴镯，横置胸前，伸食指、中指作指点状，略侧向左而立。该像头部左上方刻一方形平整面，高34厘米，宽28厘米，外凸壁面2厘米。内左起，竖刻"雪山坐禅舍[28]〔全〕身是求半偈｜生灭灭已寂灭为乐〕"3行19字，字径4厘米（图版Ⅱ：30）。

造像左侧凿一方形平整面，高82厘米，宽98厘米，内刻铭文1则。文左起，竖刻21行，存386字，楷体，字径3厘米（图版Ⅱ：31）。

01　释迦佛因地修行舍身求法

02　大藏佛言过去世我修菩萨行能通达一切外道经

03　论修寂灭行不为外道破坏受持常乐我净求索

04　大乘雪山坐禅经无量岁亦不闻如来出世大乘经

05　名我修如是苦行时帝释诸天心生惊怖集会说偈

06　雪山大士唯求菩提是人当来世中作善逝者除灭

07　无量炽然烦恼实为难信我今试之堪任荷负菩提

08　重檐[1]不即现罗刹形下至雪山说半偈△诸行无常

09　是生灭法我闻半偈心生欢喜谁能说是半偈启悟

10　我心如是半偈□义△是过去未来现在诸佛之正

11　道也罗刹答言问我是义我不食多日饥恼心乱非

12　我本心所知为求食不得故说是语我问罗刹所食

13　何物答言我食人暖肉热血但为我说偈竟当以此身

14　供养我设命终此身无用我为菩提舍不坚身得

15　金刚身愿为我说令得具足罗刹即说△生灭灭已

16　寂灭为乐我若〔石〕若树壁道书偈即上高树舍身以

17　报偈价未至地时罗刹复帝释接取菩萨释梵诸

18　天稽首赞曰真是△△菩萨利益众生无明暗中然

19　大法炬我爱

20　如来大法故相娆恼△愿听忏悔汝必定成

21　阿耨菩提愿见济度时帝释诸天礼菩萨足辞退而去[29]

第5组

刻像4身。其中，中刻一床榻，床上刻仰卧像1身；床头刻佛像1身，其身后刻弟子立像1身；床尾刻立像1身（图45-2；图版Ⅰ：

1　此"檐"字《大足石刻铭文录》录为"担"。重庆大足石刻艺术博物馆编：《大足石刻铭文录》，重庆出版社1999年版，第111页。

1

2

图 45 第 17 号龛右侧壁第 4、5 组造像立面图
1 第 4 组 2 第 5 组

68）。造像前侧刻一平整面，内刻铭文1则。

床榻长156厘米，宽31厘米，高29厘米，两端下部斜撑处饰卷云纹。榻上卧像身长151厘米，头戴小冠，枕圆枕，面长圆，双目紧闭。着交领宽袖长服，双手举置胸前，抓握佛像左手。头向右，仰面躺于塌上。其双足之上覆搭一巾，显露一端带头。床尾立像高126厘米，头长25厘米，肩宽33厘米，胸厚16厘米。头戴软脚幞头，面圆，着圆领宽袖长服，腰束带，下着裤。身前倾，左手置于卧像足下，右手抚其足踝，似以巾作裹足状。着鞋，侧身向右站立。

佛像高80厘米，头长27厘米，肩宽29厘米，胸厚15厘米。头刻螺发，髻珠发出光芒，光芒圆弧下坠，覆于卧像胸腹处。面长圆，双目下视，耳垂肥大，颈刻三道肉褶线。着双领下垂式袈裟，袈裟一角系于左肩前。腕镯，左手前伸，握卧像双手，右手抚卧像前额，侧身前倾站立。

弟子像高76厘米，光头，面圆，直鼻小口，颈刻三道肉褶线。内着双层交领内衣，外着袒右式袈裟，双手胸前合十，侧身向左直立。

床榻前侧刻一平整面，高53厘米，宽124厘米，内刻铭文1则。文左起，竖刻22行，存242字，楷体，字径4厘米（图版Ⅱ：32）。

01 释迦牟尼佛诣父王所看病
02 佛在王舍城耆阇崛山中光
03 明如日时净饭王四大俱□
04 残害其体喘息不定种种疗
05 治无能愈者告诸王曰我今
06 虽逝不以为苦但恨不见我
07 子悉达如来已知父王欲终
08 要见诸子告难陀曰净饭王
09 者是我曹父能生圣子利益
10 世间今宜往诣报育养恩世
11 尊放大光明光照王身患苦
12 得安王言是何光也脱是我
13 子悉达来也王见佛来惟愿
14 手触我身令我得安我今得
15 见世尊痛恨即除佛即以手
16 着父王额王应欢喜不宜烦
17 恼常谛思念诸经法义时王
18 闻已喜不自胜即以手捉佛手
19 着于心上王于卧处合掌心
20 礼命尽气绝佛告众言父王
21 净饭舍此身已生净居天众
22 会闻已即舍愁毒不可思议[30]

第6组

刻像6身，横贯右侧壁下部（图46；图版Ⅰ：69）。其中，中前侧刻立佛1身，与二天王像共同抬棺；佛身前刻立像1身，持香炉作引路状；左后侧刻送行状弟子立像2身。造像皆双足不现，身下刻带状云纹，向上弥漫于壁面。壁面下部近地坪处，存斜向凿痕，左中部另刻一颗摩尼宝珠和一串璎珞。

佛像　显露高115厘米，头长24厘米，肩宽29厘米，胸厚11厘米。头刻螺发，自髻珠发出两道毫光，呈"U"形上升，再左右斜向上飘。面长圆，低眉垂目，耳垂肥大，颈刻三道肉褶线。右肩与壁面相接处刻云纹。着双领下垂式袈裟，腕镯，双手上举，扶持肩上圆杠前端，侧身向右作行进状。圆杠直径6厘米，全长154厘米。

佛像头顶毫光内左起竖刻"大孝释迦佛」亲担父王棺」"2行10字，字径4—6厘米（图版Ⅱ：33）。

佛像身后并刻二天王像，面朝内，躬身抬杠。杠中部以布带系于棺椁一角。天王像显露高约99厘米，装束相近，头戴冠，披巾，披幅覆于后背。面长圆，略左侧，着窄袖长服，腰束革带。其中，左天王左手笼袖内，搭扶杠上，右手下垂；右天王左手抓握圆杠，右手显露肘部。二像身前刻楼阁式棺椁一具，于云纹中显露右前角，檐角起翘，檐下装饰璎珞。棺椁显露高78厘米，宽74厘米，深38厘米。棺身正面中刻一壸门，显露右侧，内左起横刻"王棺舆[31]"3字，字径13厘米（图版Ⅱ：34）。棺椁向右发出放射状毫光。

佛像身前立像，显露高约111厘米，头长25厘米，肩宽34厘米，胸厚11厘米。头覆巾，披幅覆于后背。圆脸，扭头向左，回望佛像。眉紧皱，目紧闭，口半张作哀叹状。内着双层交领长服，腰束带，外着偏衫式袈裟。腕镯，双手胸前共持一长柄香炉，前行作引导状。香炉全长33厘米，炉钵口径13厘米，高11厘米。敞口、直腹、圜底、圈足，腹部装饰两道弦纹。

该立像身前刻一塔，显露一级塔身和两重塔檐。塔身通高95厘米，宽119厘米。两重塔檐皆素面，檐角翘起，出檐11厘米，上重檐下饰刻璎珞和流苏。塔身呈方形，内左起竖刻"净饭」大王」舍利」宝塔」[32]"4行8字，字径20厘米（图版Ⅱ：35）。

壁面左后侧刻送行弟子立像2身。左像，显露高140厘米，头长26厘米，肩宽36厘米，胸厚15厘米（图47）。头覆巾，敷搭双肩，面方圆，略右转低垂，眉紧皱，目微睁，神情悲伤。内着双层交领内衣，腰束带，外着袒右式袈裟。双手拱于胸前。右像，显露高124厘米，头长25厘米，肩宽37厘米，胸厚12厘米。面长圆，双手胸前合十，余与左像略同。

最左弟子立像身后刻一平整面，即主尊佛像身前方台右侧面，内刻铭文1则。文左起，竖刻11行249字，楷体，字径4厘米（图版Ⅱ：36）。

01　释迦牟尼佛为末世众生设化法故担父王棺
02　大藏佛言父王终已阇维时佛共难陀等丧头前肃恭而立
03　阿难罗云在丧足后阿难白佛言惟愿听我担伯父棺罗云复
04　言惟愿听我担祖王棺世尊慰言当来世人皆凶暴不报父母
05　育养之恩为是不孝众生设化法如来躬欲担于父王之棺
06　即时世界六种震动一切诸天龙神皆来赴丧四天王众皆共
07　举丧白佛言佛为当来不孝父母者故以自身担父王棺我等
08　是佛弟子从佛闻法得须陀洹是故我曹宜担父王之棺即变
09　为人一切人民莫不啼泣世尊躬自手执香炉在前行于墓所
10　令千罗汉取种种香木以火焚之尔时诸王收骨置金刚函便
11　共起塔而为供养大众人民作礼奉持[33]

四　铭文

存3则[1]。

第1则

偈语，南宋淳熙至淳祐年间（1174—1252年）。刻于左、右侧壁上方横向平整面。平整面形如横幅，均高69厘米，宽370厘米。内各左起横刻10字（左侧存5字），楷书，高36厘米，宽41厘米（图版Ⅱ：37）。

01　假使热铁轮于我顶上旋（左）
02　□□□□□退失菩提心[34]（右）

1　龛顶左侧残存一"大"字，字径27厘米×56厘米。

图 46　第 17 号龛右侧壁第 6 组造像立面图

第二章 第15—17号

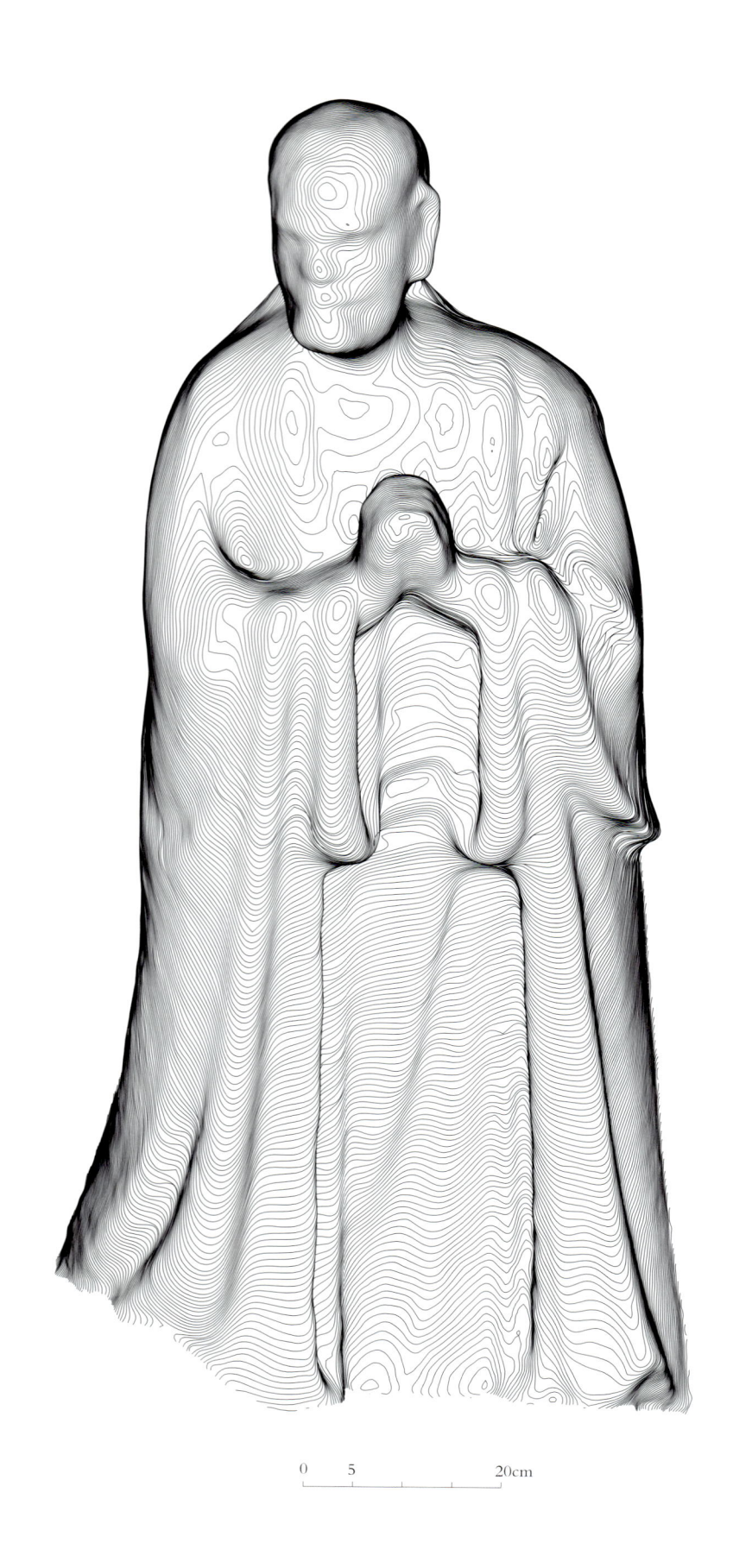

图47　第17号龛右侧壁第6组最左弟子像等值线图

第2则

《三圣御制佛牙赞》碑，南宋淳熙至淳祐年间（1174—1252年），刻于主尊佛像身前方台正面中上部。刻石面方形，高238厘米，宽241厘米，边缘线刻龙纹穿梭于云纹中。龙纹八条，每边各两条，形象一致，顶刻一对尖角，目圆瞪，口大张，颌下生须。龙身呈"S"形盘曲，刻肘毛，四爪。其中，左右侧龙纹皆为升龙，口前刻一珠；上下侧龙纹为行龙，相对戏珠。文首行左起横刻7字，字径9厘米，余左起竖刻14行221字，楷体，字径5厘米（图版Ⅱ：38）。

三圣御制佛牙赞（额）

01　太宗至仁应道神功圣德文武睿烈大明广孝皇帝颂
02　功成积劫印文端△不是南山得恐难
03　眼睹数重金色润△手擎一片玉光寒
04　炼时百火精神透△藏处千年莹彩完
05　定果熏修真秘密△正心莫作等闲看
06　真宗膺符稽古成功让德文明武定章圣元孝皇帝偈
07　西方有圣号迦文△接物垂慈世所尊
08　常愿进修增妙果△庶期饶益在黎元

09	仁宗体天法道极功全德神文圣武濬[1]哲明孝皇帝赞
10	三皇掩质皆归土△五帝潜形已化尘
11	夫子域中夸是圣△老君世上亦言真
12	埋躯祇[2]见空遗冢△何处将身示后人
13	惟有吾师金骨在△曾经百炼色长新
14	三圣御制佛牙颂赞旧刻在庐山西林乾明寺[35]

第3则

颂词，南宋淳熙至淳祐年间（1174—1252年）。刻于第2则铭文左右外侧。刻石面均高234厘米，宽38厘米。文竖刻，各7字，字径36厘米（图版Ⅱ：39）。

| 01 | 惟有吾师金骨在（左） |
| 02 | 曾经百炼色长新[36]（右） |

五　晚期遗迹

（一）铭文

2则。

第1则

悟经装彩记，明嘉靖年间（1522—1566年），位于左侧壁第1组造像铭文平整面右下方。刻石面高16厘米，宽15厘米。文左起，竖刻4行，存25字，字径3厘米（图版Ⅱ：24）。

01	侍
02	佛施赉什子悟经发心五彩
03	装左边功德一堂祈永远者
04	嘉靖（漶）

第2则

墨书指路碑，清代，墨书于右侧壁第6组造像所在壁面左下部。幅面高24厘米，宽45厘米。文左起，上部横书"指路碑"3字，下部竖书8行，可辨7字，字径3—4厘米（图版Ⅱ：40）。

01	上走□□
02	□□
03	下走酒□
04	□□
05	左走□□
06	□□
07	□□□□
08	□□

1　此"濬"字《大足石刻铭文录》录为"睿"。重庆大足石刻艺术博物馆编：《大足石刻铭文录》，重庆出版社1999年版，第114页。

2　此"祇"字《大足石刻铭文录》录为"只"。同前引。

（二）构筑

1957年，用土红、牛胶、白矾拌水煮沸后涂在壁面空隙处防风化。

1974年，于龛右侧壁中下部坍塌处以条石砌沟，疏导第17、18号龛交接处的渗水。修补面自地坪向上，至龛壁中部，通高430厘米，最宽约150厘米。

1978年，以钢筋混凝土补接龛顶右侧残缺的岩檐。2014年，再次进行岩檐加固保护。

1996年，本龛采用有机硅树脂进行防风化加固处理。

龛左侧壁上部第1则铭文所在平整面下部左右侧各存一方孔，大小相近，高4厘米，宽7厘米，深4厘米。

主尊佛像左肩外侧约20厘米处存一方孔，高8厘米，宽5厘米，深10厘米。

龛左侧壁"序品"造像下部平台台面存三个椭圆形柱洞，自青年男像下部至第3身外道像下部，大致水平等距布置；右起相邻柱洞间距分别为90、150厘米。柱洞大小相近，左右最宽23厘米，上下宽11厘米，深5厘米。

龛右侧壁第6组造像立佛下部存一椭圆形柱洞，外侧残，左右宽27厘米，深约8厘米。左天王像外侧亦存一圆形柱洞，直径约13厘米，深约4.5厘米。此二柱洞似与右侧壁柱洞呈对应布置。

龛内造像残损处部分以黄泥填充修补。

龛左侧壁下部第5身外道像残损面存留大量圆形凿孔，估计系后世补塑所留。

此外，主尊佛像身下方台前侧地坪，置一可移动的石案。案通高110厘米，厚约33厘米；正面呈梯形，前侧整体残脱，略显平整；上宽96厘米，下宽74厘米。案台面呈方形，中部遭改凿，残存粗大凿痕。案左右侧面上部亦遭改刻，各加工出一道贯穿凹槽。二凹槽大小相近，宽约2.5厘米，深约3厘米。案左右侧中部各凿刻一道外凸4厘米的方棱，高约7厘米。案脚刻饰壶门，部分蚀，现以水泥粘合固定。

（三）妆绘

龛壁存灰白色、红色两种涂层。

造像存黑色、蓝色、绿色、灰白色、红色等五种涂层。铭文均以黑色填写。

主尊佛像面、颈、胸部贴金。其两胸和前臂处的袈裟最底层涂红色，再上沥粉勾勒花卉、龙纹等图案，外凸于袈裟表面。袈裟领缘、袖缘残存花卉图案，右胸处存一龙纹，右前臂下方存两条龙纹；局部施绘蓝、绿、黑、黄等色。

注释：

[１] 本则铭文第2行第3字"赜"；第4行第5字"圆"；第8行第5字"儿"；第17行第4字"圣"，铭文分别为：

[２] 此"怀"字，铭文为：

[３] 本则铭文第4行第4字"儿"；第4行第5字"面"，铭文分别为：

[４] 本则铭文第4行第3字"儿"；第4行第5字"吃"；第5行第5字"餐"；第6行第4字"恩"；第7行第5字"难"，铭文分别为：

[5] 本则铭文第2行第2字、第4行第1字"干",铭文为:

[6] 本则铭文第4行第2字"虺";第8行第4字"儿",铭文分别为:

[7] 本则铭文第4行第2字、第8行第1字"儿";第9行第2字"浴",铭文分别为:

[8] 本则铭文第2行第3字"恶";第2行第4字"业";第4行第2字"儿";第6行第2字"会",铭文分别为:

[9] 本则铭文第2行第1字"远";第4行第4字"儿";第10行第2字"倚";第11行第1字"归",铭文分别为:

[10] 本则铭文第2行第2字"岁";第2行第3字"唯";第2行第7字"儿";第3行第2字"舍";第3行第4字"鬼";第5行第4字"从";第5行第8字"难",铭文分别为:

[11] 本则铭文第1行第2字"藏";第5行第3字"修";第6行第1字"赞";第11行第5字"念";第13行第5字"圣",铭文分别为:

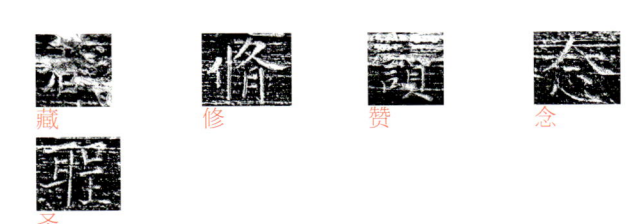

[12] 本则铭文第1行第2字"藏";第2行第6字"愆";第9行第1字"赞",铭文分别为:

[13] 本则铭文第1行第2字"藏";第1行第7字"儿";第2行第3字"翻";第3行第2字"对";第4行第7字"毁";第6行第5字"恶";第6行第7字、第8行第8字"习";第7行第7字"学";第8行第4字"赖";第8行第5字"粗";第9行第1字"斗";第11行第1字、第16行第9字"恼";第11行第8字"归";第12行第5字"赞";第14行第5字"处";第15行第7字"戏";第16行第10字"怀",铭文分别为:

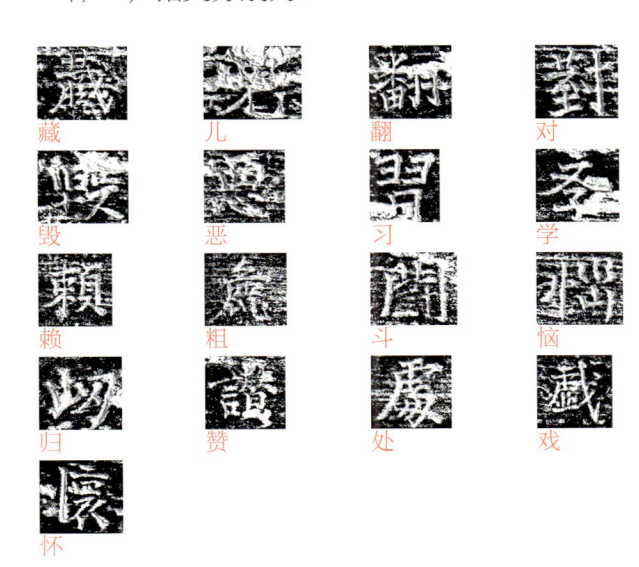

[14] 本则铭文第1行第2字"藏";第5行第4字等4处"铁";第7行第6字、第10行第6字"焰";第8行第2字"奔";第8行第7字、第11行第1字"烧";第11行第2字"煮";第11行第6字"焦";第12行第2字"劫";第15行第2字"坏";第15行第3字"肠";第17行第1字"赞";第18行第5字"念";第20行第3字"遭",铭文分别为:

[15] 本则铭文第1行第1字"恶";第1行第4字"习";第3行第2字"遭",铭文分别为:

[16] 本则铭文第1行第1字"救";第1行第2字"烧";第3行第1字"逆",铭文分别为:

[17] 本则铭文第2行第4字"辟";第18行第7字"归";第30行第6字"逆";第30行第7字"儿",铭文分别为:

[18] 本则铭文第1行第4字"天";第3行第1字"善";第3行第6字"有",铭文分别为:

[19] 本则铭文第1行第2字"藏";第1行第4字、第8行第23字"说";第1行第11字"经";第2行第20字等8处"难";第3行第17字"恶";第3行第24字"赞";第4行第13字"残";第4行第18字、第6行第2字"怀";第5行第7字"唯";第5行第15字等3处"舍";第6行第4字"愧";第7行第5字"毁";第7行第13字"尊";第8行第3字"缘";第9行第1字"欲";第10行第3字"数";第10行第10字等3处"切";第10行第25字、第11行第4字"曾";第11行第15、25字"修";第11行第24字"勤",铭文分别为:

[20] 本则铭文第1行第7字"证";第2行第2字"藏";第3行第1字"萨";第4行第7字、第14行第8字"缘";第5行第5字等3处"世";第7行第8字"于";第9行第9字"赍";第10行第3字"珍";第11行第9字"皆";第12行第1字"从";第12行第10字"恩",铭文分别为:

[21] 本则铭文第1行第10字等3处"髓";第2行第2字"藏";第4行第11字"答";第5行第11字"若";第7行第6字"舍";第8行第1字"难";第8行第4字"秽";第8行第7字、第10行第5字"即";第8行第9字"旃";第8行第10字"陀";第9行第5字、第11行第8字"骨";第11行第4字"檀";第11行第9字"起";第12行第8字"恩";第12行第9字"历";第12行第12字"劫",铭文分别为:

[22] 本则铭文第2行第2、5字"藏";第2行第6字"经";第3行第4字"果";第4行第10字"与";第5行第3字等3处"稻";第9行第2字"答";第9行第8字"愿";第10行第10字"说";第11行第8字"能";第11行第9字、第14行第4字"怀";第12行第2字"从";第14行第2字"曾";第14行第13字"净",铭文分别为:

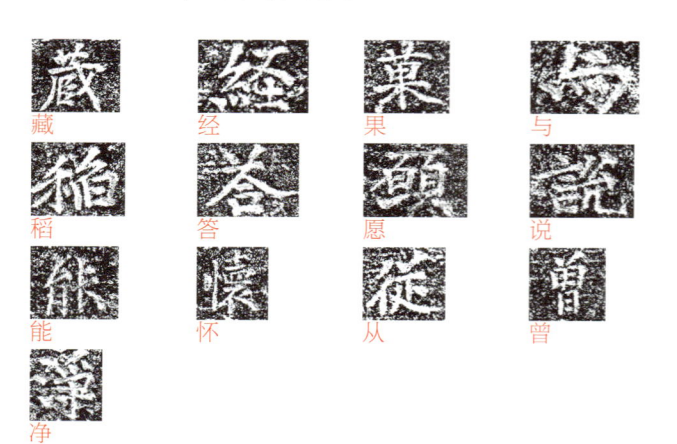

[23] 本则铭文第2行第2字"藏";第2行第3字"经";第2行第8字、第17行第5字"难";第5行第3字"瞋";第5行第4字"恶";第5行第5字"逆";第6行第3字"投";第6行第4字"邻";第6行第5字"国";第6行第9字"远";第12行第1字"誓";第12行第3字"假";第12行第5字"热";第12行第6字"铁";第14行第5字、第15行第4字"若";第15行第6字"尔";第16行第6字"体",铭文分别为:

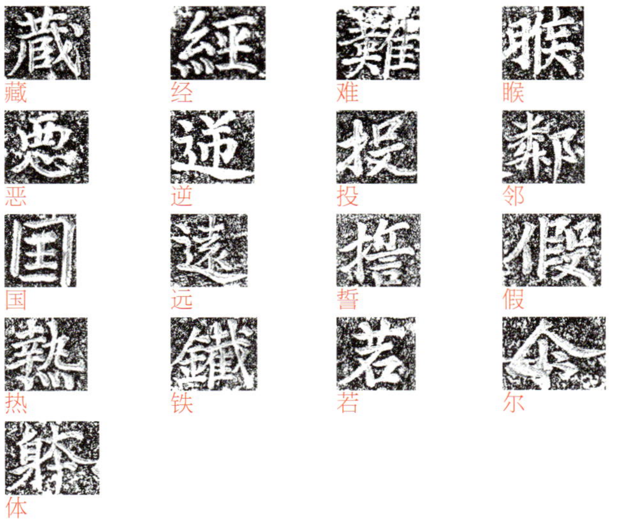

[24] 本则铭文第1行第4字"修";第1行第6字等3处"舍";第1行第9字等3处"虎";第2行第2字"藏";第2行第5字等3处"萨";第2行第6字等3处"埵";第3行第2字"济";第3行第6字"闻";第3行第8字"奔";第4行第4字"处";第5行第3字"骸";第5行第4字"骨";第7行第7字、第14行第6字"兜";第7行第8字、第14行第7字"率";第9行第5字"丧";第10行第1字"往";第10行第2字、第11行第7字"谏";第10行第3字、第21行第6字"即";第14行第4字"虎";第15行第6字"归";第16行第6字"觉";第17行第5字"恩";第17行第8字"切";第19行第7字"皆",铭文分别为:

[25] 本则铭文第1行第2字、第3行第2字"藏";第1行第4字"说";第1行第10字"恩";第2行第5字等6处"雁";第5行第5字"往";第7行第5字等3处"念";第8行第1字"觅";第12行第5字、第17行第12字"寻";第12行第7字"归";第12行第8字"国";第12行第11字、第18行第8字"欢";第13行第2字"与";第15行第8字"讯";第16行第4字、第17行第10字"愿",铭文分别为:

[26] 本则铭文第2行第2字"藏";第2行第5字"尔";第3行第4字"遍";第3行第5字"处";第3行第12字、第31行第7字"皆";第4行第8字等3处"解";第5行第8字"敷";第6行第3字"德";第6行第4字"愿";第9行第1字等3处"说";第10行第2字"勤";第11行第6字"就";第12行第11字等4处"尔";第19行第7字、第21行第12字"陀";第20行第11字、第31行第11字"欢";第25行第4字"难";第25行第8字"修";第27行第3字"辄";第28行第2字、第29行第6字"闻";第31行第1字"远";第31行第2字"照";第31行第4字"切";第31行第6字"会";第32行第7字"圣",铭文分别为:

[27] 本则铭文第2行第2字"藏";第2行第4字"说";第2行第12字、第16行第6字"难";第4行第10字"儿";第4行第14字、第14行第9字"皆";第5行第3字"愿";第6行第6字"若";第7行第6字"往";第8行第3字"年";第8行第12字"果";第9行第10字"胸";第11行第11字"所";第13行第11字"与";第15行第5字"欲",铭文分别为:

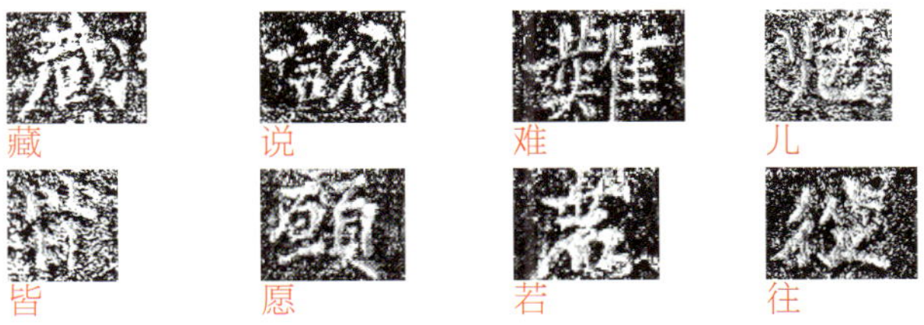

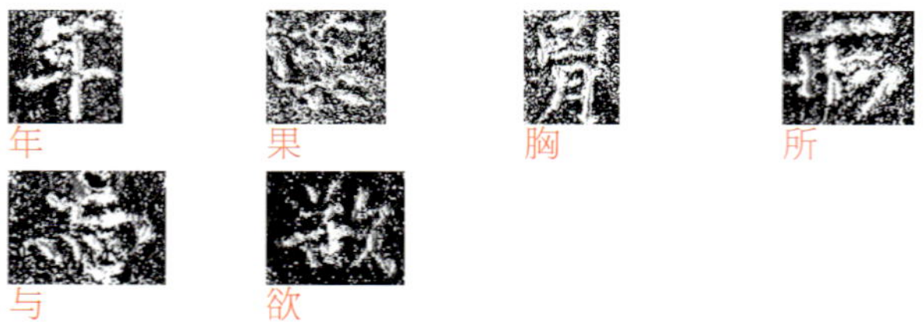

[28] 此"舍"字，铭文为：

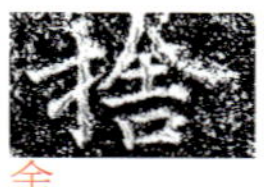

[29] 本则铭文第1行第6字等4处"修"；第1行第8字等3处"舍"；第2行第2字"藏"；第2行第5字、第10行第10字"过"；第2行第17字"切"；第2行第20字"经"；第3行第11字"坏"；第3行第17字"净"；第4行第2、19字"乘"；第4行第7、20字"经"；第5行第18字"会"；第5行第19字等7处"说"；第7行第6字等3处"恼"；第7行第9字"难"；第8行第4字、第16行第14字"即"；第9行第11字"欢"；第11行第5字、第13行第3字"答"；第12行第4字"所"；第13行第10字"热"；第14行第4字"设"；第15行第4字等3处"愿"；第16行第6字"若"；第18行第2字"稽"；第18行第4字"赞"；第20行第7字"娆"；第20行第11字"忏"；第21行第18字"辞"，铭文分别为：

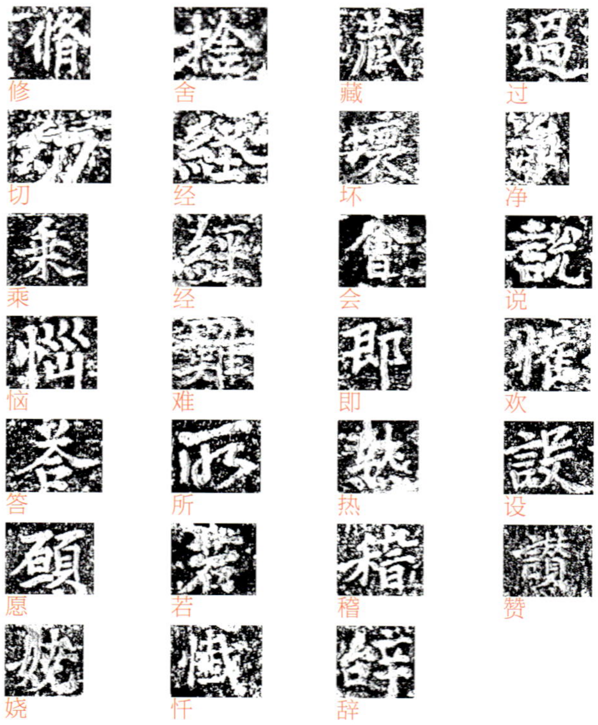

[30] 本则铭文第2行第4字"舍"；第3行第5字等4处"净"；第4行第4字"体"；第5行第3字"能"；第5行第10字等7处"我"；第6行第1字"虽"；第7行第3字、第13行第3字"达"；第7行第10字"欲"；第8行第6字"难"；第8行第7字"陀"；第9行第8字"圣"；第10行第1字"世"；第10行第4字、第16行第10字"宜"；第10行第5字"往"；第10行第11字、第15行第2字"世"；第11行第7字"照"；第12行第9字"脱"；第15行第6字等4处"即"；第16行第6字"应"；第16行第7字"欢"；第17行第1字"恼"；第17行第5字"念"；第17行第7字"经"；第19行第8字"处"；第21行第3字、第22行第5字"舍"，铭文分别为：

[31] 此"舆"字，铭文为：

[32] 本则铭文第1行第1字"净"；第3行第1字"舍"；第4行第1字"宝"；第4行第2字"塔"，铭文分别为：

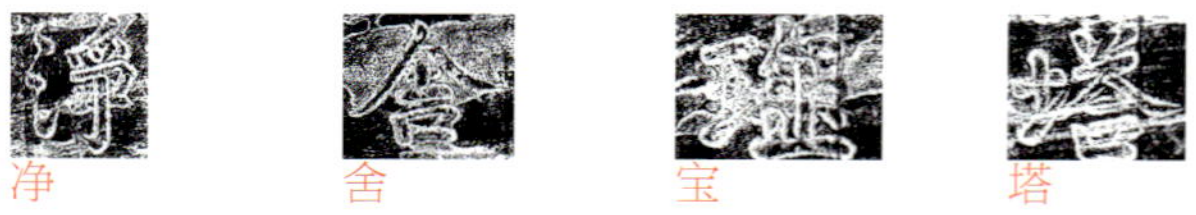

[33] 本则铭文第1行第11字、第5行第11字"设"；第2行第2字"藏"；第2行第15字等3处"难"；第2行第16字、第8行第11字"陀"；第2行第18字等4处"丧"；第2行第21字"肃"；第2行第22字"恭"；第3行第15字、第4行第3字"愿"；第4行第18字等3处"皆"；第5行第4字"恩"；第5行第18字"欲"；第6行第10字、第9行第4字"切"；第6行第13字"龙"；第8行第17字"宜"；第9行第6字、第11行第11字"民"；第10行第14字"尔"；第10行第19字"骨"，铭文分别为：

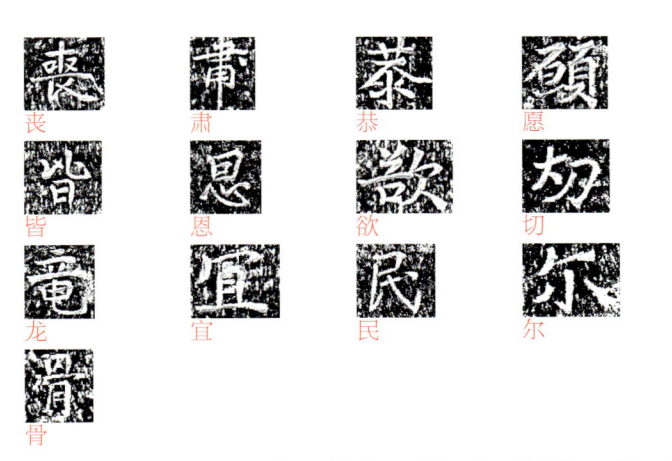

[34] 本则铭文第1行第3字"热"、第4字"铁"、第6字"于",铭文分别为:

[35] 本则铭文碑额第2字"圣"、第3字"御"、第7字"赞";第1行第12字"武";第1行第13字"睿";第2行第4字"劫";第2行第14字"难";第3行第2字"睹";第3行第3字"数";第4行第1字、第13行第11字"炼";第4行第8字"藏";第4行第9字"处";第4行第11字"年";第5行第4字、第8行第4字"修";第5行第7字"密";第6行第5字"稽";第6行第13字"武";第7行第4字、第11行第7字"圣";第8行第2字"愿";第8行第8字"庶";第8行第10字"饶";第9行第3字"体";第9行第15字"滏";第10行第3字"掩";第10行第5字"皆";第10行第6字"归";第11行第5字"夸";第12行第3字"祇";第12行第7字"家";第12行第9字"处";第12行第10字"将";第13行第6字"骨";第13行第8字"曾";第13行第9字"经";第14行第9字"旧",铭文分别为:

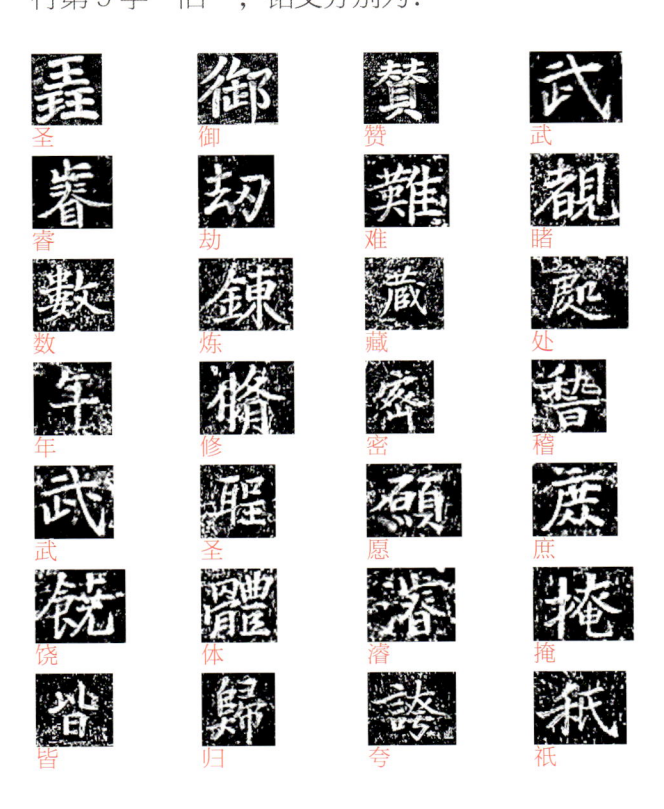

[36] 本则铭文第1行第6字"骨";第2行第2字"经";第2行第4字"炼",铭文分别为:

第三章　第18—20号

第一节　本章各编号位置及相互关系

本章介绍的第18—20号等3个龛像，位于大佛湾北崖中段和西段。其中，第18、19号龛位于北崖中段右侧，第20号龛位于北崖西段左侧（图48；图版Ⅰ：70、图版Ⅰ：71）。

第18号龛左与第17号龛相邻，右与第19号龛紧邻（图版Ⅰ：72）。龛前地坪左上角以条石修建向南外凸的方形参观平台，边缘建石栏。其西侧修筑石梯道，顺龛前外凸石壁边缘而下，与第20号龛前地坪相接。

第19号龛所在壁面略外凸，与其左右相邻龛像皆内凹、圆转相接，分界较明显（图版Ⅰ：73）。此外，第18、19号龛所在崖壁面高度一致，龛前为一外凸石堡。石堡顶部即设置为现今龛前地坪，形如平台。该平台全长约2070厘米，边缘建石栏；其左端与第17号龛前右端石梯相接，右端与第20号龛中部外凸的台面水平衔接（现以木栏分隔）。平台台面最宽约690厘米，下距第20号龛前地坪约510厘米。石堡正面略有起伏，加工稍显平直；左侧隐于石梯道，右侧下部基脚毁。残毁基脚现以条石叠砌加固，并与现今地坪垂直相接。加固修补条石通高约112厘米，全长约840厘米，深200厘米。

第20号龛是本章幅面最大的龛像，崖壁较前述二龛内进，岩檐高度与前述二龛水平一致，龛前地坪则下降约510厘米。

第二节　第18号

一　位置

位于大佛湾北崖中段右侧，左右分别与第17号、第19号龛紧邻，上为平直外挑的岩檐，下与参观地坪相接。

龛口南向，方向166°。

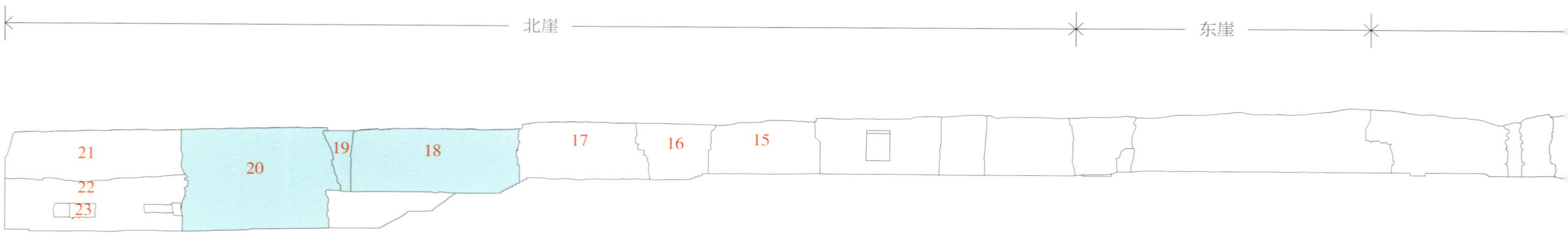

图48　第18—20号龛在本卷龛窟中的位置图

二　形制

方形龛（图49、图50、图51、图52；图版Ⅰ：74、图版Ⅰ：75）。

于崖壁向内凿进而成。龛口略呈横长方形，最高811厘米，最宽2058厘米。壁面竖直，中部外凸，两侧略内倾，边缘弧面外展，与相邻龛像分界较为明显。龛壁下部毁，现以条石错缝镶砌。中部呈外凸的半圆方台。龛左下角与第17号龛交接处已用条石叠砌修补。龛顶即外挑的岩檐，平顶方形，大部毁，现已补接，外挑最深约158厘米。

三　造像

造像高浮雕，大致呈左、中、右三部分布局（图49；图版Ⅰ：74）。其中，中部造像大致以中部和底部的两重勾栏作空间划分，上层刻一佛二菩萨主尊像及天堂盛景，置于中部七段勾栏之上（内侧）；下层刻图文并茂的"三品九生"图像九组，置于中部和底部九段勾栏之间。底部勾栏之下相接后世补砌的条石壁面，直至地坪。左右侧造像大作两列纵向、交错布置，各刻八组图像。全龛造像大致又以居中佛像为轴线，呈左右对称布置。

据造像位置，可细分为中部上层、中部下层、左侧、右侧造像等四部分。

（一）中部上层

刻像42身（图49）。其中，中间部位为体量较大的一佛二菩萨像，皆半身。主尊佛像与左右菩萨像相邻壁面皆外凸，其正面自下而上各刻一半身胁侍菩萨像和一楼阁。左右菩萨像上方各刻十佛及一身飞天像，外侧皆刻饰云纹以作分界。云纹向外弥漫，内各刻一座楼阁和三身造像，显露部分。三主像身前刻七段勾栏，勾栏望柱柱首共刻立式乐童像7身（图版Ⅰ：76）。

1. 一佛二菩萨像

佛像　半身，高318厘米，头长145厘米，肩宽262厘米，胸厚40厘米（图53、图54；图版Ⅰ：77）。头刻尖状螺发，发际线与耳齐平，刻内凹髻珠。面圆低垂，弯眉，细长眼，目光下视。眉骨中部各飘出一道毫光，由窄变宽，斜向升至岩檐底部。直鼻，双唇微闭，下颌略外凸，耳垂肥大，颈刻两道肉褶线。内着僧祇支，外着双领下垂式袈裟，袈裟一角绕后背敷搭右肩。双手胸前结印，十指圆润修长。

佛像左、右外凸壁面下部各刻一胁侍菩萨像，体量较小，显露半身，皆高125厘米，头长55厘米，肩宽55厘米，胸厚25厘米（图54；图版Ⅰ：78、图版Ⅰ：79）。左胁侍菩萨像，浮雕圆形头光，直径95厘米，其内饰花卉纹，顶缘刻火焰纹。头挽髻戴冠，缯带

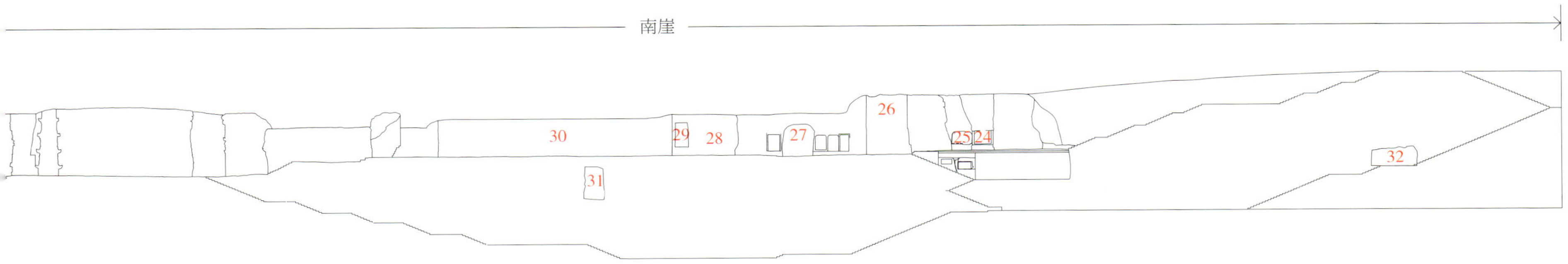

图49 第18号龛立面图

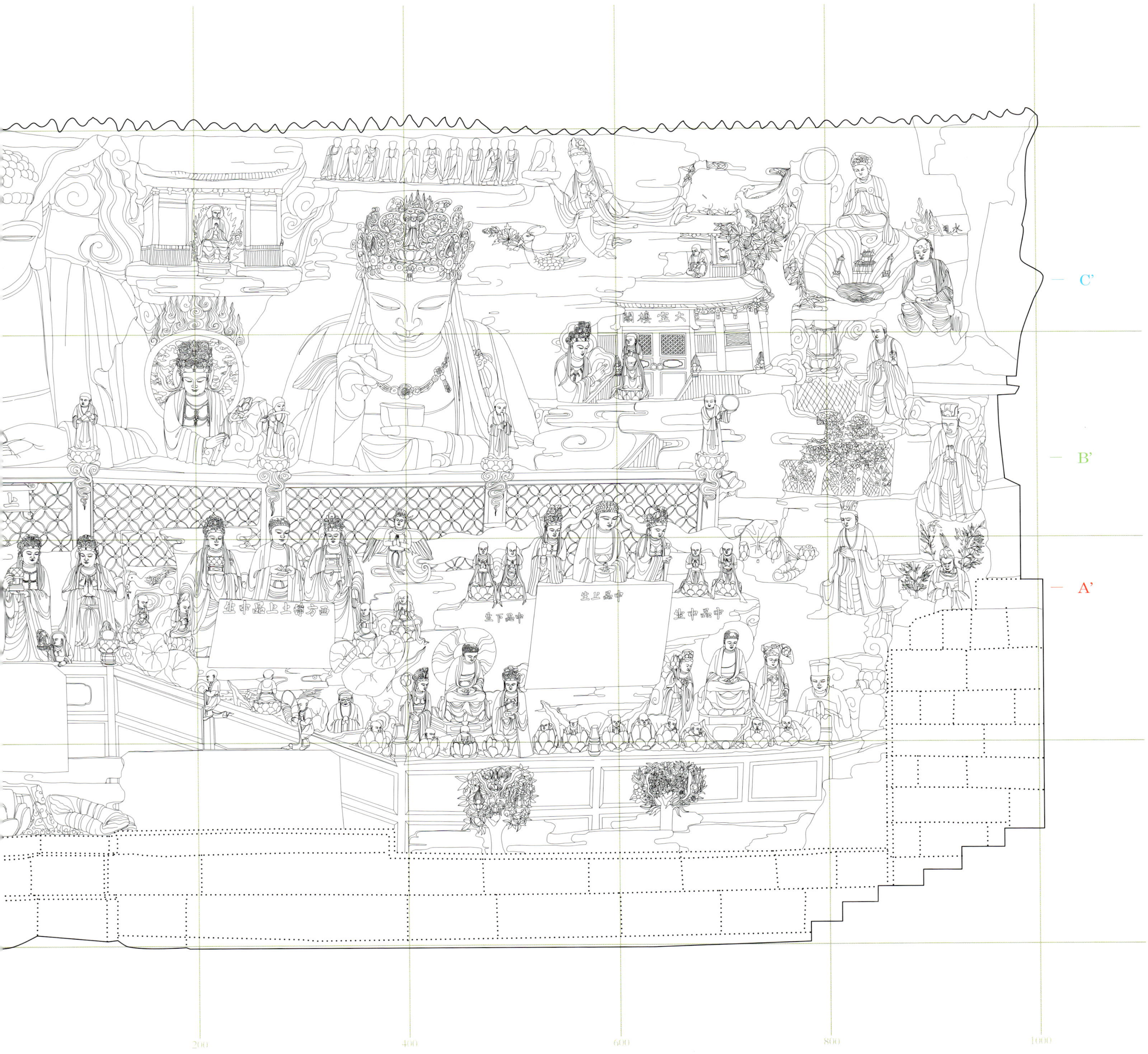
C'
B'
A'
200
400
600
800
1000

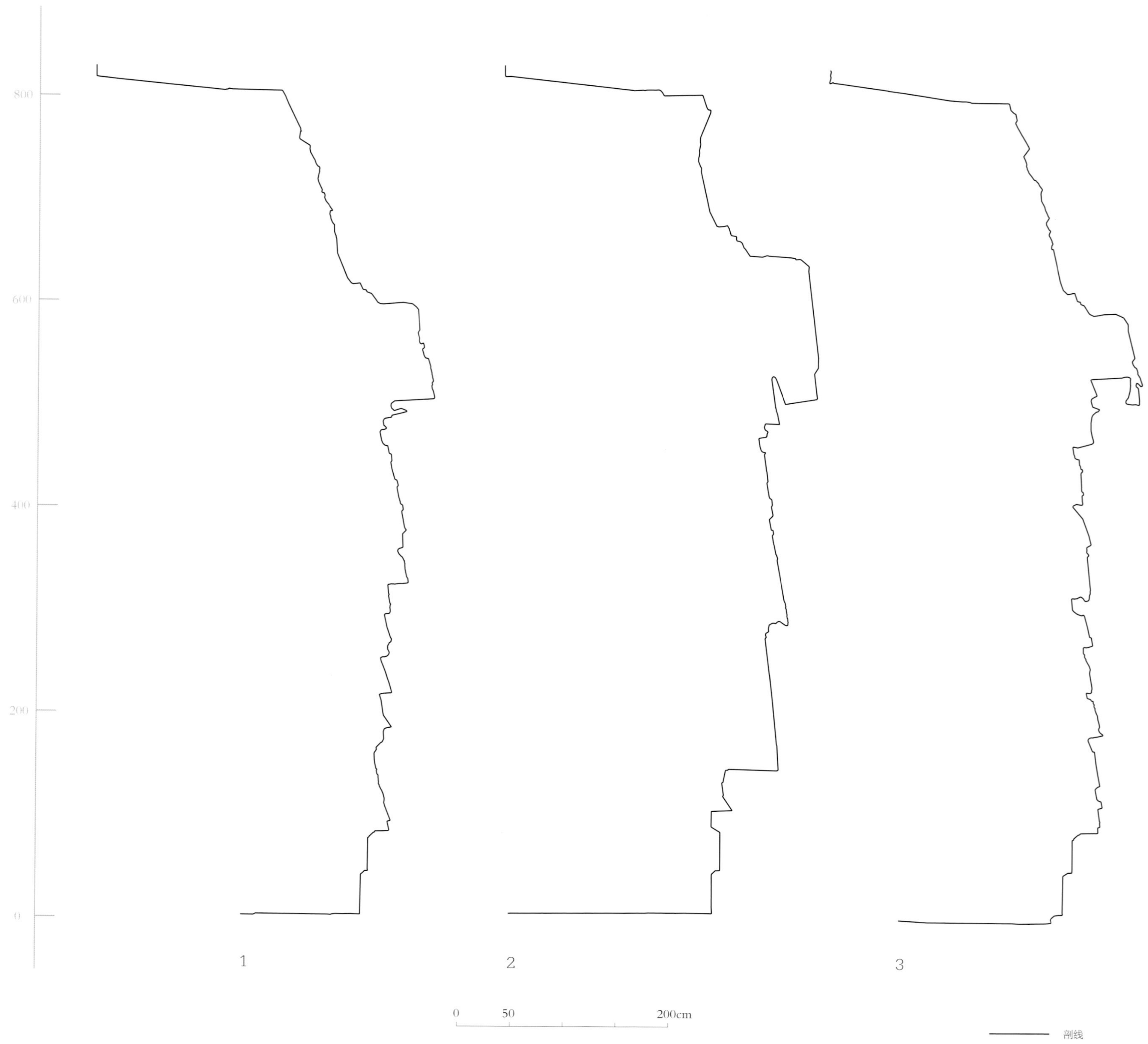

图 50　第 18 号龛剖面图
1　剖线 1（右主尊菩萨像中轴线）　2　剖线 2（主尊佛像中轴线）　3　剖线 3（左主尊菩萨像中轴线）

图51 第18号瓮平面图

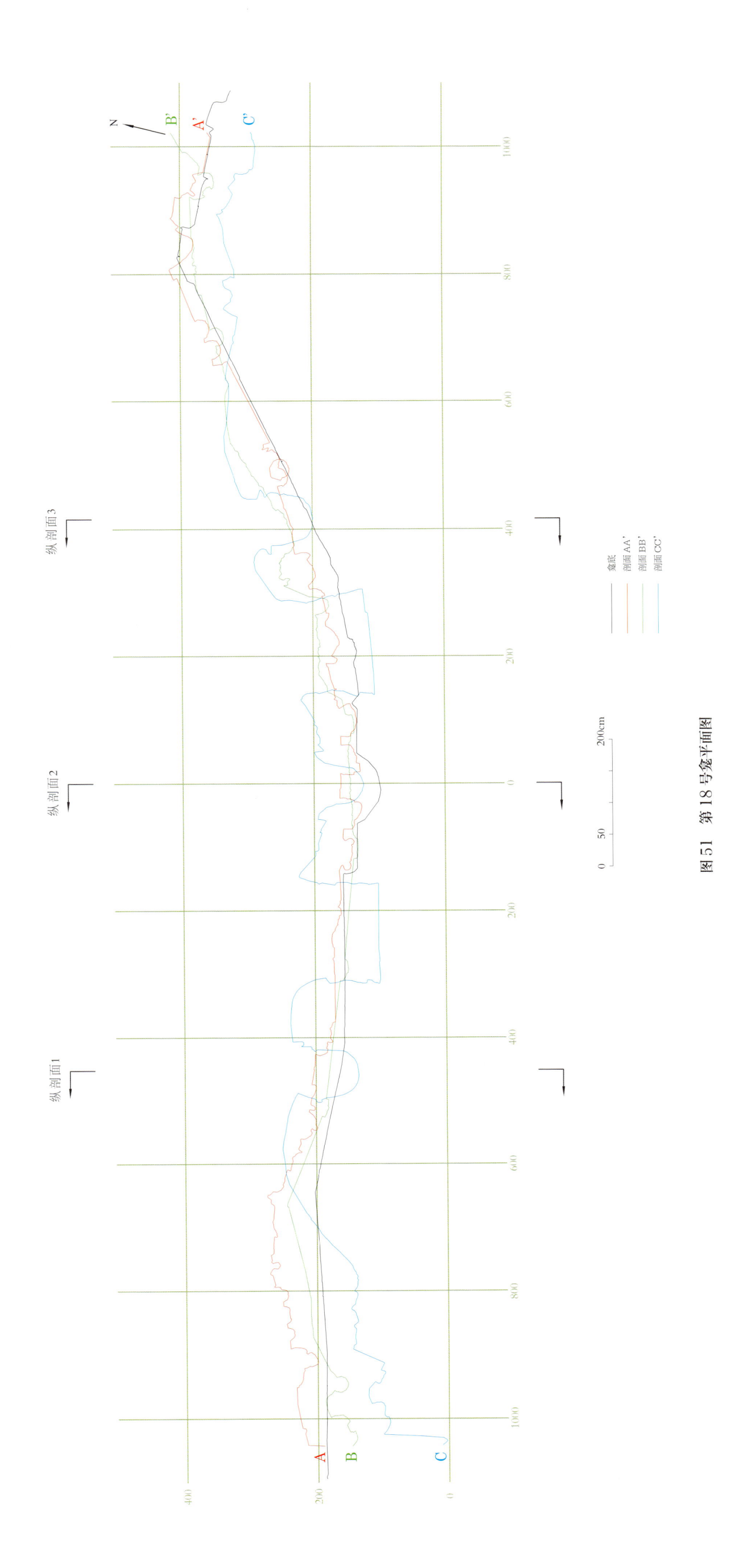

第三章 第18—20号

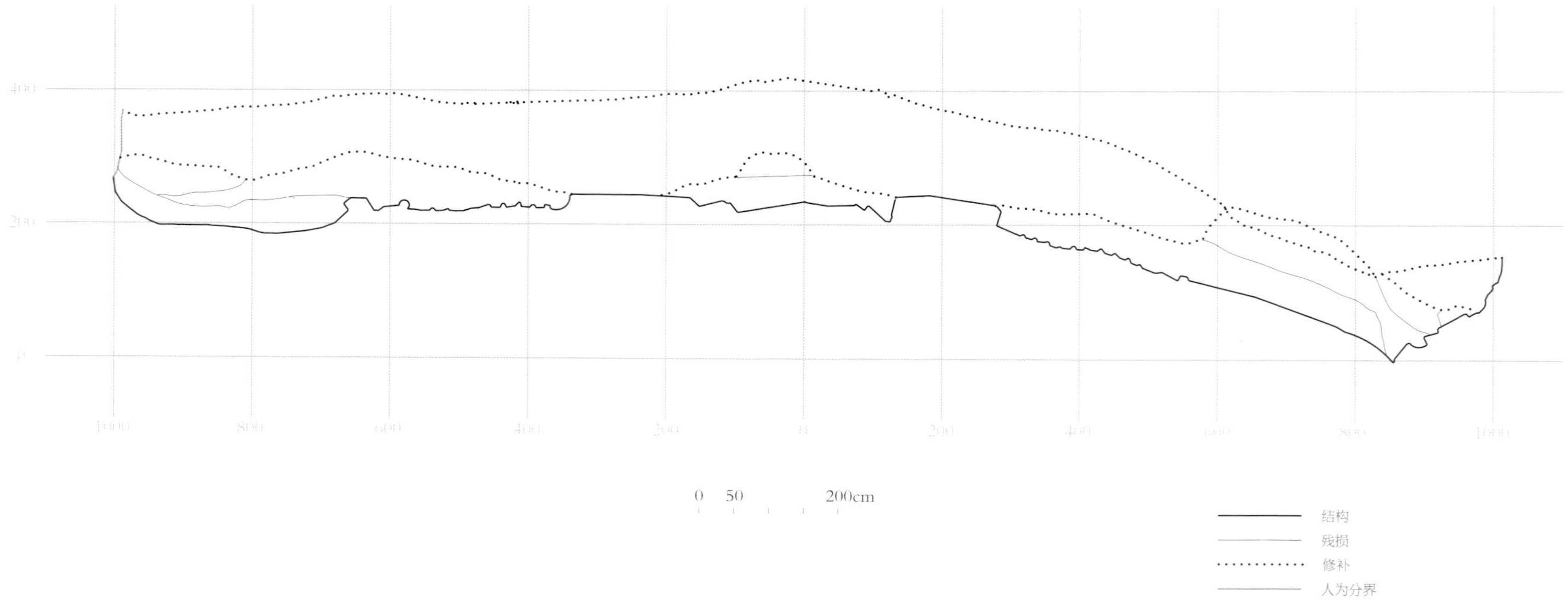

图 52　第 18 号龛龛顶仰视图

图 53　第 18 号龛中部上层主尊佛像等值线图

垂肩。冠正面刻一坐式化佛，置于云纹上。面圆，眉眼细长，直鼻小口，耳垂肥大，颈刻三道肉褶线。胸饰璎珞，内着僧祇支，外着双领下垂式袈裟。腕镯，双手持带茎莲叶、莲苞。右胁侍菩萨像，头光直径103厘米，内描画放射状毫光，顶缘刻火焰纹。冠正面刻一坐式化佛，置于仰莲上。左手胸前结印，右手覆巾，屈肘前伸托盘，内盛石榴等花果。余特征与左胁侍菩萨像略同。

佛像左、右外凸壁面上部各高浮雕一座楼阁，与龛顶相接。其下部及左右皆刻云纹，似置于天宫（图54；图版Ⅰ：80、图版Ⅰ：81）。楼阁结构、大小相近，显露底层屋身和屋檐，通高约125厘米。屋身四柱三间，面阔120厘米，高85厘米，进深128厘米。屋身前侧刻一周单重勾栏，高约25厘米，自明间柱断开。立柱方形，柱间刻两道阑额。明间阑额下左右角刻雀替。柱顶上承普拍枋，枋下刻一道珠串、流苏。明间较宽，凿圆拱形浅龛，高75厘米，宽50厘米，内刻一身坐佛。左右次间较窄，素平。屋身左右山墙亦未见雕刻。屋顶残蚀。再上隐于云纹内。

左、右楼阁明间佛像体量、特征相近，皆坐高约40厘米。描画圆形头光和身光，边缘画火焰纹。头刻螺发，面圆，眉目可辨。内着僧祇支，外着双领下垂式袈裟，下着裙。双手胸前合十，结跏趺坐于方台上的三重仰莲上。仰莲高20厘米，最宽35厘米。台高15厘米，宽40厘米，正面刻壸门。

左菩萨像　半身，显露高281厘米，头长156厘米，肩宽184厘米，胸厚38厘米（图55、图56；图版Ⅰ：82）。头挽髻戴冠，露额发，冠带作结后沿胸下垂。冠正中刻一身立式化佛，高约35厘米，可辨头刻螺发，面圆，内着僧祇支，外着双领下垂式袈裟，双手笼腹前，跣足立于仰莲台上。莲台高14厘米，最宽38厘米。冠下缘横刻一道璎珞。菩萨像面长圆，略低垂。弯眉，细长眼，目光下视。直鼻，唇微闭，嘴角后收，下颌略外凸，耳垂肥大。颈刻三道肉褶线。胸饰璎珞，内着僧祇支，外着双领下垂式袈裟，袈裟一角系于左肩哲那环上。左手覆巾，横置胸前托钵，钵呈莲瓣状，高31厘米，口径42厘米；右手胸前持柳枝。

右菩萨像　半身，显露高281厘米，头长160厘米，肩宽187厘米，胸厚38厘米（图57、图58；图版Ⅰ：83）。头冠正中刻一净瓶，置于仰莲台上。瓶高35厘米，自瓶口发出两道毫光斜升至冠顶上缘。左手屈肘前伸，托举贝叶经，贝叶经全长60厘米，最宽35厘米；右手胸前结印。余略同左菩萨像。

2. 十佛像

二菩萨像头顶上方云台外凸，其上各横刻一排十身立式佛像（图59、图60；图版Ⅰ：84、图版Ⅰ：85）。佛像略残，体量相近，残高约44厘米。可辨外着双领下垂式袈裟，下着裙。手姿各异，跣足而立。从左至右编为左第1—10像和右第1—10像，手姿及持物特征列入表1。

表1　大佛湾第18号龛左右菩萨像上方十佛手姿及持物特征简表

左侧	手姿及持物	右侧	手姿及持物
1	双手腹前笼袈裟内。	1	残。
2	左手置腹前，右手举胸前结印。	2	残。
3	双手腹前笼袈裟内。	3	双手置胸前，似合十。
4	双手置腹前，手上覆巾，巾上置物，物残。	4	双手腹前笼袈裟内。
5	双手胸前合十。	5	双手似腹前持物，手及物残。
6	双手胸前持物，物残。	6	双手似腹前持物，手及物残。
7	双手腹前笼袈裟内。	7	双手腹前笼袈裟内。
8	左手置腹前，右手胸前共持一物，物似如意，长16厘米。	8	双手置腹前，手上覆巾，巾上置物，物残。
9	双手腹前笼袈裟内，上托一物，似钵。	9	双手腹前托八角形法轮。轮最宽10厘米。
10	双手腹前笼袈裟内。	10	双手腹前笼袈裟内。

3. 飞天像

二菩萨像外侧上方各刻飞天像1身，相对持物凌空飞翔。

图 54 第 18 号龛中部上层主尊佛像及左右胁侍菩萨像立面图

第三章 第18—20号

图 55　第 18 号龛中部上层左侧菩萨像立面图

图 56　第 18 号龛中部上层左侧菩萨像等值线图

图 57　第 18 号龛中部上层右侧菩萨像立面图

图 58　第 18 号龛中部上层右侧菩萨像等值线图

第三章　第 18—20 号

左飞天像　身长约149厘米，头长36厘米，肩宽34厘米，胸厚30厘米（图61；图版Ⅰ：86）。头挽髻，戴冠，冠带飘于头后。长圆脸略残，胸饰璎珞，上着披巾，下着长短两层裙。披巾敷搭前臂后，飘垂身前。左手置身前，右手屈肘托盏，内置山石。侧身向右而飞。其身下云纹内刻一凤鸟，显露部分。可辨尖喙、圆头，冠宇高耸，颈细，身长约63厘米。尖喙咬长枝花，向右飞翔。

右飞天像，残蚀略重，身残长约172厘米（图62；图版Ⅰ：87）。左手屈肘前伸，举持带茎莲叶、莲蕾，右手残，举置胸前；侧身向左而飞，余略同左飞天像。其身下云纹内亦刻一凤鸟，向左飞翔，特征亦同。

4. 左外侧楼阁及造像

左菩萨像外侧云纹内，刻楼阁1座和造像3身；楼阁外侧刻树1株（图63；图版Ⅰ：88）。

（1）楼阁

重檐，显露大部底层屋身、屋顶和部分上层屋身，通高约176厘米。

底层屋身六柱五间，显露面阔154厘米，高91厘米，进深约42厘米。屋身前刻一周勾栏，显露高约28厘米。勾栏自明间望柱断开后，再斜向右下延伸，似与主尊像身前勾栏相接。勾栏望柱柱首刻仰莲台，上置一粒放焰珠。望柱间刻直棂。屋身立柱方形，柱间刻两重阑额，再上刻普拍枋，转角交项造。枋下刻一周珠串、流苏。明间较宽，刻双扇格子门，圆环门首。明间上方刻一"风"字横匾，高20厘米，宽85厘米。内左起横刻"大宝楼[1]阁"4字，字径11厘米（图版Ⅱ：41）。左右次间额下刻直棂窗，高17厘米，宽20厘米。左侧稍间额下刻闪电窗，高11厘米，宽22厘米。右侧稍间云纹遮覆。屋顶为庑殿顶，屋面描绘瓦垄瓦沟，角梁上翘，翼角微仰，檐口平直，刻檐椽。

上层屋身置于低矮的平座上，显露明间和左次间，面宽约54厘米，高43厘米。屋身前亦刻勾栏，自明间望柱断开。勾栏高约11厘米。立柱间施阑额。明间内凹，次间饰花卉。再上结构隐于云纹中。

楼阁左后侧刻一树，通高约194厘米。树干粗大，枝叶茂密，略蚀，掩于屋顶。树冠上刻一鸟，略蚀，可辨口衔一物，敛翅，向右站立。

（2）造像

楼阁右外侧刻菩萨像1身，屋身前侧斜向勾栏内刻童子立像1身，上层屋身明间内刻敲钟童子坐像1身。

菩萨像　显露半身，高81厘米，头长37厘米，肩宽38厘米，胸厚18厘米（图版Ⅰ：89）。头挽髻戴冠，缯带作结后沿肩下垂，冠中刻一身坐式化佛。化佛坐高8厘米，浮雕圆形头光和身光，头刻螺发，面圆，内着僧祇支，外着双领下垂式袈裟，双手置腹前，结跏趺坐于单重仰莲台上。莲台高4厘米，最宽6厘米。菩萨像面圆，弯眉，细长眼，直鼻，唇微闭，下颌略外凸，耳垂肥大，颈刻三道肉褶线。胸饰璎珞，内着僧祇支，外着双领下垂式袈裟。侧身向左，左手不现，右手屈肘斜伸，竖食指、中指指向童子像。身前刻云纹。

童子像　刻于屋身前侧斜向勾栏内，立高56厘米，头长14厘米，肩宽16厘米，胸厚8厘米（图版Ⅰ：90）。光头，面圆，微向右侧转，与菩萨像相对。戴项圈，上身袒，下着裙，裙腰外翻。披巾环于头后，下垂腹前交绕后向上敷搭前臂，沿体侧垂至莲台外侧。双手胸前合十，跣足立于莲台上。莲台高12厘米，直径32厘米。

敲钟童子像　刻于楼阁二层屋身明间，坐高30厘米（图版Ⅰ：91）。光头，面圆，上着对襟长服，下着裙，双手胸前持一槌，竖左腿，盘右腿，跣足而坐。槌全长15厘米，直径2厘米。身右侧刻一口钟，口朝下，通高24厘米，最宽24厘米。

5. 右侧楼阁及造像

右菩萨像外侧，刻楼阁1座和造像3身；楼阁外侧刻树1株（图64；图版Ⅰ：92）。

（1）楼阁

重檐庑殿顶，显露右侧，通高约185厘米。

底层屋身四柱三间，面阔100厘米，高92厘米，进深36厘米。其结构与左侧楼阁略同。明间上方横匾高25厘米，宽45厘米。内左起横刻"珠楼[2]"2字，字径15厘米（图版Ⅱ：42）。左右次间较窄，各刻一户闪电窗。屋顶素平。

上层屋身置于平座上。屋身显露明间和右次间，结构、装饰与底层屋身略同。明间开圆形浅龛，直径35厘米，深9厘米，内刻坐佛1身。屋顶显露右侧一角。

楼阁右后侧刻树一株，通高约146厘米。树干粗大，枝叶茂密，掩于屋顶。树冠外凸，上刻一鸟，略蚀，口衔一物，曲颈，足细长，向左站立。

（2）造像

楼阁左外侧刻菩萨像1身，屋身前侧勾栏内刻童子立像1身，上层屋身明间浅龛内刻坐佛1身。

菩萨像　半身，显露高约90厘米，头长47厘米，肩宽42厘米，胸厚18厘米（图版Ⅰ：93）。头挽髻戴冠，露额发，缯带作结后下垂胸前。冠正面刻一身坐式化佛。化佛坐高10厘米，略残，可辨身着双领下垂式袈裟，双手置腹前，结跏趺坐于单重仰莲台上。台高5厘米，最宽7厘米。菩萨像面方，眉细长，眼微闭，耳垂肥大。胸饰璎珞，内着僧祇支，系带作结，外着双领下垂式袈裟。腕饰镯，左手横置结印，右手胸前似捻一物。身前刻云纹。

童子像　立高69厘米，头长14厘米，肩宽21厘米，胸厚8厘米（图版Ⅰ：94）。光头，圆面左侧，眉目清晰，戴项圈，上身袒，下着长短两层裙。披帛环于头后，敷搭前臂后下垂台前。双手胸前合十，跣足立于双重仰莲台上。莲台高14厘米，直径26厘米。

佛像　坐高35厘米（图版Ⅰ：95）。描刻圆形头光和椭圆形身光。头刻螺髻，面椭圆，风蚀较重，内着僧祇支，系带作结，外着双领下垂式袈裟，下着裙。双手腹前笼袈裟内，结跏趺坐。

6. 勾栏乐童像

三主像身前横刻七段单重勾栏，显露最高100厘米，左右端隐入云纹内，全长约1353厘米。每段勾栏宽度相近，宽约193厘米（图49）。桯杖方形，高12厘米。望柱亦方形，宽24厘米，外凸壁面约4厘米。华板刻斜四球纹，排列规整。自望柱上部升起一朵羊角形云纹，上承仰莲台，形如柱首。台高15厘米，直径29厘米。台上刻立式乐童1身，演奏器乐。

从左至右，将乐童编为第1—7像。

乐童　体量相近，高60厘米，头长12厘米，肩宽17厘米，胸厚10厘米。皆光头，面圆，眉目清晰，上着对襟宽袖服，腰系带，作结下垂，下着裙。腕镯，持器乐作演奏状，着鞋直立。其手姿、器乐特征如下。

第1像　左手托圆形手鼓，置于左肩外侧，右手持槌作击鼓状。圆鼓直径16厘米，厚5厘米。槌长14厘米，直径2厘米（图65-1；图版Ⅰ：96）。

第2像　双手胸前竖持一箫，作吹奏状。箫长18厘米，直径4厘米（图65-2；图版Ⅰ：97）。

第3像　双手于右胸前横持弓笛，侧头作吹奏状。弓笛长28厘米，直径5厘米（图65-3；图版Ⅰ：98）。

第4像　左手持细腰鼓于左胸前，右手曲置腰间，持槌作击鼓状。腰鼓全长10厘米，鼓面最大直径6厘米，槌大部残断（图65-4；图版Ⅰ：99）。

第5像　左手笼袖内托细腰鼓于左肩，右手持槌置腹前，作击鼓状。腰鼓全长12厘米，鼓面最大直径6厘米，槌残长8厘米，直径2厘米（图66-1；图版Ⅰ：100）。

第6像　双手于右胸前横持一笛，作吹奏状。笛长20厘米，直径5厘米（图66-2；图版Ⅰ：101）。

第7像　双手于右胸前举持六合板，作演奏状。六合板高16厘米，外展最宽9厘米（图66-3；图版Ⅰ：102）。

（二）中部下层

高浮雕一佛二菩萨为主像的"三品九生"造像9组，图文并茂。并以此为中心，其间另刻童子、迦陵频伽、飞鸟以及莲叶、莲蕾等。各组造像后壁皆刻弥散的云纹。最下刻九段勾栏及诸多化身莲童像（图67；图版Ⅰ：103）。

据造像组合与布局，大致细分为中部、左侧、右侧、勾栏造像四部分。

1. 中部

刻"上品三生"造像3组。其中，"上品上生"居中，"上品中生"居左，"上品下生"居右，三组造像横向布列，占据中部较大壁面。

上品上生

刻一排四身立式菩萨像为主像，身前勾栏内侧刻3身童子像，童子像下方刻一平整面。菩萨像左右外侧各刻一只飞鸟，相对而飞（图68；图版Ⅰ：104）。

据四身菩萨像位置，可视作两组。左侧两身为一组，右侧两身为一组，二组间距较大，相距约36厘米。菩萨像体量相近，显露高127厘米，头长30厘米，肩宽36厘米，胸厚15厘米。

四身菩萨像具体特征亦可视作两组，内侧两身为一组，外侧两身为一组，同组特征相近。此外，外侧两身菩萨像肩部外侧，各刻一只飞鸟，身长约51厘米。现将其特征列入表2。

图 59　第 18 号龛中部上层左侧十佛立面图

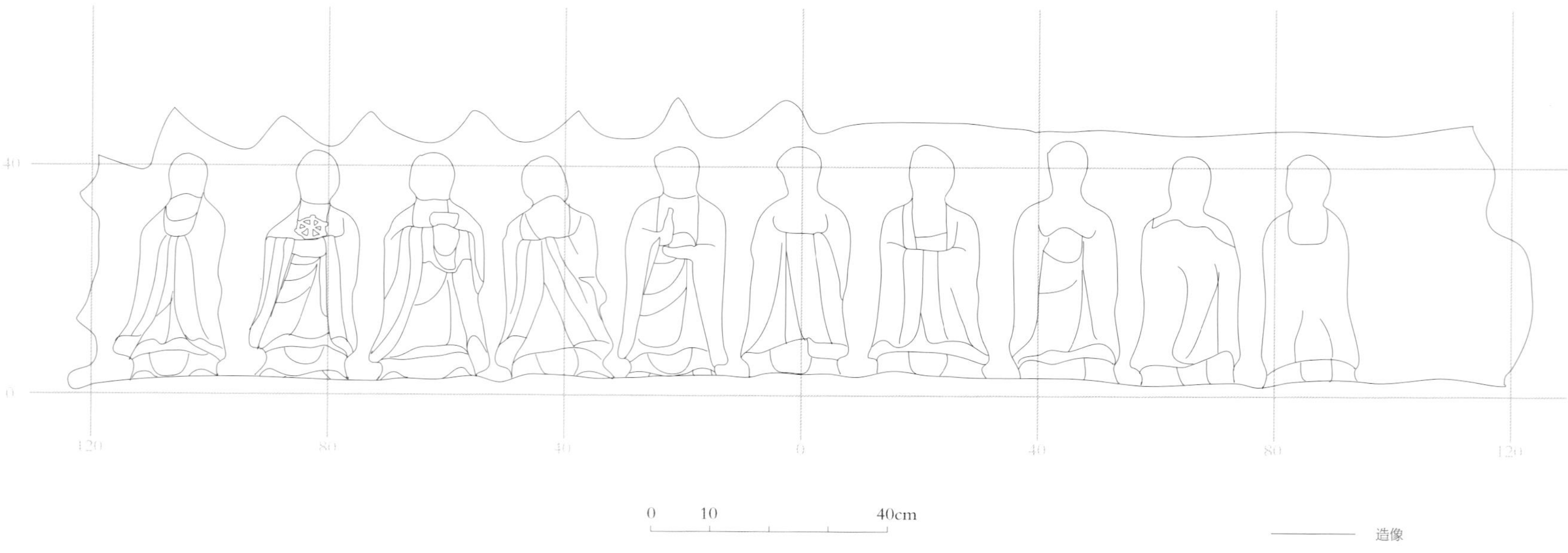

图 60　第 18 号龛中部上层右侧十佛立面图

图 61　第 18 号龛中部上层左侧飞天及青鸟立面图

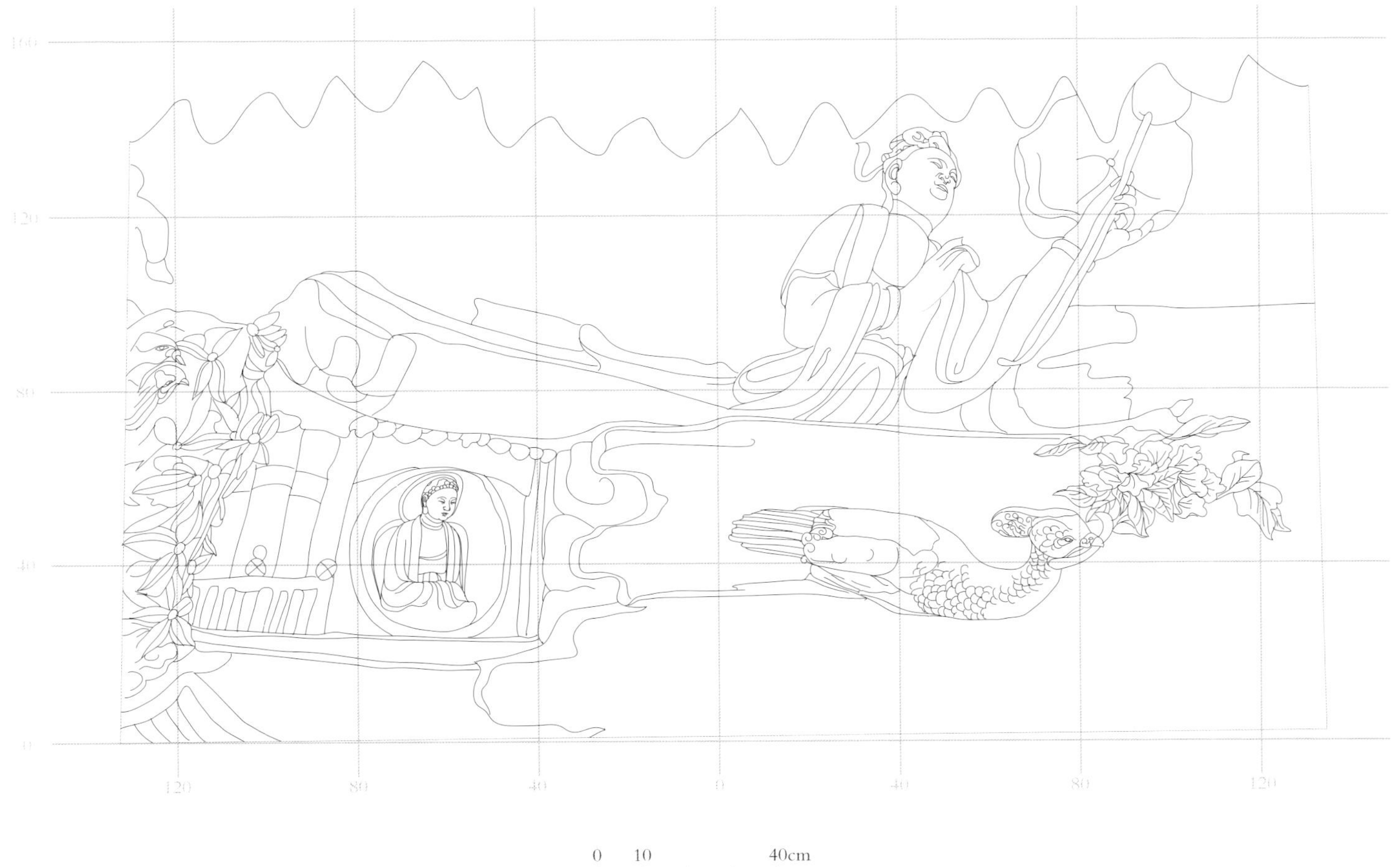

图 62　第 18 号龛中部上层右侧飞天及青鸟立面图

图 63　第 18 号龛中部上层左侧大宝楼阁建筑及造像立面图

图 64　第 18 号龛中部上层右侧珠楼建筑及造像立面图

1　　　　　　　　　　　　2

3　　　　　　　　　　　　4

0　5　　20cm

——— 造像

图65　第18号龛中部上层勾栏左起第1—4乐童像立面图
1　第1乐童　2　第2乐童　3　第3乐童　4　第4乐童

1

2

3

0 5 20cm

造像

图66 第18号龛中部上层勾栏左起第5—7乐童像立面图

1 第5乐童 2 第6乐童 3 第7乐童

图67　第18号龛中部下层"三品九生"造像展开及分组图

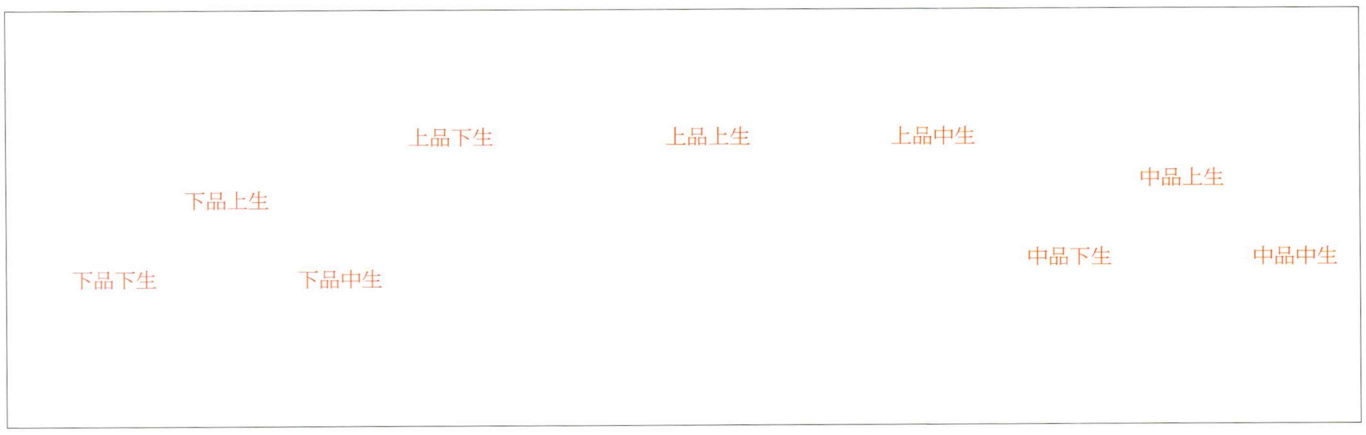

		上品下生	上品上生	上品中生	
					中品上生
	下品上生				
下品下生	下品中生			中品下生	中品中生

第三章 第18—20号

表2　大佛湾第18号龛正壁中部下层"上品上生"造像特征简表

位置	特征	位置	特征
左内侧菩萨像	头挽髻戴冠，露额发，缯带作结后，沿胸下垂。冠正面刻一身化佛，坐于仰莲上。冠下缘刻一道璎珞。面长圆，弯眉细眼，目光下视，直鼻小口。耳垂肥大，颈刻三道肉褶线。胸饰璎珞，内着僧祇支，系带作结，外着双领下垂式袈裟。腕饰镯，左手覆巾，托举仰莲方台底，右手抚仰莲。台通高22厘米，底部为方台，转角处镂空刻倚柱，上刻三重仰莲台。	右内侧菩萨像	冠正面刻一净瓶，置于仰莲上。双手覆巾，于左胸前托仰莲方台。余特征与左内侧像同。
左外侧菩萨像	头挽髻戴冠，露额发，缯带作结后，斜飘至双手肘部。冠正面刻一身坐式化佛，残高约5厘米，可辨双手腹前笼袈裟内，结跏趺坐于云纹上。冠下缘刻璎珞一道。面长圆，弯眉细眼，目光下视，直鼻小口。耳垂肥大，颈刻三道肉褶线。胸饰璎珞，内着僧祇支，系带作结，外着宽博披巾，腰系带，作结垂于腹前；下着长短两层裙。腕镯，双手胸前合十。	右外侧菩萨像	冠中化佛完整，坐高约6厘米。浮雕圆形头光和身光。光头，圆面，双手腹前笼袈裟内，结跏趺坐于云纹上。菩萨左手横腹前，前臂悬挂长念珠一条；右手交于腹前左手下方，翘腕捻念珠。余特征与左外侧像同。
左飞鸟	尖喙，圆头，小眼，顶刻冠宇，曲颈，敛翅，尾略垂，足露少许。喙衔璎珞，侧身向右而飞。	右飞鸟	双翅略展，尾上翘，侧身向左而飞。余特征与左飞鸟同。

菩萨像上方刻一横长方形匾，外凸勾栏华板约2.5厘米。匾上接勾栏梐杖，匾通高36厘米，宽96厘米。匾心左起横刻"上品上生"4字，字径16厘米（图版Ⅱ：43）。

菩萨像身前勾栏内侧刻童子像3身。童子皆半身，光头，圆脸，戴项圈，上身袒，披巾环绕于头后。中童子像高约26厘米，腕饰镯，双手胸前合十。左童子像显露高约30厘米，腕饰镯，左手扶栏，右手举托一盏，内置山石，侧身向右。盏高约3厘米，宽15厘米。假山高17厘米，最宽14厘米。右童子像显露高约30厘米，腕镯，左手举持带茎莲叶、莲蕾，右手扶栏，侧身向左与左童子相对。

此组造像下方勾栏外侧刻一平整面，左右上角抹角，外凸勾栏约2厘米。平整面高105厘米，宽158厘米，内刻经文1则。文左起，竖刻24行，存350字，字径4厘米[1]（图版Ⅱ：44）。

```
01  大藏经云尔时世尊告韦提希汝□□□
02  阿弥陀佛去此不远汝当系念谛□□国净业成者
03  我今为汝广说众譬亦令末世一□□夫欲修净业
04  者得生西方
05  极乐国土欲生□国者当修三福△△△一者孝养
06  父母奉事师长□心不杀修十善业二者受持三皈
07  具足众戒不犯□仪三者发菩提心深信因果读诵
08  大乘劝进行者□此三事名为净业
09  佛告△韦提希□三种业乃是过去未来现在三世
10  诸佛净业正因
11  佛告阿难及韦提希凡生西方极乐国土有九品人
12  上品上生者〔若〕有人愿生彼国发三种心所谓慈心
13  不杀具诸戒□读诵大乘修行六念回向发愿心具
14  三心者必生□□此人精进勇猛故
```

---

[1] 本则铭文中的漶灭字《大足石刻铭文录》有录写。重庆大足石刻艺术博物馆编：《大足石刻铭文录》，重庆出版社1999年版，第116页。

15　阿弥陀佛与观□势至无数化佛无量大众
16　观世音菩萨□金刚台与大势至菩萨至行者前
17　佛放光明照□者身行者见已欢喜踊跃自见其身
18　乘金刚台随□
19　佛后如弹指□往生彼国生彼国已见
20　佛菩萨色相〔具〕足演说妙法闻已即悟无生法忍经
21　须臾间历事□
22　佛于诸佛前□第受记还至本国得无量陀罗尼法
23　门是名上品上生者
24　大藏佛说观无量寿佛经[3]

此外，该平整面下部刻一座三重仰莲台，通高41厘米，最宽约100厘米，外凸约57厘米，置于后世补砌的石台上。莲台左侧刻一卷曲莲叶，右侧刻一舒张莲叶。

上品中生

刻像11身。其中，中刻一佛二菩萨主像3身，身下刻一平整面。主像左右侧各刻合十礼拜的童子像2身，下方勾栏上刻童子像3身。此外，左菩萨像左肩外侧刻迦陵频伽像1身（图69；图版Ⅰ：105）。

佛像　显露高83厘米，头长27厘米，肩宽37厘米，胸厚17厘米。头刻螺髻，刻髻珠，面圆，弯眉，眼半睁，直鼻，抿唇。耳垂肥大，颈刻三道肉褶线。内着僧祇支，束带作结，外着双领下垂式袈裟。双手镂空雕刻，胸前结印。

左菩萨像　显露高127厘米，头长33厘米，肩宽37厘米，胸厚14厘米。头挽髻戴冠，露额发，冠带作结后，沿胸长垂。冠下缘刻璎珞一道。冠正面刻一坐式化佛。化佛坐高约6厘米，浮雕圆形头光和身光。头刻螺髻，面圆，内着僧祇支，外着双领下垂式袈裟，下着裙，双手腹前笼袈裟内，结跏趺坐于仰莲台上。莲台高4厘米，最宽8厘米。菩萨像面方圆，弯眉细眼，直鼻小口，耳垂肥大，颈刻三道肉褶线。戴项圈，坠璎珞，外着双领下垂式袈裟，袈裟一角系于左肩哲那环上，下着裙。左手施与愿印，右手覆巾，横置胸前托须弥方台。台高18厘米，最宽16厘米；底部为三级叠涩，中部束腰正面刻一壶门，束腰之上刻单层仰莲，最上承方台。

右菩萨像　显露高140厘米。头长33厘米，肩宽37厘米，胸厚16厘米。头冠正面刻一净瓶，置于仰莲上。瓶高约7厘米，自瓶口升起毫光两道，斜向上飘。左手覆巾，胸前托仰莲须弥台；右手斜伸，抚摸童子头顶。台通高19厘米，下部为须弥座，上部为三重仰莲台。余特征与左菩萨像同。

童子像　7身，刻于主像左右及下方。其体量、特征大致相近，坐高约35厘米（图版Ⅰ：106、图版Ⅰ：107）。光头，圆脸，眉目清晰，戴项圈，上身袒，着宽博披巾，下着裙。披巾覆盖双肩，端头敷搭前臂后下垂。腕镯，手姿、坐姿略有不同。其具体特征列入表3。

表3　大佛湾第18号龛正壁下部"上品中生"童子像特征简表

位置	特征
左外侧	双手胸前合十，结跏趺坐于三重仰莲上。莲高17厘米，直径约27厘米。
左内侧	结跏趺坐，显露左足，余略同上。此二童子身前刻三张舒张的莲叶。
右内侧	同左外侧像。
右外侧	同左外侧像。
勾栏左	双手胸前合十，侧身向右，骑坐于勾栏上。
勾栏中	双手似合十，面朝壁面，结跏趺坐于三重仰莲上。莲高13厘米，直径26厘米。
勾栏右	双手置胸前，残。侧身向右，骑坐于勾栏上。

此外，左菩萨像左肩外侧刻迦陵频伽像1身，身长约67厘米（图版Ⅰ：108）。头挽髻戴冠，面圆，眉目清晰，戴项圈，上身袒，背部展出双翅，腰系带作结，下着长短两层裙。腕饰镯，双手胸前合十，身略左侧，凌空飞翔。

三主像身下平整面高68厘米，宽120厘米，厚约4厘米。平整面上部左起横刻"西方净土上品中生"8字，字径10厘米；下部左起竖刻20行192字，字径4厘米（图版Ⅱ：45）。

    西方净土上品中生（额）
01 大藏佛言上品中生受持
02 读诵方等经典善解义趣
03 于第一义心不惊动深信
04 因果不谤大乘以此功德
05 回向愿生西方极乐国土
06 行此行者命欲终时
07 阿弥陀佛与观音势至无
08 量大众持紫金台至行者
09 前赞言法子汝行大乘解
10 第一义是故我今来迎接
11 汝行者自见坐紫金台合
12 掌赞佛如一念顷即生彼
13 国七宝池中佛及菩萨俱
14 时放光照行者身因前宿
15 习普闻众声纯说甚深第
16 一义谛应时即得阿耨菩
17 提即至十方历事诸
18 佛于诸佛所修诸三昧得
19 无生忍摩顶受记是故名
20 为上品中生者[4]

上品下生

刻像11身。其中，中间刻一佛二菩萨主像3身，呈"品"字形布列，佛像位置略高，左右菩萨像位置略低。三主像身前刻一平整面。左右菩萨像身前和平整面下方及勾栏上刻童子像8身。此外，右菩萨像右臂外侧刻飞鸟一只（图70；图版Ⅰ：109）。

佛像 半身，高112厘米，头长31厘米，肩宽42厘米，胸厚9厘米。头有螺髻，刻髻珠，眉间刻白毫。面长圆，耳垂肥大，颈刻三道肉褶线。内着僧祇支，系带作结，外着双领下垂式袈裟。双手腹前笼袈裟内。

左菩萨像 高119厘米，头长32厘米，肩宽35厘米，胸厚14厘米。头挽髻戴冠，露额发，缯带系结后，沿胸外飘。冠下缘刻一道璎珞。冠正面刻一坐式化佛。化佛坐高约7厘米，可辨双手置腹前，结跏趺坐于仰莲台上。莲台高4厘米，最宽8厘米。菩萨像面长圆，眉眼细长，直鼻，抿唇，耳垂肥大，颈刻三道肉褶线。戴项圈，坠璎珞，内着僧祇支，外着双领下垂式袈裟，下着裙。左手残，斜置腹前，右手屈肘斜举，食指上竖。自指尖生出一朵云纹。云纹上承莲台，台上刻坐佛1身。坐佛高15厘米，浮雕圆形头光和身光，头光边缘刻火焰纹。头刻螺发，面残，内着僧祇支，外着双领下垂式袈裟，下着裙。双手腹前笼袈裟内，结跏趺坐。莲台高8厘米，最宽17厘米。

右菩萨像 显露高112厘米，头长32厘米，肩宽32厘米，胸厚14厘米。头冠正面刻一净瓶，高9厘米，自瓶口升起两道毫光，斜向上升至冠上缘。腕饰镯，双手胸前举持带茎莲叶、莲蕾。余特征与左菩萨像同。菩萨像右壁外侧，刻一飞鸟，身长约67厘米。尖喙，圆头，细颈，双翅微展，衔一段璎珞，侧身向左飞翔。

童子像　8身，位于左右菩萨像身前、平整面下方及勾栏。其中，左右菩萨像身前各2身，平整面下方中部1身，此5身坐于仰莲上；勾栏上另刻3身。各像特征列入表4。

表4　大佛湾第18号龛正壁下部"上品下生"童子像特征简表

位置	特征
左外侧	坐高27厘米。光头，圆脸，上着宽博披巾，下着裙。披巾敷搭前臂后，斜飘台前。双手合十，结跏趺坐于仰莲台上。台高13厘米，直径26厘米。
左内侧	头毁，残坐高约23厘米。特征同左外侧童子像。此二童子像下方刻两张舒展的莲叶。
右内侧	坐高31厘米，身左侧，特征同左外侧童子像。
右外侧	坐高34厘米，特征同左外侧童子像。此二童子像下方亦刻两张舒展的莲叶。
平整面下方中部	坐高35厘米，面朝壁面，特征同左外侧童子像。
勾栏左侧	身长42厘米，光头，圆脸，上着披巾，下着裤，膝下系带作结。手残，屈肘伏于栏上。仰面，侧身向右，骑坐于栏上。
勾栏中部	大部毁，存少许遗迹，似侧身向左。
勾栏右侧	身长54厘米，光头，圆脸，上着交领衫，下着裤，膝下系带作结。披巾绕后背，敷搭前臂后，飘垂身前。双手合十，侧身向右，骑坐于栏上。

三主像身前平整面高70厘米，宽134厘米，顶部外凸壁面约27厘米。平整面左侧剥落甚重。其上方横刻"□□□界上品下生"8字[1]，字径9厘米，下方左起竖刻18行，存72字，字径4厘米（图版Ⅱ：46）。

　　　　□□□界上品下生（额）
01　□□□□□□□□者□
02　□□□□□□□□发无
03　□□□□□□□回□□
04　□□□□□□□命□□
05　□□□□□□□观音□
06　□□□□□□□□□
07　□□□□□□此人□
08　□□□□□□□□□
09　□□□□□□□□□
10　我□□□□事时即日
11　见□□□□世尊后即
12　得往生□□□□三七日
13　后乃了□□闻众音声皆
14　演妙法游历十方供养□
15　诸佛于诸
16　佛前闻甚深法经三小劫
17　得百法明门住
18　欢喜地是名上品下生者[5]

1　本则铭文额中的漶灭字，《大足石刻铭文录》补为"极乐世"。重庆大足石刻艺术博物馆编：《大足石刻铭文录》，重庆出版社1999年版，第118页。

图 68　第 18 号龛上品上生造像立面图

图 69　第 18 号龛上品中生造像立面图

第三章　第 18—20 号

图 70　第 18 号龛上品下生造像立面图

此外，在"上品中生"造像左下方和"上品下生"右下方的壁面内凹，打磨光洁。壁面内凹处各刻半身世俗像1身，对应布置。

左像　老者像，显露高44厘米，头长18厘米，肩宽25厘米，胸厚7厘米（图71-1；图版Ⅰ：110）。头戴巾，扎巾带。面老，方脸略瘦，额刻皱纹，小眼微闭，直鼻薄唇。着双层交领宽袖服，腰束带。双手残，似胸前合十。

右像　中年像，显露高52厘米，头长22厘米，肩宽22厘米，胸厚10厘米（图71-2；图版Ⅰ：111）。面方，下颌略尖。余特征及保存状况与左像略同。

2. 左侧

刻一佛二菩萨为主像的"中品三生"造像3组，呈"品"字形布置。其中，"中品上生"居于上部中央，"中品中生"居左下，"中品下生"居右下。三组造像间刻一方形平整面，高108厘米，宽151厘米，外凸约5.5厘米。内刻铭文3则（图72；图版Ⅰ：112）。

中品上生

刻像7身。其中，居中刻一佛二菩萨主像3身，左右各刻跪式童子像4身（图72；图版Ⅰ：113）。

佛像　体量略大，显露立高79厘米，头长28厘米，肩宽33厘米，胸厚15厘米。头有螺发，刻髻珠。自头顶发出两道毫光，贴壁面"八"字形外展，渐次变宽。单道毫光弧长约175厘米，最宽约22厘米。面圆，眉目清晰，耳垂肥大，颈刻三道肉褶线。内着僧祇支，束带作结，外着双领下垂式袈裟，下着裙，双手腹前结印。

左菩萨像　体量略小，立高74厘米，头长26厘米，肩宽28厘米，胸厚13厘米。头挽髻戴冠，露额发，冠带沿肩斜飘至肘部外侧。冠正面刻一立式化佛。化佛通高约9厘米，浮雕圆形头光，可辨面圆，着双领下垂式袈裟，下着裙，双手残，直立于云纹上。菩萨面方，脸颊饱满，眉眼细长，直鼻小口，耳垂肥大，颈刻三道肉褶线。戴项圈，坠璎珞，内着僧祇支，外着双领下垂式袈裟。腕镯，双手交叠左胸前托持净瓶。净瓶高12.5厘米。

右菩萨像　立高约90厘米，头长33厘米，肩宽25厘米，胸厚15厘米。头戴冠，缯带下垂胸前。冠正面刻一净瓶，瓶高5厘米，置于仰莲台上。莲台高4厘米，最宽4厘米。双手覆巾，于右胸前托持净瓶。净瓶高11厘米，自瓶口发出一道毫光，略向右上斜飘。余略同左菩萨像。

童子像　4身，体量相当，跪坐高43厘米，头长12厘米，肩宽15厘米，胸厚8.5厘米。皆光头，圆脸，嘴角后收。戴项圈，上着宽博披巾，下着裙，腰带作结。腕饰镯，双手胸前合十，跪坐于三重仰莲台上。莲台高15厘米，直径27厘米。其中，左外侧和右内侧童子披巾腹前交绕，敷搭前臂后，垂飘莲台外侧；左内侧童子披巾直接斜垂至莲台外侧；右外侧童子披巾敷搭前臂后，斜垂莲台外侧。

此外，在三主像下方平整面中部上方左起横刻"中品上生"4字，字径10厘米。其竖直下方左起竖刻8行130字，字径4厘米（图版Ⅱ：47）。

中品上生（额）

01　中品上生者若有众生受持五戒持八戒斋修
02　行诸戒不造五逆无众过患以此善根回向愿
03　生西方极乐世界临命终时
04　阿弥陀佛与诸菩萨眷属围绕放金色光至其
05　人所演说苦空无常无我赞叹出家得离众苦
06　行者见已心大欢喜自见已身坐莲花台长跪
07　合掌为佛作礼闻赞四谛得
08　罗汉道三明六通具八解脱是名中品上生者[6]

中品中生

刻一佛二菩萨主像3身，略呈"品"字形布列（图72；图版Ⅰ：114）。

佛像　坐高61厘米，头长20厘米，肩宽26厘米，胸厚12厘米。浅浮雕圆形头光，直径49厘米；内残存描画的放射状毫光。头刻螺发，部分残。脸圆，弯眉，双眼微闭，直鼻抿唇，嘴角后收。耳垂肥大，颈刻三道肉褶线。内着僧祇支，系带作结，外着双领下垂式袈裟，下着裙。袈裟和裙摆垂搭座前。腕镯，双手略残，腹前结定印。结跏趺坐于束腰仰莲座上。座通高60厘米。上部为三重仰莲台，高25厘米，最宽54厘米。下部为须弥台，显露正面，高35厘米，最宽51厘米。

左菩萨像　略右倾，立高74厘米，头长20厘米，肩宽24厘米，胸厚9厘米。头挽髻戴冠，露额发，冠带沿胸下垂。冠正面刻一立式化佛。化佛残损略重，残高约4.5厘米。菩萨像面长圆，略蚀。戴项圈，坠璎珞，内着僧祇支，束带作结，外着双领下垂式袈裟，下着裙。腕饰镯，左手持带茎莲叶、莲蕾，贴于左肩，右手残，举胸前似结印。

右菩萨像　略左倾，高81厘米，头长23厘米，肩宽25厘米，胸厚9厘米。头略残，冠正面刻一净瓶，残高约5厘米，自瓶口升起两道毫光。双手握持带茎莲叶、莲蕾，贴于右肩。余特征与左菩萨像同。

此外，在佛像头顶右上方刻云纹，自平整面边缘向左凸出。云纹高47厘米，最宽86厘米，外凸壁面约6厘米。内左起横刻"中品中生"4字，字径10厘米。在其右侧平整面的左端，左起竖刻8行152字，字径4厘米（图版Ⅱ：47、图版Ⅱ：48）。

中品中生（额）

01　大藏佛言中品中生者若有众生一日一夜持八戒
02　斋持沙弥戒持具足戒威仪无缺以此功德回向愿
03　生极乐戒香熏修如此行者命欲终时
04　阿弥陀佛与诸菩萨持七宝莲花至行者前赞言善
05　男子如汝善人随顺三世诸佛教法我来迎汝行者
06　自见坐莲花内莲花即合生于西方七宝池中经于
07　七日莲花乃敷开目合掌赞叹世尊闻法欢喜得须
08　陀洹经半劫已成阿罗汉是名中品中生者[7]

中品下生

刻一佛二菩萨主像3身（图72；图版Ⅰ：115）。

佛像　坐高58厘米，头长20厘米，肩宽28厘米，胸厚12厘米。浅浮雕圆形背光，直径61厘米。背光中心描画圆形头光，直径14厘米。自头光边缘描画毫光，放射状外延。头刻螺发、髻珠，面圆，眉细长，眼微闭，直鼻抿唇，耳垂肥大，颈刻三道肉褶线。内着僧祇支，系带作结，外着双领下垂式袈裟，下着裙。袈裟和裙摆敷搭座前。腕镯，双手腹前结印。结跏趺坐于仰莲座上，座通高33厘米，仰莲最宽56厘米。

左菩萨像　略右倾，高90厘米，头长27厘米，肩宽26厘米，胸厚13厘米。头挽髻戴冠，露额发，缯带作结后下垂于后背。冠正面刻一坐式化佛。化佛高约5厘米，浮雕圆形头光，圆脸，着双领下垂式袈裟，双手腹前结印，结跏趺坐于仰莲台上。莲台高3厘米，最宽5厘米。菩萨像面长圆，眉目纤细，耳垂肥大，颈刻三道肉褶线。戴项圈，坠璎珞，内着僧祇支，系带作结，外着双领下垂式袈裟，下着裙。腕饰镯，左手覆巾，横于腹前托钵；右手胸前持柳枝。钵高7厘米，口径8厘米。菩萨像头后、背后与壁面交接处刻饰云纹。

右菩萨像　略左倾，显露高75厘米，头长23厘米，肩宽27厘米，胸厚12厘米。头冠正面刻一净瓶，高6厘米，自瓶口升起两道毫光，圆弧绕向瓶底。双手身前握持带茎莲叶、莲蕾，贴于右肩外侧。余特征与左菩萨像同。

此外，在三主像身后，刻弥漫的云纹。云纹左上方左起横刻"中品下生"4字，字径10厘米。三主像左侧平整面右端，左起竖刻8行107字，字径4厘米（图版Ⅱ：47、图版Ⅱ：49）。

中品下生（额）

01　中品下生者若善男子善女人孝养父母行世仁慈
02　此人命欲终时遇
03　善知识为其广说
04　阿弥陀佛国土乐事及四十八愿闻此事已寻即命

1

2

图 71　第 18 号龛中部下层左、右下侧世俗人像立面图
1　左下世俗人像　2　右下世俗人像

图 72　第 18 号龛中品三生造像立面图

中品中生

05　　终屈伸臂顷即生极乐世界在莲花内经于七日遇

06　　观音势至为说妙法闻法欢喜得

07　　须陀洹经一小劫成

08　　阿罗汉是则名为中品下生者[8]

3. 右侧

刻一佛二菩萨为主像的"下品三生"造像3组，布局与"中品三生"造像同，亦呈"品"字形布置（图73；图版Ⅰ：116）。其中，"下品上生"居于上部中央，"下品中生"居左，"下品下生"居右。三组造像间刻一方形平整面，高125厘米，宽220厘米，外凸约4厘米，内刻铭文3则。平整面中部毁，后世修补时切割呈一凹槽，左斜向贯穿壁面[1]。凹槽斜长139厘米，最宽24厘米，深115厘米。

下品上生

刻像7身。其中，中刻一佛二菩萨主像3身，三主像间和左右外侧共刻童子像4身（图73；图版Ⅰ：117）。

佛像　高83厘米，头长23厘米，肩宽39厘米，胸厚12厘米。头有螺发，刻髻珠。面圆，眉目清晰，耳垂肥大，颈刻三道肉褶线。内着僧祇支，外着双领下垂式袈裟，下着裙。双手腹前结印。

左菩萨像　高101厘米，头长30厘米，肩宽32.5厘米，胸厚12厘米（图74）。头挽髻戴冠，露额发，缯带作结后下垂胸前外侧。冠正面刻一坐式化佛。化佛高约7厘米，可辨浮雕圆形头光和身光，圆脸，着双领下垂式袈裟，双手腹前笼袈裟内，结跏趺坐于仰莲台上。莲台高4厘米，最宽6厘米。菩萨像面长圆，眉目完整，耳垂肥大，颈刻三道肉褶线。戴项圈，坠璎珞，内着僧祇支，外着双领下垂式袈裟，下着裙。腕饰镯，左手腹前托钵，钵高7厘米，口径8厘米；右手上举持柳枝。

右菩萨像　高66厘米，头长30厘米，肩宽34厘米，胸厚12厘米。头冠正面刻一净瓶，略残，残高6厘米。双手握举带茎莲叶、莲蕾。莲茎交绕，后世以黄泥补塑。余略同左菩萨像。

童子像　4身。其中，三主像间刻童子像2身，左右外侧各刻童子像1身。从左至右，编为第1—4像。

第1像　自三重仰莲中显露，高23厘米。光头，圆面，戴项圈，着宽博披巾，双手胸前合十。仰莲高17厘米，最宽25厘米。

第2像　侧身向右，显露高16厘米。光头，圆脸，双手合十。

第3像　仅露光头，高14厘米。

第4像　头左向侧转，特征与第1像同。仰莲高22厘米，最宽31厘米。

三主像下方平整面中部横刻"下品上□"4字[2]，字径9厘米。其竖直下方左起竖刻经文12行，存147字，字径5厘米（图版Ⅱ：50）。

　　　下品上□（额）

01　下品上生者或有人作众恶业虽不诽谤□□□□

02　如此愚人多造恶法无有惭愧命欲□□□□□□

03　善知识为赞大乘十二部经首□□□□□□□□

04　如来诸经名故除却千劫□□□□□□□□□

05　阿弥陀佛称佛名故□□□□□□□□□尔时彼

06　佛即遣化佛化□□□□□□□□□□□□□

07　观音势至□□□□□□□□男子以汝称

08　佛□□□□□□□□□□迎汝行者即见

09　□□□□□□□□室见已欢喜即便命终乘宝莲花

10　□□□□□宝池中经七七日莲花乃敷

11　□□□菩萨为说十二部经闻已信解发无上道心

---

[1] 2002年，实施本龛造像区岩体抢险加固工程，切割凹槽。工程结束后，对凹槽做作旧处理。

[2] 据本龛其他相关铭文，本则铭文额中的湮灭字应为"生"。

12　得入初地闻赞三宝名字即得往生是名下品上生者[9]

下品中生

刻一佛二菩萨主像3身（图73；图版Ⅰ：118）。

佛像　坐高54厘米，头长22厘米，肩宽27厘米，胸厚12厘米。浮雕圆形头光和身光。其中，头光直径52厘米，上缘和左右缘各刻一丛火焰纹；身光直径60厘米。头有螺发，刻髻珠，面长圆，眼微睁，鼻直，口微闭，耳垂肥大，颈刻三道肉褶线。内着僧祇支，系带作结，外着双领下垂式袈裟，下着裙。袈裟和裙摆垂搭座前。腕镯，双手腹前结印，结跏趺坐于束腰仰莲座上。座通高47厘米，上部为仰莲台，高24厘米，最宽57厘米；下部为须弥台，显露大部，高23厘米，宽50厘米。

左菩萨像　显露高84厘米，头长20厘米，肩宽27厘米，胸厚10厘米。头挽髻戴冠，露额发，缯带沿胸下垂。冠正面刻一化佛，部分残，残高4厘米。面方，眉目细长，直鼻抿唇，耳垂肥大，颈刻三道肉褶线。戴项圈，坠璎珞。内着僧祇支，系带作结，外着双领下垂式袈裟，下着裙。腕饰镯，左手腹前提净瓶，瓶高16厘米；右手胸前持杨枝。

右菩萨像　头略左侧，显露高92厘米，头长26厘米，肩宽26厘米，胸厚10厘米。冠正面刻一放焰珠，置于仰莲台上，珠径约2厘米。莲台高4厘米，最宽5厘米。左手外展，手掌斜伸；右手斜伸体侧，持幡杆。幡杆全长100厘米，顶端悬幡一口，上竖刻"随愿往生"4字，字径8厘米（图版Ⅱ：51）。余同左菩萨像。

三主像右侧平整面左起竖刻经文。首行刻"下品中生"4字，字径9厘米，余文左起竖刻8行，存171字，字径5厘米[1]（图版Ⅱ：50）。

　　　下品中生（额）
01　大藏佛言下品中生者或有众生毁犯戒律偷僧祇物不
02　净说法无有惭愧如此罪人以恶业故应堕地狱命欲终
03　时地狱众火一时俱至遇善知识为说阿弥陀佛十力威
04　德亦赞戒定慧解解脱知见此人闻已除八十亿劫生死
05　之罪地狱猛火化为凉风吹诸天花花上皆有化
06　佛菩萨迎接此人如一念顷即得往[2]生七宝池中莲花之
07　内经于六劫莲花乃敷观音势至以梵音声安慰彼人为
08　说大乘经典闻此法已即发无上道心是为下品中□□[10]

下品下生

刻一佛二菩萨主像3身（图73；图版Ⅰ：119）。

佛像　坐高58厘米，头长22厘米，肩宽30厘米，胸厚14厘米。头有螺发，刻髻珠，面方圆，眼微睁，鼻直，抿唇，耳垂肥大，颈刻三道肉褶线。内着僧祇支，外着双领下垂式袈裟，下着裙。袈裟和裙摆垂搭座前。腕饰镯，双手腹前结印，结跏趺坐于仰莲座上。座通高48厘米，最宽63厘米。

左菩萨像　高95厘米，头长27厘米，肩宽29厘米，胸厚11厘米。头挽髻戴冠，露额发，缯带沿胸下垂。冠正面刻一坐式化佛。化佛残坐高6厘米，可辨浮雕圆形头光和身光，着袈裟，双手置腹前，结跏趺坐于仰莲台上。莲台高4厘米，最宽6厘米。菩萨像面长圆，眉目细长，直鼻抿唇，耳垂肥大，颈刻三道肉褶线。戴项圈，坠璎珞。内着僧祇支，系带作结，外着双领下垂式袈裟，下着裙。双手胸前捧持经函。经函高16厘米，宽9.5厘米，厚3厘米。

右菩萨像　高90厘米，头长25厘米，肩宽31厘米，胸厚13厘米。冠正面刻一净瓶，置于仰莲台上。瓶高5厘米，自瓶口发出两道毫光，斜向上飘。双手覆巾，举胸前托物，物残。余同左菩萨像。

三主像左侧平整面右端竖刻"下品下生"4字，字径9厘米，余文自中部向右竖刻，共12行176字，字径5厘米（图版Ⅱ：50）。

1　据本龛其他相关铭文，本则铭文第8行中的湮灭字应为"生者"。
2　此"往"字《大足石刻铭文录》录为"住"。重庆大足石刻艺术博物馆编：《大足石刻铭文录》，重庆出版社1999年版，第119页。

图 73 第 18 号龛下品三生造像立面图

上品下

下品中生

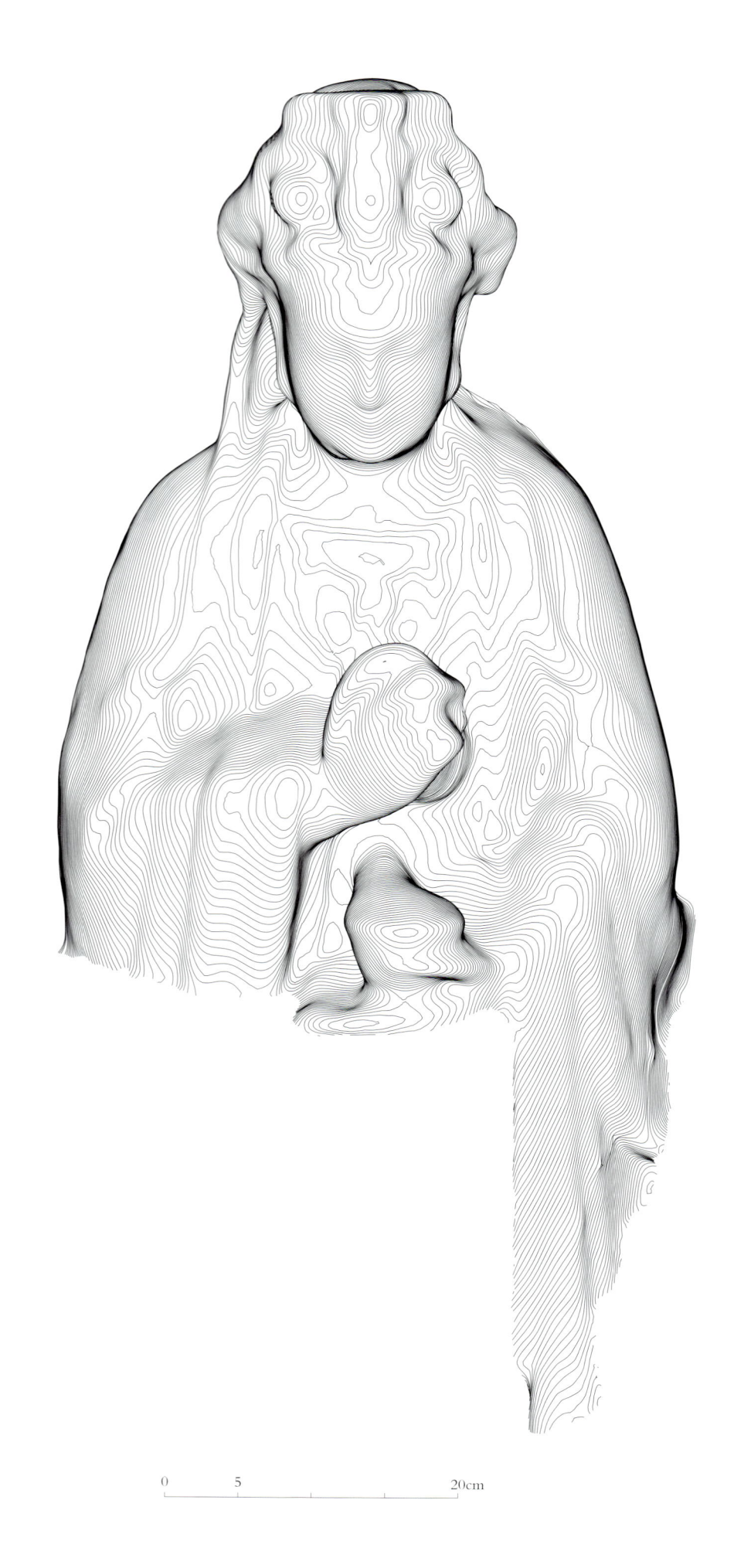

图 74　第 18 号龛中部右侧下品上生左侧菩萨像等值线图

下品下生（额）

01　下品下生者或有众生作不善业五逆十恶具诸不善如

02　此愚人以恶业故应堕恶道经历多劫受苦无穷如此愚

03　人临命终时遇善知识种种安慰教令念

04　佛彼人苦逼不遑念佛告言若不能念佛者应称

05　无量寿佛如是至心令声不绝称

06　佛名故于念念中除八十亿劫生死之罪命终之后见

07　金莲花住其人前如一念顷即得往生

08　极乐世界于莲花中满十二大劫

09　莲花方开时

10　观音势至为广说实相除

11　灭罪法闻已欢喜应即发

12　菩提心是名下品下生者[11]

4. 下方勾栏

壁面下方刻重台勾栏，自壁面最左端残毁处，向右延伸，曲折九段后，隐于壁面最右端，形似围合状（图75）。勾栏显露最高121厘米，全长约1951厘米。勾栏转折处立望柱，计九根。柱身皆呈方形，宽约14厘米，左起第4、5望柱柱首刻作仰莲台，上承放焰珠，其余柱首皆刻作瓶形。莲台高12厘米，直径22厘米，放焰珠直径11厘米，瓶形柱首高12厘米。寻杖方形，高11厘米，略剥蚀。盆唇亦呈方形，高13厘米，厚4厘米。寻杖和盆唇间竖刻蜀柱分隔，蜀柱方形，宽13厘米，厚4厘米。未见刻出地栿，装饰弥漫的云纹。再下壁面被补砌的条石遮覆。勾栏华板素平。

勾栏内侧，刻化生童子像21身，自莲蕾、莲叶中化生而出。其中，左起第2段勾栏刻6身（图版Ⅰ：120），第3段勾栏刻5身（图版Ⅰ：121），第7段勾栏刻6身（图版Ⅰ：122），第8段勾栏刻4身（图版Ⅰ：123）。余勾栏内侧未刻化生童子像。此外，勾栏第2、3、7、8段外侧皆各浮雕一株菩提树。

化生童子　21身，部分毁，完整者显露高约12—22厘米。光头，圆脸，眉目清秀，戴项圈，着短衫，双手合十。自莲蕾或莲叶中化生。莲蕾高约27厘米，最宽29厘米。从左至右，依次编为第1—21像，其特征列入表5。

表5　第18号龛正壁下部勾栏化生童子像特征简表

编号	造像特征
1	自莲蕾化生，仅露头部和合十的指尖。
2	自莲蕾化生，仅露头部和合十的指尖，略右侧。
3	自莲蕾化生，仅露头部和合十的指尖，向左侧身。
4	同第3像。
5	自莲蕾化生，仅露头部。
6	自莲蕾化生，露头、肩及合十的双手。
7	自莲蕾化生，头部分残，露双肩及合十的指尖。
8	自莲蕾化生，显露部分光头。
9	毁，仅存莲蕾。
10	自莲蕾化生，头残缺，露双肩，手残，似合十。
11	自莲蕾化生，显露部分光头。
12	自莲蕾化生，显露光头。莲残，残毁处存小圆孔。
13	自莲叶化生，显露头部和合十的双手，侧身向右。
14	自莲叶化生，显露头部和合十的双手，侧身向左，与第13像相对。
15	自莲蕾化生，显露部分光头。
16	显露全身，身长32厘米。光头，上着披巾，下着裤。头向龛内跪拜于莲叶上。
17	自莲叶化生，显露头部。
18	自莲蕾化生，显露光头，侧面向右。
19	自莲蕾化生，显露光头，头部分残。
20	自莲叶化生，显露头部和合十的双手。
21	自莲蕾化生，显露光头，头顶部分残。

菩提树　四株，浮雕于勾栏第2、3、7、8段外侧。菩提树显露通高83厘米，树干较粗，直径约10—16厘米，树冠饱满，呈球形，枝叶繁茂，幅面最宽约65厘米，外凸约7—17厘米。树冠中饰刻仰莲、莲苞、团花、放焰珠、毫光、璎珞等。从左至右，编为第1—4株。

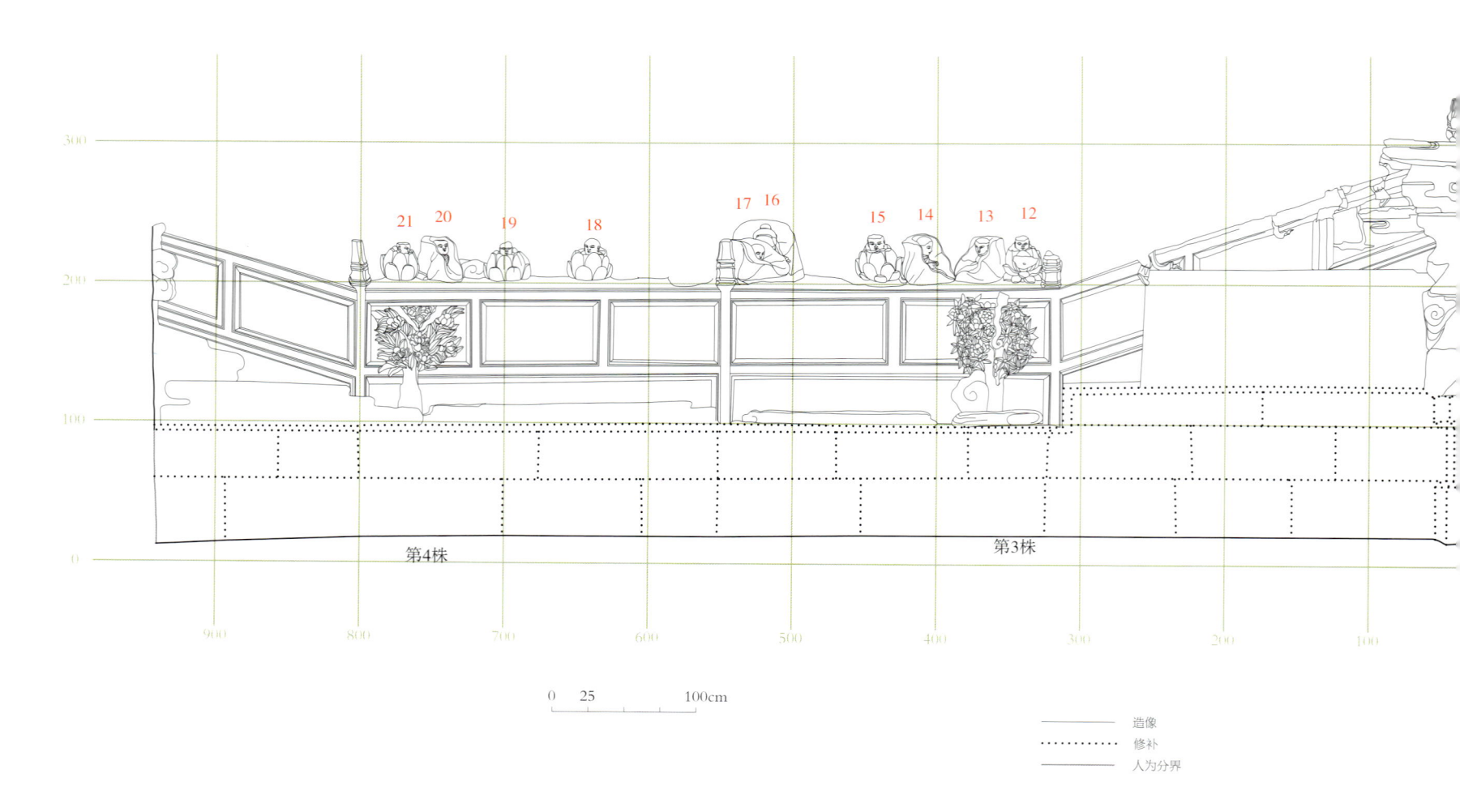

图75　第18号龛下方勾栏、童子、菩提树立面及编号图

第1株[1]　自树冠底部发出两道毫光，左右斜向飘出，绕匝一周后，呈"U"形上飘，隐于树冠内。毫光间刻一仰莲，上承一粒放焰珠，焰纹蜿蜒上升。树冠另饰四朵团花、两朵莲蕾、一朵仰莲。其中，左侧下部团花发出火焰纹，右上仰莲上承一粒放焰珠（图版Ⅰ：124）。

第2株　树干分叉处刻一仰莲，上承一粒圆珠。圆珠发出四道毫光，均分两组，竖直上升后向左右圆弧绕匝一周，再斜向上飘。毫光间刻一仰莲，上承一粒放焰珠。树冠另饰八朵仰莲、放焰珠和璎珞等（图版Ⅰ：125）。

第3株　树干分叉处刻一串璎珞。璎珞发出一道毫光，竖直上升，绕匝一周后，上飘至冠顶上方勾栏。树冠另饰八朵仰莲，皆承圆珠；其右侧一朵仰莲圆珠发出火焰纹（图版Ⅰ：126）。

第4株　树冠中部刻一仰莲，上承一粒圆珠。圆珠发出两道毫光，呈"V"形上飘至冠顶左右上缘。毫光内刻一粒圆珠，其上刻相对的两朵仰莲。树冠另刻四朵仰莲，皆承一粒圆珠（图版Ⅰ：127）。

（三）左侧壁

壁面圆转处高浮雕造像8组，自龛顶至下部勾栏大致分两列，错位排列（图76；图版Ⅰ：128）。从上至下，交替编为第1—8组。

第1组

近龛顶处刻女坐像1身（图77-1；图版Ⅰ：129）。女像坐高71厘米，头长26厘米，肩宽34厘米，胸厚18厘米。头挽髻戴冠，长圆脸，略蚀。内着翻领服，披云肩，外着对襟宽袖长服，下着裙。双手覆巾，举置胸前托宝珠，珠直径9厘米。侧身向右，结跏趺坐。

女像头部右侧刻一日轮，直径29厘米。轮下刻一平整面，平整面高42厘米，宽35厘米。上部横刻"日观"2字，字径8厘米，下方左起竖刻4行20字，字径4厘米（图版Ⅱ：52）。

---

[1] 该树冠大部毁。1956年蒙海云雕琢补入。陈明光：《大足石刻档案（资料）》，重庆出版社2012年版，第150页。

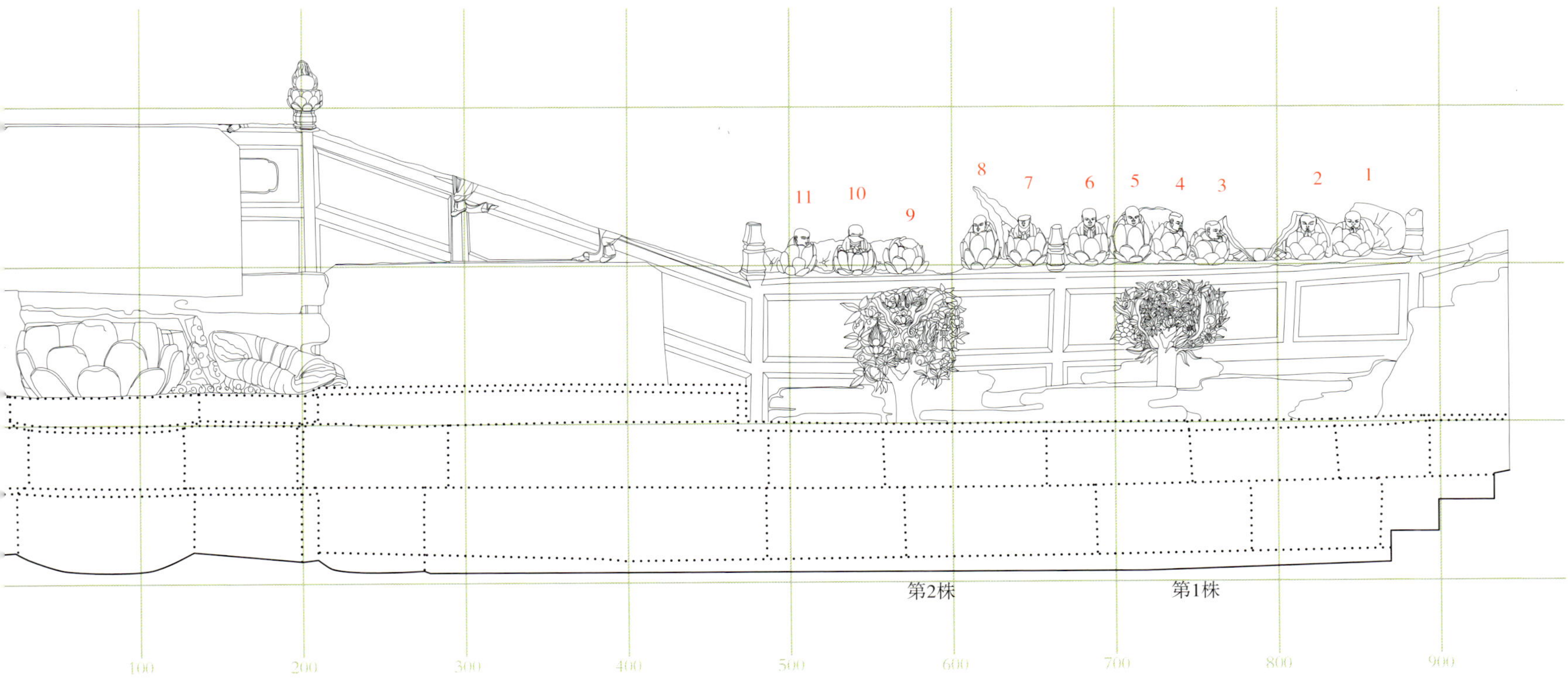

日观（额）

01　辗破无明窟

02　冲开极乐乡

03　红轮垂[1]示处

04　即此是西方[12]

第2组

刻卷发人坐像1身（图77-2；图版Ⅰ：130）。像坐高82厘米，头长26厘米，肩宽40厘米，胸厚16厘米。头顶剥蚀，发出一道毫光，上飘至壁面化作火焰状。刻齐耳卷发。长圆脸，略残。戴圆形耳环。内着僧祇支，腹部残；外披偏衫式袈裟，下着裙。衣纹呈密集的泥条状。双手叠于腹前结定印，结跏趺坐。

卷发人像右肩外侧刻一舒张的莲叶，最高86厘米，最宽120厘米。莲叶底部刻一泓池水，略呈圆形，上下高21厘米，左右宽48厘米。自池缘发出毫光，飘延至莲叶边缘。池水上方刻一重檐庑殿顶楼阁，左右各刻一通方碑。楼阁通高27厘米，可辨上下层屋身，屋身皆四柱三间，屋面描画瓦垄瓦沟，正脊端头刻内卷的鸱尾。方碑体量、形制相近，通高24厘米，宽5厘米。碑首为覆荷叶，碑身方形，碑座为仰莲。

卷发人像头左上方刻一方形平整面。平整面左侧残，残高50厘米，宽35厘米。上部左起横刻"水观"2字，字径9厘米，下部左起竖刻4行20字，字径5厘米（图版Ⅱ：53）。

水观（额）

01　禅心澄定水

02　坚住即寒冰

1　此"垂"字《大足石刻铭文录》录为"重"。重庆大足石刻艺术博物馆编：《大足石刻铭文录》，重庆出版社1999年版，第120页。

03　一片常清净

04　光明直下生[13]

第3组

刻坐像1身（图78-1；图版Ⅰ：131）。像坐高77厘米，头长20厘米，肩宽31厘米，胸厚14厘米。头刻齐耳披发，长圆脸，下颌残。着双层交领服，外披袒右式袈裟，袈裟一角系于左胸哲那环上，下着裙。双手置胸前，手残，残毁处凿一方孔。身右侧，结跏趺坐于云台上。其身右前侧刻一六角亭，置于仰莲台上。仰莲台高22厘米。亭平面呈六边形，通高约38厘米，显露正面及左右侧面。亭身显露的三面均凿一椭圆形浅龛，内刻立佛1身。正面佛像体量较大，左右佛像体量略小。佛像头布螺髻，圆面，内着僧祇支，外披双领下垂式袈裟，下着裙。双手腹前笼袈裟内，跣足而立。亭顶为攒尖顶，翼角微翘，檐口呈弧线，檐下坠璎珞。屋面刻瓦垄瓦沟。此外，自亭仰莲座左侧发出一道毫光，呈左斜向上飘。

坐像左侧壁面刻铭文1则。刻石面高32厘米，宽40厘米。左端竖刻"地观"2字，字径5厘米；其右左起竖刻4行20字，字径5厘米（图版Ⅱ：54）。

地观（额）

01　莹彻琉璃地

02　□□古佛心

03　正观无□相

04　邪见入□林[14]

第4组

刻坐像1身（图78-2；图版Ⅰ：132）。像坐高93厘米，头长31厘米，肩宽35厘米，胸厚20厘米。头戴进贤冠，长圆脸，弯眉细眼，嘴角上扬。着交领宽袖服，腰带长垂，下着裙。双手胸前似合十，指尖残。侧身向右，结跏趺坐。

坐像身右前侧刻五株树，二大三小，间错布列。大树通高80厘米，枝叶茂密；小树高约29厘米，枝条纤细，枝条顶端刻作圆球状。树后壁凿刻细密的菱形网格纹，格内线刻圆环和放射纹。

在坐像与树之间刻铭文1则。刻石面高45厘米，宽28厘米。上部左起横书"树观"2字，字径9厘米；下方左起竖刻4行20字，字径6厘米（图版Ⅱ：55）。

树观（额）

01　五根为道本

02　七觉是心华

03　八正菩提果

04　庄严法界家[15]

第5组

刻坐式男像1身（图79-1；图版Ⅰ：133）。像坐高77厘米，头长27厘米，肩宽35厘米，胸厚14厘米。头挽髻戴冠，额微凸，长脸，下颌略尖，残。着双层交领宽袖服，腰系带长垂，下着裙。双手胸前合十。结跏趺坐于云台上。

男像身前刻三张莲叶和三朵莲蕾，似浮于池面。左下莲叶闭合，中间莲叶较小，呈"人"字形，右上莲叶舒展呈圆形。三莲蕾横向排列，居中莲蕾顶端刻一粒圆珠，发一道竖直上飘的毫光。

男像头部右前侧刻铭文1则。刻石面高32厘米，宽38厘米。首行竖刻"池观"2字，字径6厘米，余左起竖刻4行20字，字径4厘米（图版Ⅱ：56）。

池观（额）

01　彩现金刚底

02　光翻七宝莲[1]

03　虽分八功德

04　只是一根源

第6组

刻半身武士像1身（图79-2；图版Ⅰ：134）。像显露高75厘米，头长24厘米，肩宽34厘米，胸厚14厘米。头戴凤翅盔，顿项披垂，顶刻缨。脸方，眉倒竖，眼斜长，短鼻，阔嘴。内着翻领窄袖服，外着圆领宽袖服，腰系革带束抱肚。双手胸前合十，侧身向右。下部身躯被修补的条石遮挡。

像身右前侧刻一塔，于云纹中显露一角，通高74厘米。塔身左后侧刻一竹枝，竹叶茂密。

像头部右上刻一平整面，高38厘米，宽38厘米。平整面首行竖刻"总观"2字，余左起竖刻4行20字，字径皆5厘米（图版Ⅱ：57）。

　　总[16]观（额）

01　遍地林泉景

02　高楼四望宽

03　若无向上眼

04　谁得凭栏竿[2]

第7组

造像毁，仅存一仰莲座（图80-1；图版Ⅰ：135），座通高92厘米。最下为圭脚，上承须弥座，最上为仰莲台。须弥座高52厘米，宽43厘米。莲台高40厘米，直径50厘米。座左侧壁面毁，估计原刻有造像，现为修砌的条石壁面。

第8组

存男像1身（图80-2；图版Ⅰ：136）。像显露半身，高81厘米，头长34厘米，肩宽43厘米，胸厚14厘米。头戴巾，面方，略残。着圆领宽袖服，双手胸前合十。其身左后侧刻云纹。

男像头顶上方刻铭文1则。刻石面高40厘米，宽46厘米。首行竖刻"宝相观"3字，余左起竖刻4行20字，字径5厘米（图版Ⅱ：58）。

　　宝相观（额）

01　众生心是佛

02　相念即菩提

03　宝像如开眼

04　分明更是谁

（四）右侧壁

壁面转折圆转处高浮雕造像8组，布局与左侧同，自龛顶至下部勾栏大致作两列错位排列（图81；图版Ⅰ：137）。从上至下，交替编为第1—8组。

1　此"莲"字《大足石刻铭文录》录为"池"。重庆大足石刻艺术博物馆编：《大足石刻铭文录》，重庆出版社1999年版，第122页。

2　此"竿"字《大足石刻铭文录》录为"杆"。同前引。

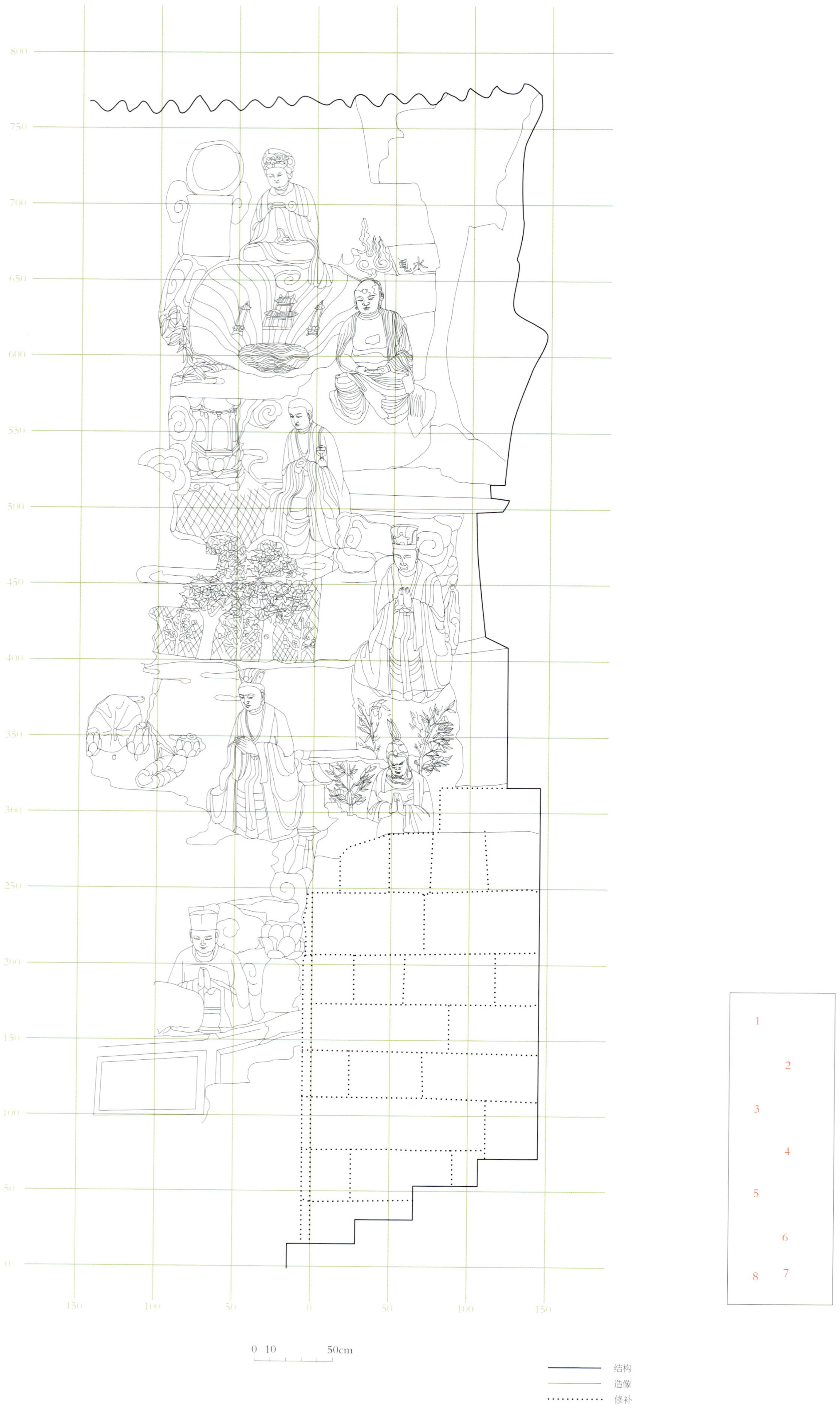

图76　第18号龛左侧壁8组造像立面及编号图

图 77　第 18 号龛左侧壁第 1、2 组造像立面图
1　第 1 组　2　第 2 组

1

2

图 78　第 18 号龛左侧壁第 3、4 组造像立面图
1　第 3 组　2　第 4 组

图 79　第 18 号龛左侧壁第 5、6 组造像立面图
1　第 5 组　2　第 6 组

图 80　第 18 号龛左侧壁第 7、8 组造像立面图
1　第 7 组　2　第 8 组

第1组

刻女坐像1身（图82-1；图版Ⅰ：138）。像坐高68厘米，头长18厘米，肩宽28厘米，胸厚16厘米。头挽髻，束带，面蚀。着对襟宽袖服，腰束带，长垂身前，下着裙。双手拱于胸前，左向侧身，结跏趺坐于低台上。

女像左侧凿一圆形浅龛，直径46厘米，龛沿宽约4厘米。内刻坐佛1身，佛像坐高37厘米。头刻螺髻，面蚀，内着僧祇支，外着双领下垂式袈裟，下着裙。双手腹前结印，侧身向右，结跏趺坐。

女像身下平整面刻铭文1则。刻石面高34厘米，宽34厘米，首行竖刻"法身观"3字，余左起竖刻4行20字，字径5厘米。平整面存斜向粗大的刻痕（图版Ⅱ：59）。

  法身观（额）

01 且举河沙量

02 令观法界身

03 白毫如不昧

04 诸相自然分[17]

第2组

刻文官坐像1身（图82-2；图版Ⅰ：139）。文官坐高79厘米，头长24厘米，肩宽34厘米，胸厚15厘米。头戴展脚幞头，长脸略蚀。着圆领宽袖长服，腰束革带，下着裙。双手胸前合十，结跏趺坐于低台上。

文官左侧刻菩萨坐像1身，体量较小。菩萨像坐高52厘米，头长21厘米，肩宽24厘米，胸厚12厘米。头戴冠，罩巾。面长圆，内着僧祇支，外着双领下垂式袈裟，下着裙。双手腹前笼袈裟内。身右侧，结跏趺坐于云纹承托的三重仰莲台上。仰莲台高16厘米，最宽39厘米，深21厘米。

文官像右侧转折壁面刻铭文1则。刻石面高35厘米，宽35厘米，首行竖刻"观世音观"4字，余左起竖刻4行20字，字径5厘米（图版Ⅱ：60）。

  观世音观（额）

01 观音何所辩

02 立佛在天冠

03 五道光中现

04 慈悲接有缘[18]

第3组

刻男坐像1身（图83-1；图版Ⅰ：140）。像坐高82厘米，头长28厘米，肩宽32厘米，胸厚20厘米。头戴巾帽，面方，着对襟宽袖长服，腰系带，长垂至台前。下着裙，裙摆覆盖低台。双手胸前合十，结跏趺坐于低台上。其左手肘外侧，刻一朵如意头云纹。

男像左侧刻菩萨坐像1身，体量较小，坐高55厘米，头长22厘米，肩宽24厘米，胸厚14厘米。头挽髻戴冠，缯带作结后下垂至肩。冠正面刻一净瓶，置于仰莲台上。长圆脸，戴项圈，坠璎珞。外披双领下垂式袈裟，下着裙。腕饰镯，左手置腹前，右手举胸前共持带茎莲花，莲花斜置右肩。侧身向右，结跏趺坐于如意头云纹承托的三重仰莲台上。莲台高16厘米，最宽33厘米。

该两像间刻铭文1则。刻石面高32厘米，宽32厘米，首行竖刻"大势智观"4字，余左起竖刻4行20字，字径7厘米（图版Ⅱ：61）。

  大势智观（额）

01 势智如何别

02 冠中望宝瓶

03　无边光照处

04　智惠摄群生[19]

第4组

刻披发男坐像1身（图83-2；图版Ⅰ：141）。像坐高82厘米，头长27厘米，肩宽37厘米，胸厚18厘米。头刻齐耳披发，圆脸，眉目小巧。内着对襟宽袖长服，外披袒右式袈裟，腰系带作结，下着裙。袈裟和裙摆垂于低台前。双手胸前合十，结跏趺坐于低台上，显露左足。

男像左侧刻童子坐像1身，体量略小。童子坐高34厘米，头长11厘米，肩宽16厘米，胸厚10厘米。光头，圆脸，戴项圈，肩披宽博披巾，披巾敷搭前臂后下垂台侧，下着裙。腕饰镯，双手胸前合十，侧身向右，结跏趺坐于带茎仰莲台上。莲台高12厘米，最宽25厘米。仰莲左右另刻两张舒展和一张闭合的莲叶。

该二像上方壁面刻铭文1则。刻石面高50厘米，宽34厘米，上部左起横刻"普观"2字，字径12厘米，下部左起竖刻4行20字，字径6厘米（图版Ⅱ：62）。

　　普观（额）

01　依正庄严事

02　花开次弟成

03　坦然心不动

04　时至佛来迎[20]

第5组

刻女坐像1身（图84；图版Ⅰ：142）。像坐高82厘米，头长26厘米，肩宽27厘米，胸厚15厘米。挽髻戴冠，脸丰圆，内着抹胸，外着交领窄袖服，腰束带，下着裙。双手胸前合十。侧身向左，结跏趺坐于云台上。

女像左侧刻体量略小的一佛二菩萨像3身，皆跣足立于单层仰莲台上。台高18厘米，最宽38厘米。其中，佛像立高66厘米，头长18厘米，肩宽23厘米，胸厚15厘米。浅浮雕圆形头光，直径30厘米。头刻螺发，自髻珠发出两道毫光，略呈"V"形竖直上飘，渐次变宽。面圆，弯眉直鼻，口微闭。上着双领下垂式袈裟，腰系带，长垂足间；下着裙。腕饰镯，双手胸前结智拳印。左菩萨像立高64厘米，头长19厘米，肩宽18厘米，胸厚12厘米。浮雕桃形头光，横径20厘米。头挽髻戴冠，缯带斜飘胸前。冠正面刻一立式化佛，通高4厘米。面残，胸饰璎珞，内着僧祇支，束带，外着双领下垂式袈裟，下着裙。双手腹前笼袈裟内，跣足直立。右菩萨像保存完整，头冠正面刻一净瓶，高5厘米。其体量、造像特征与左菩萨像同。

佛像头顶上方壁面刻铭文1则，以两道毫光为界，分隔为三部分。刻石面通高89厘米，通宽121厘米。其中，中部竖刻1行5字，字径12厘米；左右各左起竖刻2行10字，字径8厘米（图版Ⅱ：63）。

　　丈六金身观[21]（中）

　　佛智开方便

　　令观[22]丈六身（左）

　　观音并势[23]至

　　化佛亦如云（右）

第6组

刻男坐像1身（图85-1；图版Ⅰ：143）。像坐高75厘米，头长19厘米，肩宽27厘米，胸厚14厘米。光头，描画短发，脸长圆，眉目完整，上着双层交领宽袖服，下着裙。双手残，胸前似合十。身左侧，结跏趺坐于云台上。

该坐像左侧壁面刻一菩萨二童子像。菩萨像立高63厘米，头长15厘米，肩宽17厘米，胸厚10厘米。浅浮雕圆形头光，直径18厘

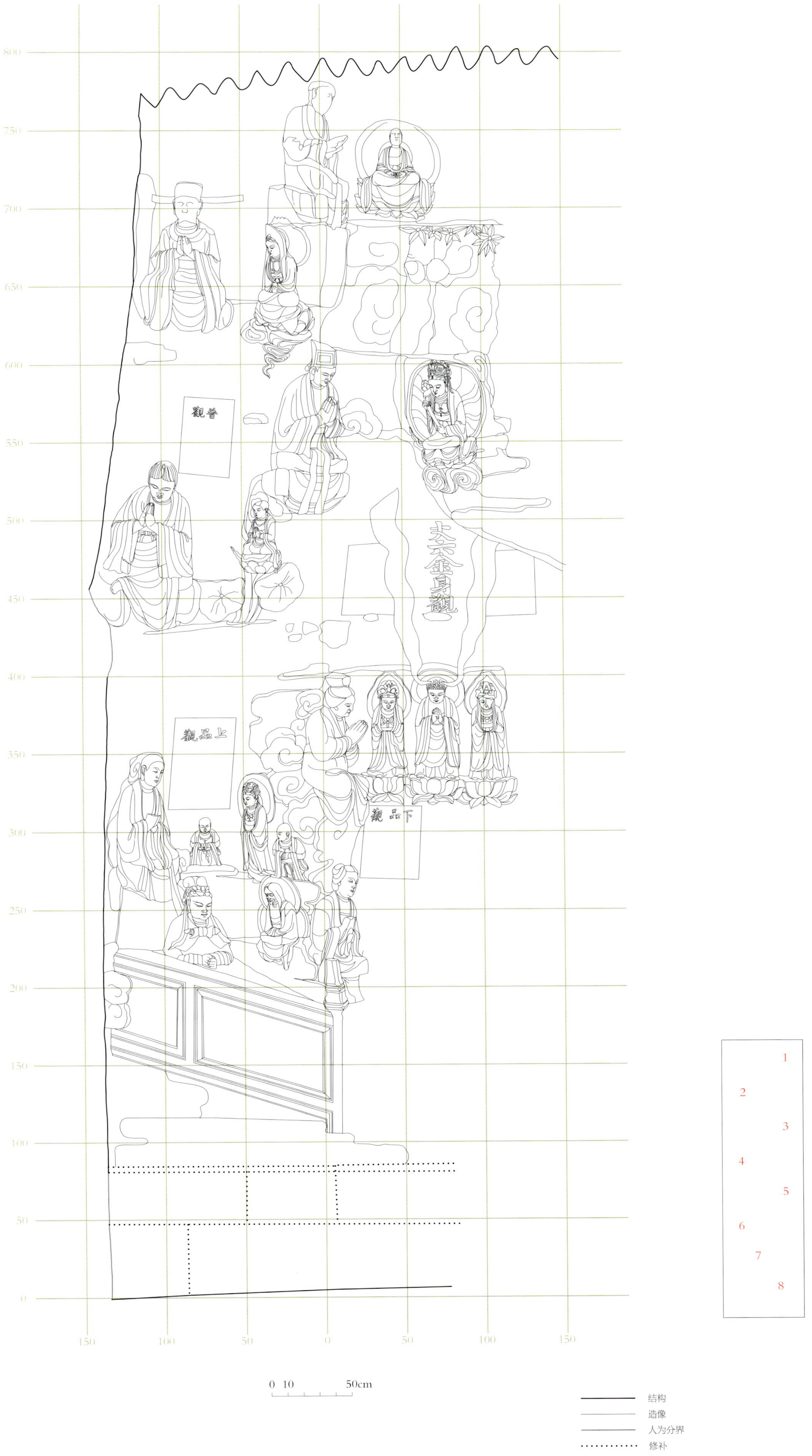

图 81　第 18 号龛右侧壁 8 组造像立面及编号图

图 82　第 18 号龛右侧壁第 1、2 组造像立面图
1　第 1 组　2　第 2 组

图 83　第 18 号龛右侧壁第 3、4 组造像立面图
1　第 3 组　2　第 4 组

米。头挽髻戴冠，缯带作结下垂肩后。面圆，胸饰璎珞，内着僧祇支，外着双领下垂式袈裟，下着裙。双手腹前笼袈裟内。侧身望右侧坐像，跣足站立。左童子像立高36厘米，头长11厘米，肩宽17厘米，胸厚6厘米。侧头右望，圆脸。戴项圈，上着披巾，披巾敷搭前臂后斜飘体侧，腰系带，下着裙。双手胸前合十，跣足而立。右童子像立高30厘米，头长10厘米，肩宽14厘米，胸厚6厘米。头略左侧，余特征与左童子像同。

男像左上壁面刻铭文1则。刻石面高50厘米，宽36厘米，上部左起横刻"上品观"3字，字径10厘米，其下左起竖刻4行20字，字径5厘米（图版Ⅱ：64）。

  上品观（额）
01 上品皆菩萨
02 初中了正因
03 第三新发意
04 一道出凡伦[24]

第7组

刻半身武士像1身（图85-2；图版Ⅰ：144）。武士像高60厘米，头长29厘米，肩宽32厘米，胸厚12厘米。头束髻戴冠，缯带作结后垂飘胸前。露额发，冠正面刻仰莲，上承圆轮。面长圆，双目微闭，直鼻抿唇。刻作结的肩巾，内着宽袖服。双手拱胸前。

武士像左侧上方刻坐像1身，坐高约42厘米，头长13厘米，肩宽20厘米，胸厚13厘米。浮雕圆形头光和身光，头光直径30厘米，身光直径40厘米。似光头，方面，眉骨略隆，左眼紧闭，眼眶内陷，右眼微睁，紧闭双唇。内着僧祇支，系带作结，外着双领下垂式袈裟，袈裟一角敷搭头顶。双手腹前笼袈裟内。侧身向左，结跏趺坐于云台上。

武士像右肩外侧壁面刻铭文1则。刻石面高29厘米，宽35厘米，首行竖刻"中品观"3字，字径7厘米，余左起竖刻4行20字，字径5厘米（图版Ⅱ：65）。

  中品观（额）
01 中品阿罗汉
02 同超三浊时
03 开花分早晚
04 见佛智参差[25]

第8组

刻女童坐像1身（图86；图版Ⅰ：145）。女童坐高75厘米，头长18厘米，肩宽29厘米，胸厚11厘米。头挽双髻，面方圆，眉目清秀。内着抹胸，外着对襟长服，下着裙。飘带沿胸下垂，敷搭前臂后下垂身前。双手覆巾，胸前合十。侧身向左，盘腿坐于低台上。

女童头部左上方壁面刻铭文1则。刻石面高49厘米，宽35厘米，上部左起横刻"下品观"3字，字径9厘米，下部左起竖刻4行20字，字径6厘米（图版Ⅱ：66）。

  下品观（额）
01 下品全凶恶
02 曾无二利因
03 遇人称十念
04 勇猛谢沉沦[26]

图 84 第 18 号龛右侧壁第 5 组造像立面图

图 85　第 18 号龛右侧壁第 6、7 组造像立面图

1　第 6 组　2　第 7 组

图86　第18号龛右侧壁第8组造像立面图

四　铭文

2则。

第1则

《普劝持念阿弥陀佛》碑，南宋淳熙至淳祐年间（1174—1252年）。刻于壁面下部左起第四段勾栏外侧的平整面。平整面高77厘米，宽218厘米，左右上角抹角。文左起，竖刻24行324字，字径5厘米（图版Ⅱ：67）。

01　普劝持念阿弥陀佛

02　浮世生身事若何△犹如春燕垒巢窠

03　波波役役营家计△不如随分念弥陀

04　文章俊辩应名科△朱紫荣身志意多

05　官崇谁免无常至△不如方便念弥陀

06　飞枪走射势难过△骏马骑来似掷梭

07　力敌万夫输老病△不如习善念弥陀
08　富贵资财不厌多△朝昏计算恐差讹
09　忧烦不觉头如雪△不如知足念弥陀
10　音声清响善讴歌△一曲新词格调和
11　直饶唱得行云坠△不如净口念弥陀
12　柳眉星眼赛姮[1]城△玉体时新着绮罗
13　华容只可常年少△不如及早念弥陀
14　棋夸敌手智谋多△打劫争先在切蹉
15　光阴一半因兹废△不如端坐念弥陀
16　商人经纪最奔波△远地他方到处过
17　江湖风浪危中险△不如归去念弥陀
18　惯习公方损陷他△巧妆词颂逞喽罗
19　家财使尽招人怨△不如省事念弥陀
20　杀业冤家债渐多△将何词理见阎罗
21　教君一路超生法△不如知悔念弥陀
22　念佛持经福最多△不持不念罪恒河
23　如来金口亲宣说△普为众生解网罗
24　幸知仁者信受奉行[27]

第2则

《再三相劝念弥陀》碑，南宋淳熙至淳祐年间（1174—1252年）。刻于壁面下部左起第六段勾栏外侧的平整面，与第1则铭文相对应。平整面高86厘米，宽195厘米。文左起，竖刻22行，存302字，字径5厘米（图版Ⅱ：68）。

01　三界炎炎如火聚△道人未是□□□
02　莲池宝土乐无穷△收拾身心好[2]□□
03　西方极乐七宝池△八功德水不思□
04　底有金沙岸香树△莲花涌出化生儿
05　人人佛性本天真[3]△念佛常为作佛因
06　不念不称心似漆△何时得见本来身
07　眷属亲情不是亲△满堂金玉未为珍
08　不如一句弥陀佛△便是生生引路人
09　念念常存念佛心△念而无念最功深
10　功成无念须成佛△成佛人天自仰钦
11　口闲念佛譬如闲△不碍家缘不费钱
12　大有便宜何不念△莫教临死却忙然
13　贪生日日只忙忙△不觉年衰鬓似霜
14　或若鬼魔来要取△且推不办向阎王
15　有田不种放教荒△秋后美人收满仓

1　此"姮"字《大足石刻铭文录》录为"姐"。重庆大足石刻艺术博物馆编：《大足石刻铭文录》，重庆出版社1999年版，第127页。
2　此"好"字《大足石刻铭文录》录为"如"。重庆大足石刻艺术博物馆编：《大足石刻铭文录》，重庆出版社1999年版，第128页。
3　此"真"字《大足石刻铭文录》录为"尊"。同前引。

16　有佛有经不礼念△死来地狱遣谁当

17　地狱三涂却爱游△天堂佛国不寻求

18　欲求佛国天堂乐△勤念弥陀早转头

19　再三相劝念弥陀△不念之人没奈何

20　虽则无人奈何得△奈何却自有阎罗

21　念念无常步步随△勤心念佛是便宜

22　再三共劝成多口△子细思量为阿谁[28]

五　晚期遗迹

（一）铭文

10则。其中，第1则位于龛右侧壁第6组造像铭文所在平整面的左右下方，第2—8则刻（或墨书）于龛下部勾栏外侧华板，第9、10则刻于龛前平台外侧竖直壁面（图87）。

第1则

肖周氏等妆绚记，时代不明。刻于龛右侧壁第6组造像铭文所在平整面的左右下方。文左起竖刻，左右下方皆各刻3行，共15字，楷体，字径3.5厘米（图版Ⅰ：143）。

01　信女

02　肖

03　周氏（左）

01　信仕

02　王行遂室人

03　陈氏妆（右）

第2则

性寅妆绚观经变左岩像记，明嘉靖三年（1524年）。刻于龛壁下部左起第2段勾栏左端华板。刻石面高35厘米，宽30厘米。文左起，竖刻9行，存64字，字径2厘米（图版Ⅱ：69）。

01　本寺□□□[1]寅施资赎金

02　庄[2]左边观音菩萨满岩

03　石像功德完成伏愿报

04　师祖于前圣前贤携父

05　母于净居净界者同徒

06　觉藻△觉玟

07　庄[3]匠黄铎

08　嘉靖三年六月一日吉旦性

09　聪书[29]

1　据本龛第7则晚期铭文，此3字应为"释子性"。
2　此"庄"字《大足石刻铭文录》录为"妆"。重庆大足石刻艺术博物馆编：《大足石刻铭文录》，重庆出版社1999年版，第254页。
3　此"庄"字《大足石刻铭文录》录为"妆"。同前引。

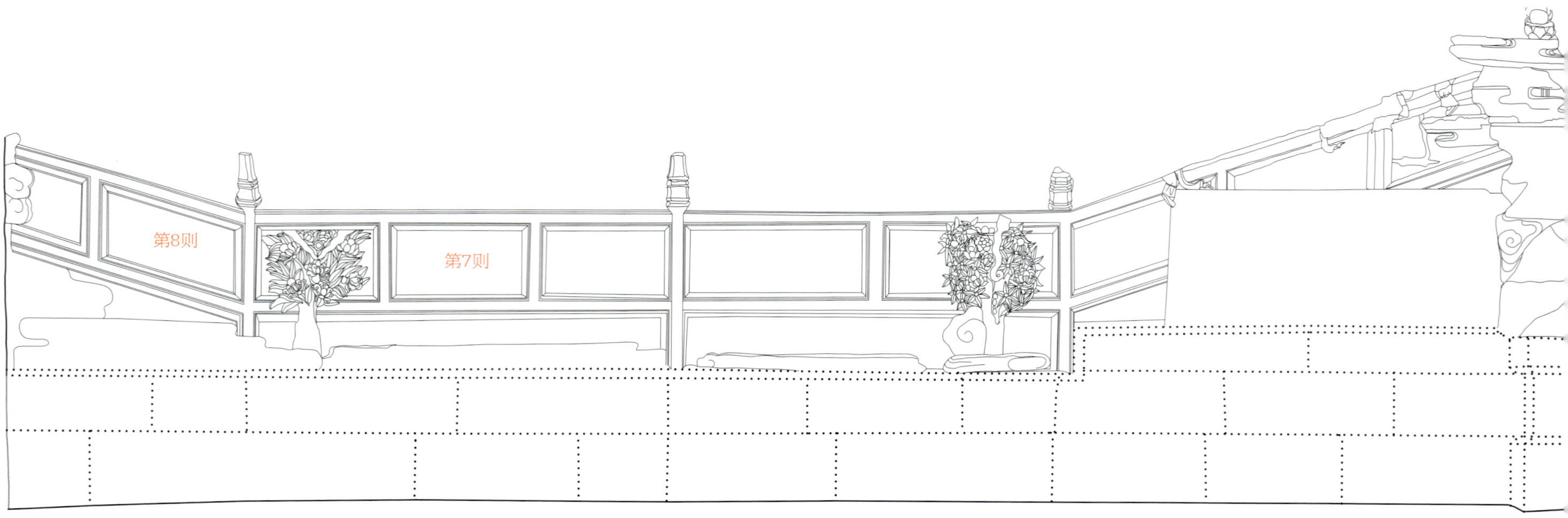

图87　第18号龛第2—8则晚期铭文位置及编号图

第3则[1]

　　杨秀爵装彩古佛记，清嘉庆八年（1803年）。刻于龛壁下部左起第3段勾栏左侧华板。刻石面高34厘米，宽49厘米，文左起，竖刻13行，存74字，楷体，字径2.5厘米（图版Ⅱ：70）。

01　宝顶山
02　圣寿寺
03　释迦文佛于嘉庆八年
04　又二月初一日降笔指示
05　劝化云
06　宝顶仙境□世尊
07　本境善士发善心
08　佛光普照度众生
09　素彩金身万万春
10　绘士袁文忠师徒等发心
11　杨秀爵
12　装彩古
13　佛一尊[30]

1　本则铭文，《大足石刻铭文录》仅以附注说明，未辨识录写。重庆大足石刻艺术博物馆编：《大足石刻铭文录》，重庆出版社1999年版，第254页。

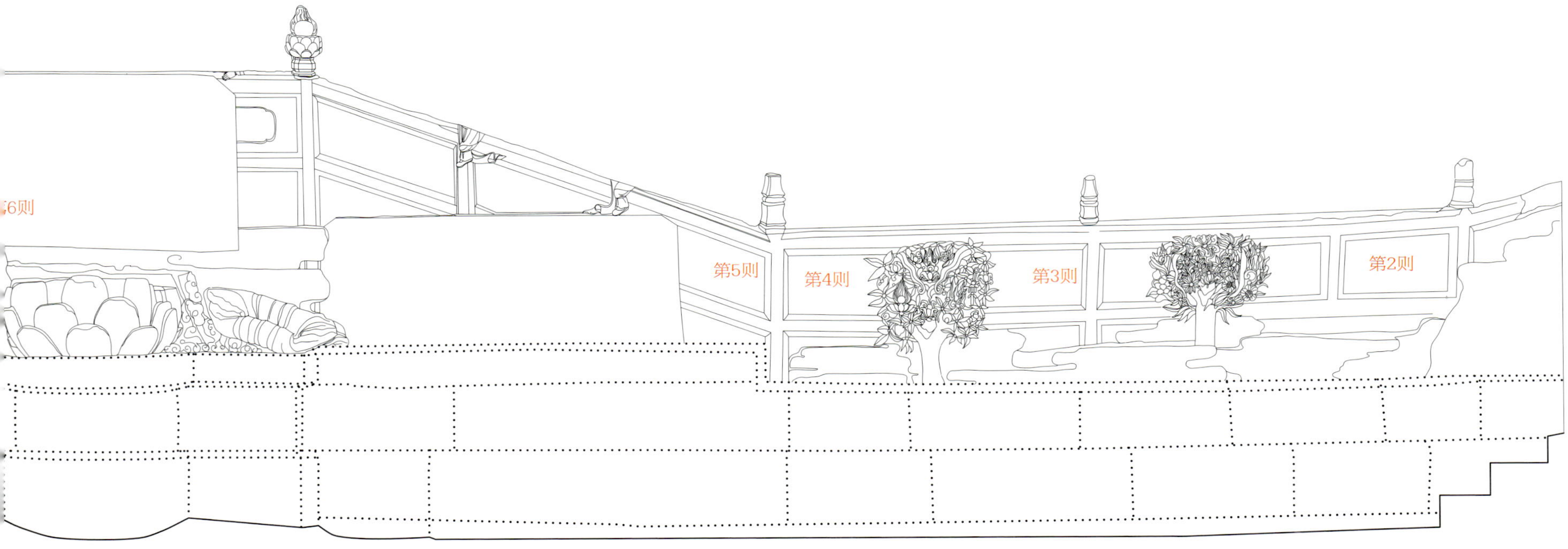

第4则[1]

释云劝善文，清嘉庆十五年（1810年）。刻于壁面下方左起第3段勾栏右端华板。刻石面高34厘米，宽53厘米，文左起，竖刻13行162字，字径2厘米（图版Ⅱ：71）。

01　十劫太子换金身要化凡间众
02　黎民若是黎民发善念一家老
03　幼免灾星心不明时点甚么灯意
04　不公平念甚么经大秤小斗成何
05　用不孝父母斋甚么僧不信但
06　看五月后六月甲子放五瘟凡民
07　何不发大善躲过末劫万万春黄
08　金难买生死路过后悔时海样深
09　六十甲子轮流转远在儿孙近在
10　身凡民若不回头想举目三尺有
11　神灵我佛今日来指破看你回
12　心不回心△△△述释云
13　嘉庆十五年二月十一日立羽士夏永清[31]

1　本则铭文，《大足石刻铭文录》仅以附注说明，未辨识录写。重庆大足石刻艺术博物馆编：《大足石刻铭文录》，重庆出版社1999年版，第254页。

第5则

捐银功德记，时代不明。刻于壁面下部左起第4段勾栏左端华板。刻石面高31厘米，宽50厘米，竖刻13行，字径2厘米。文皆为功德主名和捐资额，略（图版Ⅱ：72）。

第6则

曾绍森合家发愿文，明嘉靖四年（1525年）。刻于壁面下部左起第5段勾栏外侧平整面右下侧，即是龛"上品上生"造像铭文所在平整面右下侧。刻石面高49厘米，宽16厘米，文左起，竖刻4行39字，字径2.5厘米（图版Ⅱ：73）。

01　大足县月富里义官曾绍森

02　同缘强氏妙德同男曾守

03　成祈家门峥嵘者

04　嘉靖四年正月二十七日书

第7则

性寅妆绚观经变右岩像记，明嘉靖二年（1523年）。刻于壁面下部左起第8段勾栏华板中部。刻石面高35厘米，宽30厘米，文左起，竖刻7行64字，楷体，字径2厘米（图版Ⅱ：74）。

01　本寺释子性寅赎庄[1]西方境右

02　边势至菩萨庄[2]满岩石[3]像

03　伏愿报师祖于前圣前贤

04　携父母永超于净居净界

05　者△△庄匠丘遵道

06　△△△△△丘守道

07　嘉靖二年癸未九月一日性聪书[32]

第8则

残记，时代不明。书于壁面下部第9段勾栏左侧华板。书写面高37厘米，宽76厘米，墨书竖写，依稀可辨为6行，但仅可辨最末两行首字分别为"由""受"，字径约3.5厘米。

第9则

逊斋书"忍"字题刻及偈句，清咸丰六年（1856年）[4]。刻于龛前外凸石堡壁面左端。其左刻"忍"，显露高120厘米，宽130厘米，署款竖刻"逊斋"2字，字径16厘米。忍字右侧75厘米处左起竖刻偈语2行8字，刻石面高168厘米，通宽86厘米，字径26厘米（图版Ⅱ：75、图版Ⅱ：76）。

忍

逊斋

诸恶莫作

众善奉行

1　此"庄"字《大足石刻铭文录》录为"金妆"。重庆大足石刻艺术博物馆编：《大足石刻铭文录》，重庆出版社1999年版，第254页。
2　此"庄"字《大足石刻铭文录》录为"妆"。同前引。
3　此"石"字《大足石刻铭文录》录为"神"。同前引。
4　铭文左侧部分被石堡前侧相接的石梯道遮挡。

第10则

曾志敏书"西竺一脉"题刻，清咸丰六年（1856年）。刻于龛前外凸石堡壁面右侧。刻石面高117厘米，宽497厘米。中部横书"西竺一脉"1行4字，字径117厘米；左右署款，皆左起竖刻，共9行，38字，字径20厘米（图版Ⅱ：77）。

　　　　西竺一脉（中）
01　大清
02　咸丰六年
03　岁在丙辰
04　冬月十九
05　日△穀[33]旦（左）
06　邑人逊斋曾志
07　敏时年六十有
08　二左右兼[34]书敬
09　成勒石（右）

（二）构筑

1962年，治理本龛造像渗水。

1974年，龛壁左下角与第17号龛右下角相接处壁面毁，现已用条石错缝补砌；内安砌排水沟，疏导渗水。

1978年7月，四川省文化局拨款2万元，培修加固龛檐。

1998年7月，对本龛进行危岩锚固、化学灌浆加固、现浇混凝土龛檐等抢险加固治理工程。

2002年，实施本龛造像区岩体抢险加固工程。工程内容：加固岩体基础长21米，归位复原15块变形岩体，在归位复原块体上布设锚杆加固部位55处，同时布设大型深锚杆18根共441米，设置引水孔4个，根治历史性渗漏水，对造像区岩体进行防风化处理。龛内壁面裂隙现已粘合修补，表面作旧。

2007年10月，在实施宝顶山大佛湾部分龛窟应急抢险加固工程中，对本龛进行应急抢险加固保护。

龛壁左上角岩石毁，现已用条石嵌入修补，并粘合裂缝。修补面略呈倒置的三角形，通高212厘米，最宽97厘米。

龛壁基脚毁，现已用条石嵌入修补。修补面随龛壁起伏横贯整个龛壁，并与地坪垂直相接。修补面最高约110厘米，外凸原龛壁最深约50厘米。修补面中部设一中部圆弧外凸的石台，承接龛壁中部下方仰莲台。

（三）妆绘

明嘉靖二年（1523年），僧性寅妆绚右侧主尊大势至菩萨及右侧壁造像[1]。

明嘉靖三年（1524年），僧性寅妆绚左侧主尊观音菩萨及左侧壁造像[2]。

清嘉庆八年（1803年），杨秀爵装主尊阿弥陀佛像[3]。

造像保存红色、绿色、蓝色、黑色、灰白色等五种涂层。

三主尊像面部、胸部等部位贴金。

1　见本龛第7则晚期铭文。
2　见本龛第2则晚期铭文。
3　见本龛第3则晚期铭文。

第三节　第19号

一　位置

位于大佛湾北崖中段右侧。左与第18号龛转折相接，右与第20号龛直角转折相接，上部为外挑的岩檐，其下与后世补砌的条石基脚相接。条石基脚高45厘米，外凸龛壁约38厘米，下与地坪垂直相接。

龛口南向，方向176°。

二　形制

不规整的方形龛（图88、图89、图90；图版Ⅰ：146、图版Ⅰ：147）。

自崖壁向内凿建而成。龛壁面呈不规整的方形，上宽下窄，通高780厘米，上部最宽约383厘米，下部最窄约126厘米。据壁面形状，可分为上下两部分。上部壁面向下折进倾斜，仅顶端平直，与岩檐垂直相接。下部壁面呈竖直的长方形，内进较深，除中部右侧壁面少许外凸，其余壁面竖直，打磨平整，高约223厘米，宽166厘米，并与下方补砌的条石壁面相接。壁面左右边缘转折后，垂直内进，与相邻龛壁无缝衔接。

三　造像

壁面上部中端刻结跏趺坐于仰莲座上的主尊像1身，怀抱一睡卧的猿猴。其头顶升出云纹，云头上承一圆龛佛像。再上为外凸壁面，打磨平整，刻"缚心猿锁六耗"6字。主尊座下以长绳拴系六身动物。自主尊当胸发出两道毫光，沿体侧屈折上升后各再化作五道，内刻造像10组。下部壁面中竖刻偈语1则，其余壁面空隙处镌刻铭文（图88；图版Ⅰ：146）。

为便于记述，将造像细分为主尊、主尊上方圆龛、主尊座下、主尊当胸毫光造像等四部分。

（一）主尊像

主尊像坐高86厘米，头长26厘米，肩宽43厘米，胸厚18厘米（图91、图92；图版Ⅰ：148）。头刻齐耳短发，自头顶中部升起一朵云纹，承托上方圆龛佛像。面圆，低垂，眉细长，目微睁，直鼻小嘴，嘴角微翘，耳垂硕大，颈刻三道肉褶线。上着偏衫式袈裟，下着裙，袈裟和裙摆垂搭座前。袒胸，双乳下垂。自当胸圆环发出两道毫光，垂飘体侧。双手腹前抱持猿猴。结跏趺坐于三重仰莲座上。座上方为三重仰莲台，高38厘米，直径99厘米；下方为六边方台，下刻圭脚。圭脚显露四个，其间饰壸门。正面壸门内一如意头，其上刻绳索拴系六身动物。

猿猴身长58厘米。光头，圆耳，双目圆睁，鼻部上翘，吻部突出，头枕于主尊右腕。二上肢交叠放于腿间，双足戴镯，交叠于主尊左肘臂弯，仰面平躺，作安静状。

（二）圆龛

主尊头顶上方凿一圆形浅龛，直径64厘米，深15厘米，内刻坐佛1身。佛像略蚀，坐高52厘米，头长15厘米，肩宽24厘米，胸厚10厘米。面长圆，内着僧祇支，系带作结，外着双领下垂式袈裟。双手腹前结印，结跏趺坐于龛底。袈裟袖摆、下摆敷搭下方云纹上（图91；图版Ⅰ：149）。

圆龛佛像上方壁面呈横幅形，高40厘米，外凸约3厘米，上缘与岩檐相接。壁面中部左起浅刻"缚心猿锁六耗"1行6字，楷体，字径38厘米，左右侧各竖刻1行4字，楷体，字径12厘米（图版Ⅱ：78）。

缚心猿锁[35]六耗

01　弥勒[36]化身（左）

02　傅大士作（右）

（三）座下

主尊像座下底部正面壸门内饰一如意头，刻有六条绳索系于其上，绳索外端拴缚六种动物，分别为犬、鸦、蛇、狐、鱼、马（图93；图版Ⅰ：150）。

犬　头向左而立，身长71厘米，高28厘米。嘴尖溜，耷耳，卷尾，颈下系绳，作结。腹下刻卷云。其身正上方刻偈语1则。刻石面高28厘米，宽20厘米，左起竖刻2行8字，楷体，字径6厘米（图版Ⅱ：79）。

01　眼如走犬
02　逐五色村

鸦　刻出大部分鸦身，向左作飞翔状。身长73厘米。圆头，短喙，长颈，展翅，腿部后伸，系绳索。其正上方刻偈语1则。刻石面高15厘米，宽30厘米，左起竖刻4行，存8字，楷体，字径6厘米（图版Ⅱ：80）。

01　耳如
02　乌鸦
03　逐空
04　声起[37]

蛇　头蚀，尾隐于山石中。身呈S形，长约97厘米，最大身径13厘米。绳系于颈项。其左上方刻偈语1则。刻石面高16厘米，宽32厘米，左起竖刻4行，存4字，楷体，字径6厘米（图版Ⅱ：81）。

01　鼻如
02　毒蛇
03　□□
04　□□

狐　头向右而立，身长120厘米，高39厘米。头微仰，嘴尖溜，吐露舌头，圆眼，立耳，颈前伸，系绳作结。四肢细长，长尾蓬松多毛。其上方刻1则偈语。刻石面高16厘米，宽30厘米，左起竖刻4行，存7字，字径6厘米（图版Ⅱ：82）。

01　舌如
02　野狸
03　寻尸
04　旧□

鱼　头向右，身长69厘米。绳系于鳃部，身遍刻鳞甲，尾上翘。其上方刻偈语1则。刻石面高17厘米，宽34厘米，左起竖刻4行8字，楷体，字径6厘米（图版Ⅱ：83）。

01　身如
02　大鱼
03　常思

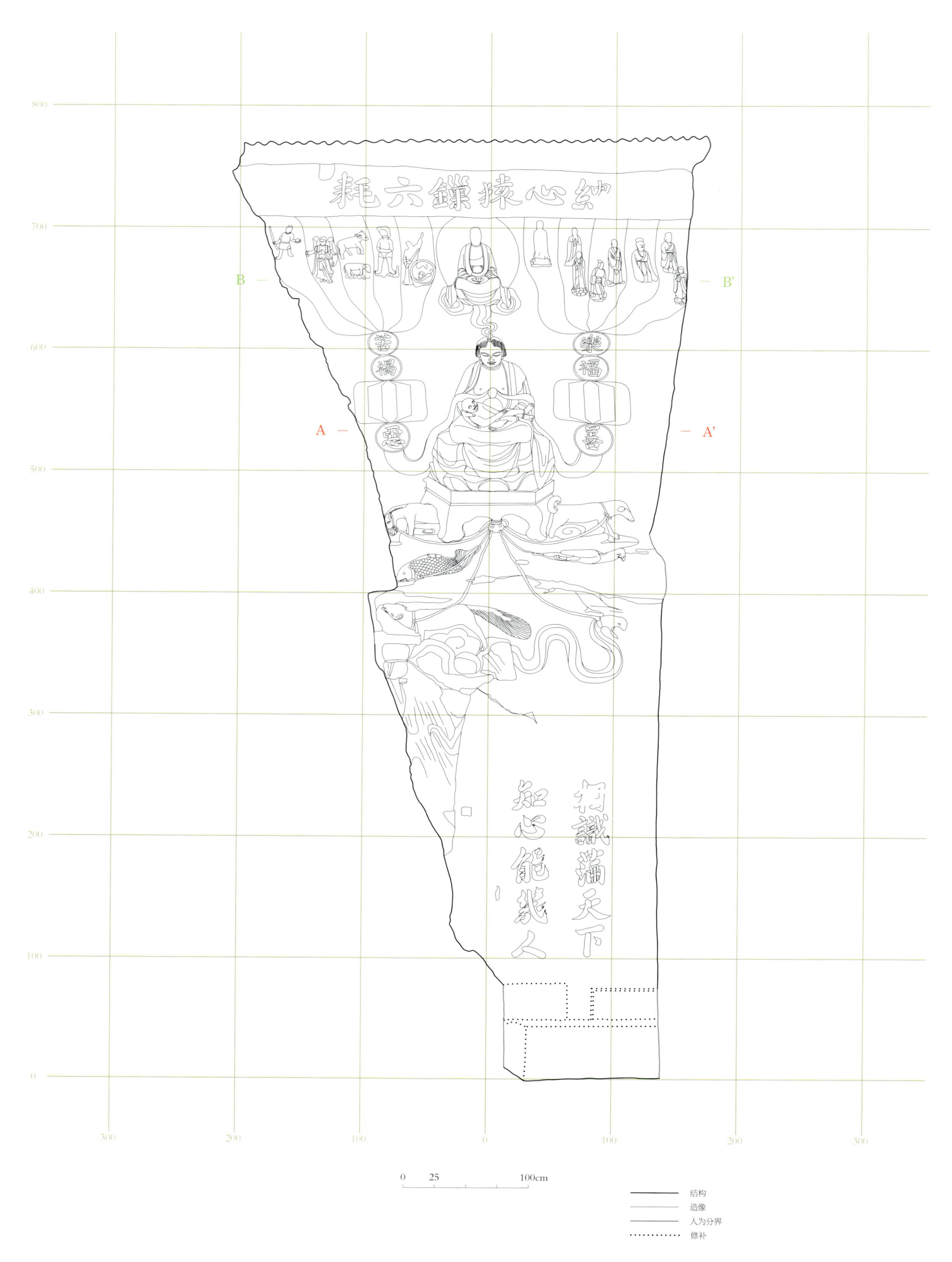

图88 第19号龛立面图

图 89　第 19 号龛剖面图

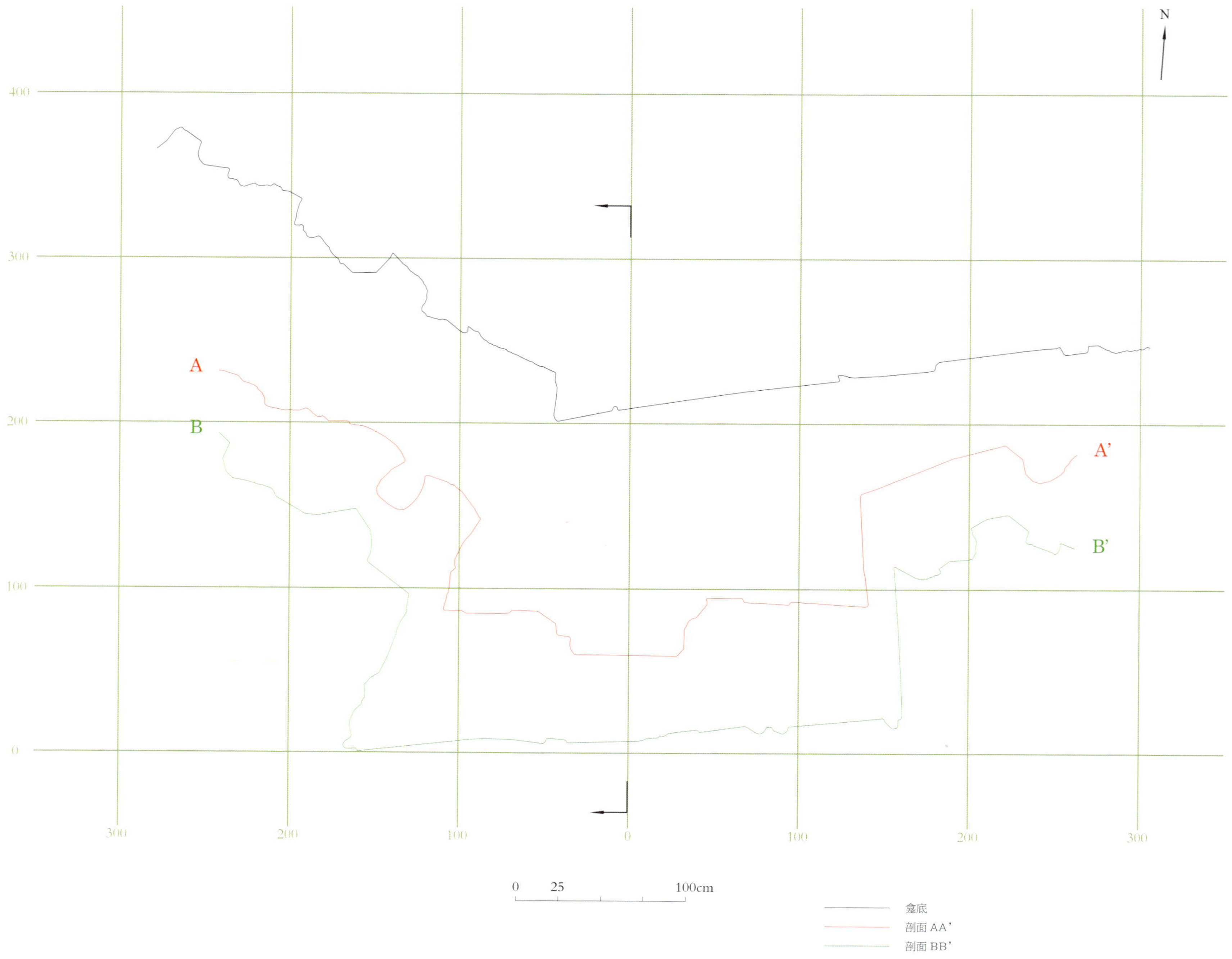

图90　第19号龛平面图

图 91　第 19 号龛上部造像立面图

图92　第19号龛主尊坐像等值线图

04　浊海

马　自座台底部显露半身，向右站立，身长43厘米，高26厘米。头略低，系辔头，绳系于辔头之上。两耳上竖，颈刻鬃毛。腹下浮雕云纹。其上方刻偈语1则。刻石面高32厘米，宽16厘米，左起竖刻2行8字，楷体，字径6厘米（图版Ⅱ：84）。

01　意如野马
02　奔[38]走无闲

（四）毫光

自主尊像当胸微凸的圆环发出两道毫光，分左右沿主尊肘弯下垂，至仰莲台底部外侧再呈"U"形扬起，竖直上升；其间贴毫光之上刻一圆环、一方框、二圆环图案一列，纵向叠置；顶端化作五道毫光，向上延至顶部平整面下方。毫光内镌刻造像10组（图94；图版Ⅰ：151、图版Ⅰ：152；图版Ⅱ：85、图版Ⅱ：86）。上述图像以主尊为界，呈对称布置。据毫光走势、圆环位置等自下至上记录。上方10组造像，则从左至右，细分为左第1—5组和右第1—5组。将其特征列入表6。

表6　大佛湾第19号龛主尊像当胸毫光内造像特征简表

左侧毫光	造像特征	右侧毫光	造像特征
第1圆环	圆环直径26厘米，凸出壁面2.5厘米。近边缘线刻一圆圈，中刻"善"字，字径17厘米。	第1圆环	圆环同左侧，内刻"恶"字，字径17厘米。

图93　第19号龛主尊像座下动物立面图

续表6

左侧毫光	造像特征	右侧毫光	造像特征
方框	方框圆角，高40厘米，宽55厘米，凸出壁面2.5厘米。内线刻折叠式展开的书面五页，每页高40厘米，宽11厘米，内1行8字，字径6厘米。文："十善四弘四禅八定」厌苦求寂期出三界」孤调自度悟世观空」自利利化上求下化」慈悲□□□□□」[39]"。	方框	形制同左方框。文："贪婪杀害荒迷酒色」嗔嫉奸狡谄曲虚诳」愚痴耽欲作恶无耻」多疑好胜恃己凌物」百行五常三皈五戒」[41]"。
第2圆环	圆环同上，内刻"福"字，字径17厘米。	第2圆环	圆环同上，内刻"祸[42]"字，字径17厘米。
第3圆环	圆环同上，内刻"乐"字，字径17厘米。	第3圆环	圆环同上，内刻"苦"字，字径17厘米。
第1组	上部刻像2身。右上女像面蚀，立高32厘米。头挽髻，面圆，着双层交领宽袖长服，双手笼袖内交置腹前。左下女像侧身向右，立高30厘米。头挽髻，面圆，着圆领宽袖长服，双手覆巾，似合十，着鞋踏于外凸的云纹上。下部斜向竖刻"人天五欲[40]"4字，字径6厘米。	第1组	上部刻一立式鬼卒。头残身蚀，残高36厘米。可辨双手身前斜持一长棍。其身前刻一圆锅。锅口径17厘米，内刻沸腾的汤水，漂浮一骷髅头。下部竖刻"地狱极苦"4字，字径6厘米。

第三章　第18—20号　159

续表6

左侧毫光	造像特征	右侧毫光	造像特征
第2组	上部刻立像1身，显露高36厘米。头挽髻戴冠，面方，略蚀。着交领宽袖长服，腰束带，双手笼袖内垂于身侧。下部斜向竖刻"四禅[43]清净"4字，字径6厘米。	第2组	上部刻一立式饿鬼像，残高38厘米。头略显硕大，长发上扬，面蚀。上身裸，下着犊鼻裤。双手交置腹前，足踏于线刻的云纹上。下部竖刻"饿鬼[44]饥渴"4字，字径6厘米。
第3组	上部刻立像2身。左上像残高38厘米，挽髻扎巾，圆面略蚀。着交领宽袖长服，腰束带，双手腹前笼袖内，足下线刻云纹。右下像，残高28厘米。头残，似左转，着宽袖长服，腰束带，作结垂于腹前。双手腹前拄长柄斧，斧长15厘米。足踏外凸的云台，向右扭胯而立。下部竖刻"二乘寂灭"4字，直径6厘米。	第3组	上部刻牲畜2身。上为一牛，身长26厘米，高15厘米，头向左，牛角略残，身圆，四腿粗短，长尾下垂，踏云向左行进。下为一猪，身长21厘米，高11厘米，头向左低垂，长鼻，大耳，短腿，细尾，足踏线刻的云纹。下部竖刻"畜生患难[45]"4字，字径6厘米。
第4组	上部刻像2身。上像，残蚀略重，残立高30厘米。可辨身着袈裟，双手胸前合十。下侧像，残高30厘米。头面残，似上着袈裟，下着裙。双手胸前合十，足踏仰莲台，向右侧身直立。下部刻"菩提自在"4字，直径6厘米。	第4组	上部刻阿修罗立像1身，残高36厘米。方面略残，上身衣饰不明，腰束带，下着裙。披帛自两肩下垂，绕当胸两臂后垂于体侧。身八臂，两手臂当胸合十；上两臂屈肘上举，托举圆轮；左中手斜伸，竖持宝剑；右中手斜伸外展，握持圆珠；左下手握持兽面盾，右下手腹前斜拄长柄斧。跣足，踏于线刻的云纹上。下部斜向竖刻"修罗斗战"4字，字径6厘米。
第5组	上部刻立像1身，残损甚重，残高30厘米。可辨双手置腹前，双足分踏仰莲台。下部斜向竖刻"如来究竟"4字，直径6厘米。	第5组	上部刻立像1身，残高28厘米。头似束髻扎巾，面蚀，着紧袖短衫，腰束系带。左手屈肘外展，托举一碗；右手斜持一长棍。赤足，似弓步而立。下部斜向竖刻"人中贫贱[46]"4字，字径6厘米。

四 铭文

14则（图95）。

第1则

偈语，南宋淳熙至淳祐年间（1174—1252年）。刻于主尊双肩上方及肘部外侧。框均宽8厘米，高40厘米；内各竖刻1行5字，楷体，字径6厘米（图版Ⅱ：87）。

　　天堂及地狱（左肩上）

　　一切[47]由心造（右肩上）

　　作佛也由他（左肘外）

　　披毛从此得（右肘外）

第2则

心猿颂，南宋淳熙至淳祐年间（1174—1252年）。刻于主尊像左侧毫光"乐""福"二圆环左侧。刻石面宽38厘米，高23厘米。左起竖刻5行23字，字径6厘米（图版Ⅱ：88）。

01　心猿颂

02　牢缚心猿脚

03　壮锁六贼根

04　心神得清净

05　福乐自来亲[48]

第3则

祖师颂词，南宋淳熙至淳祐年间（1174—1252年）。刻于第2则铭文下方。刻石面高103厘米，宽10厘米。竖刻1行14字，楷体，

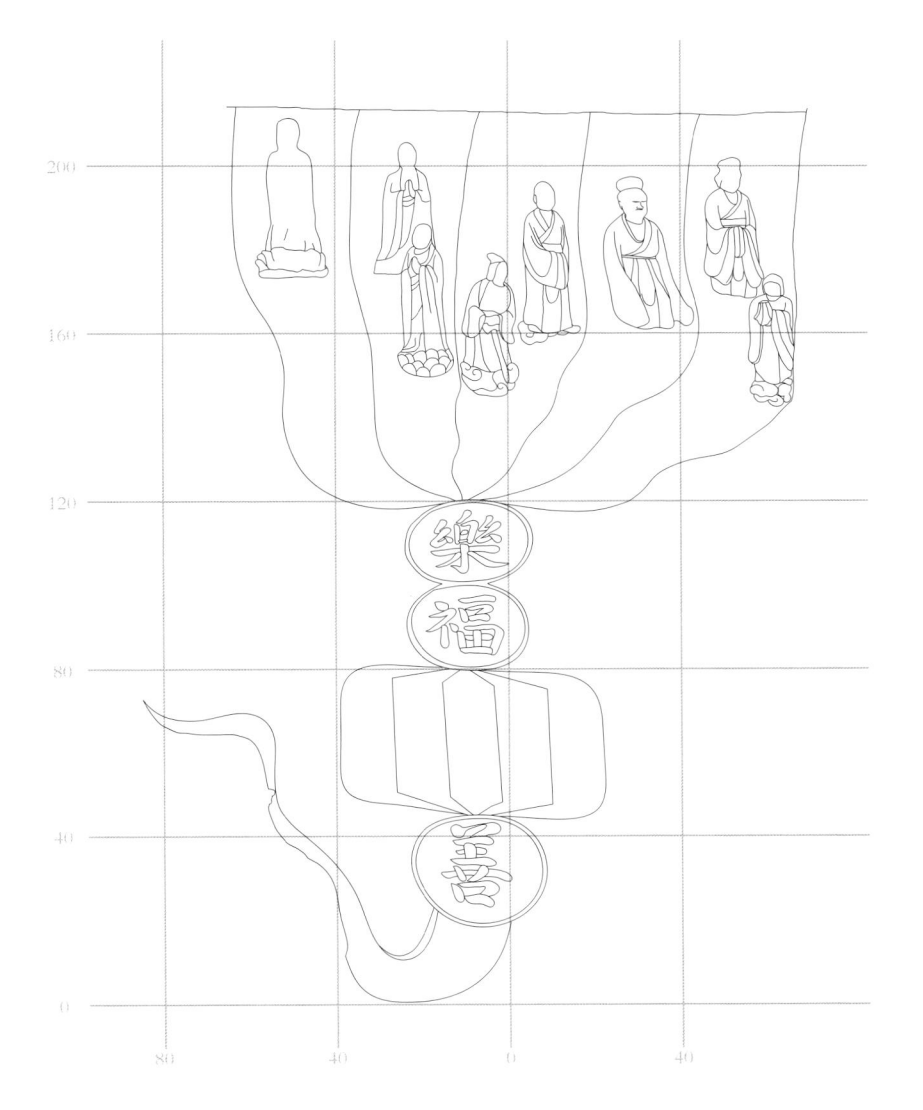

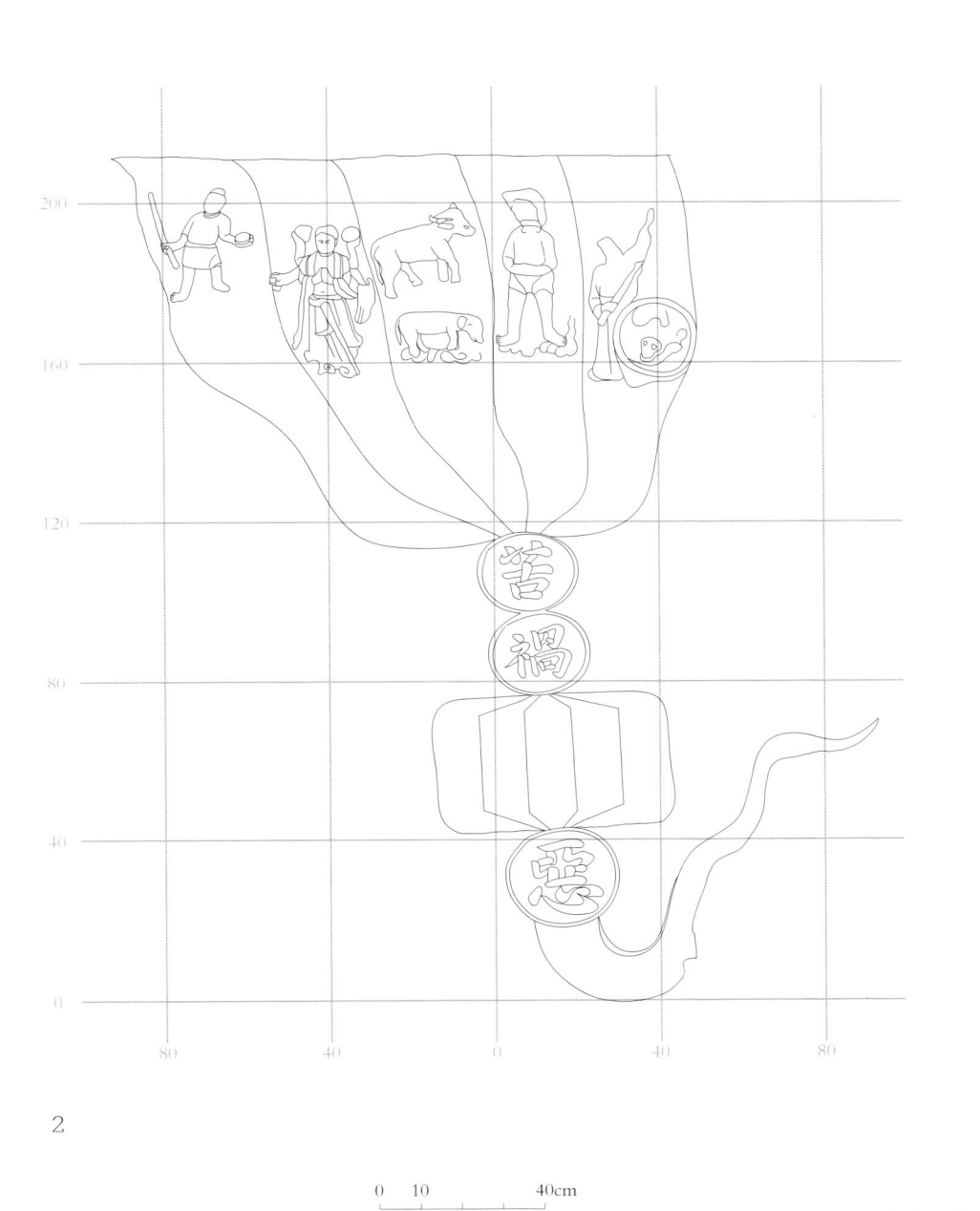

图 94　第 19 号龛主尊左、右侧毫光内造像立面图
1　左侧　2　右侧

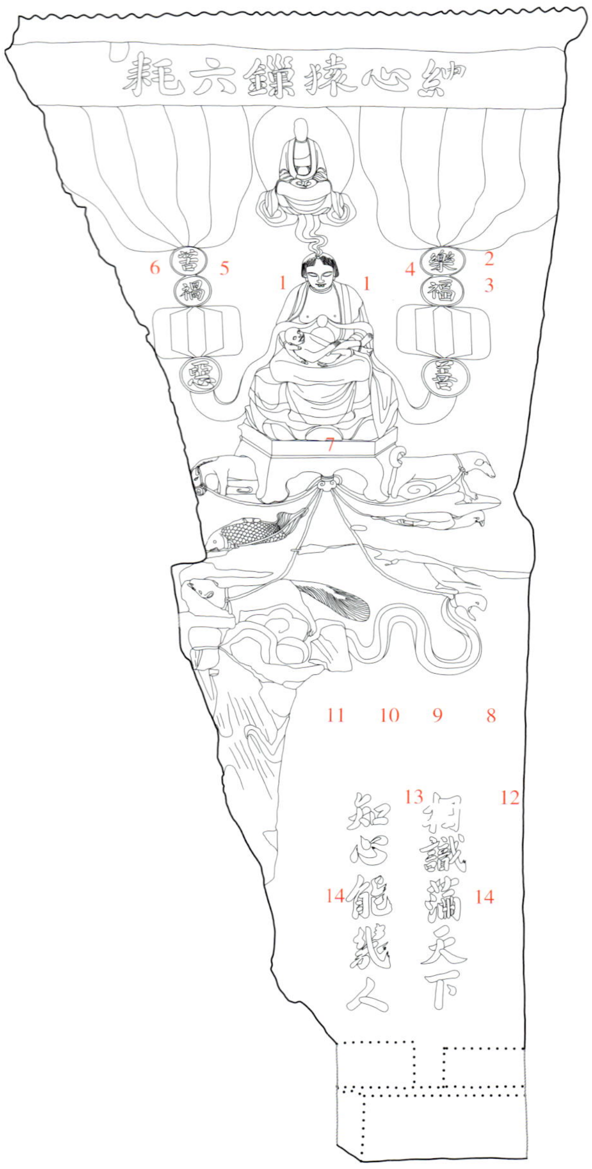

图 95　第 19 号龛第 1—14 则铭文编号图

字径7厘米（图版Ⅱ：89）。

起诸妄念恣攀缘△造善造恶轮生死[49]

第4则

咏乐诗，南宋淳熙至淳祐年间（1174—1252年）。刻于主尊像左侧毫光"乐""福"二圆环右侧。刻石面宽38厘米，高23厘米。左起竖刻5行23字，字径6厘米（图版Ⅱ：90）。

01　咏乐诗

02　乐是无疆福

03　福乃善因由

04　超凡入圣道

05　尽在此心修[50]

162　大足石刻全集　第七卷（上册）

第5则

咏苦诗，南宋淳熙至淳祐年间（1174—1252年）。刻于主尊像右侧毫光"苦""祸"二圆环左侧。刻石面宽32厘米，高23厘米。左起竖刻5行23字，字径6厘米（图版Ⅱ：91）。

01　咏苦诗
02　苦厄人皆惧
03　灾祸有谁争
04　想非天地赐
05　心恶自然生[51]

第6则

偈语，南宋淳熙至淳祐年间（1174—1252年）。刻于主尊像右侧毫光"苦""祸"二圆环右侧。左起竖刻2行10字，字径6厘米（图版Ⅱ：92）。

01　若[52]了心非心
02　始得心心法

第7则

偈语，南宋淳熙至淳祐年间（1174—1252年）。刻于主尊像座台正面。左起竖刻10行20字，字径5厘米（图版Ⅱ：93）。

01　若人
02　欲了
03　知三
04　世一
05　切佛
06　应观
07　法界
08　性一
09　切惟
10　心造[53]

第8则

咏心歌，南宋淳熙至淳祐年间（1174—1252年）。刻于下部壁面最上方的左侧。刻石面高77厘米，宽28厘米。左起竖刻4行63字，楷体，字径7厘米（图版Ⅱ：94）。

01　咏心歌△心心难伏难擒形像不大难度
02　浅深收之则吉应放之则祸侵智明通大
03　道浊乱起邪淫静则万神皆助动则众魔
04　来寻若将真心为至宝何愁本性不成金[54]

第9则

咏心偈，南宋淳熙至淳祐年间（1174—1252年）。比邻第8则右侧。刻石面高77厘米，宽61厘米。左起竖刻9行，存138字，楷体，字径7厘米（图版Ⅱ：94）。

01　咏心偈△方寸心非心△非浅亦非深

02　宽则遍法界△窄则不通针△善则生福乐

03　恶则祸殃侵△苦乐多般事△皆缘一寸心

04　眼△终日求来填不满生死事因何却□见

05　耳△是非闻来烦恼起这火坑谁人替得你

06　鼻△恶气闻时皆远离身归空香嗅亦如是

07　舌△千经万论由公说心若悟炉炭一时灭

08　身△筋缠血裏岂为亲百年后化作一堆尘

09　意△三界本来无暂止少贪嗔达取无生理[55]

第10则

论六耗颂，南宋淳熙至淳祐年间（1174—1252年）。比邻第9则右侧。刻石面高71厘米，宽17厘米。左起竖刻3行32字，楷体，字径7厘米（图版Ⅱ：94）。

01　论六耗颂

02　堪恨随身六耗鬼△奔走飞腾何日止

03　从前贪爱执迷人△好引心神都是你[56]

第11则

锁六耗诗，南宋淳熙至淳祐年间（1174—1252年）。比邻第10则右侧。刻石面高71厘米，宽20厘米。左起竖刻3行32字，楷体，字径7厘米（图版Ⅱ：94）。

01　锁六耗诗

02　眼耳鼻舌身共意△暗使心神不自由

03　若能锁得六耗住△便是神仙大觉修[57]

第12则

偈语，南宋淳熙至淳祐年间（1174—1252年）。刻于下部壁面左侧边缘。刻石面高306厘米，宽7厘米，竖刻1行56字，楷体，字径6厘米（图版Ⅱ：94）。

独坐思惟赡部州几人作业几人修不因贪爱因名利不为新冤为旧仇意逐妄缘如野马心随境转似猿猴多缘执此迷真性致使轮回不肯休[58]

第13则

偈语，南宋淳熙至淳祐年间（1174—1252年）。刻于下部壁面居中位置。刻石面高160厘米，宽85厘米。双钩竖刻1则偈语。左起竖刻2行10字，楷体，字径约27厘米（图版Ⅱ：94）。

01　相识满[59]天下

02　知心能几人

第14则

偈语，南宋淳熙至淳祐年间（1174—1252年）。刻于第13则左右。刻石面皆高145厘米，宽8厘米。各竖刻1行，左行18字，右行16字，楷体，字径6厘米（图版Ⅱ：94）。

西方极乐国△此去非遥△南海补[60]陀山△到头不远（左）
天堂地狱△只在目前△诸佛菩萨△与[61]我无异（右）

五　晚期遗迹

（一）铭文

2则。

第1则

墨书残文，清代（1644—1911年）。书于龛下部竖直壁面右下侧。幅面高40厘米，宽5厘米。文左起竖刻2行，可辨16字，字径2.5厘米（图版Ⅱ：95）。

01　□□十年岁在壬子春二月十一日有叙州府
02　（漶）

第2则

墨书残文，清乾隆年间（1736—1795年）。书于晚期铭文第1则右上方。幅面高23厘米，宽13厘米。文左起竖刻4行，可辨13字，字径2.5厘米（图版Ⅱ：96）。

01　□□□□各□居住
02　信士（漶）
03　（漶）
04　乾隆□□年二月十一日

（二）构筑

1978年，以钢筋混凝土补接龛顶岩檐。

主尊座台下方存一方形凿孔，高7厘米，宽10厘米，深8厘米。

主尊座下狐狸身下存二个方形凿孔，左右布置。左孔高18厘米，宽24厘米，深28厘米；右孔高16厘米，宽18厘米，深20厘米。

龛壁下部基脚毁，后世以条石填塞修筑，与龛等宽。修补石面通高约66厘米，外凸最深约36厘米。基脚左与第18号龛下方基脚衔接、齐平，右端内侧与第20号龛中部嵌补的条石相接。

（三）妆绘

龛壁存灰白色、红色两种涂层。

造像存灰白色、蓝色、绿色、红色、黑色等五种涂层。铭文存部分黑色。

第四节　第20号

一　位置

位于大佛湾北崖西段左侧。左邻第19号龛，右侧与第21、22号龛相邻，上为外挑的岩檐，下与地坪垂直相接。

龛口南向，方向183°。

二　形制

横长方形龛（图96、图97、图98、图99；图版Ⅰ：153、图版Ⅰ：154）。

自崖壁向内凿进而成。龛口呈长方形，最高1275厘米，最宽1875厘米，至后壁最深约689厘米。龛正壁大致竖直，自上而下作四层处理，相邻层级壁面分界清晰。其中，第一层壁面高187厘米，略外凸。第二层壁面高218厘米，较第一层壁面内凹约44厘米。第三层壁面高331厘米，中部岩石塌落，现以条石加固修补；右侧上部保留高60—120厘米的竖直壁面，其余壁面倾斜内进。第四层壁面高约487米，外凸第三层壁面最深约160厘米。壁面左上侧保留高56—125厘米的竖直壁面，左上保留的壁面略窄，高约53厘米；右下壁面毁，现以条石修补；其余壁面略内进后，竖直向下与外凸的崖体垂直相接。崖体形如平台，于正壁中部和左侧外凸最深约260厘米，下距现今地坪约45厘米。

第四层壁面顶部形成一外凸的平台，横贯龛壁。左与第19号龛前地坪连通（今以木栏分隔），右与第21号龛壁转折相接。台面左宽右窄，中部以石条铺设，通长1930厘米，宽90—295厘米。

龛左侧壁形成上、下两段竖直壁面，与正壁略垂直相接。右侧壁未见凿建。龛底即现今地坪，与龛壁垂直相接。

龛壁与龛顶垂直相接。龛顶即为外挑的岩檐，呈横长方形，与左右比邻的第19号和21号龛岩檐衔接一体，外挑最深165厘米。岩檐底部局部残脱，外缘残，已经作补接、加固处理。

三　造像

据壁面情况，造像自上而下作四层分布（图96；图版Ⅰ：153）。其中，主尊菩萨像居于第一、二层中心，左右各刻一侍者像。第一、二层造像皆以主尊像为中心，左右对称布置。第一层水平布置十圆龛坐佛，第二层水平布置十王二司及侍者像，第三层和第四层通栏式布置地狱场景。

（一）主尊菩萨及侍者像

主尊菩萨像　坐高250厘米，头长91厘米，肩宽125厘米，胸厚46厘米（图100、图101、图102；图版Ⅰ：155）。浅浮雕圆形头光，直径168厘米，内素面，外饰波形放射状光芒。头略低俯，戴花冠，露额发，垂发分两股下垂至肩，缯带作结后下垂双肩后侧。冠下缘饰一道璎珞，正面中刻一坐式化佛，左右浮雕镂空卷草纹和莲花。面方圆，双颊丰满，额刻白毫，修眉长目，目光下视，高鼻小口，鼻翼外展，耳垂肥大，颈刻三道肉褶线。胸饰璎珞，内着僧祇支，腹前束带打结，外着双领下垂式袈裟，一角系于左肩前哲那环上，下着裙。袈裟和裙摆敷搭座上。腕镯，左手腹前托宝珠，珠直径20厘米，发出六道毫光，外展渐次变宽。其中，上部两道呈"V"形上飘至龛顶，中部两道沿双腿左右侧下垂，并横向延伸至壁面左右侧中部，下侧两道呈"∧"形下垂，再横向延展。右手胸前结印，手指与胸部间刻云纹相接。结跏趺坐于双重仰莲台上。莲台高68厘米，最宽236厘米。

主尊花冠化佛坐高18厘米。浮雕圆形头光，直径16厘米，头光顶部及左右饰火焰纹。头遍布螺发，面方圆，双目微闭，直鼻小口。内着僧祇支，腹前束带，外着双领下垂式袈裟，双手腹前笼袈裟内。结跏趺坐于三层仰莲台上。台高9厘米，最宽18厘米。

左侍者像　弟子像，立高193厘米，头长36厘米，肩宽47厘米，胸厚20厘米（图100；图版Ⅰ：156）。光头，面长圆，双目平视，高鼻小口，双耳硕大，颈部三道肉褶线。内着两层交领服，腰部束带，外着袒右式袈裟。双手身前斜挂一锡杖。锡杖通高248厘米，杖首呈葫芦形，套二小环；顶端刻一宝珠，发出桃形火焰纹。着尖头鞋直立。

右侍者像　女像，立高193厘米，头长32厘米，肩宽50厘米，胸厚22厘米（图100；图版Ⅰ：157）。头刻齐耳短发，面长圆丰润，双眼平视，直鼻小口。着双层交领宽袖长服，腰带作结，再下垂至小腿。左手抚钵，右手隐袖内，屈肘托钵。钵高18厘米，口径25厘米。着鞋站立。

（二）第一层

横向凿刻一排十个圆形小龛，左右各五，对称布置于主尊头部左右侧。圆龛大小相近，直径144—146厘米，深34—36厘米，相邻龛距为13厘米（图96）。龛内各刻坐佛1身，龛外下方浮雕云纹。

佛像体量、特征相近，坐高109厘米，头长37厘米，肩宽44厘米，胸厚23厘米。头遍布螺发，刻圆形髻珠，面方圆，眉修长，眼微闭，高鼻小口，双耳硕大，颈部三道肉褶线。内着僧祇支，系带打结，除左起第2、9像着偏衫式袈裟外，其余着双领下垂式袈裟；下着裙。袈裟和裙摆部分垂搭龛外。皆腕镯，双手结印或持物，结跏趺坐。从左至右，编为第1—10像，其手姿、持物等特征如下。

第1像　双手腹前笼袈裟内（图103；图版Ⅰ：158）。

第2像[1]　双手交叠腹前，托一圆钵。钵高12厘米，口径18厘米；钵内刻卷曲的一龙（图104-1；图版Ⅰ：159）。

第3像　左手胸前托右手，右手胸前结印，自指尖发出一道毫光，于左胸前绕匝一圈后，沿左肩上升至龛口上缘。毫光由窄渐宽，匝圈内刻坐佛1身，其上毫光内另刻坐佛9身。此十坐佛皆风蚀，仅存轮廓，高约8厘米，可辨结跏趺坐的姿势（图104-2；图版Ⅰ：160）。

第4像　双手腹前结印（图105-1；图版Ⅰ：161）。

第5像　双手腹前托一宝珠。珠直径8厘米（图105-2；图版Ⅰ：162）。

第6像　双手腹前握持带茎莲叶、莲蕾，斜贴右肩（图106-1；图版Ⅰ：163）。

第7像　左手腹前托一钵，高8厘米，口径15厘米；右手胸前持杨柳枝（图106-2；图版Ⅰ：164）。

第8像　双手拱于胸前，左手抚于右手上（图107-1；图版Ⅰ：165）。

第9像　左手腹前托右手腕，右手持经册。经册呈长方形，长23厘米，宽10厘米，厚3厘米（图107-2；图版Ⅰ：166）。

第10像[2]　左手腹前结印，右手胸前结印（图108；图版Ⅰ：167）。

（三）第二层

刻坐式主像12身和立式侍者像10身，亦横向成组对称布列于主尊像左右侧。其身后和壁面上方浮雕山石、云纹（图109；图版Ⅰ：153）。其中，主像皆置于方案之后，侍者像间置于主像之间的五个空隙处。因主像和侍者像数量不等，部分侍者像难以判定其从属。为便于记录，暂分为主像和侍者像两部分。

1. 主像

12身，皆坐于方案后侧，显露半身。方案呈长方形，长76厘米，宽22厘米，高71厘米；覆双层帷布。其中，下层帷布坠地，上层帷布垂至案台中部，正面皆刻铭文1则。从左至右，将左侧六身主像编为第1—6像，右侧六身主像编为第7—12像（图版Ⅰ：168、图版Ⅰ：169）。

第1像[3]　坐高102厘米，头长47厘米，肩宽55厘米，胸厚17厘米（图版Ⅰ：170）。头戴展脚幞头，冠体方正，高25厘米，展脚全长80厘米。面方圆，眉头微皱，双目下视，双唇微抿。着圆领宽袖长服，腰束革带，腹部微鼓。左手按于案面上，右手握笔作书写状。

方案上层帷布铭文刻石面高47厘米，宽82厘米。上部左起横刻"现报司官"4字，楷体，字径7厘米；下方左起竖刻7行28字，楷体，字径5厘米（图版Ⅱ：97）。

1　据1993年勘查报告记载，龛内佛座左旁壁凿一不矩形洞，深10、径6厘米。见重庆大足石刻艺术博物馆、重庆市社会科学院大足石刻艺术研究所：《大足宝顶山大佛湾地藏与十佛、十王、地狱变龛勘查报告》，重庆大足石刻艺术博物馆编：《大足石刻研究文集》（3），中国文联出版社2002年版，第168页。

2　龛内佛座右壁凿一洞，深16厘米，径6厘米。洞残存木桩，长26厘米。见重庆大足石刻艺术博物馆、重庆市社会科学院大足石刻艺术研究所：《大足宝顶山大佛湾地藏与十佛、十王、地狱变龛勘查报告》，重庆大足石刻艺术博物馆编：《大足石刻研究文集》（3），中国文联出版社2002年版，第169页。

3　据1993年勘查报告记载，现报司桌案左角后壁凿一洞，深17、径9厘米。见重庆大足石刻艺术博物馆、重庆市社会科学院大足石刻艺术研究所：《大足宝顶山大佛湾地藏与十佛、十王、地狱变龛勘查报告》，重庆大足石刻艺术博物馆编：《大足石刻研究文集》（3），中国文联出版社2002年版，第170页。

图96 第20号龛立面图

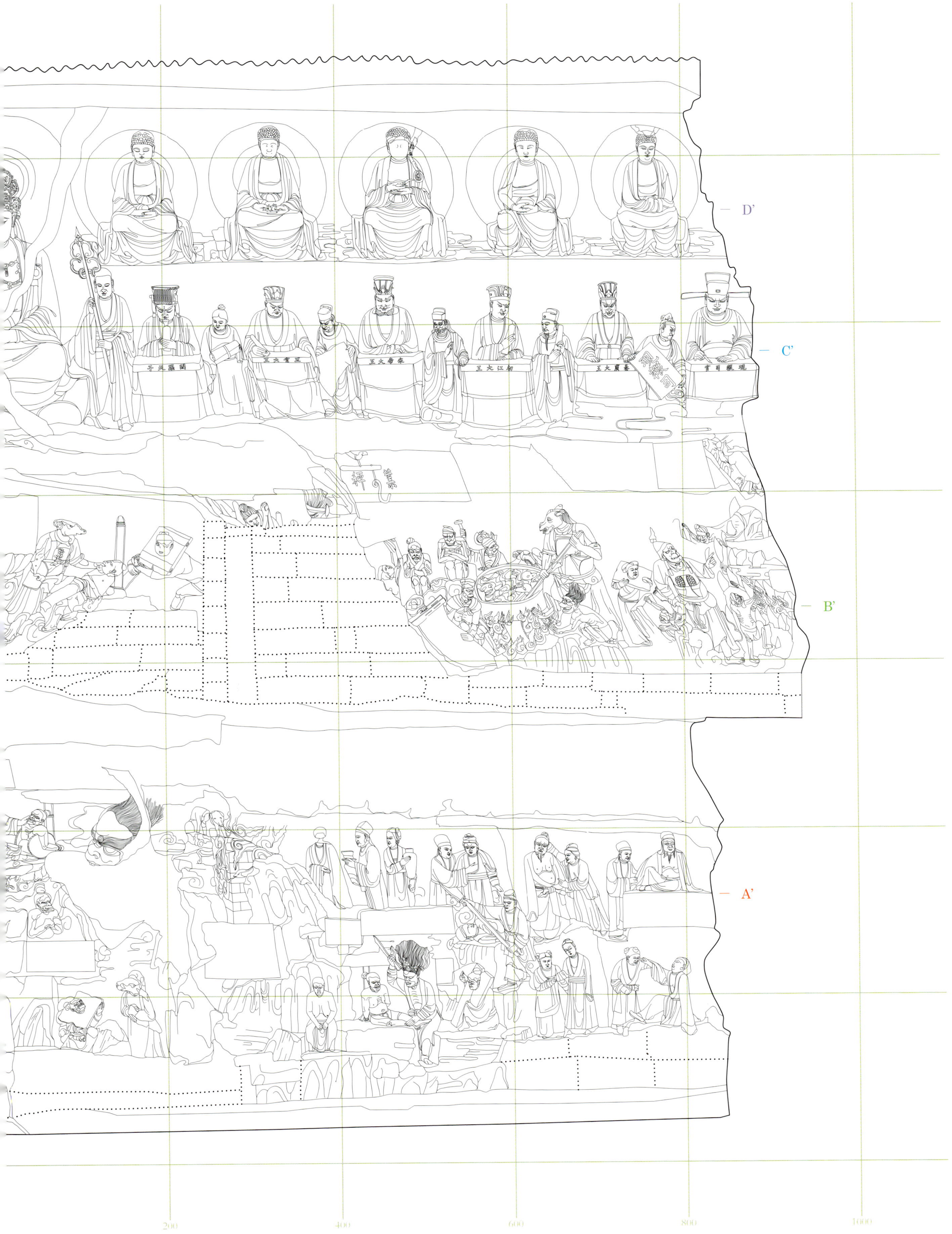

第三章 第18—20号

图 97　第 20 号龛剖面图

170　大足石刻全集　第七卷（上册）

图 98　第 20 号瓮平面图

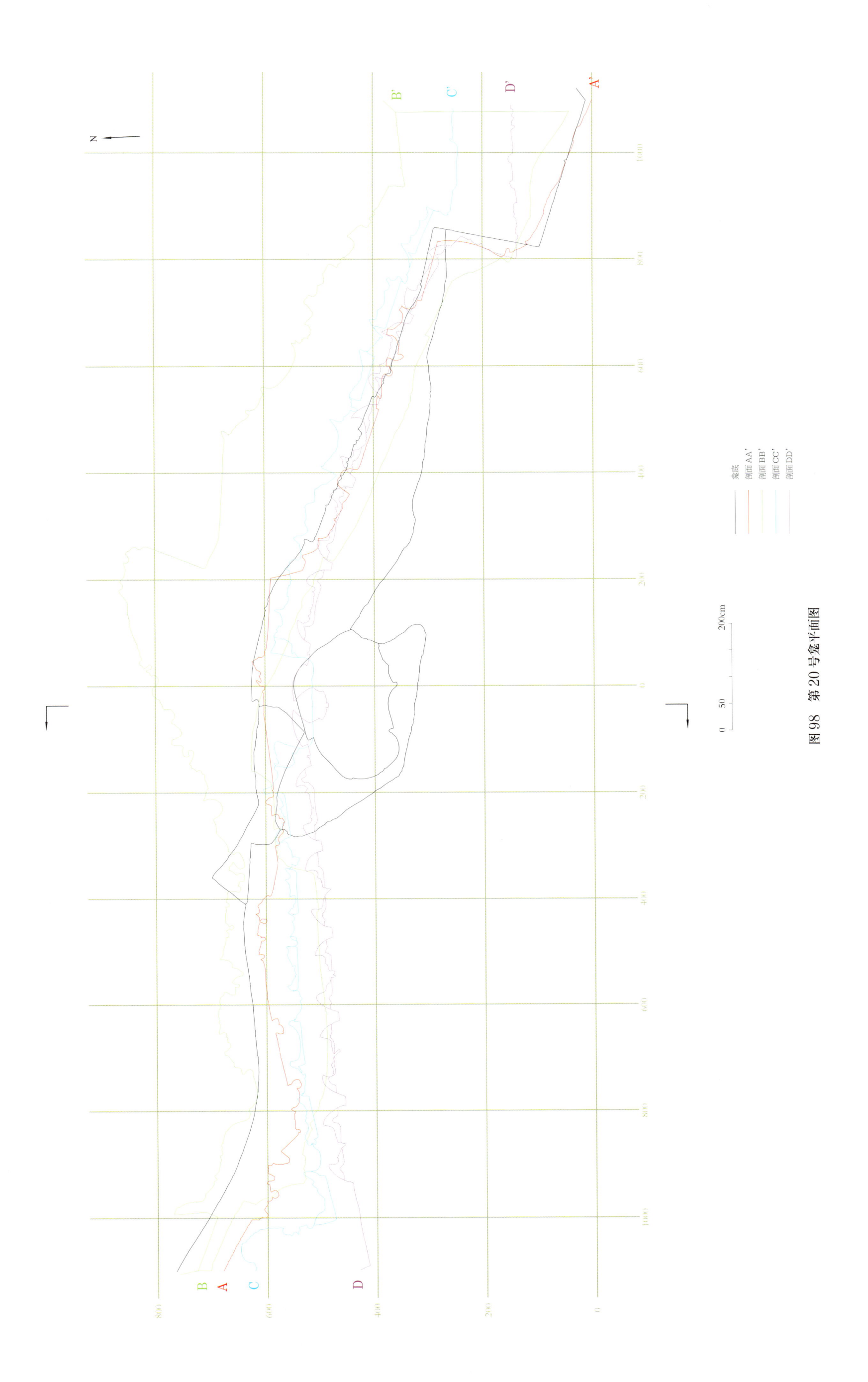

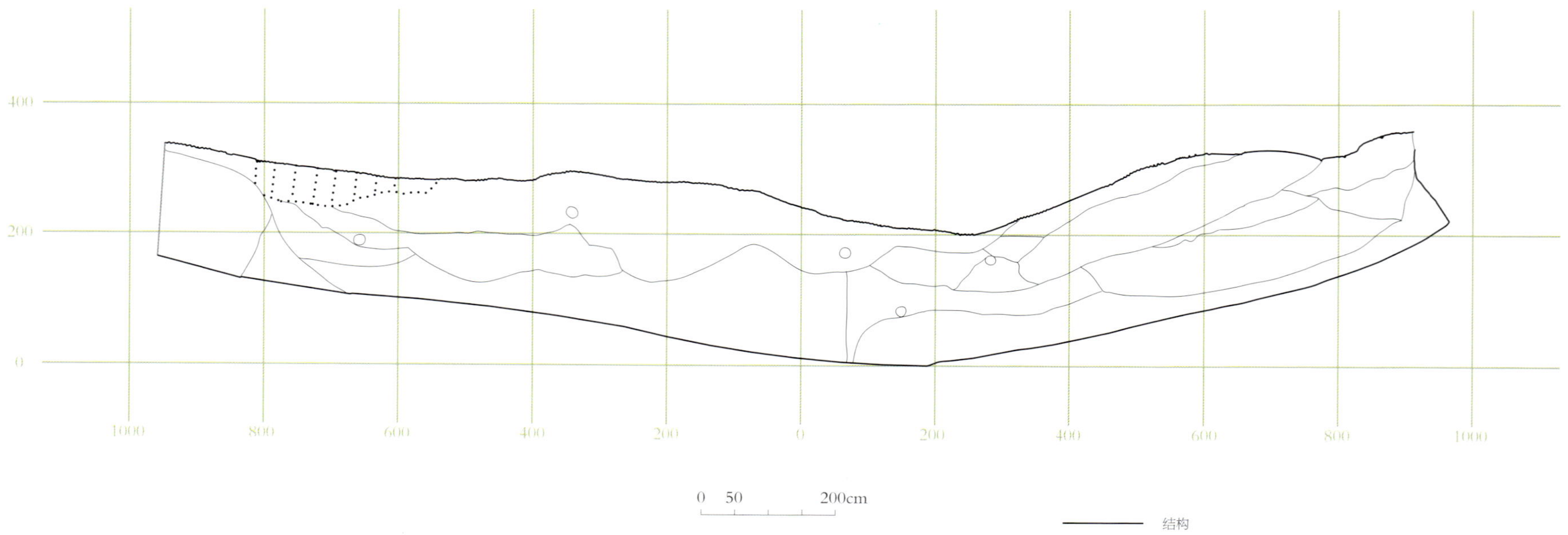

图 99　第 20 号龛龛顶仰视图

　　　现报司官（额）

01　欲求安乐

02　住人天必

03　莫侵凌三

04　宝钱一落

05　冥间诸地

06　狱喧喧受

07　罪不知年[62]

第2像　坐高92厘米，头长44厘米，肩宽40厘米，胸厚20厘米（图版Ⅰ：171）。头戴通天冠，方圆脸，略低垂，张口露齿，神情严厉，作问讯状。着双层交领宽袖长服，腰束革带，中部饰花，腰带下垂身前。张五指，双手按于案面之上。

　　方案上层帷布铭文刻石面高41厘米，宽80厘米。上部左起横刻"秦广大王"4字，楷体，字径8厘米；下方左起竖刻7行28字，楷体，字径7厘米（图版Ⅱ：98）。

　　　秦广大王（额）

01　诸王遣使

02　捡亡人男

03　女修何功

04　德因依名

172　大足石刻全集　第七卷（上册）

05　放出三涂

06　狱免历冥

07　间遭苦辛[63]

第3像¹　坐高90厘米，头长40厘米，肩宽44厘米，胸厚21厘米（图版Ⅰ：172）。头左侧，戴通天冠，面方圆，眉眼上挑，目微睁，直鼻，后世描画三道胡须，下垂至胸，耳垂硕大，神情端严。着双层交领宽袖长服。左手抚案上，右手持笏板贴于左胸。笏长37厘米，宽8厘米，厚3厘米，顶端呈尖角形。

方案上层帷布铭文刻石面高45厘米，宽87厘米。上部左起横刻"初江大王"4字，楷体，字径7厘米；下部左起竖刻7行28字，楷体，字径5厘米（图版Ⅱ：99）。

　　　初江大王（额）

01　罪如山岳

02　等恒沙福

03　少微尘数

04　未多犹得

05　善神常守

06　护往生豪

07　富信心家[64]

第4像　坐高94厘米，头长43厘米，肩宽52厘米，胸厚22厘米（图版Ⅰ：173）。头戴通天冠，面方圆，口微启，嘴角微扬，络腮短须向左右分拂，耳垂硕大。着双层交领宽袖长服。双手笼于袖内置案面上，显露右手拇指。

方案上层帷布铭文刻石面高47厘米，宽69厘米。上部左起横刻"宋帝大王"4字，楷体，字径6厘米；下部左起竖刻7行28字，楷体，字径5厘米（图版Ⅱ：100）。

　　　宋帝大王（额）

01　罪苦三涂

02　业易成都

03　缘杀命祭

04　神明愿执

05　金刚真惠

06　剑斩除魔

07　族悟无生[65]

第5像　坐高80厘米，头长36厘米，肩宽47厘米，胸厚24厘米（图版Ⅰ：174）。头微左转，戴通天冠，面方圆，眉眼上挑，眉头紧锁，双目微睁下视，后世描画三道胡须，嘴角紧抿，神情威严。着双层交领宽袖长服，腰束带，下垂蔽膝。左手笼袖内置于台案左沿，右手斜持笏板。笏板一端置于方案上，笏板长32厘米，宽6厘米，厚3厘米。

方案上层帷布铭文刻石面高43厘米，宽72厘米。上部左起横刻"五官大王"4字，楷体，字径7厘米；下部左起竖刻7行28字，楷体，字径5厘米（图版Ⅱ：101）。

1　据1993年勘查报告记载，初江王左手后壁凿一椭圆形洞室，深30厘米，口径18厘米。见重庆大足石刻艺术博物馆、重庆市社会科学院大足石刻艺术研究所：《大足宝顶山大佛湾地藏与十佛、十王、地狱变龛勘查报告》，重庆大足石刻艺术博物馆编：《大足石刻研究文集》（3），中国文联出版社2002年版，第171页。

图100　第20号龛主尊及左右侍者像

图 101　第 20 号龛主尊菩萨像等值线图

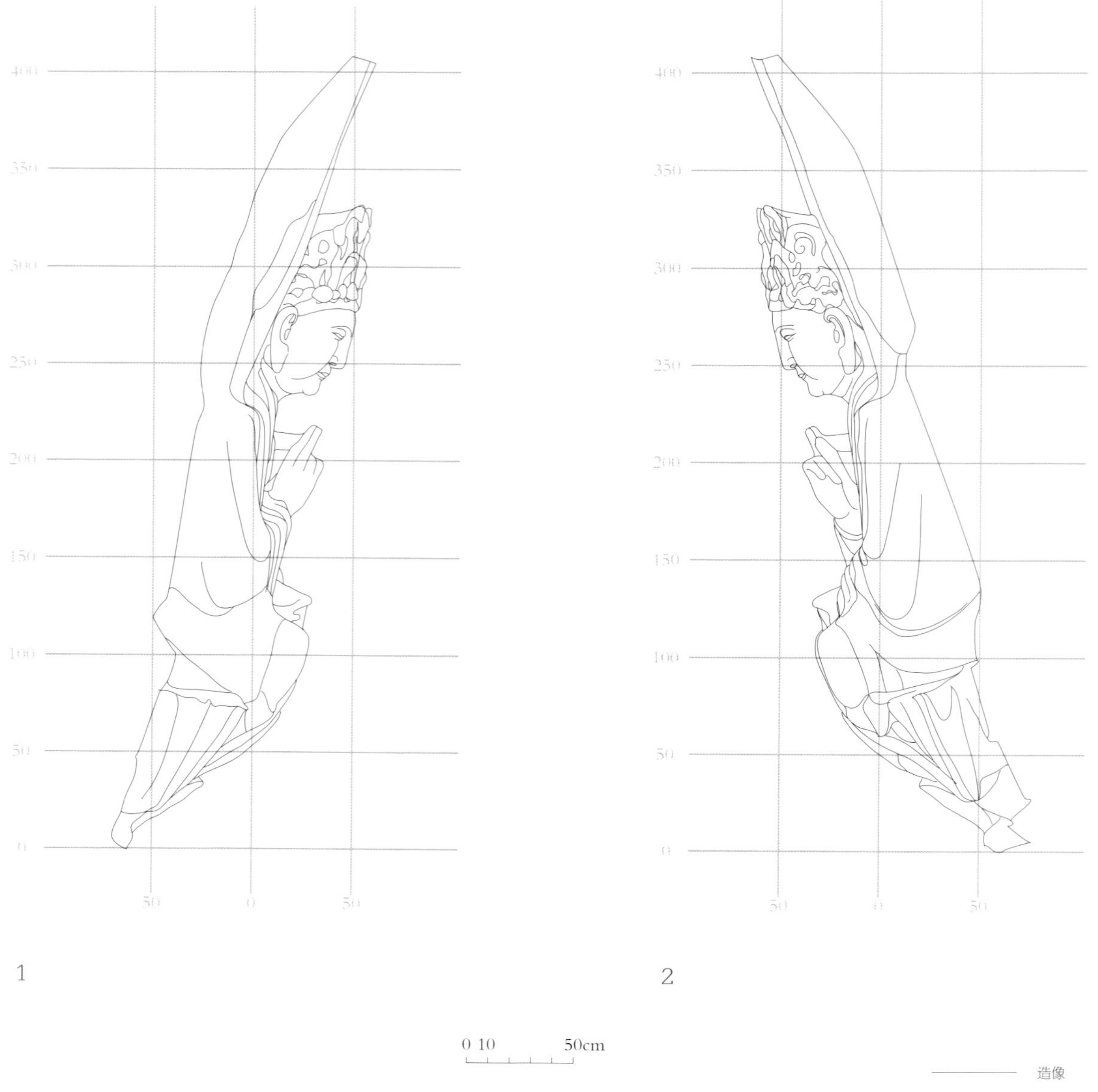

图 102　第 20 号龛主尊菩萨像左、右侧视图
1　右侧视　2　左侧视

图 103　第 20 号龛第一层左起第 1 圆龛坐佛立面图

图 104　第 20 号龛第一层左起第 2、3 圆龛坐佛立面图
1　第 2 圆龛坐佛　2　第 3 圆龛坐佛

图105 第20号龛第一层左起第4、5圆龛坐佛立面图
1 第4圆龛坐佛　2 第5圆龛坐佛

图106 第20号龛第一层左起第6、7圆龛坐佛立面图

1 第6圆龛坐佛 2 第7圆龛坐佛

图 107　第 20 号龛第一层左起第 8、9 圆龛坐佛立面图
1　第 8 圆龛坐佛　2　第 9 圆龛坐佛

图 108　第 20 号龛第一层左起第 10 圆龛坐佛立面图

　　五官大王（额）
01　破斋毁戒
02　杀鸡猪业
03　镜昭然报
04　不虚若造
05　此经兼画
06　像阎罗判
07　放罪消除[66]

　　第6像　坐高83厘米，头长38厘米，肩宽51厘米，胸厚20厘米（图版Ⅰ：175）。头戴冕冠，冕板方形，前后下垂冕旒，左右圆簪垂挂充耳，纮带沿胸下垂。面方圆，剑眉长目，双目微睁，高鼻小口，双耳硕大，颌下长须垂至胸前，神情肃穆。着双层交领宽袖长服，腰束革带。双手胸前捧持笏板。笏板长30厘米，宽9厘米，厚3厘米，上端呈尖角形。

　　方案上层帷布铭文刻石面高45厘米，宽80厘米。上部左起横刻"阎罗天子"4字，楷体，字径6厘米；下部左起竖刻7行28字，楷体，字径5厘米（图版Ⅱ：102）。

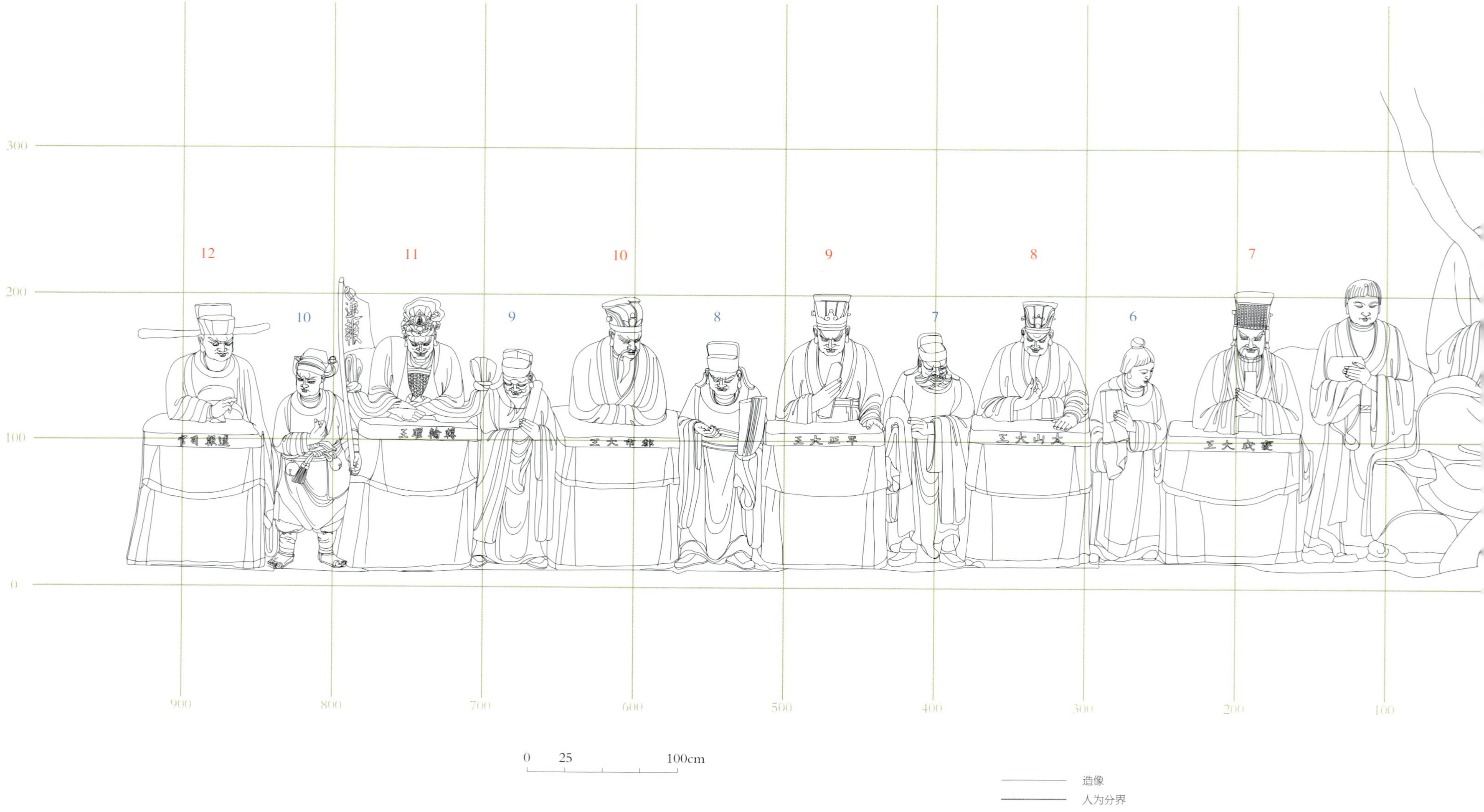

图 109　第 20 号龛主尊左右坐式主像、立式侍者像立面及编号图

第三章 第18—20号

阎罗天子（额）
01　悲增普化
02　示威灵六
03　道轮回不
04　暂停教化
05　厌苦思安
06　乐故现阎
07　罗天子形[67]

第7像　坐高86厘米，头长40厘米，肩宽46厘米，胸厚19厘米（图版Ⅰ：176）。头戴冕冠，冕板方形，前垂九道冕旒，左右圆簪下垂充耳，纮带斜垂胸前。面方，剑眉长眼，皆上挑；目光下视，抿唇，神情温和。着双层交领宽袖长服，腰束革带。双手胸前捧笏板。笏板高29厘米，宽8厘米，厚3厘米，上端略窄。

方案上层帷布铭文刻石面高51厘米，宽81厘米。上部左起横刻"变成大王"4字，楷体，字径7厘米；下部左起竖刻7行28字，楷体，字径4厘米（图版Ⅱ：103）。

　　变成大王（额）
01　若人信法
02　不思议书
03　写经文听
04　受持舍命
05　顿超三恶
06　道此身长
07　免入阿鼻[68]

第8像　坐高73厘米，头长33厘米，肩宽44厘米，胸厚21厘米（图版Ⅰ：177）。头戴通天冠，面方，张口微笑，耳垂硕大，下颌刻长须垂于胸前。着双层交领宽袖长服，腰束带，下垂蔽膝。左手按于案台面，右手胸前捻胡须。

方案上层帷布铭文刻石面高46厘米，宽79厘米。上部左起横刻"太山大王"4字，楷体，字径7厘米；下部左起竖刻7行28字，楷体，字径6厘米（图版Ⅱ：104）。

　　太山大王（额）
01　一身危脆
02　似风灯二
03　鼠侵欺啮
04　井藤¹苦海
05　不修桥筏
06　渡欲凭何
07　物得超升[69]

1　此"藤"字《大足石刻铭文录》录为"藤"。重庆大足石刻艺术博物馆编：《大足石刻铭文录》，重庆出版社1999年版，第138页。

第9像[1]　坐高76厘米，头长35厘米，肩宽48厘米，胸厚21厘米（图版Ⅰ：178）。头戴通天冠，面方，眉上扬，眼圆睁，鼻头粗大，闭口，下唇外翻，神情肃穆。着双层交领宽袖长服，腰束革带，中饰菱形，左侧饰花。左手扶于方案边缘，右手胸前持笏板。笏板高35厘米，宽8厘米，厚3厘米，上端呈尖角形。

方案上层帷布铭文刻石面高46厘米，宽77厘米。上部左起横刻"平正大王"4字，楷体，字径7厘米；下方左起竖刻7行28字，楷体，字径5厘米（图版Ⅱ：105）。

　　　平正大王（额）
01　时佛舒光
02　满大千普
03　臻龙鬼会
04　人天释梵
05　诸天冥密
06　众咸来稽
07　首世尊前[70]

第10像　坐高63厘米，头长36厘米，肩宽49厘米，胸厚22厘米（图版Ⅰ：179）。头略左转，戴通天冠，面长圆，眉头紧锁，双目微陷，神情谨严，三道长须下垂及胸。着双层交领宽袖长服。双手笼袖内置于案台上。

方案上层帷布刻石面高43厘米，宽79厘米。上部左起横刻"都市大王"4字，楷体，字径7厘米；下部左起竖刻7行28字，楷体，字径5厘米（图版Ⅱ：106）。

　　　都市大王（额）
01　一身[2]六道
02　苦茫茫十
03　恶三涂不
04　易当努力
05　设斋功德
06　具恒沙诸
07　罪自消亡[71]

第11像　坐高76厘米，头长35厘米，肩宽49厘米，胸厚24厘米（图版Ⅰ：180）。头戴冠，缯带作结上扬。冠正面刻一仰莲，上承一圆环，内刻坐式化佛1身。圆环左右及上缘各饰一丛火焰纹。仰莲左右另饰璎珞一道。面方圆，刻两道胡须，咧嘴大笑。内着圆形翻领服，外露裲裆甲，最外着宽袖衫，衣领外翻呈三角形，袖摆挽结并于身侧上扬。左手抚右前臂，右手握拳平置案台上。

该像冠顶化佛坐高5厘米，头刻螺发，面长圆，略蚀，似着袈裟，双手腹前笼袈裟内，结跏趺坐于仰莲台上。莲台高4厘米，最宽6厘米。

方案上层帷布铭文刻石面高48厘米，宽77厘米。上部左起横刻"转轮圣王"4字，楷体，字径8厘米。下方左起竖刻7行28字，楷体，字径5厘米（图版Ⅱ：107）。

　　　转轮圣王（额）

1　据1993年勘查报告记载，平正大王左手后壁凿一洞室，深10、径8厘米。见重庆大足石刻艺术博物馆、重庆市社会科学院大足石刻艺术研究所：《大足宝顶山大佛湾地藏与十佛、十王、地狱变龛勘查报告》，重庆大足石刻艺术博物馆编：《大足石刻研究文集》（3），中国文联出版社2002年版，第173页。

2　此"身"字《大足石刻铭文录》录为"生"。重庆大足石刻艺术博物馆编：《大足石刻铭文录》，重庆出版社1999年版，第140页。

01　后王所历
02　是关津好
03　恶唯凭福
04　业因不善
05　尚忧千日
06　内胎生产
07　死夭亡身[72]

第12像　坐高73厘米，头长33厘米，肩宽48厘米，胸厚22厘米（图版Ⅰ：181）。头左转，戴展脚幞头，通高21厘米，幞脚全长79厘米。面方圆，神情严肃。着圆领宽袖长服，腰束革带，腹微鼓。左手笼袖内垂于体侧，右手置案台上，向左作指点状，指尖略残。手下刻卷云纹与案台面相接。

方案上层帷布铭文刻石面高47厘米，宽83厘米。上部左起横刻"速报司官"4字，楷体，字径8厘米。下方左起竖刻7行28字，楷体，字径6厘米（图版Ⅱ：108）。

　　速报司官（额）
01　船桥不造
02　此人痴遭
03　险恓惶君
04　始知若悟
05　百年弹指
06　过修斋听
07　法莫教迟[73]

2. 侍者像

刻立式侍者像10身，间置于相邻主像之间的空隙处（图109；图版Ⅰ：168、图版Ⅰ：169）。从左至右，将左侧五身侍者像编为第1—5像，右侧五身侍者像编为第6—10像。其中，第5、6像为女像，余皆为男像。

第1像　立高103厘米，头长32厘米，肩宽38厘米，胸厚19厘米（图版Ⅰ：182）。头左侧，戴无脚幞头，面方圆，眉头紧皱，双目大睁，斜视左主像案台，口紧闭，神情紧张。着圆领窄袖长服，腰束绳带。双手胸前斜持一方牌，身下刻卷云纹。方牌长60厘米，宽38厘米，厚4厘米，内竖刻"现报司"3字，楷体，字径21厘米（图版Ⅱ：109）。

第2像　立高135厘米，头长29厘米，肩宽38厘米，胸厚18厘米（图110；图版Ⅰ：183）。头略右侧，戴软脚幞头，面长圆，弯眉，口微张，颔下长须下垂及胸。着双层圆领长服，腰束带。双手持笏板置左肩前。笏板长48厘米，宽8厘米，厚3厘米。足不现。

第3像　立高122厘米，头长30厘米，肩宽35厘米，胸厚21厘米（图版Ⅰ：184）。头戴软脚幞头，面方，眉卷曲，双目圆睁，宽鼻阔口，螺状络腮短须。着圆领宽袖长服，腰束带。左手屈肘扶左侧方案边沿，右手横置胸前，手掌上竖，直伸食指、中指，向左作指点状。双足隐于云内。

第4像　立高133厘米，头长32厘米，肩宽36厘米，胸厚20厘米（图版Ⅰ：185）。头戴软脚幞头，面长圆，眉骨突出，双目下视，鼻翼宽大。着圆领宽袖长服。双手胸前持展开外摊的簿子，簿上残存"阳□毋为｜短阴律□｜难逃准比｜恁□黄□｜丰｜不论生｜侯为行"7行23字墨书（图版Ⅱ：110）。足着长靴。

第5像　立高130厘米，头长30厘米，肩宽35厘米，胸厚18厘米（图版Ⅰ：186）。头挽高髻，面长圆，略右侧，两颊丰满，目下视。着圆领宽袖长服，腰束带，扭腰倚靠右侧方案。双手胸前捧一捆卷轴，右手笼袖内。卷轴外套布帛，中部束带结扎。双足不现。

第6像　立高136厘米，头长30厘米，肩宽36厘米，胸厚22厘米（图版Ⅰ：187）。头挽高髻，面长圆，左侧，双目斜视。着圆领宽袖长服。双手于右胸前捧一捆卷轴，左手抚卷轴，右手笼袖内，屈肘托举。卷轴竖置，外套布帛，中部束带结扎。着尖头鞋。

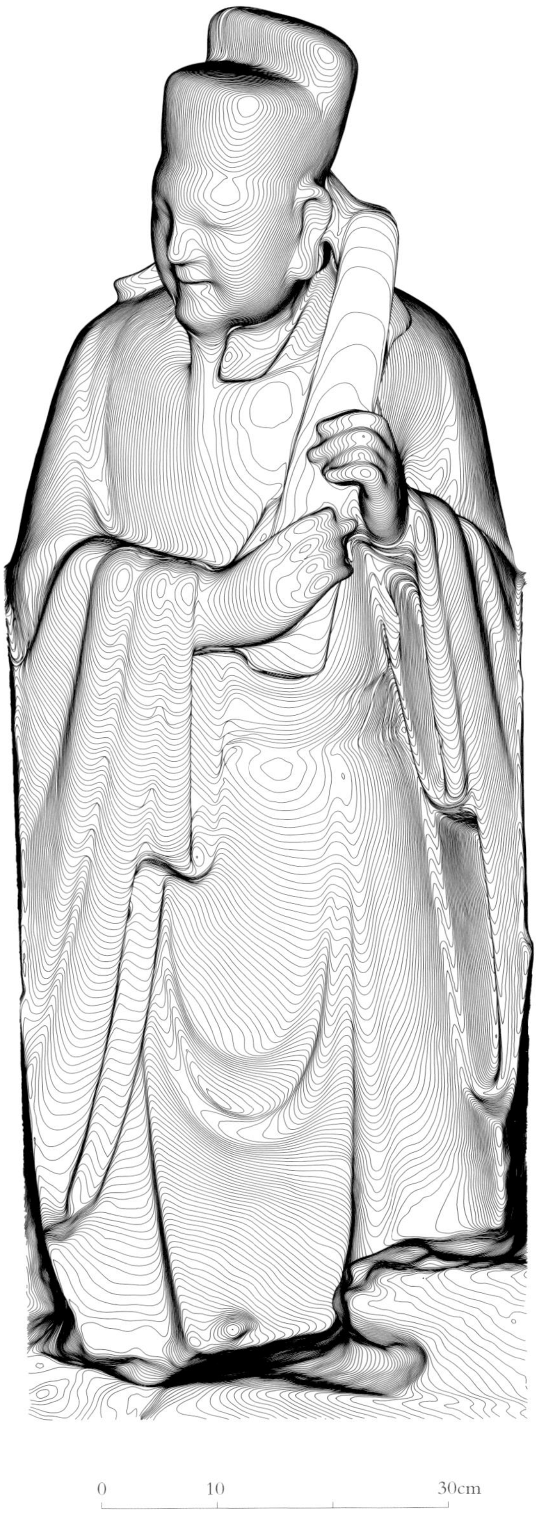

图110　第20号龛第二层左起第2身主像右侧侍者像等值线图 　　　　图111　第20号龛第二层左起第7身主像左侧侍者像等值线图

第7像　立高140厘米，头长30厘米，肩宽41厘米，胸厚23厘米（图111；图版Ⅰ：188）。头戴软脚幞头，略左侧，面方圆，眉骨、颧骨突出，深目阔鼻，鼻孔外翻，阔口微张，刻"八"字络腮短须。着圆领宽袖长服，腰束革带，下着裤，足鞋。左手横于胸下，伸指触簿册，作指点状；右手笼袖内，托举簿子。簿子展开，搭于前臂。

第8像　立高139厘米，头长34厘米，肩宽38厘米，胸厚22厘米（图版Ⅰ：189）。头戴软脚幞头，面方，眼窝深陷，细眉小眼，宽鼻阔口，下唇外撇。着圆领宽袖长服，腰束革带，足靴。左手袖内托一簿册，簿册自中部卷折；右手横置胸前，五指曲于掌心。

第9像　立高135厘米，头长29厘米，肩宽36厘米，胸厚20厘米（图版Ⅰ：190）。头戴软脚幞头，面方低俯，长眉下垂，咧嘴，胡须及胸。着圆领宽袖长服。右手隐袖内，双手胸前持笏，笏斜靠左肩。笏长34厘米，宽7厘米，厚3厘米，上端呈尖角形。着尖头鞋。

第10像　立高135厘米、头长30厘米、肩宽40厘米、胸厚24厘米（图版Ⅰ：191）。头戴交脚幞头，面浑圆，略右侧，眉头微蹙，嘴角微抿。着圆领窄袖长服，腰系双股绳带，腹前作结，绳端垂流苏。前襟上撩，折入腰带内。下着裤，小腿行缠。背负搭袋，腹前作结。左右腰间各悬一铃，左腰铃下另悬一布袋。左手擎一竖直旗杆底端，右手胸前握拳。旗杆长119厘米，旗面外展，上竖刻"速报"2字，楷体，字径19厘米（图版Ⅱ：111）。着绊耳鞋。

（四）第三、四层

第三、四层皆通栏式浮雕地狱场景，为保持内容的整体性，现将两层造像统一介绍。两层共刻地狱场景图像18幅，各幅间无明显分界（图96、图112；图版Ⅰ：153）。其中，第三层10幅，横向布列，较为规整；第四层8幅，布置较为灵活。各场景图文并茂，镌刻造像和与之对应的铭文。场景之外壁面略外凸，饰刻山石、云纹作背景，打磨略显粗糙。

从左至右，将第三层10幅造像编为第1—10幅，第四层8幅造像编为第11—18幅。

第1幅

幅面最高285厘米，最宽277厘米。场景刻城墙、刀山作背景，另刻狱卒像1身和罪人像4身（图113；图版Ⅰ：192）。

左刻山石，其上尖刀林立。刀山左上方刻两段城墙，城墙上分布七个城垛。城墙上方刻一直立的犬，身长86厘米，高约58厘米。头残，低头向右喷吐火焰。其左下刻一蛇，身曲，中段残，头下尾上，似从山间窜出，向右喷火焰。

刀山顶刻一跪伏的罪人，身长约116厘米。头顶右侧挽髻，面方，高额，圆眼，宽鼻。瘦骨嶙峋，上身赤裸，下着犊鼻裤。左肋被刀刺过，左手下垂扶刀背，右手前伸按于刀尖上。双膝跪地，向右作趴伏状。山下刻一立式罪人，高93厘米，头长22厘米，肩宽27厘米，胸厚8厘米。头挽髻，方面上仰，眉紧锁，张嘴作哀号状。瘦骨嶙峋，上身赤裸，下着犊鼻裤。左手垂体侧，右手屈肘抚刀面，其肘弯挂于一刀上。右腿屈膝，足踏刀尖，左腿直伸，面内作攀爬状。

刀山右侧刻身形较大的狱卒立像，高202厘米，头长52厘米，肩宽44厘米，胸厚17厘米。头戴尖顶帽，下颌系带，顶缨上扬。方面，仰面左望，大眼，宽鼻，阔嘴。内着圆领窄袖服，外着裲裆甲，腰束革带，系圆角抱肚，垂鹘尾，腰带作结后下垂及膝。下着长裤。左手屈肘，伸食指作指点状，右手抓提一罪人。左腿直立，赤足；右腿隐于云气和山石内。罪人身曲长约56厘米，头残，耷目撇嘴。上身赤裸，下着犊鼻裤。左臂屈肘伏地，右手前伸扶山石上，双足交叉被狱卒倒提于手中。

狱卒身后刻女罪人像1身，立高119厘米。头挽髻，面长圆，上仰，脸颊饱满，面容清秀。颈戴方形枷，着交领窄袖长服，腰束带。左手笼袖内，双手扶枷，腰胯右扭，着尖头鞋。侧身向左，弯腰站立。木枷通高27厘米，宽46厘米，厚5厘米。

场景上方凿一长方形平整面，宽70厘米，高62厘米，内刻铭文1则。文左起，竖刻7行46字，楷体，字径7厘米（图版Ⅱ：112）。

```
01  月一日念定光佛
02  一千遍不堕刀山
03  地狱△赞曰
04  闻说刀山不可攀
05  嵯峨险峻使心酸
06  遇逢斋日勤修福
07  免见前程恶业牵[74]
```

第2幅

幅面最高210厘米，最宽266厘米，刻狱卒像3身和罪人像2身（图114；图版Ⅰ：193）。

场景中刻一鼎，通高64厘米，口径最宽101厘米。侈口、卷沿、鼓腹、平底，现外侧弧形两足。鼎内刻沸腾的汤水，汤水中骸骨滚动。鼎下刻燃烧的火焰。

鼎左侧刻体量略大的马头狱卒像1身，立高190厘米，头长48厘米，肩宽42厘米，胸厚18厘米。马头人身，口大张，眼圆睁，耳上竖。内着圆领窄袖长服，挽袖至后臂，外着裲裆甲。腰束革带，系抱肚，垂鹘尾。下着裤。双手持戟，戟全长约134厘米，戟尖置于汤水中作搅动状。左腿直伸，右腿屈膝踏山石上。其双腿前侧刻罪人像1身，蹲高约90厘米。头发上扬，方面，眉骨高耸，双目圆瞪，阔鼻，张口大呼。上身赤裸，下着犊鼻裤。双手掌心向外对着火焰，侧身蹲坐。

鼎右上方刻狱卒像1身，显露上半身，高70厘米。头左侧，扎巾，巾带上扬，面方，略残，眉骨突出，双目大睁，阔鼻大口。着短袖上衣，衣角于腹前打结，显露肋骨。右手抓左侧罪人发髻，右手高举一短柄锤，作敲击状。锤全长约27厘米。罪人像显露上半身，高61厘米。头挽高髻，面圆，身着抹胸。右手掊脸作恐惧状，侧身倾倒。

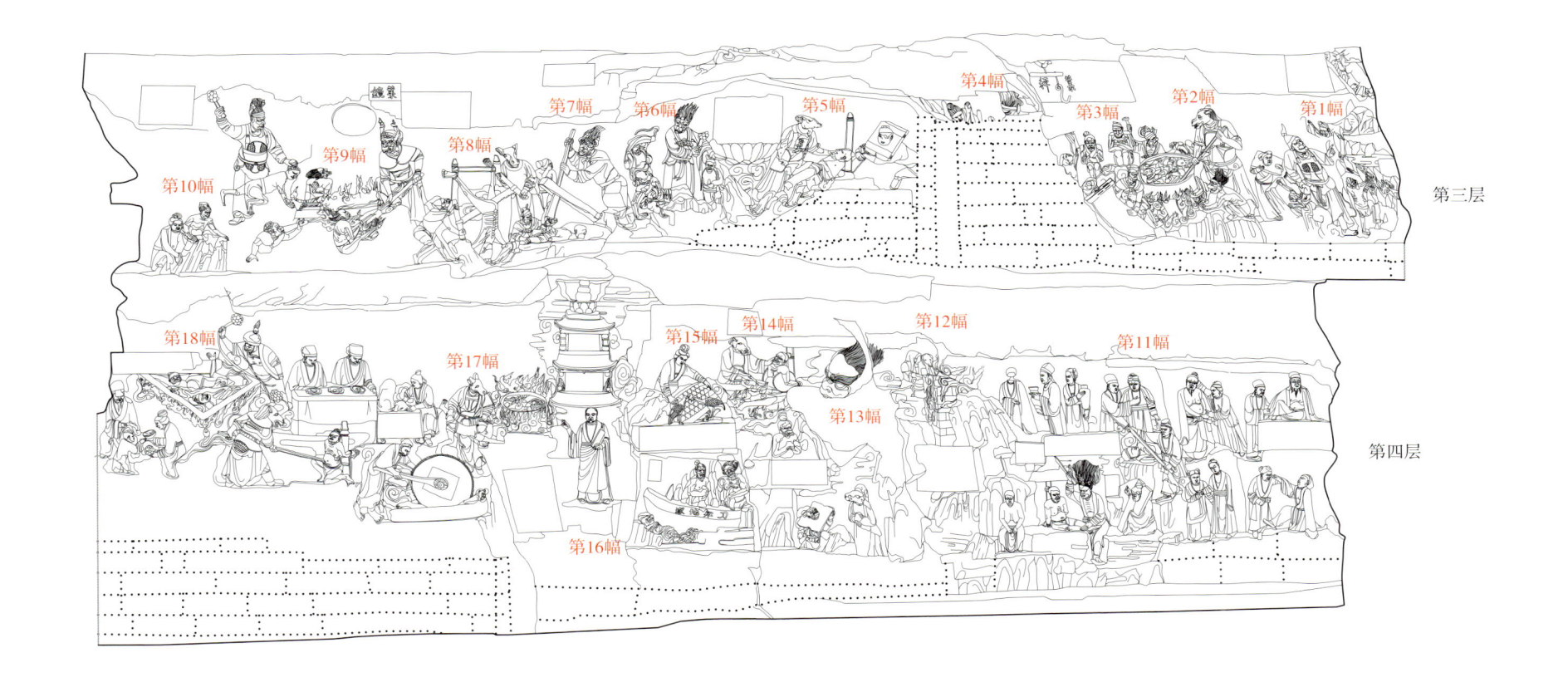

图112　第20号龛第三、四层造像分幅示意图

鼎右下方刻狱卒像1身，高102厘米。头戴幞头，面方，吻部前突。系披肩，胸前打结，下着犊鼻裈。双手持风袋，左手按于风袋中部，右手举于头侧握风袋一端，向鼎锅底部作鼓风状。风袋残长约112厘米，最宽50厘米，其后端连缀两方形木条，以绳穿系。身前倾，左腿屈膝身前，脚尖上翘。

场景左上角壁面刻铭文1则。刻石面高63厘米，宽34厘米，文左起，竖刻2行14字，楷体，字径8厘米（图版Ⅱ：113）。

01　劝君莫作谩心事
02　十佛岩前现报司[75]

场景右上刻一平整面，高67厘米，宽116厘米。平整面左侧刻铭文1则，刻石面高58厘米，宽44厘米。文左起，竖刻6行44字，楷体，字径6厘米（图版Ⅱ：114）。

01　日念药师琉璃光佛
02　千遍不堕镬汤地狱
03　劝君勤念药师尊
04　免向镬汤受苦辛
05　落在波中何时出
06　早修净土脱沉沦[76]

第3幅

幅面右侧直至第4幅场景岩体毁，现以条石叠砌修补，形如墙体。幅面残宽129厘米，残高109厘米。场景存刻罪人像3身，置于云纹内，呈左上右下斜向布置（图115；图版Ⅰ：194）。

左上罪人像　坐高68厘米，头长29厘米，肩宽28厘米，胸厚17厘米。头挽髻扎巾，长面，圆目宽鼻，阔口张开。上身赤裸，下着犊鼻裤。双手握拳，交置胸前。屈膝深蹲，作哆嗦状。双足不现。

中罪人像，坐高65厘米，头长25厘米，肩宽32厘米，胸厚12厘米。头挽髻，长面，口紧闭，上着交领窄袖衣，两肩破损，露出肩头，双手胸前交插于袖内。余特征同左上罪人像。

右下罪人像，残蚀甚重，残高63厘米。可辨头上仰，上身赤裸，下着犊鼻裤。左手斜向上举，似抓握冰棱；右手残，似横置胸前。

三罪人像身后壁面浮雕水波纹，以示冰棱。

三罪人像上方平整面即是第2幅场景右上平整面。该平整面中部刻铭文1则，刻石面高58厘米，宽48厘米。文左起，竖刻6行43字，楷体，字径6厘米（图版Ⅱ：114）。

01　日念贤劫千佛一千

02　遍不堕寒冰地狱

03　就中最苦是寒冰

04　盖因裸露对神明

05　但念诸佛求功德

06　罪业消除好处生[77]

在此平整面右侧，浮雕一杆秤。秤杆横置，长约50厘米。中部向上刻提纽，挂于上方弯钩；左端坠绳，垂挂一铁钩。铁钩上部左起横刻"业秤"2字，楷体，字径23厘米（图116；图版Ⅱ：115）。

第4幅

幅面大部毁，仅存上部。残存幅面高100厘米，宽201厘米。幅面内现存狱卒像1身和罪人像2身（图117；图版Ⅰ：195）。

左狱卒像仅存头部，头残长约37厘米。可辨头发簇状上扬，额扎巾，巾带头后上扬。眉骨高耸，双目圆瞪，尖耳上竖。

右侧二罪人置身于竖直向上的剑林之中。左罪人仅存头、肩，残高约33厘米。头挽髻，面方圆，张口露齿。身前左侧残存一手上举抓剑尖，右侧残存一手，平伸上举。右侧罪人仅存下半身，残高约50厘米。可辨着犊鼻裤，身倒立，穿刺于利剑之上。

场景上方凿一长方形平整面，左下方略残，高35厘米，宽101厘米。内刻铭文1则。文左起，竖刻12行，存39字，楷体，字径6厘米[1]（图版Ⅱ：116）。

01　日□

02　阿弥□□

03　千遍不堕

04　剑树地狱

05　赞曰

06　闻说弥陀

07　福最强〔临〕[2]

08　残剑树〔忙〕[3]

09　消亡自作

10　自招还自

11　受莫待□

1　本则铭文中的部分漫灭字《大足石刻铭文录》有录写。重庆大足石刻艺术博物馆编：《大足石刻铭文录》，重庆出版社1999年版，第143页。

2　此"临"字《大足石刻铭文录》未识别。同前引。

3　此"忙"字《大足石刻铭文录》未识别。同前引。

12　　时手脚□[78]

第5幅

幅面最高244厘米，最宽300厘米。下部崖体毁，现以条石填充加固。场景内刻狱卒像1身和罪人像2身（图118-1；图版Ⅰ：196）。

右刻狱卒立像1身，高163厘米，头长41厘米，肩宽46厘米，胸厚20厘米。头残，似牛头，残存左侧牛角。着圆领窄袖长服，挽袖至肘，外着裲裆甲，腰系带作结，束圆角抱肚，垂鹊尾。身前倾，左手屈肘前伸，卡罪人下颌，右手持刀，前端残。其臂弯残，残损处凿三圆孔。左腿屈膝上抬，足残，右腿直伸踏卷云。其身前刻一罪人，风蚀甚重，残存身长约120厘米。头挽髻，长圆脸上仰，张口吐舌。身后倾，左臂残，残损处凿二圆孔，右手腕绑缚于身后立柱上。左腿残，残损处凿二圆孔，右腿屈膝上竖，侧身向右而坐。立柱方形，抹棱，通高102厘米，面宽8厘米，柱首呈桃形。柱身正面竖刻"拔舌地狱"4字，楷体，字径4厘米（图版Ⅱ：117）。

左侧刻罪人像1身，高156厘米。头挽髻，髻残，面残，上仰，戴方形枷。枷高106厘米，宽40厘米，厚5厘米。上着前短后长衣，两袖挽起，下着犊鼻裤。身前倾，弯腰，双手前伸，交叉捆缚于木枷下方伸出的枷柄上。左腿直立，右腿屈膝前迈，足残，作行进状。枷面左侧竖刻"若将妄语诳众生[79]"7字，右侧竖刻"自招拔舌尘沙劫[80]"7字，皆楷体，字径5厘米（图版Ⅱ：118）。

狱卒像身右侧刻一竖直的云纹，云头上承仰莲台。莲台高35厘米，最宽104厘米。台上刻一方形平整面，高70厘米，宽106厘米。左侧刻铭文1则，刻石面高70厘米，宽45厘米。文左起，竖刻6行，存37字，楷体，字径4厘米（图版Ⅱ：119）。

01　　□□□□如来一千
02　　□□□□舌地狱[1]
03　　赞曰拔舌更使铁牛耕
04　　万种凌持不暂停
05　　要免阎王亲叫问
06　　持念〔地藏一千声〕[81]

第6幅

幅面最高200厘米，最宽196厘米。场景刻立式狱卒像1身和罪人像3身（图118-2；图版Ⅰ：197）。

中刻狱卒立像，高134厘米，头长32厘米，肩宽40厘米，胸厚15厘米。头发上扬，发前饰宝珠和火焰纹，侧面向右。方脸，眉骨隆凸，双目圆瞪，阔鼻大口，鼻孔外翻，吻部前伸，尖耳竖立。上着对襟窄袖衫，胸前作结，显露胸骨。腰束抱肚，腰带作结，其上再系革带，下着裙。左手外展，抓提左侧罪人发髻，右臂横置身前，握持短柄锤。短柄锤全长40厘米，锤球凸露锥形钉。其身左侧刻罪人像1身，高70厘米，头长24厘米，肩宽26厘米，胸厚11厘米。头挽髻，髻被狱卒抓握，面长圆，略残。上着对襟窄袖上衣，袒胸露腹，下着长裙。左手残，横置腹前，右手笼袖上举，抓握狱卒手腕。腰直伸，左腿直伸，右腿屈膝踏山石，侧身而立。

狱卒像右前侧刻罪人像2身。右上方罪人像，显露半身，高54厘米，头长16厘米，肩宽22厘米，胸厚10厘米。头挽髻，面长圆，双目紧闭，口微张，吻前突。着对襟窄袖衫，袒露胸腹。双手笼袖内，左臂上举，横于头顶，右臂屈肘上举于头侧。身右倾、后倒，作惊恐躲避状。其身后刻一蛇，蛇头对准其面部，身盘曲。右下方罪人，侧身仰面，坐高52厘米，头长32厘米，肩宽34厘米，胸厚16厘米。头挽髻，面方，略蚀，口大张。上身赤裸，下着犊鼻裤。一蛇盘绕头左侧，蛇头探入罪人口中。胸前刻一蛇，破胸而入，蛇尾缠绕小腿。罪人左手抓握蛇身，右手撑地，身后仰，盘双腿而坐。

场景左上凿刻平整面，即第5幅场景平整面。平整面左刻第5幅场景铭文，中部左起竖刻偈语2行存17字，右侧亦左起竖刻6行，存45字，楷体，字径4厘米[2]（图版Ⅱ：119）。

1　此行《大足石刻铭文录》录为"〔遍不堕〕拔舌地狱"。重庆大足石刻艺术博物馆编：《大足石刻铭文录》，重庆出版社1999年版，第143页。
2　本则铭文前2行偈语《大足石刻铭文录》录为"〔假〕使热铁轮于我顶上旋〕〔终〕不以此苦退失菩提心"。同前引。

图 113　第 20 号龛第三、四层第 1 幅造像立面图

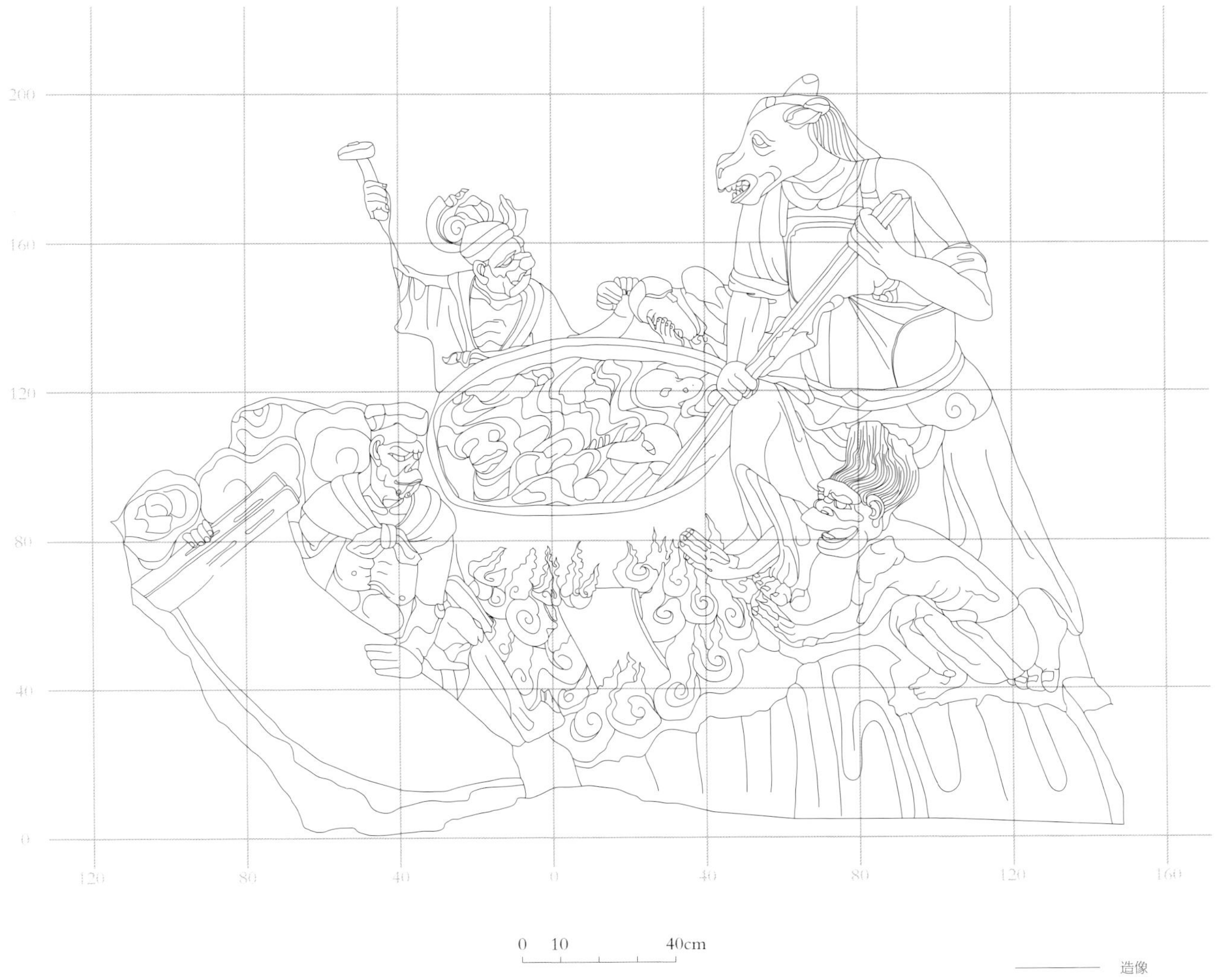

图 114 第 20 号龛第三、四层第 2 幅造像立面图

图 115 第 20 号龛第三、四层第 3 幅造像立面图

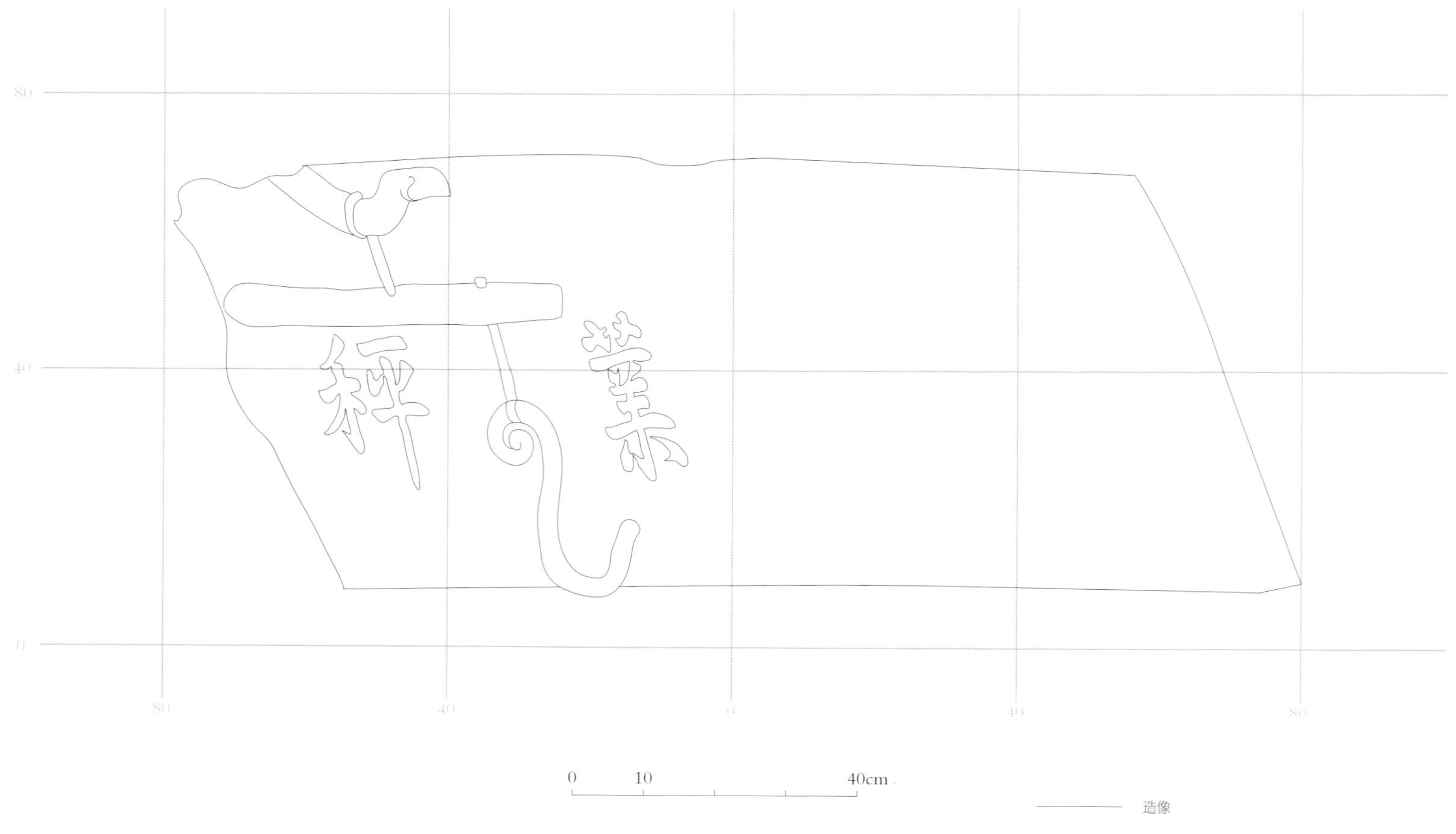

图 116　第 20 号龛业秤立面图

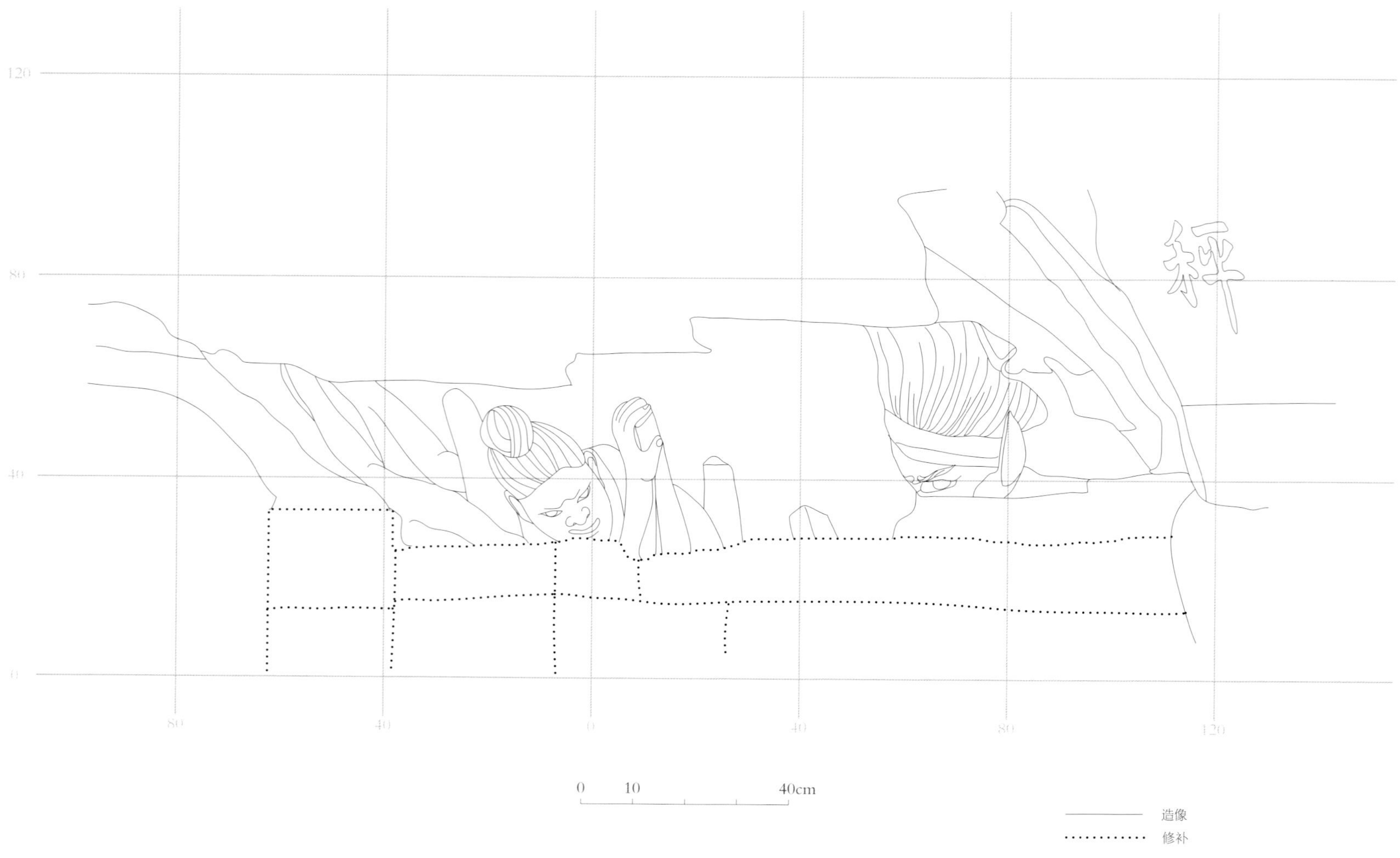

图 117　第 20 号龛第三、四层第 4 幅造像立面图

194　　大足石刻全集　第七卷（上册）

图118 第20号龛第三、四层第5、6幅造像立面图
1 第5幅 2 第6幅

　　　　　□□热铁轮于我顶上旋

　　　　　□不以此苦退失菩提心[82]（中）

- 01　日念大势智如来一
- 02　千遍不堕毒蛇地狱
- 03　赞曰菩萨慈悲广大多
- 04　救苦常教出爱河
- 05　九品莲花沾有分
- 06　毒蛇岂敢便相□[83]（右）

第7幅

幅面最高205厘米，最宽218厘米。场景内刻狱卒像2身和罪人像2身（图119-1；图版Ⅰ：198）。

左刻狱卒立像1身，高152厘米，头长54厘米，肩宽44厘米，胸厚25厘米。蓬发上扬，额扎巾，作结后上扬于头两侧。长方脸，鼓眼短鼻，阔口大张，尖耳上竖。刻肩巾，着圆领紧袖长服，腰系革带，束抱肚。双手身前持一叉，作穿刺状。赤足，左腿残，踩踏碓架横木，右腿直伸。身前倾，向右而立。其身前刻一碓架，略呈"丁"字形，高49厘米，全长98厘米。碓架由较长的横向方木和略短的竖向方木组成，短方木作碓头，穿插于横方木前端。碓架底部刻数枚长钉。碓架之下刻一罪人，头、身分离，身长约98厘米。其胸腹已被碓头捣碎，残骸粘于碓头底部。左手齐肘而断，下着犊鼻裤，左腿齐膝而断，仰面躺于石台上。碓架后侧另刻罪人像1身，显露高72厘米，头长24厘米，肩宽40厘米，胸厚7厘米。头挽髻，面长圆，着抹胸，双乳下垂，腰束带。双膝之下未显露。左手置腹前，右手掩面作恐惧状，侧面而立。

右侧刻另一狱卒像1身，高81厘米，头长24厘米，肩宽30厘米，胸厚13厘米。头挽髻扎巾，巾带头后上扬。面方圆，左侧，双目下视，宽鼻阔口。刻披肩，着窄袖上衣，胸前作结，下着短裙。身前倾，左手摁压碓下罪人腹部，右手按压腿部。赤足，左腿盘曲身前，右腿右向直伸。

碓架横木正面左起竖刻"大藏佛说出曜经△佛言众生习恶如铁生垢」颂曰△如铁生垢△反食其身△恶生于心△还自害形」[84]"2行35字，楷体，字径4厘米（图版Ⅱ：120）。

碓头正面竖刻"佛语真实决定不虚[85]"8字，楷体，字径5厘米（图版Ⅱ：120）。

场景上方约50厘米处凿一方形平面，高31厘米，宽75厘米。内刻铭文1则，刻石面高35厘米，宽73厘米。文左起，竖刻10行44字，楷体，字径4厘米（图版Ⅱ：121）。

- 01　日念观音菩萨
- 02　千遍不堕锉碓
- 03　地狱△赞曰
- 04　斩身锉碓
- 05　没休时都
- 06　缘造恶不
- 07　修持观音
- 08　哀愍众生
- 09　苦免离地
- 10　狱现慈悲[86]

第8幅

幅面最高200厘米，最宽194厘米。场景内刻狱卒像2身和罪人像1身（图119-2；图版Ⅰ：199）。

中刻一木架，由左右立柱和柱间横木组成。立柱通高65厘米，面宽9厘米，柱首略呈覆斗形。横木上下高7厘米，厚约4厘米；中

1

2

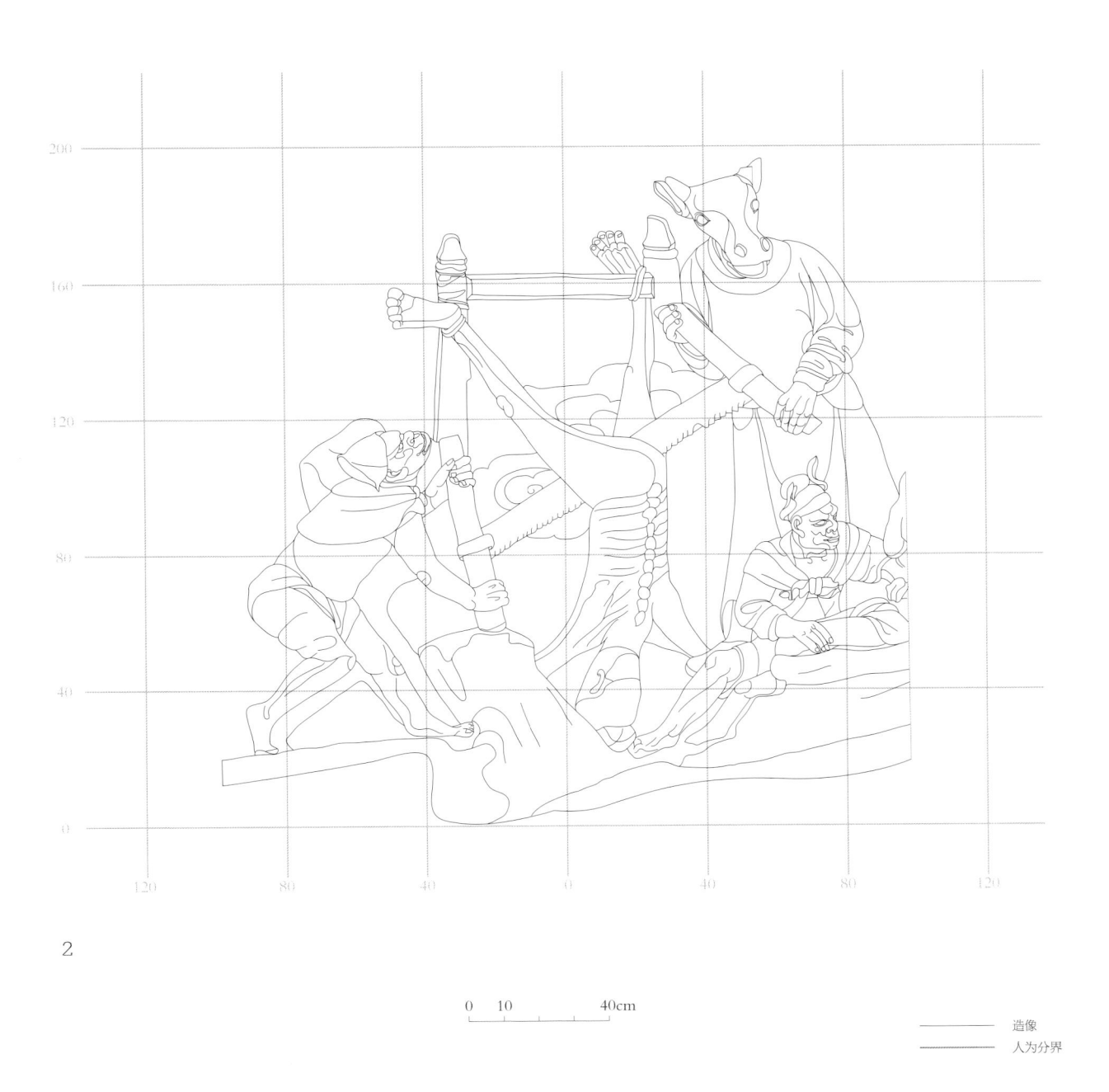

图119　第20号龛第三、四层第7、8幅造像立面图
1　第7幅　2　第8幅

第三章　第18—20号　197

部左起横刻"锯[87]解地狱"4字，楷体，字径4厘米（图版Ⅱ：122）。架下刻倒悬的罪人像1身。罪人像，身倒置，双足捆绑于柱首；身长152厘米。头挽髻，全身赤裸，上身凸显脊椎和肋骨。双腿叉开，腿间横置一锯，展双臂，垂于头侧。

罪人像左右各刻狱卒像1身，作拉锯状。左狱卒，牛头人身，显露高142厘米，头长34厘米，肩宽43厘米，胸厚20厘米。头左侧，双耳上竖，目圆睁，阔口大开，着圆领紧袖长服，腰束革带，系抱肚。其上束革带。身略前倾，双手屈肘，抓握锯条端头横木，侧身而立。右下狱卒，似猴头人身，高109厘米，头长29厘米，肩宽29厘米，胸厚16厘米。头戴莲叶形帽，圆脸上仰，刻披肩，胸前作结，下着犊鼻裈。躬身，双手胸前抓握锯条端头横木，左腿直伸，右腿屈膝，足尖点地，作奋力拉锯状。

场景右上方刻一平整面，高57厘米，宽100厘米。平整面左、右各刻铭文1则。左铭文刻石面宽46厘米，文左起，竖刻6行42字，楷体，字径6厘米（图版Ⅱ：123）。

01　日念卢舍那佛千遍
02　不堕锯解地狱
03　如来功德大圆明
04　由如朗月出群星
05　但念能除多种罪
06　锯解无由敢用君[88]

第9幅

幅面最高266厘米，最宽327厘米。场景内刻狱卒像3身和罪人像4身（图120；图版Ⅰ：200）。

中刻方形铁床一张，长120厘米，宽34厘米，铁床刻熊熊火焰，二罪人置身其上。前侧罪人，仅辨轮廓，身长111厘米，仰面平躺，身躯大部分被火焰吞没。后侧罪人，显露半身，高53厘米，头长34厘米，肩宽34厘米，胸厚13厘米。抬头仰面，头刻披发，长脸，略残，张口哀号。裸上身，左手垂于体侧，右臂反手抓挠后背。

铁床左刻狱卒1身，高150厘米，头长34厘米，肩宽53厘米，胸厚20厘米。头束巾，巾带作结后上扬。额前饰骷髅头，绳索穿系。鬓发上扬。面方圆，鼻残，尖嘴似鸟喙，刻螺状络腮短须，颈肌凸显。刻肩巾，胸前扣接。着圆领窄袖长服，挽袖至肘。腰束带，系抱肚。左手腕饰镯，双手身前持长矛刺入罪人胸腹，作上撩状，欲将罪人叉入铁床内。左腿直伸，右腿屈膝踏山石，侧身而立。其右下罪人高68厘米，头长22厘米，肩宽24厘米，胸厚12厘米。散发上扬，方面上仰，嘴角下撇，作痛苦状。上身赤裸，下着犊鼻裈。身略躬，双手抓握当胸刺入的长矛，双腿平伸而坐。身前刻燃烧火焰。

铁床右上刻狱卒立像1身，高188厘米，头长46厘米，肩宽44厘米，胸厚19厘米。长发上扬，巾带作结后上扬头顶。面方圆，眼眶深陷，圆目阔鼻，咧嘴露齿，尖耳上竖。内着圆领窄袖长服，领口外翻，外着裲裆甲，腰束革带，系圆角抱肚，刻鹖尾，下着长裤。足着鞋。左手抓提一罪人发髻，右手高举持一短柄锤，作砸击状。锤全长44厘米，锤头刻锥钉。足鞋，侧身直立。其身前罪人，身长126厘米，头长22厘米，肩宽26厘米，胸厚16厘米。发髻被狱卒抓握，圆脸外侧，眉头紧皱，双唇紧闭，作痛苦状。上身赤裸，下着犊鼻裈。左手屈肘扶山石，右手直伸撑于石台上。左腿后伸，右腿屈膝，向左趴伏于山石上，似被狱卒驱入铁床。

铁床右下刻狱卒像1身，显露高48厘米，头长31厘米，肩宽38厘米，胸厚10厘米。头刻蜷曲短发，面长圆，高额阔鼻。刻披肩，胸前扣结，露腹。身前倾，左手持火筒，作吹火状；右手五指张开，按于山石上。火筒全长40厘米，直径10厘米，筒口一端向铁床喷出火焰。

场景左上方凿有平整面，即是第8幅场景平整面。平整面右侧刻铭文1则。文左起，竖刻6行44字，楷体，字径6厘米（图版Ⅱ：123）。

01　日念药王药上菩萨
02　千遍不堕铁床地狱
03　菩萨真名号药王
04　铁床更用火烧烊

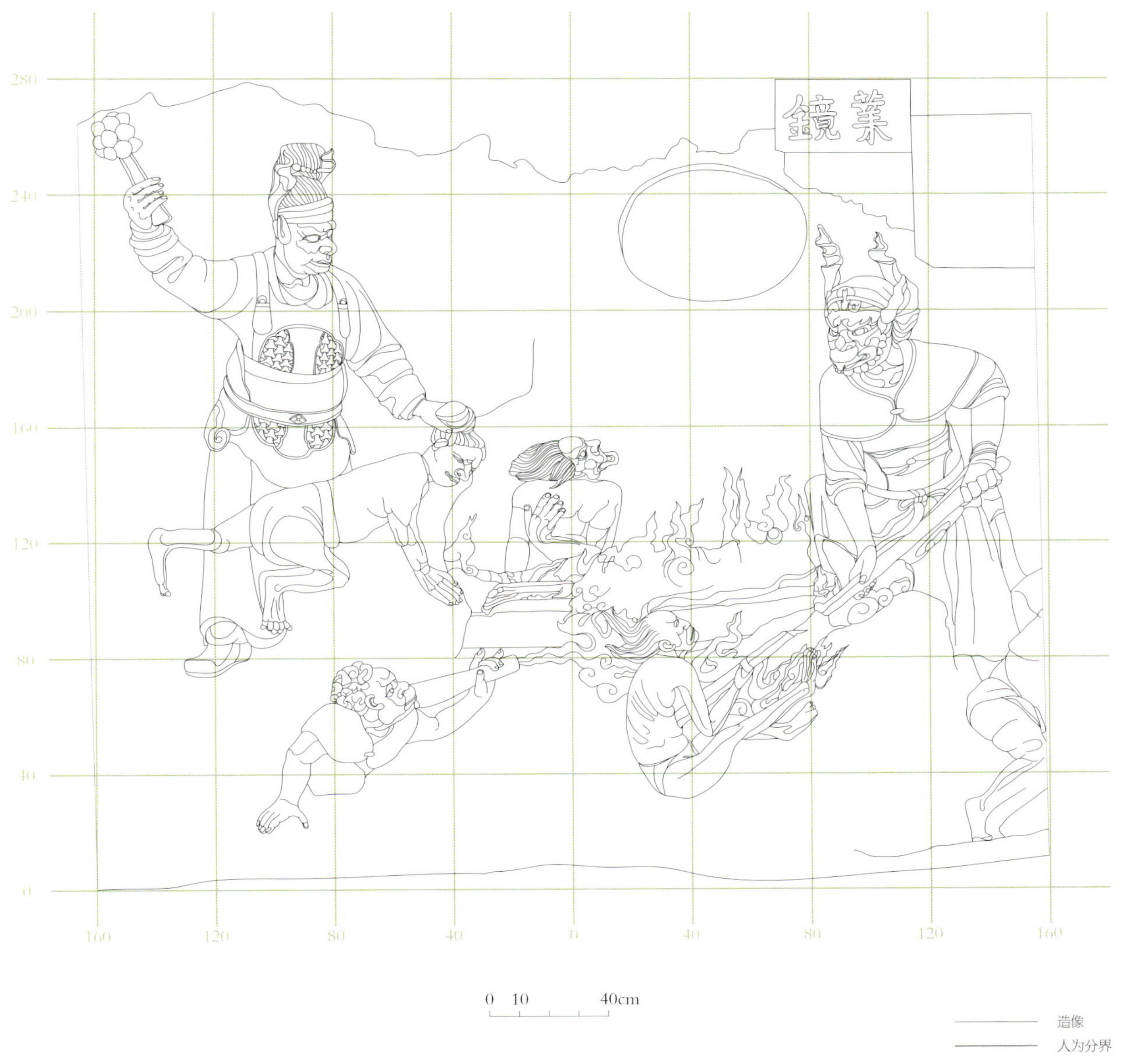

图120　第20号龛第三、四层第9幅造像立面图

05　直饶造业如山重

06　但念真名免众殃[89]

场景左上方刻一圆镜，直径65厘米，厚约3厘米，与第3幅场景上方"业秤"对应。圆镜右缘外侧刻一如意头云纹。圆镜左上刻一平整面，高26厘米，宽48厘米，内左起横刻"业镜"2字，楷体，字径15厘米（图120；图版Ⅱ：124）。

第10幅

幅面最高109厘米，最宽132厘米。上方岩体毁，存较大的裂隙一道。右侧岩体塌落处，以条石填充加固。场景内刻罪人像2身，四周刻山石纹作背景（图121；图版Ⅰ：201）。

左罪人，显露半身，高约76厘米，头长22厘米，肩宽28厘米，胸厚14厘米。头发上扬，面苍老，双目紧闭。上身赤裸，下着犊鼻裈。身前倾，双手抚山石上，侧身向左作摸索前行状。

右罪人，亦显露半身，高78厘米，头长27厘米，肩宽30厘米，胸厚17厘米。头挽髻，发髻残，面长圆，两颊饱满，双目紧闭。敞露胸乳，着对襟窄袖长服，腰束带。身前倾，双手笼袖内，左手扶左罪人后腰，右手抚山石，侧身向左作摸索前行状。

场景上方凿一方形平整面，高64厘米，宽82厘米。内刻铭文1则。文左起，竖刻7行46字，楷体，字径6厘米（图版Ⅱ：125）。

01　日念释迦牟尼佛一

02　千遍不堕黑暗地狱

图121　第20号龛第三、四层第10幅造像立面图

03　△赞曰
04　持斋事佛好看经
05　积善冥司注姓名
06　更诵弥陀一千遍
07　自然黑暗显光明[90]

第11幅

幅面最高320厘米，最宽590厘米。场景刻山石、云纹作背景，略外凸。内高浮雕造像7组，大致作上下两排布置（图122；图版Ⅰ：202）。据内容，七组造像大致可分为两部分。其中，右侧上排两组和下排一组为一部分，余左侧四组为另一部分。

（1）右侧

刻像3组和铭文2则。其中，上排刻造像2组，下排造像1组。铭文水平刻于上下排之间外凸的平整面。从上至下，从右至左将造像编为第1—3组。

第1组

横刻立像3身（图版Ⅰ：203）。左刻沽酒青年男女像2身，右刻立像1身。此外，另刻两块平整面。

女像，高100厘米，头长23厘米，肩宽30厘米，胸厚15厘米。头挽双髻，圆面右侧，眉目清秀，戴花饰耳珰。内着抹胸，外着交领窄袖长服，腰系带。左手隐于袖内，托举酒瓶底部，右手抚瓶身，置于左胸前。酒瓶高35厘米，口径9.5厘米，腹径16厘米。直口，圆肩，斜腹，平底。

男像，高110厘米，头长29厘米，肩宽31厘米，胸厚20厘米。头裹巾，额扎带，带作结后垂于后颈。面圆，长眉细眼，直鼻小口。着圆领宽袖长服，腰束带。露左手，右手笼袖内，双手胸前托举一圆盏，盏上置一盘。侧身向右，递送右侧僧人。盏高6厘米，口径18厘米。盘高9.5厘米，口径14.5厘米。

立像[1]，高109厘米，头长24厘米，肩宽31厘米，胸厚17厘米。头大部毁，头后右侧存一道上扬的弧线，疑为巾带。身略左侧，着交领宽袖长服。左手隐袖内垂于体侧，右手横置胸前，掌心向上，手指回屈，作欲拒还迎状。

造像下方凿一平整面，高32.5厘米，宽49厘米。内左起竖刻"截膝[91]丨地狱"2行4字，楷体，字径7厘米（图版Ⅱ：126）。

第2组

刻像4身（图版Ⅰ：204）。

左上像，为女像，显露高98厘米，头长27厘米，肩宽30厘米，胸厚14厘米。头挽高髻，髻分三层，呈蘑菇状。长圆脸，五官秀丽，脸颊饱满，戴花饰耳珰。着双层交领窄袖长服，腰束宽带。左手垂于体侧，掌微翘，伸指向下，右手垂体侧。

右上像，为男像，高92厘米，头长30厘米，肩宽30厘米，胸厚17厘米。头裹巾，额扎带，带作结下垂后背。面长圆，细眼直鼻，嘴角后收，露齿，略带笑意。着双层交领窄袖长服，腰束带。左手隐于袖内，前伸攀搭于左侧女像左肩，右手前伸，触摸其胸，侧身而立。

左下像，为男像，立高124厘米，头长25厘米，肩宽30厘米，胸厚14厘米。头裹巾，额前作结。面方，眼微闭，双唇紧抿，表情冷峻。上着交领窄袖衣，腰系绳带，绕两周后作结，绳头下垂腹前，绳端垂饰流苏。下着裤。右手上抬前伸，左手置腹前，共举持长柄大刀，作下劈状。大刀全长136厘米，刀刃前端隐于右上男子胸前。左足不现，右足着绊耳鞋，叉腿直立。

右下像，为男像，头向右，身长64厘米。头裹巾扎带，面长圆，双眼紧闭，棱鼻，闭口。着交领衣，双手贴体横置，仰面躺于大刀之下。

第3组

刻罪人像3身和狱卒像1身（图版Ⅰ：205）。从左至右编为第1—4像。

第1像 为罪人像，坐高78厘米。头挽髻，方脸，面色愁苦。颈戴方形长枷，枷全长92厘米，宽32厘米，厚4厘米，左侧枷板较短，右侧枷板略长，斜置触地。着宽袖长服，腰束带。左手隐于袖内，抱左侧枷板底端，右手屈肘上举于枷板外侧，拇指、食指相捻，余指卷曲。赤足，盘左腿，右腿屈膝上竖，侧身向右而坐。

罪人左右枷板各竖刻1行7字，左为"三为破斋并犯戒"，右为"四为五逆[92]向爷娘"，皆楷体，字径7厘米（图版Ⅱ：127）。

罪人右手身侧刻一平整面，略内进，高35厘米，宽23厘米。内左起竖刻"不信佛言丨后悔无[93]益"2行8字，楷体，字径9厘米（图版Ⅱ：128）。

第2像 为狱卒像，坐高153厘米，头长60厘米，肩宽34厘米，胸厚16厘米。蓬发簇状上竖，扎巾，巾带上扬头后。额前横刻一道璎珞，璎珞中部升起一丛火焰。面方圆，前额外凸，双目圆瞪，短鼻，阔口紧闭，下颌前伸，颈肌凸露。上着对襟窄袖衣，衣摆分叉，腹前作结。肋骨显露，腹微腆。下着小口长裤。左手按持身前罪人小腿，右手屈肘上举持短刀，作砍切状。短刀全长约59厘米。足鞋，垂左腿，右腿不现，向右侧身而坐。

第3像 为罪人像，坐高66厘米，头长23厘米，肩宽32厘米，胸厚13厘米。头挽髻，面长圆，双目紧闭，张口呼号，神情恐惧，颈肌暴露。上身赤裸，胸骨突显，腹部微腆，束腰带，下着犊鼻裈。双手反绑于身后方柱上。双腿平伸，小腿交叠，被狱卒抓握。侧身向右而坐。方柱高58厘米，边宽7厘米。

第4像 为罪人像，坐高94厘米，头长21厘米，肩宽33厘米，胸厚10厘米。光头，面长圆，眼眶内陷，未刻眼珠，无鼻，口呈圆形窟窿，双耳未刻耳洞。上身赤裸，双乳下垂及腹。腰束带，下着长裙。双手交触腹前，仅刻手掌，无指。双腿无足，端坐于石台上。

在第3组造像上方凿一平整面，高34厘米，宽121厘米，内刻铭文1则。文左起，竖刻25行194字，楷体，字径4厘米（图版Ⅱ：129）。

---

1 该像头部毁，1985年《大足石刻内容总录》将其识为"比丘立像"，此后遂成定论。2017年初，大足石刻研究院李小强先生在搜集、整理大足石刻历史照片的过程中，于《中华民国三十四年大足唐宋石刻六千二百十六躯的发见》一书中发现，1945年大足石刻考察团拍摄的该组图像（局部）照片中显示，该立像头扎巾，着交领宽袖长服，为世俗中年男子形象。详见本报告集第十卷《大足石刻历史图版》第282页。

图122　第20号龛第三、四层第11幅造像立面及分组图

202　大足石刻全集　第七卷（上册）

右侧		左侧	
第1组	第2组	第1组	第2组
第3组		第3组	第4组

第三章　第18—20号

01　大藏经云尔时世尊
02　告诸比丘若受五戒
03　二百五十戒威仪具
04　足戒不听饮酒犯波
05　罗提目叉若犯即入
06　地狱迦叶白佛言酒
07　亦无命如来何故戒
08　酒为苦佛告迦叶汝
09　好谛听舍婆提国有
10　尪嘔[1]摩罗为饮酒昏
11　乱淫匿其母杀戮其
12　父母即与外人共通
13　担刀害之是故今日
14　戒酒为苦又吉[2]槃陀
15　女为人沽酒死堕地
16　狱受形詁竟身长三尺
17　两耳闭塞复无两目
18　亦无鼻孔下唇裹哆
19　手无十指脚无两足
20　皆由沽酒况饮之人
21　若劝比丘酒者堕截
22　膝地狱其中力士将
23　其刀剑截其两膝强
24　劝比丘酒者受如是
25　苦[94]

（2）左侧

刻像4组和铭文1则。其中，上排造像2组，下排造像2组，铭文刻于上下排左侧造像之间外凸平整面。从上至下，从右至左，将造像编为第1—4组。

第1组

刻男子、女子立像各1身（图版Ⅰ：206）。

男子像　居右，立高132厘米，头长27厘米，肩宽36厘米，胸厚18厘米。头束髻，略左侧，面长圆，额头凸出，双目微睁，神情恍惚，下颌刻及胸长须。着交领宽袖长衫，腹前作结。衣衫不整，袒露胸腹及左肩。下着长裙。右腰处衣褶兜着一串铜钱。左手屈肘，前伸抓握妻子右耳，右手隐袖内下垂体侧。身略歪斜，着鞋而立。

女子像　居左，立高112厘米，头长24厘米，肩宽32厘米，胸厚20厘米。头挽高髻，面丰圆，眉目清晰，张口作呼喊状。戴花形耳饰。上着窄袖短衫，袒露胸腹，腰束带，下着三层长裙，外两层裙侧开衩。左手抓握丈夫衣襟，右手上举前伸，抓握丈夫发髻，作搀扶状。侧身向右，着鞋直立。

第2组

刻像2身，左为男子坐像，右为男子立像（图版Ⅰ：207）。

1　此"嘔"字《大足石刻铭文录》录为"𩒐"。重庆大足石刻艺术博物馆编：《大足石刻铭文录》，重庆出版社1999年版，第147页。
2　此"吉"字《大足石刻铭文录》录为"告"。同前引。

老翁像　坐高75厘米，头长26厘米，肩宽35厘米，胸厚15厘米。头裹巾，额扎带，巾幅垂于后肩。长圆脸左侧，眼窝下陷，双目紧闭，口微张，似喃喃自语。下颌刻三缕长须及胸。上着对襟窄袖外衣，衣襟敞开，袒露胸腹，腰束带，下着裙。双手笼袖内，左手撑台，右手搭于右膝上。盘左腿，右腿屈膝，着鞋，斜坐于方台上。

男子像　立高125厘米，头长25厘米，肩宽33厘米，胸厚17厘米。头裹巾，巾带扎系后垂于后背。长圆脸，面目清秀。着双层交领宽袖长服，腰束带，下着裤。身微前倾，左手屈指前伸，欲搀扶父亲，右手不现。着鞋，侧身向左而立。

第3组

刻二女像，一高一矮（图版Ⅰ：208）。

较高女像　立高124厘米，头长26厘米，肩宽29厘米，胸厚17厘米。头挽环髻，侧头扬面，脸长圆，五官秀丽，双目微闭，戴花形耳饰。着双层交领窄袖长服，腰束宽带。左手袖内垂于体侧，右手抓握较矮女像胸前衣领，作推却状。着鞋直立。

较矮女像　略矮，立高110厘米，头长21厘米，肩宽29厘米，胸厚14厘米。头挽双髻，圆脸，眉目清秀。上着交领窄袖衫，下着长短两层裙，下摆两侧开衩。左手斜伸，扶于较高女像身后，右手胸前抓握较高女像右手。身略左侧，着鞋而立。

第4组

刻二男像，一长一幼（图版Ⅰ：209）。

年长男像　坐高88厘米，头长21厘米，肩宽30厘米，胸厚17厘米。头裹巾，扎带，显露发髻。长圆脸，张口作呼骂状。着交领窄袖长服，下摆两侧开衩。腰系带打结，下着长裤。左手笼袖内，直伸撑地；右手上举，搭扶于年幼者像左肩。左腿跪地，右腿屈膝前伸，作蹬踩状。侧身向右，仰面而坐。

年幼男像　立高114厘米，头长21厘米，肩宽27厘米，胸厚15厘米。头挽三丫髻，呈"品"字形布列。面圆，目视兄长，小口微张，作劝说状。装束与年长者像略同。左手前伸，与年长者右手攀扶，右手握拳置腰间。身微躬，着鞋，侧身向左而立。

在第2组造像下方凿一平整面，略外凸，高42厘米，宽113厘米。内刻铭文1则，文左起，竖刻21行，存156字，楷体，字径3厘米（图版Ⅱ：130）。

01　大藏佛说华鲜经
02　尔时佛告迦叶谛听□吾
03　当为汝说正□□□如有
04　人□遇□□□□□□
05　在□狱□□□□□□□
06　口心念□□□□□□□
07　是之人是在□□□□□
08　夫在于比闻多□□□□
09　念大乘□□□□□□□
10　日生乐为□□□□□迦
11　叶白佛言受佛戒□□□
12　饮酒佛告迦叶善哉哉不
13　饮酒者是我真子即非凡
14　夫若饮酒者或父不识子
15　或子不识父或兄不识弟
16　或弟不识兄或夫不识妻
17　或妻不识夫或姊不识妹
18　或妹不识姊或不识内外
19　眷属善男子现前颠倒何
20　况未来一切众生不食酒

21　肉者得发无上菩提之心[95]

第12幅

幅面最高237厘米，最宽183厘米。场景内刻一围城、一蛇和一犬（图123；图版Ⅰ：210）。

围城显露城墙转角处，高约104厘米，左面宽约41厘米，右面宽约55厘米，墙砖错缝平砌。城墙转角处刻一"凸"形墙垛。左侧墙身外侧刻外凸的山石，一蛇自山石和墙体间探出，显露半身，口喷烈焰。右侧墙身浮雕云气纹，上方云内刻一犬，前半身探出，显露身长49厘米，高48厘米。头向左，口吐火焰，伸颈直立。

城墙底部凿一平整面，高70厘米，宽103厘米，右侧中上部毁。平整面内刻铭文1则，上部左起横刻"铁围山阿鼻地□"7字，楷体，字径7厘米；下部左起竖刻18行，存167字，字径4厘米（图版Ⅱ：131）。

　　　　铁围山阿鼻地□1（额）
01　大藏经云佛告迦叶若比
02　丘披我法衣者一不听饮
03　酒二不听食肉三不听嫉
04　妒心四不听作不净行善
05　男子若受大乘大般涅槃
06　若住一劫不听食肉迦叶
07　白佛言食肉者堕何地狱
08　佛告迦叶食肉者堕阿鼻
09　狱纵广正等八万由旬四
10　方有门一一门外各有猛火
11　支过通彻上火彻下下
12　火彻上铁枷铁锁铁杻铁
13　械担火烧之卧之在上肉
14　干焦烂受其大苦心生重
15　悔而怀惭愧又莫更食犹
16　如浊水□之明珠以珠威
17　□□□□□□烟云除月
18　□□□□□□悔亦复如[96]

第13幅

幅面最高359厘米，最宽213厘米。场景中部岩体塌落，造像毁，现存饿鬼像1身、狱卒像1身和罪人像3身（图124；图版Ⅰ：211）。

饿鬼像刻于最上方，仅存头部，略向右。头残长112厘米，蓬发上扬，因裂隙经过，发断裂。面方圆，前额包状凸起，长眉粗大，双目圆睁，宽鼻阔口，下颔毁，可见上排牙齿。其右下方刻罪人像2身。左侧罪人像，大部毁，残高约78厘米，可辨裤鼻裈和分叉直立的双腿。视其身姿，似正被饿鬼吞噬。右侧罪人像，显露半身，高65厘米，头长32厘米，肩宽39厘米，胸厚13厘米。头挽髻，面方圆，略仰面向左，仰望饿鬼。深目短鼻，阔口紧闭，下颔前突。身赤裸，双手残，似拱于胸前。

狱卒像刻于最下方，马头人身，残蚀略重，立高约98厘米，头长32厘米，肩宽34厘米，胸厚17厘米。马头略残，存鬃毛垂肩，右向侧转。着对襟窄袖上衣，袒露胸腹，下着长裙。双手胸前交叠紧握。身略前倾，双腿残，侧身而立。其身右侧刻罪人像1身，坐

1　据本龛其他相关铭文，泐灭字应为"狱"。

206　大足石刻全集　第七卷（上册）

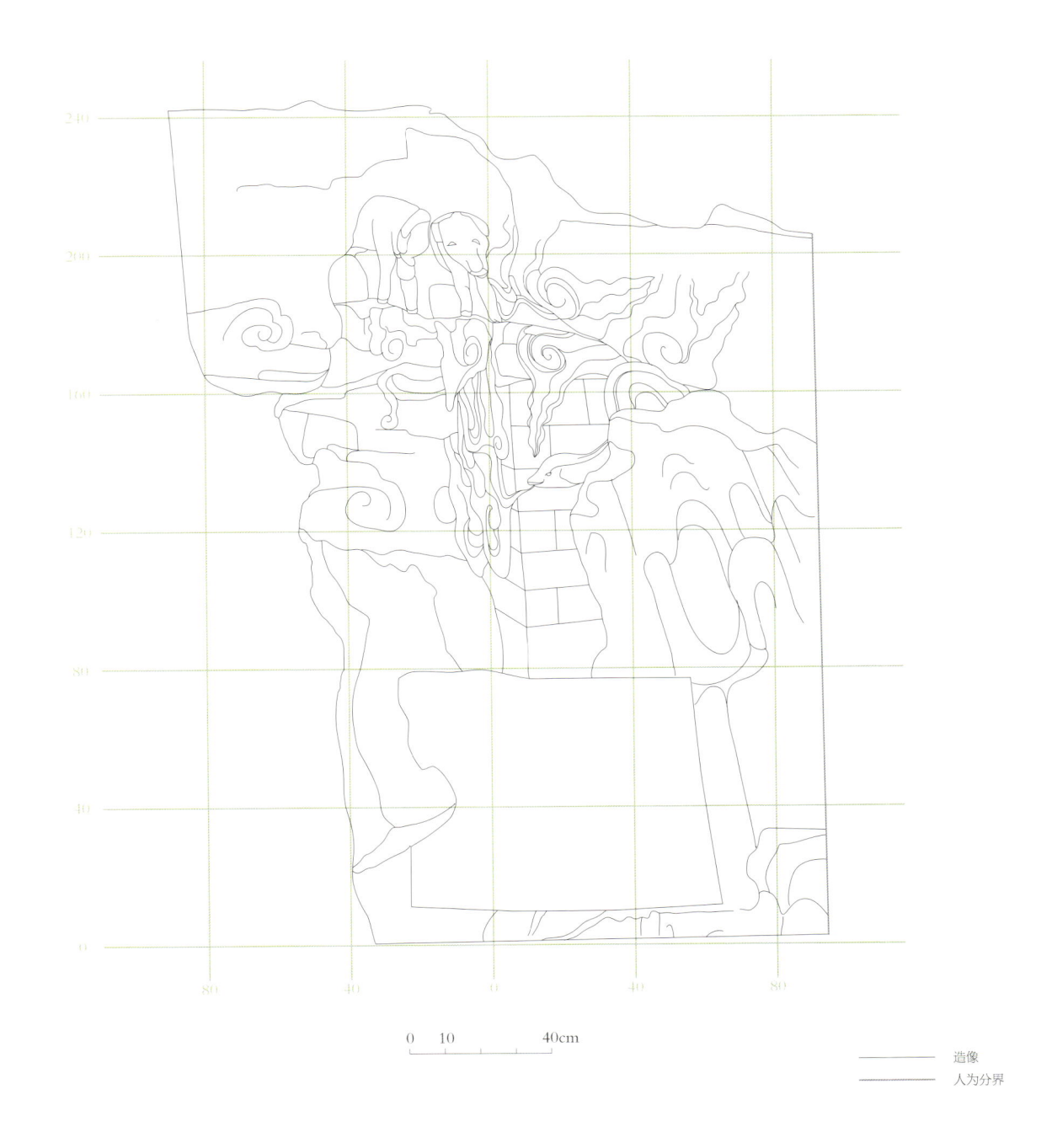

图 123　第 20 号龛第三、四层第 12 幅造像立面图

高70厘米。头挽髻，面方，左向上仰，鼻孔外翻，嘴角下撇。戴方形枷。枷高40厘米，宽44厘米，厚4厘米。着窄袖长服，腹前系带打结。双手屈肘扶木枷。双腿残，侧身跪坐。其枷板左右各竖刻1行7字，左为"破斋毁[97]戒杀鸡猪"，右为"业镜昭然报不虚[98]"，皆楷体，字径5厘米（图版Ⅱ：132）。

场景中部二罪人身下凿一略外凸的平整面，高42厘米，宽82厘米。内刻铭文1则，文左起，首行竖刻"饿鬼地狱"4字，字径13厘米，余竖刻12行，存98字，楷体，字径4厘米（图版Ⅱ：133）。

　　饿鬼地狱（首行）
01　大藏经云迦叶菩萨而
02　白佛言破斋者堕何处
03　地狱佛告迦叶破斋者
04　堕饿鬼地狱其中饿鬼
05　长五百由旬其咽如针
06　头如太山手如龙爪朝
07　食三千暮食八百一呼
08　三万绕其太山犹如须
09　弥担火烧之犹如绯色

图 124　第 20 号龛第三、四层第 13 幅造像立面图

10　驱破斋之人入此地狱

11　受其大苦复□□□□

12　形更受[99]

第14幅

幅面最高166厘米，最宽145厘米。场景内刻像2身，右为狱卒像，左为罪人像，皆半身（图125；图版Ⅰ：212）。

狱卒像　马头人身，高69厘米，头长32厘米，肩宽38厘米，胸厚17厘米。马头，刻短耳、圆眼、粗鼻孔，口残损。上着交领窄袖上衣，袒胸，腹微腆，腰系带，下着衣饰不明。左手前伸，捏罪人左脸颊，迫使其张口；右手挽袖，持一长柄勺，勺全长42厘米，内盛液体，作递送状，似灌入罪人口中。身略左侧而立。

罪人像，坐高74厘米，头长29厘米，肩宽32厘米，胸厚16厘米。头挽髻，面方圆，略上仰，阔口半张。上身裸，腹微腆，下着犊鼻裈。身后刻一立柱，高约53厘米。双手握拳，屈肘后置，捆绑于立柱上。双臂腋下各另刻一飞轮，直径35厘米，厚5厘米，轮沿较薄，刻作锯齿。双腿平伸，侧身向右而坐。其身下刻火焰纹，作燃烧状。

场景上方凿一平整面，高37厘米，宽53厘米。内刻铭文1则，文左起，竖刻8行，存48字，楷体，字径4厘米（图版Ⅱ：134）。

01　大藏佛言若食□

02　食或裹慔□食与

03　父母兄弟师长朋

04　友妻子眷属未来

05　世中堕铁轮地狱

06　左腋右胅□铜灌

07　口若食斋者亦复

08　如是[100]

第15幅

幅面最高300厘米，最宽194厘米。场景刻养鸡女1身和罪人像2身（图126；图版Ⅰ：213）。

养鸡女　刻于上方，显露高85厘米，头长31厘米，肩宽34厘米，胸厚18厘米（图127；图版Ⅰ：214）。头挽环状高髻，髻前刻半圆形嵌珠饰物。长圆脸，容颜秀丽，双目微睁下视，嘴角微翘，略带笑意。内着抹胸，外着双层交领紧袖长服，腰束宽带。身前倾，双手身前提举扣地的鸡笼，侧身向左而立。鸡笼高约50厘米，最宽65厘米，表面刻竹编的菱格纹。笼外前侧刻争食蚯蚓的鸡两只，高约40厘米。尖喙，圆头，细颈，长圆身，高足，尖爪，长尾下垂。各啄蚯蚓一段，相对站立。笼开启的缺口处，刻外露的二鸡头和一鸡尾。其中，右侧鸡头尖喙啄咬前侧鸡腿。

罪人像　2身，刻于下方刀船内。船身显露右侧，高约45厘米，长约144厘米。船身上部阴刻弧线一道，以示船舷。船头微翘，船舱最宽约25厘米。船下刻汹涌翻滚的水波纹，舱内尖刀林立，二罪人穿刺其间。左罪人显露高79厘米，头长30厘米，肩宽30厘米，胸厚11厘米。蓬发上扬，长圆脸，侧面向右，呲嘴作痛苦状。上身裸，下着犊鼻裈。左手扶身前尖刃，右手垂于体侧。右侧罪人显露高69厘米，头长31厘米，肩宽32厘米，胸厚10厘米。头挽髻，长脸，双目微闭，张口呼号。衣饰与左罪人像同。左手垂于体侧，右手曲置胸前持一圆形物。

船舷中部左起横刻"刀船[101]地狱"4字，楷体，字径15厘米（图版Ⅱ：135）。船头上方凿一平整面，高32厘米，宽21厘米。内左起竖刻"自作自受」非天与[102]人"2行8字，楷体，字径6厘米（图版Ⅱ：136）。

场景中部刻一外凸的平整面，高43厘米，宽145厘米。内刻铭文1则，文左起，竖刻24行，存171字，楷体，字径4厘米（图版Ⅱ：137）。

01　大藏经言佛告迦叶

图 125　第 20 号龛第三、四层第 14 幅造像立面图

02　一切众生养鸡者入
03　于地狱迦叶白佛言
04　养鸡者何故入其地
05　狱佛告迦叶□□□
06　□三百□□□□□
07　百五十鸡自作□□
08　百三十是故主□□
09　于地狱一切众生□
10　鸡者心生大慈□□
11　有罪若为利肉所□
12　是故主人入于地狱
13　迦叶菩萨白佛言实
14　如圣教实如圣教如
15　此众事皆当有□作
16　贼之人亦当有□□
17　佛告迦叶一切众生
18　若当作贼堕刀船地

图 126　第 20 号龛第三、四层第 15 幅造像立面图

图127　第20号龛第三、四层第15幅养鸡女像效果图

19　狱纵广八百由旬其
20　中有丁方长四寸□
21　贼人入中刺[1]其筋骨
22　是名大苦迦叶白言
23　珂佩四器皆亦不听
24　我等声闻亦复如是[103]

第16幅

幅面最高400厘米，最宽163厘米。场景内刻立式卷发人像1身，其身后刻一塔（图128；图版Ⅰ：215）。

卷发人像　立高137厘米，头长22厘米，肩宽35厘米，胸厚16厘米（图129）。头刻齐耳卷发，后侧刻云纹与壁面相接。面方圆，双目微睁下视，高鼻，口微张。自嘴角两侧各发出一道毫光，至发际而止[2]。内着双层交领服，腰束带，外着袒右式袈裟。左手屈肘持一长方形经函，经函长28厘米，宽7厘米，厚3厘米；右手屈肘外展、上举，拇指与食指相捻。着鞋直立。其双腿外侧壁面打磨平整，各镌刻偈语1则。左侧平整面高75厘米，宽30厘米，内左起竖刻"天堂也广地狱也阔[104]」不信佛言且奈心苦"2行16字，楷体，字径9厘米。右侧平整面高60厘米，宽29厘米，内左起竖刻"吾道苦中求乐」众生乐中求苦"2行12字，楷体，字径9厘米（图版Ⅱ：138）。

卷发人像身后浮雕一座楼阁式塔，置于云纹内。前侧云纹低矮，弥漫于卷发人身后，形如背屏；内侧云纹较高，直至上方岩缘，左右最宽约74厘米。塔身方形，显露三级塔身三重檐，通高234厘米，最深约14厘米。自下而上，第一级塔身仅露少许倚柱和横枋，显露高28厘米。第一重塔檐高22厘米，最宽102厘米，角梁上翘，翼角微起，檐口呈弧线，屋面素平。屋顶之上显露少许平座层，最

1　此"刺"字《大足石刻铭文录》录为"颊"。重庆大足石刻艺术博物馆编：《大足石刻铭文录》，重庆出版社1999年版，第149页。
2　1993年勘查报告记载为"髭须"，见重庆大足石刻艺术博物馆、重庆市社会科学院大足石刻艺术研究所：《大足宝顶山大佛湾地藏与十佛、十王、地狱变龛勘查报告》，重庆大足石刻艺术博物馆编：《大足石刻研究文集》（3），中国文联出版社2002年版，第189页。

高4厘米，宽约70厘米。左右转角处各刻一圆珠，珠径6厘米，发出桃形毫光。第二级塔身高30厘米，正面宽72.5厘米。塔身抹棱，棱面宽约10厘米。塔身正面刻铭文1则，左右侧面素平。塔身上刻横枋，上下高4厘米，宽约69厘米。横枋左右端下部刻垂球，直径6厘米。第二重塔檐高22厘米，最宽90厘米，形制与下层塔檐同。再上平座层高6厘米，宽69.5厘米。第三级塔身高25厘米，正面宽65厘米。横枋装饰一周璎珞，余形制与第二级塔身略同。塔身抹棱处刻转角倚柱，与塔身等高。倚柱上下为圆球，中部为束腰方柱。塔身正面刻铭文1则。第三级塔檐高18厘米，最宽84厘米，形制仍与第一级塔檐同。最上为塔刹，通高56厘米。自下而上，底部刻方形刹座，高9厘米，面宽46厘米；上置双重仰莲台，高15厘米，最大直径37厘米。自莲蕊发出两道毫光，贴壁面斜向上飘。再上刻葫芦形刹身，通高约31厘米。刹尖刻一圆珠，与上方外凸岩体相接。

第二级塔身正面刻铭文1则。刻石面高32厘米，宽59厘米。文左起，竖刻12行97字，楷体，字径4厘米（图版Ⅱ：139）。

01　大藏佛说华鲜经云
02　佛告迦叶假使有人
03　国城妻子遍满三千
04　大千世界金银亿万
05　持用布施不如有人
06　能断酒肉假使有人
07　造浮图塔庙如稻麻
08　竹苇及大涅槃华严
09　三昧十二部经如说修
10　行百千万分不如其
11　一善男子不食肉者
12　现世菩萨即非凡夫 [105]

第三级塔身正面刻铭文1则。刻石面高26厘米，宽45厘米。文左起，竖刻4行20字，楷体，字径8厘米（图版Ⅱ：140）。

01　假使热铁轮
02　于我顶上旋
03　终不以此苦
04　退失菩提心 [106]

此外，场景右下方凿一平整面，高109厘米，宽90厘米。内刻铭文1则，文左起，竖刻10行175字，楷体，字径7厘米（图版Ⅱ：141）。

01　大藏佛说护口经云有一饿鬼[1]丑恶身出猛火口
02　出蛆虫脓血诸衰臭气远[2]彻支节火起举[3]声号
03　哭罗汉问曰汝宿何罪今受此苦鬼[4]曰吾往恋着
04　资生悭贪不舍出言粗恶偏眼恶视自恃豪强谓
05　长不死造无量恶业今悔巫[5]及宁以利刃自

1　此"鬼"字《大足石刻铭文录》录为"魃"。重庆大足石刻艺术博物馆编：《大足石刻铭文录》，重庆出版社1999年版，第150页。
2　此"远"字《大足石刻铭文录》录为"通"。同前引。
3　此"举"字《大足石刻铭文录》录为"卒"。同前引。
4　此"鬼"字《大足石刻铭文录》录为"魃"。同前引。
5　此"巫"字《大足石刻铭文录》录为"勿"。同前引。

图128　第20号龛第三、四层第16幅造像立面图

图 129　第 20 号龛第三、四层第 16 幅卷发人像等值线图

06　截其舌仃劫至劫甘心受苦不以一言诽谤他

07　善以我形状诫诸众等善护口过勿妄出言

08　受饿鬼身经数千劫备受楚毒我此命终

09　复入地狱△妄言绮语两舌恶口受如是苦

10　善有善报恶有恶报善恶无报天地有私[107]

第17幅

幅面最高227厘米，最宽486厘米（图130；图版Ⅰ：216）。幅面内刻场景4组，结合造像及铭文，将右上造像编为第1组，左上造像编为第2组，左下造像编为第3组，右下造像编为第4组。

第1组

位于右上方。刻杀猪厨女1身（图版Ⅰ：217）。

厨女像　坐高114厘米，头长27厘米，肩宽33厘米，胸厚18厘米。头挽球状高髻，面丰圆，容貌清秀，戴圆形耳饰。着双层交领紧袖长服，腰系宽带，下着裤。身略前倾，左手握猪嘴，右手持刀。身略右侧，着鞋而坐。其身右侧刻云纹与壁面相接。

厨女身前刻一方案，高41厘米，宽69厘米，覆帷布，两侧案足呈卷云状。案上刻一猪[1]，首身分离。猪头置于案面，双目紧闭，双耳垂搭；身直立于案后侧，四腿垂蜷。

方案正面帷布刻铭文1则，刻石面高41厘米，宽67厘米。文左起，竖刻14行137字，楷体，字径3厘米（图版Ⅱ：142）。

01　大藏佛告迦叶枪[2]兔之人

1　1993年勘查报告记载为"兔"，见重庆大足石刻艺术博物馆、重庆市社会科学院大足石刻艺术研究所：《大足宝顶山大佛湾地藏与十佛、十王、地狱变龛勘查报告》，重庆大足石刻艺术博物馆编：《大足石刻研究文集》（3），中国文联出版社2002年版，第186页。
2　此"枪"字《大足石刻铭文录》录为"抢"。重庆大足石刻艺术博物馆编：《大足石刻铭文录》，重庆出版社1999年版，第152页。

图 130　第 20 号龛第三、四层第 17 幅造像立面及分组图

第1组　　　　　　　　第2组

第3组

第三章　第18—20号　217

02	堕铁轮地狱方丈万钉间
03	无空处一切众生煮肉者
04	堕镬汤地狱其中有水其
05	下有火持火烧之溃溃乃
06	沸驱煮肉之人入此地狱
07	受其大苦炙肉之人堕炙[1]
08	床地狱斩肉之人堕锉碓
09	地狱杀生之人堕鏊戟地
10	狱其中铁面昼夜铜铁造
11	其鏊戟身中一丈刃中四
12	尺望胸而撞背上而出杀
13	生之人亦复如是故说诸
14	法开示一切众生[108]

第2组

位于左上方。左刻一圆锅，右刻狱卒像1身和罪人像1身（图版Ⅰ：218）。

圆锅，口径71厘米，高32厘米，敛口、卷沿、鼓腹。锅内刻沸腾的汤水，周围环绕刻熊熊烈焰。

狱卒像，牛头人身，位于圆锅右侧，立高157厘米，头长36厘米，肩宽35厘米，胸厚23厘米。头左扭，顶刻短角、短耳，眼左望，粗鼻阔嘴。着圆领内衣，外着裲裆甲，再外着紧袖交领长服，衣领外翻。腰系带，束抱肚。腰带作结后，下垂至膝。腰带之上再系革带，中饰圆形花。下着长裤。左手抓提罪人长发，右手抓握其左腿，作横向投掷状，似将罪人扔进圆锅内。身略前倾，着鞋站立。

罪人像　身长75厘米，头蓄长发，被狱卒抓握。面圆，双眼大睁，双唇紧闭，神情恐惧。上身裸，下着犊鼻裈。双手略残，前伸扶台，作推却状。双腿叉开，左腿被狱卒提握，横置半空。

圆锅下部壁面打磨平整，内刻铭文1则。刻石面高56厘米，宽61厘米。上部左起横刻"镬汤地狱"4字，楷体，字径8厘米，下部左起竖刻5行32字，楷体，字径3厘米（图版Ⅱ：143）。

　　　镬汤地狱（额）

01	大藏佛言
02	〔各名自家〕造恶业
03	不是诸佛没慈悲
04	身落三涂遭痛苦
05	信者一念自合知[109]

第3组

位于左下方。刻狱卒像和罪人像各1身（图版Ⅰ：219）。

狱卒像　立高128厘米，头长28厘米，肩宽36厘米，胸厚20厘米。头裹巾，方脸，双目平视。上着短袖上衣，衣角于腹前打结，下着长裙。身前倾，双手抓握轮把，奋力作推碾状。赤足，左向侧身而立。碾由圆形铁轮、轮把和碾槽组成。铁轮直径95厘米，厚11厘米，边缘刻锯齿。轮心刻穿轴，两端套长柄把手，把手全长110厘米。轴与轮把间刻方垫，边宽约43厘米。轴两端雕刻圆形花饰。铁轮置于碾槽内，碾压罪人。

1　此"炙"字《大足石刻铭文录》录为"铁"。重庆大足石刻艺术博物馆编：《大足石刻铭文录》，重庆出版社1999年版，第152页。

罪人像，刻于碾槽内，身长137厘米。头挽髻，面长圆，向右侧转，双目紧闭，口微张。衣饰不明，俯身于碾槽内，被铁轮碾压。双手置于后背，双足微翘。

碾槽呈圆角方形，高24厘米，全长164厘米，深27厘米，中凿凹槽。碾槽正面左起横刻"铁[110]轮地狱"4字，楷体，字径24厘米（图版Ⅱ：144）。其下壁面打磨平整，左起横刻"地狱死[111]生人不信待君命（漶）"1行，存10字，楷体，字径10厘米（图版Ⅱ：145）。

第4组

位于右下方。刻狱卒像和罪人像各1身（图版Ⅰ：220）。

狱卒像　马头人身，高123厘米，头长42厘米，肩宽32厘米，胸厚18厘米。马头长圆，侧头向右，鬣毛披垂后颈，阔口大张，吐露长舌。刻肩巾，内着窄袖长服，两袖挽起，外着裲裆甲，下垂腹前。腰系革带，束抱肚。下着长裤。双手身前持戟，刺入左前罪人腹内。戟全长207厘米。身微躬，着鞋，面内侧身而立。

罪人像　高86厘米，头长26厘米，肩宽26厘米，胸厚17厘米。头挽髻，方面上仰，目圆瞪，阔鼻，口半开，露齿咬舌，作痛苦状。上身裸，胸骨、肋骨显露，下着犊鼻裈。双手反向捆绑于身后立柱上。双腿屈膝，左膝跪地，右腿上竖，戟穿腹而过。侧身向右跪立。身后立柱呈方形，高91厘米，面宽约12厘米。

此外，该组造像下方壁面横向残存二双钩字迹，不可辨[1]。

第18幅

幅面最高246厘米，最宽420厘米。场景内刻造像3组，大致呈水平布置（图131；图版Ⅰ：221）。

第1组

位于左侧。前刻一方案，案后侧刻坐式男像2身（图版Ⅰ：222）。

左男像　显露高76厘米，头长34厘米，肩宽36厘米，胸厚18厘米。头戴圆筒巾，扎带，巾带作结后垂于脑后。脸长圆，略低垂，双目下视，直鼻小口。着交领宽袖长服，左手抚方案左沿，右手下垂体侧，似端坐。

右男像　显露高75厘米，头长30厘米，肩宽36厘米，胸厚18厘米。头戴方巾，扎带，巾带作结后下垂。装束与左男像同。着双层交领长服。左手下垂体侧，右手笼袖内，横置方案，似端坐。

二像身前刻一方案，高76厘米，宽119厘米。覆帷布，下垂至方案中部。案面横置三浅口盘，一字排列。盘皆呈六曲花边形，最宽约25厘米，高3厘米，内盛团状食物。

方案正面帷布刻铭文1则，刻石面高43厘米，宽120厘米。文左起，竖刻20行，存146字，楷体，字径3厘米（图版Ⅱ：146）。

01　大藏经云

02　迦叶菩萨白佛言世

03　尊食肉者非如来弟

04　子即是外道眷属食

05　肉者不觉不知不闻

06　不见若当食肉或君

07　食臣肉或臣食君肉

08　或父食子肉或子食

09　父肉或兄食弟肉或

10　弟食兄肉或姊食妹

11　肉或妹食姊肉或夫

12　食妻肉或妻食夫肉

13　食肉之人即食父母

1　根据图像内容，结合铭文，此处残字应为"鏊戟地狱"。

图 131　第 20 号龛第三、四层第 18 幅造像立面及分组图

第1组

14	眷属肉譬如父□即
15	作牛羊持¹□□□即²
16	是其父一切众生心
17	即颠倒咬□□□咬
18	父骨若饮血□者即
19	饮父血食肉愚人亦
20	复如是智者思□[112]

第2组

刻狱卒像1身和罪人像3身（图版Ⅰ：223）。

狱卒像　位于左侧，显露高121厘米，头长40厘米，肩宽44厘米，胸厚35厘米。头戴圆帽，下颌系带，飘于胸前，顶竖长缨。面方，双目圆睁，鼻孔外翻，阔口紧闭，露两侧尖牙，颈肌突显。上着对襟衫，两袖挽起，胸腹袒露，腰束带，下着裙。腕饰镯，左手残，似体侧持飞锤，右手屈肘上举，持飞锤索，向身前池内罪人作敲击状。锤索似绳状，两端各连接一锤头，锤头锤钉凸露。身略前倾，侧身向右而立。

狱卒身前刻一方池，显露最高62厘米，边宽约113厘米，池沿厚约7厘米。池沿外侧正面和右侧转角处各刻一蛇，屈身昂头，喷吐烈焰。其中，正面蛇身略粗大，尾绕于第17幅右下狱卒后背。右侧蛇身显露部分，自山石间窜出。池内污水翻腾，刻三身罪人像漂浮其中。左上罪人身长86厘米，头挽髻，面朝下，上身裸，下着犊鼻裈。左手屈肘上举扶岩壁，右手不现。右上罪人显露头部和双臂，头挽髻，方面上仰，双眉紧锁，眼大睁。双手扶于池沿，作挣扎状。下方罪人显露头部和左手，头挽髻，面方，双目半睁，咧嘴露齿作痛苦状。左手露于水面，仰面漂浮。

第3组

刻年迈夫妇坐像2身和小孩立像1身（图版Ⅰ：224）。

老妇像　坐高108厘米，头长27厘米，肩宽30厘米，胸厚17厘米。头挽高髻，脸长圆，略残，戴圆环耳饰。内着抹胸，外着对襟窄袖上衣，腰束带，下着长裙。上身前倾，双手身前各端一碗，递送身前小孩。双足不现，侧身向右而坐。碗大小一致，口径19厘米，高10厘米，皆敞口、卷沿、斜腹、圈足。左碗满盛元宝、圆珠、长条形和菱形等珍宝，右碗满盛米饭，略蚀。

老夫像　坐高120厘米，头长30厘米，肩宽33厘米，胸厚11厘米。头戴高筒巾，扎带，巾带作结后下垂脑后，身略左侧。长圆脸，略残，面老，刻三缕长须至胸。着双层交领宽袖长服。左手袖内下垂体侧，右手横置腹前，作指点状。盘左腿，垂右腿，着鞋而坐。

小孩像　位于老夫妇身前，立高72厘米，头长18厘米，肩宽20厘米，胸厚17厘米。光头，圆脸，侧面向左，双目平视。上着窄袖短衣，下着裤。左手笼袖内，扶老夫像左膝，右手伸向老妇所持右碗。着鞋，面内而立。

在方池右上方凿一平整面，高33厘米，宽126厘米。内刻铭文1则，文左起，竖刻25行，存177字，楷体，字径4厘米（图版Ⅱ：147）。

01	大藏经云迦叶白
02	佛言食肉者堕何
03	处地狱佛告迦叶
04	食肉者堕粪秽地
05	狱其中有粪乃深
06	万丈驱食肉之人
07	入此地狱驱出转

1　此"持"字《大足石刻铭文录》录为"转"。重庆大足石刻艺术博物馆编：《大足石刻铭文录》，重庆出版社1999年版，第152页。
2　此"即"字《大足石刻铭文录》录为"节"。重庆大足石刻艺术博物馆编：《大足石刻铭文录》，重庆出版社1999年版，第153页。

08	轴始转一匝遍体
09	万钉刺破此身支
10	过通彻是其大苦
11	五百万世无有出期
12	迦叶白佛言如来
13	若说法时一切众生
14	为受不受佛告迦
15	叶譬如有人年已
16	八十贫穷孤老后
17	生一子极其怜愍
18	一手把金一手把
19	饭二团俱授如过
20	与子婴儿愚騃不
21	识其金而取其饭
22	一切众生亦复如是
23	我愍一切众生犹
24	如慈父众生而悉
25	舍去□作礼奉行[113]

此外，龛壁中部前侧地坪存一造像石堡，后距龛壁约93厘米（图版Ⅰ：225）。石堡略呈椭圆体，上下高约150厘米，左右最宽约270厘米，最厚约175厘米。石堡镌刻为伏兽背托仰莲台。兽部残，可辨头向右转，四肢伏地，长尾下垂，向左伏卧。其身前刻莲茎、莲叶，身后并刻三张边缘卷曲的莲叶。兽背之上，刻一圆形仰莲台，台高38厘米，直径110厘米。上部残，台面中央凿一圆孔，直径22厘米，深4厘米。

四　晚期遗迹

（一）铭文

2则。

第1则

墨书菩萨名，时代不详[1]。书于主尊菩萨像头光上方壁面，左起竖书3行5字，楷体，字径6厘米（图版Ⅱ：148）。

01	地藏
02	王
03	菩萨

第2则

天堂地狱论，清同治二年（1863年）。刻于龛左侧壁下部。刻石面高94厘米，宽176厘米。上方横刻"天堂地狱论"5字，楷体，字径10厘米；下部左起竖刻40行，存726字，字径3厘米（图版Ⅱ：149）。

1　现场观察，主尊菩萨像头光上方壁面狭窄，空间紧促；3行墨书视其壁面大小分行题写，不是与造像统一规划的结果。书写时间难以判定。

天堂地狱论（额）

01 □□□有天堂地狱之说理本真实不谬而世儒每
02 □以为无殆习[1]而不察也诗不云乎文王陟降在帝
03 □右若无天堂帝何在文王何在乎此知天堂之必
04 有也书云重民五教惟食丧祭鲁论亦持记祭如在
05 焉世儒动云人死魂魄既散彼刑狱何处可受则何
06 不云人死魂魄既散圣人何以重祀典也是益善人
07 上升而享馨香恶人下沉而入地狱原理有可据而
08 无足疑者他如饿鬼畜生两途吾侪[2]耳之所闻目之
09 所见确[3]确可凭者所在多有又不独伯有为厉彭生
10 为□自起为牛载在史策者为可信也嗟呼福善祸
11 淫天道之常而古今来之善未及福恶未[4]及祸者多
12 矣天道□终梦梦哉则死而受三途之苦又决然而
13 无□矣[5]或曰善恶之报不在天堂地狱而在后嗣子
14 孙□云仁□必有后仲尼曰始作俑[6]者其无后乎是
15 也曰是正可以见天堂地狱之必有也人死果无知
16 觉不能受赏而受罚乎则有后何益于君子无后何
17 伤于小人天道更不应梦梦若是曰是固然而先儒
18 何以裙[7]攻浮屠之妄曰先儒疾斋僧佞[8]佛者不务民
19 义而力言其无以救世道人心意良美也而不知使
20 作奸犯科者益无忌惮而逾见世道人心之敝则意
21 虽叹而词未善也善乎孟子之告齐宣王也好货好
22 色直谓公刘[9]太王皆然是本无者且可言其有也以
23 引世于当道今以本有者反言其无是举庸众稍有
24 所蒙□□□而去之也未能祛斋僧佞[10]佛者之惑
25 而□□□贼子[11]奸臣身无忌惮之忌先儒之所以来[12]
26 足□□也然则如之何而可亦曰忠□□□则登天
27 堂可□然佞[13]佛所敢望也奢淫残暴必入地狱□□
28 然□即所能免[14]也安在言天堂地狱者逐畔我□□
29 之道乎□□儒教于方寸危微中分人兽之界是何
30 等严厉是何等惊骇然此可为知者道难为俗人言

---

[1] 此"习"字《大足石刻铭文录》未录入。重庆大足石刻艺术博物馆编：《大足石刻铭文录》，重庆出版社1999年版，第153页。
[2] 此"侪"字《大足石刻铭文录》录为"济"。重庆大足石刻艺术博物馆编：《大足石刻铭文录》，重庆出版社1999年版，第154页。
[3] 此"确"字《大足石刻铭文录》录为"难"。同前引。
[4] 此"未"字《大足石刻铭文录》录为"来"。同前引。
[5] 此"矣"字《大足石刻铭文录》未识别。同前引。
[6] 此"俑"字《大足石刻铭文录》未识别。同前引。
[7] 此"裙"字《大足石刻铭文录》录为"群"。同前引。
[8] 此"佞"字《大足石刻铭文录》录为"供"。同前引。
[9] 此"刘"字《大足石刻铭文录》录为"对"。同前引。
[10] 此"佞"字《大足石刻铭文录》录为"供"。同前引。
[11] 此"贼子"2字《大足石刻铭文录》录为"贱□"。同前引。
[12] 此"来"字《大足石刻铭文录》录为"求"。同前引。
[13] 此"佞"字《大足石刻铭文录》录为"供"。同前引。
[14] 此"免"字《大足石刻铭文录》录为"完"。同前引。

31　也唯释道以天堂为言则孺妇亦知感旧以地狱为

32　说则孺妇亦知恐惧但俗僧因其恐惧而引天斋照

33　一途斯乖[1]至理吾儒欲救其偏而又言绝无地狱□

34　为可惜也

35　大清道光甲申邑儒杨法健敬撰

36　同治癸亥年△邑人蒋以德祈母寿捐资刻石

37　△△△△△△△李正儒敬书

38　△△命短命长休忌猜要皆大造一婴孩林林总总非真[2]

39　△△也富富贫贫亦幻哉到死难携升斗去转生难带姓

40　△△名来何如万善凝胸抱一任沧桑变几回△法健[114]

（二）构筑

1945年前，龛第四层"饿鬼地狱"与"截膝地狱"场景间崖面已现裂缝，其后，裂隙逐年增大，致崖壁有垮塌的危险。1982年，国家文物局委派专家对该处崖面进行复原，并通过稳定基岩、灌浆粘结、加锚砌墙的方式进一步固定岩体[3]。

1953年，以条石修补和加固脚基和垮塌岩面。壁面第三层脚基风化，导致"剑树地狱"崖面垮塌。工程时分三段加固："刀山地狱"至"寒冰地狱"以两层条石叠砌填充，长540厘米，高47—60厘米；"剑树地狱"崖面整体坍塌，造像大多残毁，以八级条石错缝平砌呈折尺形支撑坍塌壁面，高210厘米，左侧长250厘米，右侧长140厘米；"拔舌地狱"下方三级条石加固，长310厘米，高103厘米。第四层崖面下方脚基亦风化，"截膝地狱"底部铺垫条石，长180厘米，高50厘米，"饿鬼地狱"至"僧人说法图"段长670厘米，高20—48厘米，"铁轮地狱"至"粪秽地狱"下方填充条石六级，长670厘米，高120—140厘米。条石外侧均经过修整，存斜向凿痕；有的还雕刻云纹，以错缝平砌的方式垒砌。

1997年，补接西边残缺檐岩，用垂直锚杆将顶板底部岩体与上部岩体连为一体。

1975年，在"拔舌地狱"顶部，"五官大王"和"阎罗天子"下方的空白壁面隐蔽处凿小沟排水。

1957年和1993年，分别以土红、牛胶、白矾拌水煮沸的涂料涂抹上层崖壁，延缓崖壁风化。

1993年，对上层和中层的20方平整面铭文题刻进行封护处理。

1993年，对拓片造成的色彩剥落现象，以质地相同的颜料补充绘饰十王身前方案帷布。

龛壁存少量较为明显的孔洞。其中，第三层造像壁面左端凿一方孔，高36厘米，宽25厘米，深34厘米。第三、四层之间龛壁右侧凿一圆孔，直径28厘米，深20厘米。第四层造像左侧"截膝地狱"题刻下方凿一方孔，高11厘米，宽16厘米，深17厘米。第四层造像右侧"粪秽地狱"右下方壁面凿一圆孔，直径8厘米，深5厘米。

龛壁第三层"拔舌地狱"左侧，比邻条石修补处，纵向建一道排水暗沟；显露高约176厘米，宽14厘米。该排水沟右前侧地坪亦建一道横向的排水浅沟，自"锉碓地狱"置"拔舌地狱"，全长约490厘米，宽6厘米，最深约14厘米。

龛壁下部左侧第11幅"截膝地狱"造像前侧外凸崖体纵向设置一道排水暗沟，后侧与龛壁相接，前侧延至地坪。沟全长约90厘米，宽26厘米；现已用石板封闭。

龛壁第三层与第四层之间的平台地坪中部及右侧边缘存十二个明显的方孔，布置较为零乱。方孔大小相近，边宽约20厘米，深12厘米。

龛壁前侧外凸崖体的边缘残存三个较为明显的柱洞，打刻较为粗糙。三柱洞大致等距弧线布置，相邻间距约170厘米。柱洞大小相近，直径约25厘米，深4厘米。

1　此"乖"字《大足石刻铭文录》录为"乘"。重庆大足石刻艺术博物馆编：《大足石刻铭文录》，重庆出版社1999年版，第154页。

2　此"真"字《大足石刻铭文录》录为"直"。同前引。

3　贾瑞广：《大足宝顶山"截膝地狱"和北山136号窟维修加固工程技术总体报告》，重庆大足石刻艺术博物馆编：《大足石刻研究文集》（2），重庆出版社1997年版，第554—561页。

（三）妆绘

龛壁存灰白色、红色两种涂层。其中，第一、二、三层龛壁涂层保存较好，颜色艳丽；第四层龛壁涂层褪色严重，仅右侧壁面涂层较为明显。

第二层方案存灰白色、黑色、蓝色、绿色等四种涂层，铭文描作白色。第三层平整面涂抹红色，铭文描白。第四层平整面及铭文未见作色。

造像存灰白色、黑色、蓝色、绿色、红色等五种涂层。第三层造像部分存有烟熏的黑色。

此外，主尊菩萨像头、胸及双手残存贴金痕迹，袈裟之上采用沥粉工艺绘出龙纹和花卉，微凸袈裟表面。座下仰莲台原涂蓝色涂料，现存烟炱痕迹。其左右"十王二司"坐像及侍者立像有部分描画黑色胡须。

注释：

［1］ 此"楼"字，铭文为：

楼

［2］ 此"楼"字，铭文为：

楼

［3］ 本则铭文第1行第2字、第24行第2字"藏"；第1行第3字、第20行第20字"经"；第2行第3字等3处"陀"；第2行第8字"远"；第2行第12字、第13行第14字"念"；第2行第17字等3处"净"；第3行第6字等3处"说"；第3行第17字、第5行第5字"欲"；第3行第18字等4处"修"；第6行第10字、第13行第2字"杀"；第6行第20字"饭"；第7行第4字"戒"；第8行第3字"劝"；第11行第4字"难"；第11行第9字"凡"；第12行第9字"愿"；第13行第10字"乘"；第16行第5字等3处"萨"；第16行第10字"与"；第17行第5字"照"；第17行第13字"欢"；第19行第7字"往"；第19行第13字"国"；第21行第4字"历"；第22行第10字"还"；第24行第5字"观"，铭文分别为：

藏 经 陀 远
念 净 说 欲
修 杀 饭 戒
劝 难 凡 愿

乘 萨 与 照
欢 往 国 历
还 观

［4］ 本则铭文碑额第3字"净"；第1行第2字"藏"；第2行第5字"经"；第2行第8字、第9行第10字"解"；第4行第6字、第9行第9字"乘"；第5行第3字"愿"；第5行第9字"国"；第7行第3字"陀"；第7行第5字"与"；第7行第8字"势"；第8行第7字"台"；第9行第2字、第12行第2字"赞"；第12行第6字"念"；第12行第7字"顷"；第12行第8字"即"；第13行第9字"萨"；第14行第3字"光"；第14行第10字"宿"；第15行第1字"习"；第15行第3字"闻"；第15行第5字"声"；第15行第6字"纯"；第15行第7字"说"；第17行第6字"历"；第18行第6字"修"，铭文分别为：

净 藏 经 解
乘 愿 国 陀
与 势 台 赞
念 顷 即 习
光 宿 闻 历
声 纯 说 修

[5] 本则铭文第13行第9字"声"；第14行第5字"历"，铭文分别为：

[6] 本则铭文第1行第6字"若"；第1行第18字"修"；第2行第7字"逆"；第2行第8字"无"；第2行第10字"过"；第2行第18字"愿"；第4行第3字"陀"；第4行第5字"与"；第4行第8字"萨"；第4行第12字"绕"；第5行第4字"说"；第5行第11字、第7行第8字"赞"；第5行第12字"叹"；第6行第7字"欢"；第6行第16字"台"；第8行第10字"解"；第8行第11字"脱"，铭文分别为：

[7] 本则铭文第1行第2字"藏"；第1行第10字"若"；第2行第20字"愿"；第3行第7字"修"；第3行第13字"欲"；第4行第3字、第8行第1字"陀"；第4行第5字"与"；第4行第8字"萨"；第4行第18字、第7行第11字"赞"；第6行第19字、第8行第3字"经"；第7行第12字"叹"；第7行第17字"欢"；第8行第10字"汉"，铭文分别为：

[8] 本则铭文第1行第6字"若"；第2行第4字"欲"；第3行第7字、第6行第6字"说"；第4行第3字、第7行第2字"陀"；第4行第13字"愿"；第5行第5字"顷"；第5行第16字"经"；第6行第1字"观"；第6行第3字"势"；第6行第11字"欢"；第7行第4字"经"；第8行第3字"汉"，铭文分别为：

[9] 本则铭文第1行第11字、第2行第7字"恶"；第1行第12字"业"；第1行第13字"虽"；第2行第12字"愧"；第2行第14字"欲"；第3行第5字、第12行第6字"赞"；第3行第7字、第9行第17字"乘"；第3行第11字等4处"经"；第4行第7字"除"；第4行第10字"劫"；第5行第3字"陀"；第6行第2字"即"；第7行第1字"观"；第7行第3字"势"；第9行第11字"欢"；第11行第5字"萨"；第11行第7字"说"；第11行第15字"解"，铭文分别为：

[10] 本则铭文第1行第2字"藏"；第1行第14字"毁"；第2行第1字"净"；第2行第2字等3处"说"；第2行第7字"愧"；第2行第13字"恶"；第2行第14字"业"；第2行第21字"欲"；第3行第18字"陀"；第4行第3字"赞"；第4行第7、8字"解"；第4行第9字"脱"；第4行第16字"除"；第5行第17字"皆"；第6行第3字"萨"；第6行第10字"念"；第6行第11字"顷"；第7行第2字、第8行第4字"经"；第7行第3字"于"；第7行第10字"观"；第7行第12字"势"，铭文分别为：

[11] 本则铭文第1行第13字、第2行第6字"业";第1行第15字"逆";第1行第17字等3处"恶";第2行第12字"经";第2行第13字"历";第2行第15字等3处"劫";第3行第2字"临";第3行第16字等5处"念";第4行第12字"若";第5行第3字"寿";第6行第8字、第10行第10字"除";第7行第11字"顷";第8行第3字"世";第10行第1字"观";第10行第3字"势";第10行第7字"说";第11行第6字"欢",铭文分别为:

[12] 本则铭文碑额第2字"观";第2行第1字"冲",铭文分别为:

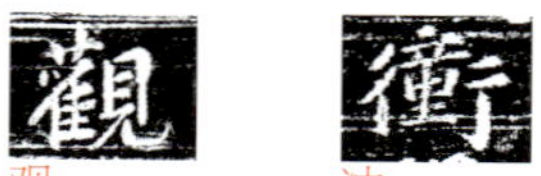

[13] 本则铭文碑额第2字"观";第1行第1字"禅";第2行第5字"冰",铭文分别为:

[14] 本则铭文碑额第2字"观";第1行第2字"彻";第1行第3字"琉",铭文分别为:

[15] 本则铭文第1行第5字"本";第2行第2字"觉";第4行第1字"庄";第4行第2字"严";第4行第4字"界",铭文分别为:

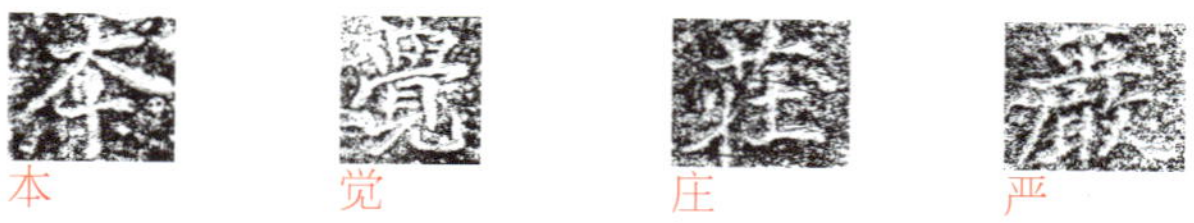

[16] 此"总"字,铭文为:

[17] 本则铭文碑额第3字、第2行第2字"观";第1行第2字"举",铭文分别为:

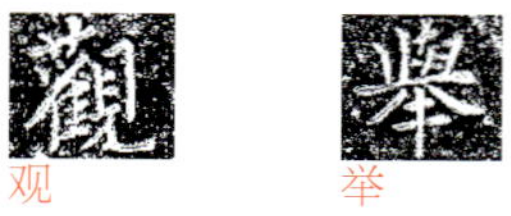

[18] 本则铭文碑额第1字"观";第4行第5字"缘",铭文分别为:

[19] 本则铭文碑额第2字、第1行第1字"势";碑额第4字"观";第2行第3字"望";第3行第2字"边";第3行第5字"处";第4行第4字"群",铭文分别为:

[20] 本则铭文碑额第2字"观";第1行第4字"严";第4行第5字"迎",铭文分别为:

[21] 此"观"字,铭文为:

[22] 此"观"字,铭文为:

[23] 此"势"字,铭文为:

[24] 本则铭文碑额第3字"观";第1行第3字"皆";第1行第5字"萨";第4行第4字"凡",铭文分别为:

[25] 本则铭文碑额第3字"观";第1行第5字"汉"铭文分别为:

[26] 本则铭文碑额第3字"观";第1行第4字"凶";第1行第5字"恶";第2行第1字"曾";第3行第5字"念",铭文分别为:

[27] 本则铭文第1行第2字"劝";第1行第4字等13处"念";第1行第7字等11处"陀";第2行第6字"若";第2行第11字"燕";第2行第12字"垒";第6行第2字"枪";第6行第5字"势";第6行第6字"难";第6行第7字、第16行第14字"过";第6行第10字"骑";第7行第2字、第14行第3字"敌";第7行第10字、第18行第2字"习";第7行第11字、第10行第5字"善";第8行第1字"富";第8行第11字"算";第8行第12字"恐";第9行第4字"觉";第10行第4字"响";第11行第2字"饶";第11行第10字"净";第12行第1字"柳";第12行第9字"体";第12行第13字"绮";第14行第1字"棋";第14行第2字"夸";第14行第9字"劫";第15行第2字"阴";第15行第11字"坐";第16行第3字、第22行第4字"经";第16行第4字"纪";第16行第6字"奔";第16行第8字"远";第16行第13字"处";第17行第10字"归";第18行第5字"损";第18行第6字"陷";第18行第9字"妆";第18行第13字"喽";第19行第5字"招";第20行第2字"业";第20行第3字"冤";第20行第8字"将";第20行第13字"阎";第22行第6字"最";第23行第7字"说";第23行第13字"网",铭文分别为:

[28] 本则铭文第2行第8字、第15行第12字"收";第2行第9字"拾";第4行第1字"底";第4行第10字"涌";第4行第14字"儿";第5行第5字、第6行第12字"本";第5行第8字等17处"念";第6行第7字"漆";第7行第14字"珍";第8行第6字等3处"陀";第9行第12字"最";第11行第11字"缘";第12行第4字、第21行第14字"宜";第12行第10字"临";第13行第1字"贪";第13行第9字"觉";第13行第10字"年";第14行第2字"若";第14行第3字"鬼";第14行第13字、第20行第13字"阎";第16行第4字"经";第16行第12字"遣";第17行第7字"游";第18行第1字"欲";第18行第8字、第21行第8字"勤";第19行第4字、第22行第4字"劝";第20行第1字"虽",铭文分别为:

[29] 本则铭文第2行第1字、第7行第1字"庄";第2行第7字"萨";第2行第8字"满";第3行第8字"愿";第4行第8字"携";第5行第3、5字"净";第8行第4字"年";第9行第1字"聪",铭文分别为:

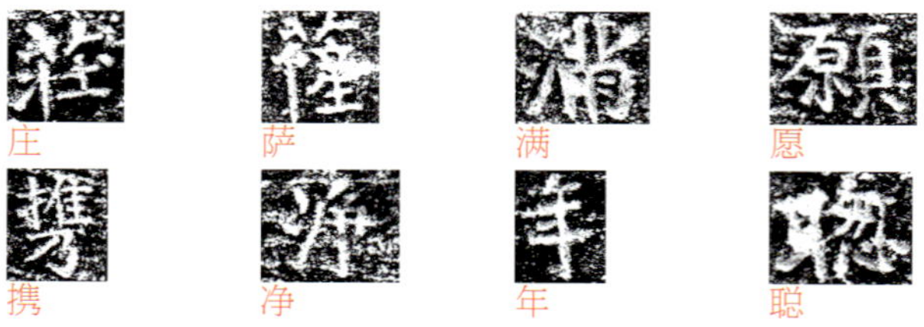

[30] 本则铭文第3行第7字"庆";第8行第4字"照",铭文分别为:

[31] 本则铭文第1行第2字、第7行第9字"劫";第1行第5字"换";第2行第3字"若";第2行第9字"念";第4行第7字"经";第6行第1字、第11行第10字"看";第8行第13字"深";第9行第10字"儿";第10行第9字"举";第11行第11字"你";第13行第2字"庆",铭文分别为:

[32] 本则铭文第1行第8字等3处"庄";第2行第2字"势";第2行第5字"萨";第3行第2字"愿";第4行第1字"携";第4行第7、9字"净";第7行第12字"聪",铭文分别为:

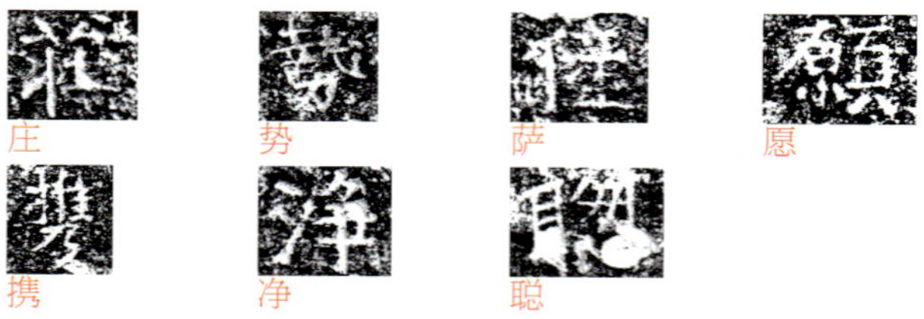

[33] 此"榖"字,铭文为:

[34] 此"兼"字,铭文为:

[35] 此"锁"字,铭文为:

[36] 此"勒"字,铭文为:

[37] 本则铭文第2行第1字"乌";第4行第1字"声",铭文分别为:

[38] 此"奔"字,铭文为:

[39] 本则铭文第1行第6字"禅";第3行第6字"世";第3行第7字"观",铭文分别为:

[40] 此"欲"字,铭文为:

[41] 本则铭文第1行第1字"贪";第1行第3字"杀";第2行第5字"诣";第2行第7字"虚";第3行第3字"眈";第3行第4字"欲";第3行第6字"恶";第5行第6字"饭",铭文分别为:

[42] 此"祸"字,铭文为:

[43] 此"禅"字,铭文为:

[44] 此"鬼"字,铭文为:

[45] 此"难"字,铭文为:

[46] 此"贱"字，铭文为：

[47] 此"切"字，铭文为：

[48] 本则铭文第1行第2字、第2行第4字"猿"；第3行第2字"锁"；第4行第5字"净"，铭文分别为：

[49] 本则铭文第4字"念"；第6字"攀"；第7字"缘"；第11字"恶"；第14字"死"，铭文分别为：

[50] 本则铭文第4行第1字"超"；第4行第2字"凡"；第4行第4字"圣"；第5行第5字"修"，铭文分别为：

[51] 本则铭文第2行第4字"皆"；第3行第2字"祸"；第5行第2字"恶"，铭文分别为：

[52] 此"若"字，铭文为：

[53] 本则铭文第1行第1字"若"；第4行第1字"世"；第6行第2字"观"，铭文分别为：

[54] 本则铭文第1行第6字等3处"难"；第2行第1字"浅"；第2行第6字"吉"；第2行第11字"祸"；第3行第6字"淫"；第3行第11字"皆"；第3行第12字"助"；第4行第3字"若"；第4行第4字"将"；第4行第12字"本"，铭文分别为：

[55] 本则铭文第1行第10字"浅"；第2行第3字"遍"；第3行第1字、第6行第2字"恶"；第3行第3字"祸"；第3行第11字、第6行第6字"皆"；第3行第12字"缘"；第4行第8字"满"；第4行第10字"死"；第5行第7字"恼"；第6行第3字"气"；第6行第7字"远"；第6行第10字"归"；第7行第3字"经"；第7行第8字"说"；第7行第10字"若"；第8行第3字"缠"；第8行第5字"裹"；第8行第6字"岂"；第9行第4字"本"；第9行第10字"贪"；第9行第12字"达"，铭文分别为：

[56] 本则铭文第2行第7字"鬼"；第2行第8字"奔"；第3行第3字"贪"，铭文分别为：

[57] 本则铭文第1行第1字、第3行第3字"锁"；第3行第1字"若"；第3行第13字"觉"；第3行第14字"修"，铭文分别为：

[58] 本则铭文第14字"修"；第17字"贪"；第25字"冤"；第28字"仇"；第32、44字"缘"；第39字"转"；第41字"猿"；第42字"猴"；第48字"真"；第53字"回"，铭文分别为：

[59] 此"满"字，铭文为：

[60] 此"补"字，铭文为：

[61] 此"与"字，铭文为：

[62] 本则铭文第1行第1字"欲"；第4行第2字"钱"；第5行第1字"冥"；第7行第4字"年"，铭文分别为：

[63] 本则铭文碑额第1字"秦"；第1行第3字"遣"；第3行第2字"修"；第6行第3字"历"；第6行第4字"冥"；第7行第2字"遭"，铭文分别为：

[64] 本则铭文第3行第4字"数"；第6行第1字"护"；第6行第2字"往"；第7行第1字"富"，铭文分别为：

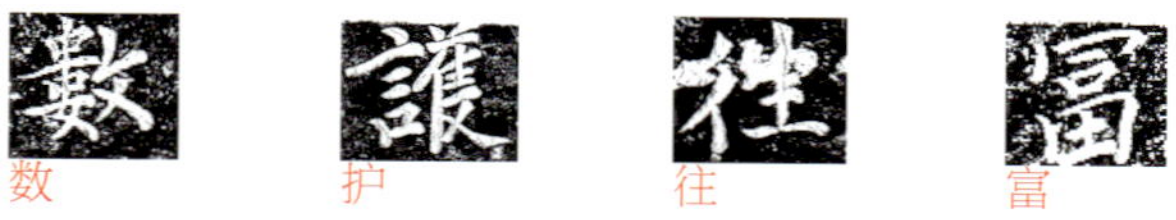

[65] 本则铭文第3行第1字"缘"；第4行第3字"愿"；第6行第1字"剑"，铭文分别为：

[66] 本则铭文第1行第2字"斋"；第1行第3字"毁"；第2行第4字"业"；第3行第2字"昭"；第4行第2字"虚"；第5行第2字"经"，铭文分别为：

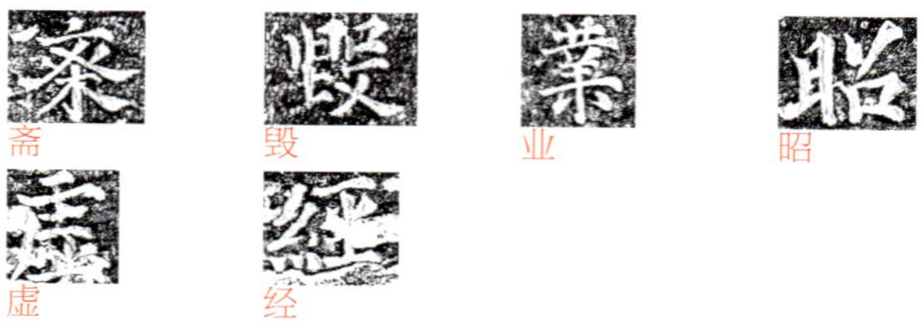

[67] 本则铭文碑额第1字、第6行第4字"阎"；第3行第3字"回"；第4行第1字"暂"；第5行第1字"厌"，铭文分别为：

[68] 本则铭文碑额第1字"变"；第1行第1字"若"；第3行第1字"写"；第3行第2字"经"；第4行第3字"舍"；第5行第4字"恶"，铭文分别为：

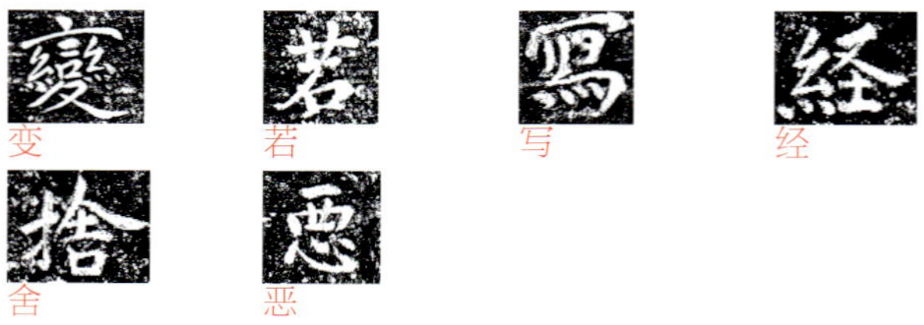

[69] 本则铭文第3行第1字"鼠"；第3行第4字"啮"；第5行第2字"修"；第6行第2字"欲"；第7行第3字"超"；第7行第4字"升"，铭文分别为：

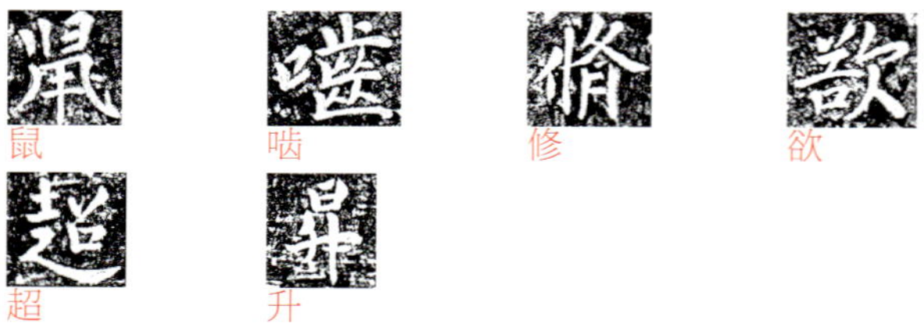

[70] 本则铭文第2行第1字"满"；第3行第1字"臻"；第3行第2字"龙"；第3行第3字"鬼"；第3行第4字"会"；第5行第3字"冥"；第6行第4字"稽"，铭文分别为：

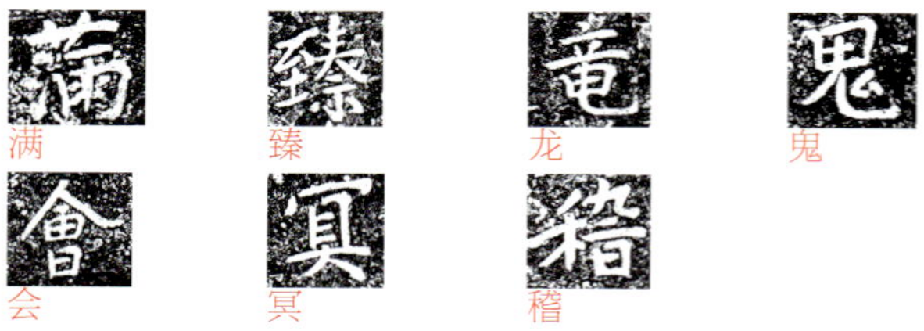

[71] 本则铭文第3行第1字"恶"；第5行第1字"设"；第5行第2字"斋"；第7行第1字"罪"，铭文分别为：

[72] 本则铭文碑额第3字"圣"；第1行第4字"历"；第2行第2字"关"；第3行第2字"唯"；第4行第1字"业"；第4行第4字"善"，铭文分别为：

[73] 本则铭文第1行第1字"船"；第2行第3字"痴"；第2行第4字"遭"；第4行第3字"若"；第5行第2字"年"；第6行第1字"过"；第6行第2字"修"；第6行第3字"斋"，铭文分别为：

[74] 本则铭文第1行第4字"念";第3行第3字"赞";第4行第2字"说";第5行第3字"险";第6行第5字"勤";第7行第5字"恶";第7行第6字"业",铭文分别为:

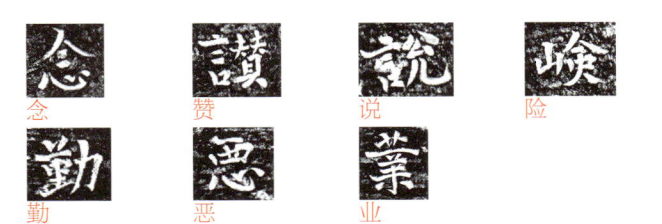

[75] 本则铭文第1行第1字"劝";第2行第3字"岩",铭文分别为:

[76] 本则铭文第1行第2字、第3行第4字"念";第3行第1字"劝";第3行第3字"勤";第6行第2字"修";第6行第3字"净";第6行第5字"脱",铭文分别为:

[77] 本则铭文第1行第2字、第5行第2字"念";第1行第4字"劫";第2行第5字、第3行第7字"冰";第3行第3字"最";第4行第2字"因";第4行第5字"对";第6行第2字"业";第6行第6字"处",铭文分别为:

[78] 本则铭文第3行第2字"遍";第4行第1字、第8行第2字"剑";第5行第1字"赞";第6行第2字"说";第7行第2字"最";第8行第1字"残";第10行第2字"招";第10行第3字"还",铭文分别为:

[79] 本则铭文第1字"若";第2字"将",铭文分别为:

[80] 此"劫"字,铭文为:

[81] 本则铭文第3行第7字"铁";第5行第3字"阎";第6行第2字"念",铭文分别为:

[82] 中部铭文第1行第3字"热";第1行第4字"铁",铭文分别为:

[83] 右侧铭文第1行第2字"念";第1行第4字"势";第2行第6字、第6行第2字"蛇";第3行第1字"赞";第3行第4字"萨";第5行第5字"沾";第6行第3字"岂",铭文分别为:

[84] 本则铭文第1行第2字"藏";第1行第4字"说";第1行第7字"经";第1行第12字"习";第1行第13字、第2行第11字"恶";第1行第15字、第2行第4字"铁";第2行第15字"还",铭文分别为:

[85] 此"虚"字,铭文为:

[86] 本则铭文第1行第2字"念";第1行第6字"萨";第3行第3字"赞";第6行第1字"缘";第6行第3字"恶";第7行第3字"观";第8行第2字"慼",铭文分别为:

[87] 此"锯"字,铭文为:

[88] 本则铭文第1行第2字、第5行第2字"念";第1行第5字"那";第3行第6字"圆",铭文分别为:

[89] 本则铭文第1行第2字、第6行第2字"念";第1行第8字、第3行第2字"萨";第2行第2字"遍";第2行第5字、第4行第1字"铁";第4行第6字"烧";第5行第4字"业",铭文分别为:

[90] 本则铭文第1行第2字"念";第3行第1字"赞";第4行第7字"经";第5行第2字"善";第5行第3字"冥";第6行第4字"陀";第6行第7字"遍";第7行第5字"显",铭文分别为:

[91] 此"膝"字,铭文为:

[92] 此"逆"字,铭文为:

[93] 此"无"字,铭文为:

[94] 本则铭文第1行第2字"藏";第1行第3字"经";第2行第5字等3处"若";第5行第4字"叉";第6行第4字、第8行第7字"叶";第9行第4字"舍";第9行第7字"国";第11行第2字"淫";第12行第4字"与";第14行第6字"吉";第14行第7字"槃";第14行第8字"陀";第18行第6字"唇";第19行第6字"无";第20行第1字"皆";第21行第2字、第24行第1字"劝";第22行第8字"将";第23行第3字"剑",铭文分别为:

[95] 本则铭文第1行第2字"藏";第1行第4字、第3行第4字"说";第1行第6字"鲜";第1行第7字"经";第9行第1字"念";第11行第1字、第12行第6字"叶";第13行第10字"凡";第14行第2字"若";第19行第8字"颠";第20行第5字"切",铭文分别为:

[96] 本则铭文碑额第1字"铁";第1行第2字"藏";第1行第3字"经";第1行第8字等3处"叶";第1行第9字等3处"若";第4行第1字"妒";第4行第8字"净";第5行第6字"乘";第5行第9字"涅";第5行第10字"槃";第6行第4字"劫";第9行第2字"纵";第11行第2字"过";第11行第4、7字"彻";第12行第3字"上";第12行第7字"锁";第13行第4字"烧";第14行第1字"干";第14行第2字"焦";第15行第3字"怀";第15行第5字"愧",铭文分别为:

[97] 此"毁"字，铭文为：

[98] 本则铭文第1字"业"；第7字"虚"，铭文分别为：

[99] 本则铭文首行第2字等3处"鬼"；第1行第2字"藏"；第1行第3字"经"；第1行第6字、第3行第6字"叶"；第1行第8字"萨"；第2行第5字等3处"斋"；第2行第9字"处"；第6行第7字"龙"；第8行第3字"绕"；第9行第4字"烧"；第10行第1字"驱"，铭文分别为：

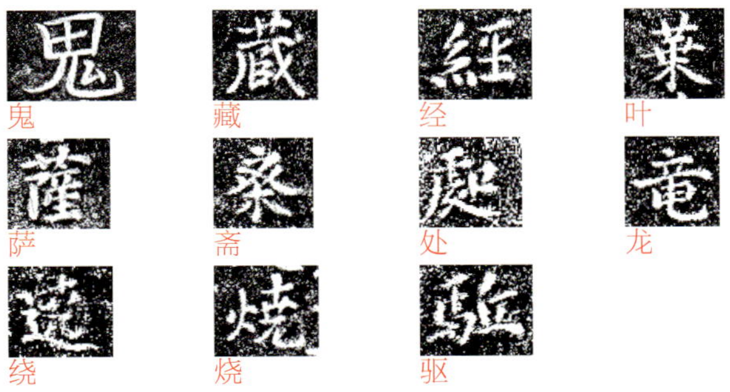

[100] 本则铭文第2行第3字"裹"；第5行第4字"铁"；第7行第4字"斋"，铭文分别为：

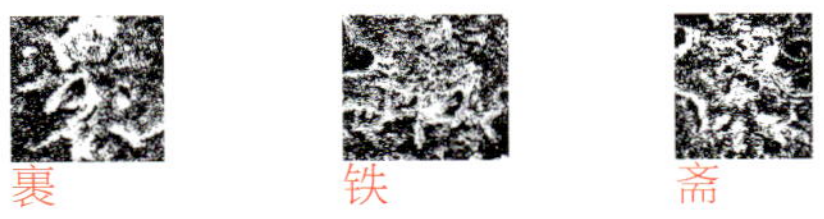

[101] 此"船"字，铭文为：

[102] 此"与"字，铭文为：

[103] 本则铭文第1行第2字"藏"；第1行第8字等6处"叶"；第2行第2字等3处"切"；第11行第3字、第18行第1字"若"；第13行第4字"萨"；第15行第4字、第23行第5字"皆"；第19行第2字"纵"；第21行第5字"刺"；第21行第8字"骨"；第23行第4字"器"，铭文分别为：

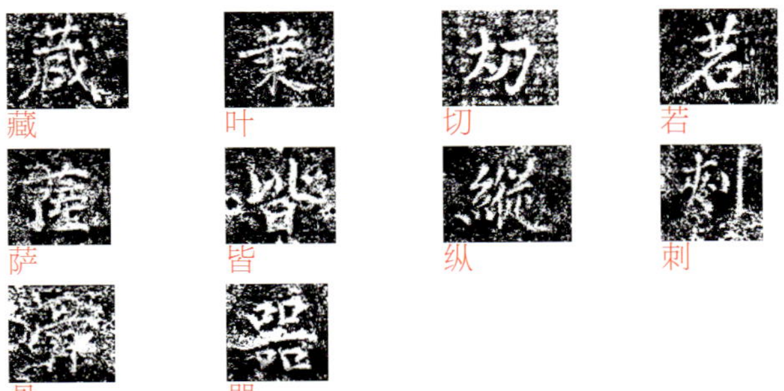

[104] 此"阔"字，铭文为：

[105] 本则铭文第1行第2字"藏"；第1行第4字、第9行第8字"说"；第1行第6字"鲜"；第2行第4字"叶"；第2行第5字、第6行第5字"假"；第3行第5字"遍"；第3行第6字"满"；第4行第3字"世"；第7行第3字"图"；第7行第7字"稻"；第8行第6字"槃"；第9行第9字"修"；第12行第4字"萨"；第12行第7字"凡"，铭文分别为：

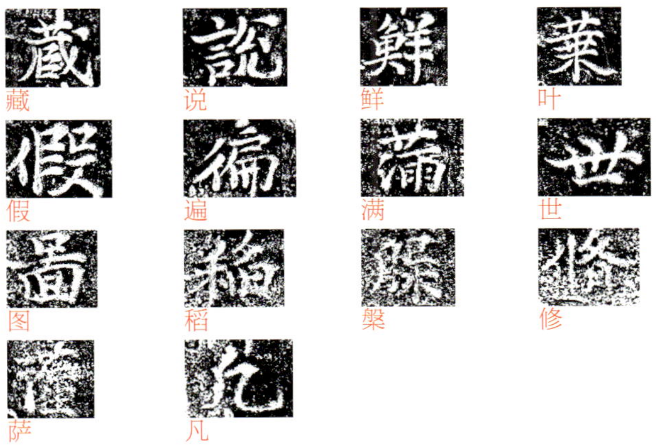

[106] 本则铭文第1行第3字"热"；第1行第4字"铁"；第2行第1字"于"，铭文分别为：

[107] 本则铭文第1行第1字"大"；第1行第2字"藏"；第1行第3字"佛"；第1行第4字"说"；第1行第7字"经"；第1行第12字等3处"鬼"；第1行第13字"丑"；第1行第14字等8处"恶"；第2行第2字"蛆"；第2行第3字"虫"；第2行第4字"脓"；第2行第7字"衰"；第2行第8字"臭"；第2行第9字"气"；第2行第10字"远"；第2行第11字"彻"；第2行第13字"节"；第2行第16字"举"；第2行第17字"声"；第3行第17字"往"；第3行第18字"恋"；第5行第8字"业"；第5行第11字"巫"；第7行第3字"我"；第7行第9字"等"；第8行第9字"备"；第9行第4字"狱"；第9行第7字"绮"；第10行第16字"私"，铭文分别为：

[108] 本则铭文第1行第2字"藏";第1行第6字"叶";第1行第8字"兔";第2行第2字等3处"铁";第3行第3字"处";第3行第5字、第14行第5字"切";第3行第8字、第6行第3字"煮";第5行第6字"烧";第6行第2字"驱";第7行第5、10字"炙";第9行第3字"杀";第9行第8字、第11行第2字"鏊";第9行第9字、第11行第3字"戟";第10行第5字"面";第12行第2字"望";第12行第3字"胸",铭文分别为:

[109] 本则铭文第1行第2字"藏";第2行第6字"恶",铭文分别为:

[110] 此"铁"字,铭文为:

[111] 此"死"字,铭文为:

[112] 本则铭文第1行第2字"藏";第1行第3字"经";第2行第2字"叶";第2行第4字"萨";第5行第4字"觉";第6行第3字、第18行第3字"若";第17行第1字"即";第17行第2字"颠";第18行第2字"骨",铭文分别为:

[113] 本则铭文第1行第2字"藏";第1行第3字"经";第1行第6字等4处"叶";第3行第1字"处";第6行第3字"驱";第9行第3字"刺";第10行第1字、第19行第7字"过";第10行第3字"彻";第13行第1字"若";第13行第2字"说";第13行第6字等3处"切";第15行第6字"年";第20行第1字"与";第20行第4字"儿",铭文分别为:

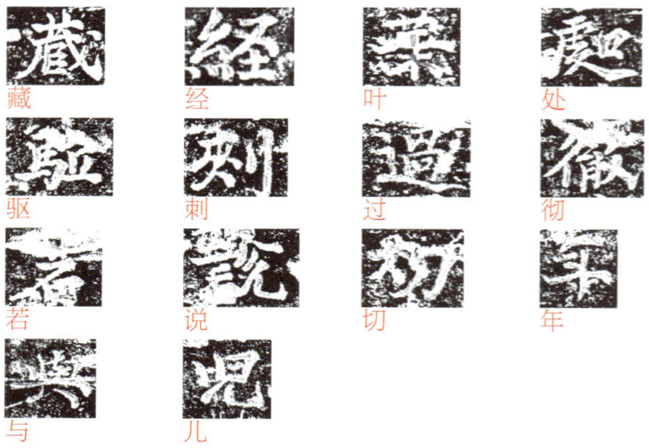

[114] 本则铭文第1行第12字等3处"本";第2行第18字"降";第3行第3字、第17行第12字"若";第5行第1字"焉";第5行第10字"既";第7行第2字"升";第8行第11字"两";第11行第8字、第23行第6字"今";第18行第3字"裙";第22行第8字、第38行第9字"皆";第29行第16字"兽";第38行第17字"总",铭文分别为:

第四章 第21—23号

第一节 本章各编号位置及相互关系

本章第21—23号等3个龛像，位于大佛湾北崖最西端的同一崖壁（图132；图版Ⅰ：226）。壁面自地坪至岩檐底部通高约1314厘米，最宽约2178厘米（图133、图134、图135）。壁面左侧为第20号龛所在崖壁，右侧即为外凸的自然崖壁，并向西曲折延展。

第21号龛是本章幅面最大的龛像，位于壁面上部，左与第20号龛比邻，右为自然崖壁，其下紧邻第22号龛（图版Ⅰ：227）。

第22号龛位于第21号龛下部，幅面宽度与第21号龛略同，高度略小。

第23号龛增刻于第22号龛右下侧，左右皆为开凿第22号龛后遗存的加工壁面，下距地坪约170厘米。

第二节 第21号

一 位置

位于大佛湾北崖最西端的崖壁上部。左紧邻第20号龛，右为自然崖壁，上为外挑的崖檐，下紧邻第22号龛。

龛口南向，方向176°。

二 形制

横长方形龛（图136、图137、图138、图139；图版Ⅰ：228、图版Ⅰ：229）。

于崖壁向内凿建而成。龛口呈横长方形，最高678厘米，最宽2178厘米。龛壁整体前倾，倾角约9°—15°。分作上下两级，最大进深约207厘米。其中，上级壁面外倾，最高约179厘米。其中部外凸，左右侧略内收外展，与相邻龛像所在壁面大致齐平；上部与岩檐垂直相接。下级壁面向内折进，最高约499厘米。其左右端略垂直折出，形成左右侧壁；下部与第22号龛壁面齐平；上部与外凸的上级壁面底部垂直相接。左侧壁略竖直，与第20号龛垂直相接。右侧壁略前倾，其右侧与龛外自然崖壁相接。龛顶即为岩檐，外挑约234厘米，平顶，呈方形。

三 造像

自上而下，造像大致呈三排布列（图136；图版Ⅰ：228）。其中，第一排造像刻于上级壁面，第二、三排造像刻于下级壁面。

上级壁面横刻五佛四菩萨像9身。下级壁面居中刻主尊坐像、立式胁侍菩萨及侍女像共5身，纵贯壁面。以主尊坐像为中心，第二排横刻行化图10组，第三排刻信众立像15身，皆大致对称布置于主尊左右侧。此二排造像壁面另饰刻山石、云纹作背景。

据造像位置，分为主尊及侍者像、第一排、第二排、第三排造像四部分（图140）。

（一）主尊及侍者像

5身。中刻主尊坐像1身，其双肩外侧各刻立式胁侍菩萨像1身，双膝外侧各刻立式侍女像1身（图141；图版Ⅰ：230）。

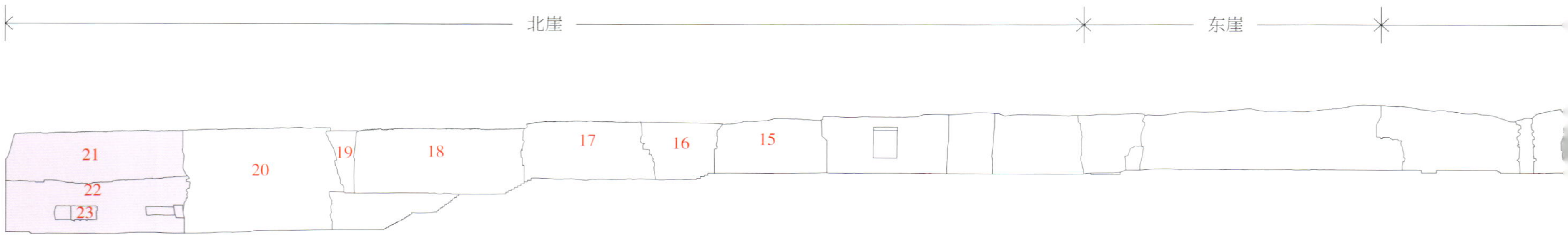

图132　第21—23号龛在本卷龛窟中的位置图

主尊像　坐高444厘米，头长163厘米，肩宽172厘米，胸厚67厘米（图142；图版Ⅰ∶230）。头戴四方平顶巾，面长圆，略低垂。自前额升起云纹，竖直上升至头巾上部。云纹上承一坐佛。主尊像睁左眼，闭右眼，未刻左耳，右耳完整，直鼻，小口，双唇微闭。上唇刻"八"字须，下颌刻一绺胡须，皆下垂至胸。着双层交领宽袖服，腰系带作结，下着裙。未刻左臂，左袖空瘪，垂搭腿前；右手腕镯，横置胸前结印。结跏趺坐于仰莲台上。莲台高97厘米，最宽296厘米，深60厘米。

主尊头顶佛像坐高59厘米，头长27厘米，肩宽27厘米。刻圆形头光，直径53厘米。头戴花冠，冠下露螺发。冠正中刻一放焰珠，发出两道毫光，于上级壁面底部交绕一匝后，再沿外侧边缘呈波状水平延伸，直达壁面左右端。毫光由窄渐宽，最宽约69厘米。面丰圆，戴项圈，坠璎珞。内着僧祇支，外着双领下垂式袈裟，下着裙。腕饰镯，双手胸前结印，结跏趺坐。

左胁侍菩萨像　半身，通高166厘米，头长62厘米，肩宽74厘米（图版Ⅰ∶231）。头戴花冠，缯带作结后下垂至双肘外侧。冠正面刻一坐式化佛。化佛坐高约15厘米，残蚀略重。可辨面圆，内着僧祇支，外着袈裟，双手腹前笼袈裟内，结跏趺坐。菩萨像面长圆，眉眼细长，直鼻小口，耳垂肥大。胸饰璎珞，内着僧祇支，系带作结，外着双领下垂式袈裟。左手覆巾，托持经册，经册长21厘米，宽12厘米，厚3厘米。右手横置胸前结印。

右胁侍菩萨像　半身，高157厘米，头长65厘米，肩宽71厘米（图版Ⅰ∶232）。头后与壁面间刻云纹相接。左手置腹前，右手举胸前共斜持如意，如意全长83厘米。余特征与左胁侍菩萨像同。

左侍女像　高213厘米，头长71厘米，肩宽74厘米（图版Ⅰ∶233）。头刻齐颈短发，自前额发际处刻一朵上飘的云纹，云头刻坐像1身。坐像高18厘米，浮雕圆形背光，直径32厘米。头刻卷发，圆脸，内着僧祇支，外着双领下垂式袈裟，下着裙。双手腹前笼袈裟内，结跏趺坐。侍女面丰圆，略右侧，眉细长，眼微闭，直鼻抿唇，耳垂较大。着双层交领窄袖长服，腰带作结后长垂身前。左手笼袖内，托方盘底；右手腕饰镯，扶方盘。方盘高15厘米，长65厘米。内盛一只齐腕断手，断手结印，全长约56厘米。

右侍女像　高231厘米，头长71厘米，肩宽77厘米（图版Ⅰ∶234）。面左侧，双手胸前托举方盘，盘高12厘米，长44厘米。内盛经函，经函高12厘米，宽29厘米，厚6厘米，中部束带作结。余特征与左侍女像同。

（二）第一排

壁面横刻圆形浅龛9个。龛大小相近，直径139厘米，深36厘米。其中，中部五圆龛布置略紧促，相邻间距约37厘米；左右外侧二圆龛布置疏朗，相邻间距约78厘米。中部与外侧圆龛水平相距约78厘米。

龛内各刻坐像1身。其中，中部五龛内皆刻佛像，左右二龛内皆刻菩萨像，形成五佛四菩萨像的组合（图136；图版Ⅰ∶228）。

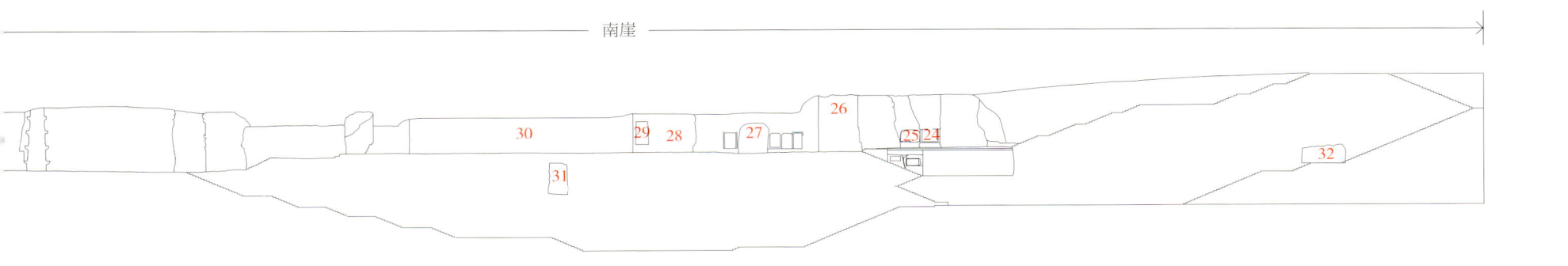

1. 佛像

5身。其体量相近，约坐高125厘米，头长51厘米，肩宽48厘米，胸厚18厘米。皆头刻螺发，面长圆，内着僧祇支，外着袈裟，下着裙，袈裟、裙摆悬垂龛外。手结印相，结跏趺坐。其中，居中佛像头戴花冠，露螺发，缯带作结后下垂胸前。冠正面刻一放焰珠，可辨着袈裟，双手腹前笼袖内。左右内侧佛像着偏衫式袈裟，余佛像着双领下垂式袈裟。

将居中佛像编为第1像，以此为中心，从内至外先左后右，余四佛像编为第2—5像，其手姿特征如下。

第1像　双手胸前结毗卢印（图143；图版Ⅰ：235）。

第2像　左手横置腹前，掌心向上；右手胸前施无畏印（图144-1；图版Ⅰ：236）。

第3像　双手胸下结弥陀定印（图144-2；图版Ⅰ：237）。

第4像　双手腹前结弥陀定印（图145-1；图版Ⅰ：238）。

第5像　左手胸前施无畏印，右手横置腹前，掌心向上（图145-2；图版Ⅰ：239）。

2. 菩萨像

4身。其体量相近，约坐高114厘米，头长50厘米，肩宽40厘米，胸厚14厘米。头挽髻戴冠，缯带作结后飘垂双肘外侧。冠正面刻一身化佛，面方，细眉直鼻，小口抿唇。胸饰璎珞，内着僧祇支，外着双领下垂式袈裟，下着裙，袈裟、裙摆亦悬垂龛外。手姿不一。结跏趺坐。

现从内至外，先左后右，将菩萨像编为第1—4像。其手姿特征如下。

第1像　左手置腹前，右手置胸前，共持念珠（图146-1；图版Ⅰ：240）。

第2像　双手胸前结金刚缚印（图146-2；图版Ⅰ：241）。

第3像　双手置胸前结印，手背相贴，小指交绕（图147-1；图版Ⅰ：242）。

第4像　双手胸前结外缚印（图147-2；图版Ⅰ：243）。

（三）第二排

刻图文相配的造像10组，对称分刻于主尊像左右壁面外凸的平台上（图136；图版Ⅰ：228）。各组造像均以体量略大的居士坐像为主像，身侧另刻体量略小的佛、菩萨、天王等像。此外，各组造像下方另凿平整面刻对应铭文1则。部分比邻平整面衔接一体，分界不明。为使图文内容协调一致，从两端至内侧，将右侧五组造像编为第1、3、5、7、9组，左侧五组造像编为第2、4、6、8、10

图 133　第 21—23 号龛立面及相互位置关系图

240　大足石刻全集　第七卷（上册）

第四章 第21—23号

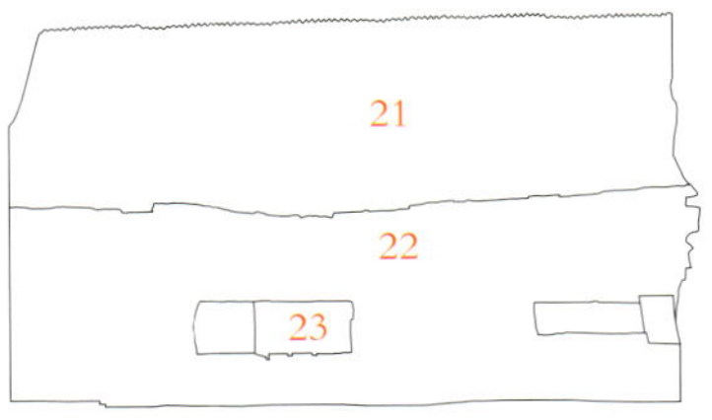

图134 第21—23号龛所在崖壁纵剖面图

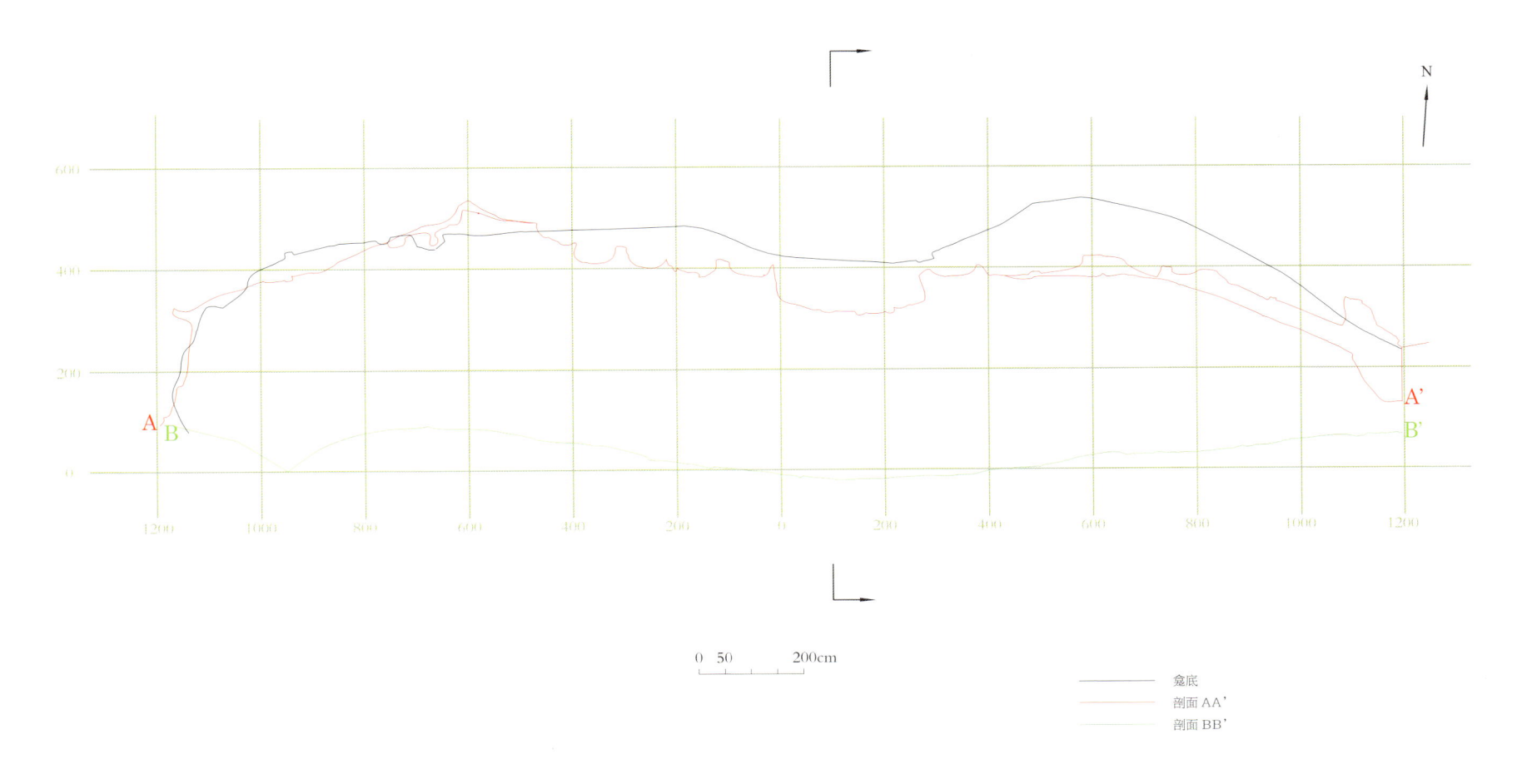

图135 第21—23号龛所在崖壁平面图

组（图版Ⅰ：244、图版Ⅰ：245）。

第1组

刻像2身，左刻居士坐像1身，右刻立式菩萨像1身（图148；图版Ⅰ：246）。此外，菩萨像右侧，壁面圆转外刻立佛1身[1]。

居士像　坐高154厘米，头长61厘米，肩宽71厘米，胸厚23厘米。头戴平顶四方巾，面方圆，弯眉细长，双眼微睁，口微闭。上唇刻两道髭须，呈"八"字形下垂，下颌刻一道胡须，下垂至胸。双耳完整，颈后刻云纹与后壁相接。着交领宽袖长服，腰系带，作结后垂搭小腿上。左手胸前结印，拇指、小指曲捻，余指上竖，其中，食指未刻最上一节；右手腹前结印，掌心向上。结跏趺坐。

菩萨像　立高157厘米，头长41厘米，肩宽44厘米，胸厚18厘米。头挽髻戴冠，缯带作结后下垂双肩后侧。冠正面刻仰莲台，发出一束毫光，上飘至顶。冠下缘刻一道璎珞。面长圆，略残。内着僧祇支，系带作结；外着双领下垂式袈裟，下着裙。腕镯，双手拱于胸前。足不显露。

佛像　位于菩萨像右侧壁面圆转处，立高151厘米，头长36厘米，肩宽50厘米，胸厚18厘米（图148）。头刻螺发，面圆，弯眉细眼，直鼻小口，耳垂肥大，颈刻三道肉褶线。内着僧祇支，外着双领下垂式袈裟，下着裙。双手胸前结定印。足不显露。

居士像身前下方凿一平整面，内刻铭文1则。刻石面高69厘米，宽112厘米。文左起，首行竖刻"第一炼指"4字，字径8厘米，余竖刻13行86字，字径5厘米（图版Ⅱ：150）。

第一炼指

01　本尊教主于光启

---

[1] 现场观察，结合各组对应的铭文，此立佛不能纳入其中任何一组造像内容。故依据就近原则，将此佛像纳入第1组造像内容。

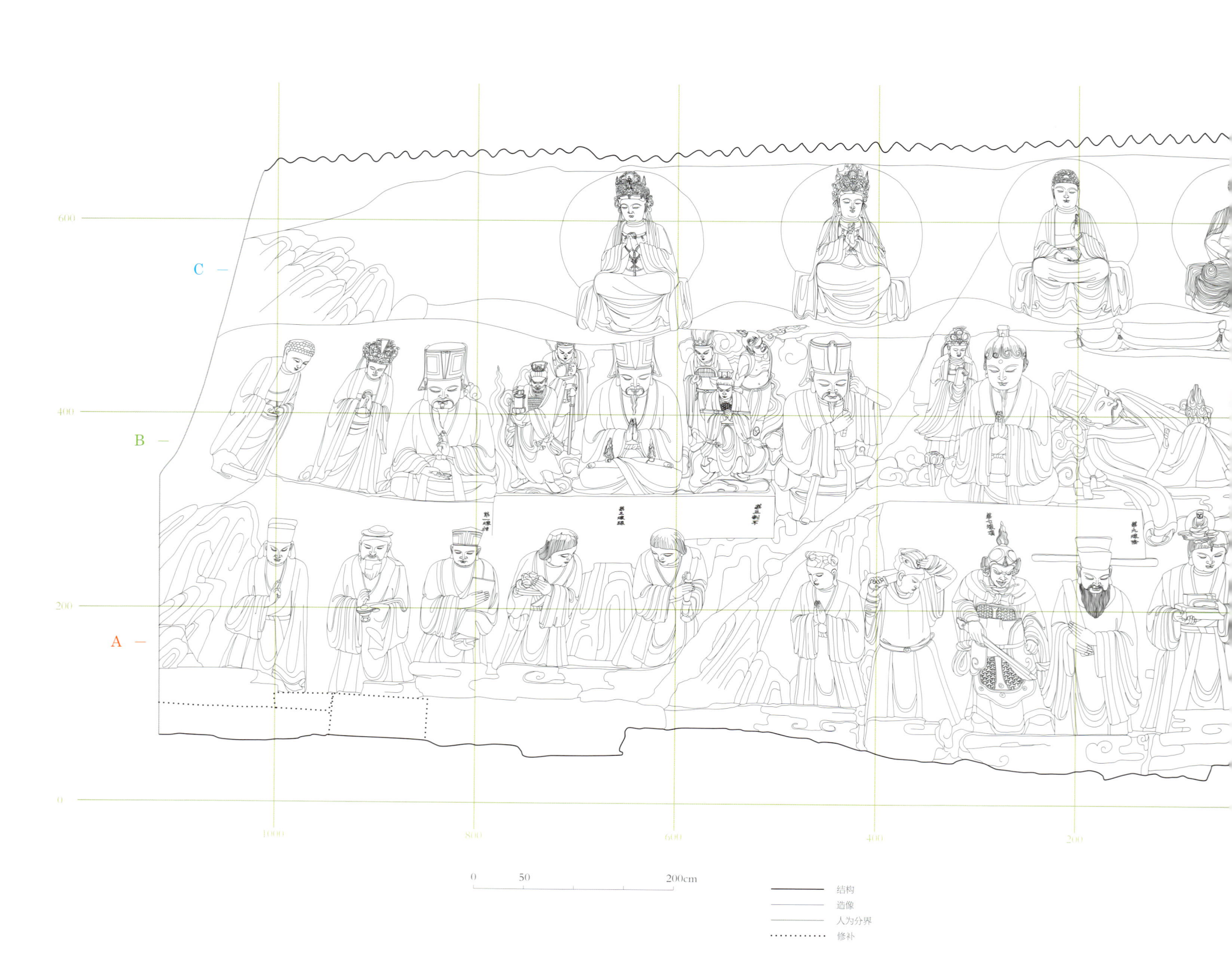

图 136　第 21 号龛立面图

图 137　第 21 号龛剖面图

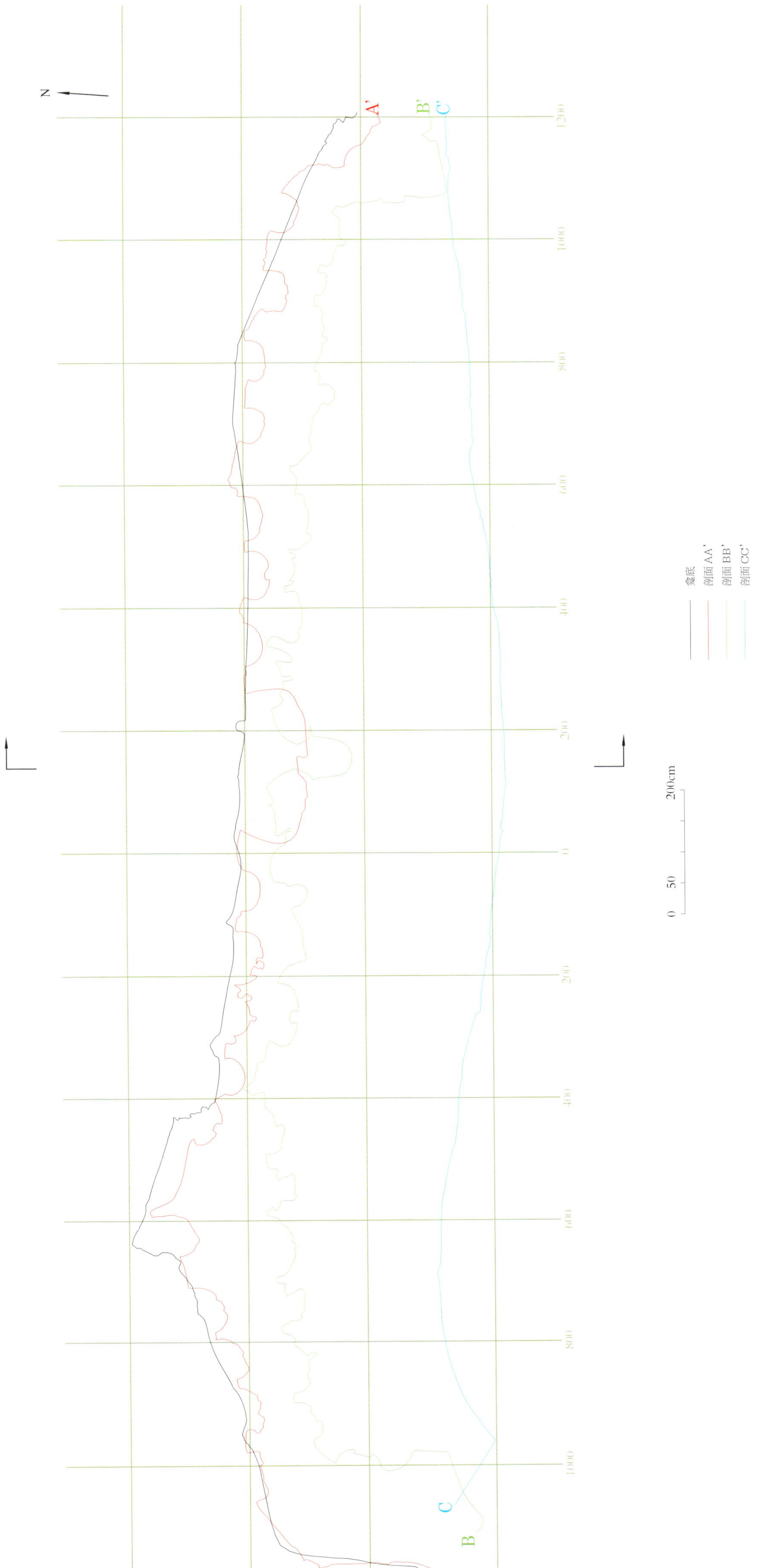

图138 第21号笼平面图

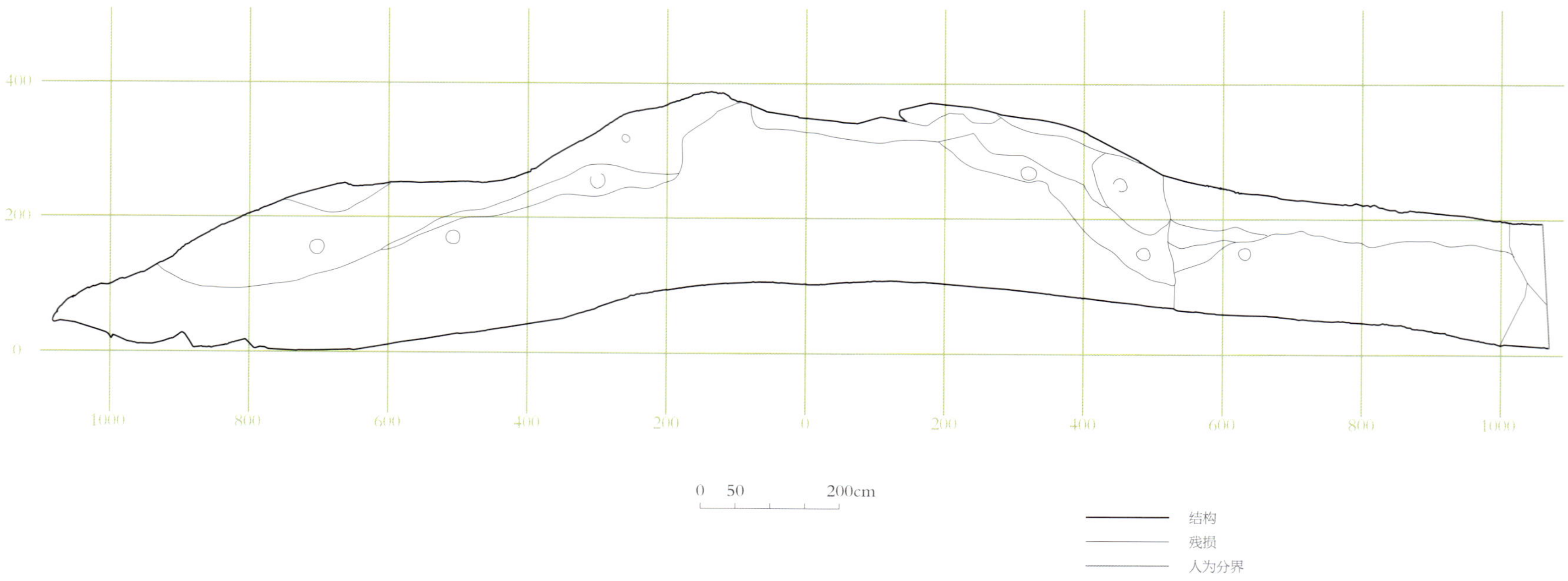

图 139　第 21 号龛龛顶仰视图

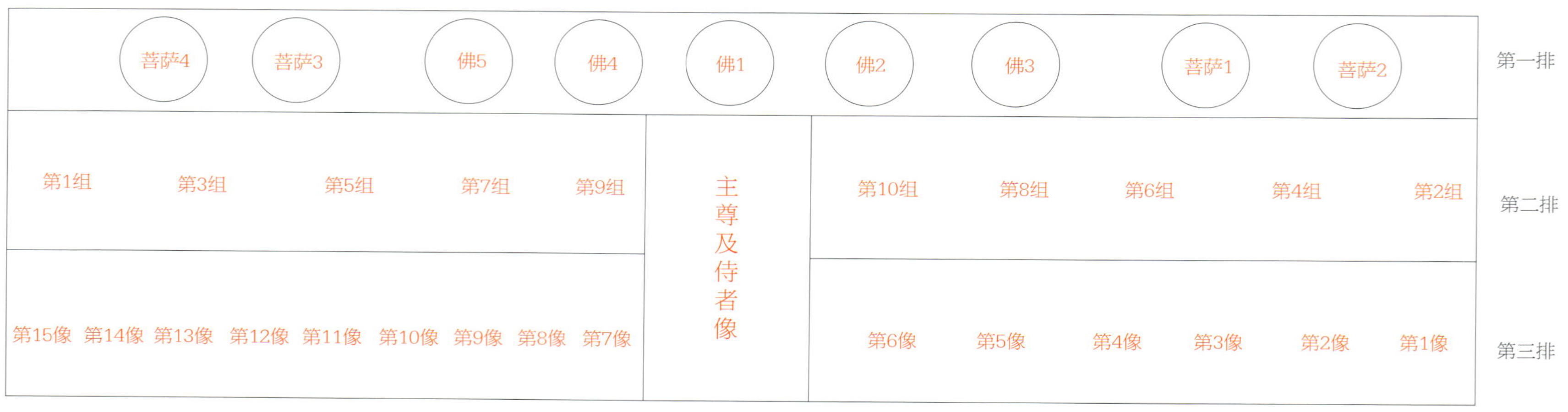

图 140　第 21 号龛造像布局图

图 141　第 21 号龛主尊及侍者像立面图

第四章　第 21—23 号

图 142　第 21 号龛主尊坐像等值线图

图 143　第 21 号龛第一排第 1 圆龛佛像

图 144　第 21 号龛第一排第 2、3 圆龛佛像立面图
1　第 2 像　2　第 3 像

第四章　第 21—23 号　251

图145 第21号龛第一排第4、5圆龛佛像立面图
1 第4像 2 第5像

图 146　第 21 号龛第一排第 1、2 圆龛菩萨像立面图
1　第 1 像　2　第 2 像

图 147　第 21 号龛第一排第 3、4 圆龛菩萨像立面图
1　第 3 像　2　第 4 像

02	二年偶见人
03	多疲疾教
04	主悯之遂
05	盟于佛持
06	咒灭之在
07	本宅道场中炼左手第
08	二指一节供养诸佛誓
09	救苦恼众生感圣贤摄
10	受通不语云汝誓愿广
11	大汝当西去遇弥即住
12	遇汉即回遂游礼灵山
13	却回归县[1]

第2组

刻像2身，右刻居士坐像1身，左刻立式菩萨像1身（图149；图版Ⅰ：247）。

居士像　坐高159厘米，头长50厘米，肩宽63厘米，胸厚16厘米。头刻齐耳卷发，发际边缘呈连续的卷曲状，面圆，双目微睁。着双层交领宽袖服，腰束带作结，下垂腿间，下着裙。双手胸前合十，结跏趺坐。

菩萨像　刻于居士像左侧转折壁面，立高78厘米，头长20厘米，肩宽18厘米，胸厚9厘米。头戴冠，缯带作结下垂。面长圆，眉目可辨。胸饰璎珞，内着僧祇支，外着双领下垂式袈裟，下着裙。左手腹前斜持如意，右手横置胸前。身右侧刻六牙白象，显露前半身，身长约20厘米，高15厘米，长鼻左向卷曲。菩萨身后刻云纹，形如背屏。

该菩萨像下方凿一平整面，内刻铭文1则。刻石面高72厘米，宽46厘米。上部左起横刻"第二立雪"4字，楷体，字径11厘米；下部左起竖刻8行73字，楷体，字径6厘米（图版Ⅱ：151）。

	第二立雪
01	本尊教主于光启二年十
02	一月挈家游峨眉山瞻礼
03	普贤光相时遇大雪弥漫
04	千山皓白十三日将身向
05	胜峰顶大雪中凝然端坐
06	以表释迦文佛雪山六年
07	修行成道感
08	普贤菩萨现身证明[2]

第3组

刻像5身。中刻居士坐像1身，左右对称共刻立式天王像4身（图150；图版Ⅰ：248）。

居士像　坐高155厘米，头长60厘米，肩宽70厘米，胸厚30厘米。双手胸前合十，交腿盘坐，露双足，足心向上，足踝处刻一放焰珠，火焰竖直上飘。余特征与第1组居士像同。

天王像　4身，对称刻于居士像左右侧云纹上，呈上下布列。天王像体量相近，立高115厘米，头长30厘米，肩宽33厘米，胸厚18厘米。从左至右，从上至下编为第1—4像。

第1像　刻于左上。头戴通天冠，面方，眉眼上挑，直鼻小口。内着圆领袍服，外着甲，腰束带，下着裤。左手被前侧像遮蔽，右手置胸前。着靴立于云纹上。

第2像　刻于左下。头束髻，戴小冠。袍服袖口宽大，作结束相。双手拱于胸前，肘间横置一铜。铜全长50厘米。余特征与第1像略同。

第3像　刻于右上。头束髻，戴通天冠。内着圆领宽袖袍，外着裲裆甲。双手腹前挂剑。剑竖直，全长69厘米。扭腰直立。余同第1像。

第4像　刻于右下。头束髻，戴小冠。面方，眉骨粗大，瞪目抿唇，下颌刻浓密短须。左手覆巾，托举一单重方塔；右手扶塔刹。扭腰直立。余略同第2像。

方塔平面呈方形，通高13厘米，面宽10厘米，置于仰莲台上。莲台高8厘米，最宽15厘米。塔身正面开圆形浅龛，直径约7厘米，内刻坐像1身，残蚀难辨。左右侧面素平。塔顶刻单重仰莲，上刻圆珠。

居士像身前下方刻一平整面，内刻铭文1则。刻石面高77厘米，宽134厘米。文左起，首行竖刻"第三炼踝"4字，楷体，字径8厘米，余竖刻11行105字，楷体，字径5厘米（图版Ⅱ：152）。

　　第三炼踝

01　本尊教主宴坐峨眉历时

02　已久忽睹僧谓曰居士止此

03　山中有何利益不如往九州

04　十县救疗病苦众生便辞山

05　而去于天福二年正月十八日

06　本尊将檀香一两为一炷

07　于左脚踝上烧炼供养

08　诸佛愿共一切众生

09　举足下足皆遇道场永不践

10　邪诣之地感

11　四天王为作证明[3]

第4组

刻像3身。其中，右刻居士坐像1身，左下刻蹲跪侍者像1身，左上刻菩萨像1身（图151；图版Ⅰ：249）。

居士像　坐高160厘米，头长56厘米，肩宽69厘米，胸厚19厘米。头戴四方平顶巾，面长圆，左眼微闭，右眼紧闭。上唇、下颌共刻三绺细长胡须。着交领宽袖长服，腰束带，系结后垂于腿前。领缘描绘三角形纹饰，袖缘描绘"回"字纹饰。左手垂于体侧，掌心向外，掌心刻一眼球，置于下方盘内；右手握剑，斜持胸前。结跏趺坐。

侍者像　高62厘米，头长23厘米，肩宽25厘米，胸厚16厘米。头刻齐颈垂发，面方圆，眉目清晰。着交领窄袖长服，腰束带。双手覆巾，屈肘举托一盘，作盛接状。盘高5厘米，宽25厘米，深10厘米。侧身向右，仰面蹲跪。身前刻云纹遮覆。

菩萨像　立高111厘米，头长31厘米，肩宽29厘米，胸厚10厘米。头挽髻戴冠，缯带作结下垂胸前，冠正中刻一立式化佛。化佛残高约11厘米。菩萨像面长圆，垂眉闭口，颈刻三道肉褶线。戴项圈，坠璎珞，内着僧祇支，外着宽博披巾，披巾沿胸下垂后，敷搭前臂垂于体侧，最外披袒右式袈裟，下着裙。腕饰镯，左手腹前托金刚杵底部，右手胸前握持金刚杵，斜靠左肩。跣足立于云纹上。

居士像右下方凿一平整面，内刻铭文1则。刻石面高81厘米，宽114厘米。文左起，首行竖刻"第四剜眼"4字，楷体，字径10厘米，余竖刻14行111字，楷体，字径5厘米（图版Ⅱ：153）。

　　第四剜眼

01　本尊贤圣至汉州已

02　经旬日忽忆往日圣

03　言逢弥即止遇汉即

04	回由此驻锡弥濛[1]一
05	日汉州刺史赵君
06	差人来请眼睛
07	诈云用作药剂
08	欲试可本尊心已
09	先知人至将戒刀便剜付
10	与殊无难色感
11	金刚藏菩萨顶上现身眼至赵
12	君观而惊叹曰真善知识也投
13	诚忏悔时天福四年七月三日
14	也[4]

第5组

刻像2身。其中，左刻居士坐像1身，右上刻武士立像1身（图152；图版Ⅰ：250）。

居士像　坐高152厘米，头长61厘米，肩宽71厘米，胸厚24厘米。腕饰镯，左前臂显露，屈肘持左耳，右手持剑，作割耳状。余特征与第4组居士像略同。

武士像　立高120厘米，头长31厘米，肩宽27厘米，胸厚12厘米。头戴凤翅盔，侧头仰面。面方，睁目左视，短鼻阔嘴。戴项圈，袒上身，肌肉鼓突。腰系带，作结后长垂腿间，下着短裙，小腿胫甲。飘带绕于头后，沿肩下垂，隐于腰部后侧。左手上举握拳，前臂缠绕一蛇；右手握拳垂于体侧。侧身向左，跣足立于云纹上。云尾于身左侧，略竖直上飘。

居士像右下凿一平整面，内刻铭文1则。刻石幅面高77厘米，宽63厘米。文左起，首行竖刻"第五割耳"4字，楷体，字径7厘米，余竖刻9行67字，楷体，字径5厘米（图版Ⅱ：154）。

第五割耳

01	本尊贤圣令徒弟住
02	弥濛[2]躬往金堂金水行
03	化救病经历诸处亲往
04	戒救诸民钦仰皆归
05	正教于天福四年二月
06	十五日午时割耳供养
07	诸佛感
08	浮丘大圣
09	顶上现身以为证明[5]

第6组

刻像2身。其中，前侧刻居士卧像1身，内侧刻立式明王像1身（图153；图版Ⅰ：251）。

居士像　头左侧，仰卧，上身略起，身长约194厘米，头长68厘米，肩宽53厘米。头戴四方平顶巾，面长圆，左眼微睁，右眼紧闭，刻三绺胡须。着对襟半袖长服，胸腹袒露，腰束带作结。胸前刻一朵火焰。腕镯，左手屈肘支于方枕上，右手隐于袖内，斜搭腹前。足着鞋，左腿直伸，右腿屈膝而拱，仰卧于床榻上。方枕高15厘米，宽48厘米，两端布带作结。

1　此"濛"字《大足石刻铭文录》录为"牟"。重庆大足石刻艺术博物馆编：《大足石刻铭文录》，重庆出版社1999年版，第157页。
2　此"濛"字《大足石刻铭文录》录为"牟"。同前引。

明王像　一头八臂，立高80厘米，头长29厘米，肩宽34厘米，胸厚17厘米。头挽髻戴冠，缯带呈"U"形上飘，冠正面刻一立式化像。方脸，竖眉，鼓眼，短鼻，阔嘴。系肩巾，袒上身，腰束带作结，下着裙。飘带环于头后，沿肩下垂，敷搭胸前双手前臂后，飘垂体侧。身八臂，皆腕饰镯。当胸两手合十。左上手屈肘上举，托持法轮，轮径17厘米，左缘刻火焰纹；右上手屈肘隐于飘带后。左中手隐于居士头后，右中手握羂索。左下手叉腰，右下手拄剑，剑全长34厘米。双足隐于云纹内。

居士像下方凿一平整面，内刻铭文1则。刻石面高81厘米，宽88厘米。文左起，首行竖刻"第六炼心"4字，楷体，字径7厘米，余竖刻10行65字，楷体，字径5厘米（图版Ⅱ：155）。

　　　第六炼心
01　本尊贤圣于天福五年七月三
02　日以香蜡[1]烛一条炼心供养诸
03　佛发菩提心广大如法
04　界究竟如虚空
05　令一切众生
06　永断烦恼感
07　大轮明王现
08　身证明一切
09　众生悉得惺
10　悟[6]

第7组

刻像2身。其中，左刻居士坐像1身，右刻菩萨立像1身（图154-1；图版Ⅰ：252）。

居士像　坐高168厘米，头长59厘米，肩宽69厘米，胸厚24厘米。头刻齐颈短发，发际呈连续的卷曲状。顶刻一丛火焰纹，焰尖与上方岩顶相接。面丰圆，弯眉，双目半睁，直鼻抿唇，左耳缺，右耳完整。下颌刻一绺胡须，下垂至胸。着双层交领窄袖长服，腰束带作结，下搭腿间。双手合十，结跏趺坐。

菩萨像　立高132厘米，头长34厘米，肩宽36厘米，胸厚18厘米。头挽髻戴冠，露额发，缯带下垂肩后。冠正面刻坐像1身，残损甚重，冠顶上缘刻上飘的火焰纹。胸饰璎珞，内着僧祇支，外着双领下垂式袈裟，下着裙。左手胸前抚经函，右手覆巾托经函。经函竖置，高19厘米，宽8厘米，厚2厘米。跣足立于仰莲台上，台显露少许。

居士像身前右下凿一平整面，内刻铭文1则。刻石面高65厘米，宽90厘米。文左起，首行竖刻"第七炼顶"4字，楷体，字径9厘米；余竖刻8行58字，楷体，字径6厘米（图版Ⅱ：156）。

　　　第七炼顶
01　本尊贤圣于天福五年七月
02　十五日本尊以五香捍就一条
03　腊烛端坐炼顶效
04　释迦佛鹊巢顶相大光明王
05　舍头布施感
06　文殊菩萨
07　顶上现身
08　为作证明[7]

1　此"蜡"字《大足石刻铭文录》录为"腊"。重庆大足石刻艺术博物馆编：《大足石刻铭文录》，重庆出版社1999年版，第158页。

图 148　第 21 号龛第二排第 1 组造像立面图

图 149　第 21 号龛第二排第 2 组造像展开图

第四章　第 21—23 号　259

图 150　第 21 号龛第二排第 3 组造像立面图

图 151　第 21 号龛第二排第 4 组造像立面图

图 152　第 21 号龛第二排第 5 组造像立面图

图 153　第 21 号龛第二排第 6 组造像立面图

第8组

刻像2身。其中，右刻居士坐像1身，左刻立式佛像1身。此外，佛像左侧刻乐器1组（图154-2；图版Ⅰ：253）。

居士像　坐高158厘米，头长55厘米，肩宽63厘米，胸厚24厘米。头戴四方平顶巾，面长圆，左眼半睁，右眼紧闭，上唇刻"八"字形胡须，下颌刻一绺茆须。未刻左耳，右耳完整。着双层交领宽袖长服，腰束带，作结后垂搭小腿前。腕饰镯，左臂挽袖至肩，横置腹前，前臂刻一横向刀痕；右手持刀上举，斜靠右肩，作砍臂状。

佛像　立高112厘米，头长25厘米，肩宽34厘米，胸厚11厘米。头刻螺髻、髻珠，长圆脸，略蚀。内着僧祇支，束带作结，外着双领下垂式袈裟，下着裙。双手胸下结定印，跣足分踏云纹承托的二仰莲台上。莲台大小相近，高15厘米，直径25厘米。

佛像左侧刻器乐1组，置于云纹内。最下刻细腰鼓两件，表面刻绳网，鼓全长40厘米，面径19厘米。中刻两件圆形手鼓，左右叠置，鼓面径44厘米，厚6厘米。右上刻拍板、箜篌各一件，皆略残，外凸壁面约2厘米。拍板高49厘米，最宽29厘米。箜篌高约77厘米。

居士像身前下方凿一平整面，内刻铭文1则。刻石面高68厘米，宽147厘米。文左起，首行竖刻"第八舍臂"4字，楷体，字径12厘米；余竖刻15行77字，楷体，字径5厘米（图版Ⅱ：157）。

　　　第八舍臂
01　本尊教主
02　于天福五年
03　在成都玉津
04　坊道场内
05　截下一
06　只左臂
07　经四十
08　八刀方断
09　刀刀发愿誓救
10　众生以应阿弥
11　陀佛四十八愿顶
12　上百千天乐不鼓
13　自鸣本界厢吏谢
14　洪具表奏闻蜀王
15　叹异遣使褒奖[8]

第9组

刻斜卧居士像1身，其上方刻华盖（图155；图版Ⅰ：254）。

居士像　头右侧，侧身斜卧，身长225厘米，头长65厘米，肩宽65厘米。头戴四方平顶巾，头后刻云纹承托。长圆脸，左眼半睁，右眼紧闭，上唇刻"八"字形胡须，下颌刻一绺胡须，斜垂贴胸。着交领宽袖长服，腰束带。左袖垂搭左腿上，右臂隐袖内，支圆枕上。左腿直伸，右腿屈膝上拱，两腿间刻一朵火焰纹。仰面侧身，斜靠圆枕，半卧于方榻上。圆枕显露长16厘米，直径约30厘米，端头束带。方榻大部被云纹遮覆，显露高12厘米，宽162厘米。双足隐于云内。

居士像上方岩顶刻八角形华盖，显露五面，高37厘米，通宽172厘米，深93厘米。华盖转角处上翘，刻放焰珠，下垂珠串。华盖底部饰刻八角形瓔珞，各段瓔珞相接处外侧刻一放焰珠。

居士像下方右侧凿一平整面，内刻铭文1则。刻石面高70厘米，宽140厘米。文左起，首行竖刻"第九炼阴"4字，楷体，字径8厘米；余竖刻16行128字，楷体，字径5厘米（图版Ⅱ：158）。

第九炼阴
01　本尊教主天福五年前十二月
02　中旬马头巷丘绍得病身死
03　三日皈依
04　本尊求救合家
05　发愿若得再生
06　剪发齐眉终身
07　给侍本尊具大
08　悲心以香水洒之
09　丘绍立苏于是丘绍夫妇
10　二女俱来侍奉以报恩德
11　不离左右闰十二月十五日
12　本尊用腊布裹阴经一昼夜
13　烧炼以示绝欲感天降七宝
14　盖祥云瑞雾捧拥而来
15　本界腾奏
16　蜀王叹服[9]

第10组

刻像2身。其中，右刻居士坐像1身，左上刻立佛1身（图156；图版Ⅰ：255）。

居士像　坐高152厘米，头长54厘米，肩宽67厘米，胸厚23厘米。头戴四方平顶巾，脸长圆，左眼半睁，右眼紧闭，刻三绺胡须。未刻左耳，右耳完整。着交领宽袖长服，腰系带作结。未刻左臂，左袖垂搭小腿前，右手胸前持念珠，手指和念珠部分残。结跏趺坐，双膝各刻一火焰纹。

立佛　高109厘米，头长26厘米，肩宽40厘米，胸厚11厘米。头刻螺发，方面，略残。内着僧祇支，系带作结，外着双领下垂式袈裟，下着裙。腕饰镯，左手横置胸下，右手举置胸前结印，手掌直竖。跣足分踏云纹承托的二仰莲台上。莲台通高15厘米，最宽29厘米。云台高43厘米，通宽60厘米。

居士像身前下方凿一平整面，内刻铭文1则。刻石面高75厘米，宽144厘米。文左起，首行竖刻"第十炼膝"4字，楷体，字径9厘米；余竖刻9行93字，字径4厘米（图版Ⅱ：159）。

　　第十炼膝
01　本尊贤圣蜀王钦仰日久
02　因诏问曰卿修何道自号
03　本尊卿禀何灵救于百姓
04　对曰予精修日炼誓求无
05　漏无为之果专持大轮五
06　部秘咒救度众生于天福六年
07　正月十八日将印香烧炼两膝
08　供养诸佛发愿与一切众生龙
09　华三会同得相见[10]

图154　第21号龛第二排第7、8组造像立面图
1　第7组　2　第8组

264　大足石刻全集　第七卷（上册）

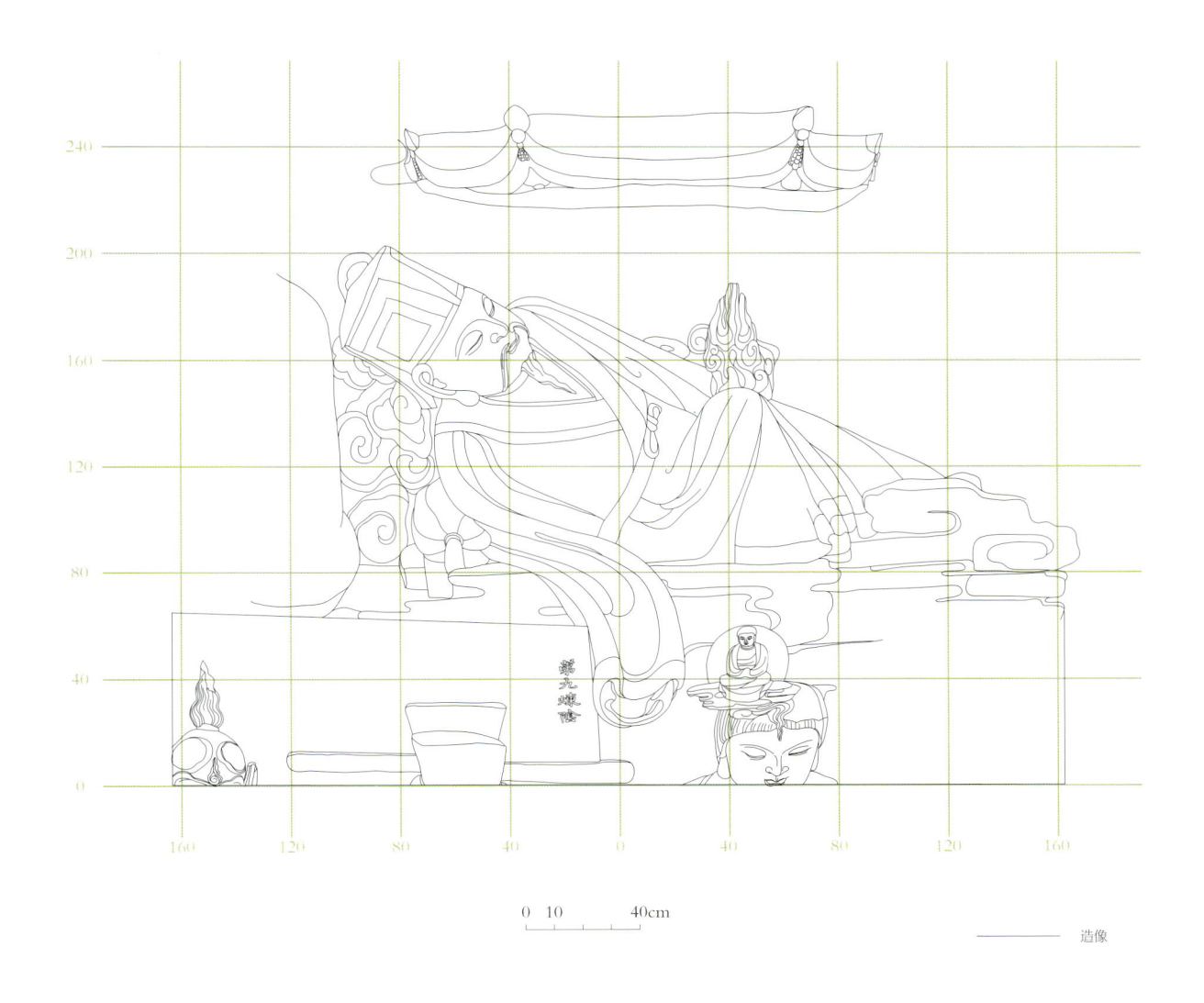

图155　第21号龛第二排第9组造像立面图

图156　第21号龛第二排第10组造像立面图

（四）第三排

横向排列雕刻世俗信众立像15身。其中，主尊像左侧刻6身，右侧刻9身（图157；图版Ⅰ：256、图版Ⅰ：257）。各像身前刻云纹，遮覆双足。壁面刻山石纹作背景。从左至右，通编为第1—15像。

第1像　为男像，高158厘米，头长42厘米，肩宽56厘米，胸厚24厘米（图158；图版Ⅰ：258）。头戴四方平顶巾，面方圆，垂目下视，着双层交领宽袖服，腰束带，作结后下垂至膝。左手抚盘沿，右手隐袖内托举方盘，内盛方匣。盘高8厘米，宽40厘米，厚12厘米。方匣高11厘米，宽35厘米，厚6厘米。

第2像　为男像，高152厘米，头长42厘米，肩宽53厘米，胸厚27厘米（图159；图版Ⅰ：259）。头右侧，仰面上望，头裹巾，巾前系花结。面方，眉眼上竖，短鼻阔嘴。着圆领紧袖长服，腰系带作结，前襟少许折入腰带内，下着裙。左手腹前挟持一方匣，右手屈肘上举，手指作拈物状。方匣长29厘米，宽11厘米，厚5厘米。

第3像　为女像，高150厘米，头长38厘米，肩宽58厘米，胸厚29厘米（图版Ⅰ：260）。头蓄齐颈短发，前额发际略中分，面圆，弯眉，眼微闭，直鼻小口。着双层交领窄袖长服，腰束带，作结后下垂身前。左手屈肘置左肩，右手横过腹前，共持带茎莲蕾、莲叶。莲蕾、莲叶刻于头部左侧，全长约78厘米。

第4像　为女像，头左侧，目光斜视，长服领缘刻纹饰，双手于右胸处托举一盏，内盛山石。余体量、装束等特征与第3像略同（图版Ⅰ：261）。盏高6厘米，宽27厘米，深11厘米。山石通高21厘米，最宽26厘米，厚14厘米。

第5像　为武士像，高176厘米，头长54厘米，肩宽56厘米，胸厚32厘米（图版Ⅰ：262）。头戴凤翅盔，下颌系带作结，顶缨。面方，竖眉斜眼，鼻翼宽大，阔口半开，作低吼状。挺胸鼓腹，内着宽袖长袍，外着山文甲，袖摆挽结。腰系革带和腰带，腰带作结后飘垂腹前。刻抱肚，甲衣鹘尾叶止于双膝。前臂刻臂甲，左手屈肘上举，捻剑身，右手握持剑柄，剑身斜置。剑全长118厘米。足靴，身前刻云纹。披帛环于头后，沿肩下垂，长飘体侧。其身后右侧浮雕一环状云纹。

第6像　为文官像，高187厘米，头长51厘米，肩宽56厘米，胸厚31厘米（图版Ⅰ：263）。头戴展脚幞头，幞脚外展，全长约123厘米，最宽约6厘米。面方圆，直眉细眼，直鼻，厚唇。上唇刻"八"字形须，下颌刻一绺胡须，下垂至胸。内着翻领服，外着圆领宽袖长服，胸下束革带。左手隐袖内，托持笏板，右手于左胸前握笏板。笏板呈弧形，靠于左肩，笏板长69厘米，宽12厘米，厚2厘米。

第7像　为文官像，高200厘米，头长59厘米，肩宽61厘米，胸厚31厘米（图版Ⅰ：264）。头戴展脚幞头，幞脚外展，全长约124厘米，最宽约7厘米。面方圆，双目微闭，棱鼻小口。上唇刻"八"字形须，两腮和下颌刻浓密长须，下垂至胸。内着翻领窄袖服，外着圆领宽袖长服。双手身前握持笏板，斜靠右肩。笏板弧形，全长约80厘米，宽13厘米，厚2厘米。

第8像　为武士像，高192厘米，头长44厘米，肩宽61厘米，胸厚37厘米（图版Ⅰ：265）。头戴凤翅盔，侧头扭腰，眼圆睁，口半开，肩巾作结。左手腰间握拳，右手屈肘握剑。剑身斜置，全长101厘米。余特征与第5像略同。

第9像　为男像，高175厘米，头长42厘米，肩宽44厘米，胸厚22厘米（图版Ⅰ：266）。头束髻，戴小冠，侧面向左。面长圆，眉目清秀，双目斜视。内着紧袖衫，外着圆领宽袖长服，腰系革带。左手屈肘上举扶冠，右手持剑担于右肩上。剑显露长36厘米。

第10像　为女像，高156厘米，头长36厘米，肩宽50厘米，胸厚19厘米（图版Ⅰ：267）。头挽双髻，圆脸，眉眼细长，直鼻小口。着双层交领宽袖服，腰束带作结下垂。双手胸前合十，侧身向右直立。

第11像　为女像，高143厘米，头长42厘米，肩宽54厘米，胸厚24厘米（图版Ⅰ：268）。头蓄齐颈短发，面丰圆，右侧，目光斜视。着交领宽袖长服，腰带作结下垂身前。左手笼袖内托瓶底，右手横置握净瓶。瓶通高32厘米。

第12像　为女像，高147厘米，头长40厘米，肩宽53厘米，胸厚29厘米（图版Ⅰ：269）。头左侧，似与第11像相对。左手抚盏内莲花，右手隐袖内托举方盏。盏高6厘米，宽21厘米，深24厘米，内置一仰莲。余特征与第11像略同。

第13像　为男像，高137厘米，头长40厘米，肩宽57厘米，胸厚26厘米（图版Ⅰ：270）。头戴四方平顶巾，脸方，眉眼细长，直鼻小口，着双层交领宽袖服，腰带作结后下垂身前。左手笼袖内挟一经函，右手扶经函。经函显露高34厘米，宽23厘米，厚5厘米。

第14像　为老者男像，高168厘米，头长42厘米，肩宽54厘米，胸厚24厘米（图版Ⅰ：271）。头束髻罩巾，巾带斜垂双肩后侧。脸方圆，眉眼细长，厚唇，髭呈"八"字形，连鬓浓须下垂至胸。着双层交领宽袖服，腰束带，作结下垂。左手胸下横持长柄香炉，右手置胸前，五指内曲。香炉全长46厘米，炉身高15厘米，口径10厘米。

第15像　为男像，高175厘米，头长46厘米，肩宽57厘米，胸厚20厘米（图版Ⅰ：272）。头戴软脚幞头，脸方，弯眉细眼，直鼻抿唇。着双层交领宽袖服，腰带作结长垂身前。左手隐袖内，下垂体侧；右手举胸前，食指、中指上竖，余指相捻。

四　铭文

"唐瑜伽部主总持王"题刻，南宋淳熙至淳祐年间（1174—1252年）。刻于龛顶底部。中部横刻"唐瑜伽部主总持王"8字，楷体，字径56厘米。左右各左起竖刻颂词2行，左颂词存4字，右颂词存6字，楷体，字径16厘米[1]（图版Ⅱ：160）。

唐瑜伽部主总[11]持王（中）

01 □□□顺
02 □泰民安（左）
03 佛日光辉
04 □□常转（右）

五　晚期遗迹

（一）铭文

2则

第1则

柳本尊龛壬辰年装彩记，清。位于龛壁第一排造像左起第9圆龛外右侧。刻石面高26厘米。文竖刻1行5字，墨书，楷体，字径4厘米（图版Ⅱ：161）。

壬辰年装彩

第2则

乾缘堂募化装彩记，民国三十三年（1944年）。书于龛正壁主尊像右肘后侧壁面，幅面高32厘米，宽45厘米。内左起竖书7行56字，楷体，字径3厘米（图版Ⅱ：162）。

01 四川省东道重庆府
02 璧山县七塘乡
03 乾缘堂募化善缘等
04 彩换普陀岩玉皇
05 释迦佛
06 匠师璧山巴县安岳协同
07 中华民国卅三年二月初一日同彩

（二）构筑

1962年，对本龛造像渗水采取治理措施。

1995年，开展本龛除险工程，针对岩体存在的病害，采用锚、粘、拉加固岩体和封、导放渗水的综合治理。

2007年10月，在宝顶山大佛湾部分龛窟应急抢险加固工程中，对本龛进行应急抢险加固保护。实施修复加固、打小锚钉加固、龛

1　据小佛湾第4号龛相关铭文，本则铭文第1行、第2行、第4行分别为"风调雨顺""国泰民安""法轮常转"。见本报告集第八卷（上册）第81、84页。

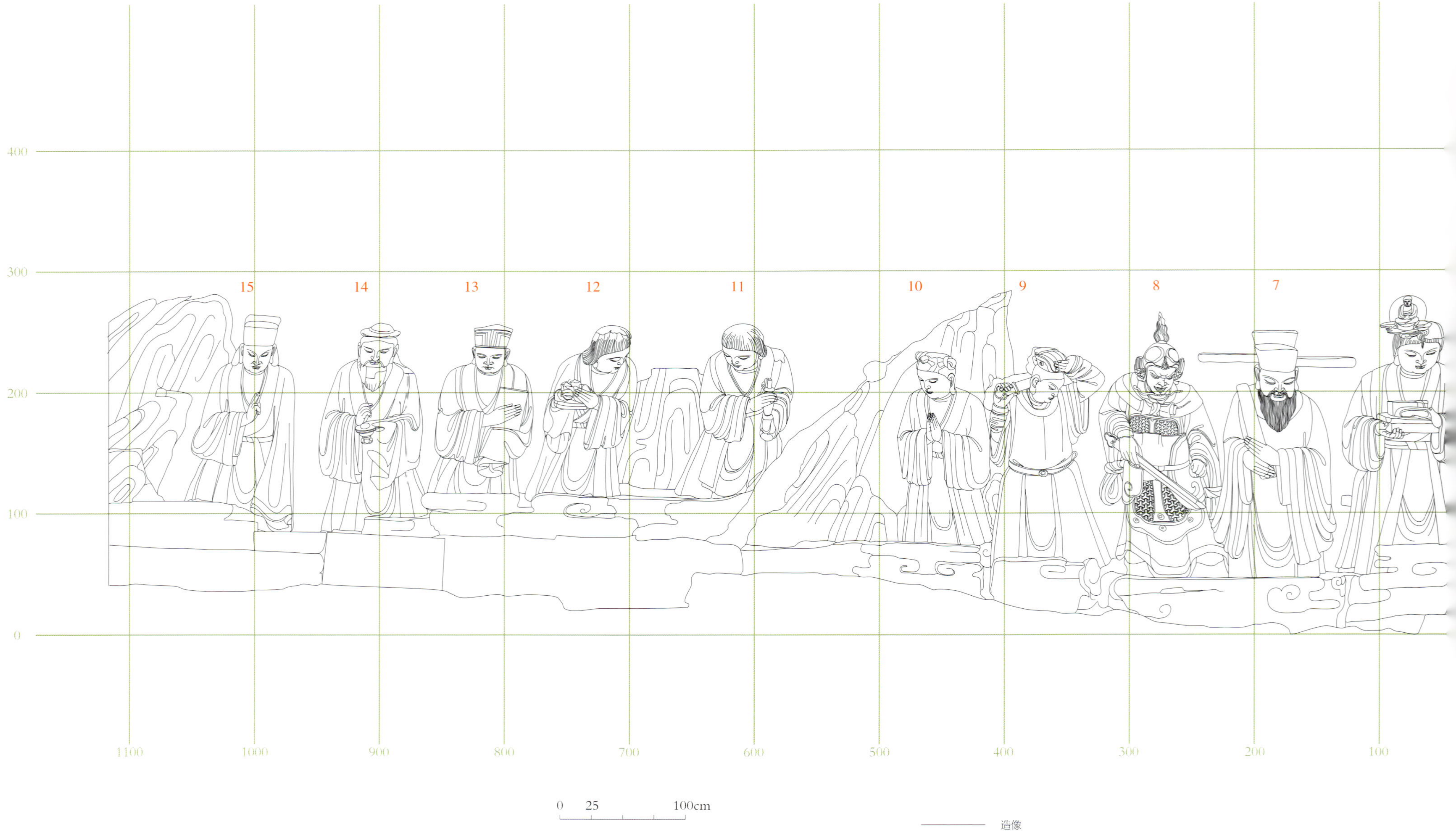

图 157　第 21 号龛第三排信众像立面及编号图

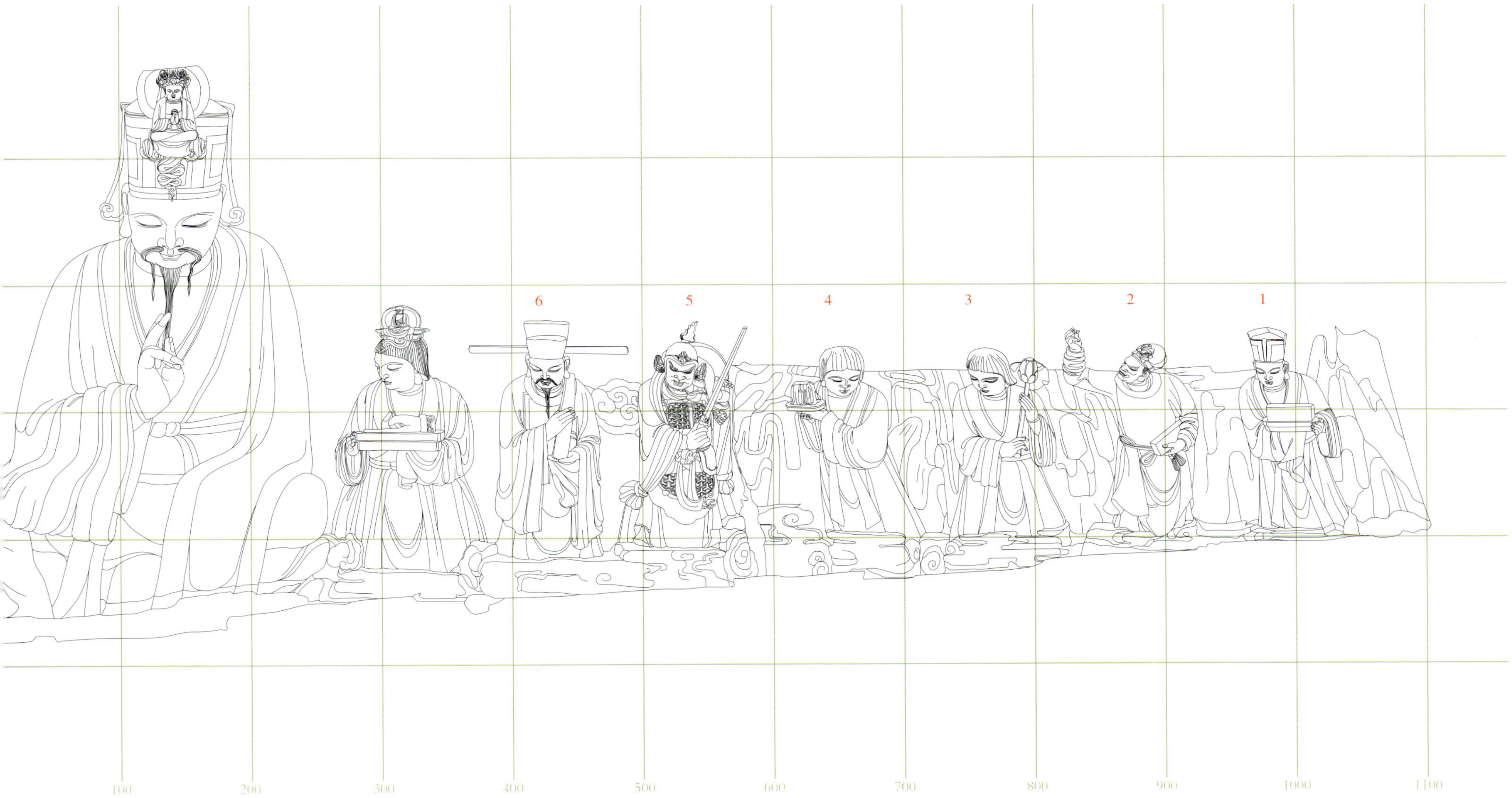

第四章 第21—23号

图 158　第 21 号龛第三排第 1 身信徒像等值线图　　　　　　　　　图 159　第 21 号龛第三排第 2 身信徒像效果图

顶裂隙渗水治理、补接檐口滴水线。

2011年2月12日，开展对本龛窟檐综合加固修缮、水害治理。

龛正壁下部与第22号龛交接处的软弱夹层带毁，现已用条石叠砌修补，最高横砌条石三级。修补面几乎横贯正壁左侧，长约1142厘米，高约21—75厘米。

龛正壁右侧，第三排左起第14身信徒像下方，补砌条石一块。条石高43厘米，宽100厘米。

（三）妆绘

龛壁存灰白色、红色两种涂层。其中，第一排造像龛壁涂层保存较好；第二、三排造像壁面涂层略有褪色，稍显暗淡。

第一排圆龛内壁涂抹灰白色、黑色两种涂层。

第二排造像铭刻平整面涂抹红色，铭文描作白色。龛顶底部铭文作黑色。

造像存灰白色、黑色、蓝色、绿色、红色、白色等六种涂层。

此外，主尊及冠上化佛，第二排居士像面部、胸部以及身侧立式佛、菩萨像的面部、胸部皆贴金。

第三节 第22号

一 位置

位于大佛湾北崖最西端崖壁下部。左邻第20号龛，右为自然崖体；上与第21号龛紧邻，下部右侧为后世增刻的第23号龛。壁面底部毁，现已用条石嵌补，并与地坪垂直相接。

龛口南向，方向173°。

二 形制

横长方形龛（图160、图161、图162；图版Ⅰ：273）。

于崖壁向内凿进而成。整体呈横长方形，通高636厘米，最宽约2178厘米。龛正壁平直，左右端圆转外凸，形成左右侧壁。左侧壁略窄，与第20号龛转折相接。右侧壁略宽，折转后，崖壁向西延伸。延伸崖体前端毁，现已条石修筑加固。龛上部与第21号龛所在壁面竖直衔接，下部竖直与地坪相接。

三 造像

横向排列雕刻明王像10身，上身较为完整，下部存留躯体粗坯凿痕和纵横不规则的数道凹槽，显示明王像系未完工之作（图160）。其中，左侧四身雕刻略显粗糙，右侧六身打磨略显精细。明王像头顶或身侧另存有与之关联的部分对应造像，体量较小。

从左至右，将明王像编为第1—10像[1]。

第1像[2] 可辨两面六臂，高158厘米，头长56厘米，肩宽83厘米，胸厚25厘米（图163；图版Ⅰ：274）。蓬发簇状上飘，戴发箍，其上似刻一蛇。头右侧，正面浓眉上竖，双目圆睁，短鼻，阔口半开，獠牙上挑，刻耳饰。左面略小，紧闭双唇，獠牙外露。着翻领服。身六臂，皆腕饰镯。两上手屈肘上举，各刻一条屈身绕臂细蛇，左上手持经函，高11厘米，长30厘米，宽15厘米；右上手持如意，如意全长100厘米。当胸两手交置胸前，其右前臂刻一蛇缠绕。两下手握拳屈肘前伸，仅辨其形。身饰披帛，环绕头后，顺肩下垂，敷搭胸前两手前臂后下垂。

其身左侧壁面刻菩萨坐像1身。菩萨像凿刻粗糙，坐高48厘米，头长20厘米，肩宽23厘米，胸厚8厘米。可辨头挽髻戴冠，面长圆，胸饰璎珞，外着双领下垂式袈裟。双手置腹前，结跏趺坐。

第2像[3] 三面六臂，显露高154厘米，头长76厘米，肩宽96厘米，胸厚23厘米（图164；图版Ⅰ：275）。头左侧，正面与第1像相似。左右面略小，雕刻粗糙。身六臂，皆腕饰镯。两上手屈肘上举，左手持罥索；右手持短柄方扇，扇长56厘米，扇面最宽30厘米。两中手胸前似合十。左下手握法轮，轮直径30厘米；右下手屈肘外展，手结印。余特征与第1像略同。

该像左侧刻菩萨坐像1身，坐高56厘米，头长20厘米，肩宽20厘米，胸厚9厘米。头戴冠，面残，胸饰璎珞，内着僧祇支，外着双领下垂式袈裟。腕饰镯，左手胸下持如意，斜置左肩，全长28厘米；右手抚右膝。结跏趺坐于云台上。

第3像[4] 两面五臂，显露高139厘米，头长66厘米，肩宽89厘米，胸厚20厘米（图165；图版Ⅰ：276）。蓬发上竖，残，刻发箍。正面脸呈方形，眉上竖，双目鼓凸，弓鼻粗大，口半开，獠牙上挑，下颌残。戴圆形耳环，下垂坠饰。右面略小，口紧闭，特征与正面略同。戴项圈，下垂坠饰，衣饰不明。身五臂，左侧刻三臂，右侧刻两臂，皆腕饰镯。左上臂屈肘握罥索；左中手屈肘托珠，

---

1 左起第6、7、10身明王像上方平整面内存"第十、第九、第三"的编序题刻，估计十身明王像系按一定顺序布列。但造像题记未镌刻完整，且部分题记受损，故难以确认其布列规律。
2 《大足石刻内容总录》认为，该明王应有"步掷金刚明王普贤菩萨化"的题字。四川省社会科学院、大足县政协等编：《大足石刻内容总录》，四川省社会科学院出版社1985年版，第232页。
3 《大足石刻内容总录》认为，该明王应有"大轮金刚明王慈氏尊化"的题字。同前引。
4 《大足石刻内容总录》认为，该明王应有"无能胜金刚明王地藏菩萨化"的题字。四川省社会科学院、大足县政协等编：《大足石刻内容总录》，四川省社会科学院出版社1985年版，第231页。

图160 第22号龛立面图

第四章　第21—23号　273

图 161　第 22 号龛剖面图

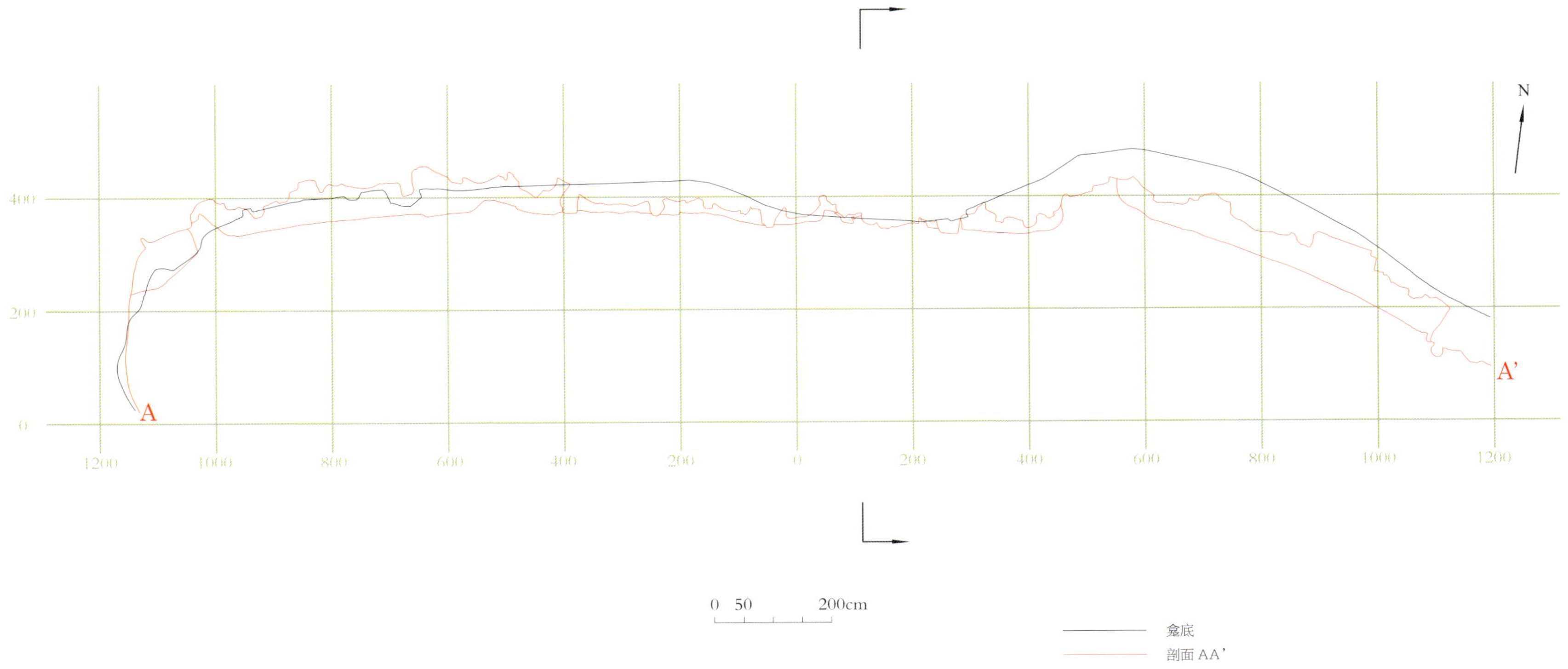

图 162　第 22 号龛平面图

图 163　第 22 号龛左起第 1 身明王像立面图

珠直径14厘米，手腕外侧似刻一蛇；左下手横置胸前，似与右下手作拱[1]。右上手屈肘上举，抓握一蛇，蛇身缠绕前臂；右中手未刻；右下手曲置胸下，手掌不见。披帛环于头后，顺肩下垂。

第4像[2] 三面四臂，显露高168厘米，头长78厘米，肩宽86厘米，胸厚20厘米（图166；图版Ⅰ：277）。蓬发锥状上竖，戴发箍。头右侧，正面向右，鼓眼粗鼻，阔口半开，獠牙上挑。戴耳环，垂坠饰。左右面略小，口微闭。戴项圈，下垂坠饰。衣饰不明。身四臂，臂间刻缠绕的蛇，腕饰镯。左上臂屈肘上举，握持圆环，圆环直径21厘米；右上臂亦屈肘上举，托一朵云纹，上刻菩萨坐像1身。左下臂横置胸前托钵，钵高19厘米，口径16厘米；右下臂横于胸前，五指卷曲。披帛环于头后，顺肩下垂，敷搭胸前双手前臂后，垂于身前。

该像右手上臂云纹内刻菩萨坐像1身，坐高43厘米，头长15厘米，肩宽16厘米，胸厚4厘米。头挽髻戴冠，冠正面刻一坐式化佛，可辨浮雕圆形身光，结跏趺坐。菩萨面长圆，弯眉闭眼，直鼻小口。胸饰璎珞，内着僧祇支，外着双领下垂式袈裟，双手腹前结印，结跏趺坐。

第5像 三面六臂，上半身雕凿略精细，下半身仅刻粗坯。通高约480厘米，头长114厘米，肩宽157厘米，胸厚35厘米（图167；图版Ⅰ：278）。蓬发上竖，戴璎珞发箍，自发箍中部升起一朵云纹，贴蓬发蜿蜒上飘，至头后壁处大部毁。残毁处似遭改刻，现为一内凹的圆弧壁面[3]。正面方圆，额正中竖刻一目。长眉斜竖，双目圆睁，粗大短鼻，阔口大张，獠牙外露。戴圆形耳环，垂坠饰。左、右面略小，厚唇紧闭，特征与正面略同。似着翻领服，其余衣饰不明。身六臂，上两臂雕刻细致，屈肘上举，腕镯，臂间各缠绕一蛇。左上臂五指抓握法轮，轮径51厘米，厚4厘米；右上臂握持金刚杵，杵残长51厘米。中两臂较为粗糙，当胸合十。下两臂屈肘外展，仅系粗坯。身躯下部岩体存块状分割的痕迹，估计系双腿粗坯。披帛环状绕于后颈，顺肩下垂。

明王像左右上部各刻飞天像1身（图版Ⅰ：279、图版Ⅰ：280）。飞天像体量相当，身长91厘米。皆挽髻戴冠，脸丰圆，上着内衣，下着长短两层裙，腰带顺裙摆后飘。腕镯。双足隐长裙内。身略呈"C"形，相对作飘飞状。左飞天，左手屈肘外展，托一盘，内盛山石。盘高3厘米，最宽25厘米。山石通高8厘米。右手屈肘前伸。披帛环于头后，沿肩下垂，再飘飞于身体两侧。右飞天，左手屈肘外展托盘，盘内盛物，盘高2厘米，最宽15厘米，物难辨；右手置胸前，似结印。披帛环于头后，再顺身姿后飘。

明王像头顶上方，于二飞天像之间凿一平整面，高14厘米，宽128厘米。内左起横刻1行13字，楷体，字径9厘米（图版Ⅱ：163）。

大秽迹金刚本师释迦牟尼佛化[12]

第6像 三面六臂，高171厘米，头长74厘米，肩宽74厘米，胸厚23厘米（图168；图版Ⅰ：281）。头略左侧，蓬发锥状上竖，戴璎珞发箍，其上刻一蛇缠绕。自前额升出一朵祥云，沿蓬发斜飘至头后右上方，云内刻坐佛1身。明王正面方形，浓眉鼓眼，颧骨略凸，鼻翼粗大，口紧闭。戴耳环，垂坠饰。左右面略小，阔口微启，余特征与正面略同。戴项圈，袒上身。身六臂，腕镯。左上手屈肘上举握金刚铃，铃通高28厘米，口径13厘米；右上手屈肘握金刚杵。中两手胸前作拱。左下手仅刻粗坯，似斜伸；右下手打刻粗糙，斜持长幡，幡全长131厘米，斜倚右肩。披帛环于后颈，沿肩下垂，敷搭当胸两手前臂后，垂于身前。

明王像头后右上云纹坐佛部分残，残坐高48厘米，头长9厘米，肩宽20厘米，胸厚6厘米。头面残蚀，内着僧祇支，外着双领下垂式袈裟，双手腹前结印，结跏趺坐。

该明王像头顶上方凿一平整面，高40厘米，宽114厘米。内刻铭文1则，文左起，左端竖刻2字，余横刻1行10字，楷体，字径皆9厘米（图版Ⅱ：164）。

第十

大火头明王卢舍那佛化[13]

---

[1] 现场观察，右下手本应刻于胸前，与左下手作拱，但仅存右下手手腕，手臂不存。
[2] 《大足石刻内容总录》认为，该明王应有"大笑金刚明王虚空藏菩萨化"的题字。四川省社会科学院、大足县政协等编：《大足石刻内容总录》，四川省社会科学院出版社1985年版，第231页。
[3] 据其他明王像组合特征，估计该残毁面即是雕刻明王本体像位置。

第7像　三面六臂，高160厘米，头长82厘米，肩宽90厘米，胸厚22厘米（图169；图版Ⅰ：282）。长发呈绺状上扬，戴璎珞发箍。自额发下缘中部升出一朵云纹，卷云状云头内刻坐佛1身。明王正面方脸，前额鼓凸，浓眉斜竖，双目圆睁，粗鼻，口半开，獠牙上挑。戴耳环，垂坠饰。左右面略小，口紧闭，余特征与正面略同。系肩巾，胸前作结，上身袒。身六臂，皆腕饰镯。左上臂屈肘上举，持方印，印边宽26厘米，厚3.5厘米；右上手屈肘抓握法轮，法轮略残，直径约28厘米，厚3厘米。中两手胸前合十。两下手仅刻粗坯，似向下斜伸。其右下手外侧刻一蛇，蛇身蜿蜒，蛇头向上。披帛环于颈后，沿肩下垂，敷搭胸前双手前臂后下垂。

自明王前额升出的云纹坐佛坐高50厘米，头残长14厘米，肩宽22厘米，胸厚7厘米，头面大部残，内着僧祇支，外着双领下垂式袈裟，下着裙。双手腹前持法轮，轮直径27厘米，厚3.5厘米。结跏趺坐于云头上，云头高28厘米，最宽57厘米。

此外，该明王像左壁外侧，另刻菩萨坐像1身[1]。菩萨像略残，残坐高53厘米，头长20厘米，肩宽20厘米，胸厚7厘米。头戴花冠，面残，戴项圈，外着双领下垂式袈裟。左手似抚左膝，右手举胸前，手残，结跏趺坐。

明王像头顶上方凿一平整面，高28厘米，宽108厘米。内刻铭文1则，文左起，左端竖刻2字，余横刻1行13字，楷体，字径皆7厘米（图版Ⅱ：165）。

第九
大[14]威德明王金轮炽盛光如来化

第8像　三面四臂，高187厘米，头长102厘米，肩宽82厘米，胸厚25厘米（图170、图171；图版Ⅰ：283）。长发并拢上竖，略残，戴发箍。自发箍正中升出一朵云纹，右向斜飘，云头大部残[2]。正面方脸，略左侧，额隆凸，双目圆睁，短鼻，张口咬拳头，獠牙外露，戴耳环，垂坠饰。左、右面略小，特征亦同。颈肌显露，锁骨突现，戴项圈。身四臂，皆腕镯。两上手屈肘上举、外展，曲指回握。左下手握拳，举塞口中；右下手叉腰际。披帛环于后颈，顺肩下垂。

明王像头顶上方残存一平整面，高30厘米，最宽60厘米。内左起横刻1行，存6字，楷体，字径7厘米（图版Ⅱ：166）。

（漶）除盖障菩萨[15]化

第9像　三面八臂，高196厘米，头长72厘米，肩宽82厘米，胸厚23厘米（图172-1；图版Ⅰ：284）。长发簇状上扬，戴璎珞发箍。自发箍正中升起一朵云纹，内刻坐式菩萨像1身。明王正面方脸，前额微鼓，双眉上竖，目圆睁，直鼻，鼻翼粗大，阔口半开，獠牙上挑。耳环毁，存坠饰。左右面略小，口紧闭，余特征与正面略同。肩巾于颈下作结，上身袒。身八臂，皆腕饰镯。左上手屈肘举托山石，山石通高46厘米，最宽34厘米，厚10厘米；右上手屈肘举持一铜，铜全长90厘米。中上两手胸前作拱。中左下手斜置，大部残；中右下手持一剑，剑全长87厘米。两下手仅刻粗坯，置于腹前。披帛环于后颈，沿肩下垂，敷搭胸前手前臂后，下垂身前。

明王头顶云纹菩萨像坐高47厘米，头长18厘米，肩宽18厘米，胸厚8厘米。挽髻戴冠，面长圆，眉目清晰，胸饰璎珞，内着僧祇支，外着双领下垂式袈裟，下着裙。双手腹前笼袈裟内，结跏趺坐于云纹上。

明王像上方左侧凿一平整面，部分残，残高28厘米，残最宽103厘米。内左起横刻铭文1行，存10字，楷体，字径10厘米（图版Ⅱ：167）。

（漶）三世明王金刚手菩萨[16]化

第10像　三面六臂，高175厘米，头长92厘米，肩宽95厘米，胸厚20厘米（图172-2；图版Ⅰ：285）。长发呈绺状上扬，似戴发箍，发中刻一马首正面，马面全长约38厘米。自发际下缘中部向左升起一朵云纹，云上刻菩萨坐像1身。明王正面方脸，额鼓凸，竖眉瞪眼，直鼻阔口，口半开露齿，獠牙上挑。耳环残，垂坠饰。左右面略小，口紧闭，余特征与正面略同。肩巾于颈下作结，上身袒。身六臂，腕镯。左上手屈肘持圆环，环外径20厘米；右上手屈肘持一串葡萄，葡萄全长52厘米。中左手残，横置胸前；中右手横

1　现场观察，本龛造像组合皆为一明王像和其本体像的组合。该菩萨像未发现对应的明王像，原因不明。
2　据其他明王像组合特征，该残毁云头上应刻其本体像。

图 164　第 22 号龛左起第 2 身明王像立面图

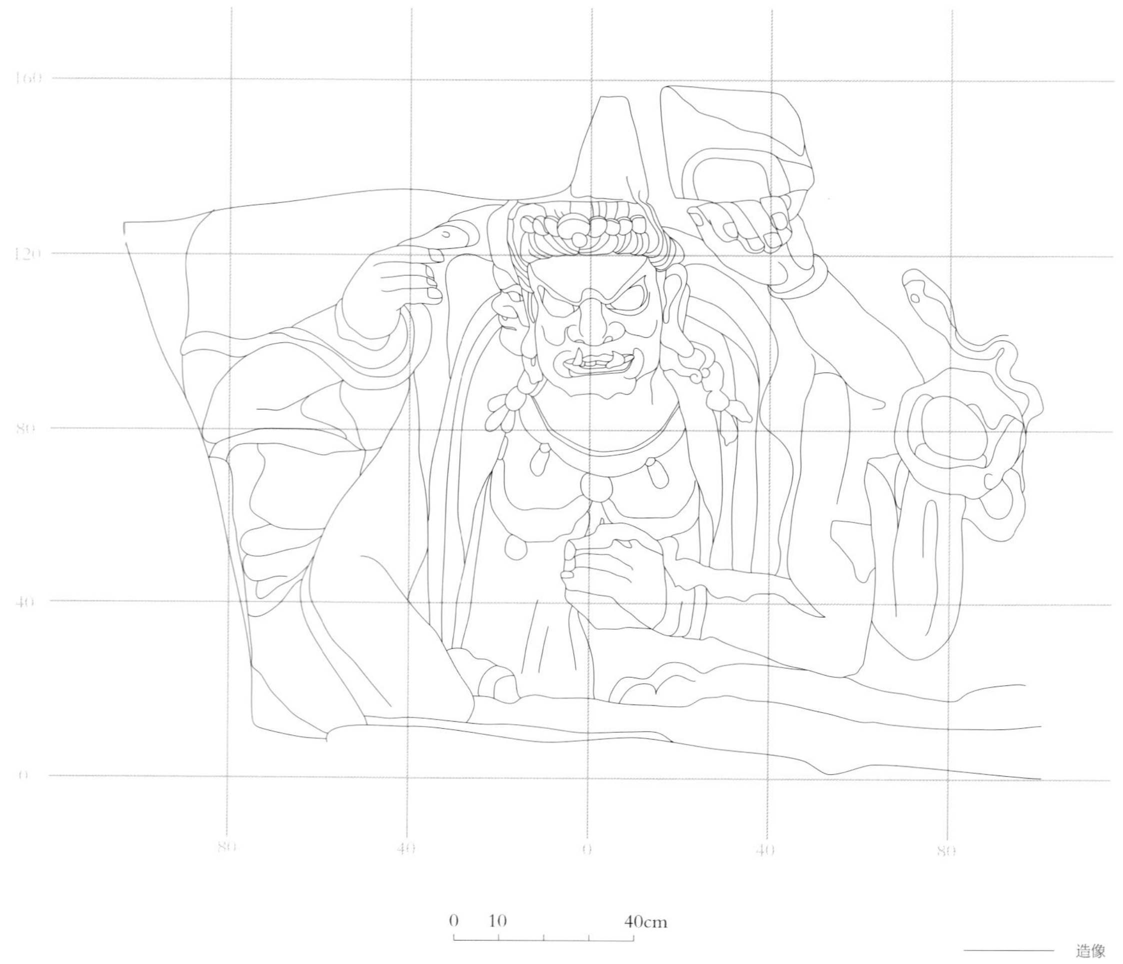

图 165　第 22 号龛左起第 3 身明王像立面图

图 166　第 22 号龛左起第 4 身明王像立面图

置胸前，似持物。两下手垂于体侧，大部残。披帛环于后颈，沿胸下垂。

明王像左上侧云纹菩萨像坐高57厘米，头长22厘米，肩宽19厘米，胸厚8厘米。头挽髻戴冠，缯带作结后下垂肩后，冠正面刻一身立式化佛，通高5厘米。菩萨脸长圆，垂目闭口，胸饰璎珞，内着僧祇支，束带作结，外着双领下垂式袈裟，下着裙。左手横置腹前托钵，钵高3厘米，口径6.5厘米；右手胸前结印。结跏趺坐于云纹上。

明王像头顶上方凿一平整面，高27厘米，宽95厘米。内刻铭文1则，文左起，左端竖刻2字，余横刻1行10字，楷体，字径皆7厘米（图版Ⅱ：168）。

第三

马首明王观世音菩萨[17]化

此外，龛右侧壁面，经打磨略显平整，存四道纵向的粗大凹槽和一"H"形凹槽。结合龛内造像的雕凿情形以及壁面下部遗存的凹槽痕迹，推测本龛系未完工之作。

图167 第22号龛左起第5身明王像立面图

280　大足石刻全集　第七卷（上册）

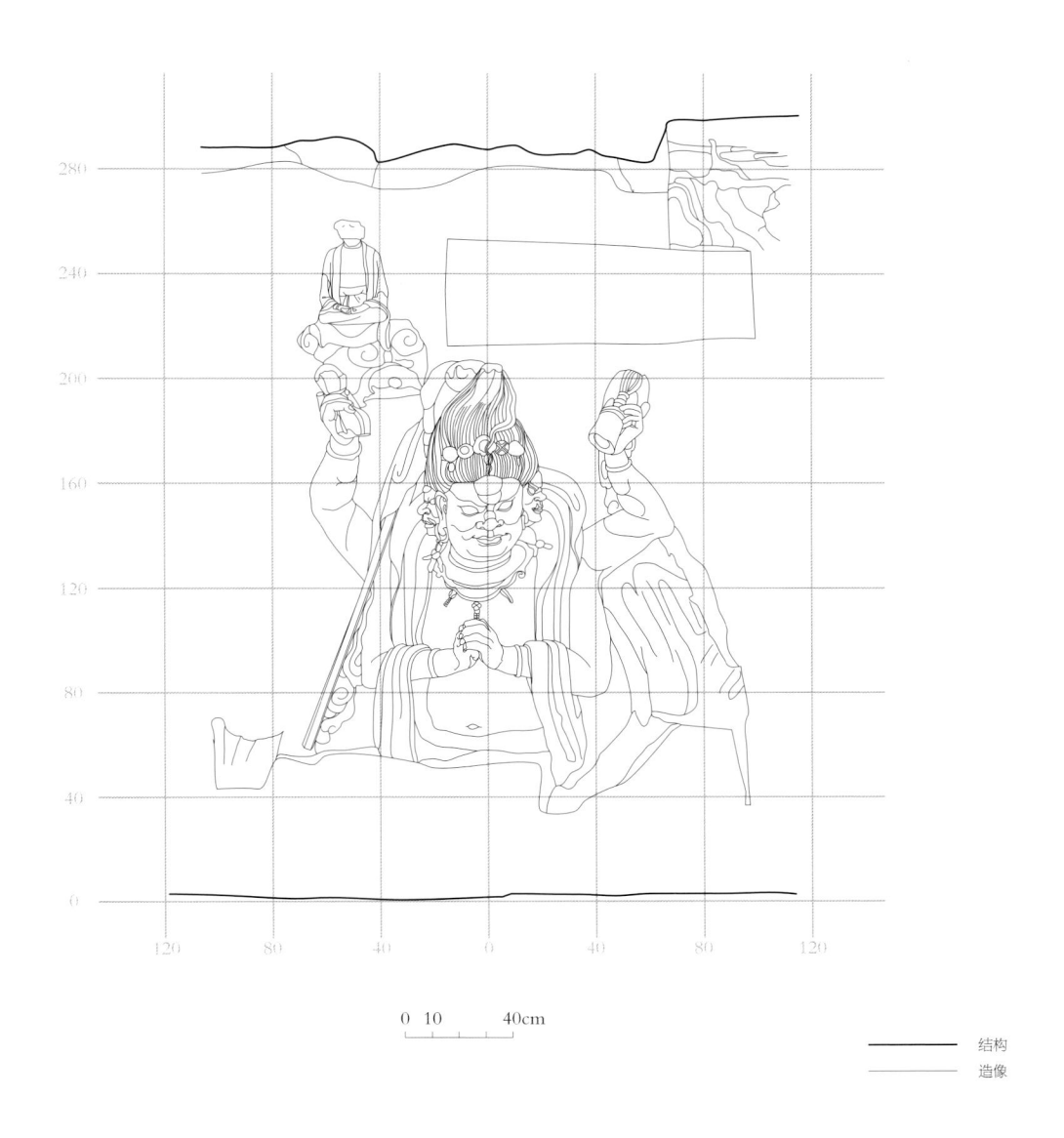

图 168　第 22 号龛左起第 6 身明王像立面图

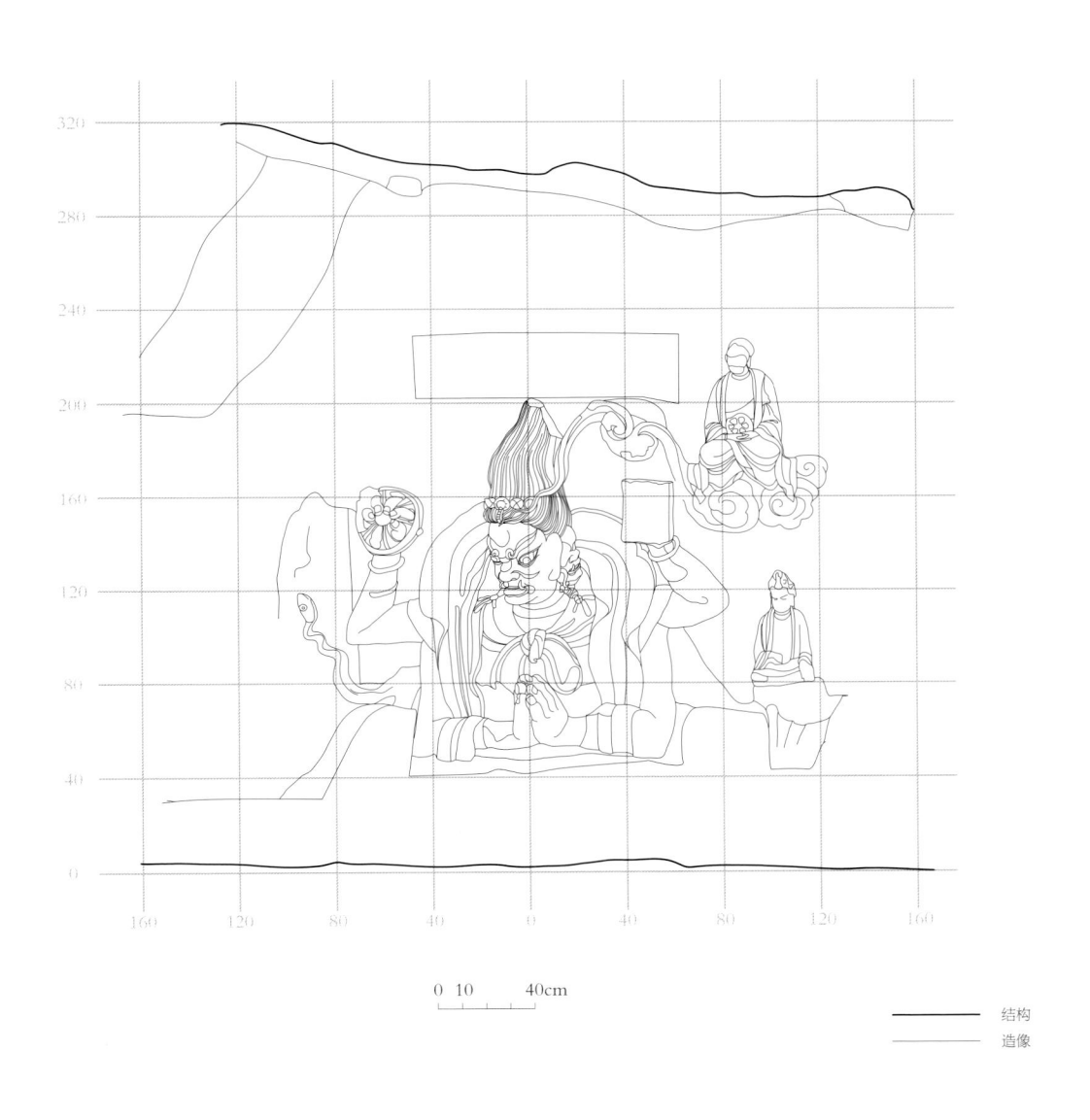

图 169　第 22 号龛左起第 7 身明王像立面图

第四章　第 21—23 号　281

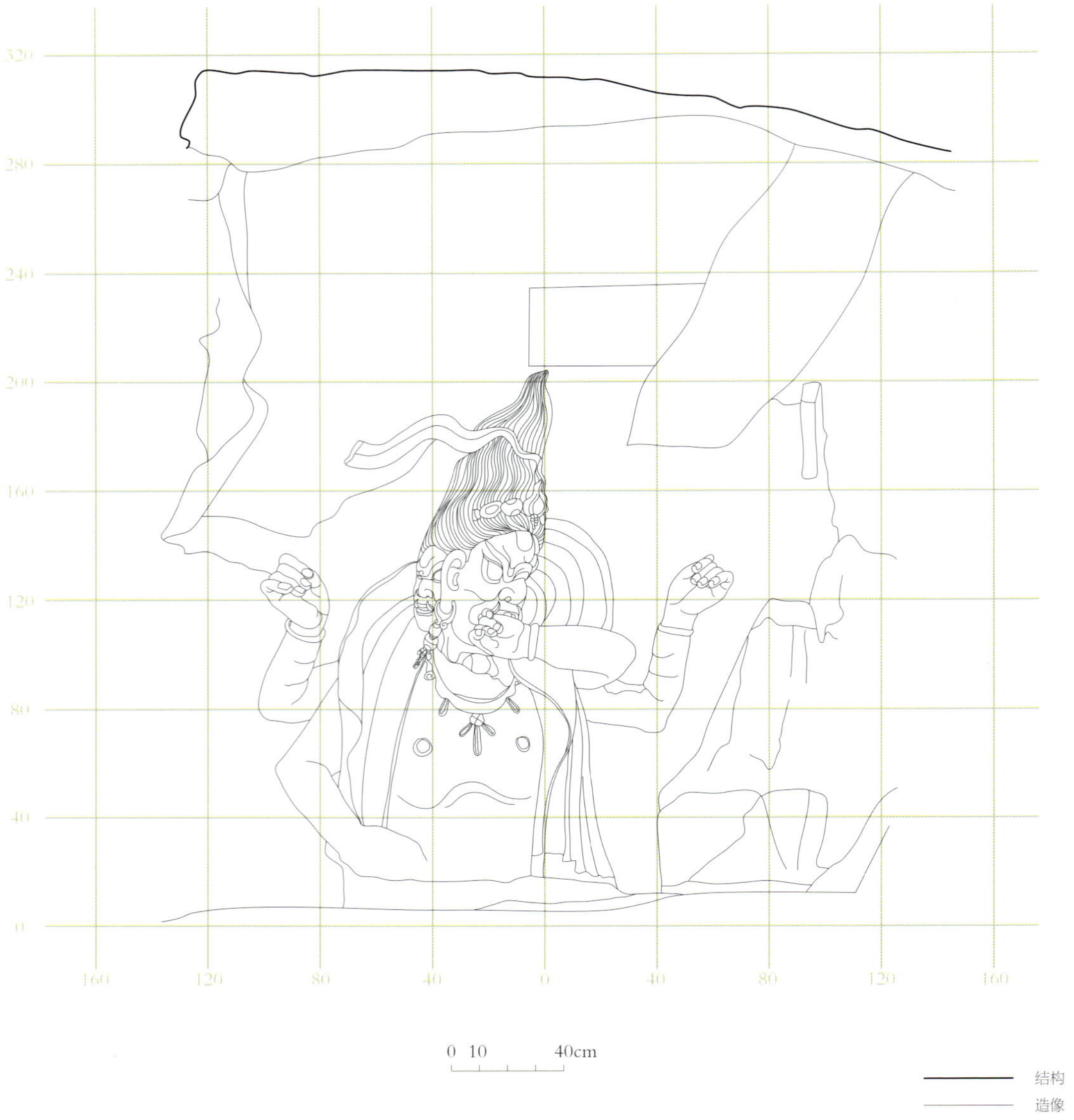

图 170　第 22 号龛左起第 8 身明王像立面图

图 171　第 22 号龛左起第 8 身明王像效果图

图 172　第 22 号龛左起第 9、10 身明王像立面图
1　第 9 像　2　第 10 像

四　晚期遗迹

龛壁底部毁，现已用条石嵌入修补。修补面左与第20号龛修补面相接，右至龛内左起第9身明王像下部，全长约2000厘米，最高约155厘米。

龛外右侧崖体前端下部毁，现已用条石砌筑修补，并沿崖体走势向西延伸，与1992年动工兴建的波涌梵宫大门相接。条石墙体正面于2000年新设一幅"大足石刻分布图"。

龛壁存灰白色、红色两种涂层。

铭文所在的平整面底层涂抹红色，铭文描白。

造像存灰白色、黑色、红色、蓝色等四种涂层。

第四节　第23号

一　位置

位于大佛湾北崖最西端崖壁下部，即第22号龛壁面中部右下侧，系打破第22号龛壁所为。龛下距地坪约160厘米。

龛口南向，方向177°。

二　形制

于壁面凿出横长方形界面，界面高约188厘米，宽约506厘米，内横向布置左右二龛（图173、图174、图175；图版Ⅰ：286）。

左龛　龛口呈方形，高178厘米，宽314厘米，至后壁最深约70厘米（图174-1）。龛口上缘中部凿三折卷轴，高23厘米，全长80厘米，内左起横刻"三清殿"3字，字径15厘米（图版Ⅱ：169）。龛口左右凿龛沿，宽约25厘米，其右沿亦是左右二龛的分界面。龛沿浮雕仿木楹联，高151厘米，宽22厘米，厚1.5厘米。左联竖刻"太极两[18]仪分四象"7字，右联竖刻"老君一气[19]化三清"7字，字径皆15厘米（图版Ⅱ：170）。龛底为狭长方形，建一级低坛。低坛高43厘米，宽254厘米，深14厘米。龛壁为弧壁，存粗大凿痕，与龛顶弧面相接。龛顶略为券顶。

右龛　龛口呈方形，高187厘米，宽185厘米，至后壁最深约70厘米，未刻龛沿（图174-2）。其形制与左龛略同。龛内右侧刻低坛，高54厘米，宽85厘米，深5厘米。

三　造像

（一）左龛

刻像3身，并列端坐于低坛上（图版Ⅰ：286）。

中像　坐高103厘米，头长42厘米，肩宽40厘米，胸厚24厘米。头挽髻，戴莲花冠，冠上部作重檐方塔形。莲花直径10厘米，高4厘米；方塔通高12厘米。方脸，额刻四道波形皱纹，双眉隆起，眼眶深，双目微鼓，鼻粗短，口紧闭。两唇髭呈"八"字形下垂胸前，下颌及两腮各刻一绺长须，飘垂胸前，髭、须皆银白色。身瘦肩窄，大腿略短，小腿稍长。内着双层交领宽袖服，外披氅，胸下系带作结，下垂蔽膝，腰间刻玉带。蔽膝中部纵向阴刻一如意坠饰，底端线刻如意云头。玉带宽6厘米，厚3厘米，中部镶一外凸的圆璧。左手身前持一圆饼物，直径12.5厘米，厚2厘米，正面刻太极、八卦图；右手抚腰带。足靴，踏方台，倚坐低坛上。方台高10厘米，宽64厘米，深27厘米。

左像　坐高92厘米，头长37厘米，肩宽38厘米，胸厚24厘米。头束髻戴冠，方面呆滞，两道髭稍短，三绺须长垂胸前。左手托一瓶，内升起一龙。瓶通高18厘米，口径7厘米。龙昂头曲颈，高约17厘米。右手握玉带。余特征与中像略同。

右像　坐高94厘米，头长38厘米，肩宽39厘米，胸厚24厘米。左手抚膝，右手身前托持如意。如意全长35厘米，斜靠右肩。余特征与左像同。

（二）右龛

并刻坐像2身（图版Ⅰ：286）。

左像　坐高87厘米，头长46厘米，肩宽47厘米，胸厚23厘米。头戴方冠，冠顶后侧竖刻双耳。面方，眉上竖，眼圆睁，鼻头粗大，双唇微闭。刻连鬓胡须，桃形垂至胸前。系肩巾，内着甲衣，外斜披袍服，下着裤。腰刻玉带。左手握一束腰盾，全长12厘米，最宽7.5厘米；右手托一鞭，鞭全长75厘米，斜靠右肩。盘左腿，垂右腿，坐于虎背上，足着靴。虎头左尾右，身长110厘米，高60厘米。短耳直竖，鼓眼露齿，扭颈回首，粗尾竖立。

右像　坐高84厘米，头长34厘米，肩宽45厘米，胸厚16厘米。头挽髻戴冠，缯带沿耳后下垂至胸。面方圆，直眉小口。内着双层交领宽袖服，外披氅，胸下系带作结，腰间刻蔽膝。束玉带，宽7厘米，厚4.5厘米。左手抚膝，右手握玉带，倚坐低台上，足靴。

四　铭文

2则[1]（图160）。

第1则

陈希夷书"福寿"题刻，清宣统二年（1910年）。刻于本龛壁面左右端的平整面（图版Ⅱ：171）。左平整面高168厘米，宽130厘米，下距地坪约190厘米。内刻"寿"字，草书，字径高120厘米，宽72厘米，竖刻署款4字，字径7厘米。右平整面高150厘米，宽115厘米，下距地坪约138厘米。内刻"福"字，草书，字径高106厘米，宽84厘米，竖刻署款4字，字径7厘米。

寿[20]
陈希夷书（左）
福
陈希夷书（右）

第2则

龙蜚声书《与佛有缘》碑并跋文，民国二年（1913年）。刻于第1则"寿"字右侧紧邻的横匾内。匾高108厘米，宽380厘米，下距地坪约220厘米。匾心左起横刻"与佛有缘"4字，行书，字径高62厘米，宽51厘米；前款竖刻1行6字，尾款左起竖刻10行115字，第10行刻于第7—9行下方，字径皆6厘米（图版Ⅱ：172）。

与佛有缘[21]（匾心）
建修佛缘[22]桥立（前款）
01　宣统元年己酉五月东调戍藏得与谛
02　穆活佛结欢喜缘四载有余癸丑三月
03　派代回川龙桥竭祖后[2]道经佛湾沿岩
04　瞻瞩恍疑[3]西竺再到不禁神游久之

1　此2则铭文系后世打破第22号龛所在壁面而凿刻，内容与本龛无涉。1985年《大足石刻内容总录》将其纳入本龛记录。为遵从原有编号和记录内容，本次调查亦将其纳入本龛铭文单元记述。
2　此"后"字《大足石刻铭文录》录为"诟"。重庆大足石刻艺术博物馆编：《大足石刻铭文录》，重庆出版社1999年版，第242页。
3　此"恍疑"2字《大足石刻铭文录》录为"悦凝"。同前引。

图173　第23号龛立面图

— A'

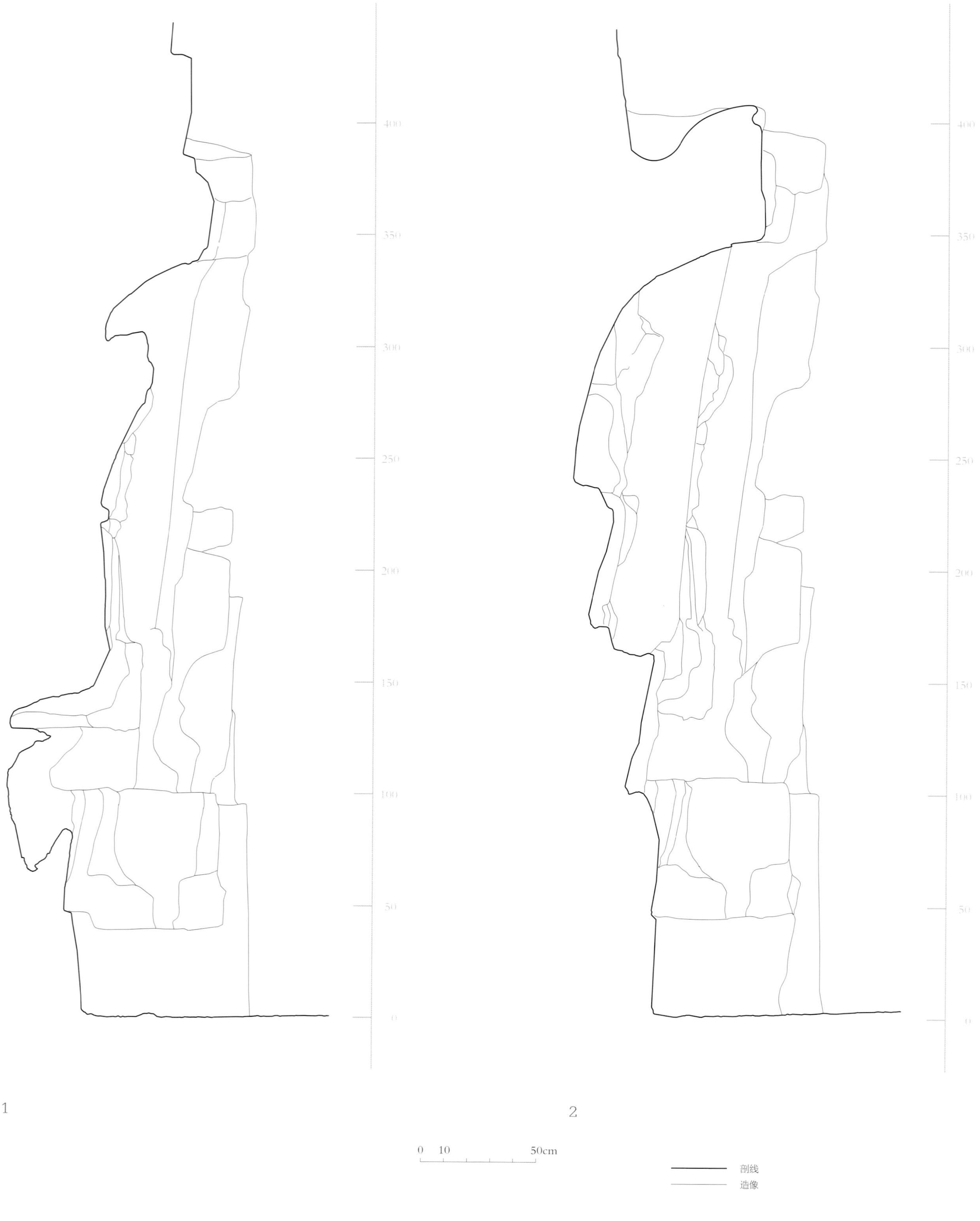

图 174 第 23 号龛剖面图
1 左龛 2 右龛

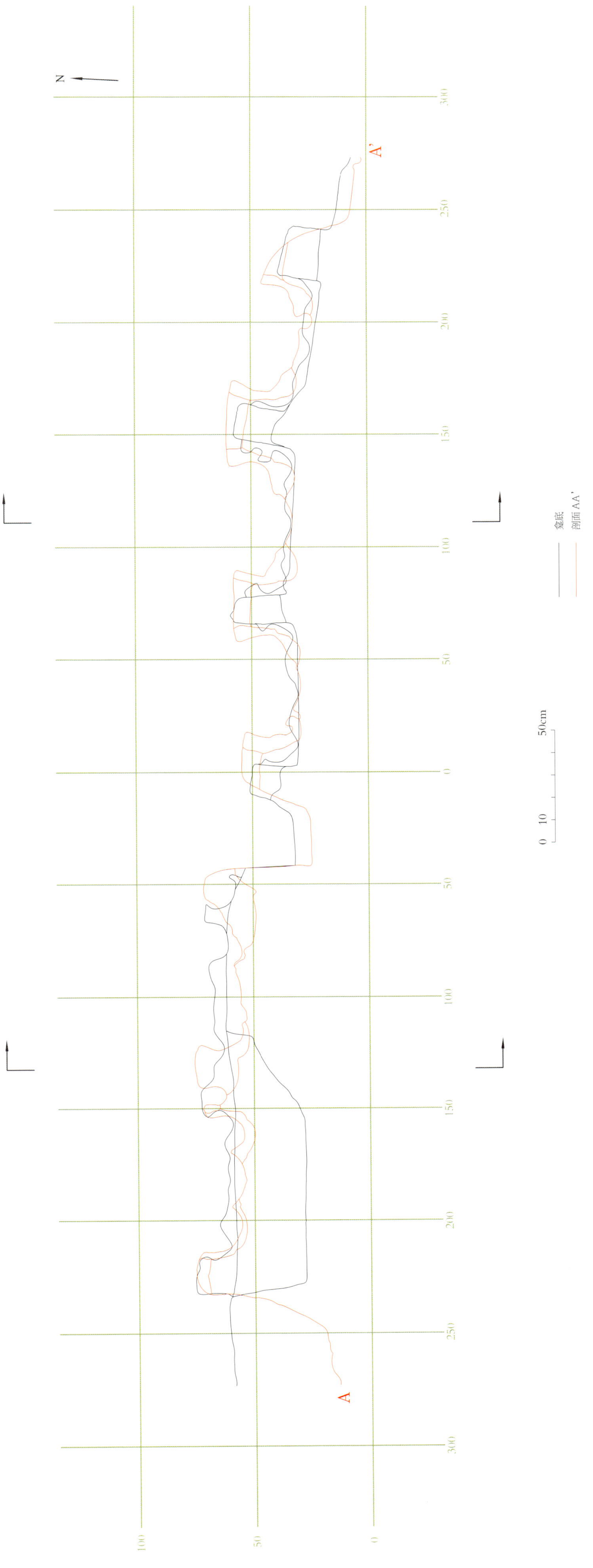

图175 第23号窰平面图

05　适¹逢修桥将竣乞序于余军事星火不

06　暇详说因援笔书此以垂不朽

07　陆军部举人驻藏第

08　一营营长兼赏罚科

09　官承武将军府参谋

10　凤郴龙蛰声[23]（尾款）

五　晚期遗迹

龛壁存红色、灰白色两种涂层。

造像内存红色、绿色、蓝色、紫色、黑色、灰白色等六种涂层。

注释：

[1]　本则铭文碑额第1字、第7行第9字"第"；碑额第3字、第7行第6字"炼"；第1行第1字"本"；第1行第5字"于"；第6行第1字"咒"；第7行第4字"场"；第9行第3字"恼"；第9行第6字"感"；第9行第7字"圣"；第9行第9字"摄"；第10行第8字"愿"；第12行第2字"汉"；第12行第6字"游"；第13行第3字"归"，铭文分别为：

[2]　本则铭文碑额第1字"第"；第1行第1字"本"；第1行第9字"年"；第2行第5字"游"；第2行第6字"峨"；第5行第2字"峰"；第6行第6字"佛"；第7行第1字"修"；第7行第4字"道"；第7行第5字"感"；第8行第4字"萨"，铭文分别为：

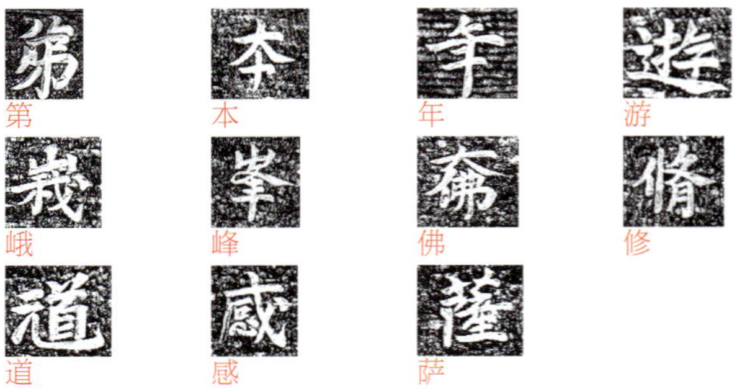

[3]　本则铭文碑额第1字"第"；碑额第3字、第7行第7字"炼"；第1行第1字、第6行第1字"本"；第1行第7字"峨"；第1行第9字"历"；第2行第2字"久"；第2行第4字"睹"；第2行第8字"居"；第3行第9字"往"；第4行第10字"辞"；第5行第7字"年"；第6行第3字"将"；第6行第4字"檀"；第7行第1字"于"；第7行第3字"脚"；第7行第6字"烧"；第8行第3字"愿"；第8行第6字"切"；第9行第1字"举"；第9行第5字"皆"；第9行第9字"永"；第9行第11字"践"；第10行第2字"诣"；第10行第5字"感"，铭文分别为：

1　此"适"字《大足石刻铭文录》录为"时"。重庆大足石刻艺术博物馆编：《大足石刻铭文录》，重庆出版社1999年版，第242页。

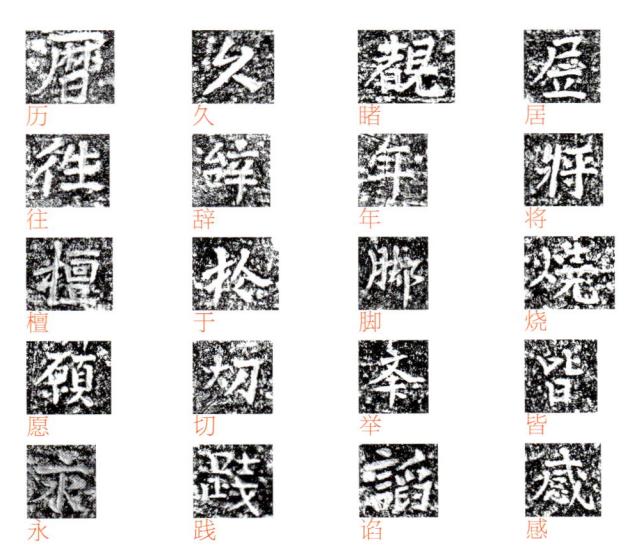

[4] 本则铭文碑额第1字"第";第1行第1字、第8行第4字"本";第1行第4字、第2行第8字"圣";第1行第6字等3处"汉";第2行第1字"经";第2行第5字"忆";第2行第6字"往";第4行第7字"濛";第8行第1字"欲";第9行第5字"将";第10行第6字"感";第11行第3字"藏";第11行第5字"萨";第12行第7字"真";第12行第8字"善";第13行第2字"忏";第13行第8字"年",铭文分别为:

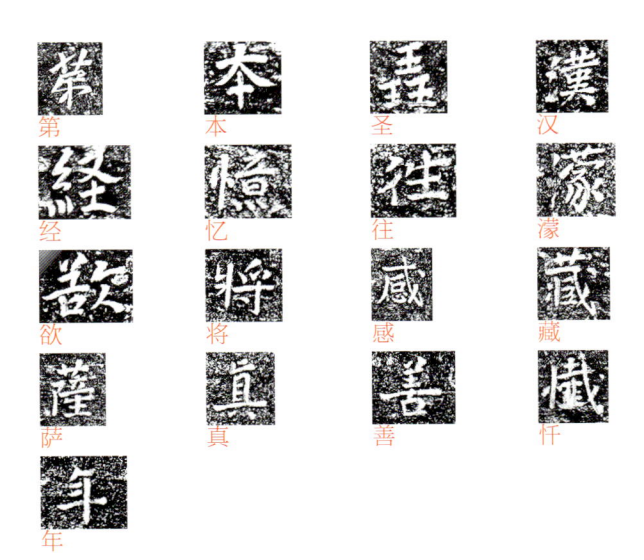

[5] 本则铭文碑额第1字"第";碑额第3字、第6行第6字"割";第1行第1字"本";第1行第4字、第8行第4字"圣";第2行第2字"濛";第2行第4字、第3行第9字"往";第3行第4字"经";第3行第5字"历";第3行第7字"处";第4行第2字"敕";第4行第6字"仰";第4行第7字"皆";第4行第8字"归";第5行第7字"年";第7行第3字"感",铭文分别为:

[6] 本则铭文碑额第1字"第";碑额第3字、第2行第8字"炼";第1行第1字"本";第1行第4字"圣";第1行第5字"于";第1行第9字"年";第2行第4字"蜡";第4行第5字"虚";第5行第3字、第8行第5字"切";第6行第1字"永";第6行第4字"恼";第6行第5字"感",铭文分别为:

[7] 本则铭文碑额第3字、第3行第5字"炼";第1行第1字、第2行第4字"本";第1行第4字"圣";第1行第9字"年";第3行第1字"腊";第3行第7字"效";第5行第1字"舍";第5行第5字"感";第6行第4字"萨",铭文分别为:

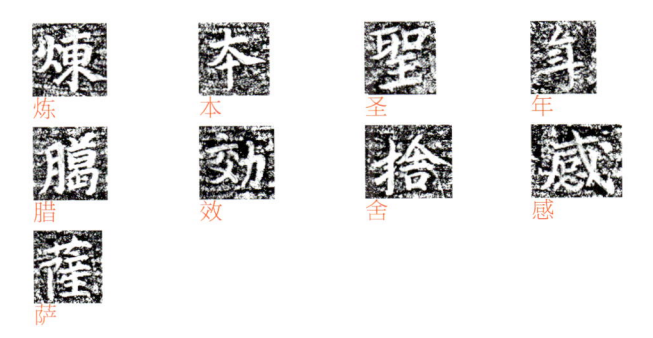

[8] 本则铭文碑额第1字"第";碑额第3字"舍";第1行第1字、第13行第3字"本";第2行第1字"于";第2行第5字"年";第7行第1字"经";第9行第3字"发";第9行第4字、第11行第6字"愿";第9行第5字"誓";第11行第1字"陀";第14行第2字"具";第14行第5字"闻";第15行第1字"叹";第15行第3字"遗";第15行第6字"奖",铭文分别为:

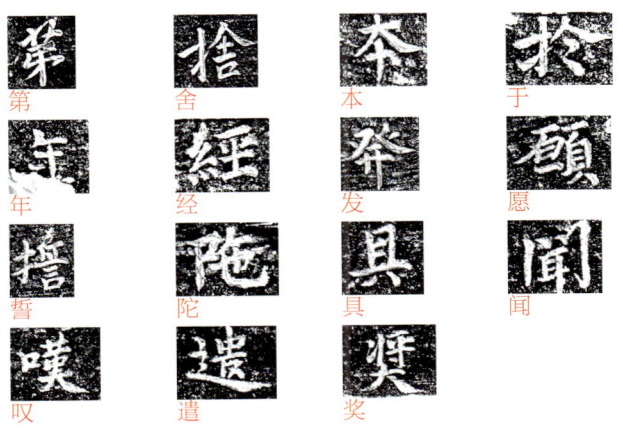

[9] 本则铭文碑额第1字"第";碑额第3字、第13行第2字"炼";碑额第4字、第12行第7字"阴";第

1行第1字等5处"本"；第1行第8字"年"；第3行第3字"皈"；第5行第2字"愿"；第6行第2字"发"；第7行第5字"具"；第9行第4字"苏"；第10行第3字"俱"；第12行第4字"腊"；第12行第6字"裏"；第12行第8字"经"；第13行第1字"烧"；第13行第6字"欲"；第13行第7字"感"；第14行第1字"盖"；第16行第3字"叹"，铭文分别为：

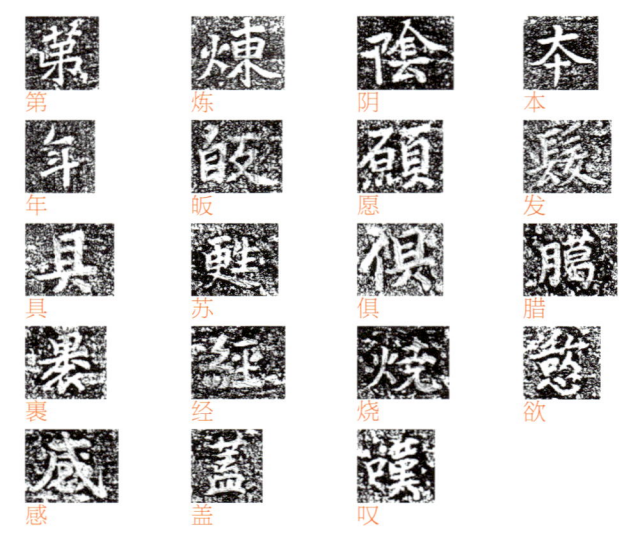

[10] 本则铭文碑额第1字"第"；碑额第3字等3处"炼"；碑额第4字"膝"；第1行第1字"本"；第1行第4字"圣"；第2行第5字、第3行第3字"卿"；第2行第6字、第4行第5字"修"；第3行第8字、第6行第8字"于"；第6行第3字"咒"；第6行第12字"年"；第7行第6字"将"；第7行第9字"烧"；第7行第12字"膝"；第8行第6字"愿"；第8行第7字"与"；第8行第9字"切"；第8行第12字"龙"；第9行第3字"会"，铭文分别为：

[11] 此"总"字，铭文为：

[12] 本则铭文第2字"秽"；第6字"本"，铭文分别为：

[13] 本则铭文第6字"卢"、第7字"舍"、第8字"那"，铭文分别为：

[14] 此"大"字，铭文为：

[15] 此"萨"字，铭文为：

[16] 此"萨"字，铭文为：

[17] 此"萨"字，铭文为：

[18] 此"两"字，铭文为：

[19] 此"气"字，铭文为：

[20] 此"寿"字，铭文为：

[21] 此"缘"字，铭文为：

[22] 此"缘"字，铭文为：

[23] 本则铭文尾款第1行第4字"年"；第1行第14字"与"；第2行第5字"欢"；第2行第7字"缘"；第3行第1字"派"；第3行第9字"后"；第3行第11字"经"；第3行第15字"岩"；第4行第2字"瞩"；第4行第12字"游"；第5行第1字"适"；第5行第5字"将"；第6行第9字"以"；

第6行第10字"垂";第7行第4字"举";第7行第8字"第";第8行第5字"兼";第10行第2字"瞰",铭文分别为:

年 与 欢 缘
派 后 经 岩
瞩 游 适 将
以 垂 举 第
兼 瞰

第五章　第24—32号

第一节　本章各编号位置及相互关系

本章第24—32号等9个编号，位于大佛湾南崖西段，即南崖中段内凹处的左侧崖体（图176；图版Ⅰ：287、图版Ⅰ：288）。其中，第24—30号等7个编号位于所在崖体壁面上层，第31号龛位于下层，第32号龛位于南崖西段的左下崖壁。第32号龛与第24号龛水平相距约80米。

第24号龛位于南崖西段最左端，其左侧为开凿后的竖直岩壁，龛前为水泥板砌筑的平台，亦是现今参观地坪。平台左端连接20世纪90年代修建的参观石梯道，沿梯道而上可达原大佛湾景区入口（图版Ⅰ：289）；右端设梯道两步，与东西向走势的参观地坪相接。龛右侧即为第25号龛。此二龛所在壁面垂直相接（图版Ⅰ：289）。

第25号龛窟右侧垂直相接的西向壁面上方，阴刻"宝顶"二字（图版Ⅰ：289）。该二字所在壁面右侧边缘垂直向东折进、延伸，直至南崖中段。

第26号窟位于第25号龛右缘向东折进的崖壁上方，其外壁下方并列镌刻"全国重点文物保护单位"和"世界文化遗产"两块标识碑（图版Ⅰ：289）。

第27号龛位于第26号窟右侧，水平相距约615厘米。

第28号龛位于西段崖壁中部的外凸岩体，左与第27号龛相距约683厘米，右紧邻第29号窟口。

第29号窟为南崖西段唯一的深窟，位于第28号龛右侧，其右侧与第30号龛紧邻。

第30号龛位于西段最右侧，左与第29号窟紧邻，右邻南崖中段崖壁内凹处。

第26—30号等5个窟龛前，于崖壁半腰处开辟、修筑有一条参观通道。通道西侧端头与第25号龛前平台以两阶石梯相接，东侧端头与南崖中段第2号龛前地坪以一阶石梯相接。第29、30号窟龛上方崖顶，于1952年修筑牧牛亭木构建筑遮覆保护。

第31号龛位于南崖西段右侧下层崖壁面，其竖直上方约170厘米为第30号龛，左右为自然崖壁。龛前距大佛湾沟底石板便道约

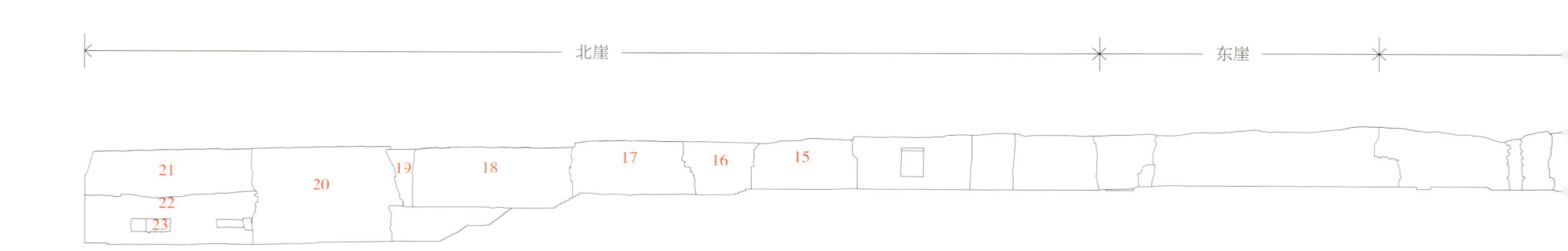

图176　第24—32号龛窟在本卷龛窟中的位置图

750厘米（图版Ⅰ：290）。

第32号龛位于南崖西段左侧约80米的外凸崖壁，其上方约15米为原大佛湾景区入口大门。1980年修建的石梯大道斜向通过龛前，相距约150厘米（图版Ⅰ：291）。其崖壁下方底部约15米为2014年新建的大佛湾景区通行石板大道。沿此石板大道向西可达新的景区大门，向北经题刻"广大宝楼阁"题词的六角形门洞，过佛缘桥，再拾级而上即可到达大佛湾北崖西段第23号龛前（图版Ⅰ：292、图版Ⅰ：293）。

在六角形门洞北侧石板平坝，另相接有两条道路可分别到达大佛湾南崖龛前。第一条向东，沿大佛湾沟底石板，至南崖中段第5号龛前（图版Ⅰ：294）。第二条向西折而向南，登石梯而上，过六角形门洞顶部，到达南崖西段"宝顶"二字前的平台（图版Ⅰ：295）。

第二节　第24号

一　位置

位于大佛湾南崖西段左端外凸岩体的西壁。其左侧岩体内向凿进，形成向南延伸的竖直壁面，壁面间垂直相接。右侧转折比邻第25号龛。上为自然岩体，下距参观平台约85厘米。

龛口西北向，方向290°。

二　形制

单层方形龛（图177、图178；图版Ⅰ：296）。

于岩壁直接向内凿进而成。龛口呈方形，高165厘米，宽206厘米，至后壁最深36厘米。龛口左右外侧岩体经打磨形成竖直平整面，平整面高160厘米，宽24厘米，内浮雕一幅仿木楹联。龛口下部竖直凿刻高11厘米，宽256厘米的平整面，存斜向凿痕。再下即为外凸的自然岩体，略经打磨。龛底呈横长方形。龛壁竖直，存细密凿痕，正壁与左右侧壁略垂直相接。壁面与龛顶亦垂直相接。龛顶平顶，略呈方形，外侧残，现已修补。再上即为外挑的岩檐。

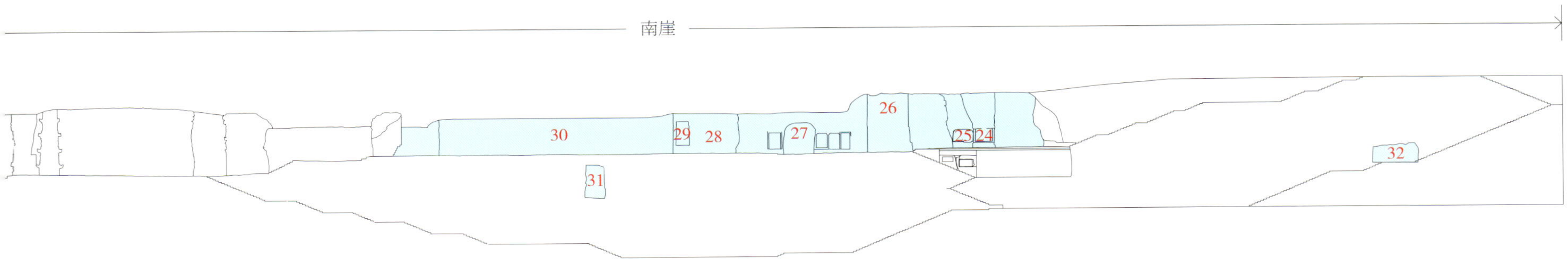

图 177 第 24 号龛平、立面图
1 立面图 2 平面图

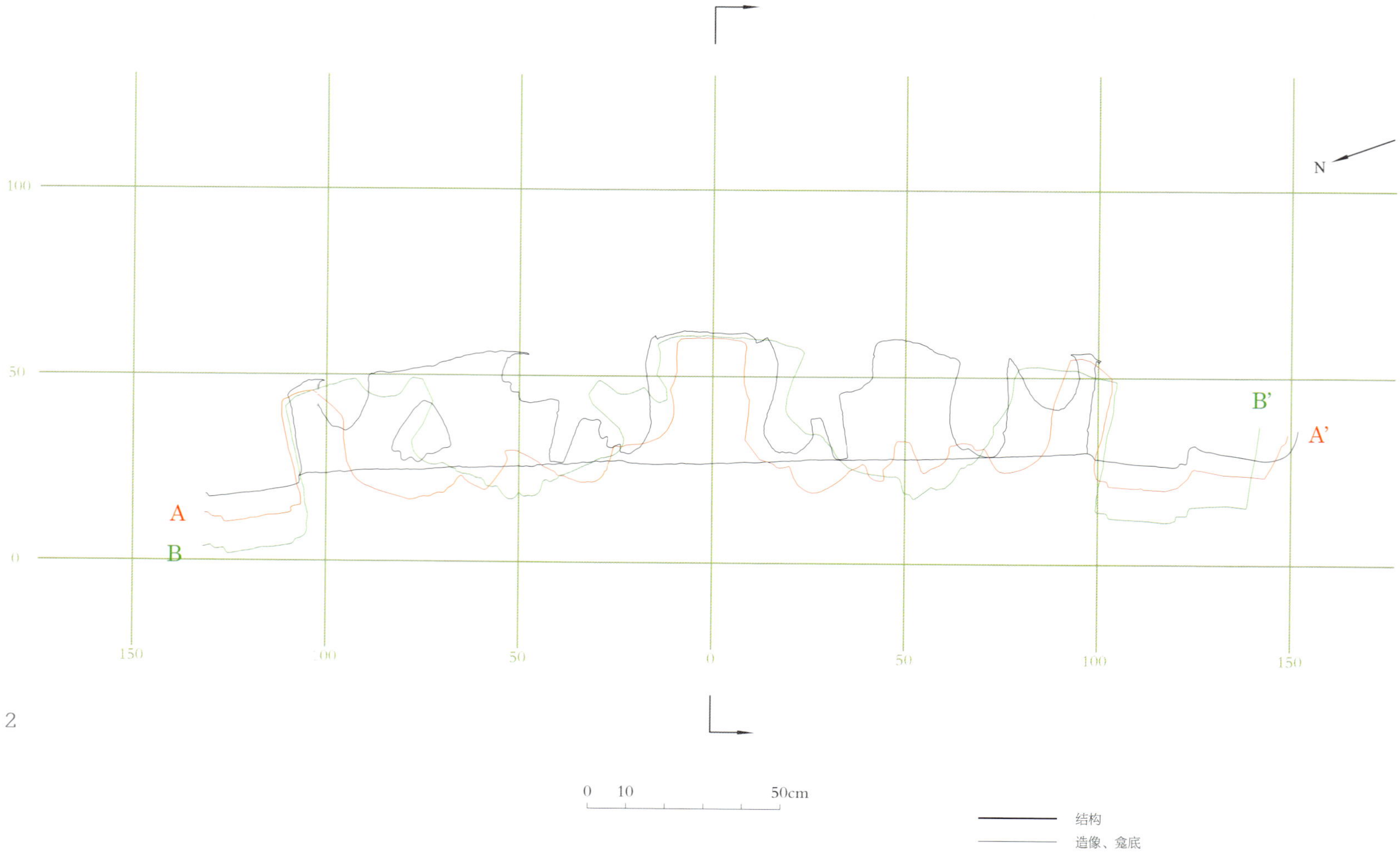

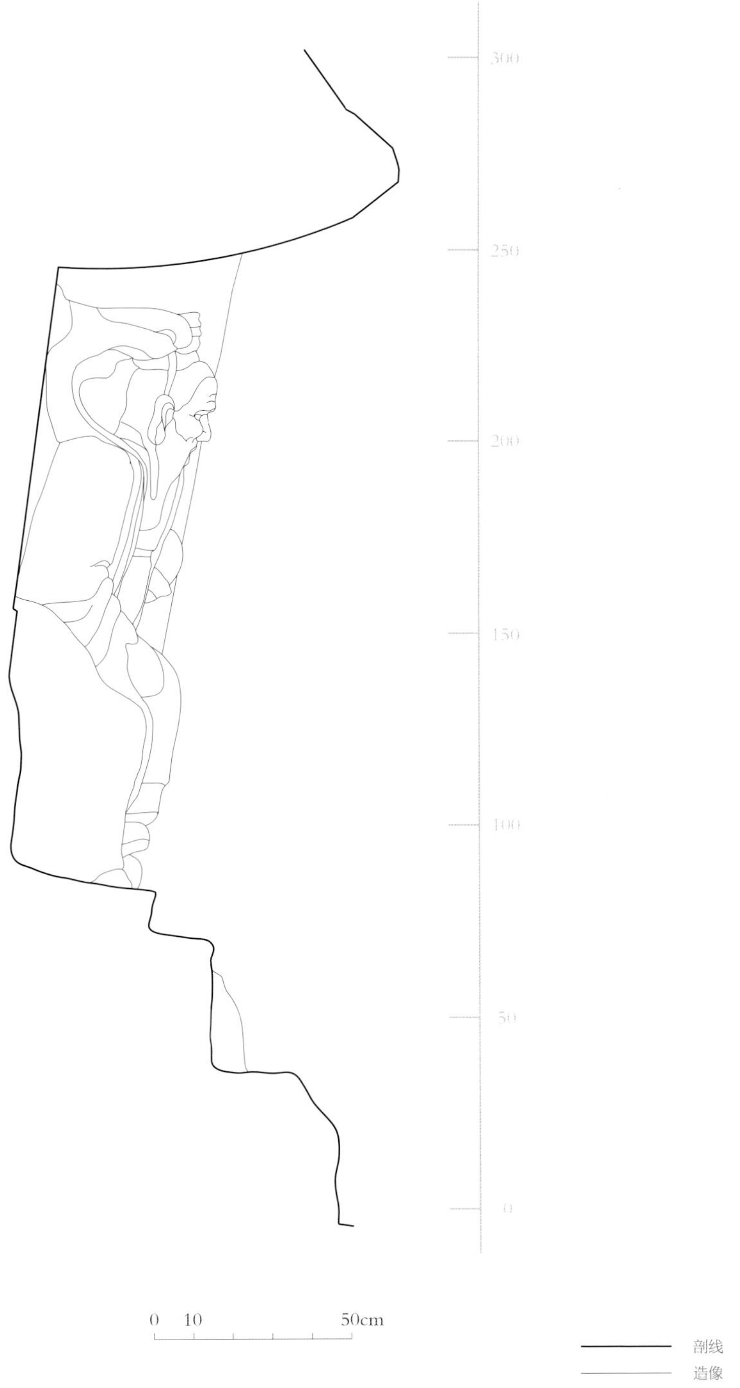

图 178　第 24 号龛剖面图

三　造像

并刻坐像2身，左为老者像，右为神将像（图177-1）。

老者像　坐高100厘米，头长40厘米，肩宽41厘米，胸厚40厘米。头挽髻，戴束发冠，冠左右侧饰双翅。冠前刻双重仰莲，左右侧刻卷曲上扬的莲茎。仰莲内刻三重楼阁式方塔。塔通高12厘米，塔身三级，逐级内收，塔身素面，无塔刹。像前额饱满、高耸，弯眉，双目深陷，宽鼻，厚唇，髭、须长垂胸前。戴流苏耳珰。着窄袖长服，胸前束带，带尾垂于腿间；腰束玉带，下着裤。披帛绕于头后，自肩下垂及地。戴镯，左手胸前持圆饼物，直径17厘米，厚2厘米；右手抚膝。盘左腿，垂右腿，端坐于牛背之上。足着云头鞋，右足踏方形足踏。牛身向左，身长78厘米，高53厘米，扭颈向右回望，四腿粗短直立，长尾翘起。

神将像　三头六臂，坐高97厘米，头长45厘米，肩宽44厘米，胸厚25厘米。头挽髻，鬓发呈锯齿形立起。戴通天冠，装饰双翅。冠正面刻一圆饰，其上竖一椭圆镜，边缘刻锯齿纹，左右侧饰卷草纹。正面方脸，前额竖刻一目，眉头紧锁，双眼圆瞪，粗鼻阔嘴，嘴角下撇。獠牙斜向挑出，下颌刻卷曲短须。左右侧面略小，略含笑，余特征亦略同。像刻肩巾，下颌作结。上身袒，腰部束带打结，带尾垂于腿前；下身内着裙，外着腿裙，长垂至足背。腿裙中部刻一圆护。披帛环于头后，顺肩下垂及地。身六臂，戴镯。上两手屈肘上举，分持圆轮，轮径16厘米，厚2厘米，其下刻云纹。中两手胸前作拱。左下手腰侧抓束腰盾牌，高25厘米，最宽9厘米，厚2厘米；右下手腰侧持方印，印带下垂，印边宽约14厘米，厚2厘米。垂左腿，踏方形足踏；盘右腿，端坐于虎背之上。虎身向右，身长85厘米，高56厘米。双耳直立，双目圆瞪，阔口紧闭，獠牙外露，侧首向左回望，四腿直立，长尾直竖，尖端略曲。

此外，龛外左侧南向延伸的竖直壁面上部凿一横匾，水平相距约30厘米。匾高140厘米，宽352厘米，深8厘米，下距地坪约400厘米。匾心左起横刻"香焚宝鼎"4字，字径高69厘米，宽46厘米；左右款各1行共19字，字径8厘米（图版Ⅱ：173）。

　　香焚宝鼎
　　民国壬申年四月榖△旦（左）
　　龙凤山清静自在道人书（右）

四　铭文

道祖、山君龛楹联，清宣统二年（1910年）。刻于龛外左右平整面。楹联仿木镌刻，均高125厘米，宽18厘米，厚1厘米。其上方仿刻桃形钩挂，下方仿刻承托铁钉。左右楹联皆竖刻7字，楷体，字径10厘米（图版Ⅱ：174）。

　　道祖乘牛登岸上（左）
　　山君伏虎镇桥头（右）

五　晚期遗迹

（一）铭文[1]

2则。

第1则

杨渭莘题诗并序，民国十三年（1924年）。刻于龛前平台下部竖直壁面左侧。刻石面高90厘米，宽151厘米。文左起，竖刻23行213字，行书，字径4厘米（图版Ⅱ：175）。

01　民国甲子秋予来宰是邦
02　闻此禅林早称绝胜缥
03　缈烟云仙凡难别予于
04　公暇即约数友同来参
05　观以广眼界迄予至此
06　果见洞中鸡犬无异桃
07　源而击钵之声总觉催
08　予诗兴不得不搜索枯肠
09　勉步名人后尘留咏律诗
10　以志壮游
11　参知县事学为官访道参
12　禅不畏难着履穿云寻
13　觉路携琴伴月到仙坛寺

---

[1] 此2则铭文位于龛前平台（即今参观通道）前侧下部的竖直壁面，时代较晚。据就近原则，纳入本龛晚期铭文记录。

14　居蜀国今成古碑认唐朝
15　近未残问佛因何高卧起
16　几生修积在蒲团△菩提
17　树老身成阴绿映龙潭水
18　不深涤尽俗尘明佛性拨
19　开云雾见禅心白莲花现
20　神威貌翠竹林敲梵语音
21　多少名山无此胜都缘风
22　月值千金
23　知大足县事几江杨渭莘题并书[1]

第2则

刘翰卿题诗并序，民国十三年（1924年）。刻于龛前平台下部竖直壁面右侧，与本龛第1则晚期铭文并列，相距约73厘米。刻石面高65厘米，宽117厘米。文左起，竖刻18行155字，行草，字径4厘米（图版Ⅱ：176）。

01　甲子秋八月内兄杨渭
02　莘聘任案牍因公之暇
03　从岳母曹游县治东宝
04　顶山适见其地幽然大观
05　真凛凛有仙气因赋古
06　歌一则云
07　层层古树石粼粼天然宝
08　顶气萧森其中卓约
09　有仙子仙人遗迹今尚存
10　我来此地一拜见凛凛仙
11　山秋一片满阶梧叶白云
12　深一亭鹤舞青松殿大
13　唐仙子柳本尊养性
14　修真独苦炼一睡即成
15　千古心至今饶有馨香
16　荐吁嗟仙子不归
17　来空对名山写忧怨
18　几江刘翰卿偶书[2]

此外，在第1则晚期铭文左下侧约13厘米处另凿一题刻。仿楹联雕刻，通高64厘米，宽15厘米，厚2厘米。顶部刻如意头挂钩。内竖刻"过个都是善人"6字，字径6厘米（图版Ⅱ：177）。

（二）构筑

龛左侧壁上方凿一方孔，边宽7厘米，深7厘米。

龛岩檐残损严重，现以混凝土补接，外凸崖面约50厘米。其中部突出，外侧平直，上下内收，连接岩面断裂处。

（三）妆绘

龛壁存灰白色、红色两种涂层。

神将像上臂残存红色涂层，披帛存蓝色涂层。

第三节　第25号

一　位置

位于大佛湾南崖西段最左端外凸岩体的北壁。左与第24号龛垂直转折比邻，右侧与第26号窟所在崖体的西向壁面垂直相接，上为自然崖壁，下距地坪约88厘米。

龛口北向，方向15°。

二　形制

单层方形龛（图179、图180；图版Ⅰ：297）。

于崖壁向内凿进而成。龛口略呈横长方形，高164厘米，宽248厘米，至后壁最深40厘米。龛沿面仅凿刻出龛口下部右侧和龛口右侧，下部沿面宽约8厘米，右侧沿面宽4厘米。龛口左右上角作圆弧处理。龛底为不规整的狭长方形，左低右高，高差约13厘米。龛底左端另存一较小的方台，估计系未完整凿去的遗存。龛壁为弧壁，打磨略显粗糙。壁面与龛顶弧面相接。龛顶为券顶[1]。

三　造像

并刻坐像2身（图179-1）。

左像　为男像，坐高108厘米，头长47厘米，肩宽42厘米，胸厚32厘米。头戴方形冕冠，冕板前端下垂11道较短的冕旒，纮带自冠体两侧下垂及上臂。面方形，修眉细目，上唇垂髭，两腮和颔下各刻一道胡须长垂至胸。右耳硕大，左耳残。内着窄袖内衣，外着圆领宽袖长服，下着长裙。腰束带打结，带尾顺腿间下垂及地，其外再束玉带。披帛自两肩下垂，沿身侧下垂及地。左手于膝上仰掌托方物，物长17厘米，宽9厘米，厚6厘米；右手抚膝。足靴，端坐于方台上。方台高50厘米，宽94厘米，深13厘米。

右像　为女像，坐高124厘米，头长52厘米，肩宽55厘米，胸厚29厘米。头戴冠，冠顶横刻一带，敷搭双肩下垂至肘。冠前刻两道毫光，左右斜飘至龛顶。冠翼左右下缘各刻一道流苏，下垂及肩。面长圆，眉目纤细，高鼻小口，面含微笑。胸饰璎珞，外着交领宽袖长服，下着裙，上束至胸，腹前系带打结。披帛自两肩下垂，沿体侧下垂及地。戴镯，左手腹前托圆珠，珠径10厘米；右手竖置胸前结印。跣足，跌坐于方形单层仰莲台上，显露足底。莲台高25厘米，宽85厘米，深34厘米。

四　铭文

地母、天父龛造像记，民国四年（1915年）。刻于龛外右侧壁面略微外凸的方碑。碑高48厘米，宽40厘米。文左起，竖刻11行187字，楷体，字径2厘米（图版Ⅱ：178）。

01　地德无疆不亚天德之广大宝顶佛像

02　虽多而△地母独缺一席岁甲寅募资

---

[1] 据遗迹推测，原龛居于所在壁面中部；龛口呈圆拱形，仅为现今龛像的右侧部分，内刻女性坐像1身。龛像建成后，信众打破龛壁左侧部分，拓展壁面，改刻龛形，增刻男性坐像1身，遂成现今龛像。

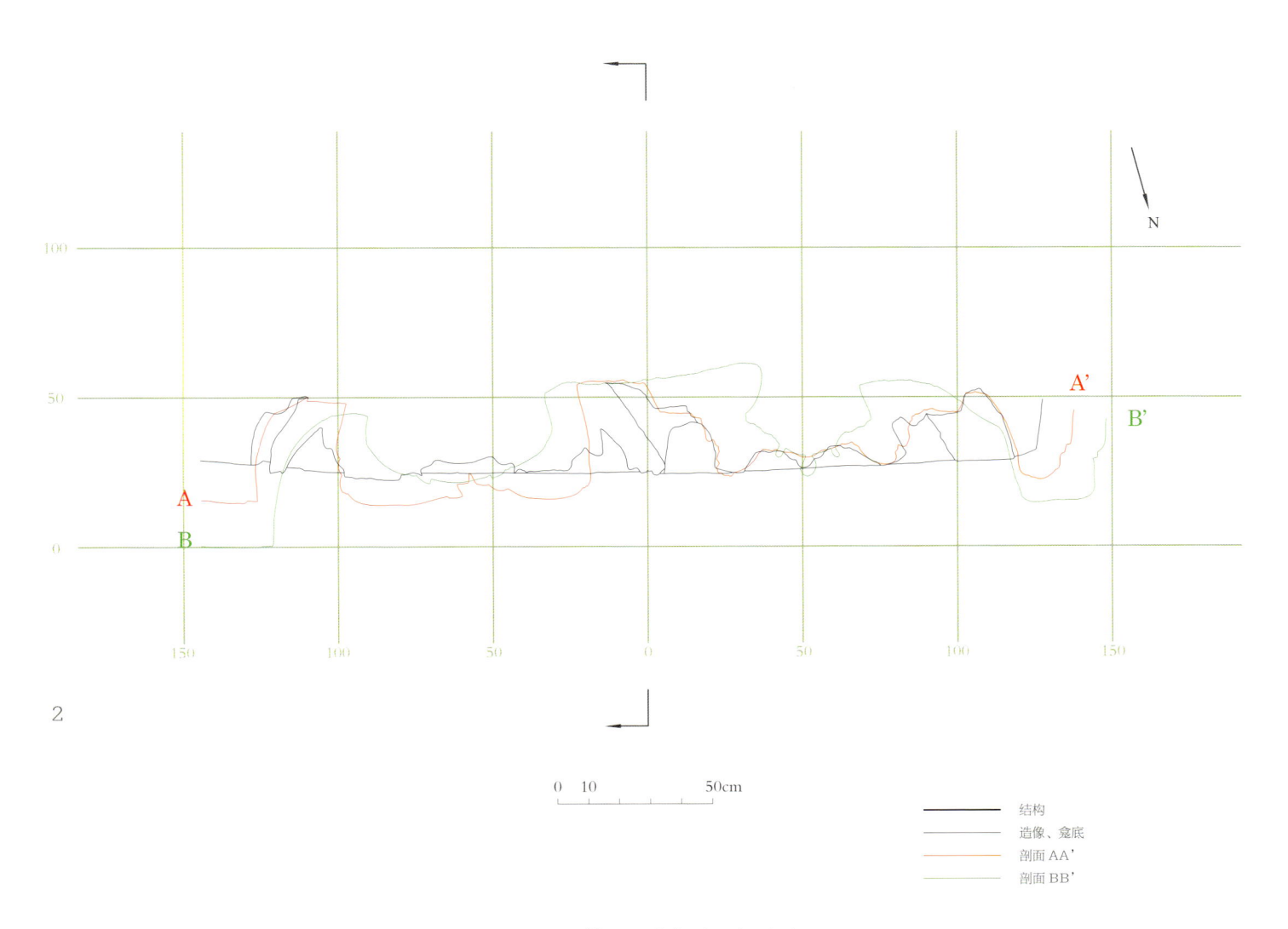

图179 第25号龛平、立面图
1 立面图 2 平面图

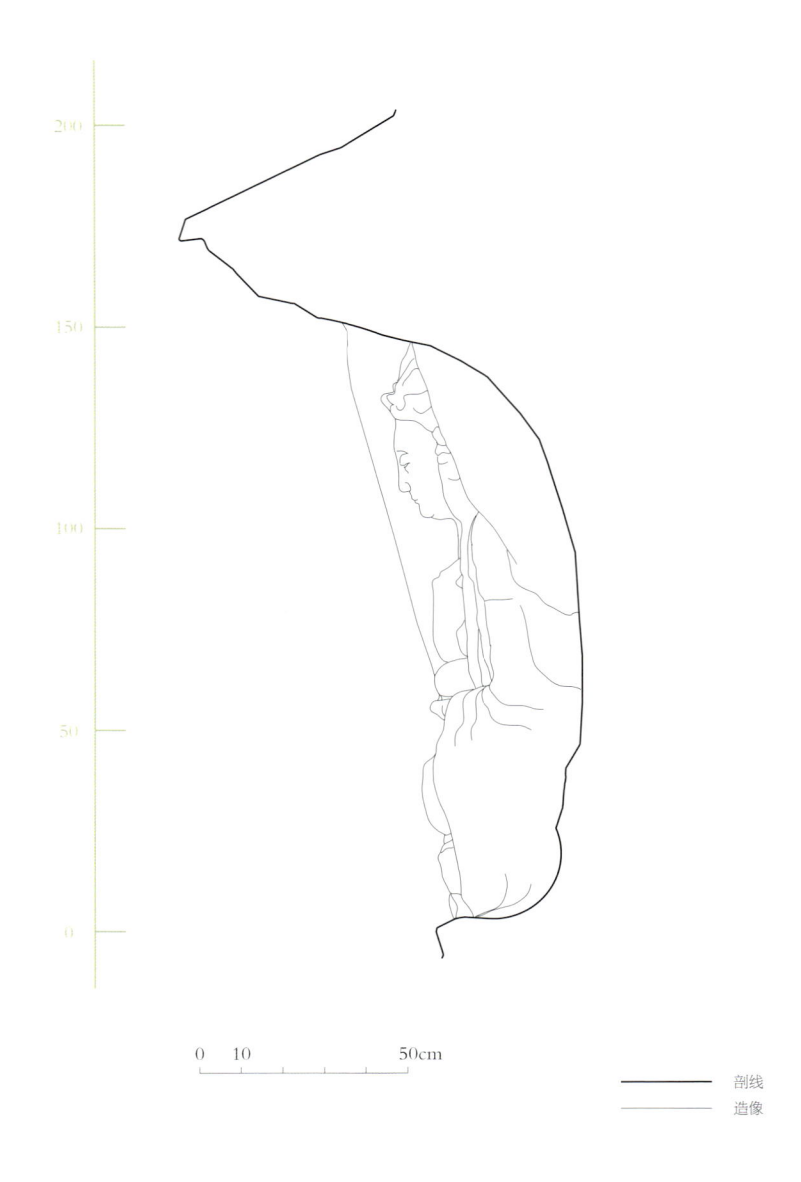

图180　第25号龛剖面图

03　创修逾岁工竣非敢必[1]有功也愿拈香
04　下拜者知地母之孕育历古今而不息
05　生机毋忘肸蚃之孚耳并将捐善姓氏勒之
06　于石以垂不朽为盼△承首黄清莲一千
07　皇经坛三千黄官佑四百杨继州二百唐裕盛二百
08　李祖廷一千陆人细二百姜正祥二百杨海章一百
09　罗瑞钦一千胡海云二百李长春二百罗光耀一百
10　吴兴顺四百杨桂林二百僧寿山一百八罗远书一百
11　民国四年岁次乙卯四月十一日吉立[3]

五　晚期遗迹

龛岩檐部分残，现以混凝土补塑，外凸约52厘米。岩檐中部外突，左端与第24号龛岩檐相接，右与自然岩体相接。

龛壁存少许红色涂层，造像存留少量红色和黑色涂层。

1　此"必"字《大足石刻铭文录》录为"心"。重庆大足石刻艺术博物馆编：《大足石刻铭文录》，重庆出版社1999年版，第206页。

第四节　第26号

一　位置

位于大佛湾南崖西段。其窟外西壁左邻第25号龛，水平相距约100厘米；窟外北壁右邻第27号龛，水平相距约615厘米；上部为外挑的岩檐；下部距参观通道地坪约525厘米。

窟口东北向，方向83°。

二　形制

本窟实际上是一个不规则的近似长条形的洞室[1]（图181、图182；图版Ⅰ：298、图版Ⅰ：299），洞室的东壁、北壁、西壁以条石垒砌而成，洞室南侧为岩石交叠错置的岩体表层。东壁高304厘米，宽200厘米；北壁宽463厘米，壁东侧高73厘米，壁西侧高69厘米；西壁宽105厘米，壁北侧高69厘米，壁南侧高45厘米。室内地坪南侧高低参差不平，北侧人工凿出一较为平整的长条状地面，该地面东西长463厘米，南北宽123厘米。地面分为东西两段，东段低于西段60厘米，东段长249厘米，西段长214厘米。东段地面又凿有一方形浅坑，东西长172厘米，南北宽123厘米。

东壁设一窟口，窟口高76厘米，宽107厘米，深39厘米，现已用条石、砖块封堵。窟口上距岩檐底部24厘米，下距地坪约535厘米。窟口下方至地坪间，凿刻有不规整的三级石台，以供上下。自上而下，第一级石台面宽150厘米，深120厘米，下距第二级石台110厘米。第二级石台面宽80厘米，深85厘米，下距第三级石台70厘米。第三级石台宽87厘米，深75厘米，下距地坪118厘米。第三级石台正面凿刻一方碑，左距壁面转折边缘约95厘米，右距壁面裂隙边缘约6厘米。碑上部毁，残高119厘米，宽68厘米，外凸约2厘米，内素平。

西壁外立面通高686厘米，最宽533厘米。其左缘与第25号龛所在岩壁相接，右缘转折与北壁相接（图版Ⅰ：300）。

北壁外立面通高733厘米，最宽500厘米。其左缘与西壁转折相接，右侧上部边缘向内凿进约127厘米，形成直角相接的东向壁面（图版Ⅰ：301）。

三　铭文

4则。其中，西壁外立面3则，北壁外立面1则（图181）。

（一）西壁外立面

3则。

第1则

王德嘉书"宝顶"题刻，清同治十二年（1873年）。刻于壁面上部横匾内。匾左右大致齐抵壁面边缘，上距岩檐底部约78厘米，下距地坪约285厘米。匾高234厘米，宽425厘米，深8厘米。匾心横刻"宝顶"2字，楷体，字高165厘米，宽125厘米，深7厘米。左右款皆竖刻1行，共计23字，字径12厘米（图版Ⅱ：179）。

宝顶

大清同治癸酉夏四月八日（左）

知大足县事城固王德嘉敬书（右）

---

[1] 民间传说称这个洞室叫"鲁班仓"，《大足石刻内容总录》沿袭这个名称。参见四川省社会科学院、大足县政协等编：《大足石刻内容总录》，四川省社会科学院出版社1985年版，第234页。

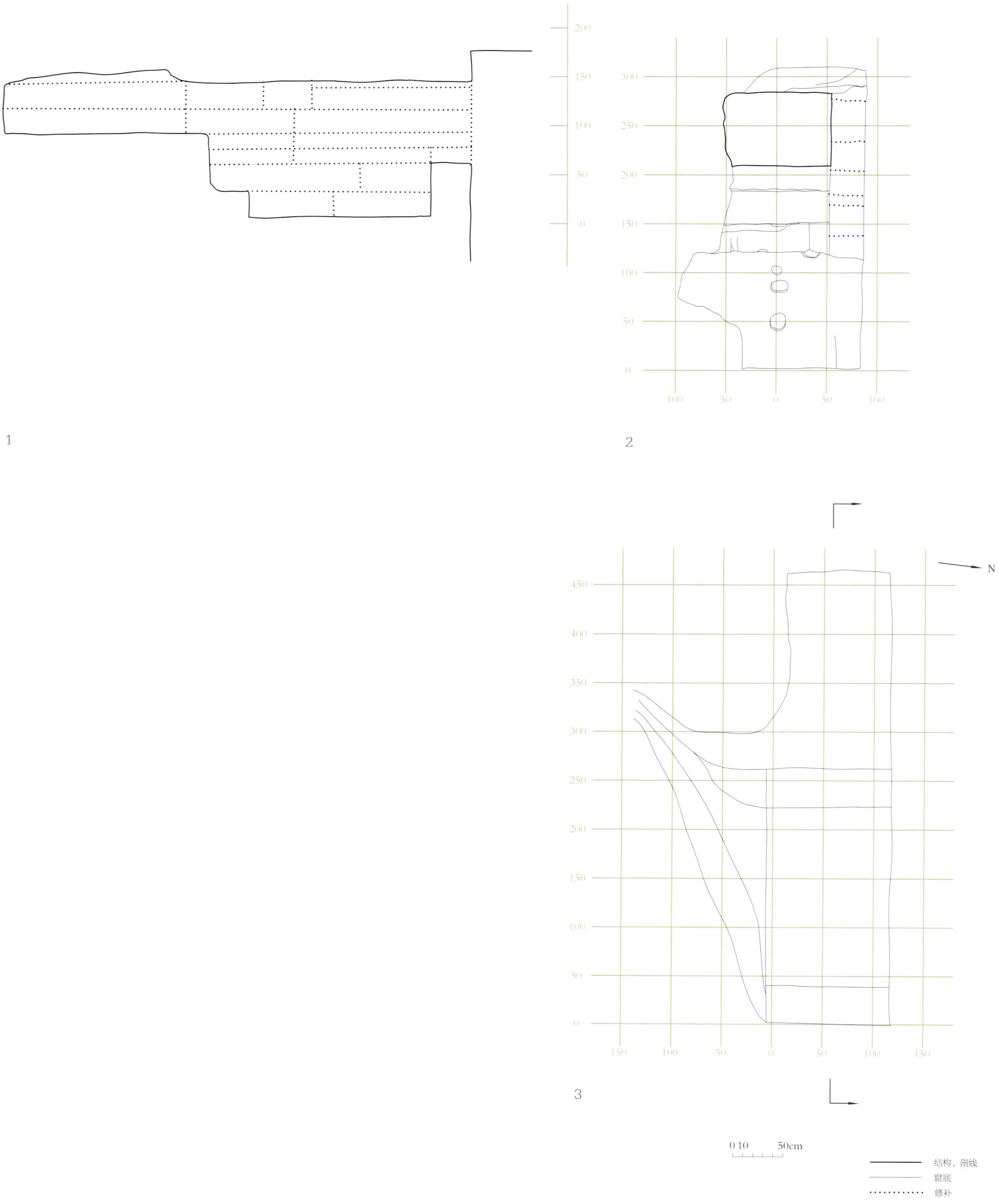

图181 第26号窟平、立、剖面图
1 剖面图 2 立面图 3 平面图

图 182 第 26 号龛窟外东壁、北壁、西壁展开图

第2则

龙必飞书"福寿"题刻，清宣统二年（1910年）。刻于壁面下部左侧，刻石面通高174厘米，宽260厘米。上距第1则匾额37厘米，下距地坪75厘米，左距壁面边缘35厘米，右距壁面边缘74厘米。壁面中部横刻"福寿"2字，字径高130厘米，宽98厘米，深9厘米。该2字之间壁面上部竖刻警句2行16字。壁面左右款各2行共42字，字径9厘米（图版Ⅱ：180）。

福寿[4]

触目警心介尔景福

再书大寿[5]劝人忠厚（中）

大清宣统二年岁[6]在庚戌暮春之初

敬书大福劝人质朴（左款）

人信吾言必得其寿[7]涵若龙必飞敬书

匠师龙久义（右款）

第3则

住持僧心朗等捐资培修碑，清光绪九年（1883年）。刻于第2则右侧方碑内。方碑左与第2则铭文所在壁面相接，分界不明，右距壁面转折边缘26厘米，上距第1则横匾下缘58厘米，下距地坪82厘米。方碑高148厘米，残宽174厘米，深2厘米。方碑上下及右侧刻边框，左侧边框毁，估计系镌刻第2则铭文时被凿毁。碑文左起，现存41行，楷体，字径2.5厘米。第1—40行皆为功德主名及捐资额，略。末行署款40字（图版Ⅱ：181）。

大清光绪癸未九年二月中浣吉旦建立△△本寺住持僧心朗心善徒侄永达永能共捐△壹百贰拾四两整（署款）

（二）北壁外立面

刘念行题"山水佳处"题刻，明（1368—1644年）。刻于壁面上部，刻石面高100厘米，宽325厘米。左距壁面边缘17厘米，右距壁面边缘150厘米，上距岩檐底部85厘米，下距地坪460厘米。壁面中部左起横刻"山水佳处"4字，字径高91厘米，宽71厘米；其左上角竖刻署款1行，存5字，字径10厘米（图版Ⅱ：182）。

山水佳处[8]

安成刘念[9]行□（署款）

四　晚期遗迹

西壁外立面上部岩体毁，现以条石填塞修补，修补面高67厘米，宽446厘米。中部存横向布列的3个方孔，等距布置，相邻间距约190厘米。孔边宽6厘米，深16厘米。

北壁外立面上部岩体亦残毁，现以条石填塞修补平整。修补壁面最高191厘米，通宽500厘米，最深34厘米。其中，左侧补砌条石3级，右侧补砌条石9级。条石皆存斜向凿痕。

北壁外立面中部左侧存两个较为明显的方孔，相距约148厘米。孔大小相近，边宽12厘米，深16厘米。其左孔上方另存二个纵向布列的小孔。

西壁、北壁外立面岩檐皆残损，现已补接，外侧塑锯齿状滴水。

北壁外立面下部凿刻橱窗式方框，下起地坪，通高338厘米，宽410厘米，深10厘米。框内中部横向排列"全国重点文物保护单位"和"世界文化遗产"标志碑，下部饰刻山石和云纹。

第五节　第27号

一　位置

位于大佛湾南崖西段。左邻第26号窟北向壁面，水平相距约615厘米；右邻第28号龛，水平相距约683厘米；上为外挑岩檐，下距地坪约86厘米。

龛口北向，方向0°。

二　形制

单层圆拱龛（图183、图184、图185；图版Ⅰ：302、图版Ⅰ：303）。

于崖壁向内凿进而成。龛口呈圆拱形，通高316厘米，最宽368厘米，至后壁最深约100厘米。龛口上部与岩檐相接，左右外侧及下部经打磨形成较为粗糙的竖直壁面，存斜向细密的凿痕。其中，龛外左壁幅面较大，高396厘米，最宽约450厘米；龛外右壁幅面略小，高392厘米，最宽约316厘米。左右外壁与龛口所在壁面齐平，且上部外挑的岩檐横贯一体，分界难辨[1]。龛底略呈弦月形。龛壁为弧壁，略显粗糙，上部弧面与岩檐底部相接。龛顶即为外挑的岩檐，平顶，略呈横长方形。

三　造像

刻半身佛像1身（图版Ⅰ：302）。

佛像　显露胸部以上身躯，高300厘米，头长195厘米，肩宽305厘米，胸厚50厘米（图186）。头后左右各浅浮雕三道横向的长条形毫光，纵向等距布列，略残。毫光最长76厘米，最宽22厘米，尖端呈圆角形[2]。头刻螺发，略残。戴冠，装饰卷草及莲花，缯带作结后斜垂至肩，缯带内侧浮雕云纹与龛壁相接。自冠正面中下部莲花发出两道毫光，交绕一匝后左右斜向上飘，沿龛顶向外延伸，大部已蚀。毫光间开一圆拱龛，内刻半身居士像1身。面方圆，脸颊丰满，长眉修目，略蚀。直鼻抿唇，嘴角微翘，面带笑意，耳垂肥大。颈刻三道肉褶线，两肩宽平，身着双领下垂式袈裟。胸前刻双手，左手抚右手，结毗卢印。身前龛底及双手外侧浮雕云纹，以示佛像自云中涌出。

佛像头顶毫光间刻圆拱形浅龛，高21厘米，宽18厘米，深5厘米。内刻一半身居士像，像高约20厘米，头长10厘米，肩宽12厘米，胸厚3厘米。头戴巾，方圆脸，略残蚀，络腮长须垂至胸前。着交领长服，左手笼袖内，右手竖胸前结印。

此外，后世于龛外左壁增刻方碑3通，右壁增刻方碑1通。

四　晚期遗迹

（一）铭文

8则。其中，龛外左壁5则，龛外右壁3则（图187）。

第1则

史彰撰《重开宝顶碑记》，清康熙二十九年（1690年）。刻于龛外左壁左起第1通方碑。碑上距岩檐底部约115厘米，下距地坪约45厘米，右距龛口约323厘米。碑座为浮雕方案，高33厘米，宽135厘米，前饰壶门。碑身方形，高205厘米，宽107厘米。碑上部和左右外侧凿建宽12厘米的凹槽，略低于碑面3厘米。碑身左右上角圆转，转角处饰卷云纹。碑身四方边缘饰边框，宽约4厘米。其

---

[1] 据遗迹推测，最初仅于壁面中部开凿本龛造像，龛外左右仍为自然崖壁或稍作处理。其后，1425年，于龛外左壁中部凿建《重开宝顶石碑记》（即左起第2通），将壁面略作处理，其效果与现今龛外右壁略同。再后，1426年，于龛外左、右壁增刻《重修宝顶事实碑》和《重开宝顶石碑记》二方碑，再次将龛外左壁加工处理。最后，1690年，于龛外左壁增刻《重开宝顶碑记》（即壁左起第1通碑），将壁面再作处理而成今日状况。

[2] 此毫光式样在大足石刻造像中极为少见，目前为止仅发现两例。本龛为一例，另一例见于宝顶山仁功山摩崖造像第1号龛主尊毗卢遮那佛像。

图 183　第 27 号龛及左右碑刻立面图

— A'

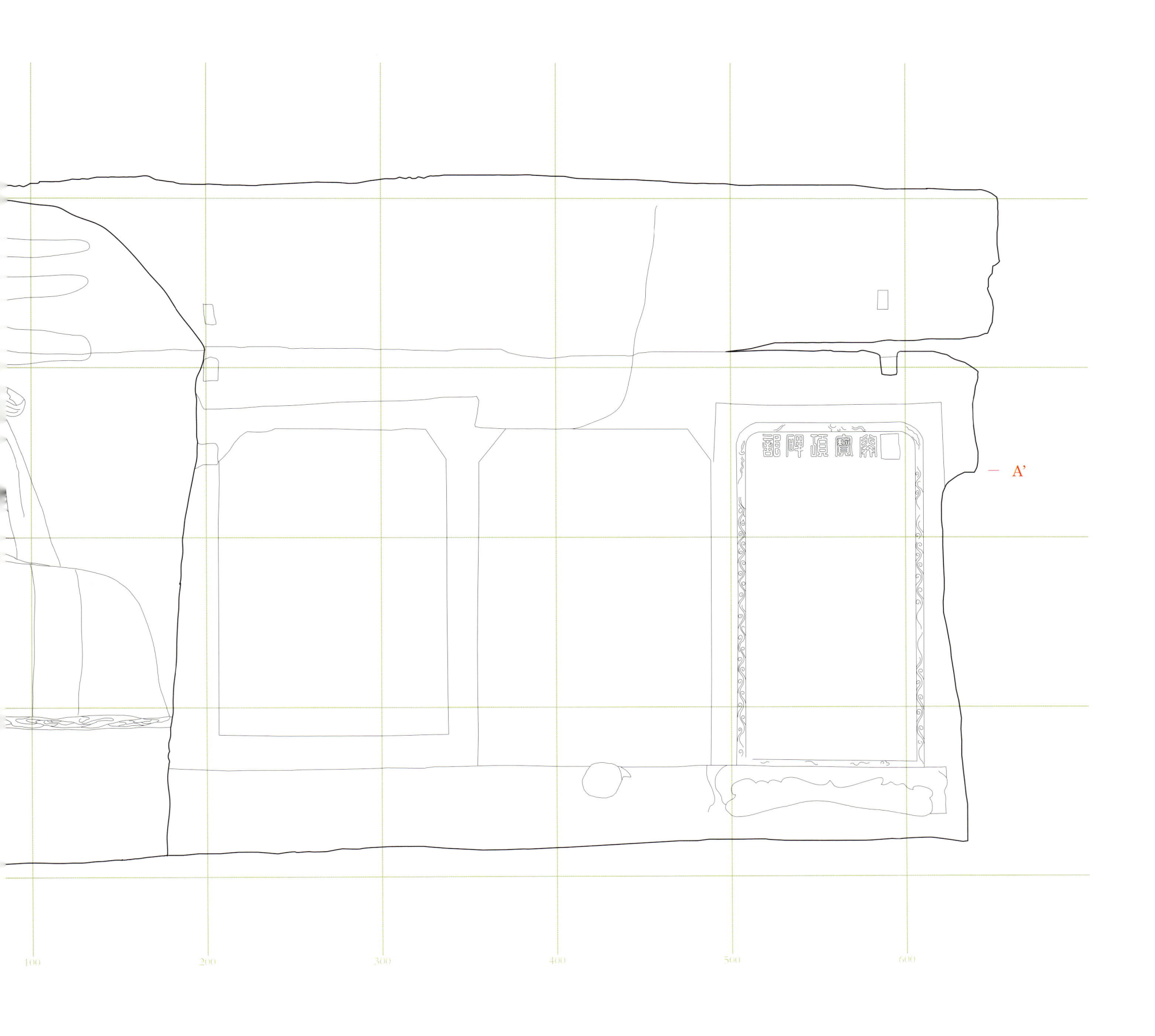

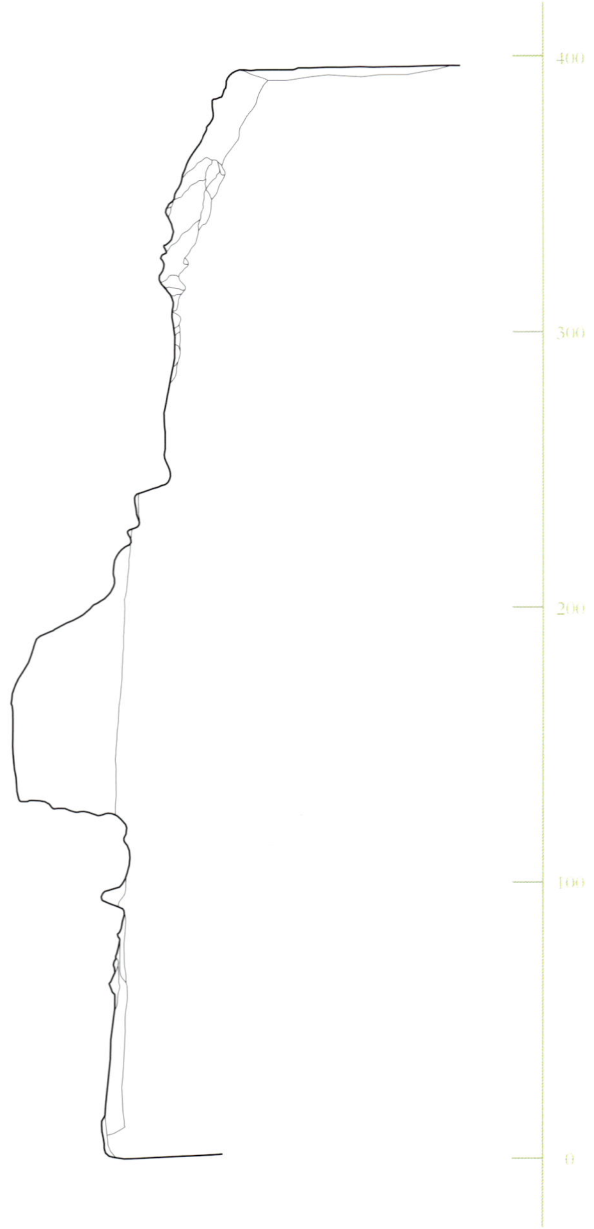

图184 第27号龛平、剖面图
1 剖面图 2 平面图

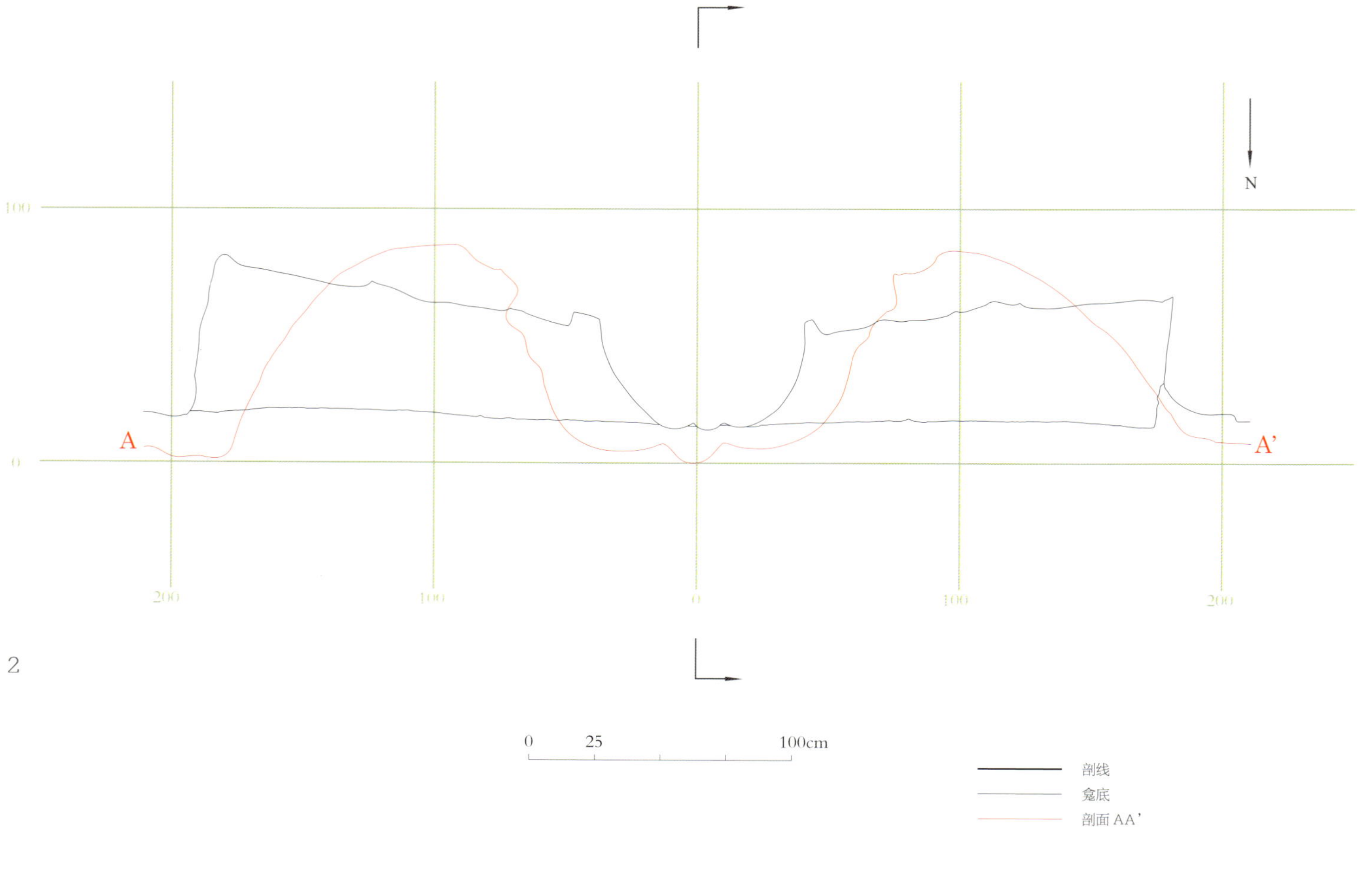

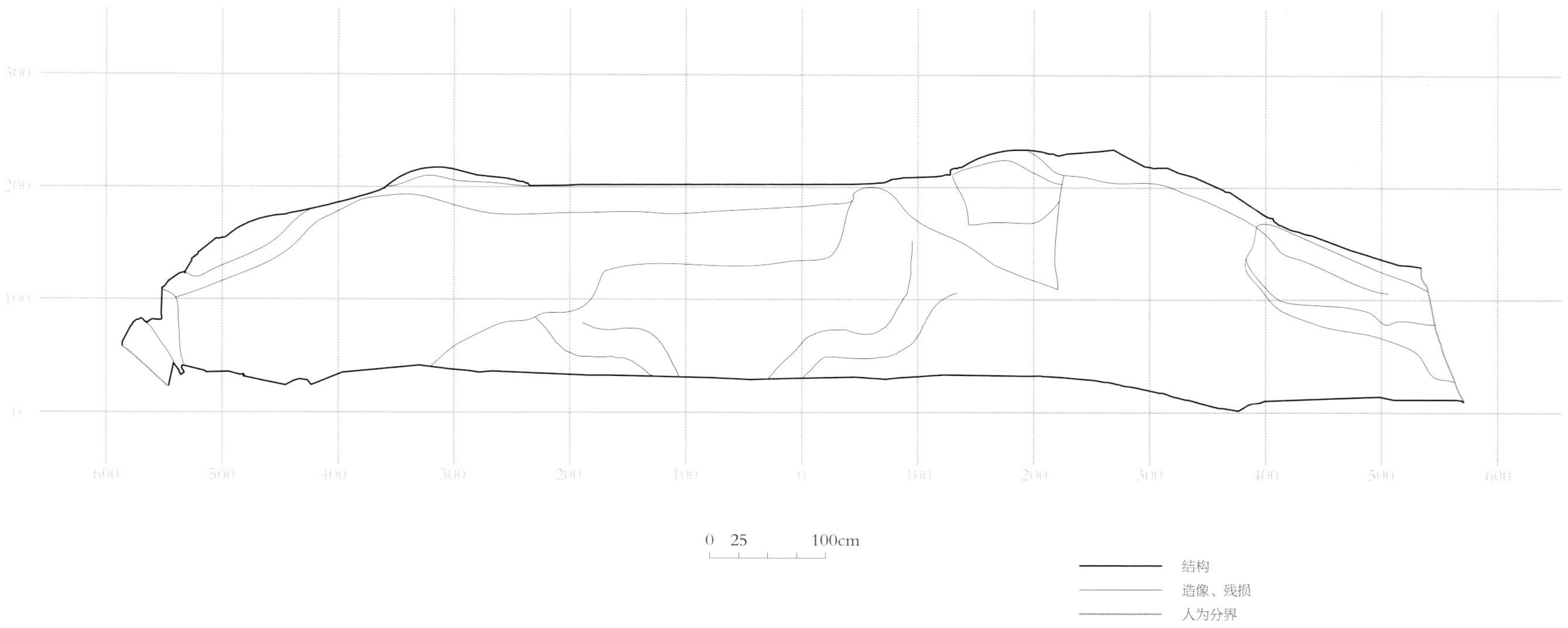

图 185　第 27 号龛龛顶仰视图

图 186　第 27 号龛主尊佛像等值线图

第五章　第 24—32 号　311

中，上方边框阴刻双凤戏珠，凤均短翅、曲颈、宽翅、长尾，相对作飞翔状。双凤中间刻云气纹，上置一珠。左右侧边框阴刻卷草纹，下方边框阴刻云纹。碑额篆书，左起横刻碑名"□开宝顶碑记"6字，字径高13厘米，宽9厘米。文左起，竖刻24行1015字，楷体，字径2厘米[1]（图版Ⅱ：183）。

□开宝顶碑记（额）

01　重开宝顶山维摩寺碑记
02　足邑三十里许有宝顶山寺即维摩道场也历代香火最盛名齐峨眉蜀人有上朝峨眉下朝宝顶之语自献贼逞残以后僧堂寺烬迄今
03　四十余载即所存瓦砾亦不可睹惟修藤巨木缠绵荟翳红翠填塞飞鸟上下而已壬戌秋余来牧兹土详询耆老招徕垦荒之法咸云邑
04　有山山名宝顶寺建维摩闻前人言山寺兴废关系邑之盛衰寺盛则民皆安堵寺废则民尽逃散如欲招集逃亡宜先开宝顶叩其景胜
05　曰山门外石上有佛双足印覆以亭由山门而上大雄殿天堂藏经楼本尊塔及两廊僧察虽基址弘敞犹为梵宇常境寺门外有古佛崖
06　石壁盘旋路约里许其右镌三世佛丈六金身千手大悲像皆庄严内具慈悯相远望自生敬心曲处卧佛一尊横亘六七丈岸转则毗卢
07　接引莲台佛牙六贼图以及地狱相凡释典所载无不备列大小神佛像约万余喜怒皆有生气其左则牧牛十偶元[2]觉洞菩萨及壁间花
08　鸟鱼龙镂刻精工金彩璀灿今犹熠熠耀目昔谓鲁班所造然不知创自何时唐大中九年柳本尊出而重修宋嘉熙年赵本尊复为修建
09　元明香火震炫川东惜今荒闭岁久大悲像角树根侵裂毗卢洞为猛风拔木所损元[3]觉洞内石板盗贼撬伤寺内正殿天堂暨僧廊山门
10　俱尽焚毁前有行僧欲图修葺以居民稀少裹粮难继不数月而他徒故逃民率去不复返余闻而悲之因思△维摩尊者一生苦行千载
11　道场况兹山寺兴衰实乃县民攸系有地方之责者何可听其荒圮而不之问耶遂给示招僧开建俱以工大而不敢任癸亥夏有性超道
12　者随其师自绥阳朝峨眉止于荣之宝城禅院闻而冒雨往观及至崖畔仅能辟草径稽首而已甲子春余奉檄查木至绥复申前约性超
13　毅然允诺夏四月偕今五僧结庐山下余给以资种令先为积谷计暇则执刀荷锄逐渐开垦力作勤苦从者皆有悔心性超独坚忍而不顾
14　继入寺而蛇虎遁迹早祷而灵雨应祈足民皆悦居县者信心喜舍远徙者闻风来归公请祝发住持性超亦以身许佛立誓永守募建大
15　雄殿修元觉洞讫其志愿犹未满愧同来僧性正募造天堂惜工未兴而寂性超复竭力终事然已神疲力瘁矣因思像教之设虽藉[4]以诱
16　化愚俗令其触目警[5]心时生善念但招提法界之巨丽
17　神京省会固多若佛崖之像赞目所罕睹洵是神工有识者宜加意护持盖殿宇倾[6]圮犹可再建若石壁毁裂谁能补修惟应芟除丛树搜剔
18　根株以防其裂坠则千余年[7]之
19　圣迹得以永留而一邑之生聚当由兹复振矣不得不镌诸碑碣昭示来兹俾知性超开建之劳苦宝顶复兴之颠末也前闻山下居民云
20　癸亥春夏间荒途未辟时闻山上钟鼓乐音老幼传以为异岂邑之泰运欲新而山灵预启其机欤因并志之
21　大清康熙岁次庚午畅月榖旦
22　敕封文林郎知荣昌县事兼摄大足县史△彰撰记
23　荣昌县廪膳生员王△济书丹△△岁贡生喻丰年△大足县武举人周△晟同立
24　开山住持僧性超△△徒德深△△化主局正龙△王正奇[8]△△镌匠陶君培[10]

第2则

刘畋人撰《重开宝顶石碑记》，明洪熙元年（1425年）。刻于龛外左壁左起第2通方碑。碑上距岩檐底部120厘米，下距地坪45厘米，左距第1通方碑15厘米，右距龛口约175厘米。碑身方形，高198厘米，宽133厘米，左右上角抹角。碑额左起横刻"重开宝顶石碑记"7字，楷体，字径6厘米。文左起，竖刻18行683字，楷体，字径3厘米（图版Ⅱ：184）。

1　本则铭文碑额中的漫灭字《大足石刻铭文录》校补为"重"字。重庆大足石刻艺术博物馆编：《大足石刻铭文录》，重庆出版社1999年版，第221页。
2　此"元"字《大足石刻铭文录》录为"圆"。同前引。
3　此"元"字《大足石刻铭文录》录为"圆"。同前引。
4　此"虽藉"2字《大足石刻铭文录》录为"惟借"。同前引。
5　此"警"字《大足石刻铭文录》录为"惊"。同前引。
6　此"倾"字《大足石刻铭文录》录为"顷"。同前引。
7　此"年"字《大足石刻铭文录》录为"季"。同前引。
8　"奇"字后刻有一"周"字，疑为后世所刻。

图187　第27号龛晚期铭文编号图

　　重开宝顶石碑记（额）

01　重修宝顶山圣寿院碑记

02　宝顶山距大足治东仅一舍许岩谷深邃林壑秀美丛篁古木蓊郁阴翳真释氏清净道场之境传自宋高

03　宗绍兴二十九年七月十有四日有曰赵智凤者始生于米粮里沙溪年甫五岁靡尚华饰以所居近旧有古佛岩遂

04　落发剪爪入其中为僧年十六西往弥年云游三昼既还命首建圣寿本尊殿因名其山曰宝顶发弘誓愿普施法水

05　御灾捍患德洽远近莫不皈依凡山之前岩后洞琢诸佛像建无量功德圣寿本尊生唐宣宗大中九年六月五日相传以为嘉州

06　城北尝有柳树生瘿一日柳破其瘿而婴儿出禺州之都吏以为祥遂收鞠为子比长修诸苦行转大法轮其化甚行时明宗赐

07　其院额曰大轮至宋神宗熙宁间敕号曰圣寿本尊后智凤因持其教故亦以是为号为初是院之建肇于智凤莫不毕具遭

08　元季兵燹一无所存遗基故址芊然荆棘我大明永乐戊戌八月初吉报恩寺僧会了进举其比丘之士惠妙奉

09　命来住持之既至后与师弟惠旭乃以协谋重修为己任常相与劳身焦思夙夜展力薙其榛莽畚其土石高者平之虚者实

10　之纵横延袤高低广狭相度适宜复募时[1]之好事者捐贷出囊抡材鸠工越四年辛丑正月法堂成又越十月僧堂馔堂宝殿俱

11　成后三年甲辰廊庑山门庖廪房舍莫不次弟就绪于是历载以来重修毗卢殿阁石砌七佛阶台重整千手大悲宝阁兴修圆觉古洞添

12　梁四部灵文巳毕请赎[2]大藏尊经琅函架阁完成佛足台停[3]绘彩余适过之睹其栋甍翼然堑饰灿然而其中象[4]教之俨音乐之胜

13　庄严之美非惠妙用心之勤不能然也惠妙别号玄极始师海公月舟后既参礼师祖亮公晓山克谨戒律尝发弘愿阅诵藏经既毕又为

14　法会以表忏之时毫光五色现于殿内功德之著于是可见寺成征记始末故并及之时

15　大明洪熙元年龙集乙巳正月前云南考试官任四川重庆府大足县儒学教谕江西吉安府庐陵县刘畋人记

16　当代住持惠妙建立

17　权山惠旭

18　徒超琼△超贤△超玘△大愚书[11]

1　此"时"字《大足石刻铭文录》录为"取"。重庆大足石刻艺术博物馆编：《大足石刻铭文录》，重庆出版社1999年版，第212页。

2　此"赎"字《大足石刻铭文录》录为"读"。同前引。

3　此"停"字《大足石刻铭文录》录为"亭"。同前引。

4　此"象"字《大足石刻铭文录》录为"像"。同前引。

第3则

残记，清（1644—1911年）。墨书于第2通方碑碑面右上部。题记面高60厘米，宽7厘米。题记分两部分，上部书发愿文，下部书人名。可辨6行25字，楷体，字径1.5厘米（图版Ⅱ：184）。

□□二月十九日△永□

□□□□五□□居□召大宝□信

（澧）曰□佛（上）

贾□□□△贾□代

张良□△张匡仕

李□□□△李志□（下）

第4则

玄极立《重修宝顶事实》碑，明宣德元年（1426年）。刻于龛外左壁左起第3通方碑。碑上距岩檐底部约120厘米，下距地坪71厘米，左距第2通方碑16厘米，右距龛口22厘米。碑身方形，高180厘米，宽131厘米。碑身外侧四方凿刻宽16厘米、深6厘米的凹槽。碑文左起，竖刻18行351字，楷体，首行字径5厘米，余行字径4厘米（图版Ⅱ：185）。

01　重修宝顶事实（首行）

02　重庆府大足县报恩寺僧玄极惠妙偕师弟惠旭于永乐十六年戊戌八月一日朔本县僧会了进以予

03　辈戒行老成启闻

04　蜀府特

05　命僧惠妙住持宝顶寺既至其门观其殿宇倾颓佛像未备自[1]己亥年始置庄所立仓库盖浴堂烧瓦二十

06　余万片采良材大小千余根庚子年八月剪荆棘拓基址于是饭堂乃成迨辛丑年正月十一日起造法堂五

07　间本年十一月十六日建立

08　大雄宝殿及僧堂两廊周围甃砌街基甲辰年竖

09　天王殿山门远门俱完其年复觅匠装塑

10　大佛三尊祖师龙神天王珠金绘彩悉皆完美丙午年正月重开石池一所计深丈余内种莲藕菱芡养畜游鱼千数复

11　于寺傍左右植[2]松柏五千四十余株鼎[3]建石桥四座开通路道[4]以便往来计六载修治始成谨[5]鳞次兴

12　工年序镌于石俾昭示后人有所考焉时

13　宣德元年丙午八月△日住持玄极立

14　师弟丽天

15　徒△超琼△超觉△超贤△超慈△超洪△超严

16　超用△超玘△超一△超学△超习△超荣

17　超如△超福△超祖△超性△超祥

18　本山僧道得△得云[6]△广寿△超贤书[12]

1　此"自"字《大足石刻铭文录》录为"至"。重庆大足石刻艺术博物馆编：《大足石刻铭文录》，重庆出版社1999年版，第251页。

2　此"植"字《大足石刻铭文录》录为"值"。同前引。

3　此"鼎"字《大足石刻铭文录》录为"昔"。同前引。

4　此"路道"2字《大足石刻铭文录》录为"道路"。同前引。

5　此"谨"字《大足石刻铭文录》录为"仅"。同前引。

6　此"云"字《大足石刻铭文录》录为"荣"。同前引。

第5则

邓太山金妆古佛记，明万历二十年（1592年）。刻于第3通方碑碑面右上部。刻石面高100厘米，宽10厘米。文左起，竖刻3行39字，楷体，字径4厘米（图版Ⅱ：185）。

01　万历壬辰三月吉旦泸州善士邓太山友欧妙香金妆
02　古佛记乞父母康龄引进僧悟林书
03　同徒了圭[13]

第6则

刘畋人撰《重开宝顶石碑记》，明宣德元年（1426年）。刻于龛外右壁方碑。碑上距岩檐底部约110厘米，下距地坪约57厘米，左距龛口约12厘米，右为自然岩壁。碑身方形，高202厘米，宽133厘米。碑身上方及左右雕刻宽15厘米的边框，外凸碑面约4.5厘米。碑额左起横刻"重开宝顶石碑记"7字，楷体，字径7厘米。文左起，竖刻17行628字，楷体，字径3厘米（图版Ⅱ：186）。

　　　重开宝顶石碑记（额）
01　重修宝顶山寿圣寺碑记
02　宝顶山距大足治东仅一舍许岩谷深邃林壑秀美丛篁古木蓊郁阴翳真释氏清净道场地也传自宋高宗绍兴
03　二十九年七月十有四日有日赵智凤者始生于米粮里沙溪年甫五岁靡尚华饰以所居近旧有古佛岩遂落发剪
04　爪入其中为僧年十六西往弥牟云游三昼既还命工首建寿圣本尊殿因名其山曰宝顶发弘誓愿普施法水御灾捍患德洽
05　远近莫不皈依凡山之前岩后洞琢诸佛像建无量功德圣寿[1]本尊生唐宣宗大中九年六月五日相传以为嘉州城北尝有柳
06　树生瘿一日柳破其瘿而婴儿出禺之都吏以为祥遂收鞠为子比长修诸苦行转大法轮其化甚行时明宗赐其院额曰大轮
07　至宋神宗熙宁间敕号曰寿圣本尊后智凤因持其教故亦以是为号为初是院之建肇于智凤莫不毕具遭元季兵燹一无所
08　存遗基故址莽然荆棘我大明永乐戊戌八月初吉报恩寺僧官了进举其比丘之士惠妙奉
09　旨来住持之既至后与师弟惠旭乃以协谋重修为己任常相与劳身焦思夙夜展力薙其榛莽畚其土石高者平之虚者实之纵横
10　延袤高低广狭相度适宜复募时之好事者捐赀出橐抡材鸠工越四年辛丑正月法堂成又越十月僧堂馔堂宝殿俱成后三年
11　甲辰廊庑山门庖廪房舍莫不次第[2]就绪途适过之睹其栋甍翼然塈饰灿然而其中象[3]教之俨音乐之胜庄严之[4]美非惠妙用心
12　之勤不能然也惠妙号玄极始师海公月舟师祖亮公晓山克谨戒律尝发弘愿阅诵
13　大藏尊经既毕又为法会以表忱之时毫光五色现于殿内功德之著于是可见寺成征记始末故并及之时
14　大明宣德元年龙集丙午正月前云南考试官四川重庆府大足县儒学教谕江西吉安府庐陵刘畋人记
15　当代住持惠妙建立
16　本寺权山惠旭
17　徒超琼△超玘△习镌碑沙弥△超学△超贤书[14]

第7则

游和书七律诗，明宣德八年（1443年）。刻于龛外右壁方碑碑面右上部。刻石面高55厘米，宽30厘米。文左起，竖刻7行101字，楷体，字径3厘米（图版Ⅱ：187）。

1　此"圣寿"2字《大足石刻铭文录》录为"寿圣"。重庆大足石刻艺术博物馆编：《大足石刻铭文录》，重庆出版社1999年版，第212页。
2　此"第"字《大足石刻铭文录》录为"弟"。重庆大足石刻艺术博物馆编：《大足石刻铭文录》，重庆出版社1999年版，第214页。
3　此"象"字《大足石刻铭文录》录为"像"。同前引。
4　此"胜庄严之"4字《大足石刻铭文录》未录入。同前引。

01　宣德癸丑夏五月余抚民适大足暇登此

02　山遍观诸洞感而偶成一律以纪来游耳

03　石顶巍巍接上台玲珑楼殿凿岩开三

04　千诸佛云中现百万神仙海上来崖隙有

05　龙常喷水洞前无兽不生苔

06　梵宫寂静人稀到古砌禅房绝点埃

07　赐进士重庆府通判豫章游和书[15]

第8则

刘超儒书"寿"字题刻，晚清（1840—1911年）。刻于龛外右侧平整面，左距龛口约190厘米，下距地坪约156厘米。平整面高145厘米，宽78厘米。内上部刻"寿"字，字径高93厘米，宽60厘米；下部左右侧左起竖刻共5行，左2行，右3行，存22字，楷体，字径6厘米（图版Ⅱ：188）。

寿

寿寿寿□于

刻薄享于忠（左）

厚人信吾言

必得其寿

刘超儒书（右）

（二）构筑

1953年，以条石砌筑的方式加固本龛所在岩体（即本龛下方约200厘米处）基脚。

1974年，补接龛顶外凸岩檐外侧的锯齿状垂珠。

1986年，采用化学材料有机硅封护龛外右侧《刘畋人碑》防止风化。

龛口左右缘各纵向分布一列三个长方形凿孔，估计该龛曾搭架过木构建筑。孔自上而下，渐次增大；左右对应孔洞大小相近。上孔高10厘米，宽5厘米，深4厘米。中孔高13厘米，宽7厘米，深17厘米。下孔高14厘米，宽9厘米，深14厘米。其中，左缘中孔内存一截木料。

龛外左壁左起第1通方碑上方凿纵向排列的四个长方形孔洞。自上而下，凿孔渐次扩大，最小者高6厘米，宽3厘米，深5厘米，最大者高15厘米，宽11厘米，深17厘米。

龛外左壁左起第2方碑下缘中部凿一圆孔，直径21厘米，深17厘米。

龛外右壁（即第8则铭文）右上岩壁凿一方孔，边宽15厘米，深10厘米。

（三）妆绘

龛壁和龛外下方壁面存红色涂层，略蚀。

主尊佛像存灰白色、蓝色、绿色、黑色等四种涂层。主尊花冠内居士像头巾涂黑、面涂白、衣涂绿。

龛外左右壁方碑碑面残存较多墨迹。

第六节　第28、29号[1]

一　位置

位于大佛湾南崖西段中部。左与第27号龛转折比邻，水平相距约683厘米；右与第30号龛相接，分界不明；上方崖顶于1956年兴建一座木构半亭；下与现今参观地坪相接。

窟口东北向，方向27°。

二　形制

方形平顶窟（图188、图189、图190、图191、图192、图193、图194、图195；图版Ⅰ：304、图版Ⅰ：305）。

窟口　略呈方形，辟于壁面偏东位置（图版Ⅰ：306）。窟口最高407厘米，宽200厘米。窟外左壁加工后略呈竖直壁面，壁面左侧边缘直角转折后向西延展，即为第27号龛所在崖壁。窟外右壁与第30号龛所在崖壁弧面衔接，分界难辨。窟口右前侧存少许凸露的不规整石堡，左前侧设五级梯道与地坪相接。梯道上宽205厘米，下宽183厘米，通高约70厘米。窟口后接甬道（图版Ⅰ：307、图版Ⅰ：308）。

甬道平面呈方形，与窟口等宽，深约392厘米。甬道地坪中部设一级梯步，高27厘米。甬道地坪前端与窟口前侧梯道相接，后端与窟内地坪相接。甬道左（西）右（东）壁加工平整，并打磨光滑。其中，左壁上部略内券，右壁竖直。顶部岩石坍塌，上覆盖石板，其南北两端下部各垫一级条石加固。

窟底　平面呈长方形，东西最宽约654厘米，南北最深约1069厘米（图版Ⅰ：309）。窟底南侧、西侧、东侧边缘各建一级低坛，并略呈直角转折相接。南侧低坛高56厘米，长670厘米，最宽162厘米。西侧、东侧低坛高102厘米，长1145厘米，宽106厘米；其前侧正面各另刻一方案。窟底南侧前端另刻一方案，东西向布置。窟底中部北侧存一圆形井盖，其下凿有一口深井。井沿北侧和东侧连接后世铺设的排水暗沟，北侧排水沟宽约40—75厘米，纵向延至窟口；东侧排水沟宽约17厘米，横向延至窟内东壁下部方案底部，与壁面中前侧纵向排水暗沟相接。

窟壁　壁面呈方形，皆竖直，与窟顶略垂直相接。其中，正壁即是南壁，通高485厘米，最宽903厘米，与左（西）右（东）壁圆弧相接。壁面左右上端显露条石嵌入补砌的缝隙[2]，大致呈纵横两列垒砌（图版Ⅰ：310）。左壁即西壁，通高685厘米，最宽1435厘米（图版Ⅰ：311）。右壁即东壁，通高649厘米，最宽1244厘米；壁面上部岩体以条石镶嵌修砌，石缝较为明显（图版Ⅰ：312）。东西壁与前（北）壁略垂直相接。前壁即北壁，壁面打磨较为平整，高563厘米，宽724厘米；其上方中部凿一横长方形明窗，高65厘米，宽610厘米，深60厘米；下部东侧辟窟门（图版Ⅰ：313）。明窗与窟门竖直相距约69厘米。

窟顶　平顶，呈方形，中后部岩层风化残脱（图版Ⅰ：314）。

三　造像

根据洞窟形制，将造像划分为窟外、窟内造像两部分。

（一）窟外

窟外左壁（即西侧壁面）下部高浮雕一头伏狮，置于外凸的低台上（《大足石刻内容总录》编为第28号），其后壁饰刻山石、云纹作背景。壁面上部略加打磨处理，其左侧增刻一方形横匾，高73厘米，宽213厘米（图196；图版Ⅰ：315）。

---

[1] 1985年《大足石刻内容总录》将第28号、第29号分作两个编号。本次调查认为，第28号龛位于第29号窟窟口左侧，其内容与第29号窟有着密切关系；故将其纳入一个窟统一记录，并使用原编号。

[2] 补嵌岩石，雕刻造像，是宝顶山大佛湾造像过程中处理岩石软弱夹层带方法之一。一般是先剔去造像部位的软弱夹层，重新镶嵌条石，与原岩面保持齐平，再统一刻画造像。参见席周宽、蒋思维、陈卢丽、谢本立：《宝顶石窟岩体软弱夹层带造像探究》，《大足石刻研究文集》（3），中国文联出版社2002年版，第694—701页。

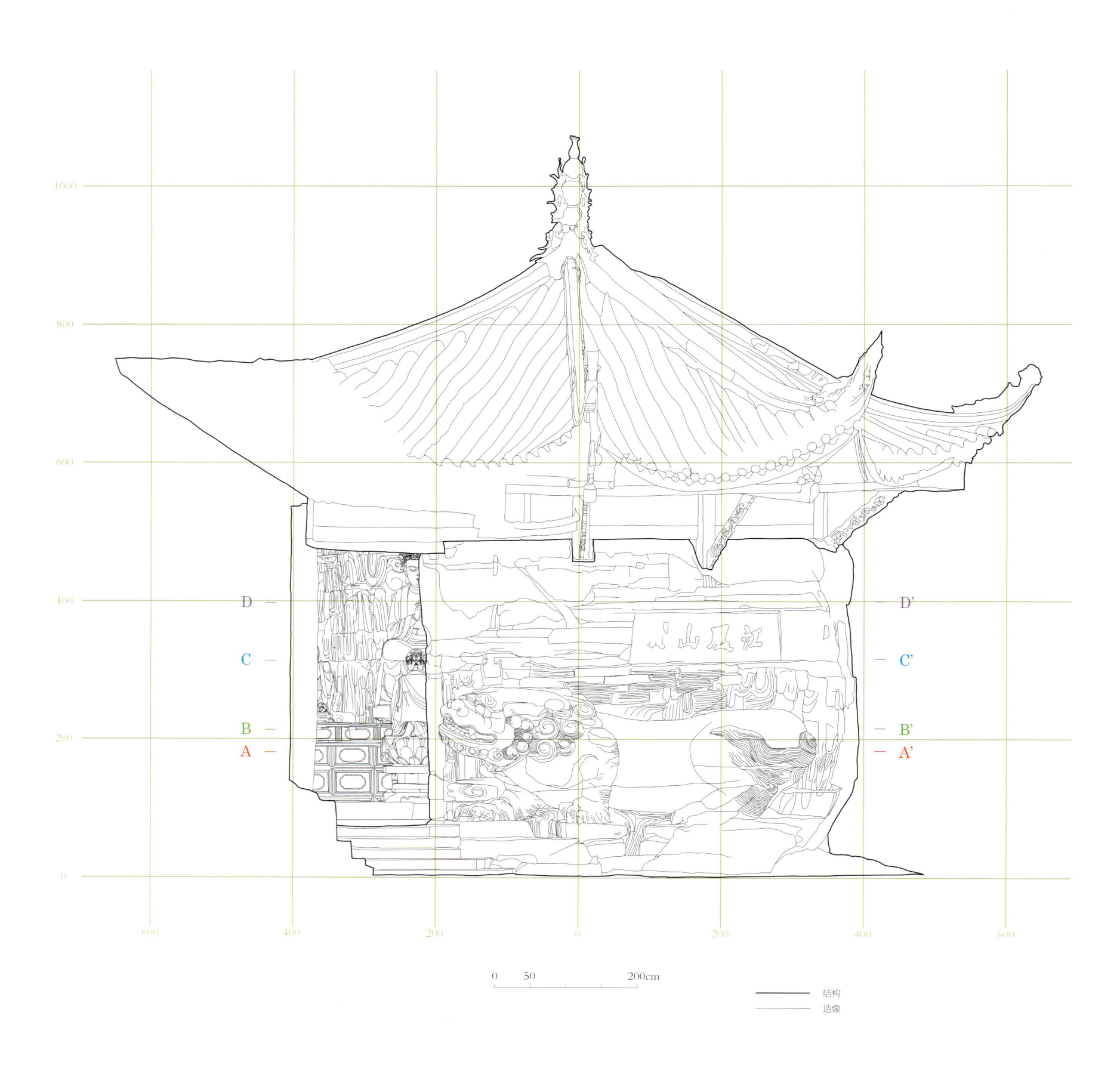

图 188　第 29 号窟立面图

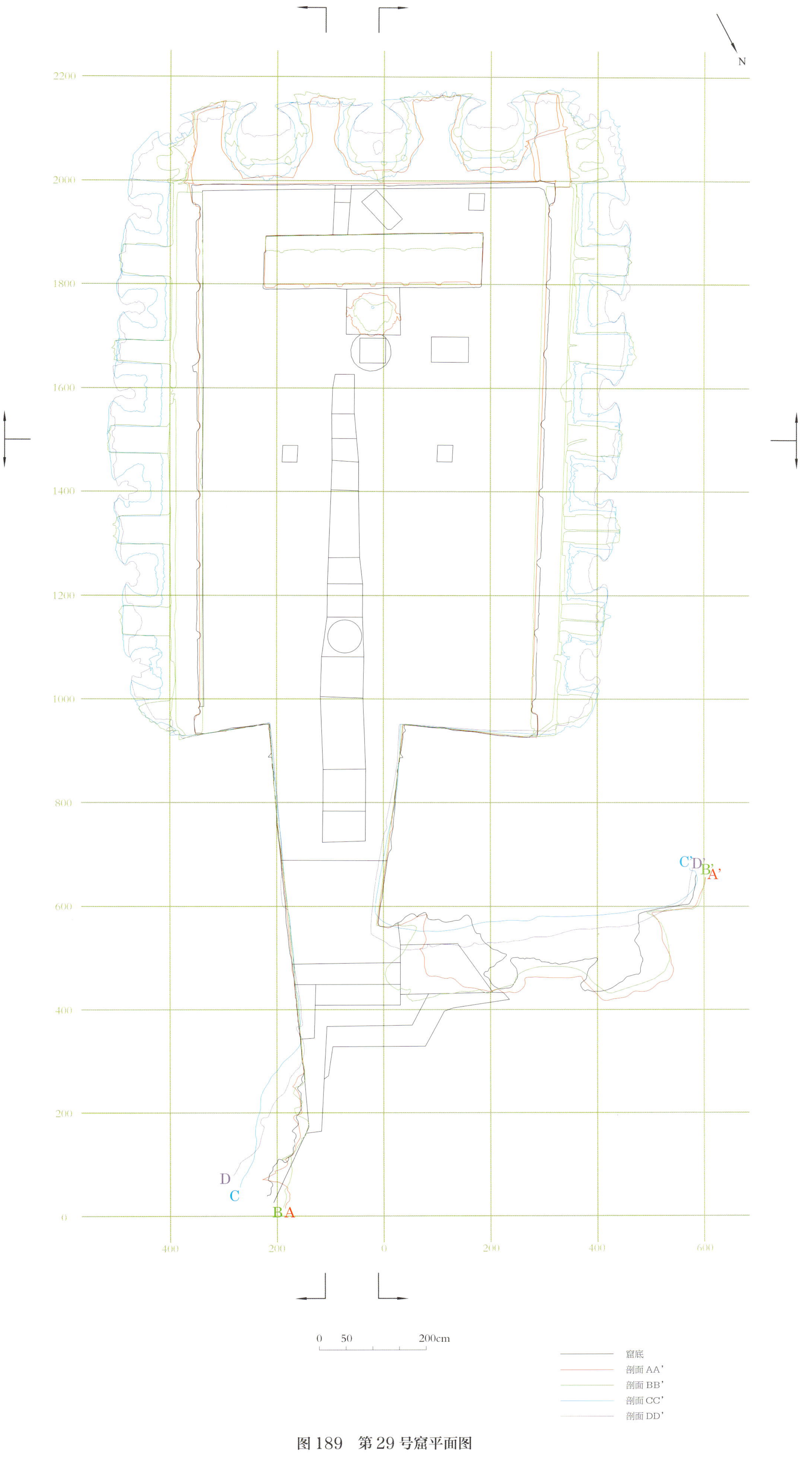

图 189　第 29 号窟平面图

第五章　第 24—32 号　319

图190 第29号窟纵剖面图（向西）

寶頂山

大般若經
大寶積經
佛華嚴經
大涅槃經

報恩
圓覺
道場

图191 第29号窟纵剖面图（向东）

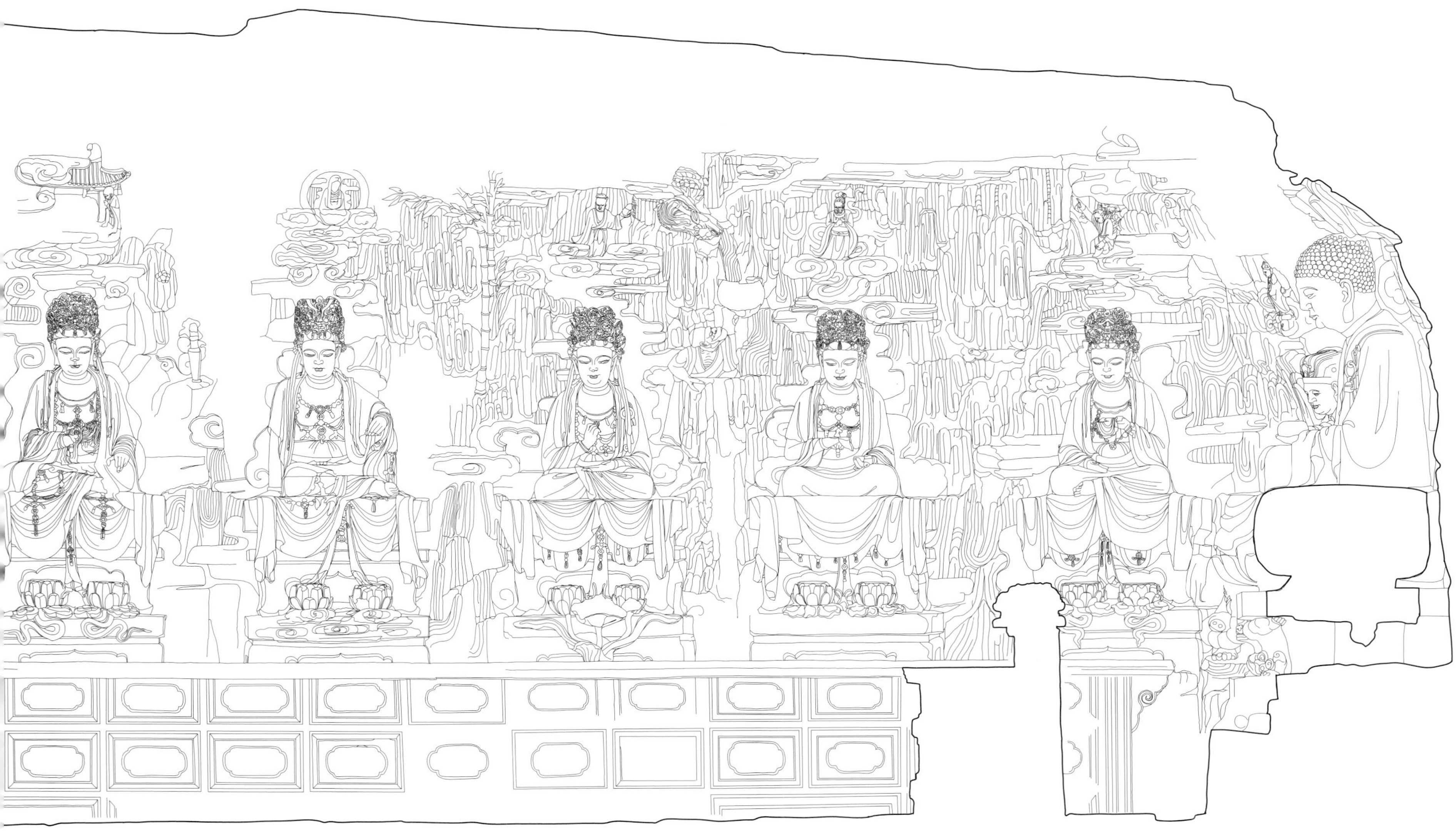

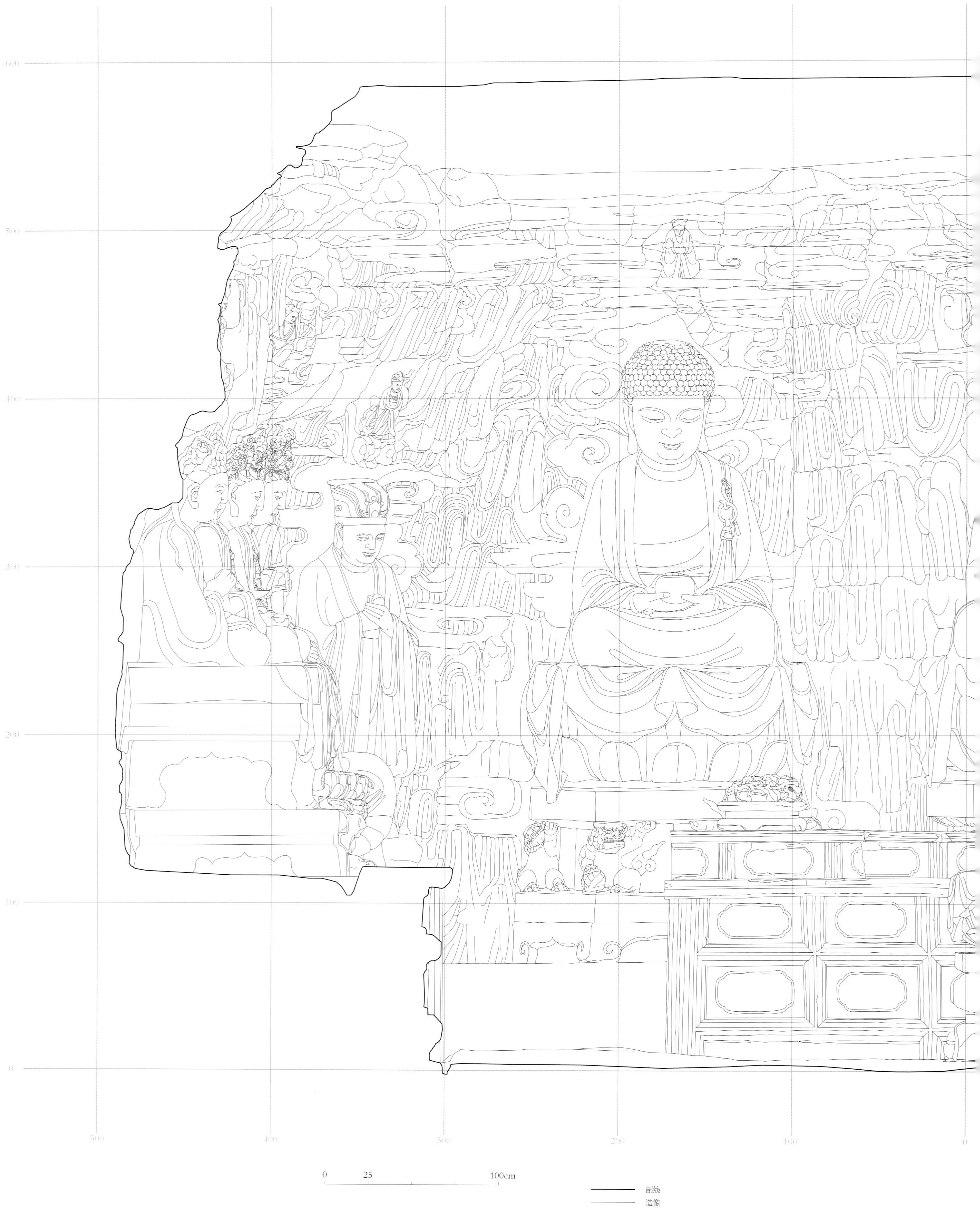

图 192　第 29 号窟横剖面图（向南）

第五章 第24—32号

图 193　第 29 号窟横剖面图（向北）

第五章 第24—32号 327

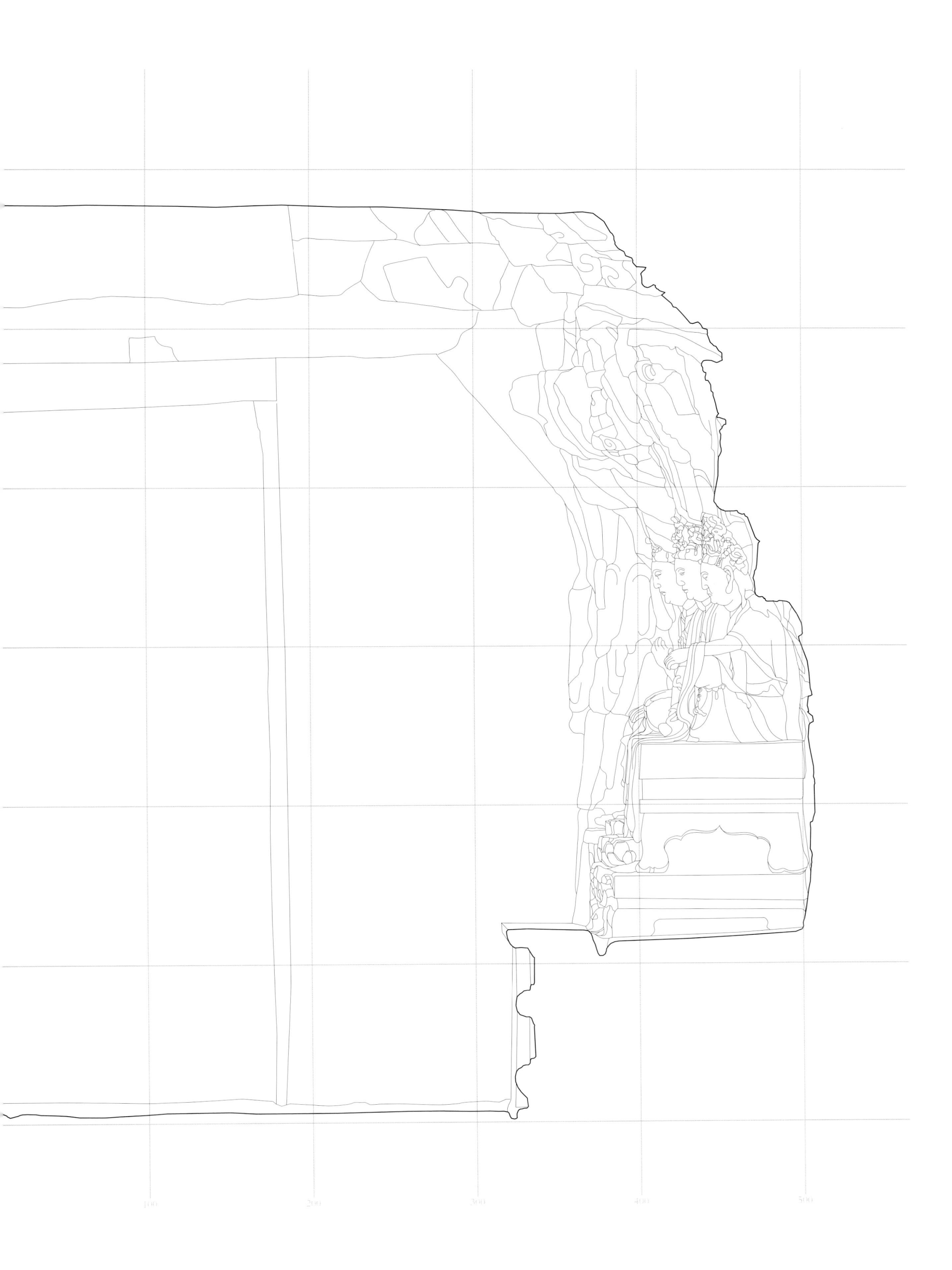

图 194　第 29 号窟透视图

第五章 第 24—32 号

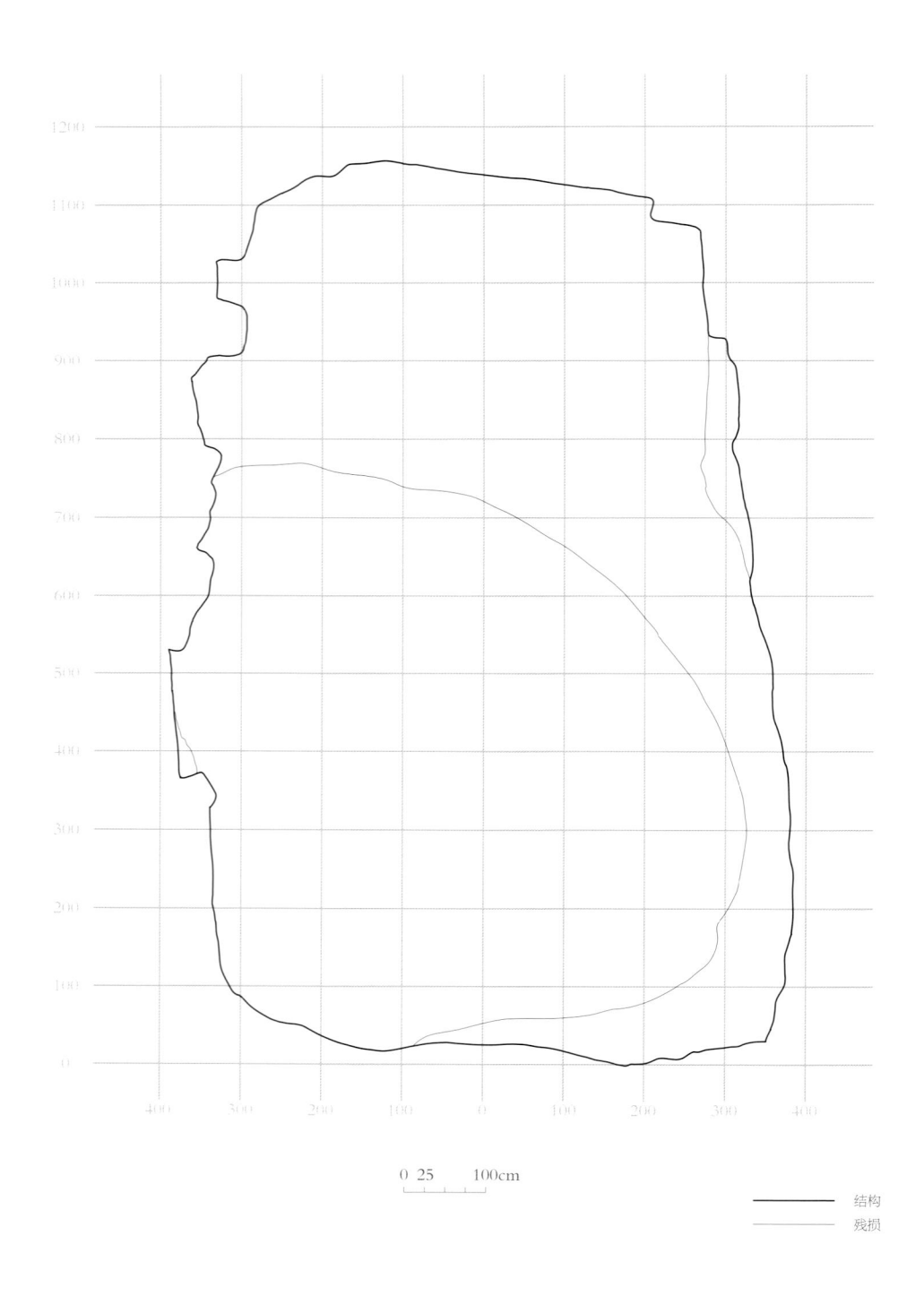

图 195　第 29 号窟窟顶仰视图

伏狮　略蚀，头东尾西，通高200厘米，身长540厘米。头略上仰，双耳倒伏，额紧皱，双目圆睁，阔鼻外翻，巨口半咧，露齿，神态驯服，唇下胡须和鬃毛呈螺状卷曲。伸颈，颈下系两股绳索，中部作结，悬物已毁。四肢粗短曲蹲，后侧刻肘毛，左后足残，刻五爪。尾卷曲贴于后臀，尾毛作三绺，左右两绺卷曲如螺形，居中一绺弯曲外展。向东伏卧于外凸低台上。低台台面不规则，最宽约540厘米，最深约116厘米，下距地坪约77厘米。台面中部和右前侧刻四道流水纹。

（二）窟内

造像以高浮雕或圆雕的方式镌刻于正壁（南壁）、左壁（西壁）、右壁（东壁）和窟底，壁面空隙处饰刻微凸的山石、云纹作背景（图197）。

据造像分布位置，分为正壁、左壁、右壁、窟底造像四部分。

1. 正壁

低坛上横列主尊坐佛3身，间距相当。其头后刻上升的弥漫状云纹，云内各刻体量较小的坐佛1身。左右端圆转壁面各刻立像1身（图198；图版Ⅰ：310）。

中佛　坐高217厘米，头长93厘米，肩宽88厘米，胸厚45厘米（图199；图版Ⅰ：316）。头刻螺发，与耳廓上缘齐平。戴镂空花冠，下缘横饰一道璎珞。冠正面刻一仰莲台，上置一火焰宝珠，珠径6厘米。自宝珠火焰纹上方升起两道毫光，于冠上缘各绕一匝

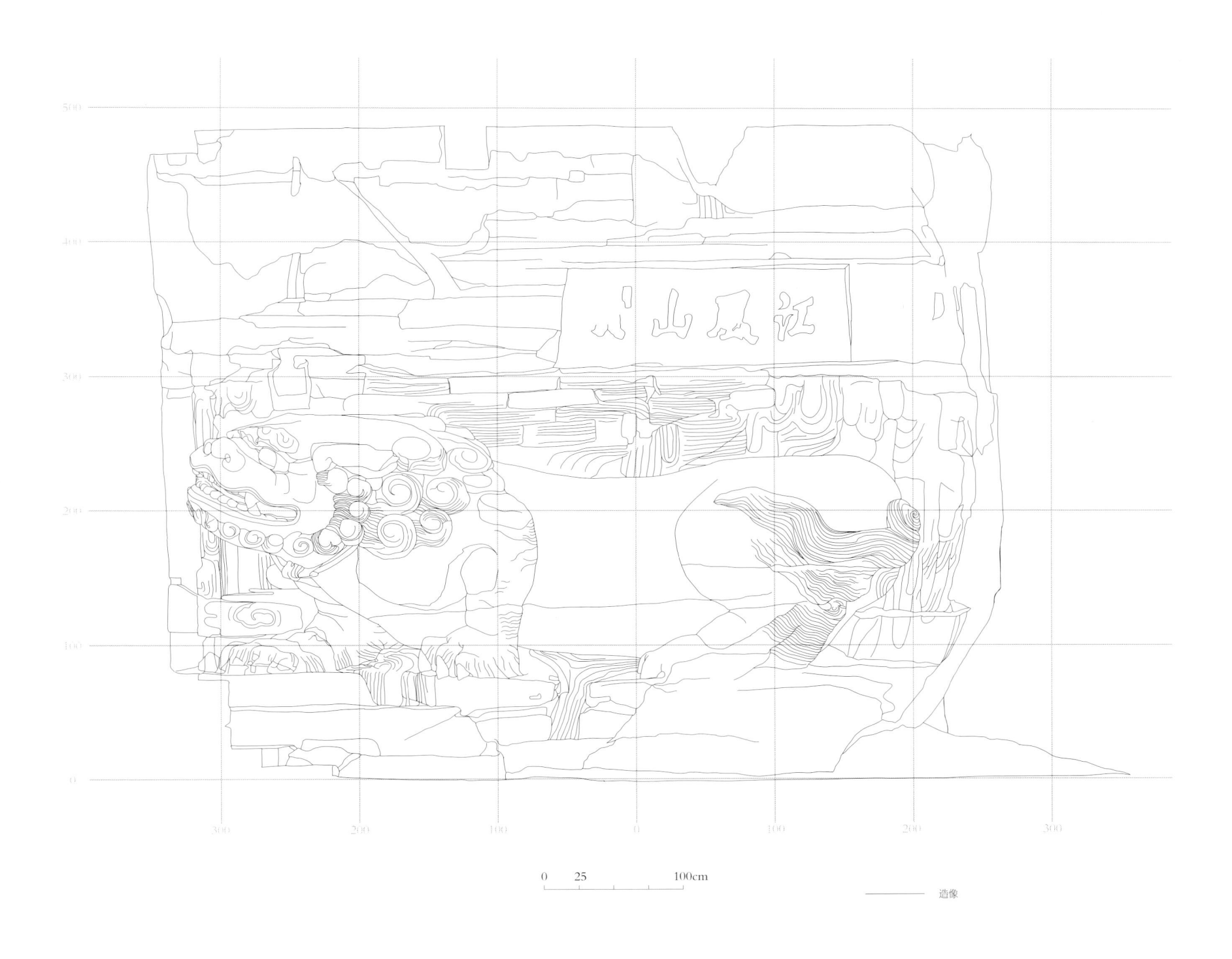

图 196　第 29 号窟窟外左壁伏狮立面图

后，渐次变宽，斜飘至窟顶。毫光内刻坐佛1身。佛像广额方面，双眉细长，眼微睁，直鼻抿唇，嘴角后收，下颌前凸。双耳肥大，颈刻三道肉褶线。圆肩厚胸，内着僧祇支，束带作结，外着双领下垂式袈裟，袈裟袖摆和下摆悬垂座前。腕镯，双手胸前结毗卢印，结跏趺坐于束腰仰莲须弥座上（图版Ⅰ：317）。座通高167厘米，上部为三重仰莲台，高68厘米，最大直径约150厘米。下部为须弥台，通高98厘米。其上枋刻作六面，面宽约78厘米；下枋也为六面，面宽约87厘米。皆素平。须弥台中部束腰处刻一蟠龙围绕，穿于云纹中。龙首置于正面，目圆睁，张嘴含珠，尖耳，短须。身修长，遍刻龙鳞，有脊鳍，四腿强健，刻肘毛，四爪。右前腿蹬地，左后腿上举握珠。龙尾置于左后侧。须弥台下部刻作六面如意圭脚。圭脚高23厘米，正面宽约97厘米；足间饰壸门。

佛像头顶毫光内坐佛，略残，残坐高27厘米，头长9厘米，肩宽12厘米，胸厚4厘米（图版Ⅰ：318）。头残，面方，左肩残，着交领宽袖长服，衣袖敷搭于座前。左手笼袖抚左膝，右手腹前似持念珠，结跏趺坐于方台上。台高9厘米，宽18厘米。

左佛　坐高195厘米，头长76厘米，肩宽87厘米，胸厚40厘米（图200；图版Ⅰ：319）。头遍布螺发，与耳廓上缘齐平，刻圆形髻珠。面方圆，额刻圆珠状白毫。眉目细长，双眼微睁下视，高鼻小口，嘴角微翘，耳垂肥大，颈部三道肉褶线。衣饰与中佛同。双手腹前结定印，结跏趺坐于束腰仰莲须弥座上（图版Ⅰ：320）。座通高168厘米，大小、形制与中佛座台略同。其中，须弥台束腰四角刻蹲狮4身。狮体量、特征相近，身长约40厘米。方头，双目大睁，粗鼻外翻，阔口微张，颌下刻卷曲胡须，颈后刻卷曲鬃毛，延伸至脊背。颈下戴圆形项圈，四肢粗壮，五爪，尾上翘。尾毛呈三绺，两绺卷曲呈螺形，一绺呈尖角形。狮子姿态各一，左起第1身，头上仰，左腿撑地，右腿上举，以头顶和右腿支撑须弥台上枋，直腰蹲坐（图版Ⅰ：321）。第2身，头右侧，双腿捧持一绣球。

第五章　第24—32号　331

口衔绣带，绣带一端垂于身前（图版Ⅰ：322）。第3身，呈倒立式，两前腿按地，曲腰，两后腿撑须弥台上枋（图版Ⅰ：323）。第4身，头右倾，两前腿上举支撑须弥台上枋，直腰蹲坐（图版Ⅰ：324）。

佛像头顶上方凿一半圆形浅龛，龛高32厘米，宽37厘米，深5厘米。内刻坐像1身（图版Ⅰ：325），像略蚀，坐高22厘米，头长7厘米，肩宽12厘米，胸厚4厘米。可辨刻齐耳短发，面圆，着宽袖服，腰束带，袖摆垂于龛外。双手腹前笼袖内，结跏趺坐。

右佛　坐高195厘米，头长74厘米，肩宽83厘米，胸厚40厘米（图201；图版Ⅰ：326）。着双领下垂式袈裟，袈裟一角系于左肩哲那环上。腕饰镯，双手交叠腹前托钵，钵高17厘米，口径17厘米。其余特征与左佛略同（图版Ⅰ：327）。须弥台束腰四角刻蹲狮4身，其体量、特征与左佛座下狮子略同。左起第1身，头上仰，两前腿上举，以头顶和双腿支撑须弥座，两后腿向左伸展，扭腰蹲坐（图版Ⅰ：328）。第2身，呈倒立式，头低伏，两前腿趴地，曲腰倒立，劈后两腿撑须弥台上枋（图版Ⅰ：329）。第3身，头向左侧，左前腿上举撑须弥台，右前腿身侧按一绣球，弓腰蹲坐。绣球直径13厘米，表面饰菱格纹（图版Ⅰ：330）。第4身，头左倾，张口露齿，两前腿上举撑须弥台，弓腰蹲坐（图版Ⅰ：331）。

佛像头顶上方凿一圆形浅龛，高39厘米，宽31厘米，深15厘米。内刻坐像1身（图版Ⅰ：332），像坐高24厘米，头长10厘米，肩宽12厘米，胸厚4厘米。头刻齐耳短发，面方，着双层交领宽袖长服。双手腹前笼袖内，袖摆敷搭龛外。结跏趺坐。

左立像　刻于正壁左端，即是正壁与左壁相接的圆转壁面。像立高198厘米，头长36厘米，肩宽48厘米，胸厚26厘米（图202-1；图版Ⅰ：333）。头刻齐耳披发，面长圆，双目平视，直鼻小口，颈露锁骨。内着圆领服，外着交领宽袖长服，腰束带，最外着袒右式袈裟，袈裟一角系于左肩哲那环上。双手胸前作拱。着尖头鞋直立低台上。台高62厘米，最宽88厘米，最深40厘米。

该像头顶上方约49厘米处另刻立像1身。像立高34厘米，头长10厘米，肩宽12厘米，胸厚3厘米（图版Ⅰ：334）。头戴冠，冠正面刻一放焰珠。面长圆，略残。双耳肥大，颈刻三道肉褶线。内着僧祇支，胸下系带作结，外着双领下垂式袈裟。双手笼袖内，相交腹前。双足隐入云纹内。

右立像　刻于正壁右端，即是正壁与右壁相交圆转壁面。像立高192厘米，头长42厘米，肩宽48厘米，胸厚26厘米（图202-2；图版Ⅰ：335）。头戴通天冠，面长圆，双目平视，高鼻小口，耳垂硕大。着双层交领宽袖长服。腰束带，作结后沿膝间下垂及地。双手胸前持笏，笏上端残断，残长27厘米，宽8厘米，厚3厘米。着鞋立于山石台上。台高76厘米，最宽72厘米，最深40厘米。

该像头顶上方约27厘米处另刻立像1身。像显露立高41厘米，头长12厘米，肩宽14厘米，胸厚7厘米（图版Ⅰ：336）。头戴冠，冠前刻一放焰珠。面长圆，双目微闭，直鼻小口，双耳肥大。内着僧祇支，系带作结，外着双领下垂式袈裟。双手腹前笼袖内，腰胯右扭，站立于云纹上。

2. 左壁

壁面中部横列菩萨坐像6身，皆坐于双重须弥台座上（图203；图版Ⅰ：311）。座置于下部仿木方案之后的低坛上。菩萨像间距相当，其相邻座台上缘间距约50—57厘米。各菩萨坐像上部壁面或刻佛像、或刻童子像、或刻建筑等对应场景图像1组。

壁面下部低坛前侧刻仿木方案，高107厘米，长1060厘米，厚47厘米（图203；图版Ⅰ：311）。案面呈方形，略高于后侧低坛约5厘米。案正面呈长方形，左右外端各置一方案足，相距约970厘米。案足外侧与案面之间刻云纹牙头。案足内侧之间另竖置八根方柱，将其均分为七段。相邻方柱间距125厘米，柱下部安置横枨，中部安置"十"字直枨，将其均分为四部分，形如方匣。方匣共计28个，大小一致，高31厘米，宽62厘米。横向作上下两排，行列分明。方匣均刻弧形子楗，其内减地，中部横刻壶门。案左右侧面素平。

据造像布置，细分为菩萨坐像、场景图像两部分。

（1）菩萨坐像

6身。从窟内至窟外，依次编为第1—6像（图203）。

菩萨像特征相近，头挽高髻，垂发耳后挽结，再分作三绺披垂双肩。戴冠，缯带作结后沿肩下垂，缯面饰卷草、莲花，下缘横饰一道璎珞。冠正面刻一化佛。面长圆，眉目细长，直鼻抿唇，双耳肥大，颈刻三道肉褶线。胸饰璎珞，内着僧祇支，外着袈裟或披巾，下着裙。袈裟和裙摆覆座上，座前下垂一段腰带。腕饰镯，手姿各异，坐于叠置的二须弥台座上，座通高125厘米。上部须弥台高80厘米，宽122厘米，深86厘米；圭脚曲弧，其间刻壶门。下部须弥台形制相同，高度略减，高约45厘米，宽125厘米，深约106厘米，较上部须弥台外凸约20厘米。座前刻带茎仰莲、莲叶或云纹承托的仰莲及莲叶。菩萨像身后皆刻弥漫上升的云纹。

各菩萨像具体特征如下。

第1像　坐高133厘米，头长49厘米，肩宽55厘米，胸厚26厘米（图204；图版Ⅰ：337）。头冠正面化佛坐高7厘米。化佛浮雕圆环身光，面长圆，着双领下垂式袈裟，双手腹前托一宝珠，结跏趺坐于仰莲上。莲高5厘米，最宽7.5厘米。

菩萨身着双领下垂式袈裟，左手抚膝，右手残，举置胸前，结跏趺坐。座前刻两朵云纹承托的仰莲，仰莲大小相近，通高约17厘米，最宽30厘米。

该像右侧刻狮1头，显露前半身，身长115厘米，高77厘米（图版Ⅰ：337）。狮头略方，遍刻卷曲鬃毛，圆耳上竖，双目大睁，阔鼻外翻，咧嘴露齿，颌下刻卷曲短髯。颈下系铃，铃横径约12厘米。露两前腿，五爪。侧头伸颈，趴于山石台上。石台略呈方形，高49厘米，最宽94厘米，最深90厘米。

第2像　坐高137厘米，头长50厘米，肩宽54厘米，胸厚28厘米（图205；图版Ⅰ：338）。头冠正面化佛坐高7厘米。化佛浮雕圆环头光，面方，内着僧祇支，外着双领下垂式袈裟，双手相交腹前，结跏趺坐于圆形仰莲台上。莲台高4.5厘米，最宽7厘米。

菩萨像头略右侧，面低垂，内着披巾，外着袒右式袈裟；双手略残，举置胸前托一珠，直径8.5毫米。结跏趺坐。座前刻两朵云纹承托的仰莲。仰莲大小相近，通高21厘米，最宽29厘米。

第3像　坐高133厘米，头长55厘米，肩宽52厘米，胸厚28厘米（图206；图版Ⅰ：339）。头冠正面化佛坐高12厘米。化佛浮雕环形头光，头面残，着双领下垂式袈裟。双手交置腹前，结跏趺坐于仰莲上。莲高4厘米，最宽7厘米。

菩萨像着双领下垂式袈裟，双手略残，左手横置腹前，右手举于胸前，结跏趺坐。座前下方刻一圆形莲叶，自其中部向上伸出带茎莲叶和两朵仰莲，莲叶置于二仰莲之间。仰莲大小一致，高23厘米，最宽22厘米。

第4像　坐高136厘米，头长55厘米，肩宽56厘米，胸厚27厘米（图207；图版Ⅰ：340）。头冠正面化佛立高12厘米，浮雕环形头光，头光上缘饰三团火焰纹。面长圆，内着僧祇支，外着双领下垂式袈裟。双手置腹前，立于云台上。台高11厘米，最宽14.5厘米。自身左右侧各斜向升起一道毫光，蜿蜒至冠顶。

菩萨像头略左侧，着宽博披巾，披巾敷搭双手前臂后垂于座前。双手手指残，左手仰掌前伸，置于凭几上；右手捻披帛，置于右膝上。盘左腿，拱右腿，左向斜靠身后三足凭几，游戏而坐，露右足。凭几高30厘米，几身呈圆弧形，足上端饰狮头。狮头圆耳，圆目，口大张，露尖牙。座前下方刻云纹，上承两朵仰莲。仰莲大小一致，高17厘米，最宽29厘米。

此外，在第3、4身菩萨像间，刻一株树（图208；图版Ⅰ：341）。树通高213厘米。树干虬曲，枝叶繁茂。树杈间刻一倒挂的猴。猴显露半身，身长43厘米，头左转，右前肢向左前伸，抓握一束植物，茎上结五枚圆形果实。

第5像　坐高140厘米，头长54厘米，肩宽56厘米，胸厚27厘米（图209、图210；图版Ⅰ：342）。头冠正面化佛坐高7.5厘米。头顶上方刻圆形华盖，面方圆，内着僧祇支，外着双领下垂式袈裟，双手置腹前，结跏趺坐于仰莲上。莲高5厘米，最宽7厘米。

菩萨身着双领下垂式袈裟，双手仰掌，交叠腹前。结跏趺坐，显露左足。座前下方刻两朵卷曲的云纹，上承两朵仰莲。仰莲大小一致，高17厘米，最宽32厘米。

此外，在第4、5身菩萨像间刻一龟（图版Ⅰ：343）。龟身长34厘米，高16厘米。头残，龟背呈椭圆形，阴刻背甲和裙边，短腿短尾，向右趴伏于方台上。方台高6厘米，宽43厘米，深15厘米；下方刻云气承托。

第6像　坐高140厘米，头长54厘米，肩宽55厘米，胸厚28厘米（图211；图版Ⅰ：344）。头冠正面化佛残蚀甚重，残坐高7.5厘米。浮雕圆形头光，上方并刻两粒放焰珠。可辨面圆，着双领下垂式袈裟，双手交置腹前，结跏趺坐于仰莲上。莲高4厘米，最宽6厘米。

菩萨像内着披帛，外着袒右式袈裟。左手残，举于胸前；右手抚右腿。盘左腿，露足；垂右腿，右舒相而坐。座前下方刻双莲及莲茎、莲叶。右侧仰莲承托菩萨右足。仰莲大小一致，高23厘米，最宽30厘米。

（2）场景图像

6组，对应刻于中部6身菩萨像上方略微内凹的壁面。从窟内至窟外，依次编为第1—6组（图203）。

第1组

刻立像1身，置于第1身菩萨像头顶上方（图212-1；图版Ⅰ：345）。

立像　高50厘米，头长14厘米，肩宽16厘米，胸厚5厘米。头刻齐耳短发，圆面略残，颈刻两道肉褶线。着交领窄袖长服，腰束带，作结后长垂身前。左手残，屈肘前伸，右手抚胸前。着鞋直立云纹上。

第1像　坐高133厘米，头长49厘米，肩宽55厘米，胸厚26厘米（图204；图版Ⅰ：337）。头冠正面化佛坐高7厘米。化佛浮雕圆环身光，面长圆，着双领下垂式袈裟，双手腹前托一宝珠，结跏趺坐于仰莲上。莲高5厘米，最宽7.5厘米。

菩萨身着双领下垂式袈裟，左手抚膝，右手残，举置胸前，结跏趺坐。座前刻两朵云纹承托的仰莲，仰莲大小相近，通高约17厘米，最宽30厘米。

该像右侧刻狮1头，显露前半身，身长115厘米，高77厘米（图版Ⅰ：337）。狮头略方，遍刻卷曲鬃毛，圆耳上竖，双目大睁，阔鼻外翻，咧嘴露齿，颔下刻卷曲短髯。颈下系铃，铃横径约12厘米。露两前腿，五爪。侧头伸颈，趴于山石台上。石台略呈方形，高49厘米，最宽94厘米，最深90厘米。

第2像　坐高137厘米，头长50厘米，肩宽54厘米，胸厚28厘米（图205；图版Ⅰ：338）。头冠正面化佛坐高7厘米。化佛浮雕圆环头光，面方，内着僧祇支，外着双领下垂式袈裟，双手相交腹前，结跏趺坐于圆形仰莲台上。莲台高4.5厘米，最宽7厘米。

菩萨像头略右侧，面低垂，内着披巾，外着袒右式袈裟；双手略残，举置胸前托一珠，直径8.5厘米。结跏趺坐。座前刻两朵云纹承托的仰莲。仰莲大小相近，通高21厘米，最宽29厘米。

第3像　坐高133厘米，头长55厘米，肩宽52厘米，胸厚28厘米（图206；图版Ⅰ：339）。头冠正面化佛坐高12厘米。化佛浮雕环形头光，头面残，着双领下垂式袈裟。双手交置腹前，结跏趺坐于仰莲上。莲高4厘米，最宽7厘米。

菩萨像着双领下垂式袈裟，双手略残，左手横置腹前，右手举于胸前，结跏趺坐。座前下方刻一圆形莲叶，自其中部向上伸出带茎莲叶和两朵仰莲，莲叶置于二仰莲之间。仰莲大小一致，高23厘米，最宽22厘米。

第4像　坐高136厘米，头长55厘米，肩宽56厘米，胸厚27厘米（图207；图版Ⅰ：340）。头冠正面化佛立高12厘米，浮雕环形头光，头光上缘饰三团火焰纹。面长圆，内着僧祇支，外着双领下垂式袈裟。双手置腹前，立于云台上。台高11厘米，最宽14.5厘米。自身左右侧各斜向升起一道毫光，蜿蜒至冠顶。

菩萨像头略左侧，着宽博披巾，披巾敷搭双手前臂后垂于座前。双手手指残，左手仰掌前伸，置于凭几上；右手捻披帛，置于右膝上。盘左腿，拱右腿，左向斜靠身后三足凭几，游戏而坐，露右足。凭几高30厘米，几身呈圆弧形，足上端饰狮头。狮头圆耳，圆目，口大张，露尖牙。座前下方刻云纹，上承两朵仰莲。仰莲大小一致，高17厘米，最宽29厘米。

此外，在第3、4身菩萨像间，刻一株树（图208；图版Ⅰ：341）。树通高213厘米。树干虬曲，枝叶繁茂。树杈间刻一倒挂的猴。猴显露半身，身长43厘米，头左转，右前肢向左前伸，抓握一束植物，茎上结五枚圆形果实。

第5像　坐高140厘米，头长54厘米，肩宽56厘米，胸厚27厘米（图209、图210；图版Ⅰ：342）。头冠正面化佛坐高7.5厘米。头顶上方刻圆形华盖，面方圆，内着僧祇支，外着双领下垂式袈裟，双手交置腹前，结跏趺坐于仰莲上。莲高5厘米，最宽7厘米。

菩萨身着双领下垂式袈裟，双手仰掌，交叠腹前。结跏趺坐，显露左足。座前下方刻两朵卷曲的云纹，上承两朵仰莲。仰莲大小一致，高17厘米，最宽32厘米。

此外，在第4、5身菩萨像间刻一龟（图版Ⅰ：343）。龟身长34厘米，高16厘米。头残，龟背呈椭圆形，阴刻背甲和裙边，短腿短尾，向右趴伏于方台上。方台高6厘米，宽43厘米，深15厘米；下方刻云气承托。

第6像　坐高140厘米，头长54厘米，肩宽55厘米，胸厚28厘米（图211；图版Ⅰ：344）。头冠正面化佛残蚀甚重，残坐高7.5厘米。浮雕圆形头光，上方并刻两粒放焰珠。可辨面圆，着双领下垂式袈裟，双手交置腹前，结跏趺坐于仰莲上。莲高4厘米，最宽6厘米。

菩萨像内着披帛，外着袒右式袈裟。左手残，举于胸前；右手抚右腿。盘左腿，露足；垂右腿，右舒相而坐。座前下方刻双莲及莲茎、莲叶。右侧仰莲承托菩萨右足。仰莲大小一致，高23厘米，最宽30厘米。

（2）场景图像

6组，对应刻于中部6身菩萨像上方略微内凹的壁面。从窟内至窟外，依次编为第1—6组（图203）。

第1组

刻立像1身，置于第1身菩萨像头顶上方（图212-1；图版Ⅰ：345）。

立像　高50厘米，头长14厘米，肩宽16厘米，胸厚5厘米。头刻齐耳短发，圆面略残，颈刻两道肉褶线。着交领窄袖长服，腰束带，作结后长垂身前。左手残，屈肘前伸，右手抚胸前。着鞋直立云纹上。

正壁

图197 第29号窟正壁、左壁、右壁造像展开图

右壁

图 198　第 29 号窟正壁造像立面图

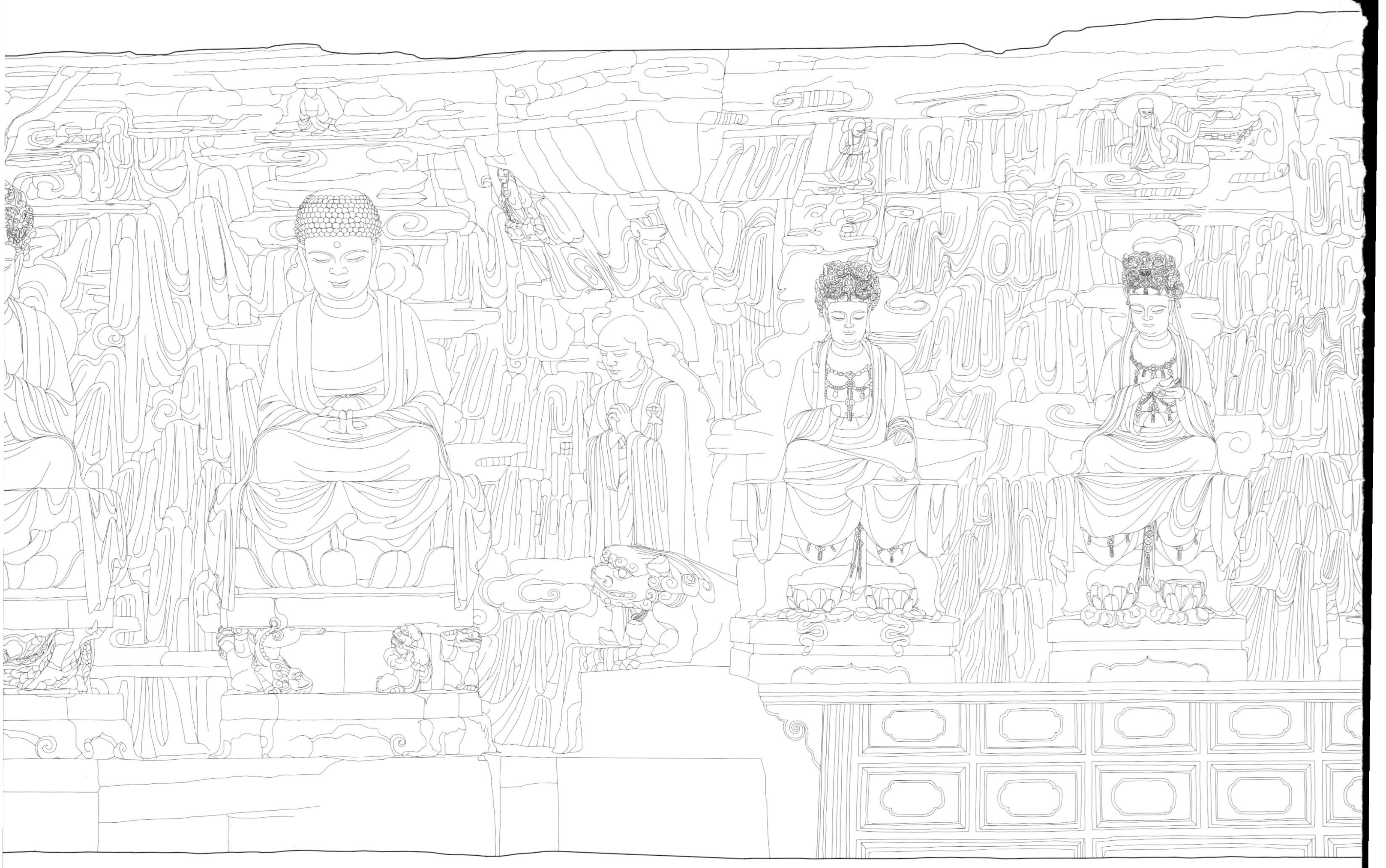

左壁

第五章 第 24—32 号　337

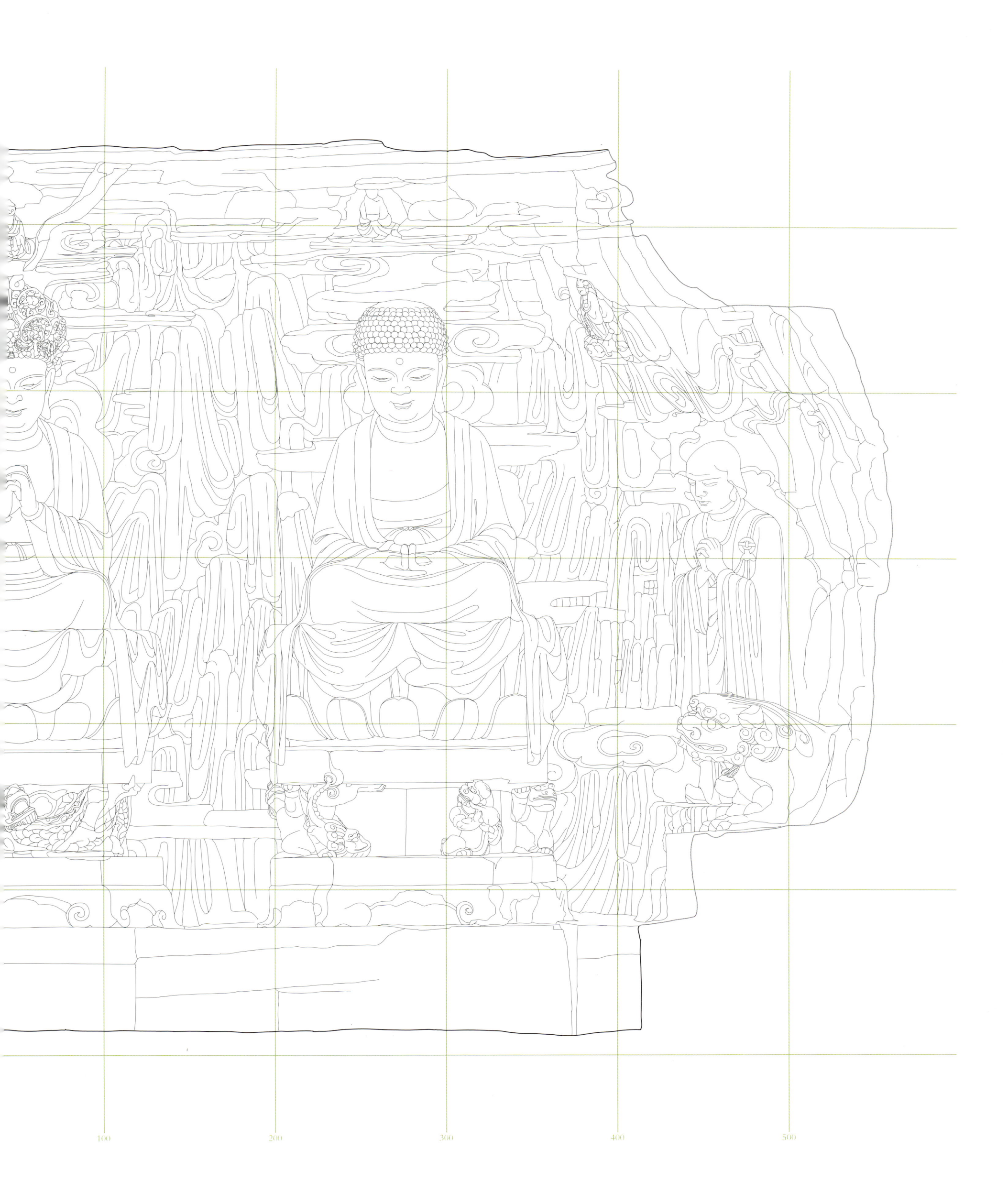

图 199　第 29 号窟正壁中佛像等值线图 　　　　　　　　　　图 200　第 29 号窟正壁左佛像等值线图

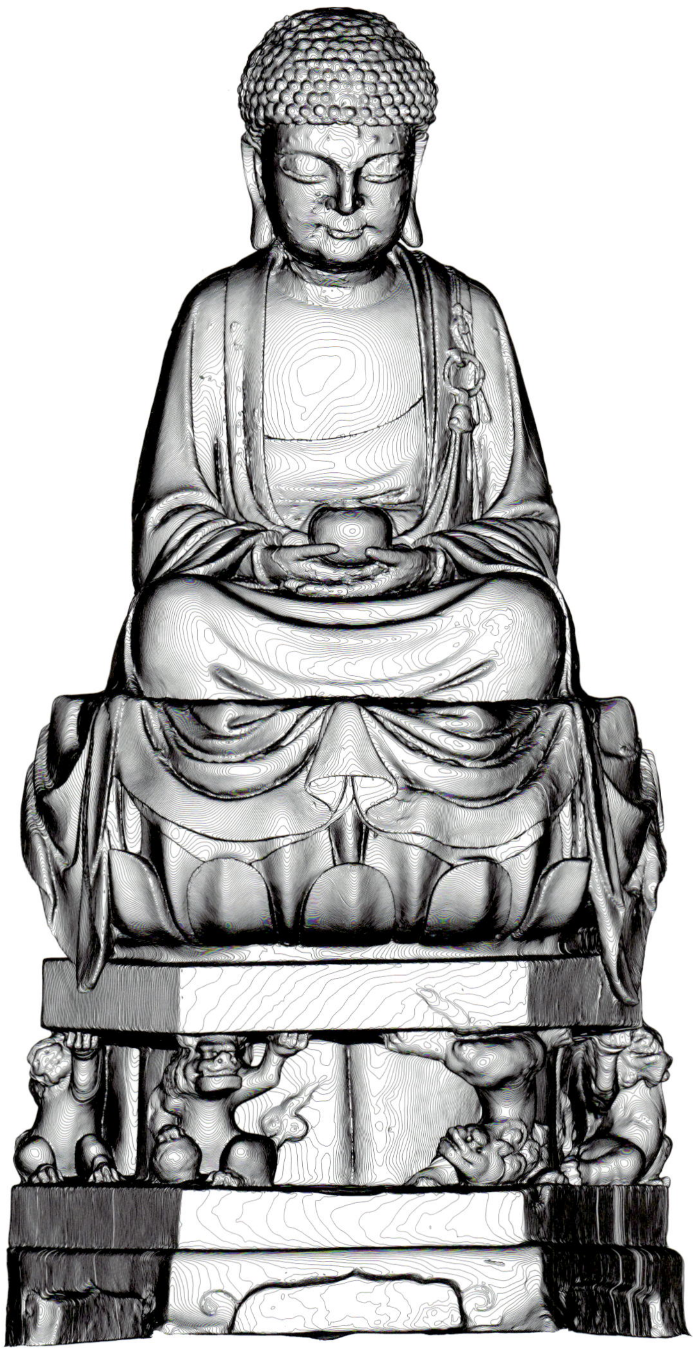

图 201 第 29 号窟正壁右佛像等值线图

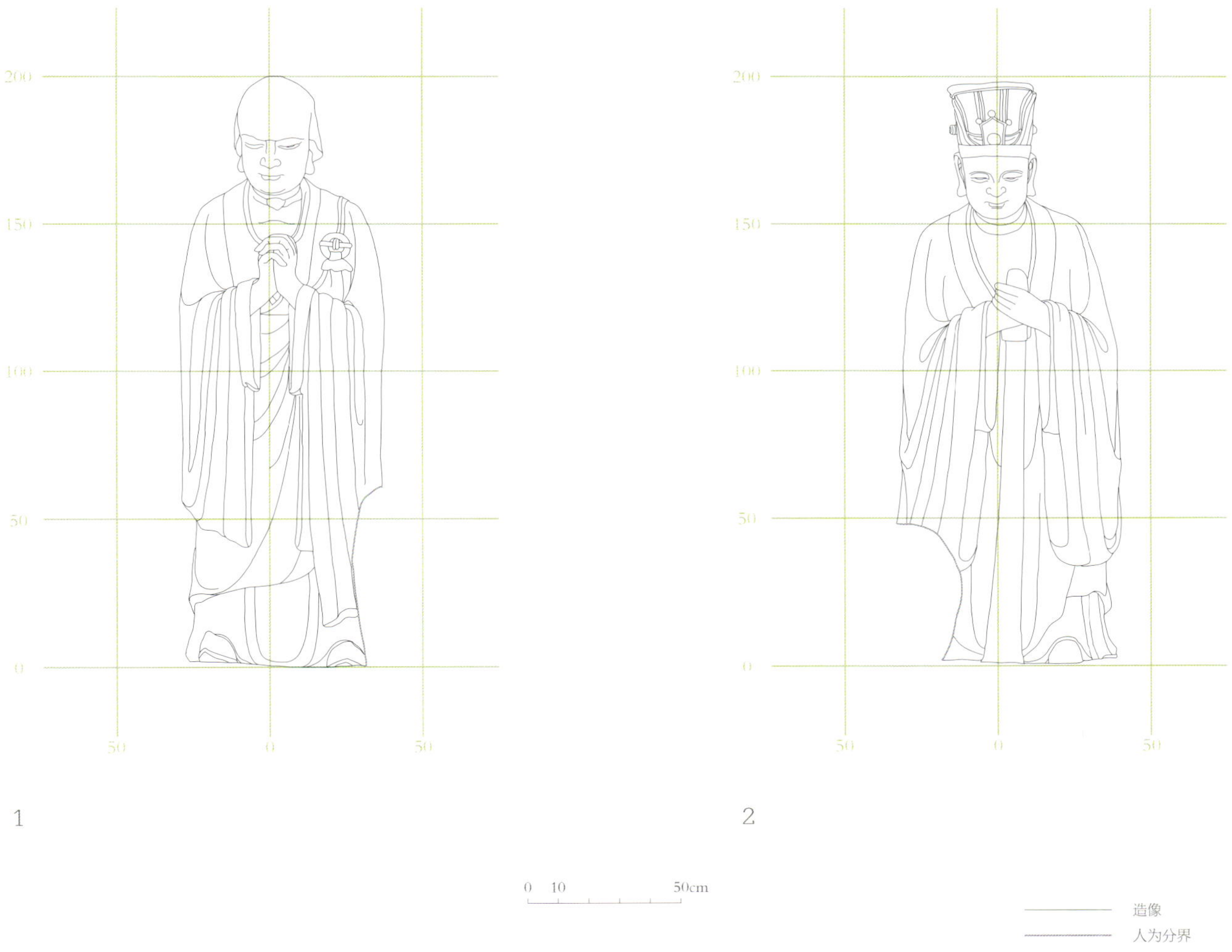

图 202 第 29 号窟正壁左、右端转折处立像立面图
1 左立像 2 右立像

第五章 第 24—32 号 339

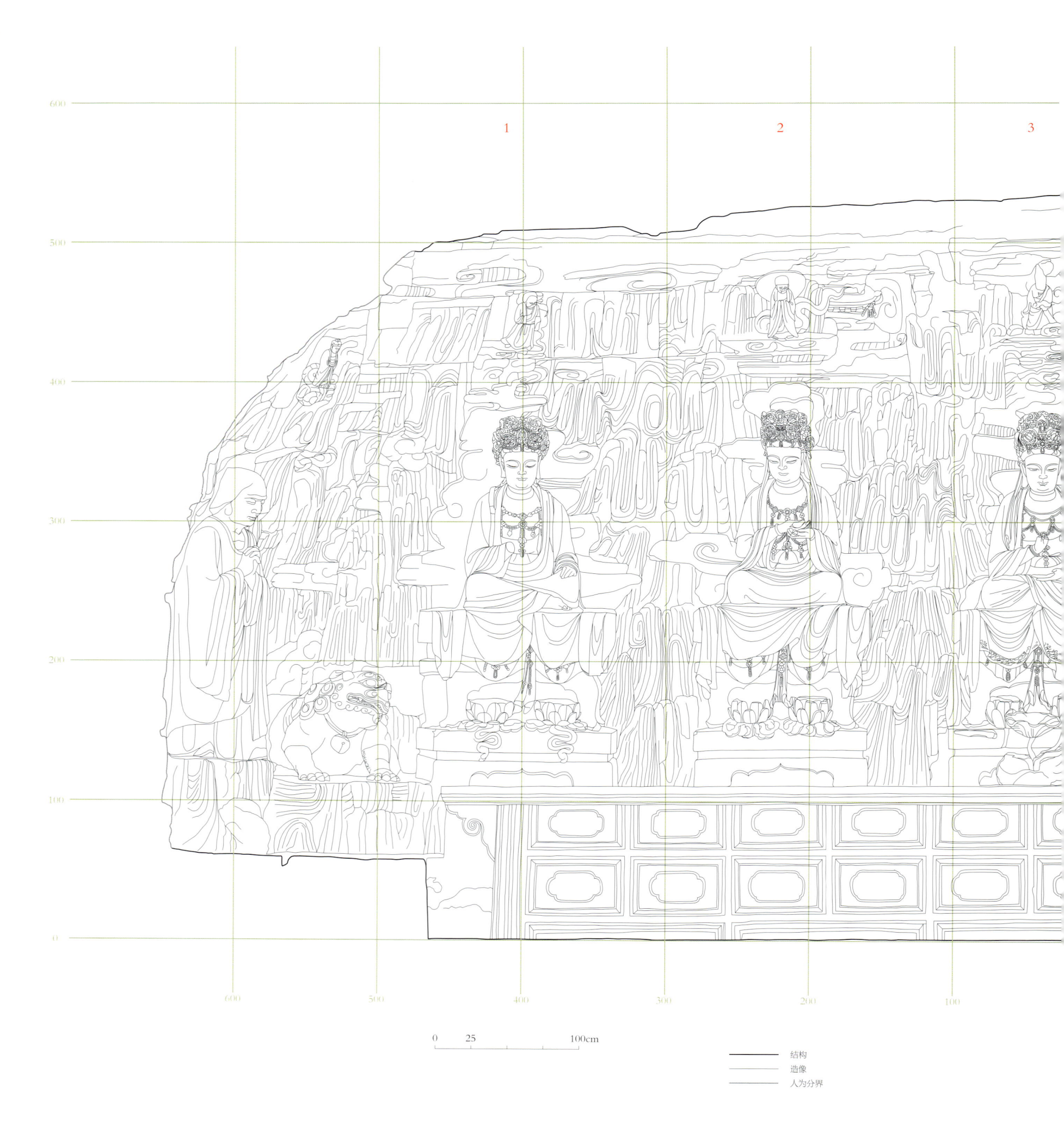

图203　第29号窟窟内左壁立面及造像编号图

340　　大足石刻全集　第七卷（上册）

第五章 第24—32号 341

图 204　第 29 号窟左壁内起第 1 身菩萨像立面图

图 205　第 29 号窟左壁内起第 2 身菩萨像立面图

图 206　第 29 号窟左壁内起第 3 身菩萨像立面图

图 207　第 29 号窟左壁内起第 4 身菩萨像立面图

图 208　第 29 号窟左壁第 3、4 身菩萨像间造像立面图

图 209　第 29 号窟左壁内起第 5 身菩萨像等值线图

图210 第29号窟左壁内起第5身菩萨像立面图

图 211　第 29 号窟左壁内起第 6 身菩萨像立面图

第2组

左刻楼阁1座，右刻立佛1身，置于第2身菩萨像头顶上方（图212-2；图版Ⅰ：346）。

楼阁　显露左侧少许，右侧大部分隐于山石、云纹之后。楼阁平面方形，两重，显露高51厘米，面阔51厘米，进深4厘米。底层屋身仅见四立柱，柱上各置一栌斗，斗上置横枋，枋上架椽。底层屋檐外挑约5厘米，翼角翘起，垂饰宝珠和璎珞。上层屋身风蚀甚重，仅见翼角翘起，檐下垂饰璎珞和花饰。

立佛　高53厘米，头长15厘米，肩宽15厘米，胸厚7厘米。浮雕圆形头光，直径40厘米，厚2厘米。头遍刻螺发，面浑圆，目微闭，耳硕大，颈刻两道肉褶线。着双领下垂式袈裟。双手笼袖内，横置胸前。跣足立于云纹上。云尾于立佛身后蜿蜒左上斜飘。

第3组

刻立像1身，置于第3身菩萨像头顶上方（图213-1；图版Ⅰ：347）。

立像　高55厘米，头长22厘米，肩宽17厘米，胸厚6厘米。头左侧，略残，似束发戴冠。脸长圆，肩残，着交领宽袖长服。双手残，横置腹前。着如意头鞋，直身立于云纹上。

第4组

刻坐像1身，置于第4身菩萨像头顶上方圆环内（图213-2；图版Ⅰ：348）。圆环直径52厘米，厚4厘米，环沿宽6厘米。

坐像　坐高37厘米，头长14厘米，肩宽18厘米，胸厚5厘米。头刻中分式齐耳短发。面长圆，双目下视，高鼻小口，嘴角微翘。颈刻两道肉褶线。着交领宽袖长服，腰束带。双手腹前笼袖内。结跏趺坐于圆环内。其身下浮雕云纹承托。

第5组

刻楼阁1座，屋身前侧左右各刻立式武士像1身，皆置于第5身菩萨像头顶上方（图214；图版Ⅰ：349）。

楼阁　为单檐歇山式建筑，显露高77厘米，阔80厘米。屋基呈长方形，屋身可辨四柱三间。明间设双扇门，左右次间饰龟甲纹。檐下刻一方横匾，内左起横刻"法王宫"3字，楷体，字径5厘米。匾额四周环绕云纹（图版Ⅱ：189）。屋顶为歇山式，屋面刻瓦垄瓦沟，翼角上翘。屋正脊中饰桃形物，左右端刻翻卷的鸱吻。

武士像　2身，分立楼阁屋身前侧，皆显露大部身躯。左武士像，显露高40厘米，头长11厘米，肩宽14厘米，胸厚4厘米。头左侧，戴盔，缨上扬。面长圆略蚀，肩刻披膊，着宽袖长服，袖摆翻卷。左手握右手腕，右手腹前斜持一长剑，剑全长24厘米。着靴直立。身下刻环绕的云纹。右武士像，高45厘米，头长13厘米，肩宽14厘米，胸厚6厘米。头右侧，双手腹前拄一长棍，棍长18厘米。余特征与左武士像略同。

第6组

刻像3身、草庐1座和虎1只，置于第6身菩萨像头顶上方（图215；图版Ⅰ：350）。

左像　为佛像，坐高35厘米，头长16厘米，肩宽16厘米，胸厚5厘米。头刻螺发，饰髻珠，面长圆，略残，双耳肥大，颈刻两道肉褶线。内着僧祇支，系带作结，外着双领下垂式袈裟。左臂残，双手腹前笼袖内。结跏趺坐于仰莲台。

中像　为僧人像，刻于草庐圆拱门前侧，身长37厘米。光头，略残。着窄袖长服，腰束带。俯首躬身，双手摊地，着鞋，向左伏拜。

右像　显露半身，刻于草庐屋身右外侧。显露高28厘米，头短发齐耳，着宽袖长服，腰束带。双手胸前合十，躬身向左礼拜。

草庐　显露通高50厘米。屋身略呈圆形，直径约45厘米。屋身左前侧开圆拱门，高24厘米，宽12厘米。屋顶为攒尖顶，底部升出两道毫光，左右蜿蜒上飘。屋身右后侧刻虎1只，显露前半身。虎身长40厘米，高26厘米。圆头，短耳，双目圆瞪，口残。迈前腿，似自山石间俯冲而下。

3. 右壁

壁面造像与左壁呈对应布局（图216；图版Ⅰ：312）。其中，中部亦横列菩萨坐像6身，坐于双重须弥台座上。座置于下部仿木方案之后的低坛上。菩萨像间距相当，其相邻座台上缘间距约55厘米。各菩萨坐像上部壁面或刻佛像、或刻童子像、或刻建筑等对应场景图像1组。

壁面下部低坛前侧仿木案台通高108厘米，通长1040厘米，厚48厘米，大小、规制与左壁案台略同（图版Ⅰ：312）。案台面残损略重，局部水泥修补，高出后侧低坛约5厘米。

据造像位置，仍细分为菩萨像、场景图像两部分。

1

2

图 212　第 29 号窟左壁内起第 1、2 组场景造像立面图
1　第 1 组场景　2　第 2 组场景

1

2

图 213　第 29 号窟左壁内起第 3、4 组场景造像立面图
1　第 3 组场景　2　第 4 组场景

第五章　第 24—32 号　351

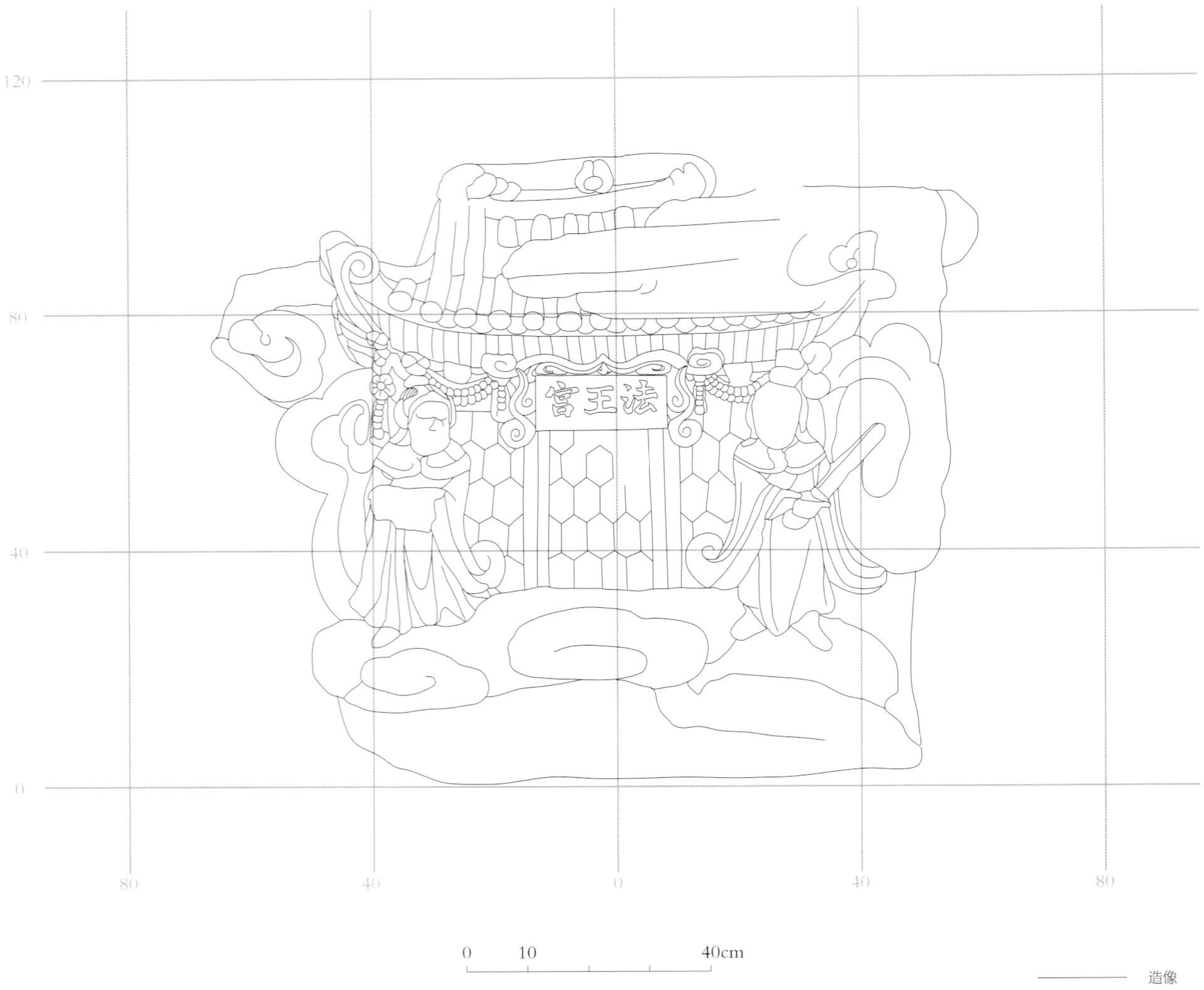

图 214　第 29 号窟左壁内起第 5 组场景造像立面图

图 215　第 29 号窟左壁内起第 6 组场景造像立面图

（1）菩萨像

6身，与左壁菩萨像相对。从窟内至窟外，依次编为第1—6像。

菩萨像　体量、特征与左壁菩萨像略同。菩萨身下座台通高约120厘米，宽125厘米，上部须弥台深60厘米，下部须弥台深92厘米。其形制、规格亦与左壁座台同。

各菩萨像具体特征如下。

第1像　坐高约140厘米，头长54厘米，肩宽50厘米，胸厚28厘米（图217；图版Ⅰ：351）。头冠正面化佛坐高约8厘米。化佛浮雕环形身光，面长圆，着双领下垂式袈裟，双手置腹前笼袖内，结跏趺坐于仰莲上。仰莲高5厘米，最宽7厘米。

菩萨像左手仰掌覆巾，置于胸前，托一长圆物；右手残，仰掌置腹前。结跏趺坐，露左足。自座前下方升起两朵云纹，各分托三重仰莲一朵。仰莲大小一致，高7厘米，最宽30厘米。

座台左侧刻一大象，显露前部身躯（图版Ⅰ：351）。象身长111厘米，高63厘米。头圆，双耳垂于头侧，目大睁，六牙，长鼻置右前腿上，前端卷曲。头右转，前腿趴地，蹲伏于山石台上。台略呈圆形，显露最高50厘米，最宽67厘米，最深65厘米。

第2像　坐高152厘米，头长64厘米，肩宽63厘米，胸厚27厘米（图218；图版Ⅰ：352）。头冠正面化佛坐高8厘米。化佛面长圆，内着僧祇支，外着双领下垂式袈裟。双手腹前笼袈裟内。结跏趺坐于仰莲上。莲高4厘米，最宽7厘米。

菩萨像内着披帛，外着袒右式袈裟。双手略残，左手仰掌平置左膝上，屈中指和无名指。持圆珠，珠径7厘米。右手横置胸前持物，物难辨。结跏趺坐。座前下方并刻两朵云纹，其上各刻一朵双层仰莲。仰莲高16厘米，最宽29厘米。

第3像　坐高156厘米，头长65厘米，肩宽59厘米，胸厚28厘米（图219；图版Ⅰ：353）。头冠正面化佛残坐高7厘米。化佛浮雕环形头光，头面残，似着袒右式袈裟。双手交置腹前，结跏趺坐于仰莲上。仰莲高4厘米，最宽7厘米。

菩萨像着双领下垂式袈裟，袈裟一角系于左肩前哲那环上。左手残，仰掌置腹前，右手胸前持枝条，结跏趺坐。座前下方刻一闭合莲叶，自莲叶中部向上伸出一带茎莲叶和两朵仰莲，莲叶置于仰莲之间。仰莲大小一致，高22厘米，最宽26厘米。

此外，在第2、3身菩萨像之间刻一仰面立像，置于山石、云纹间（图223；图版Ⅰ：354）。立像显露高91厘米。头戴巾，仰面上望，浓眉粗大，深目高鼻，刻短髭，阔口微张。胸前肋骨突现，着双层交领宽袖长服，挽袖露肘，下摆两侧开衩。双手呈三尖龙爪状，左手托举一圆钵，承接上方龙头滴水；右手抚桌前山石。上身前倾，向左而立。钵高18厘米，口径30厘米，敛口、鼓腹。自钵口而下，沿立像手臂纵向凿一道隐蔽的排水暗沟，经第2、3身菩萨像座台之间壁面，贯穿桌案台后侧石壁，与窟底中后部深井东侧的横向排水沟相接。

立像右上壁面刻一龙，龙首左向低伏，头残损，尖耳上竖，长须扬起，口微张，作吐水状（图版Ⅰ：312）。龙身略起，凿就为一排水暗沟，约横贯右侧壁面，全长约729厘米。龙尾近壁面右侧边缘处连接另一纵向的排水暗沟。该排水暗沟竖直部分凿于壁面与北壁交接处，直至窟底，全长404厘米，宽10厘米，深约12厘米。

第4像　坐高162厘米，头长67厘米，肩宽59厘米，胸厚26厘米（图220、图224、图225；图版Ⅰ：355）。头冠正面化佛立高10厘米。化佛浮雕环形头光，头光上缘刻三朵火焰纹。面长圆，内着僧祇支，外着双领下垂式袈裟。双手交置腹前，立于云纹上。其身左右各刻一道毫光，斜向上升，直至冠顶。

菩萨像身着披巾，左端绕左前臂后垂于座前，右端竖直下垂。左手置左膝持物，物残；右手撑座台。扶左腿，盘右腿，露足，游戏而坐。座前下方刻两朵云纹，其上各刻一朵双重仰莲。仰莲大小一致，高17厘米，最宽约28厘米。

此外，在第3、4身菩萨像间刻三根细竹，竹竿上部刻有竹枝竹叶。

第5像　坐高159厘米，头长64厘米，肩宽62厘米，胸厚26厘米（图221；图版Ⅰ：356）。头冠正面化佛坐高5厘米。化佛头顶刻一攒尖顶华盖。面方圆，内着僧祇支，束带打结，外着双领下垂式袈裟。双手残，交置腹前，结跏趺坐于云纹上。

菩萨像左手抚左膝，右手残，横置胸前，结跏趺坐。座前下方刻两朵云纹，各承一双重仰莲。仰莲大小一致，高18厘米，最宽28厘米。

此外，在第4、5身菩萨像之间刻一外凸山石台，其上置一净瓶（图版Ⅰ：357）。瓶略残，残高39厘米，腹径9厘米。口沿残，细长颈、圆肩、斜腹、平底、饼足。

第6像　坐高163厘米，头长67厘米，肩宽63厘米，胸厚25厘米（图222；图版Ⅰ：358）。头冠正面化佛坐高6.5厘米。化佛浮雕环形身光，面长圆，内着僧祇支，外着双领下垂式袈裟。双手交置腹前，结跏趺坐于仰莲台上。

图 216　第 29 号窟右壁立面及造像编号图

第五章 第24—32号

菩萨像内着披帛，外着袒右式袈裟。右端披帛自肩下垂后，绕右前臂长垂座前。左手抚膝，右手竖置胸前。跣足，垂左腿踏仰莲，盘右腿，左舒相而坐。座前下方刻一卷曲莲叶，自莲叶内侧升起带茎莲叶、双重仰莲，左仰莲托菩萨左足。仰莲大小一致，高17厘米，最宽30厘米。

（2）场景造像

6组，对应刻于中部六身菩萨像头顶上方略微内凹的壁面。从窟内至窟外，依次编为第1—6组。

第1组

刻立像1身，置于第1身菩萨像头顶上方（图226-1；图版Ⅰ：359）。

立像 显露高40厘米，头长11厘米，肩宽12厘米，胸厚4厘米。头刻齐耳短发，面长圆，略右侧，眉目细长，直鼻小口，双唇微抿。着双层交领宽袖长服，腰束带，下摆上撩，露两膝。左手残，抚膝，右手斜伸右上方，垂足而坐。

第2组

刻立像1身和一圆轮，置于第2身菩萨像头顶上方（图226-2；图版Ⅰ：360）。

立像 立高54厘米，头长17厘米，肩宽19厘米，胸厚6厘米。头戴三角形束发冠，冠前饰三圆珠。面方圆，额头突出，深目阔鼻，颌下似有短须。身材健壮，胸前刻圆形项圈，下垂璎珞。上身衣饰不明，腰束带，下着裙，裙腰外翻。双手残，似拱于胸前，腰胯左扭，着靴立于云纹上。肩搭披帛，经腹前敷搭前臂后飘垂体侧。

该立像左上方刻一圆轮，直径41厘米，外凸约2厘米。

第3组

刻立像1身，置于第3身菩萨像头顶上方（图227-1；图版Ⅰ：361）。

立像 显露高49厘米，头长14厘米，肩宽14厘米，胸厚5厘米。头戴巾，面长圆，双目下视，高鼻小口，双耳硕大，颈刻两道肉褶线。着双层交领宽袖长服，腰束带作结，下垂及膝。左手伸出，举托一葫芦形物，右手笼袖内，垂置身侧。直立云纹内。

第4组

刻菩萨坐像1身，置于第4身菩萨像头顶上方（图227-2；图版Ⅰ：362）。

菩萨像 残蚀略重，坐高32厘米，头长14厘米，肩宽15厘米，胸厚4厘米。浮雕圆环形身光，最大直径54厘米，边沿宽6厘米。头戴花冠，面长圆，戴圆形项圈，着双领下垂式袈裟，袈裟一角覆于头顶。双手腹前笼袈裟内[1]，结跏趺坐。其身下浮雕云纹，右侧浮雕花卉。

第5组

刻楼阁1座，左侧刻童子像1身，置于第5身菩萨像头顶上方（图228；图版Ⅰ：363）。

楼阁 单檐歇山式，置于方形台基上，隐于云纹内，显露高70厘米，面阔82厘米，进深5厘米。屋身四柱三间，中开双扇门。檐下刻长方形横匾，内左起横刻"光明藏"3字，楷体，字径4厘米（图版Ⅱ：190）。屋顶浮雕瓦垄、瓦沟及圆形瓦当，翼角上翘。正脊左右端装饰内卷的鸱尾。

童子像 刻于屋身左前侧，显露高38厘米，头长11厘米，肩宽12厘米，胸厚5厘米。光头，面圆，上身衣饰不明，下着裙，裙腰外翻。披帛自两肩垂下，绕臂后长垂身侧。双手残损，似胸前合十。身前倾，向右而立。建筑下方和右侧遍刻云纹。

第6组

刻立像1身，置于第6身菩萨像头顶上方（图229；图版Ⅰ：364）。

立像 显露高48厘米，头长12厘米，肩宽13厘米，胸厚5厘米。头戴巾，面长圆略残，着交领宽袖长服。左手斜垂腹前，右手残，横于胸前持物。着鞋而立。

4. 窟底

南侧前端中央仿木圆雕一长方形案台，其北侧前端中刻一跪拜菩萨像（图版Ⅰ：310）。

案台，最高128厘米，通宽410厘米，厚103厘米，南距正壁低坛约95厘米，左距西壁案台约127厘米，右距东壁案台129厘米。案台面前低后高，呈阶梯状，高差约27厘米。前侧台面宽71厘米，后侧台面宽32厘米。案台形制与左壁案台略同。其中，正面亦刻方

---

[1] 《大足宝顶山大佛湾"圆觉经变"窟的调查研究》记载该菩萨像"双手于腹前捧一净瓶"，今不可见。

图217　第29号窟右壁内起第1身菩萨像立面图

图 218　第 29 号窟右壁内起第 2 身菩萨像立面图

图 219　第 29 号窟右壁内起第 3 身菩萨像立面图

图 220　第 29 号窟右壁内起第 4 身菩萨像立面图

图 221　第 29 号窟右壁内起第 5 身菩萨像立面图

图 222　第 29 号窟右壁内起第 6 身菩萨像立面图

图 223　第 29 号窟右壁内起第 2、3 身菩萨像间托钵僧立面图

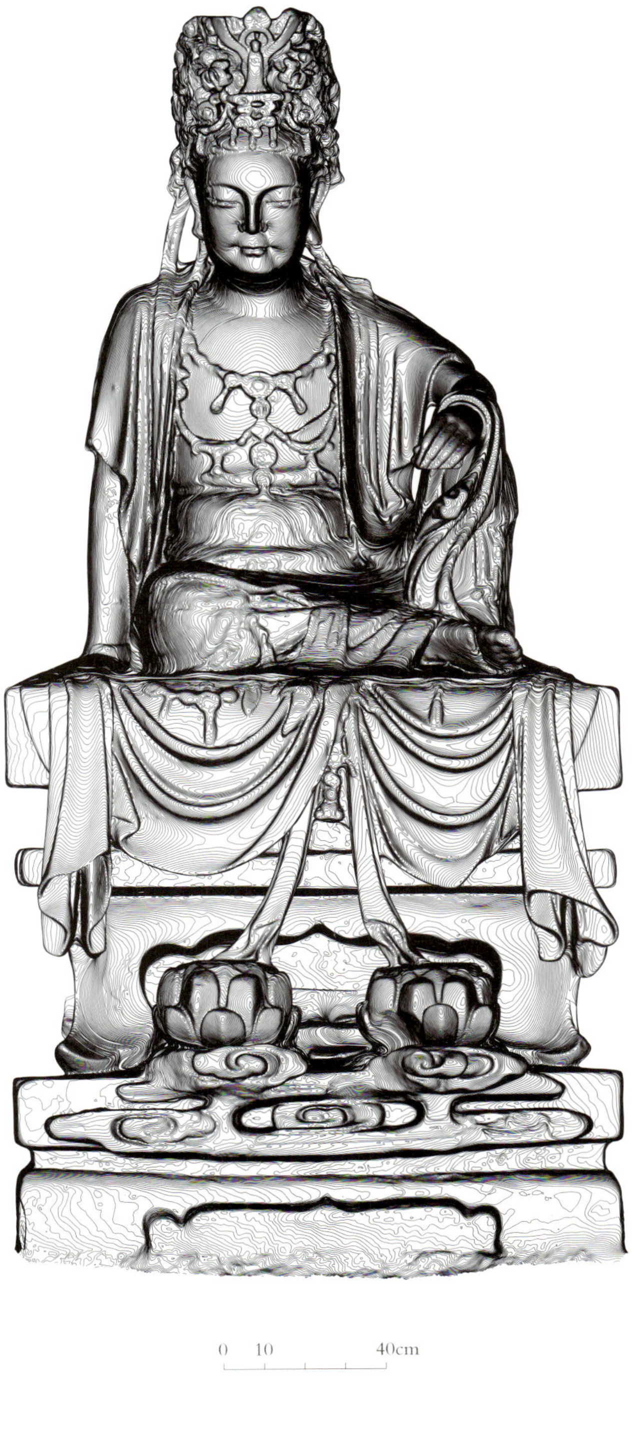

图 224　第 29 号窟右壁内起第 4 身菩萨像等值线图

图 225　第 29 号窟右壁内起第 4 身菩萨像效果图

第五章　第 24—32 号　363

1

2

图 226　第 29 号窟右壁内起第 1、2 组场景造像立面图
1　第 1 组场景　2　第 2 组场景

图227 第29号窟右壁内起第3、4组场景造像立面图
1 第3组场景 2 第4组场景

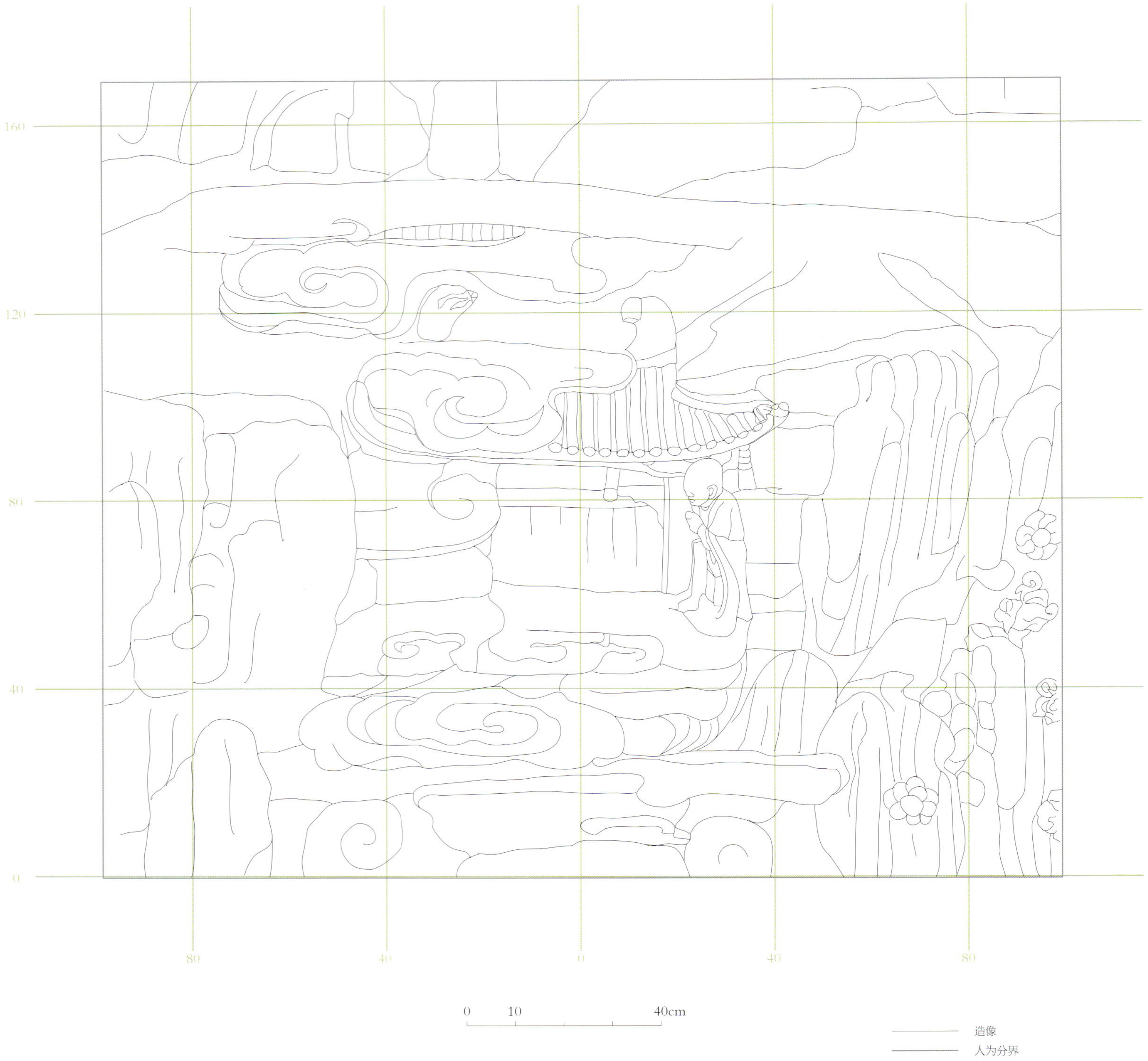

图 228　第 29 号窟右壁内起第 5 组场景造像立面图

匣，后侧一层七个，前侧两层十二个。其余各面素平（图230；图版Ⅰ：310）。

案后侧台面置可移动的三石盘，相邻间距约115厘米，左右距案台边缘约26厘米（图版Ⅰ：365、图版Ⅰ：366、图版Ⅰ：367）。居中石盘高45厘米，最宽52厘米，卷沿、弧腹、短柄、圈足，圈足外侧刻饰云纹和壸门。盘内盛假山，假山正面凿一圆拱浅龛，其后浮雕缠枝葡萄。浅龛高25厘米，宽18厘米，深7厘米，内刻菩萨坐像1身（图版Ⅰ：368）。像浮雕圆形头光和椭圆形身光，头光直径10厘米，身光最宽14厘米。头戴花冠，缯带垂肩，面残。胸饰璎珞，内着僧祇支，系带作结，外着双领下垂式袈裟。双手仰掌，交叠腹前，结跏趺坐于方台上。方台高5厘米，宽16厘米，深7厘米。龛外左刻一鹦鹉，身长7厘米，尖喙，长颈，两翅收拢，尾部上翘，向右昂首而立。龛外右刻一净瓶，高5厘米，瓶口残，直颈、圆肩、鼓腹、平底，置于一小台上。左右盘大小相近，通高30厘米，最宽46厘米。其形制与中盘同。左盘满盛桃，右盘满盛石榴，皆枝蔓相连。

菩萨像　面南背北，向正壁跪拜。身高129厘米，头长41厘米，肩宽53厘米，胸厚23厘米。其身下座台前距案台最近约5厘米（图231；图版Ⅰ：369、图版Ⅰ：370、图版Ⅰ：371、图版Ⅰ：372）。头束高髻，戴镂空卷草和花卉冠，下缘横饰璎珞一道。缯带束发作结，沿后背下垂至腰。冠正面刻一身坐式化佛，残高约6厘米。头残，内着僧祇支，外着双领下垂式袈裟。双手腹前笼袈裟内，结跏趺坐于仰莲台上。菩萨面长圆，额刻白毫，眉目细长，双目微睁，直鼻小口，耳垂肥大，颈刻三道肉褶线。胸前戴圆形项

图 229　第 29 号窟右壁内起第 6 组场景造像立面图

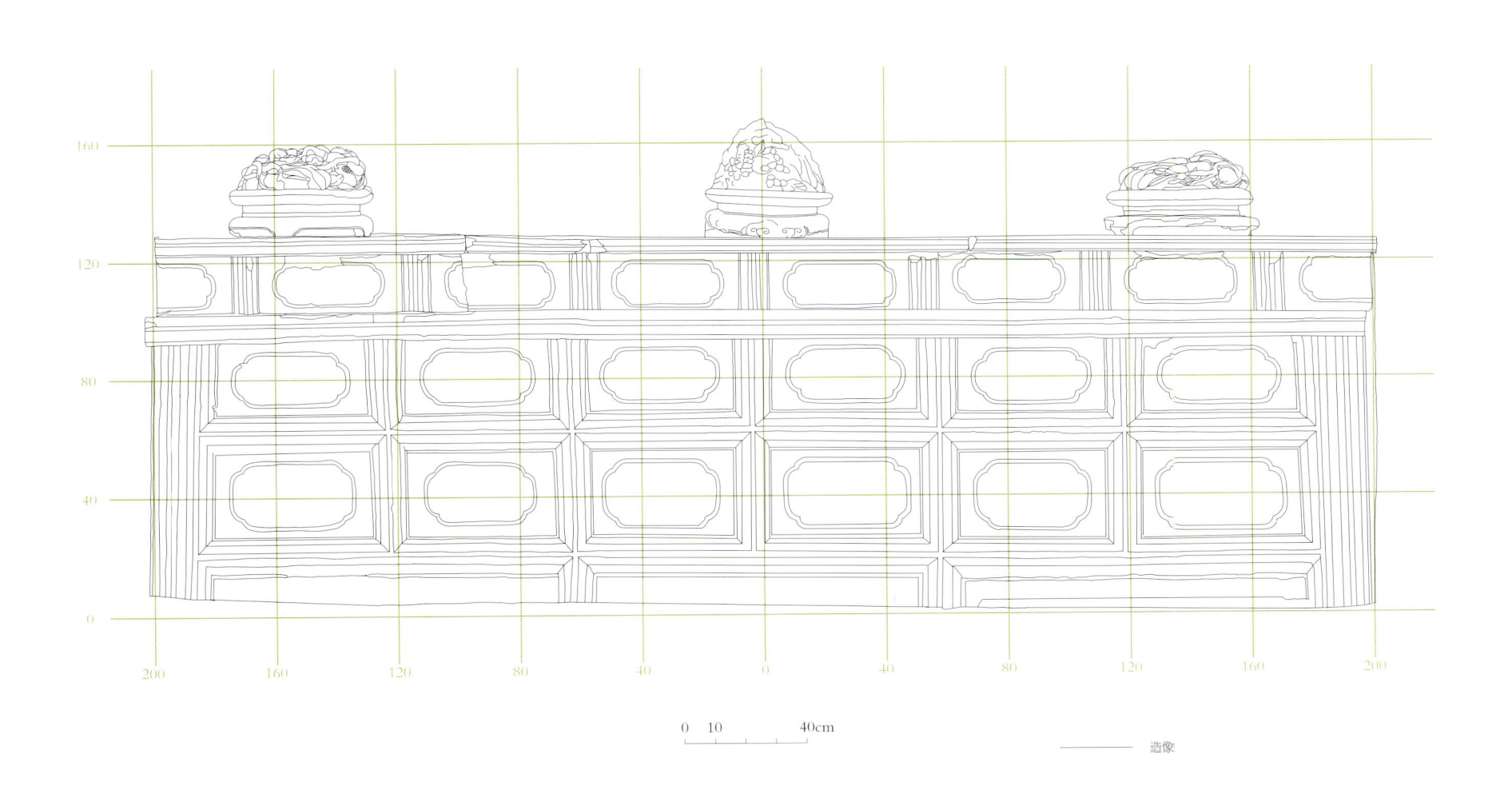

图 230　第 29 号窟窟底前侧案台立面图

1　　　　　　　　　　　　　2

图 231　第 29 号窟窟底中部跪式菩萨像正视、左视、右视、背视图
1　正视　2　左视　3　右视　4　背视

3

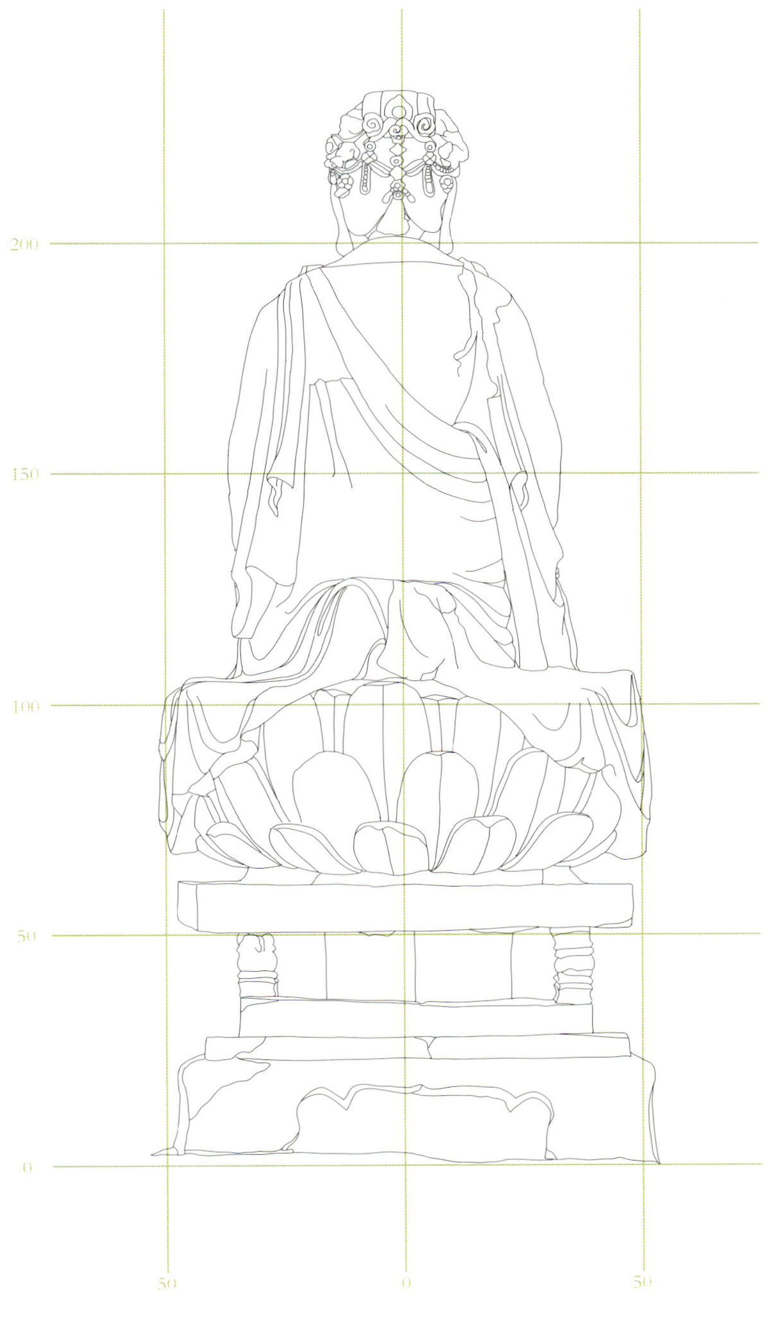

4

圈，下垂璎珞和流苏。内着僧祇支，束带作结，外着双领下垂式袈裟，袈裟袖摆敷搭座前。腕饰镯，双手合十，垂头躬身，面向正壁，跪拜于仰莲须弥座上。座通高103厘米。上部为三重仰莲台，高44厘米，最宽约100厘米；下部为四方须弥台，高39厘米，正面宽94厘米，深62厘米；其束腰部分呈八角形。束腰四角各刻一短柱支撑。柱通高14厘米，中间呈圆球状，上下为束腰方形。须弥台下端为方形圭脚，高19.5厘米，正面宽100厘米，深85厘米，各面减地刻饰壶门。

四　铭文

6则，位于窟口甬道左右壁面和窟外左壁。其中，窟口甬道左壁（西壁）存3则（图版Ⅰ：307），右壁（东壁）存2则（图版Ⅰ：308），窟外左壁存1则。

第1则

魏了翁书"宝顶山"题刻，南宋淳熙至淳祐年间（1174—1252年）。刻于甬道左壁最右侧，刻石面高160厘米，宽60厘米。左竖刻1行3字，楷体，字高39厘米，宽37厘米；右竖刻署款1行6字，楷体，字径7厘米（图版Ⅱ：191）。

宝顶山
临[16]邛魏了翁书

第2则

李耆岗书"报恩圆觉道场"题刻，南宋淳熙至淳祐年间（1174—1252年）。刻于甬道左壁，刻石面高83厘米，宽152厘米。文左起，竖刻3行6字，楷体，字径36厘米；右署款1行18字，楷体，字径5厘米（图版Ⅱ：192）。

报恩
圆觉
道场[17]
朝散大夫知昌州军州事借紫章怀[18]李[1]耆[2]岗△书（署款）

第3则

四部经目，南宋淳熙至淳祐年间（1174—1252年）。刻于甬道左壁中下部，刻石面高185厘米，宽150厘米。双钩竖刻4行24字，楷体，字径31厘米（图版Ⅱ：193）。

01　南无大般若经
02　南无大宝积经
03　南无大华严经
04　南无大涅槃经[19]

第4则

佚名书"宝岩"题刻，南宋淳熙至淳祐年间（1174—1252年）。刻于甬道右壁中部，刻石面高133厘米，宽230厘米。中部双钩横刻"宝岩"2字，字高115厘米，宽95厘米；右侧署款1行20字，字径高3厘米，宽7厘米（图版Ⅱ：194）。

宝岩[20]

1　此"李"字《大足石刻铭文录》录为"孝"。重庆大足石刻艺术博物馆编：《大足石刻铭文录》，重庆出版社1999年版，第232页。
2　此"耆"字《大足石刻铭文录》录为"浚"。重庆大足石刻艺术博物馆编：《大足石刻铭文录》，重庆出版社1999年版，第232页。陈灼认为此字为"耆"字，见陈灼著：《大足石刻史话》，中国戏剧出版社2008年版，第81页。

朝散郎直秘阁潼川府路知泸州军州兼管内劝农（署款）

第5则

大通智胜佛碑，南宋淳熙至淳祐年间（1174—1252年）。刻于甬道右侧下部，刻石面高100厘米，宽90厘米。额左起横刻"大通智胜佛"5字，楷体，字径12厘米。文左起，竖刻11行，存47字，楷体，字径5厘米（图版Ⅱ：195）。

　　大通智胜佛（额）
01　天也空地也空天上地却正□中
02　日也空月也空□□□□□功
03　□也□□□□□□□□□□
04　也空□□□□□□□□□□
05　空□□□□□□□□□□
06　□□□□□□中□□□
07　也空□□□□□□□□□□
08　也空□□人□□□□□□□
09　也空□□□□□□□也空□
10　也空□□□□□□问若生认得
11　空中意三界空□□□通[21]

第6则

偈语，南宋淳熙至淳祐年间（1174—1252年）。刻于窟口左侧，即是石狮头部前侧平整面，刻石面高130厘米，宽24厘米。文左起，竖书2行28字，楷体，字径7厘米（图版Ⅱ：196）。

01　出林师[1]子才开口△挂角羚羊已灭踪（左）
02　四句白非都去了△何妨觌面与相逢[22]（右）

五　晚期遗迹

（一）铭文

12则，位于窟甬道左右壁面和窟外左壁。其中，甬道左壁存3则，从内至外编为第1—3则（图232）；甬道右壁存8则，从内至外续编为第4—11则（图233）；窟外左壁存1则，编为第12则。

第1则

觉寿妆銮培修记，明嘉靖三十二年（1553年）。刻于甬道左壁，刻石面高72厘米，宽62厘米。文左起，竖刻13行174字，字径3厘米（图版Ⅱ：197）。

01　潼川州遂宁县安仁里净明寺住持
02　觉寿号南山幼年脱俗蚤入
03　空门仰蒙△覆焘之恩幸获衣食之裕
04　感恩△天海欲报无由出备衣赀[2]九十

1　此"师"字《大足石刻铭文录》录为"狮"。重庆大足石刻艺术博物馆编：《大足石刻铭文录》，重庆出版社1999年版，第162页。
2　此"赀"字《大足石刻铭文录》录为"资"。重庆大足石刻艺术博物馆编：《大足石刻铭文录》，重庆出版社1999年版，第254页。

05　两妆修法堂一所香一座广大庵出资

06　修正殿妆△大佛一尊又妆圆觉洞

07　毗卢佛中尊同徒悟惇悟憛[1]妆左右

08　大佛二尊师徒累年出备油蜡[2]灌烛然

09　灯供养各殿△诸佛以此累作之功勋

10　普报△四恩之厚德祈戒体智惠[3]严确

11　圆明福寿门徒悠修繁盛者

12　同徒悟忱惜悟安忻[4]悟性和

13　嘉靖癸丑二月吉旦本山僧△悟南△书[23]

第2则

战符题"圆觉洞用韵"诗，明代（1368—1644年）。刻于甬道左壁，刻石面高99厘米，宽52厘米。文左起，竖刻6行53字，楷体，字径5厘米（图版Ⅱ：198）。

01　圆觉洞用韵

02　洞口春云护山腰古刻重

03　维摩追往事我辈喜谈空

04　笙磬音何杳尊罍兴自容

05　坐来尘虑净踏遍境何穷

06　忠州刺史楚人战符[24]

第3则

涂永明妆銮圆觉洞像记，明代（1368—1644年）。刻于甬道左壁，刻石面高81厘米，宽38厘米。文左起，竖刻6行62字，楷体，字径3厘米（图版Ⅱ：199）。

01　潼川州遂宁县安仁里信士涂永明舍赀[5]妆严[6]

02　圆觉洞中毗卢佛左边二尊

03　同男涂嘉位信女罗氏二

04　妆右边大佛文殊菩萨

05　共二尊完谐祈严父

06　等[7]遐永享福寿[25]

第4则

佚名观音金像妆彩记，清道光四年（1824年）[8]。刻于甬道右壁，刻石面高121厘米，宽80厘米。文左起，竖刻6行，存31字，楷

1　此"憛"字《大足石刻铭文录》录为"淙"。重庆大足石刻艺术博物馆编：《大足石刻铭文录》，重庆出版社1999年版，第254页。
2　此"蜡"字《大足石刻铭文录》录为"腊"。同前引。
3　此"惠"字《大足石刻铭文录》录为"慧"。重庆大足石刻艺术博物馆编：《大足石刻铭文录》，重庆出版社1999年版，第255页。
4　此"忻"字《大足石刻铭文录》录为"析"。同前引。
5　此"赀"字《大足石刻铭文录》录为"资"。同前引。
6　此"严"字《大足石刻铭文录》录为"岩"。同前引。
7　此"等"字《大足石刻铭文录》录为"寿"。同前引。
8　本则铭文上方另竖刻"信士彭世琏谭张氏"1行8字。

体，字径3厘米[1]（图版Ⅱ：200）。

01　今五十年矣其
02　装修龙袍锡瓦
03　岩无不修像
04　宝顶佛像□
05　恩无可报答
06　观音金身一□[26]

第5则

康圭题"游圆觉洞有怀"诗，明代（1368—1644年）。刻于甬道右壁，刻石面高116厘米，宽80厘米。文左起，竖刻8行，存62字，行书，字径5厘米（图版Ⅱ：201）。

01　秋日同冯罗斋长游
02　□□□□□[2]
03　石室何年敞山幽[3]翠且重
04　晴云常满户紫气欲摩空
05　一樽聊避俗二妙更从容
06　踏遍诸天路悠然兴不穷
07　岭南康圭题
08　门生冯臣虞罗如纶[4]刻[27]

第6则

佚名题无题诗，清代（1644—1911年）。刻于甬道右壁，刻石面高75厘米，宽18厘米。文左起，竖刻3行33字，楷体，字径5厘米（图版Ⅱ：202）。

01　浮世寄宿[5]无凭准日月如梭似电紧
02　不觉回头大限来莫教临行折了本
03　真话实语者[28]

第7则

黄朝题培修圆觉洞记，明正德十四年（1519年）。刻于甬道右壁，刻石面高43厘米，宽32厘米。文左起，竖刻9行，存87字，楷体，字径3厘米（图版Ⅱ：203）。

01　籍系湖广郴州同父据住
02　四川省重庆府大足县二尹官舍
03　黄朝同缘苏氏睹

1　据《大足宝顶山大佛湾"圆觉经变"窟的调查研究》一文，本则铭文第6行漶灭字应为"尊"。
2　据民国《大足县志》，此处应为"圆觉洞有怀"。
3　此"幽"字《大足石刻铭文录》录为"凶"。重庆大足石刻艺术博物馆编：《大足石刻铭文录》，重庆出版社1999年版，第236页。
4　此"纶"字《大足石刻铭文录》录为"伦"。同前引。
5　此"宿"字《大足石刻铭文录》录为"俗"。同前引书，第241页。

图 232　第 29 号窟甬道左壁晚期铭文编号图

04　宝顶圆觉洞发心买木命匠修

05　门以遮风雨施作庄严纳兹片

06　善于来生速赐子孙于今世永

07　承[1]宗祀继续宜门谨述

08　□□

09　正德十四年正月上元日吉示[29]

第8则

无涯妆严圆觉洞文殊像记，明隆庆元年（1567年）。刻于甬道右壁，刻石面高46厘米，宽32厘米。文左起，竖刻7行，存58字，楷体，字径3厘米（图版Ⅱ：204）。

01　普州安岳县长宁乡兴隆寺

02　什子正海号无涯施赟[2]妆严

03　文殊菩萨一尊祈愿

04　袈裟坚固道业日新法社

05　兴隆僧徒繁盛者

1　此处《大足石刻铭文录》多录一"孙"字。重庆大足石刻艺术博物馆编：《大足石刻铭文录》，重庆出版社1999年版，第253页。
2　此"赟"字《大足石刻铭文录》录为"资"。同前引。

图233　第29号窟甬道右壁晚期铭文编号图

06　丁卯年五月初□日书

07　悟善书[30]

第9则

陈重书七绝诗，明嘉靖三十六年（1557年）。刻于甬道右壁，刻石面高62厘米，宽58厘米。文左起，竖刻7行，存45字，楷体，字径5厘米[1]（图版Ⅱ：205）。

01　每爱灵山绝□□便

02　从悬洞俗怀开周身

03　似有天风绕□月全

04　无暑气来

05　嘉靖丁巳季秋[2]春朔日教

06　谕剑川我山陈重

07　监□□□□书刻[31]

第10则

彭世琏装彩圆觉洞像记，清道光四年（1824年）。刻于甬道右壁，刻石面高62厘米，宽50厘米。文左起，竖刻150字，字径4厘

1　本则铭文第1行中的湮灭字《大足石刻铭文录》有录写。重庆大足石刻艺术博物馆编：《大足石刻铭文录》，重庆出版社1999年版，第236页。
2　此"秋"字《大足石刻铭文录》录为"春"。同前引。

第五章　第24—32号　375

米[1]（图版Ⅱ：206）。

  修善植福非以邀名也既非邀名记
  亦可以不必爰是实录其行与事而垂之
  砥曰铜梁县安居乡凉水场住居
  装彩△△△信士彭世琏谭张氏男带升
  大佛三尊观音一尊狮王一尊孙贤举才曾孙盛元
  合室老幼俱发仁慈启橐内之锱铢装
  佛像之森严共计四尊并穿全金祈保家宅兴
  隆人物咸亨云集千祥骈臻百福矣勒之
  贞砥以志不朽云
  大清道光四年六月中浣吉旦立
  匠师唐安朋[32]

第11则

僧有久修装圆觉洞、万岁楼等处佛像记，清乾隆二十五年（1760年）。刻于甬道右壁，刻石面高100厘米，宽90厘米。文左起，竖刻10行，存171字，字径5厘米（图版Ⅱ：207）。

01 四川重庆府大足县米粮里宝鼎[2]山住持僧有久徒心超
02 本邑会首乡约黄成先邓大科穆源远龙文芬邓宗禹
03 同心募化修装圆觉洞满堂佛像立四柱塑金龙四条造
04 化钱炉一座洗妆[3]牛王菩萨及殿宇兼修山王庙圣像龙神共
05 四尊万岁阁修妆[4]普陀岩观音菩萨金童玉女功果告
06 毕刻石为记永垂万古
07 本山住持僧石传△监院觉舟
08 荣邑妆[5]修匠张可则徒吕太和刘光汉张永清
09 （漶）男黄昌宁
10 乾隆二十五年岁次庚辰仲夏月廿八日吉旦立[33]

第12则

佚名书"江风山月"题刻，明万历四十二年（1614年）。刻于窟外左壁石狮上方匾框内。匾心左起横刻"江风山月"4字，字高38厘米，宽30厘米；左右署款各1行，存7字，楷体，字径8厘米（图版Ⅱ：208）。

  江风山月
  万历[34]甲寅长□（左）
  （漶）性书（右）

---

1 本则铭文第4行、第5行书写不规整，现按文意录写。
2 此"鼎"字《大足石刻铭文录》录为"顶"。重庆大足石刻艺术博物馆编：《大足石刻铭文录》，重庆出版社1999年版，第256页。
3 此"妆"字《大足石刻铭文录》录为"装"。同前引。
4 此"妆"字《大足石刻铭文录》录为"装"。同前引。
5 此"妆"字《大足石刻铭文录》录为"装"。同前引。

（二）构筑

1. 窟外

1956年，为保护窟外左壁伏狮不受风雨侵蚀，在第30号龛顶上方的"牧牛亭"西端转角处建一座"半亭"木构建筑。

窟外左壁中部及左右侧各有纵向分布的方形凿孔一列，左右侧一列各3个，中部一列2个。孔洞左右对应，自上而下，逐渐变小；最大者高27厘米，宽8厘米，深14厘米，最小者高12厘米，宽6厘米，深10厘米。

在与窟外伏狮所在壁面成90°转角的左侧崖面存8个长方形凿孔，布列不规整。最大者高29厘米，宽16厘米，深24厘米；最小者高13厘米，宽11厘米，深11厘米。此外右侧中部崖面修整出长方形平面，高120厘米，宽42厘米，最深22厘米，下距地坪约236厘米；其中一个凿孔凿于其中。

2. 窟内

明正德十四年（1519年），黄朝夫妇买木命匠修本窟洞门，以遮风雨[1]。

清乾隆二十五年（1760年），僧有久等于窟内立四柱，塑金龙四条，造化钱炉一座[2]。现窟底中部左右各存纵向的二柱洞，呈方形布置。柱洞上下相距约260厘米，左右相距250厘米。柱洞呈方形，大小一致，边宽约40厘米，深1厘米。

1974年，治理圆觉洞浸水问题，以水泥堵塞洞顶岩石裂缝，清理洞顶右侧大明洪武年间修建的排水暗沟，并设探井一眼[3]。1982年再次对洞顶进行防渗处理。

1986年，对甬道顶部破碎岩石进行加固，以两根钢筋混凝土横梁支护岩石。

1998年，根据病害情况，综合治理圆觉洞，工程内容包括：窟顶地表防渗；加固修缮岩体构造裂隙；清理疏通窟内排水系统；洞窟采光口平台地表水治理；洞窟下岩体加固保护，在岩体空腔内浇筑支撑柱和连系梁。

窟左壁下部案台台面中前部存两个圆形孔洞，竖直相距144厘米。孔洞大小相近，直径25厘米，深2厘米。右壁案台台面被水泥涂抹平整，估计先前亦对应存留此孔洞。

窟底东、南、西侧边缘与龛壁相接处均凿建排水浅沟，连贯一体。沟宽约8—14厘米，深约4—9厘米。其中，西侧浅沟以石板封盖，东侧、南侧浅沟存粗大的斜向凿痕。

窟甬道左右壁中部纵向对应布置一列五个方孔，自壁面顶端至地坪。对应方孔大小一致，自上而下，第1方孔高22厘米，宽11厘米，深9厘米；第2方孔高22厘米，宽13厘米，深5厘米；第3方孔高24厘米，宽10厘米，深9厘米；第4方孔高14厘米，宽7.5厘米，深12厘米；第5方孔高22厘米，宽9厘米，深11厘米。

窟甬道左右壁下部近地坪处，各水平对应凿刻两个方孔。方孔水平相距约44厘米，大小皆一致，高36厘米，宽7厘米，深9厘米。

窟甬道右壁上部存二方孔，上下布置，竖直相距约40厘米。上孔高12厘米，宽15厘米，深14厘米；下孔高11厘米，宽7厘米，深7厘米。

（三）妆绘

1. 窟外

清道光四年（1824年），信士彭世珽装窟外狮王一尊[4]。

壁面存灰白色和少许黑色涂层。

伏狮存红色、灰白色、黑色、蓝色涂层，局部剥落。

2. 窟内

明代，遂宁县安仁里信士涂永明等妆彩毗卢佛左边二尊和右边大佛、文殊菩萨像[5]。

---

1 《黄朝趣培修圆觉洞记》，见本册第373—374页。另见重庆大足石刻艺术博物馆编：《大足石刻铭文录》，重庆出版社1999年版，第253页。
2 《僧有久修装圆觉洞、万岁楼等处佛像记》，见本册第376页；另见重庆大足石刻艺术博物馆编：《大足石刻铭文录》，重庆出版社1999年版，第256页。
3 邓之金：《大足石刻维修工程四十年回顾》，重庆大足石刻艺术博物馆编：《大足石刻研究文集》（2），重庆出版社1997年版，第575页。
4 《彭世珽妆彩圆觉洞像记》，见本册第375—376页；另见重庆大足石刻艺术博物馆编：《大足石刻铭文录》，重庆出版社1999年版，第256—257页。
5 《涂永明妆銮圆觉洞像记》，见本册第372页；另见重庆大足石刻艺术博物馆编：《大足石刻铭文录》，重庆出版社1999年版，第255页。

明嘉靖三十二年（1553年），僧觉寿同徒妆本龛正壁三尊大佛[1]。

明隆庆元年（1567年），僧无涯妆严圆觉洞文殊菩萨像[2]。

清乾隆二十五年（1760年），僧有久等修装圆觉洞满堂佛像[3]。

清道光四年（1824年），信士彭世珽装窟正壁大佛三尊，观音一尊[4]。

窟壁山石存灰白色、红色涂层，云纹存灰白色、蓝色、黑色、绿色等四种涂层，颜色较为明艳。仿木方案存红色和黑色涂料。

造像保存灰白色、红色、蓝色、绿色、黄色、黑色等六种涂层。正壁三主尊佛像面、胸存少许金箔。左右壁菩萨胸部及璎珞贴金。

第七节　第30号

一　位置

位于大佛湾南崖西段最右侧。左侧与第29号窟窟口甬道右壁连接，分界不明；右与大佛湾南崖中段凹陷处的"Z"字形梯道相接；上方为牧牛亭建筑；下与现今参观地坪垂直相接。

龛口北向[5]。

二　形制

于自然崖壁向内凿建而成，不具龛制（图234、图235、图236；图版Ⅰ：373、图版Ⅰ：374、图版Ⅰ：375）。造像幅面呈横长方形，顺崖壁走势曲折延展，左右最宽约3030厘米，上下最高约500厘米。幅面右前端崖体被切凿，形成平整断面；幅面左后端与第29号窟甬道右壁衔接，分界不明；幅面上部崖壁向内倾斜，延至崖顶；幅面下部崖体毁，现以条石叠砌加固，并与现今地坪垂直相接。

三　造像

共浮雕造像12组。从右至左，沿壁面走势横向排列。各组间无明显分界，也有将两组合刻为一组。其中，右侧10组皆主要刻一水牛一牧人，计十水牛十牧人；左侧2组分刻一身卷发人坐像和一轮圆月，未见牛和牧人像。各组皆于就近位置刻对应铭文1则。幅面空隙处另浮雕山石、云纹、流水和仰莲台、莲叶等图像作背景。

从右（东）至左（西），将造像编为第1—12组，其对应铭文未作编号，随文记录（图237）。

第1组

刻一牧人一水牛，牧人立于水牛身后（图238-1；图版Ⅰ：376）。

牧人像　立高139厘米，头长27厘米，肩宽32厘米，胸厚20厘米。头戴圆帽，略残。面长圆，略蚀，仅辨双目圆睁。着圆领窄袖短衫，下摆至膝，腰束带，下着裤，缚腿。双手前伸拉拽牛绳，作奋力后拽状。赤足，呈"八"字形站立于山石台上。其足下约30厘米处浮雕一带茎双重仰莲，残损较重，高17厘米，最宽38厘米；莲蕊凿一圆形凹面，直径27厘米，深9厘米。仰莲向右倾斜，其下另刻一舒张的莲叶。

水牛　刻于右前侧，身长171厘米，高92厘米。头蚀，左侧牛角残损，其残损处凿二圆孔。身壮硕，四腿呈圆柱状，蹄残损，尾

1　《觉寿妆銮培修记》，见本册第371—372页；另见重庆大足石刻艺术博物馆编：《大足石刻铭文录》，重庆出版社1999年版，第254页。
2　《无涯妆严圆觉洞文殊像记》，见本册第374—375页；另见重庆大足石刻艺术博物馆编：《大足石刻铭文录》，重庆出版社1999年版，第253页。
3　《僧有久修装圆觉洞、万岁楼等处佛像记》，见本册第376页；另见重庆大足石刻艺术博物馆编：《大足石刻铭文录》，重庆出版社1999年版，第256页。
4　《彭世珽装彩圆觉洞像记》，见本册第375—376页；另见重庆大足石刻艺术博物馆编：《大足石刻铭文录》，重庆出版社1999年版，第256—257页。
5　因本龛不具龛制，造像壁面起伏曲折，任何具体、局部的壁面方向皆不能代表龛口方向，故本龛龛口方向只能选择整体壁面的朝向。

微扬。鼻系绳，绳残，似紧绷贴于牛身，攥于牧人手中。昂首犟颈，与牧人作相持状。

水牛头部前侧转折壁面的左侧，即崖壁右前端东向壁面的边缘凿一方形平整面，高54厘米，宽40厘米。内刻铭文1则。文左起，竖刻4行28字，楷体，字径7厘米（图版Ⅱ：209）。

01　突出栏中不奈何

02　若无绳缕总由他

03　力争牵尚不回首

04　只么因循放者多

第2组

刻一牧人一水牛，牧人立于水牛身后左前侧（图238-2；图版Ⅰ：377）。

牧人像　立于牛尾左前侧，通高113厘米，头长22厘米，肩宽24厘米，胸厚17厘米。头刻齐耳短发，面长圆，侧首注视牛头，双眉紧皱，作张口怒喝状。背负圆形斗笠，着窄袖短褚，下着长裤。左手前伸，紧攥牛绳，作奋力后拉状；右手高举短鞭，作抽打状。后背向外，赤足站立。其身右侧浮雕一株植物，茎直立，高40厘米。

水牛　身部分掩于山石后，高97厘米，身长140厘米。头残，可辨转颈回顾，牛唇歪斜。右侧牛角毁，残毁处凿一椭圆形孔洞，最宽6厘米，深7厘米。两前腿直立，身健，尾顺腚下垂。鼻拴绳，回首，作倔犟状，与牧人相持。

牧人上方凿一外凸的方形平整面，高34厘米，宽47厘米，外凸壁面约2厘米。内刻铭文1则。文左起，竖刻4行，存4字，楷体，字径4厘米。（图版Ⅱ：210）

01　头角往□□□□

02　□时□□□□□

03　□□□□□□□

04　□□□□□□□

第3组

刻一牧人一水牛，牧人立于水牛右前侧（图239-1；图版Ⅰ：378）。

牧人像　立高116厘米，头长22厘米，肩宽25厘米，胸厚16厘米。头挽高髻，面方，双目平视，口微张。着对襟窄袖短褚，于胸前打结，下着犊鼻裈。左手握鞭高举，作抽打状；右手抓握牛绳。牛绳曲软坠地。身略左侧，赤足站立。其身后刻五根细竹，枝干修长，向左右弯曲呈扇形伸展，枝叶繁茂。枝丛左右各刻一鸟，身长约37厘米。头皆残，两翅收敛，长尾后翘。

水牛　头、身大部残，残高78厘米，身长162厘米。颈部残毁处凿一较大的五边形孔洞，边长约9厘米，深13厘米；身残毁斜面平整，存12个较小的圆孔，直径约5厘米，深约8.5厘米。身健壮，两前腿前伸，两后腿蹬地，尾扬起，似自山中俯冲而下。

牧人左手前侧凿一外凸的方形平整面，高33厘米，宽40厘米，外凸约3厘米。内刻铭文1则。文左起，竖刻4行28字，楷体，字径5厘米（图版Ⅱ：211）。

01　芳草绵绵信自由

02　不牵终[1]是不回[35]头

03　虽然暂似知人意

04　放去依前不易收

1　此"终"字《大足石刻铭文录》录为"总"。重庆大足石刻艺术博物馆编：《大足石刻铭文录》，重庆出版社1999年版，第147页。

图 234　第 30 号龛立面展开图

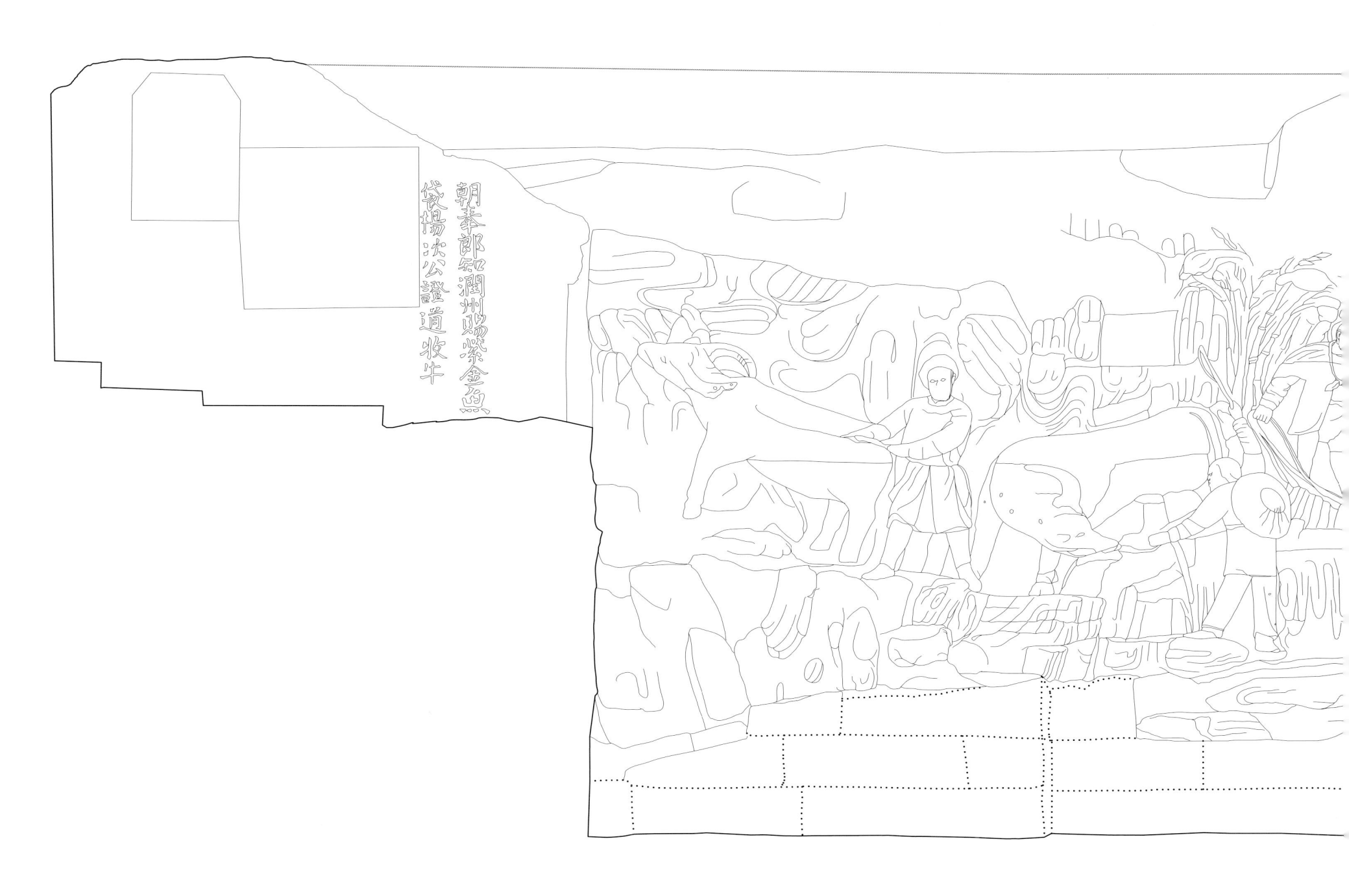

朝奉郎知潤州賜紫金魚
袋楊次公證道牧牛

明月光无尽万象空
圆觉妄枯情古今
了此心更有何物
若问且丰端的意
人本不见否无涯
时把苍苔自点。

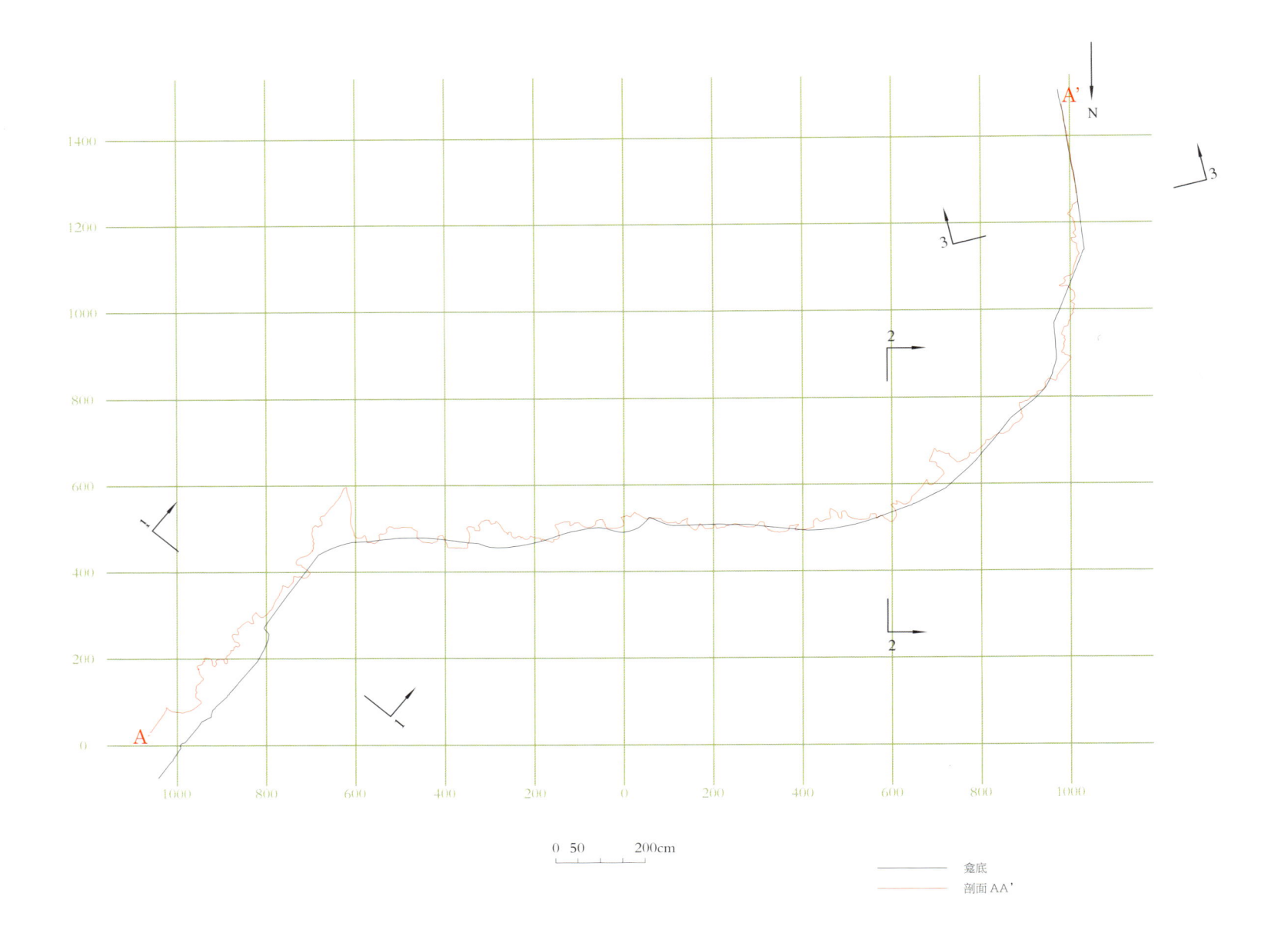

图 235　第 30 号龛平面图

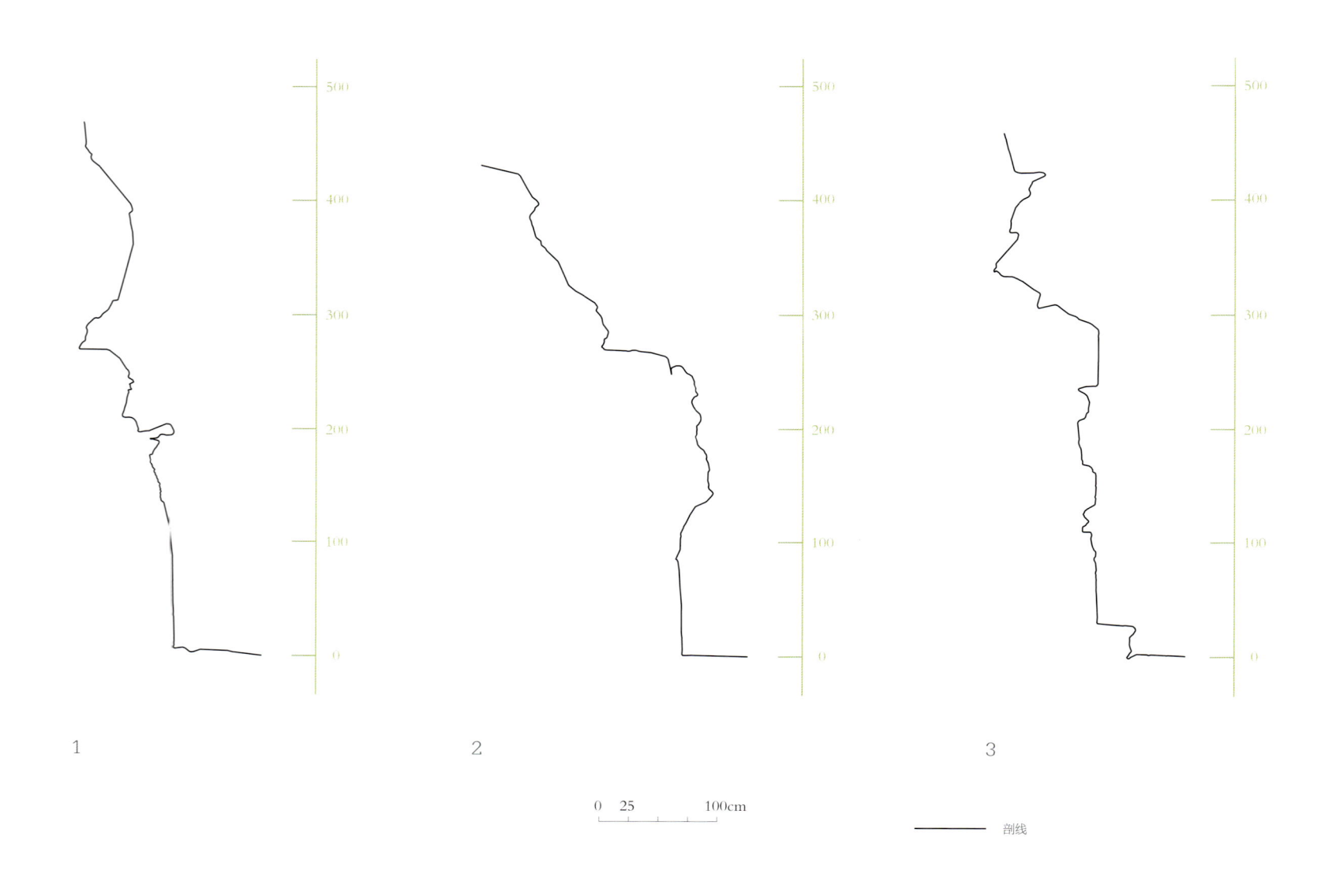

图 236　第 30 号龛剖面图
1　剖线 1　2　剖线 2　3　剖线 3

第4组

刻一牧人一水牛，牧人立于牛头左前下方（图239-2；图版Ⅰ：379）。

牧人像 立高128厘米。头戴斗笠，斗笠直径45厘米，遮盖牧人头部。背负圆形竹笼，笼高12厘米，直径18厘米。着窄袖短褂，下着长裤。左手上抬，扶斗沿；右手身前握绳，绳曲软下垂。赤足，左腿屈膝上抬，踏山石；右腿直立。面内背外，侧身作登山状。

水牛 头左尾右，通高84厘米，身长135厘米。牛头略右转，嘴残，残毁处凿一圆孔，直径3.5厘米，深约5厘米。双眼圆睁，耳上竖。双角弯曲，部分残，残毁处各凿一圆孔，直径皆约3厘米，深4厘米。背平身圆，显露右侧直立的双腿。其身后右上角刻一下山猛虎，高22厘米，身长69厘米。头残，颈存圆形凿孔，前爪直伸，虎尾倒竖，作俯冲状。

水牛后背上方凿一方形平整面，外凸壁面2厘米，高34厘米，宽39厘米。内刻铭文1则。文左起，竖刻4行，存24字，楷体，字径5厘米（图版Ⅱ：212）。

01　牵回只似不同群
02　放去犹疑性未□
03　取放未能忘鼻索
04　□〔放〕□□放者空[36]

第5组

刻一牧人一水牛，牧人坐于水牛左侧石台，与第6组牧人作并肩耳语状（图240；图版Ⅰ：380）。

牧人像 坐高76厘米，头长21厘米，肩宽25厘米，胸厚20厘米。头刻短发，披垂至颈。面方圆，略左转，双目平视，咧嘴作谈笑状。着交领窄袖长服，腰束带。左臂攀搭第6组牧人左肩；右手置胸前，握持牛绳，牛绳曲软。左足残，交足坐于石台上。

水牛 头左尾右，后半身隐于山石后，显露高93厘米，身长163厘米。牛头略侧转，口微张，瞪眼竖耳，作聆听状。右侧牛角略残。鼻穿绳，绳自然下垂，握于牧人手中。两前腿略作叉立状。

水牛身前下方凿一方形平整面，高36厘米，宽34厘米。内刻铭文1则。文左起，竖刻4行，存24字，楷体，字径4厘米（图版Ⅱ：213）。

01　放去收来只自由
02　鼻头绳芯〔亦当〕□
03　虽然立〔意〕□□□
04　步步由〔自〕不放伊

第6组

刻一牧人一水牛，牧人居右，刻于水牛身后，与第5组牧人作并肩耳语状（图240；图版Ⅰ：380）。

牧人像 坐高70厘米，头长21厘米，肩宽24厘米，胸厚16厘米。头刻齐耳短发，向左侧面，面方圆，眉目弯曲，张口大笑，舌尖翘起。着交领窄袖长服，腰束带。左手握牛绳置膝上；右手前伸，攀搭于第5组牧人右肩。垂左腿，盘右腿，侧身向右，与第5组牧人并肩坐于同一石台上。

水牛 头左尾右，高68厘米，身长192厘米。牛嘴残，残毁处凿一方孔，边宽3厘米，深约5厘米。瞪眼，双耳上竖，牛角弯曲。身健，牛尾曲于腚右侧。牛绳细长，顺颈绕身，握于牧人手中。屈腿，侧身向左跪伏于地，垂头作饮水状。其牛头左前侧刻一股泉水，自山石间流出。

牛身前侧下方凿一方形平整面，高36厘米，宽36厘米。内刻铭文1则。文左起，竖刻4行，存23字，楷体，字径5厘米（图版Ⅱ：214）。

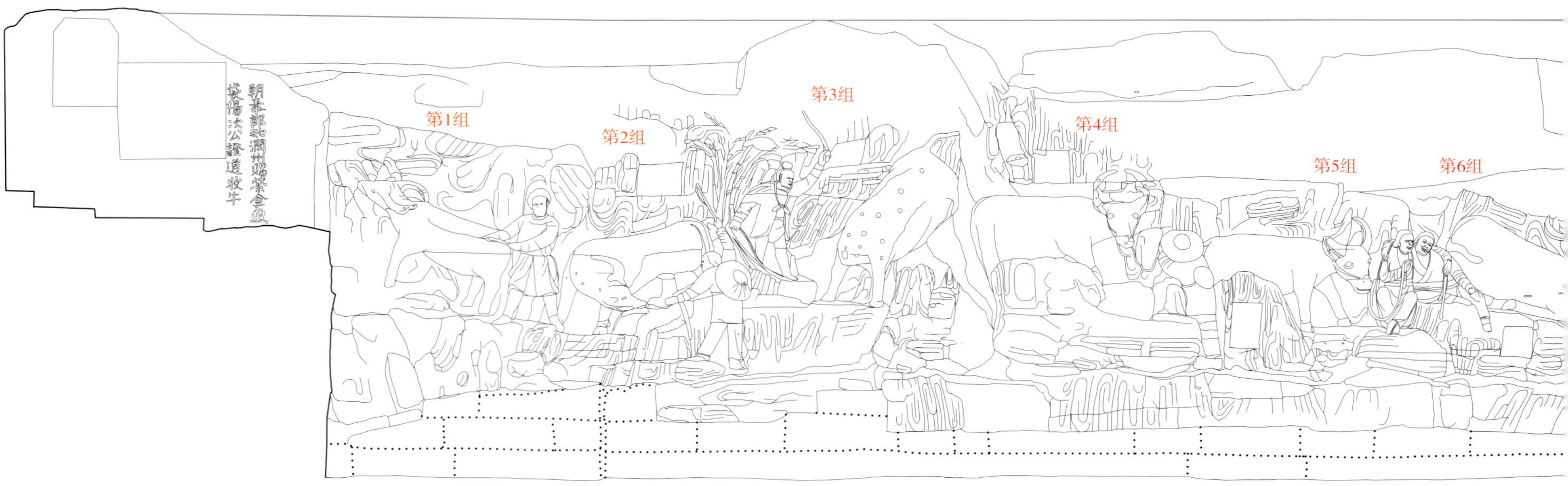

图 237　第 30 号龛造像分组示意图

01　放来□似会人〔言〕

02　□□□侵更〔可〕怜

03　坐看□绿全不顾

04　由有绳缚虑狂颠[37]

第7组

刻一牧人一水牛，牧人立于牛身左前下方（图241；图版Ⅰ：381）。

牧人像　立高97厘米，头长15厘米，肩宽30厘米，胸厚17厘米。头挽双髻，面圆，双目微睁，粗鼻阔嘴，面带微笑。上着对襟短袖衫，腰束带，下着裙，裙腰外翻。左手持牛绳垂于体侧，牛绳曲绕呈圆环形，端头下垂及地；右手屈肘于体侧，伸食指作指点状。足略残，侧身向右而立。

水牛　头、颈毁，残存身长136厘米，高97厘米。颈部残毁处凿六个不规整的方孔，大小不一，最大者边宽4.5厘米，深5厘米。两前腿直立，身部分隐于山石之后。头右尾左，侧身站立。

牧人右手上方凿一方形平整面，高43厘米，宽36厘米。内刻铭文1则。文左起，竖刻4行，存25字，楷体，字径4厘米（图版Ⅱ：215）。

01　牛□□□〔鼻无〕绳

02　水草由来性自任

03　涧下岩前〔无定止〕

04　朝昏不免要人寻

384　大足石刻全集　第七卷（上册）

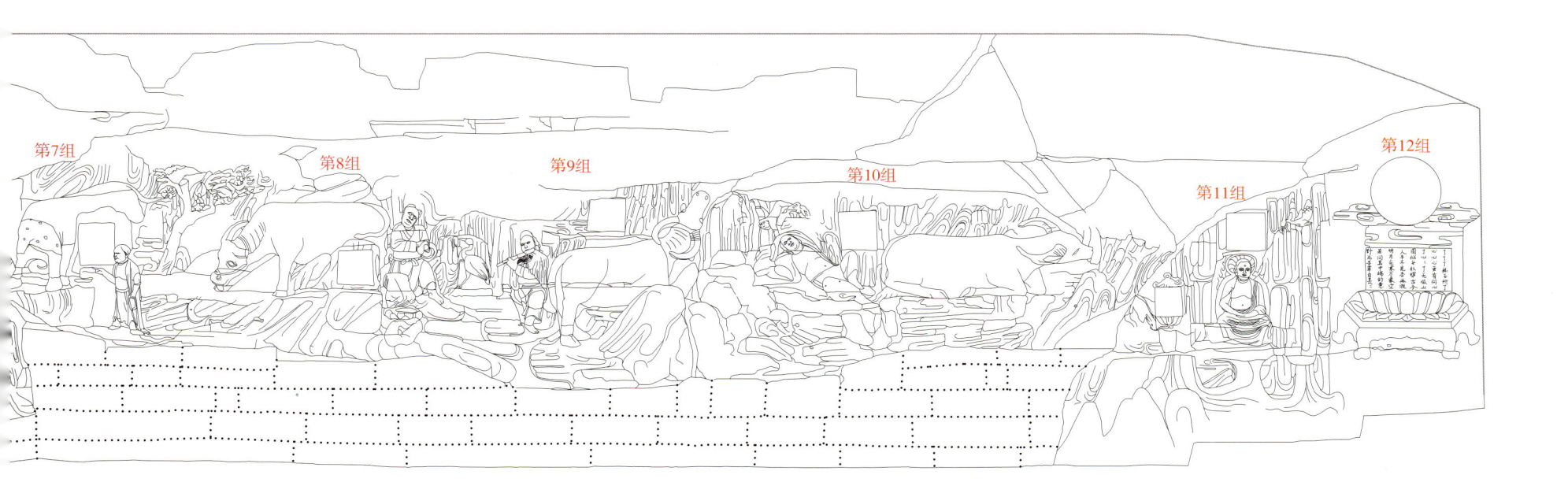

第8组

刻一牧人一水牛，牧人居左，刻于牛身后侧（图242；图版Ⅰ：382）。

牧人像　坐高83厘米，头长25厘米，肩宽33厘米，胸厚16厘米。头挽双髻，偏头侧颈。面长圆，双目圆睁，紧抿双唇，神情专注，似倾听第9组牧人笛声。着交领窄袖长服，腰束带打结，下着长裤。左手笼袖内，屈肘前伸，右手横过胸前，覆于左手之上，作击节状。左腿屈膝前伸，右腿隐山石后，坐于石台上。其身前山石下方刻一双重仰莲和一莲叶。仰莲高10厘米，最宽34厘米；莲蕊凿出圆形凹面，直径23厘米，深约3厘米。

牧人左侧刻一鹤，高55厘米。尖喙，曲颈细长，敛两翅，尾羽下垂。腿细长，左腿前伸，右腿残，似侧身向右作跳跃状。

水牛　头右尾左，身长180厘米，高101厘米。牛垂头伸颈，吐舌舔蹄。牛鼻穿绳，绳盘绕于后颈。双目大睁，左侧牛角残。身健壮，部分隐于山石后。牛尾贴于身侧。右前腿前伸，左前腿直立，向右站立。牛头前侧刻树一株，通高约107厘米。树干弯曲，枝叶繁茂。树中刻二鸟，左侧鸟身长18厘米，双翅展开，低头啄食；右侧鸟身长25厘米，头残，敛两翅，尾上翘，向外而立。

牧人右前侧凿一方形平整面，高39厘米，宽38厘米。内刻铭文1则。文左起，竖刻4行，存27字，楷体，字径4厘米（图版Ⅱ：216）。

01　万象忘机无所得

02　牛身全白尾由黑

03　〔比〕霞千顷[1]〔故〕其中

1　此"顷"字《大足石刻铭文录》录为"颂"。重庆大足石刻艺术博物馆编：《大足石刻铭文录》，重庆出版社1999年版，第167页。

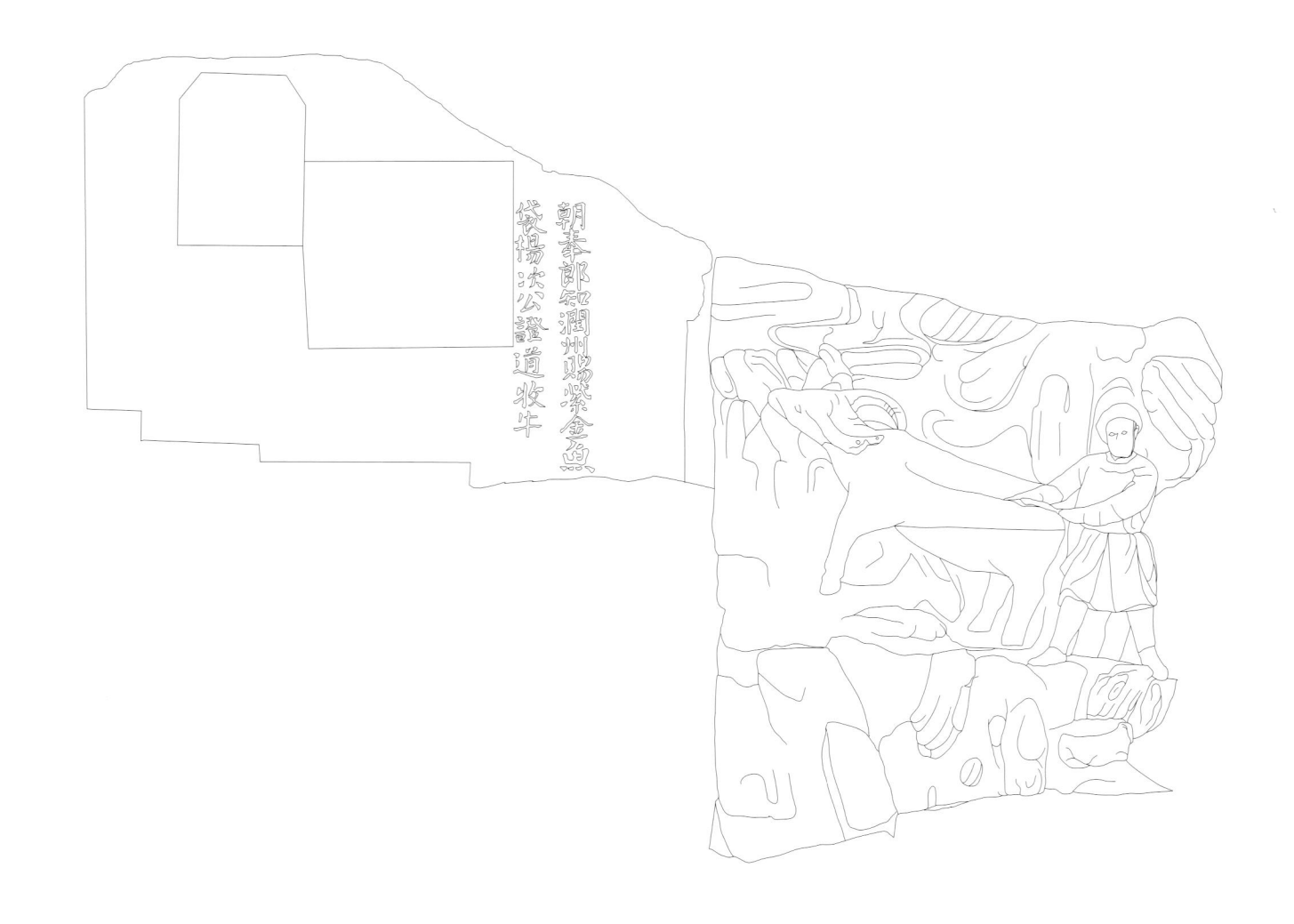

图 238　第 30 号龛第 1 组造像展开和第 2 组造像立面图
1　第 1 组　2　第 2 组

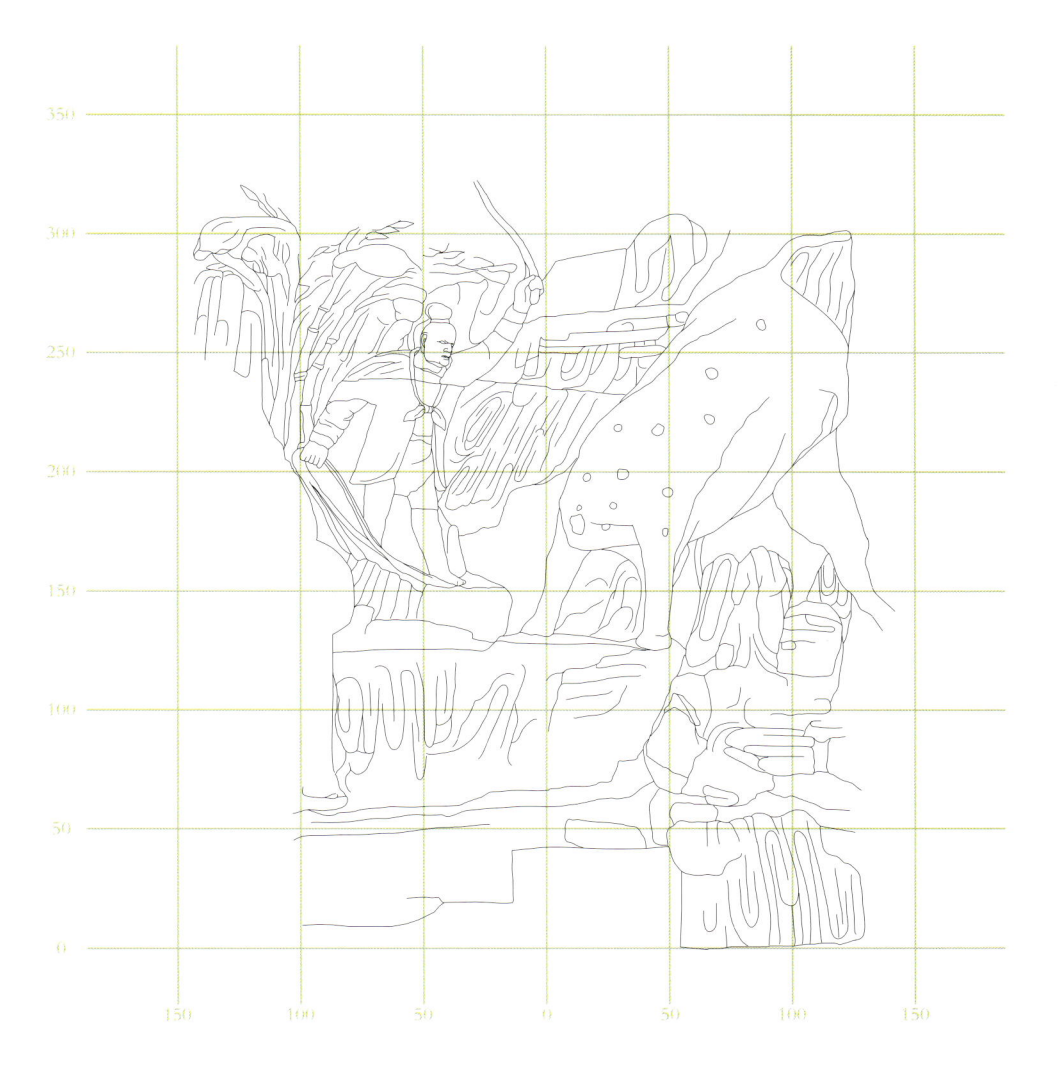

图 239　第 30 号龛第 3、4 组造像立面图
1　第 3 组　2　第 4 组

图 240 第 30 号龛第 5、6 组造像立面图

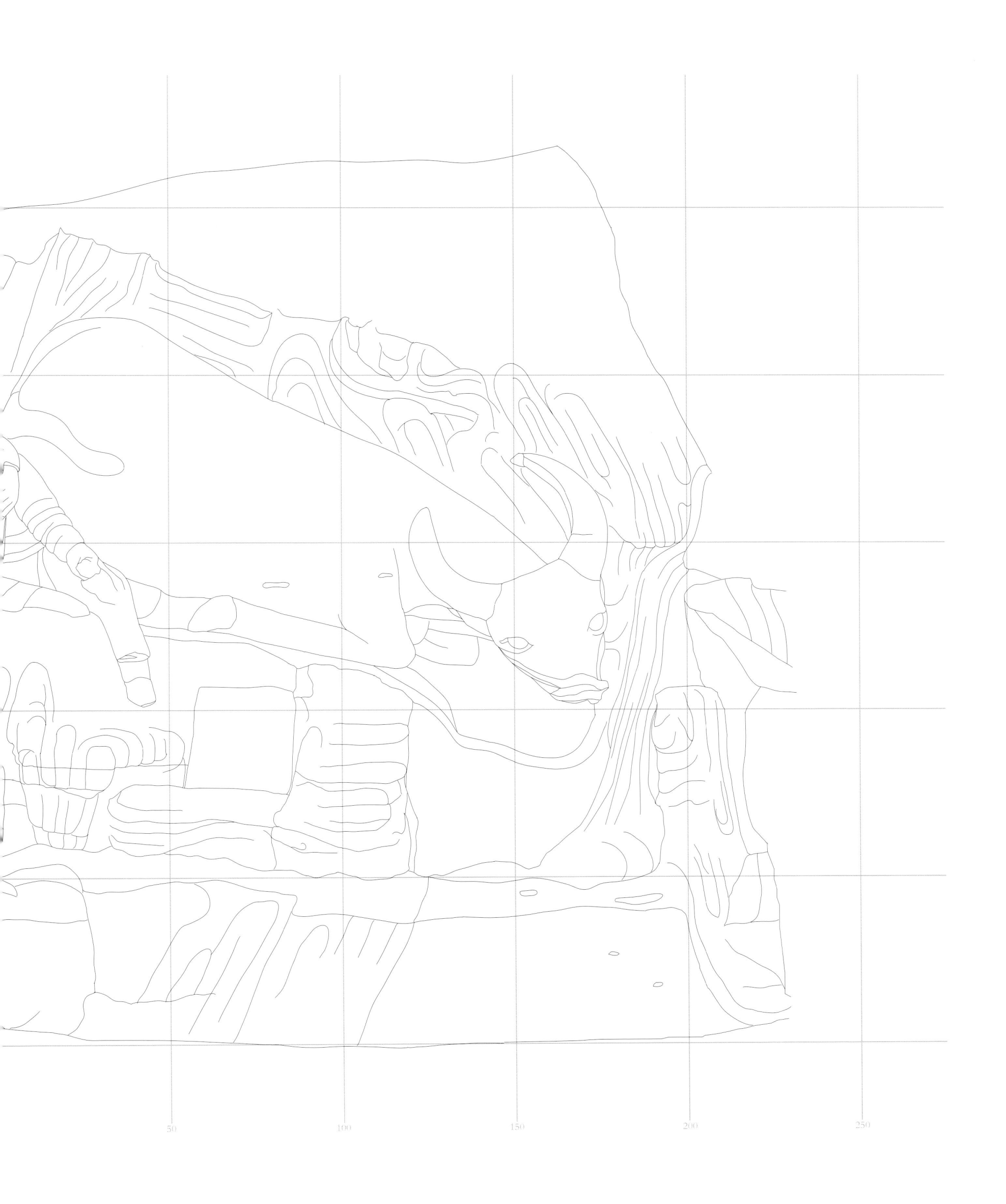

图 241　第 30 号龛第 7 组造像立面图

04　□坐孤岩谁取则[38]

第9组

刻一牧人一水牛，牧人居右，与水牛背身相对（图242；图版Ⅰ：383）。

牧人像　坐高75厘米，头长25厘米，肩宽27厘米，胸厚18厘米。头挽高髻，面方，双目上视，颧骨微突，脸颊凹陷，下颌刻长须垂至胸前。着窄袖长服，外披蓑衣，腰束带，下着长裤。双手横持一笛，侧头作吹奏状。垂左腿，拱右腿，赤足坐于石台上。

水牛　仰颈作饮水状，身长180厘米，高104厘米。鼻未穿绳，身健硕，四腿直立，尾自然下垂。其身前左侧凿一排水沟，自岩顶而下，直至下方砌筑的条石。沟全长约380厘米，最宽20厘米，最深约20厘米。

牛身上方凿一略微外凸的方形平整面，高42厘米，宽46厘米。内刻铭文1则。文左起，竖刻4行28字，楷体，字径7厘米（图版Ⅱ：217）。

01　全身不观鼻嘹天
02　放者无拘坐石巅
03　任是雪山香细草
04　由疑不食向人前

第10组

刻一牧人一水牛,牧人居右,刻于牛尾后侧(图243;图版Ⅰ:384)。

牧人像　身长110厘米,头长18厘米,肩宽20厘米,胸厚17厘米(图244)。头挽双髻,面圆,双目紧闭,抿唇含笑。着对襟窄袖短衫,袒露胸腹,腰束带,下着长裤。左手隐袖内,上举抱于头后,右手屈肘枕于后脑。左腿屈膝踏山石,右腿残,似前伸。赤足,仰面斜躺于山石上。右腿残毁处凿四个小方孔,呈方形布置,孔边宽约1厘米,深约1厘米。牧人身后刻一树,树干粗大,通高约58厘米。树干分杈,枝叶伸展。树杈间刻俯身下探的一猴,身长39厘米。头微仰,双目圆睁,鼻孔外翻,前吻突出。后肢挂树枝上,左前肢下伸作抓扯牧人衣袖状。

水牛　头左尾右,身长215厘米,高66厘米。抬头伸颈,牛角、牛嘴残,双目前视,似作饮水状。鼻未穿绳,身健,四肢踡曲,尾下垂,向左跪伏于地。牛头前侧山石间刻一斜向流淌的水流。

牧人左上方凿刻一方形平整面,高44厘米,宽40厘米。内刻铭文1则。文左起,竖刻4行,存26字,楷体,字径5厘米(图版Ⅱ:218)。

01　高卧烟霞绳放收
02　牧童闲坐况无忧
03　欲[39]寻古〔尊〕□踪□
04　去住人间得自由

第11组

刻卷发人坐像1身(图245-1;图版Ⅰ:385)。

卷发人像　坐高77厘米,头长26厘米,肩宽41厘米,胸厚17厘米。浅浮雕圆形头光和椭圆形身光,后世彩画放射状的毫光。头光直径46厘米,厚约1厘米。身光最宽54厘米,厚约1厘米。头刻齐耳卷发,面长圆,刻白毫,双目微睁,直鼻,微抿双唇,耳垂肥大。颈刻三道肉褶线。上着偏衫式袈裟,下着裙,袈裟和裙摆垂搭台前。双手仰掌,交叠腹前,结跏趺坐于石台上。坐像所处壁面内凹,四周饰刻山石。

坐像左上方刻一孔雀,身长约35厘米。头顶刻尖桃形冠宇,喙衔花卉一枝,长颈,双翅展开,尾羽修长蓬松,向右下方作飞翔状。

坐像头顶上方凿一方形平整面,高44厘米,宽44厘米。内刻铭文1则。文左起,竖刻4行28字,楷体,字径5厘米(图版Ⅱ:219)。

01　无牛人自镇安闲
02　无住无依性自宽
03　只此分明谁是侣
04　寒山竹绿与岩泉[40]

此外,在卷发人坐像右侧刻一鹿,显露前半身,身长54厘米,高41厘米。头略左侧,顶刻双角,双耳上竖,圆身细腿,腿部分残。头前伸,口衔一带茎仰莲和一闭合莲叶。仰莲高13厘米,最宽35厘米,上置一方碑,碑顶覆一倒扣的莲叶。莲叶边缘卷曲,顶刻一宝珠,放出尖桃形光芒。方碑高35厘米,宽35厘米。内刻铭文1则。文左起,竖刻4行20字,楷体,字径5厘米(图版Ⅱ:220)。

01　假使热[41]铁轮

图 242　第 30 号龛第 8、9 组造像立面图

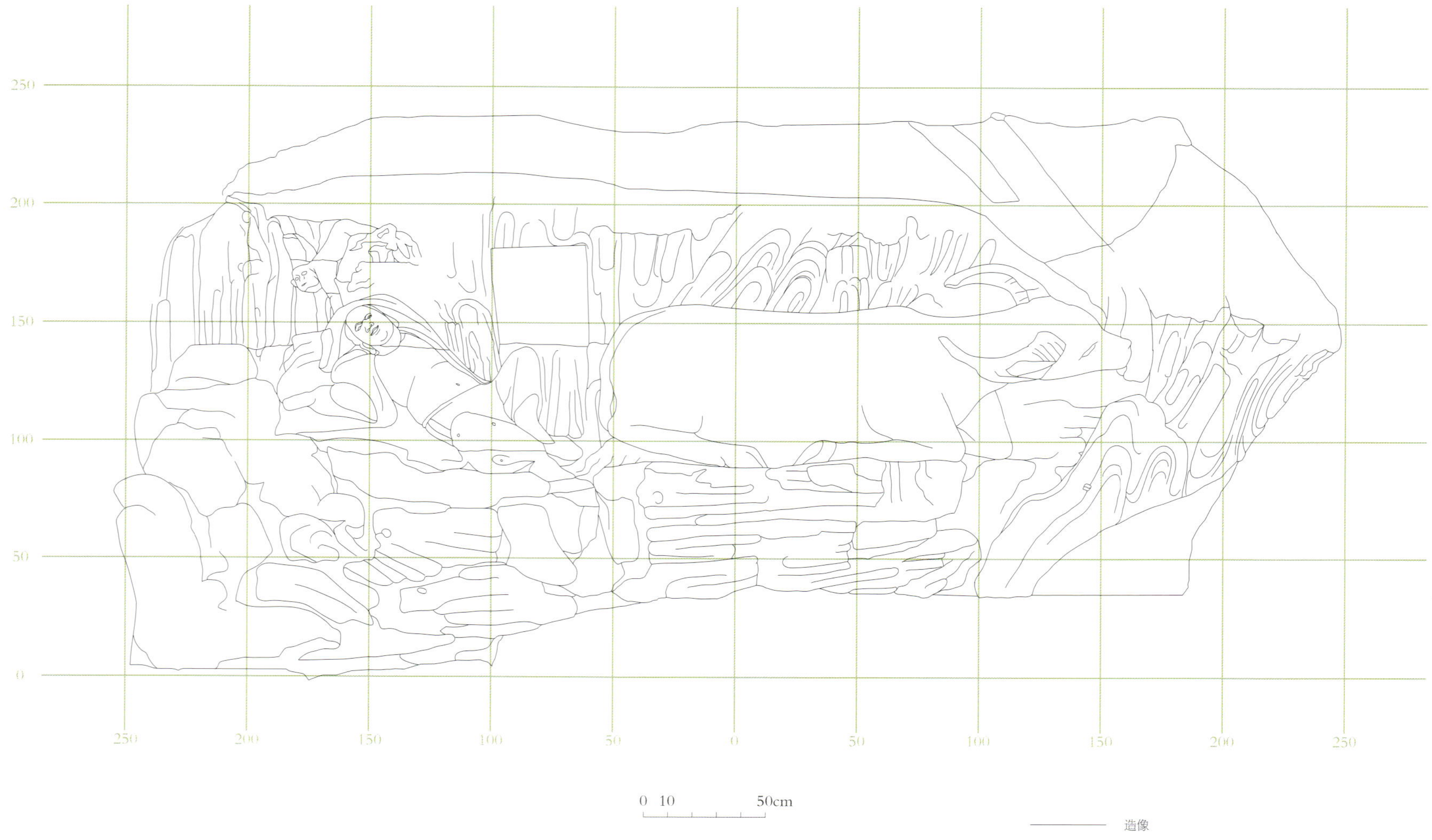

图243　第30号龛第10组造像立面图

02　于我顶上旋

03　终不以此苦

04　退失菩萨心

此鹿下方残存一香炉图像，炉身大部毁，残高28厘米，最宽45厘米。可辨正面双足和左耳（图版Ⅰ：385）。

第12组

壁面自下而上依次竖刻方案、仰莲、方碑和圆月等图像（图245-2；图版Ⅰ：386）。

壁面底部刻一案台，平面呈六边形，正面宽105厘米，高26厘米；显露外侧三面。案足外卷，足间饰壸门。案上刻一双重仰莲，通高36厘米，最宽131厘米。仰莲上承一方碑，碑高53厘米，宽100厘米。碑身右侧边缘被邻碑打破，凿毁少许。碑身左外侧后世凿出两道纵向的凿痕。碑内刻铭文1则。碑上缘浮雕上升的弥漫状云纹，云纹内刻一轮圆月。云纹左右边缘亦被后世凿毁。圆月直径83厘米，外凸壁面约2厘米。

碑文左起，竖刻8行56字，楷体，字径7厘米（图版Ⅱ：221）。

01　了了了无无所了

02　心心心更有何心

03　了心心了无依止

04　圆照无私耀古今

图 244　第 30 号龛第 10 组牧人像效果图

05　人牛不见杳无踪
06　明月光寒万象空
07　若问其中端的意
08　野花芳草自丛丛[42]

四　铭文

杨次公证道牧牛颂题刻，南宋淳熙至淳祐年间（1174—1252年）。刻于龛外右前端所凿断面左侧。刻石面高163厘米，宽43厘米。文左起，竖刻2行19字，楷体，字径14厘米（图版Ⅱ：222）。

01　朝奉郎知润州赐紫金鱼
02　袋杨次公证道牧牛颂

五　晚期遗迹

（一）铭文

5则。

图245 第30号龛第11、12组造像立面图
1 第11组 2 第12组

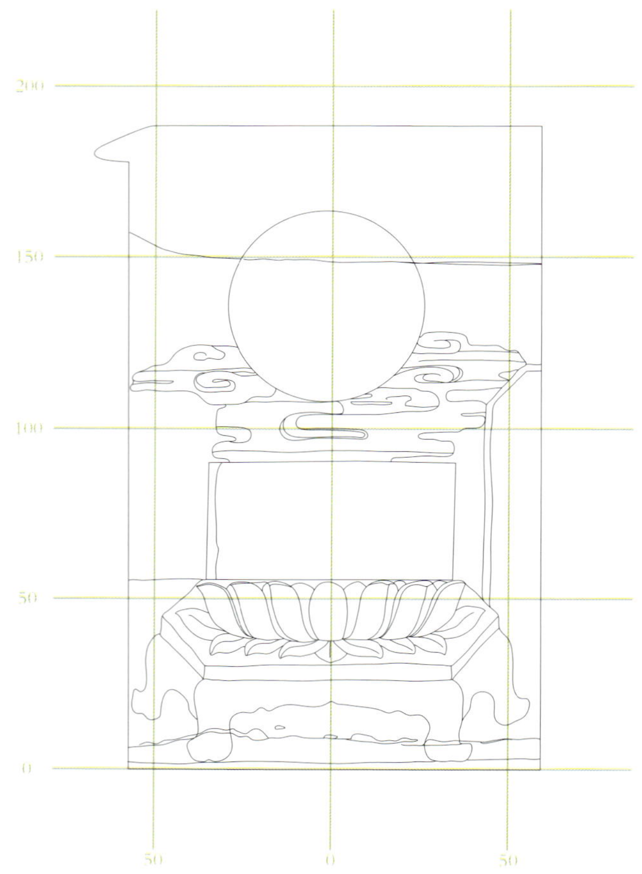

第1则

姜秋舫游记，民国六年（1917年）。刻于龛外右前端所凿断面中部。碑高99厘米，宽110厘米，下距地坪约78厘米。文左起，竖刻20行394字，楷体，字径4厘米（图版Ⅱ：223）。

01　时维仲春月属上浣欲观流水去访桃源何如走宝
02　顶参妙玄俺曾游蓬莱饮宴海岛升丹均不遂俺愿
03　亦不足俺观惟足邑西南有一宝顶名山山势崔巍
04　庙貌灿然溯自宋之熙宁时梅福解印挂冠初游青
05　城访道峨眉参禅继则云游此地果证功圆悲阎浮
06　之众生亿万不了然修真养性返本还原特绘图于
07　兹将仙佛毕塑道法俱传请看那川主降龙下手功
08　夫既指点复瞧他慧灯朗照还好高枕而眠燃灯佛
09　睡摩佛于焉登览气象万千银河中牛女出现玉璧[1]
10　上圣神庄严水流佛国佛居岩间欲求仙佛欲会孽
11　冤跳下几步坎坎看尔所往那边两条大路随人去
12　钻三乘妙谛由人去谙所塑神像至道存焉嗟夫嗟
13　夫邻封诸国之人无不踏遍焚些香烟尽都是些肉
14　眼莫有几人知其详端俺特明明题现略略说穿若
15　不信请拿大乘报恩经看究竟那句未绘满那段未
16　塑完且翻黄庭道德两经卷皆形容于佛塆[2]惟望众
17　生仿此修炼可以希圣可以希贤可以成佛可以成
18　仙也不枉梅福度世立愿传出此金丹
19　武英首相谭大金仙撰三官堂从善坛承首等刻
20　民国六年丁巳二月上浣渭水后裔秋舫姜至彰书[43]

第2则

《永垂不朽》碑，清。紧邻第1则晚期铭文右侧。碑高90厘米，宽67厘米，深6厘米。右距壁面转折边缘51厘米，下距地坪约113厘米。其碑身左右上角抹角。碑额横刻"永垂不朽"4字，字径7厘米。碑文左起竖刻13行，楷体，字径2.5厘米，皆功德主名，略（图版Ⅱ：224）。

　　永垂不朽（额）
　　（第1—13行为功德主名，略）

第3则

妆牛王菩萨金身残记，清。刻于第11、12组造像之间的壁面中上部。刻石面高84厘米，宽49厘米。依稀可辨上部横刻"妆牛王菩萨金身"7字，字径3厘米；下部可辨左起竖刻14行，为出资人名，文部分漶蚀（图版Ⅱ：225）。

　　妆牛王菩萨金身（额）
　　（第1—14行为出资人名，略）

1　此"璧"字《大足石刻铭文录》录为"壁"。重庆大足石刻艺术博物馆编：《大足石刻铭文录》，重庆出版社1999年版，第243页。
2　此"塆"字《大足石刻铭文录》录为"湾"。同前引。

第4则

杜宏章妆彩牧牛图像记，清道光二十八年（1848年）。刻于第11、12组造像壁面之间左下方。刻石面高25厘米，宽13厘米。文左起，竖刻书5行40字，楷体，字径2厘米（图版Ⅱ：226）。

01　信士杜宏章同缘蒋氏男
02　住盛庄[1]彩
03　牛王菩萨金身一座祈保人
04　民清吉
05　道光二十八年九月廿[44]八日立

第5则

宋万有妆彩牧牛图记，清咸丰七年（1857年）。刻于第11、12组造像之间壁面左下方碑内，即第4则铭文右侧。碑高25厘米，宽13厘米，左右上角抹角。文左起，竖刻4行29字，楷体，字径2厘米（图版Ⅱ：227）。

01　信士宋万有
02　庄[2]彩
03　牛王菩萨一尊祈保人民清吉
04　咸丰七年九月廿[45]六日△立

（二）构筑

1953年，以条石叠砌加固本龛岩壁基脚，防止岩壁继续风化。修补面几乎横贯全龛崖壁，全长约2480厘米。修补条石自地坪之上最多显露5级，高约150厘米，最少显露2级，高约48厘米。

1956年，修建本龛与右前侧第1号龛上方护岩保坎，防治岩石垮塌。

1956年，为保护本龛造像不受风雨侵害，于崖顶修建牧牛亭（图246、图247、图248）。建筑因山就势，随崖壁蜿蜒布局，外不立柱，造型优美独特。为保护第28号石狮，在牧牛图末端转角处建半亭一座；与该亭对应，在牧牛图东侧首端又建半亭一座。两亭之间的窟檐之上建一单檐歇山式殿宇，其平面呈长方形，面阔五间，宽约1360厘米，进深624厘米。此后，多次对该建筑进行维修加固。

1981年，用化学材料有机硅封护本龛局部造像，防治造像风化。

龛内造像残毁处，大多凿有圆形或方形孔洞，应系后世修补造像所留。

（三）妆绘

清道光二十八年（1848年），信士杜宏章合家妆彩牛王菩萨金身一身[3]。

清咸丰七年（1857年），信士宋万有妆彩牛王菩萨一尊[4]。

龛壁存灰白色、红色两种涂层。造像保存灰白色、黑色、蓝色、红色等四种涂层。部分水牛存黑色涂层。

1　此"庄"字《大足石刻铭文录》录为"妆"。重庆大足石刻艺术博物馆编：《大足石刻铭文录》，重庆出版社1999年版，第257页。
2　此"庄"字《大足石刻铭文录》录为"妆"。同前引。
3　见本页《杜宏章妆彩牧牛图像记》，另见重庆大足石刻艺术博物馆编：《大足石刻铭文录》，重庆出版社1999年版，第257页。
4　见本页《宋万有妆彩牧牛图记》，另见重庆大足石刻艺术博物馆编：《大足石刻铭文录》，重庆出版社1999年版，第257页。

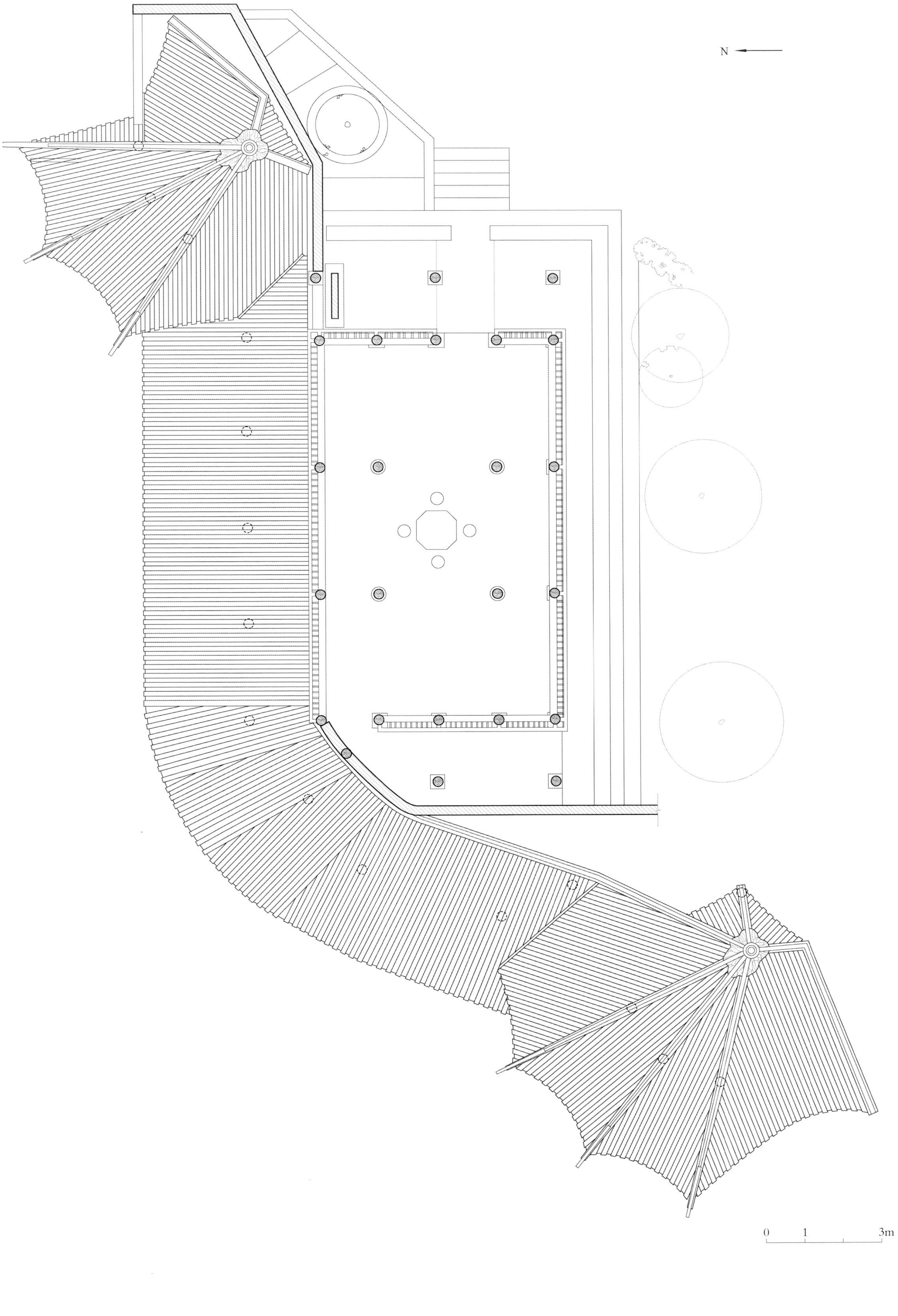

图 246　牧牛亭平面图

采自李先逵等编著《大足石刻与古建筑群》，重庆大学出版社，2015年

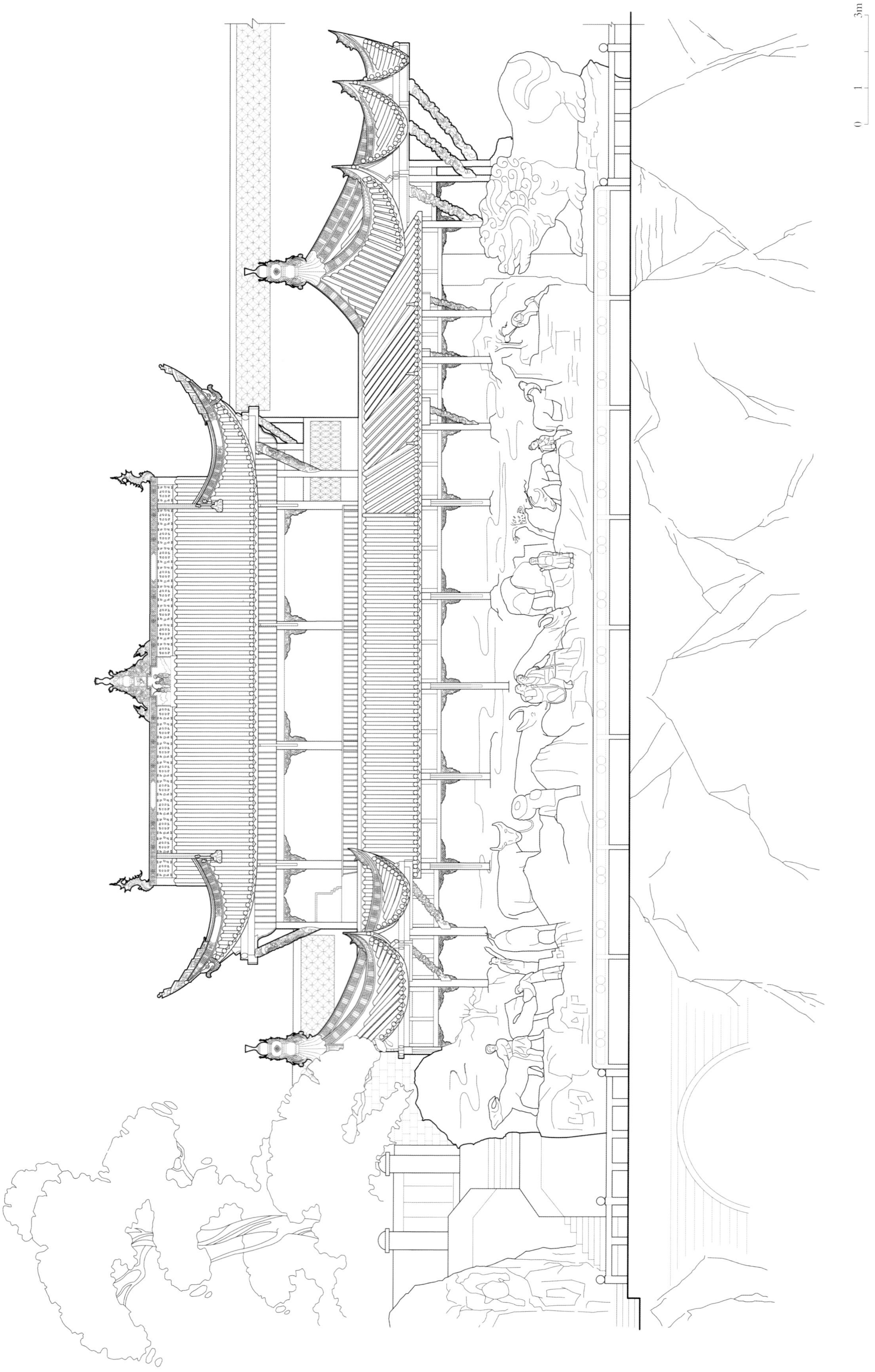

图247 牧牛亭立面图

采自李送亭编著《大足石刻与古建筑群》，重庆大学出版社，2015年

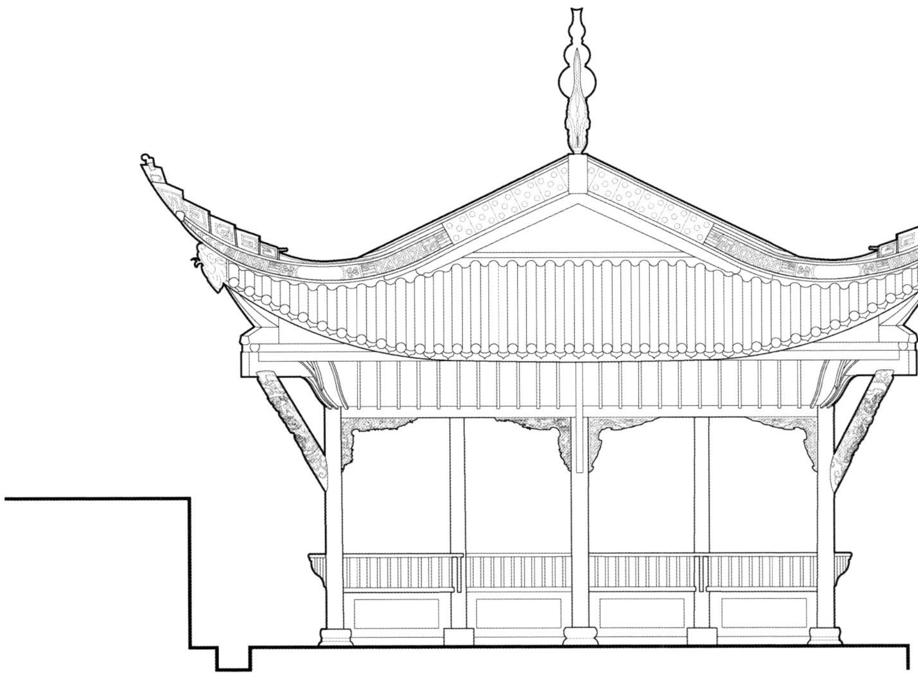

图 248 牧牛亭侧立面和剖面图
1 侧立面 2 剖面
采自李先逵等编著《大足石刻与古建筑群》，重庆大学出版社，2015 年

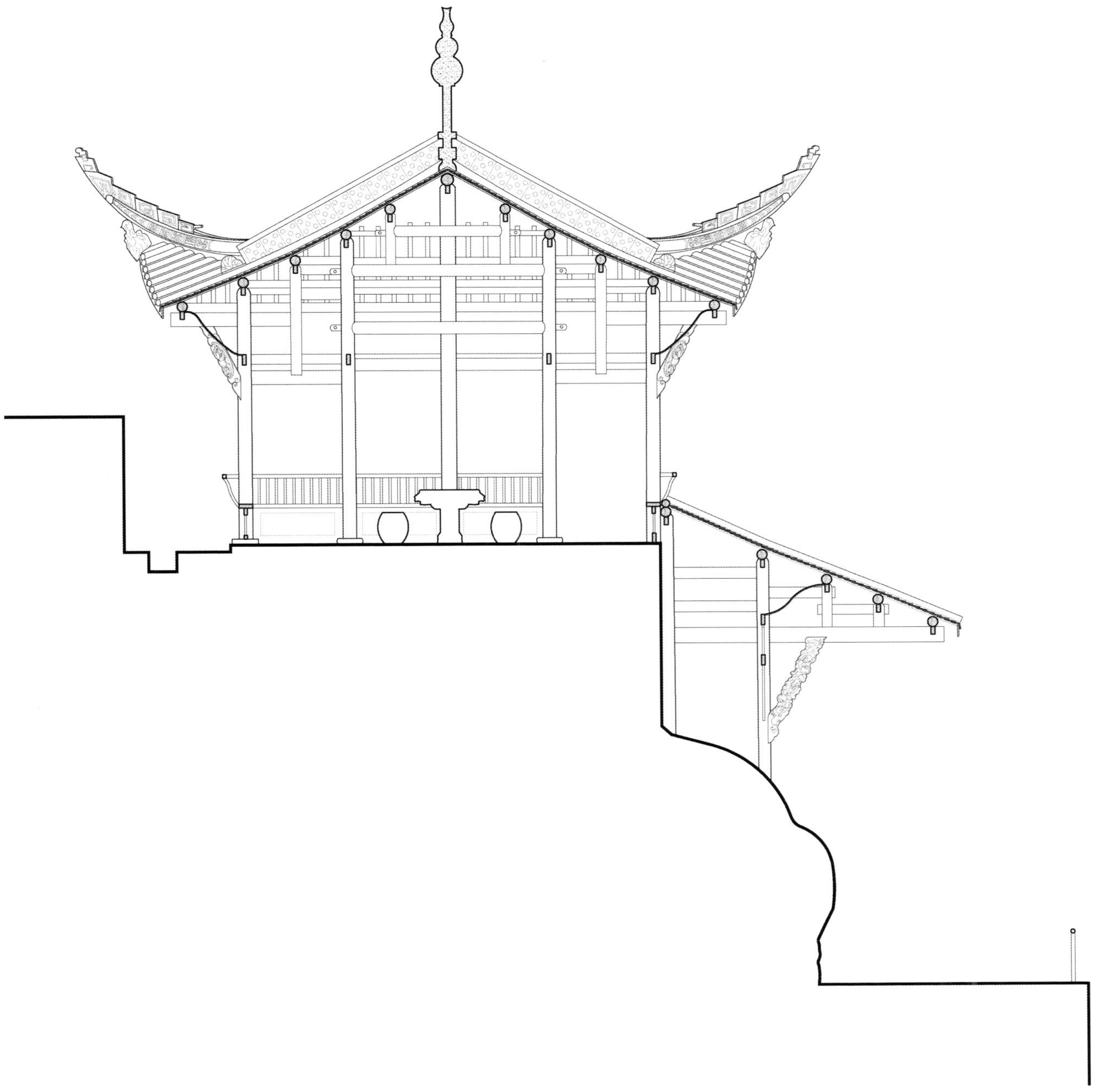

第八节 第31号

一 位置

位于大佛湾南崖西段右侧下层崖壁。其竖直上方约170厘米为第30号龛龛前参观地坪边缘，下距地坪约165厘米，左右为自然崖壁。龛口东北向，方向50°。

二 形制

自崖壁向内凿建而成（图249、图250、图251；图版Ⅰ：387）。龛口残损严重，仅存左侧部分。现存遗迹显示龛口近似方形，残高216厘米，残宽245厘米，深约45厘米。龛底大部毁，仅存少许。龛壁部分残，存左侧壁中下部，壁面竖直，略经修整和打磨。龛顶已毁。

此外，龛顶上方壁面另凿一圆拱形浅龛。龛残蚀略重，残高62厘米，宽78厘米，深约10厘米。

三 造像

5身。其中，龛内刻立像2身，龛外上方浅龛刻立佛3身（图249；图版Ⅰ：387）。

（一）龛内

并刻立像2身（图版Ⅰ：388）。

左像　残蚀略重，残高134厘米，头长31厘米，肩宽42厘米，胸厚23厘米。头刻齐耳短发，扭头向右，头后刻云纹与龛壁相接。面长圆，口半张。着双层交领宽袖长服，胸部以下残。双手残，置胸前。足前浮雕卷云。

右像　立高178厘米，头长32厘米，肩宽42厘米，胸厚23厘米。头刻齐耳短发，头后浮雕云纹与龛壁相接。面长圆，俯首向左，双目下视，与左像相对。鼻梁高挺，口半张，作诉说状。着双层交领宽袖长服，腰束带作结，腰部以下残蚀。左手似笼袖内垂体侧，右臂屈肘上举，向右作指引状。右手腕残，残毁处凿一圆孔，直径3厘米，深3厘米。着鞋而立。

（二）龛外上方

刻立佛3身（图版Ⅰ：389）。

佛像　皆部分残，体量、特征相似，立高53厘米，头长13厘米，肩宽16厘米，胸厚6厘米。头有螺发，刻髻珠，面浑圆，双目微闭，高鼻小口。着双领下垂式袈裟，直身而立。左佛，仅辨右手置胸前。中佛，可辨双手胸前结毗卢印，腰部以下残。右佛，可辨双手似置胸前，胸部以下残。

四 铭文

偈语，南宋淳熙至淳祐年间（1174—1252年）。刻于龛壁右上方圆形石面上。刻石面直径52厘米。文左起，竖刻4行，存11字，楷体，字径5厘米（图版Ⅱ：228）。

01　□阿□□
02　冰泉有□□□
03　□缝开花事□

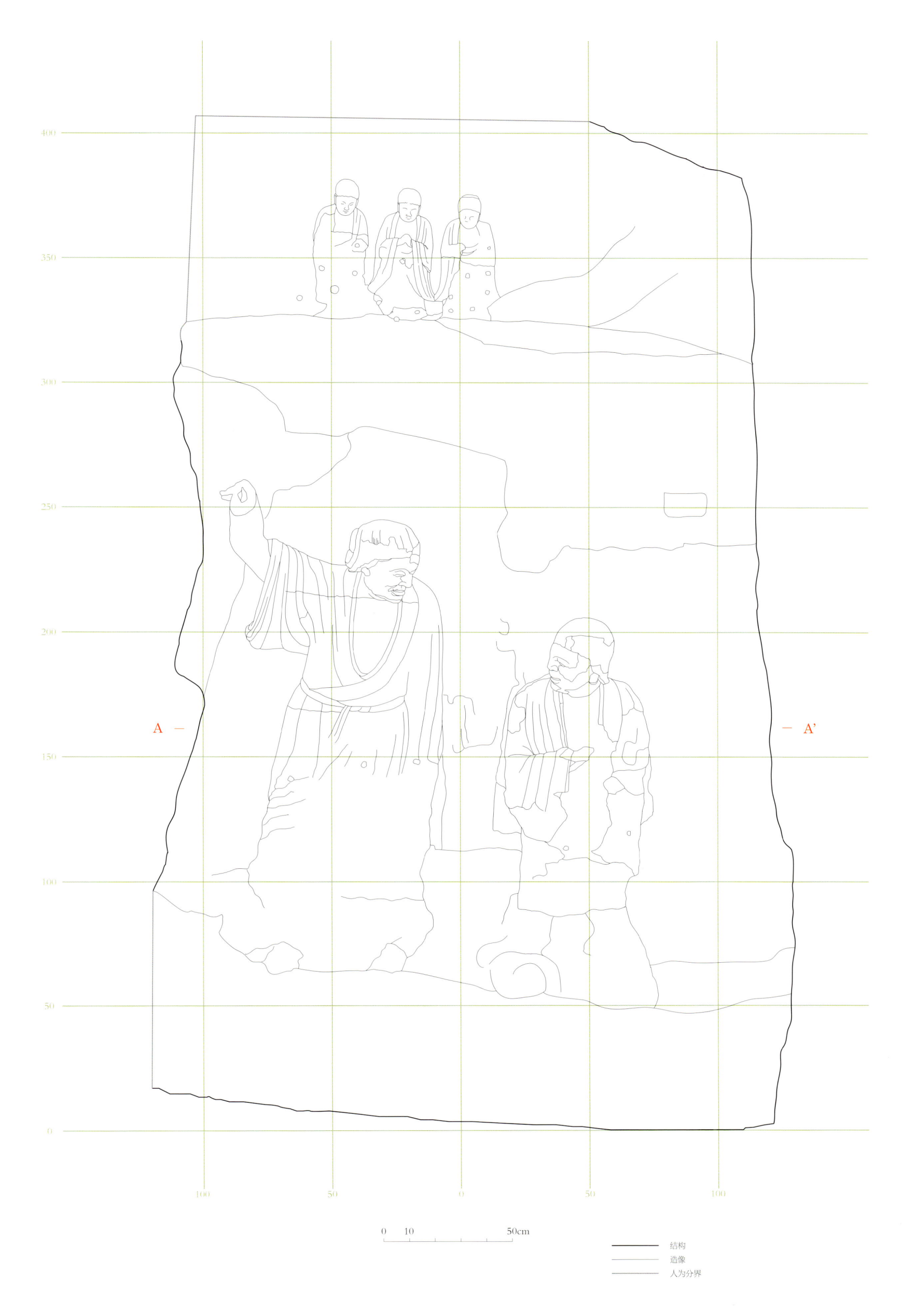

图249　第31号龛立面图

第五章　第24—32号

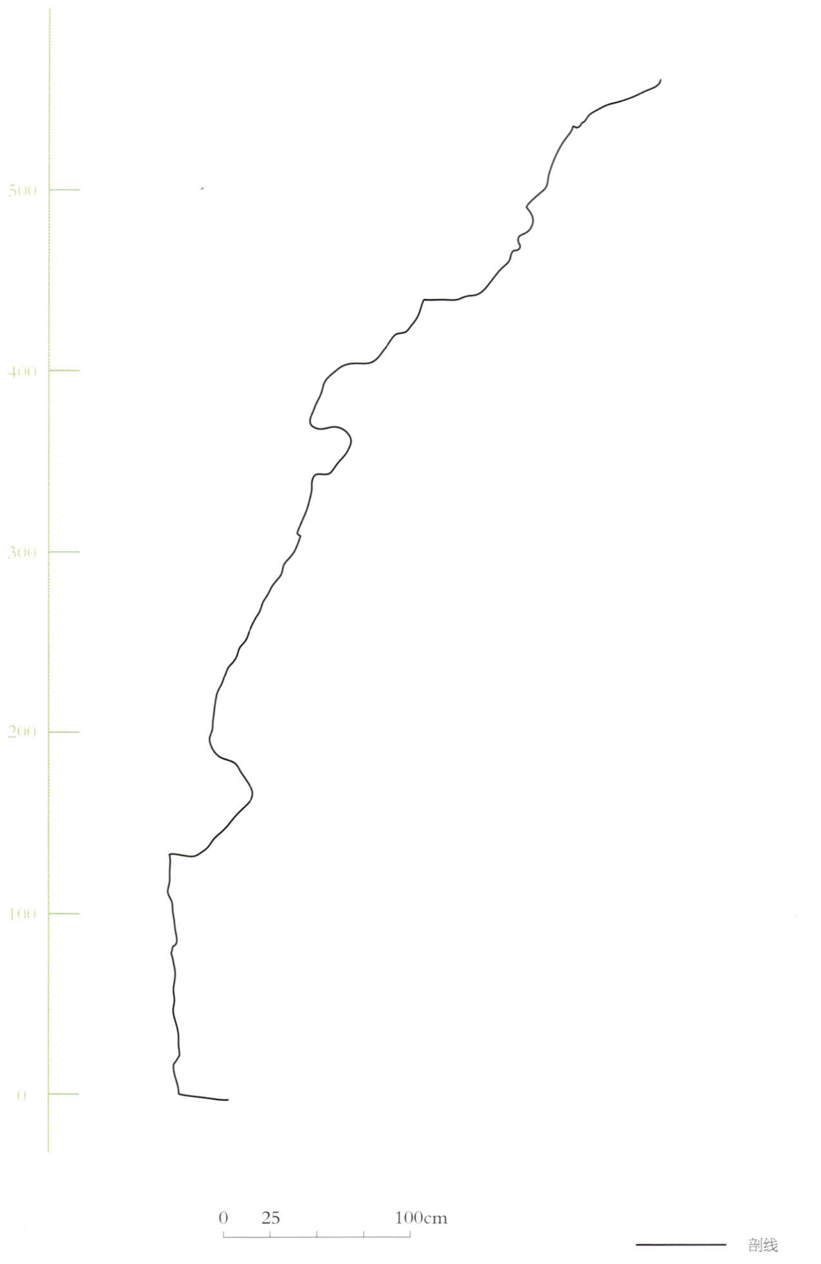

图 250　第 31 号龛剖面图

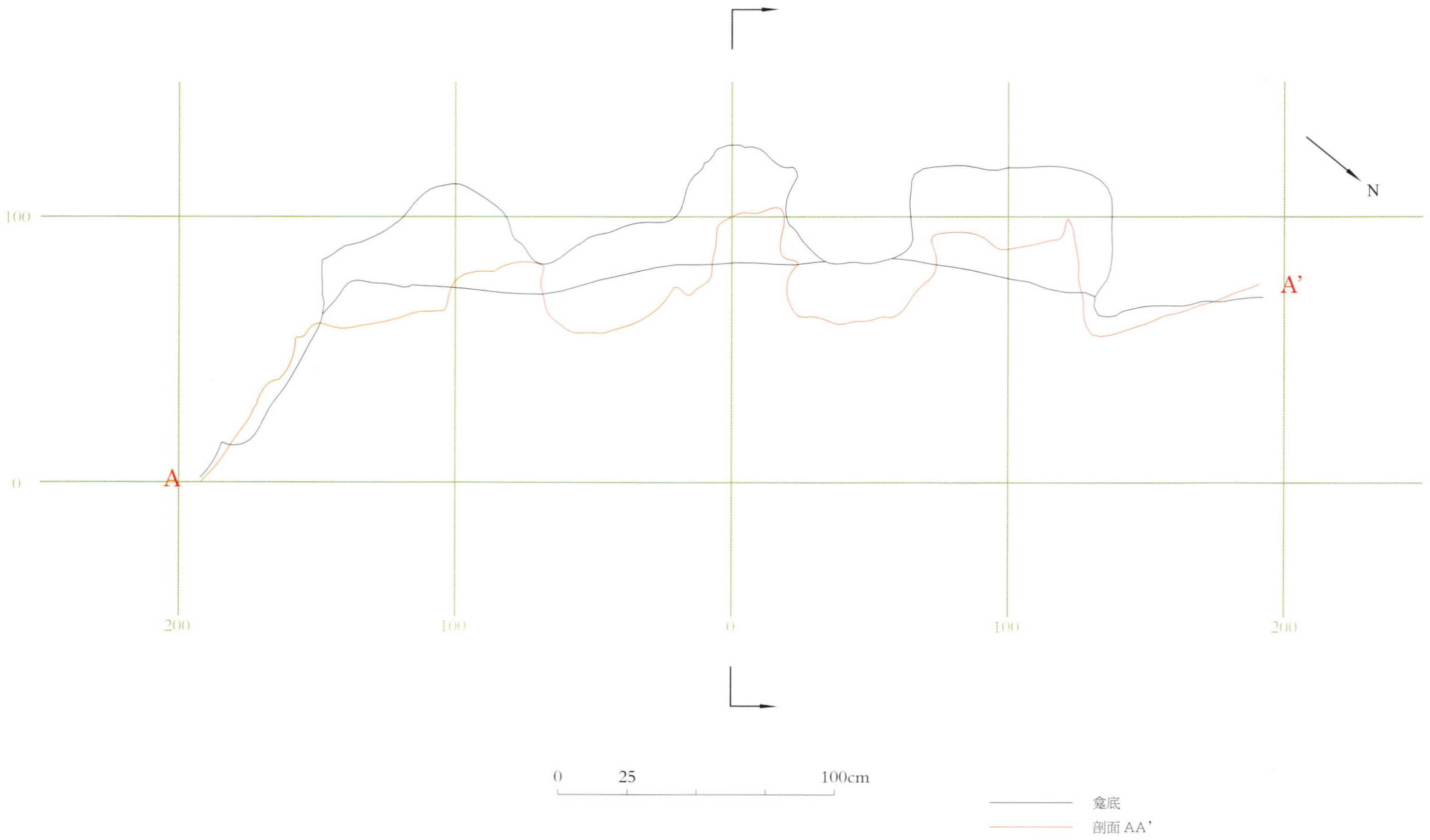

图 251　第 31 号龛平面图

404　大足石刻全集　第七卷（上册）

04　□呲喝喝

五　晚期遗迹

（一）构筑

龛底部毁，填塞加固五层条石支撑崖体。

龛外右侧崖面下部大面积坍塌，外侧叠砌11级条石加固支撑。

龛内右像右手残断处存一圆孔，龛外上方三佛像下半身凿数个圆孔，部分凿孔内残存木桩，应系早年修补造像的残留。

龛内左像左上方存一方孔，高9厘米，宽16厘米，深13厘米。

龛底外左侧存一方孔，高15厘米，宽17厘米，涂26厘米。

（二）妆绘

龛壁残存红色涂层。

造像残存灰白色、绿色两种涂层。

第九节　第32号[1]

一　位置

第32号龛位于大佛湾南崖西段左侧约80米的外凸崖壁，其上方约30米为原大佛湾景区入口大门。1982年修建的石梯大道斜向通过龛前，相距约100厘米。其崖壁下方底部即为2014年新建的大佛湾景区通行石板大道。

龛口西南向，方向260°。

二　形制

利用天然内凹岩壁开凿而成（图252、图253、图254；图版Ⅰ：390）。龛形部分残，龛口略呈方形，残高约195厘米，宽160厘米，至后壁最深约70厘米，左右上角施作圆弧状。龛底现为铺设的石板。龛壁为弧壁，右侧部分残脱，现存较宽的斜向裂隙一道，致壁面左右分裂，裂缝内生长有植物根茎。龛壁下部正面和左侧壁以两级条石叠砌，作直角相交，条石叠砌面与龛壁略微齐平。龛顶略作平顶。

龛外左侧约50厘米处的岩壁略经打磨，雕凿造像。幅面高185厘米，宽约300厘米。

三　造像

据造像布置，分为龛内、龛外造像两部分（图252）。

（一）龛内

造像保存较差，壁面中上刻一佛二菩萨三身像。左菩萨像左侧刻二水禽；壁面左下刻一水獭和一水禽；壁面下部条石刻相向的双鱼，左侧石条刻一龙和一飞鸟（图版Ⅰ：391）。

1　1981年，新修宝顶山大佛湾南崖西侧参观进口石梯道时发现。1985年《大足石刻内容总录》未收录本龛造像。

图 252　第 32 号龛立面展开图

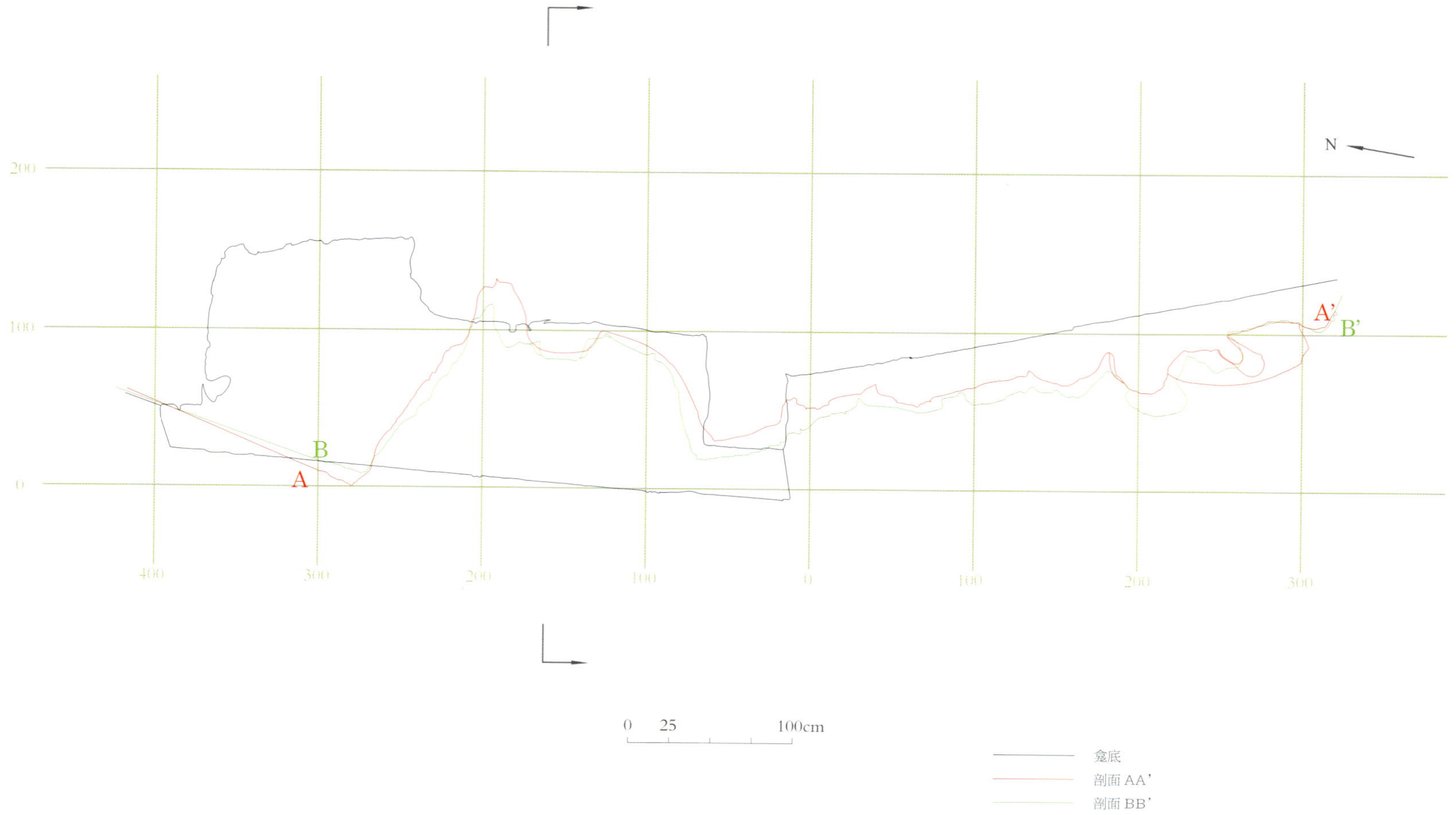

图 253　第 32 号龛平面图

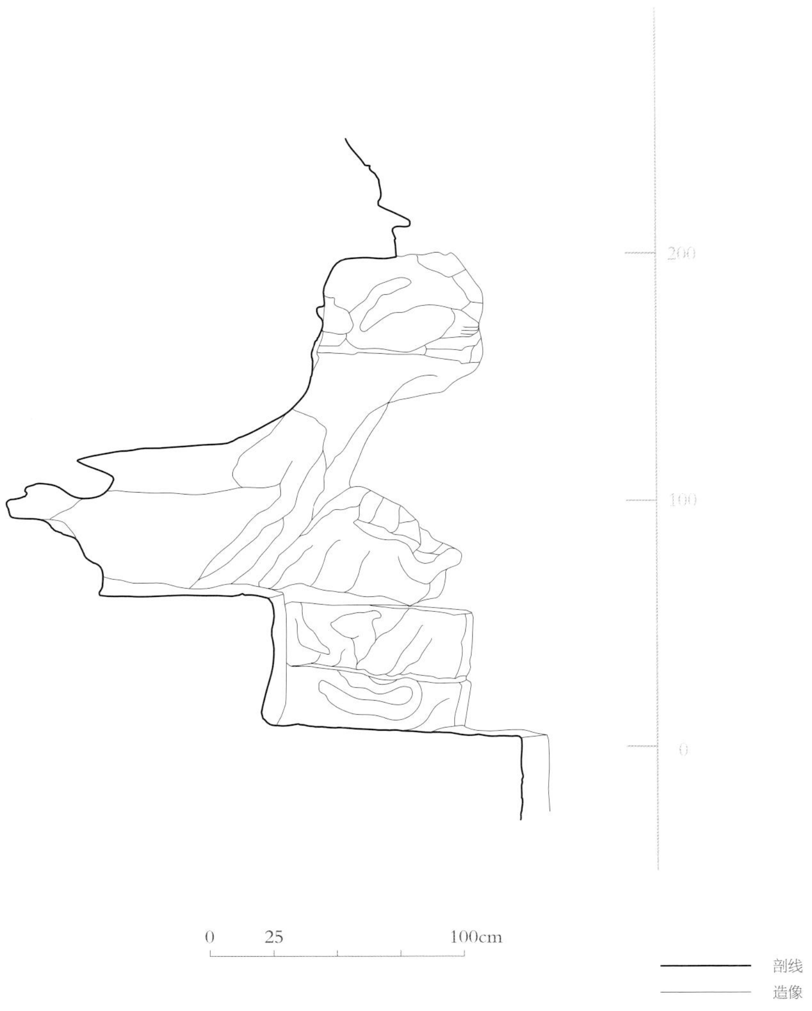

图254　第32号龛剖面图

佛像　头毁肩残，残坐高47厘米。浅浮雕葫芦形素面背光，略残，头光直径43厘米，身光直径48厘米。胸前存一圆孔，估计系后世修补遗留。内着僧祇支，外似披双领下垂式袈裟。双手置胸前，残，似结印，结跏趺坐于云朵上。云头高23厘米，宽51厘米，厚15厘米，云尾斜向下方。

左菩萨像　显露半身，高约29厘米。头大部残，存花冠遗迹，戴桃形项饰，内着僧祇支，系带作结，外着双领下垂式袈裟。双手笼袈裟内置腹前。下部身躯隐于云朵内。云头高8厘米，宽31厘米，厚6厘米，云尾斜向左后侧。

该菩萨像左侧刻二蹲伏的水禽，头颈残，相向作交颈状。水禽身长约60厘米，高约18厘米，可辨尖长喙，细颈，椭圆身，双翅处刻鱼鳞羽，尾略上翘。

右菩萨像　残高29厘米，头大部残，身右侧毁。残存特征与左菩萨像略同。

此外，壁面左下刻一体量略大的水獭，身长约110厘米，向龛内伏卧。尖嘴，圆头，短耳，皆部分残，颈残断，与身（部分残）分离。四腿，露爪，尾残。水獭左后腿外侧刻一水禽，身长约47厘米，亦向龛内俯卧。

壁面下部正面条石刻相向双鱼，略蚀，鱼身长约72厘米，背最宽约25厘米，尾略上翘。

壁面下部左侧条石刻一龙，龙首呈三角形，直颈向龛内，有龙角，龙身部分隐于山石内，龙尾卷曲。龙首前侧刻一飞鸟，身长约23厘米，残蚀略重，可辨头身向龛外低伏，尾上翘。

（二）龛外

龛外左侧壁面刻一小船，船全长约280厘米，船身最高约65厘米（图版Ⅰ：392）。左前船头刻打渔郎，身高约176厘米，头戴圆顶窄檐斗笠，方面残，内着对襟紧袖衫，外披蓑衣，腰系带，下着小口长裤。左手屈肘握笠边，右臂斜置，齐肘残断。右腰处刻一鱼篓，左腿屈膝踏船头，右腿直伸踏船底，俯身向左作远眺状。鱼篓高23厘米，宽49厘米，厚13厘米，底部残。

打渔郎身后刻一猴，身长86厘米，头大部残，身细肢长，躬身攀附山石，伸左臂探入鱼篓内作捉鱼状。

四 铭文

2则。

第1则

佛说大鱼事经经文，南宋淳熙至淳祐年间（1174—1252年）。刻于左菩萨像下方竖直壁面。刻石面残高39厘米，残宽90厘米。文左起，竖刻16行，存56字，楷体，字径4厘米（图版Ⅱ：229）。

01　鱼下（漶）

02　形无

03　□□（漶）

04　□□善贪（漶）

05　我无异□宝岩□

06　一切众生每命各立水

07　□□□□□□□会

08　□□□□□□□□

09　贪心布网□□□□

10　杀一命普愿人人

11　觉悟遵□佛戒

12　受□□长死病报

13　如□□□受多

14　□□命杀头□□□

15　□□□□□□□

16　为众生皆共成佛道[46]

第2则

大藏经残文，南宋淳熙至淳祐年间（1174—1252年）。刻于右菩萨像右侧壁面。刻石面残高30厘米，残宽74厘米。文左起，竖刻11行，存9字，楷体，字径4厘米（图版Ⅱ：230）。

01　大藏佛说□

02　□言昔□之

03　□心□□□

04　□□命□□

05　□□□□□

06　□□□□□

07　□□□□□

08　□□□□□

09　□□□□□

10　□□□□□

11　□□□□□

五　晚期遗迹

龛外左侧造像壁面下部岩体毁，现已用三级条石叠砌填塞、支撑。修补面最高87厘米，最宽279厘米。

龛壁存少许灰白色、红色涂层。造像存灰白色、蓝色涂层。

注释：

[1] 本则铭文第2行第3字"禅"；第2行第6字"称"；第4行第9字、第11行第10字"参"；第7行第8字、第13行第1字"觉"；第8行第2字"诗"；第8行第3字"兴"；第8行第4、6字"不"；第10行第4字"游"；第11行第5字"学"；第17行第6字"绿"；第18行第10字"拨"，铭文分别为：

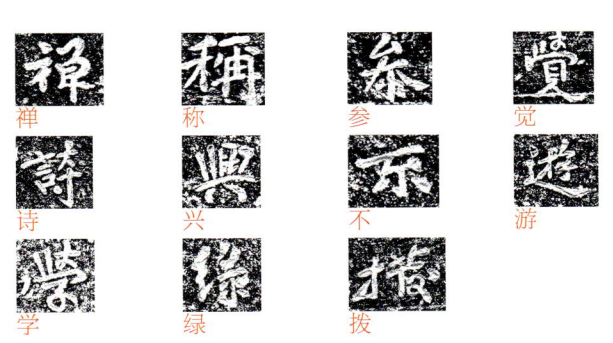

[2] 本则铭文第3行第4字"曹"；第3行第5字"游"；第4行第7字"幽"；第4行第10字"观"；第7行第6字"鄩"；第10行第6字"拜"；第11行第5字"满"；第13行第4字"柳"；第14行第5字"炼"；第16行第7字"归"，铭文分别为：

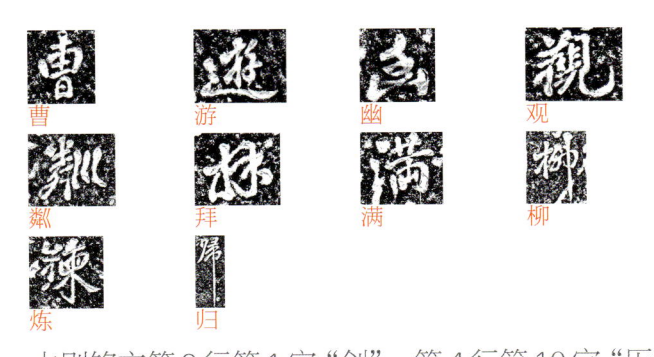

[3] 本则铭文第3行第1字"创"；第4行第10字"历"；第5行第5字"朎"，铭文分别为：

[4] 此"寿"字，铭文为：

[5] 此"寿"字，铭文为：

[6] 此"岁"字，铭文为：

[7] 此"寿"字，铭文为：

[8] 此"处"字，铭文为：

[9] 此"念"字，铭文为：

[10] 本则铭文第1行第9字、第19行第25字"碑"；第2行第28字"蜀"；第2行第45字"残"；第3行第6字等5处"所"；第3行第8字"瓦"；第3行第13字"睹"；第3行第16字"藤"；第3行第19字"缠"；第3行第36字等4处"余"；第4行第18、33字"废"；第4行第19字"关"；第4行第37字等3处"逃"；第4行第44字"亡"；第5行第5字"石"；第5行第9字"双"；第5行第21字、第15行第1字"雄"；第5行第25字"藏"；第5行第36字、第15行第50字"虽"；第5行第39字"弘"；第6行第1字等3处"石"；第6行第15、48字"丈"；第6行第33字"望"；第6行第44字"横"；第6行第52字、第9行第23字"毗"；第7行第4字"台"；第7行第15字"凡"；第7行第44字"偈"；第7行第46字、第9行第34字"觉"；第8行第5字"刻"；第8行第14、15字"熠"；第8行第16字"耀"；第8行第27字"创"；第8行第35、46字"年"；

第 8 行第 45 字、第 21 行第 4 字"熙";第 8 行第 50 字等 5 处"复";第 9 行第 11 字等 3 处"荒";第 9 行第 13 字、第 23 行第 12 字"岁";第 9 行第 14 字"久";第 9 行第 42 字"伤";第 10 行第 3 字"焚";第 10 行第 4 字、第 17 行第 41 字"毁";第 10 行第 18 字"裹";第 10 行第 20 字"难";第 10 行第 21 字、第 14 行第 1 字"继";第 10 行第 28 字"故";第 10 行第 31 字"率";第 11 行第 8 字"衰";第 11 行第 10 字"乃";第 11 行第 11 字等 6 处"县";第 11 行第 14 字"系";第 11 行第 23 字"听";第 12 行第 23 字"往";第 12 行第 29 字"仅";第 12 行第 30 字、第 17 行第 44 字"能";第 12 行第 31 字、第 20 行第 9 字"辟";第 12 行第 32 字"草";第 12 行第 34 字"稽";第 13 行第 3 字"允";第 13 行第 31 字"锄";第 13 行第 38 字"勤";第 13 行第 48 字"独";第 14 行第 5 字"蛇";第 14 行第 10 字"祷";第 14 行第 12 字、第 20 行第 33 字"灵";第 14 行第 26 字"舍";第 15 行第 10 字"愿";第 15 行第 13 字"满";第 15 行第 29 字"寂";第 16 行第 6 字"触";第 16 行第 13 字"念";第 17 行第 7 字"若";第 17 行第 12 字"赞";第 17 行第 50 字"除";第 18 行第 11 字"年";第 19 行第 26 字"碣";第 19 行第 31 字"俾";第 19 行第 43 字"兴";第 20 行第 7 字"途";第 20 行第 15 字"鼓";第 20 行第 19 字"幼";第 20 行第 23 字"异";第 20 行第 37 字"机";第 20 行第 40 字"并";第 21 行第 5 字"岁";第 21 行第 11 字"穀";第 21 行第 12 字"旦";第 22 行第 1 字"敕";第 22 行第 11 字"兼";第 23 行第 22 字"举";第 23 行第 26 字"同";第 24 行第 15 字"龙";第 24 行第 18 字"奇",铭文分别为:

[11] 本则铭文碑额第 6 字、第 1 行第 9 字"碑";第 1 行第 2 字等 3 处"修";第 1 行第 7 字等 4 处"寿";第 2 行第 9 字"仅";第 2 行第 11 字、第 11 行第 14 字"舍";第 2 行第 13 字等 3 处"岩";第 2 行第 18 字"塱";第 2 行第 20 字"美";第 2 行第 21 字"丛";第 2 行第 26 字"郁";第 2 行第 27 字"阴";第 2 行第 33 字"净";第 3 行第 18 字等 3 处"凤";第 3 行第 31 字"岁";第 3 行第 35 字、第 12 行第 37 字"饰";第 3 行第 38 字"居";第 3 行第 40 字"旧";第 4 行第 14 字"往";第 4 行第 18 字"游";第 4 行第 25 字等 4 处"建";

第 4 行第 41 字、第 13 行第 45 字"愿"；第 5 行第 7 字"远"；第 5 行第 11 字"饭"；第 5 行第 26 字"量"；第 5 行第 28 字、第 14 行第 17 字"德"；第 6 行第 3 字、第 13 行第 42 字"尝"；第 6 行第 17 字"儿"；第 6 行第 28 字"收"；第 7 行第 11 字"熙"；第 7 行第 12 字"宁"；第 7 行第 14 字"敕"；第 7 行第 15 字"号"；第 7 行第 48 字"遭"；第 8 行第 13 字、第 9 行第 37 字"莽"；第 8 行第 16 字"棘"；第 8 行第 27 字、第 15 行第 34 字"吉"；第 8 行第 35 字"举"；第 9 行第 9、25 字"与"；第 9 行第 10 字等 3 处"师"；第 9 行第 36 字"榛"；第 10 行第 16 字、第 14 行第 7 字"时"；第 10 行第 21 字"捐"；第 10 行第 22 字"赀"；第 10 行第 24 字"橐"；第 11 行第 23 字"历"；第 11 行第 29 字"毗"；第 11 行第 37 字"阶"；第 11 行第 38 字、第 12 行第 22 字"台"；第 11 行第 47 字"兴"；第 11 行第 49 字"圆"；第 11 行第 50 字"觉"；第 12 行第 1 字"梁"；第 12 行第 11 字"藏"；第 12 行第 13 字、第 13 行第 49 字"经"；第 12 行第 25 字"彩"；第 12 行第 30 字"睹"；第 12 行第 33 字"荟"；第 12 行第 46 字"俨"；第 13 行第 11 字"勤"；第 13 行第 30 字"参"；第 13 行第 36 字"晓"；第 13 行第 39 字"谨"；第 13 行第 46 字"阅"；第 13 行第 48 字"藏"；第 14 行第 5 字"忏"；第 14 行第 34 字"时"；第 15 行第 40 字"刘"；第 17 行第 1 字"权"；第 18 行第 2 字等 3 处"超"；第 18 行第 3 字"琼"，铭文分别为：

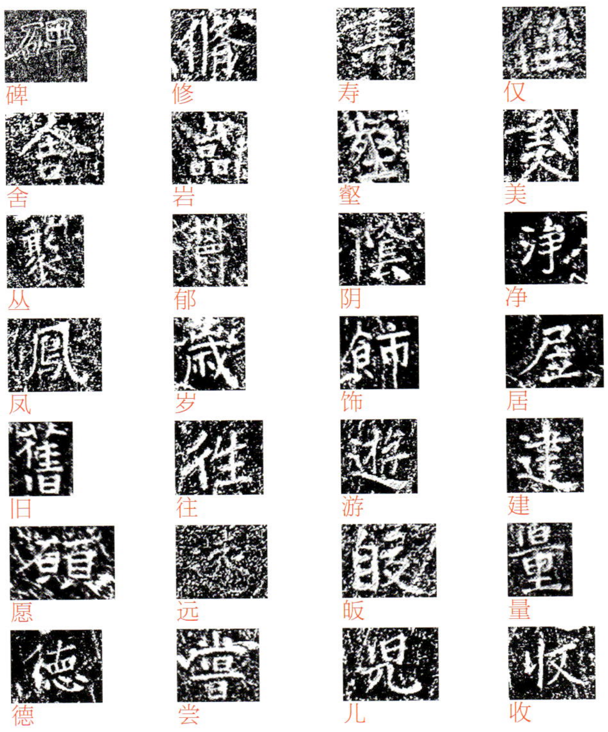

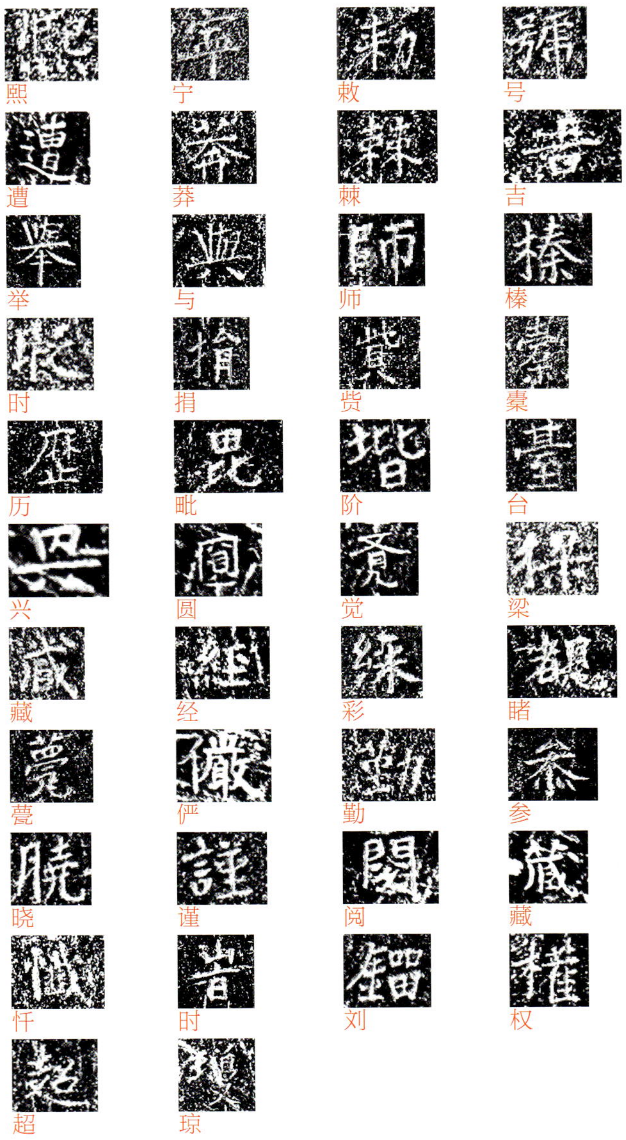

[12] 本则铭文第 2 行第 14 字、第 5 行第 4 字"妙"；第 2 行第 15 字"偕"；第 2 行第 16 字等 3 处"师"；第 3 行第 1 字"辈"；第 5 行第 38 字"烧"；第 5 行第 39 字"瓦"；第 6 行第 19 字"棘"；第 6 行第 27 字"乃"；第 7 行第 10 字、第 11 行第 16 字"建"；第 8 行第 11 字"围"；第 8 行第 12 字"甃"；第 9 行第 6 字"远"；第 9 行第 13 字"觅"；第 10 行第 7 字"龙"；第 10 行第 14 字"彩"；第 10 行第 16 字"皆"；第 10 行第 18 字"美"；第 10 行第 42 字"游"；第 10 行第 43 字"鱼"；第 11 行第 15 字"鼎"；第 11 行第 20 字"座"；第 11 行第 36 字"谨"；第 11 行第 37 字"鳞"；第 11 行第 39 字"兴"；第 12 行第 7 字"俾"；第 12 行第 8 字"昭"；第 12 行第 15 字"焉"；第 13 行第 2 字"德"；第 15 行第 2 字等 18 处"超"；第 15 行第 3 字"琼"；第 15 行第 5 字"觉"；第 15 行第 7 字"贤"；第 16 行第 8 字"学"；第 16 行第 10 字"习"；第 18 行第 9 字"寿"，铭文分别为：

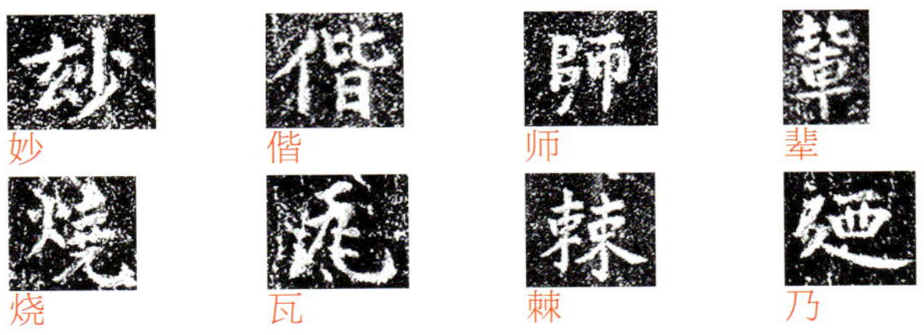

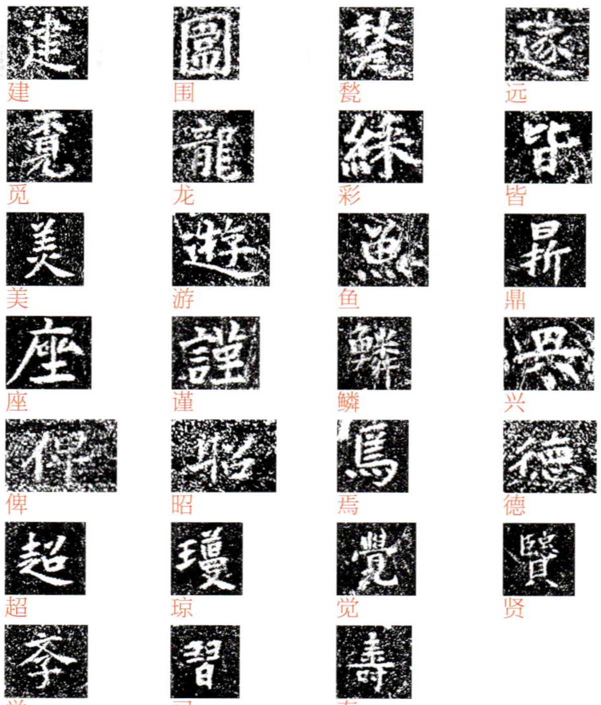

建 围 髮 遂
觉 龙 彩 皆
美 游 鱼 鼎
座 谨 鳞 兴
俾 昭 焉 德
超 琼 觉 贤
学 习 寿

[13] 本则铭文第1行第9字"泸";第1行第21字"妆",铭文分别为:

泸 妆

[14] 本则铭文第1行第2字等3处"修";第1行第6字等3处"寿";第1行第9字、第17行第8字"碑";第2行第9字"仅";第2行第11字、第11行第10字"舍";第2行第13字等3处"岩";第2行第18字"壑";第2行第20字、第11行第45字"美";第2行第21字"丛";第2行第26字"郁";第2行第27字"阴";第2行第33字"净";第3行第15字等3处"凤";第3行第28字"岁";第4行第11字"往";第4行第15字"游";第4行第19字"还";第4行第23字等4处"建";第5行第1字"远";第5行第5字"皈";第5行第7字"凡";第5行第14字"琢";第5行第20字"量";第5行第22字等3处"德";第5行第24字"寿";第5行第47字、第12行第28字"尝";第6行第12字"儿";第6行第14字"焉";第6行第23字"收";第6行第24字"鞠";第7行第5字"熙";第7行第6字"宁";第7行第8字"敕";第7行第9字等3处"号";第7行第42字"遭";第8行第6字、第9行第37字"莽";第8行第9字"棘";第8行第22字"恩";第8行第28字"举";第9行第9字"与";第9行第10字等3处"师";第9行第25字"与";第9行第36字"榛";第10行第1字"延";第10行第2字"裘";第10行第18字"捐";第10行第21字"橐";第11行第14字"第";第11行第17字"途";第11行第19字"过";第11行第21字"睹";第11行第24字"薹";第11行第25字"翼";第11行第37字"俨";第12行第2字"勤";第12行第22字"晓";第12行第25字"谨";第12行第29字"发";第12行第31字"愿";第12行第32字"阅";第13行第2字"藏";第13行第4字"经";第13行第13字"忏";第13行第42字"时";第14行第7字"龙";第14行第28字、第17行第12字"学";第14行第38字"刘";第17行第3字"琼";第17行第6字"习",铭文分别为:

修 寿 碑 仅
舍 宫 壑 美
丛 岩 阴 净
凤 郁 往 游
还 建 远 皈
凡 琢 量 德
寿 尝 儿 焉
收 鞠 熙 宁
敕 号 遭 莽
棘 恩 举 与
师 与 榛 延
裘 捐 橐 第
途 过 睹 薹
翼 俨 勤 晓
谨 发 愿 阅
藏 经 忏 时
龙 学 刘 琼
  学   习

[15] 本则铭文第1行第2字"德";第2行第2字"遍";第2行第6字"感";第2行第15字"游";第3行第9字"珑";第3行第10字"楼";第3行第12字"凿";第4行第15字"隙";第5行第1字"龙";第5行第8字"兽";第6行第13字"点",铭文分别为:

[16] 此"临"字,铭文为:

[17] 本则铭文第2行第1字"圆";第2行第2字"觉";第3行第2字"场",铭文分别为:

[18] 此"怀"字,铭文为:

[19] 本则铭文第1行第5字"若";第1行第6字等4处"经";第4行第4字"涅";第4行第5字"槃",铭文分别为:

[20] 此"岩"字,铭文为:

[21] 本则铭文碑额第1字"大";碑额第5字"佛";第1行第1字"天";第1行第4字"地";第2行第1字"日",铭文分别为:

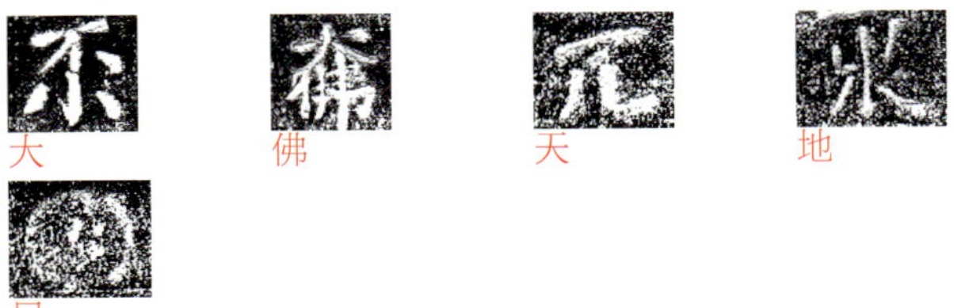

[22] 本则铭文第1行第5字"才";第1行第13字"灭";第2行第12字"与";第2行第14字"逢",铭文分别为:

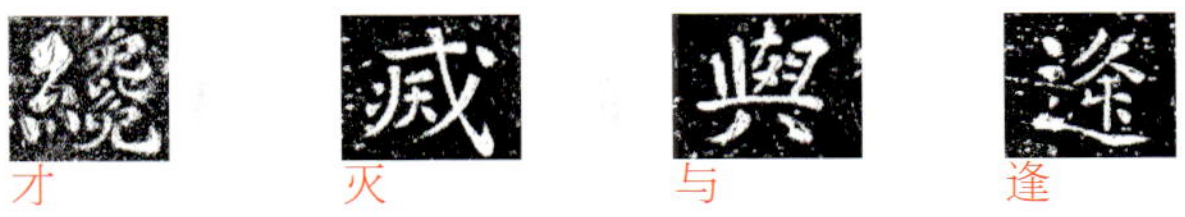

[23] 本则铭文第1行第5字"宁";第2行第1字"觉";第2行第2字、第11行第4字"寿";第2行第6字"幼";第2行第7字、第8行第8字"年";第2行第8字"脱";第2行第10字"蚕";第3行第4字"蒙";第3行第6字"泰";第3行第12字"食";第4行第10字、第8行第10字"备";第5行第2字等4处"妆";第6行第8字、第8行第4字"尊";第6行第11字、第11行第1字"圆";第6行第12字"觉";第7行第1字"毗";第7行第5字"尊";第8行第2字"佛";第9行第3字"养";第9行第14字"勋";第10行第10字"体",铭文分别为:

[24] 本则铭文第3行第4字"往";第3行第7字"辈";第5行第4字"虑";第5行第6字"踏",铭文分别为:

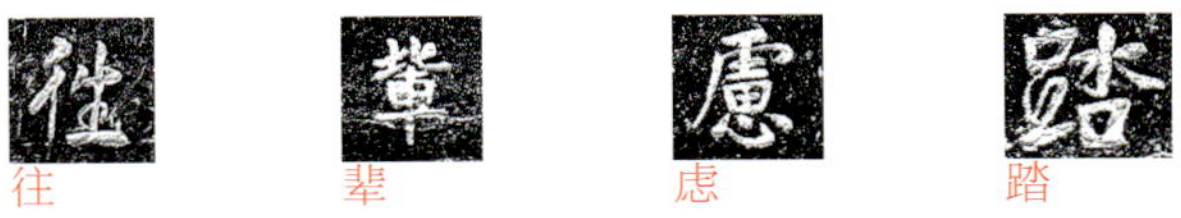

[25] 本则铭文第1行第5字"宁";第1行第12字、第3行第3字"涂";第1行第15字"舍";第1行第17字、第4行第1字"妆";第2行第1字"圆";第2行第5字"毗";第2行第9字、第4行第3字"边";第4行第9字"萨";第6行第1字"等";第6行第6字"寿",铭文分别为:

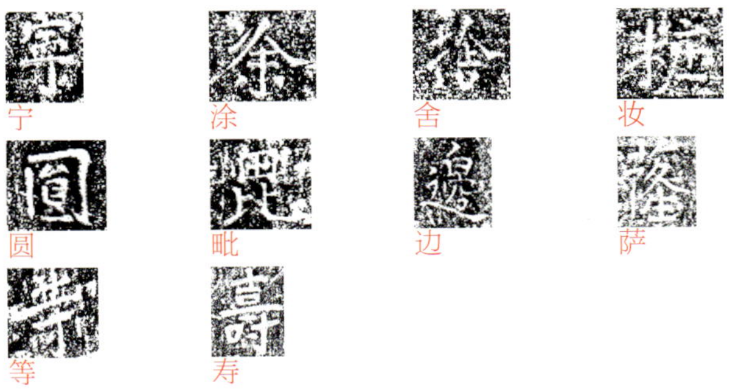

[26] 本则铭文第3行第2字、第5行第2字"无"；第3行第3字"不"；第5行第1字"恩"，铭文分别为：

无　不　恩

[27] 本则铭文第1行第8字"游"；第3行第1字"石"；第3行第7字"幽"；第4行第8字"欲"；第4行第9字"摩"；第5行第3字"聊"；第5行第7字"妙"；第5行第9字"从"；第6行第1字"踏"，铭文分别为：

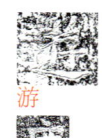

游　石　幽　欲
摩　聊　妙　从
踏

[28] 本则铭文第1行第3字"寄"；第1行第14字"紧"；第2行第10字"临"，铭文分别为：

寄　紧　临

[29] 本则铭文第1行第9字"据"；第2行第9字"县"；第2行第13字"舍"；第3行第4字"缘"；第3行第7字"睹"；第4行第3字"圆"；第4行第6字"发"；第5行第8字"庄"；第6行第11字"世"；第7行第8字"谨"，铭文分别为：

据　县　舍　缘
睹　圆　发　庄
世　谨

[30] 本则铭文第1行第9字、第5行第1字"兴"；第2行第10字"妆"；第2行第11字"严"，铭文分别为：

兴　妆　严

[31] 本则铭文第1行第1字"每"；第2行第1字"从"；第2行第2字"悬"；第6行第2字"剑"，铭文分别为：

每　从　悬　剑

[32] 本则铭文第1行第3字"植"；第1行第4字"福"；第3行第5字"县"；第4行第13字"升"；第5行第15字"举"；第6行第4字"幼"；第6行第6字"发"；第6行第8字"慈"；第6行第10字"囊"；第7行第5字"严"；第7行第18字"兴"；第8行第15字"勒"，铭文分别为：

植　福　县　升
举　幼　发　慈
囊　严　兴　勒

[33] 本则铭文第1行第8字"县"；第1行第13字"鼎"；第1行第19字"久"；第2行第13字"穆"；第3行第1字"同"；第3行第8字、第7行第10字"觉"；第3行第10字"满"；第4行第7字等3处"妆"；第5行第10字"岩"；第5行第11字"观"；第6行第3字、第7行第6字"石"；第7行第8字"监"；第8行第6、16字"张"；第8行第15字"汉"；第9行第4字"宁"；第10行第10字"辰"；第10行第14字"廿"；第10行第18字"旦"，铭文分别为：

县　鼎　久　穆
同　觉　满　妆
岩　观　石　监
张　汉　宁　辰
廿　旦

[34] 此"历"字，铭文为：

历

[35] 此"回"字，铭文为：

回

[36] 本则铭文第1行第2字"回"；第1行第6字"同"；第3行第4字"能"，铭文分别为：

回　同　能

[37] 此"颠"字，铭文为：

[38] 本则铭文第3行第4字"顷";第4行第4字"岩",铭文分别为:

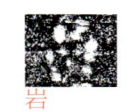

[39] 此"欲"字,铭文为:

[40] 本则铭文第2行第7字"宽";第4行第5字"与",铭文分别为:

[41] 此"热"字,铭文为:

[42] 本则铭文第4行第1字"圆";第4行第2字"照";第4行第4字"私";第6行第3字"光";第7行第2字"问",铭文分别为:

[43] 本则铭文第1行第10字、第3行第5字"观";第2行第5字等4处"俺";第2行第7字等3处"游";第4行第15字"印";第5行第4字"峨";第5行第7字"禅";第5行第17字"圆";第5行第19字"阁";第6行第15字、第8行第12字"还";第6行第18字、第15行第16字"绘";第6行第19字"图";第7行第12字等3处"看";第8行第2字"既";第8行第3字"指";第8行第4字"点";第8行第5字"复";第8行第6字"瞧";第8行第13字"好";第9行第1字"睡";第9行第13字"河";第10行第5字"严";第10行第7字"流";第11行第1字"宽";第11行第5字"步";第11行第9字"尔";第11行第11字"往";第11行第13字"边";第12行第1字"钻";第12行第4字"妙";第12行第10字"所";第13行第5字、第20行第2字"国";第14行第16、17字"略";第15行第17字"满";第16行第6字"庭";第16行第11字"卷";第17行第2字"仿",铭文分别为:

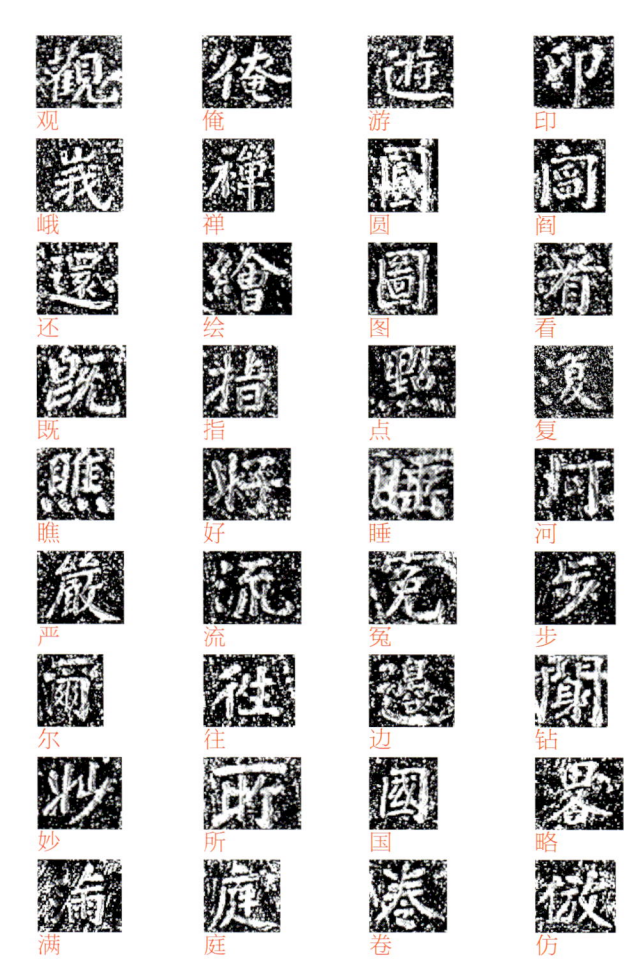

[44] 此"廿"字,铭文为:

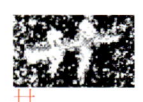

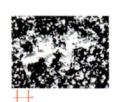

[45] 此"廿"字,铭文为:

[46] 本则铭文第5行第6字"岩";第10行第1字"杀";第10行第5字"愿",铭文分别为:

第六章 结语

第一节 龛窟布局及形制特点

宝顶山大佛湾窟龛总计编号34个，其中，洞窟3个（第14、26、29号），摩崖造像31个（第1—13、15—25、27—28、30—32号以及第9-1、12-1号）。

3个洞窟中，第14号窟结构空间为平面马蹄形、窟顶平顶、窟口前置石梯的结构形制；第26号窟为一不规则的洞穴；第29号窟为平面方形、三壁置坛、平顶、设甬道、凿明窗、窟口前置石梯。第14、29号两窟，在大足石刻中属体量较大的洞窟。

31个龛中，就形制而言，基本可以分成两类。第一类是摩崖铺像，共29个龛，包括第1—13、15—22、27—28、30—32号以及第9-1、12-1号。其明显特征是在崖壁上向内凿进后，在上方形成挑檐式龛顶，但不雕凿界边清楚的龛沿结构，各龛之间没有形成明晰的分界线或间距。大部分龛之间的界别，往往是在崖壁走势的转折处或断陷位置。这类龛，除第1、12-1、32号龛形较小外，其余各龛都是幅面宽大或竖直高度较高的摩崖造像，在大足其他区域的龛像中极为少见。第二类是界别清楚的方形龛，共3龛，包括第23、24、25号。这类龛刻出方整的龛形和龛沿结构，它们所处的位置通常是附着于上述第一类龛像崖壁的偏僻局部（第23号），或位于大佛湾崖壁的末端（第24、25号龛），而根据现存的造像题记和造型风格，可知这3个龛是晚期雕凿的。

需要指出的是，大佛湾龛窟的整体排列，除第1、2号及第27—30号的龛窟檐错列没有连接外，而第3—13号、第14—22号这两组龛窟，尽管各龛窟的龛窟檐在水平线上有高低参差的少许差距，但这两组龛窟中各龛窟却保持了连续的共檐关系。这种迹象说明，大佛湾龛窟的排列布局，存在着总体规划和相互连接的因素[1]。

第二节 年代分析

关于宝顶山大佛湾的凿建年代，从明代开始至当代即有不同意见和争论，或认为建于唐，或认为凿于宋，或认为刻于明，也有认为初建于唐，历五代、两宋数百年而成。但目前学术界基本认同大佛湾开凿于南宋[2]。

大家已经注意到，大佛湾除晚期补刻的第25号龛存有"民国四年（1915年）"造像题记外，其余各龛窟均未发现造像纪年题记。而与大佛湾建造年代密切相关的碑刻、题记，经整理勘对，计有第4号龛杜孝严书"宝顶山"题记，按杜所署"朝请大夫、权尚书兵部侍郎、兼同修国史、兼实录院编修"职衔，题书应在南宋嘉定十五年（1222年）九月至十七年（1224年）六月间[3]。第5号龛宇文屺题诗碑文，宇文屺署衔"朝散郎、知昌州军州事兼内劝农事"，但宇文屺现无从稽考。第6号龛魏了翁书"毗卢庵"题记，按魏所署"朝散大夫、守太常少卿、兼国史院编修、实录院检讨官"职衔，题书应在南宋嘉定十六年（1223年）三月至十二月间[4]。第14号窟姚宷恭书"毗卢道场"题记，姚署衔"朝散郎、知重庆军府事"，也无从稽考。第15号龛镌刻"慈觉大师宗赜"颂文，考宗赜为

---

1 根据大佛湾第27龛明代刘畋人《重开宝顶石碑记》云："（赵智凤）年十六，西往弥牟，云游三昼。既还，命工首建圣寿本尊殿，因名其山曰宝顶。发弘誓愿，普施法水，御灾捍患，德洽远近，莫不飯依。凡山之前岩后洞，琢诸佛像，建无量功德。"碑文所述"前岩后洞，琢诸佛像"，即指大佛湾石窟的营建。可见，圣寿本尊殿（小佛湾）和大佛湾，都是在僧人赵智凤的主持和规划下营建的。

2 详见《大足石刻全集》第六卷第一章第三节之二《调查研究》。另见黎方银：《关于宝顶山小佛湾石窟几个问题的探讨》，大足石刻研究院编：《重庆大足石刻研究会第七届年会论文汇编》，2016年印制，第154—165页。

3 参见李裕群：《大足宝顶山广大宝楼阁图像考》，载重庆大足石刻艺术博物馆编：《2005年重庆大足石刻国际学术研讨会论文集》，文物出版社2007年版，第228页。

4 同前引书，第229页。

河北西路洺州永年人，云门宗青原下十三世法师，生卒年限在北宋中后期[1]。第17号龛镌刻"三圣御制佛牙赞"碑文，碑文旧刻在庐山西林乾明寺，翻刻于宝顶山大约在"孝宗淳熙以后"[2]。第29号窟甬道左壁镌刻魏了翁书"宝顶山"题记，似与第6号龛魏了翁题记的题书时间相当[3]。第29号窟甬道左壁镌刻李耆岗书"报恩圆觉道场"题记，李署衔"朝散大夫、知昌州军州事"，考其任职履历，李耆岗知昌州当在嘉定十一年（1218年）之后[4]。第29号窟甬道壁佚名书"宝岩"题记，所署"朝散郎、直秘阁、潼川府路（潧）知泸州军州兼管内劝农（潧）"职衔，因题名蚀，难于稽考[5]。第30号龛镌刻杨次公（杨杰）证道牧牛颂文，据《宋史》载，杨杰无为人，于哲宗朝在礼部和两浙一带任职[6]。综合上述分析，除第15号龛、第30号龛颂文分别采用了北宋宗赜和杨杰的颂文，其余可考的碑刻、题记，题书年代基本集中在南宋嘉定年间。尽管目前尚无法确定大佛湾各龛窟开凿的先后次第，但位于大佛湾谷口北崖末端的第22号龛显然是没有雕凿完工的龛像，南崖末端则是晚期续刻的龛像，因此，推测整个大佛湾龛像总体布局可能是以佛湾东崖为起点，即以东崖第11号龛为中心，然后沿南北两崖由东向西展开布局。结合上述所考碑刻、题记的题书年代，南崖第6号龛在南宋嘉定十六年（1223年），靠近谷口南崖末端的第29号窟也在同年，因此，似可认为大佛湾南崖龛像在嘉定十六年（1223年）时已初成规模。而北崖现存的第14号窟、第17号龛碑刻、题记，虽局限于资料不能考定其题书、翻刻年代，但据第14号窟"知重庆军府事"署衔，可知至少当在改恭州置重庆府的淳熙十六年（1189年）之后。北崖末端的第22号龛，在大佛湾整体布局中属于没有完工的龛像，参比大佛湾南崖的营建进度，可知大佛湾北崖的部分龛像在嘉定十六年（1223年）时并未完工。据宝顶山小佛湾第4号毗卢庵后壁所存《释迦舍利宝塔禁中应现之图碑》中南宋绍定四年（1231年）的镌刻纪年，表明宝顶山石窟在这一年仍还在营建之中。那么，大佛湾第22号龛停工的时间也当在1231年之后。

至于宝顶山大佛湾营建的上、下限年代，我们根据宝顶山现存的碑刻、题记和上述考论，可以做一个大致的界定。其上限年代，若据小佛湾第2号《七佛壁》宋嘉熙年间（1237—1240年）席存著所立碑刻（《赵智凤事实》碑）[7]，宝顶山石窟主建者赵智凤生于绍兴庚辰年（1160年）[8]，五岁出家，十六岁西往弥牟[9]，是年为宋孝宗淳熙三年（1176年）。赵智凤从弥牟回山的时间，席存著略云"复回山"。大佛湾第27号龛刘畋人《重开宝顶石碑记》则说其"云游三昼，既还，命工首建寿圣本尊殿[10]。""三昼"似为一个模糊的表述语，无法确切的推断赵智凤从弥牟回到宝顶山的时间。按照刘畋人《重开宝顶石碑记》的记述，赵智凤回山后即开始营建圣寿本尊殿（小佛湾），并在大佛湾雕造龛像。因此，大佛湾造像的上限年代可大致界定在南宋淳熙三年（1176年）左右。其下限年代，则可联系没有完工的第22号龛造像作为参照标尺。我们认为，第22号龛停工的原因跟佛教本身的造像仪轨或宗教旨向没有内在联系，因为有意绘制不完整的佛龛图像不会被视作圆满功德，也跟主建者的弘法誓愿相悖[11]。据大足南山第5号《三清古洞》右外壁上石于南宋淳祐七年（1247年）的《何光震饯郡守王梦应记》碑记载，在王梦应淳祐五年（1245年）新任昌州郡守前，大足曾一度陷于

1　侯冲断定宗赜为"北宋庆历至崇宁间（1041—1106年）人"，见侯冲：《宋僧慈觉新考》，载重庆大足石刻艺术博物馆编：《大足石刻研究文集》（5），重庆出版社2005年版，第263页。陈明光认为，宗赜"生于北宋皇祐五年、卒于政和三年前后（1053—1113年前后）"，见陈明光：《南宋大足宝顶山〈报父母恩德经变相〉辨正》，载重庆大足石刻艺术博物馆编：《大足石刻研究文集》（5），重庆出版社2005年版，第251页。
2　参见胡昭曦：《大足石刻宋碑〈三圣御制佛牙赞〉考析》，载《宋史研究论丛》第7辑，河北大学出版社2006年版，第584—603页。
3　据（元）脱脱等《宋史》载，杜孝严与魏了翁同为庆元五年（1199年）同科进士，两人又同在国史院和实录院任职，关系密切，故李裕群认为，《圆觉洞》魏了翁题名虽只明籍贯，未具结衔，但杜、魏有可能是同来宝顶山，年代应在嘉定十六年（1223年）。参见李裕群：《大足宝顶山广大宝楼阁图像考》，载重庆大足石刻艺术博物馆编：《2005年重庆大足石刻国际学术研讨会论文集》，文物出版社2007年版，第229页。
4　据（宋）刘克庄《后村集》卷四十三："（嘉定十一年）潼川路提刑兼提举丁必称奏，知资州李耆（岗）、磐石县令宇文之寅，辄移城外南津浮桥于西津，竹木纤弱，溺死十有四人，乞并罢黜。从之。"《四库全书》本。又见（清）徐松辑《宋会要辑稿》卷三千八百九十四："（嘉定十一年）知资州李耆岗、磐石县令宇文之寅并放罢，皆坐造桥鲁莽，以致溺死人命。从成都提刑丁必称请也。"中华书局影印本，1987年，第4083页。可知李耆岗嘉定十一年（1218年）在知资州任上，并因撤迁浮桥事故被罢免。陈灼认为，李耆岗在知资州任上被免，按宋代官职，应当在数年之后方可改任昌州知州，时间约在1223年前后。参见陈灼：《大足石刻史话》，中国戏剧出版社2008年版，第95页。
5　陈灼据"直秘阁""知泸州军州"署衔，推论题书者可能是魏了翁，因魏在嘉定十一年（1218年）由潼川府路转运使兼知遂宁府任上领诏命改任直秘阁、知泸州。参见陈灼：《大足石刻史话》，中国戏剧出版社2008年版，第96—98页。但此说尚无其它资料可以佐证。
6　（元）脱脱等《宋史》卷四四十三：元祐中，为礼部员外郎，出润州，除两浙提点刑狱。卒年七十。自号无为子，有文集二十余卷，乐记五卷。《四库全书》本。
7　（清）张澍《后游宝顶山记》云："就存字绎之，乃系赵本尊智凤事实也。"见《民国重修大足县志》卷一。
8　席存著《赵智凤事实》碑现仅存"承直郎"三字，《乾隆大足县志》录有该碑残文，计105字。但关于赵智凤生年，大佛湾第27龛外侧所刻明代刘畋人《重开宝顶石碑记》则明言赵生年在"宋高宗绍兴二十九年（1159年）七月十有四日"，比前碑所记早一年。刘畋人所记是否持之有据，抑或得闻于民间流传，难于确判。但两碑所记赵之生年，仅差一岁，似乎可信其生年不出此两年之间。
9　大佛湾第27龛明代刘畋人《重开宝顶石碑记》记述的赵智凤出家及出游弥牟的年岁与《赵智凤事实》碑相同，《赵智凤事实》碑言："五岁入山，持念经咒。十有六年，西往弥牟。"刘畋人《重开宝顶石碑记》云："……年甫五岁，雁尚华饰，遂落发剪爪，入其中为僧。……年十六，西往弥牟。"
10　大佛湾第27龛明代刘畋人《重开宝顶石碑记》一碑两刻，一为洪熙元年（1425年），一为宣德元年（1426年）。赵智凤所建本尊殿院额之称，洪熙碑作"圣寿"，宣德碑作"寿圣"。
11　在大佛湾、小佛湾包括其四周结界造像的多处龛像中，均刻有"假使热铁轮于我顶上旋，终不以此苦退失菩提心"的偈语，借此以表明主建者不畏艰难困苦，矢志不渝开龛建像的坚定心愿。

"狄难"（蒙军犯蜀）后的荒凉破败景象[1]。所以，我们认为宋蒙战争是导致宝顶山石窟停工的根本原因。据相关文献记载，自端平三年（1236年）秋，蒙古对四川发动大规模进攻，到是年底，四川绝大部分地区已被抄掠沦陷[2]。"素无城守兵卫"的昌州大足无法避免战祸袭扰，"存者转徙，仕者退缩"。端平之后的嘉熙年间（1237—1240年）也是岁无宁日，蒙军一直保持对四川的侵袭态势[3]。时任昌州军事判官席存著在小佛湾为赵智凤刻碑纪事，其意在彰显赵智凤的开山功德。但其时战乱不堪的局面，已使宝顶山失去了大规模营建石窟需要依托的稳定社会基础。此后直至王梦应在淳祐年间担任昌州郡守，虽无确证表明宝顶山石窟营建已然停滞，但至少已处于萧落尾声阶段。

宋以后元、明两朝，大佛湾未曾有开龛造像活动。直至清末民初，方有信众在南北两崖西侧末端雕凿了少量龛像，即宣统二年（1910年）开凿的第23龛，民国初年开凿的的第24、25龛。

从以上分析看，宝顶山大佛湾主体造像开凿于南宋之说是可信的。但对其具体的起止年代，仍需进一步探讨。鉴于此，大体可将宝顶山大佛湾主体造像的开凿年代确定在南宋淳熙至淳祐年间（1174—1252年）。

第三节　题材及定名

第1号　龛内刻自山顶向下的扑噬状的老虎一只，因此将该龛定名为"猛虎下山图"。

第2号　龛内上部刻9身立像，身着甲胄，面容怪异，作忿怒状。9身立像左右两端各刻3身兽首人身像，龛下部刻7身兽首人身像。据本龛铭文，并参照宝顶山佛祖岩《华严三圣》龛所刻经文，可知本龛造像所据佛经为《佛说守护大千国土经》。9身立像当中一身，即为释迦佛所化"大明王[4]"。"大明王"像左右两侧为"八部护法"和6个神通像，也即铭文中所说"八大六通[5]"。龛下部的7身兽首人身像，或即石刻经文中所说被镇伏的"天魔外道、鬼怪精灵[6]"。因此，将此龛定名为"护法神龛"。

第3号　本龛的主尊像和轮盘中的四圈图像，应据自《根本说一切有部毗奈耶》等佛典。蓬发张口、怀抱巨轮的主尊为无常大鬼，轮心卷发人及鸽子、蛇、猪像表现贪、瞋、痴"三毒"，轮盘第二圈所刻为天、人、阿修罗、地狱、恶鬼、畜生等"六道"，轮盘第三圈十八组人物图像为"十二缘起"及忧、悲、苦、恼等内容，轮盘第四圈所刻为众生投胎生死图像[7]。至于轮盘左右下方分刻裸猴少女、文臣武将及龛右下角猫鼠图，我们认为应是主建者根据本龛的宗教主旨添加的相关图像。因此，将此龛定名为"六道轮回图[8]"。

---

[1] 《何光震饯郡守王梦应记碑》云："昌邻于合，……独惜介在山址，距大江几二百里，素无城守兵卫。狄难以来，官吏民多不免焉。加以师旅，因以饥馑。存者转徙，仕者退缩，至州县官苟具而可，环千里荆榛矣。……侯以乙巳（淳祐五年）春正月至州，迨丁未（淳祐七年）冬首尾三年。"见本报告集第五卷上册第351—352页。

[2] （元）佚名《宋季三朝政要》卷一云："（端平三年）十二月，鞑靼国兵入普州、顺庆、潼川府，破成都府，掠眉州。一月五十四州俱陷破，独夔州一路及泸、果、合数州仅存。"《四库全书》本。

[3] 参见胡昭曦：《大足宝顶石窟的营建与宋蒙（元）战争》，载大足石刻研究院编：《2014年大足学国际学术研讨会论文集》，重庆出版社2016年版，第403—406页。

[4] （宋）施护译《佛说守护大千国土经》卷二："是时，世尊即现其身作大明王，说此大明王陀罗尼已，而作是言……"《大正藏》第19册，No.0999，第586页。

[5] 本龛铭文为"仰三界法，八大六通守护"。宝顶山佛祖岩《华严三圣》龛所刻经文为"……天龙八部，梵释、四王、苏罗、药叉护法拥护，天神、地神、雷神，八大六通……日夜巡查，护守施行"。（宋）施护译《佛说守护大千国土经》卷一云："尔时，世尊愍诸众生，别现愍相起变化行，以是行故，令此三千大千世界天人阿修罗，闻其音声生恭敬心，皆来集会。是时，索诃世界主梵天王，与梵天天子众俱；天帝释与忉利天众俱；四大天王与四天王天众俱；二十八大药叉将与三十二大力药叉俱；诃利帝母并其子及眷属俱。于夜分时来诣佛所。"《大正藏》第19册，No.0999，第578页。

[6] （宋）施护译《佛说守护大千国土经》卷一："时梵天众及余诸天，皆悉以此甚深经典神咒威力，降伏一切药叉、罗刹、步多鬼神，而为守护大千国土。"《大正藏》第19册，No.0999，第581页。

[7] （唐）义净译《根本说一切有部毗奈耶》卷三十四："……尔时世尊告阿难陀：'非一切时处常有大目乾连，如是之辈颇亦难得。是故，我今敕诸苾刍，于寺门屋下画生死轮。'时诸苾刍不知画法，世尊告曰：'应随大小圆作轮形，处中安毂，次安五辐，表五趣之相。当毂之下捺涅迦，于其二边傍生、饿鬼，次于其上可画人天，于人趣中应作四洲，东毗提诃，南赡部洲，西瞿陀尼，北拘卢洲。于其毂处作圆白色，中画佛像。于佛像前应画三种形，初作鸽形表多贪染，次作蛇形表多瞋恚，后作猪形表多愚痴。于其辋处作溉灌轮像，多安水罐，画作有情生死之像，生者罐中出头，死者罐中出足。于五趣处各画生形。周圆复画十二生生灭之相，所谓无明缘行，乃至老死。无明支应作罗刹像，行支应作瓦轮像，识支应作猕猴像，名色支应作乘船人像，六处支应作六根像，触支应作男女相摩触像，受支应作男女受苦乐像，爱支应作女人抱男女像，取支应作丈夫持瓶取水像，有支应作大梵天像，生支应作女人诞孕像，老死支应作男女衰老像，病应作男女带病像，死支应作舆死人像，忧应作男女忧戚像，悲应作男女啼哭像，苦应作男女受苦之像，恼应作男女挽难调骆驼像。于其轮上应作无常大鬼蓬发张口，长舒两臂抱生死轮。'"《大正藏》第23册，No.1442，第811页。又见（后秦）鸠摩罗什译《大智度论》卷三十："经说有五道，云何言六道？答曰：佛去久远，经法流传五百年后，多有别异，部部不同：或言五道，或言六道。若说五者，于佛经回文说五；说六者，于佛经回文说六。又诃衍中，《法华经》说有六趣众生。观诸义旨，应有六道。复次，分别善恶故有六道：善有上、中、下故，有三善道：天、人、阿修罗；恶有上、中、下故，地狱、畜生、饿鬼道。若不尔者，恶有三果报，而善有二果，是事相违；若有六道，于义无违。"《大正藏》第25册，No.1509，第280页。

[8] 胡良学称此龛为"六趣唯心图龛"，见胡良学：《大足宝顶大佛湾六趣唯心图之管见》，重庆大足石刻艺术博物馆编：《大足石刻研究文集》（3），中国文联出版社2002年版，第12页。温玉成则认为该龛为"第六地变相"，见温玉成：《大足宝顶石窟真相解读》，《2005年重庆大足石刻国际学术研讨会论文集》，文物出版社2007年版，第125页。

第4号　龛内从下至上刻三坐像、茂竹及童子、三楼阁等。学界对本龛造像内容的考论，观点不一[1]。我们认为，造像应根据《广大宝楼阁善住秘密陀罗尼经》而作。三坐像为"宝髻、金髻、金刚髻"三仙人，三仙人头后茂竹即为三仙人得到"广大宝楼阁善住秘密陀罗尼"妙法后，于其住所生长出来。童子则"生满十月"后，破竹而生。三楼阁则是童子入诸禅定第七日终成正觉后，由三竹变化而成[2]。因此，将本龛定名为"广大宝楼阁图"。

第5号　龛内刻一佛二菩萨，对于三像的定名，学术界的观点分歧较大[3]。我们倾向于认为是毗卢遮那佛与文殊、普贤的组合，故将本龛定名为"华严三圣龛"。

第6号　龛内刻一四层楼阁塔，第二级塔身额枋题刻"舍利宝塔"匾额，将该龛定名为"舍利宝塔龛"。

第7号　龛内上层刻一四级宝塔，中部刻一六角形亭阁，中部下端刻魏了翁题书"毗卢庵"，故将本龛定名为"毗卢庵"。

第8号　本龛主尊为菩萨坐像，戴化佛冠，身躯周围壁面浮雕八百三十只手臂，手心皆刻眼，共持有二百三十一件法器。另据遮覆该像的楼阁建筑在明清时惯称为"大悲阁"，以及相关碑刻、文献的记载，主尊身份应为"千手眼大悲像[4]"。主尊左右低坛各刻立像二身，左内侧男像持笏板，右内侧女像捧物，均作世俗装扮，似为供养人像[5]。外侧二身女像分别头顶猪首、象首，与此相似的是，莫高窟第3窟北壁千手观音二身胁侍亦头戴猪冠、象冠，该二像被认为是"毗那夜迦天"[6]。比照图像，宝顶的二女像亦当为毗那夜迦天。低坛外侧左端为一持袋作承接状的穷人，右端为一身材羸瘦，双手捧钵，作承接状的饿鬼。故将本龛定名为"千手眼大悲像龛"。

第9号　本龛图像大致可分作四层，每层刻楼阁建筑及诸多人物造像，人物像漶蚀模糊，难于辨识。但第一层楼阁门额存"化城"二字，第三层楼阁门额存"正觉院"三字，第四层左楼阁存"净土宫"三字，依铭文字义及各层图像的排列顺序，似为主建者依《妙法莲花经·化城喻品》的喻义设计的引导众生如何经"化城"而趋往"正觉""净土"的修行途径[7]。故将本龛定名为"化城龛"。

第10号　本龛造像亦漶蚀模糊，从造像特征和铺陈的情节判断，所刻似为佛传故事。按建筑和人物造像的位置关系，可将本龛造像分作下部造像、中部造像、上部造像等三部分。下部造像共12身，又可分作左第1组上方1身，左第1组下方1身，左第2组2身；

1　陈习删、郭相颖、李裕群认为该龛根据《广大宝楼阁善住秘密陀罗尼经》雕刻。分别参见陈习删：《大足石刻志略》，1955年油印本，第146页；郭相颖：《大足石刻研究》，重庆出版社2000年版，第52—53页；李裕群：《大足宝顶山广大宝楼阁图像考》，《2005年重庆大足石刻国际学术研讨会论文集》，文物出版社2007年版，第224—225页。李永翘、胡文和、黎方银则认为该龛根据《大宝广博楼阁善住秘密陀罗尼经》雕刻。分别参见刘长久、胡文和、李永翘编：《大足石刻研究》，四川省社会科学院出版社1985年版，第316—317页；黎方银：《大足石刻》，三秦出版社2004年版，第117页。李裕群认为《广大宝楼阁善住秘密陀罗尼经》和《大宝广博楼阁善住秘密陀罗尼经》二经的主要内容与结构几乎一致，但广大宝楼阁与大宝广博楼阁这两个名称互不相见，造像应《广大宝楼阁善住秘密陀罗尼经》雕刻。

2　(唐)菩提流志译《广大宝楼阁善住秘密陀罗尼经》卷一："……有一大山名宝山王。彼宝山中有三仙人，一名宝髻、二名金髻、三名金刚髻。彼三仙人系心专念佛法僧宝，复作是念：我等何时证无上正觉，度脱一切诸众生等……有大妙法，名广大宝楼阁秘密善住陀罗尼。时彼仙人得法欢喜欣庆勇跃，于其住处如新，醒酬消没于地，即于处处而生三竹，七宝为根，金茎叶竿，梢枝之上皆有真珠，香洁殊胜常有光明。往来见者，靡不欣悦。生满十月，便自裂破。一一竹内各生一童子，颜貌端正色相成就。时三童子亦既生已。各于竹下结跏趺坐，入诸禅定至第七日。于其夜中皆成正觉。其身金色三十二相八十种好圆光严饰。时彼三竹———变成高妙楼阁。尔时，便有广大宝楼阁秘密善住陀罗尼咒于虚空中以金书字……尔时世尊告执金刚菩萨摩诃萨。昔三仙人岂异人乎？今此宝幢塔中三全身如来，是彼时三竹者，今妙楼阁宝幢是。彼时地者今此地是。彼时世界者今此世界是。彼时仙人由闻此陀罗尼勤修习故，舍彼仙身，成等正觉……"《大正藏》第19册，No.1006，第638—639页。

3　一种意见认为是三世佛，参见杨家骆：《大足宝顶区石刻记略》，《文物周刊》1947年第21期；陈习删：《大足石刻志略》，1955年油印本，第150、151页；段玉明：《大足宝顶山大佛湾"华严三圣"质疑》，《四川文物》1988年第6期。另一种意见认为以应身佛释迦佛为主尊、文殊普贤为胁侍的华严三圣组合，参见陈清香：《大足石刻中的华严思想提要》，重庆大足石刻艺术博物馆编：《2005年重庆大足石刻国际学术研讨会论文集》，文物出版社2007年版，第278—296页。第三种意见认为是依据《圆觉经》表现的释迦三圣，参见胡文和：《大足、安岳宋代华严系统造像源流和宗教意义新探索——以大足宝顶毗卢道场和圆觉洞图像为例》，《敦煌研究》2009年第4期。第四种意见认为左右胁侍菩萨托举的舍利塔、法身塔具有成就法身的用意，因此主尊很有可能是毗卢遮那佛，与文殊普贤组合形成华严三圣，并举出不戴宝冠的毗卢遮那佛的例证。参见李静杰：《大足宝顶山南宋石刻造像组合分析》，大足石刻研究院编：《2014年大足学国际学术研讨会论文集》，重庆出版社2016年版，第7页。

4　参见李崇峰：《千手眼大悲像的初步考察——以大足宝顶为例》，《石窟寺研究》第6辑，科学出版社2016年版，第348—375页。

5　胡文和认为该二像是"婆薮仙"和"吉祥天女"，胡文和：《四川与敦煌石窟中"千手千眼大悲变相"的比较研究》，《佛学研究中心学报》第三期，1998年，第315页。

6　王惠民：《敦煌千手千眼观音像》，《敦煌学辑刊》，1994年第一期（总第25期），第70页。

7　见(后秦)鸠摩罗什译《妙法莲华经》卷三："诸比丘！如来亦复如是，今为汝等作大导师，知诸生死烦恼恶道险难长远，应去应度。若众生但闻一佛乘者，则不欲见佛，不欲亲近，便作是念：'佛道长远，久受勤苦乃可得成。'佛知是心怯弱下劣，以方便力，而于中道为止息故，说二涅槃。若众生住于二地，如来尔时即便为说：'汝等所作未办，汝所住地，近于佛慧，当观察筹量所得涅槃非真实也。但是如来方便之力，于一佛乘分别说三。'如彼导师，为止息故，化作大城。既知息已，而告之言：'宝处在近，此城非实，我化作耳。'"《大正藏》第9册，No.0262，第26页。

右第1组2身，右第2组2身；门楼正面4身。据其造像特征，推测左第1组上方像为乔达摩太子出游四门的出东门遇老人[1]，左第1组下方像为出南门遇病人[2]，右第2组为出西门遇死人[3]，右第1组为出北门遇比丘[4]，左第2组为太子出游场面[5]，门楼正面为化现太子所见"老""病""死""比丘"的诸天像[6]。中部造像共4身，包括城池护墙内侧的左组和右组造像。据其造像特征，推测左组为太子赴学[7]，右组为太子比试射艺[8]。上部造像共11身，包括主殿前侧、左右配殿前侧和右配殿屋顶上方造像。此部分造像在本龛内出现的人物、场景最多，图像情节围绕殿宇建筑加以叙述，整体应是表现一完整故事情节。从造像装束和分布位置看，推测为太子出家情节[9]。本龛表现乔达摩太子学艺、出游的情节内容较多，但铺陈的最后结局似在表现太子出家，因此，将本龛定名为"太子出家图"。

第11号　龛内主尊佛像头北足南，面西背东，右胁而卧，符合经典中对于释迦涅槃方位、姿势的记述，因此将本龛定名为"释迦牟尼涅槃图"。佛身前侧头戴冕旒的君王像、菩萨像、卷发像、俗者像，即是表现弟子与信众举哀的场面。佛身上方所刻云纹中9身女像，应是表现佛母摩耶夫人率眷属于忉利天下临举哀的场景[10]。

1　（后汉）竺大力、康孟详译《修行本起经》卷二："始出东城门……化作老人，踞于道傍，头白齿落，皮缓面皱……躯体战慄。"《大正藏》第3册，No.184，第466页。又见（西晋）竺法护译《普曜经》卷三："尔时菩萨出东城门……于时诸天化作老人，头白齿落目冥耳聋，短气呻吟扶杖偻步住于中路。"《大正藏》第3册，No.186，第502页。又见（隋）阇那崛多译《佛本行集经》卷三十三："从城东门……是时作瓶天子于街巷前，正当太子，变身化作一老弊人，伛偻低头，口齿疏缺。"《大正藏》第3册，No.190，第720页。

2　（后汉）竺大力、康孟详译《修行本起经》卷二："于是太子，驾乘出城南门。天化为病人，在于道侧，身瘦腹大……目不见色，耳不闻声，呻吟呼吸，手足摸空，唤呼父母，悲恋妻子。"《大正藏》第3册，No.184，第466页。又见（西晋）竺法护译《普曜经》卷三："菩萨驾乘出南城门，复于中路见疾病人，水腹身羸，卧于道侧，气息张口，命将欲绝。"《大正藏》第3册，No.186，第503页。又见（隋）阇那崛多译《佛本行集经》卷一："从城南门，渐渐而出……作瓶天子即于太子前路，化作一病患人，连骸困苦，水注腹肿，受大苦恼，身体羸瘦，臀胫纤细。"《大正藏》第3册，No.190，第722页。

3　（后汉）竺大力、康孟详译《修行本起经》卷二："出西城门，天作死人，扶舆出城，室家随车，啼哭呼天，奈何舍我，永为别离。"《大正藏》第3册，No.184，第467页。又见（西晋）竺法护译《普曜经》卷三："太子乘驾出西城门，见一死人着于床上，家室围绕，举之出城，涕泣悲哭，椎胸呼嗟，头面尘垢，泪下如雨。"《大正藏》第3册，No.186，第503页。又见（隋）阇那崛多译《佛本行集经》卷一："从城西门出，向于外观看园林。时作瓶天子于太子前，化作一尸，卧在床上，众人异行。复以种种妙色㲲衣张施其上，作于斗帐。别有无量无边姻亲，左右前后围绕哭泣，或有散发，或有搥胸，或复拍头交横两臂。"《大正藏》第3册，No.190，第723页。

4　（后汉）竺大力、康孟详译《修行本起经》卷二："复欲游观，严驾出北城门。天复化作沙门，法服持钵，行步安详，目不离前。"《大正藏》第3册，No.184，第467页。又见（西晋）竺法护译《普曜经》卷三："出北城门，见一沙门，寂静安徐，净修梵行，诸根寂定，目不妄视，威仪礼节，不失道法，衣服整齐，手执法器。"《大正藏》第3册，No.186，第503页。又见（隋）阇那崛多译《佛本行集经》卷一："从城北引驾而去。尔时，作瓶天子以神通力，去车不远，于太子前，化作一人，剃除须发，着僧伽梨，偏袒右肩，手执锡杖，左掌擎钵。"《大正藏》第3册，No.190，第724页。

5　（后汉）竺大力、康孟详译《修行本起经》卷二："王敕国中，太子当出，严整道巷，洒扫烧香，悬缯幡盖，务令鲜洁。太子导从，千乘万骑，始出东城门。……王问其仆：'太子出游，何故速还？'其仆答言：'道逢老人，伤念不乐。'"《大正藏》第3册，No.184，第466—467页。又见（西晋）竺法护译《普曜经》卷三："即时受教，皆当如法。严治已竟，悬缯幡盖，兵众围绕，导从前后。"《大正藏》第3册，No.186，第502页。

6　（后汉）竺大力、康孟详译《修行本起经》卷二："难提和罗，化作老人，踞于道傍。"《大正藏》第3册，No.184，第466页。又见（西晋）竺法护译《普曜经》卷三："于时诸天化作老人，头白齿落，目冥耳聋。"《大正藏》第3册，No.186，第502页。又见（隋）阇那崛多译《佛本行集经》卷一："是时作瓶天子于街巷前，正当太子，变身化作一老弊人。"《大正藏》第3册，No.190，第722页。

7　（后汉）竺大力、康孟详译《修行本起经》卷二："师闻太子至，即出拜迎。太子问言：'此为何人？'臣言：'是国教书师也。'太子问言：'阎浮提书凡有六十四种，即数书名，今用何书，以相教示？'梵志惶怖，答太子言：'六十四种，己所未闻，唯持二书，以教人民。实问归命，愿极不及。'"《大正藏》第3册，No.184，第465页。又见（西晋）竺法护译《普曜经》卷三："菩萨乘羊车将诣书师，适入书堂欲见其师，师名选友，时见威神光曜，不能堪任，即僻堕地。……太子谓师：'是六十四书，欲以何书而相教乎？'时师选发欢然悦豫，弃捐自大，说是偈言：难及真净教，在世兴悲哀；悉学一切典，现入书教中。咸宣诸书名，吾不知其末；皆达此众书，故复示入学。"《大正藏》第3册，No.186，第498页。又见（刘宋）求那跋陀罗译《过去现在因果经》卷一："于时太子见此事已，即问其师言：'此何等书？阎浮提中，一切诸书，凡有几种？'师虽默然不知所答。又复问言：'此阿一字，有何义义？'师又默然亦不能答。内怀惭愧，即从座起，礼太子足而赞叹言：'太子初生行七步时，自言天人之中最尊最胜，此言不虚，唯愿为说阎浮提书凡有几种。'太子答言：'阎浮提中，或有梵书，或佉楼书，或莲花书，有如是等六十四种。此阿字者，是梵音声，又其字义，是不可坏，亦是无上正真道义，凡此义，无量无边。'尔时婆罗门，深生惭愧。还至王所，而白王言：'大王！太子是天人中第一之师，云何而欲令我教耶？'"《大正藏》第3册，No.189，第627页。

8　（后汉）竺大力、康孟详译《修行本起经》卷二："告其仆言：'吾先祖有弓，今在天庙，汝取持来。'即往取弓，二人乃胜，令与众人无能举者……太子揽牵弹弓之声，闻四十里。弯弓放箭，彻过七鼓，再发穿鼓入地，泉水涌出，三发贯鼓着铁围山。"《大正藏》第3册，No.184，第465页。又见（西晋）竺法护译《普曜经》卷三："尔时菩萨执弓注箭，实时放拨，中百里鼓而穿坏之，箭没地中铁泉自出，箭便过去中铁围山。"《大正藏》第3册，No.186，第502页。又见（刘宋）求那跋陀罗译《过去现在因果经》卷一："弓既至已，太子即牵以放一箭，彻过诸鼓，然后入地，泉水流出，又亦穿过大铁围山。"《大正藏》第3册，No.189，第628页。

9　（后汉）竺大力、康孟详译《修行本起经》卷二："时难提和罗，化作宫殿尽为冢墓，裘夷伎女皆成死人，骨节解散，髑髅异处，脓腥烂臭，青瘀脓血，流漫相属……至夜半后，明星出时，诸天侧塞虚空，劝太子去。……即呼车匿，急令被马。车匿言：'天尚未晓，被马何凑？'……四神接足，令脚不着地。太子即上马，出行诣城门，诸天、龙神、释梵四天，皆悉导从，盖于虚空。"《大正藏》第3册，No.184，第467—468页。又见（西晋）竺法护译《普曜经》卷三、四云："宿夜将护，高其墙壁，深掘池堑；更立城门，门开闭声闻四十里；立诸宿卫勇猛之士，被铠执仗于四门，皆敕众兵勿有遗漏，莫有太子舍吾出家，于其宫里亦宿卫之；益众伎女娱乐众妓，令太子悦不怀忧感……菩萨从座起，则住空中犹如雁王。城中男女皆疲极寐。凫雁鸳鸯孔雀赤嘴，异类众鸟亦疲极寐；不见众色，象马骑步诸释姓，兵仗宿卫诸师寮属，亦皆熟寐。尔时菩萨普观眷属……乱头倚鼓，委担伏琴，更相扶技，臀脚委地……菩萨遍观顾视其妻，具见形体……故曰：'贪淫致老，瞋恚致病，愚痴致死，除此三者乃可得道。一切所有皆如幻化，三界无怙，唯道可恃。日月宫殿诸天子等，住其左右，各执华香缯彩幡盖，夜已向半……尔时菩萨见城中人皆悉眠寐，察欲夜半即便起立，沸星适现，知时可出，天帝释梵与无数亿百千诸天，手执华香杂香捂香华盖幡幡。"《大正藏》第3册，No.186，第501—507页。又见（隋）阇那崛多译《佛本行集经》卷一："今夜持更，悉执器仗，共守门合……以神通力，令诸婇女身体服饰纵横不正，或复褰袒，不能收敛其中。复见鬼星已与月合，时诸天等唱大声言：'大圣太子！鬼宿已合，今时至矣，欲求胜法，莫住于此。人王师子，时至速疾，弃舍出家。'"《大正藏》第3册，No.190，第728、730页。

10　（萧齐）昙景译《摩诃摩耶经》卷二："尔时摩诃摩耶，闻阿那律说此偈已，闷绝躄地，诸天女等，以冷水洒面，良久乃稣。自捩头发，绝庄严具，悲泣垂泪而作此言：'我于昨夜得五恶梦，决定当佛入涅槃。今者果见阿那律来云，已灭度在双树间，不久便应就荼毗，何其苦哉！世间眼灭，何其疾哉！'……涕泣懊恼不能自胜，与于无量诸天女等眷属围绕，作妙伎乐，烧香散花，歌颂赞叹。从空来下，趣双树所，到娑罗林中已，遥见佛棺，即大闷绝不能自胜。"《大正藏》第12册，No.0383，第1012页。

420　大足石刻全集　第七卷（上册）

第12号　龛上方刻云气之中九龙游动，中下方体量较大的龙头张口吐水灌沐下方端坐的一身童子头顶，两侧各有一天王扶持童子身下方盆。图像如《普曜经》所记九龙浴太子[1]。因此，将此龛定为"九龙浴太子图"。

第12-1号　中央刻女像右手抬起握持树枝，手下立一半身赤裸童子，左侧立一侍女，应是表现释迦树下出生的佛传故事[2]。因此，将此龛定名为"太子降生图"。

第13号　主尊为菩萨像，一面四臂，手持孔雀尾、莲花、果实、经书，结跏趺坐于展翅的孔雀身上，其形象、臂数、持物、姿势、孔雀座基本上符合不空译《佛说大孔雀明王画像坛场仪轨》的记载[3]。主尊两侧人物和场景出自孔雀明王相关译经，主尊身侧各侍立二人，从其体量、姿势和位置来看四人身份大致相当，其中右外侧一像龙首人身，为"西方有大天王，名曰广目，是大龙主[4]"。左外侧一像举手示意左上方刻有"药叉"的旗帜，应为"北方有大天王，名曰多闻，是药叉主[5]"。而左右内侧的两像则分别为持国天王和增长天王，皆为孔雀明王眷属守卫四方。左壁左上角刻一扑倒像和一站立念诵像者，为"莎底比丘破薪[6]"。右壁右上角持幡像和持金刚杵像者，据幡上铭文为"天胜修罗[7]"。右壁上排中部一女像手持经书坐于孔雀之上，表现的正是金曜孔雀王驮孔雀婇女逃脱捕猎的情节[8]。前述四天王像左侧"药叉"旗下原应刻有药叉神将，可能是"多闻天王法兄弟[9]"，今已残不可识。右侧刻一女像捧盘侍立，或为与药叉身份地位接近的鬼女或罗刹女[10]。本龛左右侧下方刻出龙、虎、蛇、犬、龟等兽类，龙虎俱作狰狞状，而在大佛湾群像中犬蛇是地狱场景的代表性动物，因此认为此类造像可能是为了显示孔雀明王震慑诸邪的威力，为经中所说"恶兽怨敌恶友等，亦不能违越，悉皆远离[11]"。综合而言，本龛表现的是据《佛说大孔雀明王画像坛场仪轨》雕凿的孔雀明王和据《佛母大孔雀明王经》雕凿的孔雀明王经变相，为与单尊孔雀明王造像区分，将本龛定名为"孔雀明王经变相"。

第14号　本窟外立面窟口上方东西两侧刻有16个圆龛佛像，其中一个残毁。窟口下方东西两侧刻有4身天王像。窟内以正壁转轮藏为中心，转轮藏帐身正面欢门内刻一戴冠结跏趺坐佛像，嘴角有两道毫光。转轮藏东西两侧对称排列8组雕像，各组以戴冠佛像为主尊，文殊普贤为胁侍，并在其上下方组合其他相关图像。按本窟窟口上方所题"毗卢道场"匾额，可知本窟造像内容应是以毗卢遮那佛为主尊的说法图像。窟口外侧上方的十六佛像，疑是据自《妙法莲华经》的十六王子成佛像[12]；窟口外侧下方的四天王像，疑即指东、南、西、北方四天王[13]。窟内的造像，就现存的转轮藏欢门佛像、西一、西二、西三、南壁西侧及南壁东侧共6组像，据其造像特

1　（西晋）竺法护译《普曜经》卷二："尔时菩萨从右胁生，忽然见身住宝莲华，堕地行七步，显扬梵音无常训教：'我当救度天上天下，为天人尊，断生死苦，三界无上，使一切众无为常安。'天帝释梵忽然来下，杂名香水洗浴菩萨，九龙在上而下香水，洗浴圣尊，洗浴竟已身心清净。"《大正藏》第3册，No.0186，第494页。

2　（后汉）竺大力、康孟详译《修行本起经》卷一："夫人出游，过流民树下，众花开化，明星出时，夫人攀树枝，便从右胁生堕地。"《大正藏》第3册，No.0184，第464页。

3　（唐）不空译《佛说大孔雀明王画像坛场仪轨》云："头向东方白色，着白缯轻衣，头冠璎珞耳珰臂钏种种庄严。乘金色孔雀王，结跏趺坐白莲华上，或青绿花上。住慈悲相有四臂，右边第一手执开敷莲华，第二手持俱缘果，左边第一手当心掌持吉祥果，第二手执三五茎孔雀尾。"《大正藏》第19册，No.0983A，第440页。

4　（唐）不空译《佛母大孔雀明王经》卷二，《大正藏》第19册，No.0982，第422页。

5　（唐）不空译《佛母大孔雀明王经》卷二，《大正藏》第19册，No.0982，第422页。

6　（唐）不空译《佛母大孔雀明王经》卷一："时有一苾刍名曰莎底，出家未久，新受近圆，学毗奈耶教。为众破薪，营溦浴事。有大黑蛇从朽木孔出，蜇彼苾刍右足拇指，毒气遍身，闷绝于地，口中吐沫，两目翻上。尔时佛告阿难陀见彼苾刍为毒所中，极受苦痛。疾往佛所，礼双足已，而白佛言：'世尊，莎底苾刍为毒所中，受大苦痛。具如上说，如来大悲，云何救护？'作是语已，尔时佛告阿难陀：'我有摩诃瑜利佛母明王大陀罗尼，有大威力，能灭一切诸怖畏灾恼，摄受覆育一切有情，获得安乐。汝持我此佛母明王陀罗尼，为莎底苾刍而作救护。'"《大正藏》第19册，No.0982，第416页。

7　关于帝释与阿修罗战斗之事，散见于佛经记载。如（隋）阇那崛多等译《起世经》卷八云："诸比丘！我念往昔，有释天王与阿修罗欲兴战斗……时三十三天受帝释命，依教奉行。阿修罗，亦如是教。诸比丘！当尔战时，诸天得胜，即以五系缚阿修罗王，将诣善法堂所。尔时，毗摩质多罗阿修罗王，既被五系，在大众前，见天帝释，入善法堂就座而坐，即出恶言，种种骂詈毁辱天主。……诸比丘！汝等当知，尔时帝释则我身是。我于彼时，身作三十三天王，自在治化，受胜福报，纵任快乐而常怀忍，不赞叹恚，乐行调柔，无复瞋恚，亦恒赞叹无瞋恚者。"《大正藏》第1册，No.0024，第335—350页。又如（唐）不空译《佛母大孔雀明王经》卷二："此等女鬼，有大神力，具大光明，形色圆满，名称周遍。天阿苏罗共战之时，现大威力，彼亦以此佛母大孔雀明王真言，守护于我并诸眷属寿命百年。"《大正藏》第19册，No.0982，第428页。

8　（唐）不空译《佛母大孔雀明王经》卷一："彼金曜孔雀王，忽于一时忘诵此佛母大孔雀明王陀罗尼，遂与众多孔雀婇女，从林至林，从山至山，而为游戏贪欲，爱着放逸，昏迷入山穴中。捕猎怨家伺求其便，遂以鸟胃缚孔雀王，被缚之时忆本正念，即诵如前佛母大孔雀明王陀罗尼，于所紧缚自然解脱，眷属安隐至本住处。"《大正藏》第19册，No.0982，第418页。

9　（唐）不空译《佛母大孔雀明王经》卷二，《大正藏》第19册，No.0982，第427页。

10　（唐）不空译《佛母大孔雀明王经》卷二："如是鬼女，于菩萨处胎初生时及生已，此等鬼女常为守护。"《大正藏》第19册，No.0982，第428页。

11　（唐）不空译《佛母大孔雀明王经》卷二，《大正藏》第19册，No.0982，第438页。

12　（后秦）鸠摩罗什译《妙法莲华经》卷三："其佛（大通智胜如来）未出家时，有十六子……闻父得成阿耨多罗三藐三菩提，皆舍所珍往诣佛所……尔时十六王子偈赞佛已，劝请世尊转于法轮……见大通智胜如来处于道场菩提树下，坐狮子座。诸天、龙王、干闼婆、紧那罗、摩睺罗伽、人非人等恭敬围绕……尔时大通智胜如来，受十方诸梵天王及十六子请，即时三转十二行法轮……尔时十六王子，皆以童子出家而为沙弥，诸根通利，智慧明了，已曾供养百千万亿诸佛，净修梵行，求阿耨多罗三藐三菩提……彼佛弟子十六沙弥，今皆得阿耨多罗三藐三菩提。于十方国土，现在说法，有无量百千万亿菩萨声闻，以为眷属。其二沙弥，东方作佛，一名阿閦，在欢喜国，二名须弥顶。东南方二佛，一名师子音，二名师子相。南方二佛，一名虚空住，二名常灭。西南方二佛，一名帝相，二名梵相。西方二佛，一名阿弥陀，二度一切世间苦恼。西北方二佛，一名多摩罗跋栴檀香神通，二名须弥相。北方二佛，一名云自在，二名云自在王。东北方佛，名坏一切世间怖畏，第十六，我释迦牟尼佛，于娑婆国土，成阿耨多罗三藐三菩提。"《大正藏》第9册，No.0262，第22页。

13　（后秦）鸠摩罗什译《大智度论》卷五十四："四天王天者，东方名提多罗咤（秦言治国），主干闼婆及毗舍阇；南方名毗流离（秦言增长），主拘盘荼及薜荔多；西方名毗流波叉（秦言杂语），主诸龙王及富多那；北方名鞞沙门（秦言多闻），主夜叉及罗刹。"《大正藏》第25册，No.1509，第443页。

征，并参照与其他图像的组合关系，可比照于《大方广佛华严经》所述的"七处九会[1]"中的对应法会。转轮藏欢门佛像，嘴角刻有两道飘升的毫光，疑即第一菩提道场会[2]。西一组毗卢佛上方天宫楼阁题有"兜率天宫"四字，即第五兜率天会[3]。西二组毗卢佛上方结跏趺坐佛像，头部已漶蚀剥落，其右下方刻一站立菩萨作俯视状，突显该菩萨的显著地位，疑该菩萨即《华严经·如来出现品》中为众菩萨宣说十无量法的普贤菩萨，故此组像或即第七普光明殿会[4]。西三组毗卢佛上方结跏趺坐佛像，于其左右足足趾间刻有两道向上飘升的毫光，疑即第三忉利天会[5]。南壁西侧组像毗卢佛上方楼阁中结跏趺坐佛像，头部已残毁，但头右侧残存一毫光遗迹，疑即第六他化自在天会[6]。南壁东侧组像毗卢佛上方楼阁中结跏趺坐佛像，于其眉间刻有两道向上飘升的毫光，疑即第九逝多林重阁讲堂会[7]。南壁窟口上方东西两侧各刻有一童子像，东侧童子像头顶上方刻有一只从云纹中伸出的大手臂，疑即《华严经·入法界品》所言善财童子欲拜见文殊菩萨，而文殊遥伸手臂摩按其顶一事[8]。综合上述内容，本窟的定名，若依窟门上方匾额题名，可称为"毗卢道场"；若依窟内组像内容，可定名为"华严经'七处九会'变相"。

第15号 本龛造像可分作三层，上层为7身佛像，中层排列11组组雕，下层表现罪人于地狱受罚场景。上层7身佛像即毗婆尸佛、尸弃佛、毗舍婆佛、拘楼孙佛、拘那含佛、迦叶佛、释迦佛等过去七佛[9]。中层11组表现父母抚育子女的种种恩德，按榜题为"序品投佛祈求嗣息""第一怀胎守护恩""第二临产受苦恩""第三生子忘忧恩""第四咽苦吐甘恩""第五推干就湿恩""第六乳哺养育恩""第七洗濯不净恩""第八为造恶业恩""第九远行忆念恩""第十究怜悯恩"。下层据石刻铭文则是表现不孝之人堕入阿鼻地狱受苦受罚的场景。本龛的造像内容应是据自中国唐代僧人编撰的《父母恩重经》系统中的《报父母恩重经》[10]，并采撷宋代宗赜禅师的《劝孝文》颂词而作[11]。因此，将本龛定名为"报父母恩重经变相"。

第16号 本龛上部刻4身主像，右侧刻一侍从像，四像中部下侧现存一遭雷劈火烧的受刑像。下部现存2像，一像仰卧，一像俯卧，身体周侧刻火焰燃烧。4身主像按从左至右顺序，第一像手抱鼓囊的口袋；第二像持手锤，身外环绕7面大鼓；第三像双手各持一面放射毫光的镜子；第四像骑于龙身，手持钵和枝丫。据此特征，并参照龛中部现存的《古圣雷音霹雳诗》铭文，4身主像应是风

---

1 "七处九会"即第一菩提道场会，第二、七、八普光明殿会，第三忉利天会，第四夜摩天会，第五兜率天会，第六他化天会，第九逝多林重阁讲堂会。

2 （唐）实叉难陀译《大方广佛华严经》卷六："一时，佛在摩竭提国阿兰若法菩提场中，始成正觉……尔时，世尊知诸菩萨心之所念，即于面门众齿之间，放佛刹微尘数光明，所谓：众宝华遍照光明、出种种音庄严法界光明、垂布微妙云光明、十方佛坐道场现神变光明、一切宝焰云盖光明、充满法界无碍光明、遍庄严一切佛刹光明、迴建立清净金刚宝幡光明、普庄严菩萨众会道场光明、妙音称扬一切佛名号光明……如是等佛刹微尘数，一一复有佛刹微尘数光明以为眷属，其光悉具众妙宝色，普照十方各一亿佛刹微尘数世界海。彼世界海诸菩萨众，于光明中，各得见此华藏庄严世界海。"《大正藏》第10册，No.0279，第1、26页。

3 （唐）实叉难陀译《大方广佛华严经》卷二十二："……尔时，世尊复以神力，不离于此菩提树下及须弥顶、夜摩天宫，而往诣于兜率陀天一切妙宝所庄严殿……"《大正藏》第10册，No.0279，第115页。

4 （唐）实叉难陀译《大方广佛华严经》卷五十："尔时，如来即于口中放大光明，名：无碍无畏。百千阿僧祇光明以为眷属，普照十方尽虚空等法界一切世界，右绕十匝，显现如来种种自在，开悟无量诸菩萨众，震动一切十方世界，除灭一切诸恶道苦，映蔽一切诸魔宫殿，显示一切诸佛如来坐菩提座成等正觉及以一切道场众会。作是事已，而来右绕菩萨众会，入普贤菩萨摩诃萨口，其光入已普贤菩萨身及师子座，过于本时及诸菩萨身座百倍，唯除如来师子之座。"《大正藏》第10册，No.0279，第262页。

5 （唐）实叉难陀译《大方广佛华严经》卷十六："……尔时，世尊从两足指放百千亿妙色光明，普照十方一切世界须弥顶上帝释宫中，佛及大众靡不皆现。"《大正藏》第10册，No.0279，第81页。

6 （唐）实叉难陀译《大方广佛华严经》卷三十四："尔时，世尊从眉间出清净光明，名：菩萨力焰明。百千阿僧祇光明以为眷属，普照十方一切世界靡不周遍，三恶道苦皆得休息；又照一切如来众会，显现诸佛不思议力；又照十方一切世界，一切诸佛所加说法菩萨之身。作是事已，于上虚空中成大光明云网台而住。"《大正藏》第10册，No.0279，第180页。

7 （唐）实叉难陀译《大方广佛华严经》卷六十一："尔时，世尊欲令诸菩萨安住如来师子频申广大三昧故，从眉间白毫相放大光明，其光名：普照三世法界门，以不可说佛刹微尘数光明而为眷属，普照十方一切世界海诸佛国土。"《大正藏》第10册，No.0279，第327页。

8 （唐）实叉难陀译《大方广佛华严经》卷八十："是时，文殊师利遥伸右手，过一百一十由旬，按善财顶，作如是言：'善哉善哉！善男子！若离信根，心劣忧悔，功行不具，退失精勤，于一善根心生住着，少少功德便以为足，不能善巧发起行愿，不为善知识之所摄护，不为如来之所忆念，不能了知如是法性、如是理趣、如是法门、如是所行、如是境界；若周遍知、若种种知、若尽源底、若解了、若趣入、若解说、若分别、若证知、若获得，皆悉不能。'"《大正藏》第10册，No.0279，第439页。

9 参见孙修身：《大足宝顶与敦煌莫高窟佛说父母恩重经变相的比较研究》，《敦煌研究》1997年第1期；古正美：《大足佛教孝经经变的佛教源流》，大足石刻艺术博物馆编：《2005年重庆大足石刻国际学术研讨会论文集》，文物出版社2007年版，第136—172页。

10 参见马世长：《〈报父母恩重经〉与相关变相图》，《宿白先生八秩华诞纪念文集》编辑委员会：《宿白先生八秩华诞纪念文集》，文物出版社2002年版，第521—586页；李晓红、魏文斌：《麦积山明代写本〈报恩仪文〉初步研究》，重庆大足石刻艺术博物馆：《大足石刻研究文集》（5），重庆出版社2005年版，第390—400页。古正美：《大足佛像孝经经变的佛教源流》，重庆大足石刻艺术博物馆编：《2005年重庆大足石刻国际学术研讨会论文集》，文物出版社2007年版，第136—172页。

11 参见侯冲：《宗赜〈孝行录〉及其与大足宝顶劝孝石刻的关系》，《中国佛学》第2卷第2期，1999年秋季号，第175—194页；陈明光：《南宋大足宝顶山〈报父母恩德经变相〉辨正——赐紫慈觉禅师宗赜溯源》，重庆大足石刻艺术博物馆编：《大足石刻研究文集》（5），重庆出版社2005年版，第251页。

伯、雷公、电母、雨师四神。又据上部右侧侍从像手持簿册上的铭文，文云："敕煞五逆者[1]。"可知本龛与前第15号龛存有内容上的连续性，并延展了所惩罚罪业的种属与范围。关于本龛的定名，学术界称别不一[2]，考虑本龛造像主旨是借风、雷、电、雨四神的神威，以表现"五逆"之人必在阿鼻地狱领受烧煞等无尽之苦，故将本龛从名为"雷音图"。

第17号　本龛的主尊为结说法印的半身佛像，佛头顶刻1组"忉利天宫"图像，头左右两侧共刻有5组小图像，佛像左右两侧共刻有12组组雕。根据佛像两侧12组组雕的榜题铭文，可知本龛刻像内容的主要经典依据出自《大方便佛报恩经》，主尊像应为释迦佛。佛头顶及两侧共6组小图像应是天、人、阿修罗、地狱、畜生、饿鬼等六趣身像[3]。佛像两侧的12组组雕，按榜题，左侧6组为"六师外道谤佛不孝""释迦因地鹦鹉行孝""释迦因地行孝剜睛出髓为药""释迦因行孝证三十二相""佛因地修行舍身济虎""释迦因地割肉供父母"；右侧6组为"释迦因地雁书报太子""释迦因地剜肉""释迦佛因地为睒子行孝""释迦佛因地修行舍身求法""释迦牟尼佛诣父王所看病""释迦牟尼佛为末世众生设化法故担父王棺"。关于本龛的经典依据和定名，学术界尚有争议[4]。侯冲将12组组雕与云南发现的抄本《孝顺仪》比勘，发现有9组相同，进而推论本龛取材于《孝顺仪》所本的宗赜《孝行录》[5]。我们倾向于认为本龛造像的主要依据是《大方便佛报恩经》，虽然同时采撷了宗赜《孝行录》的相关内容[6]，但《孝行录》关于佛陀的行孝事迹则是《大方便佛报恩经》的衍生版本，故将本龛定名为"大方便佛报恩经变相"。

第18号　本龛造像大致可分为三部分内容。上部分刻一佛二菩萨3身像及天宫楼阁、天众、飞天、乐童、金翅鸟等图像，下部分刻9组图像，龛左右两侧共刻16组图像。根据图像匹配的榜题和经文，可知本龛造像表现的是西方净土的庄严极乐世界和"三品九生""十六观"等内容。上部一佛二菩萨像即阿弥陀佛与观音、大势至二胁侍菩萨。三像下方勾栏、宝树表现"七重栏楯，七重罗网，七重行树，皆是四宝周匝围绕"，勾栏柱头所持乐器的童子表现"彼佛国土常作天乐"，勾栏之间遍布莲花的水池表现"极乐国土有七宝池，八功德水充满其中。……池中莲花大如车轮，青色青光，黄色黄光，赤色赤光，白色白光，微妙香洁"，池上楼阁表现"上有楼阁，亦以金、银、琉璃、玻璃、砗磲、赤珠、玛瑙而严饰之"。空中各色飞鸟表现"彼国常有种种奇妙杂色之鸟"，两身菩萨身侧的供养菩萨、飞天和头顶十佛表现"其国众生常以清旦，各以衣裓盛众妙华，供养他方十万亿佛"[7]。下部的"三品九生"图像，上品三生居中，中品三生居左，下品三生居右。每品的上生图居中，中生图居左，下生图居右。除上品上生为四菩萨外，其余每

---

[1] 佛教所谓"五逆"恶行，可散见于诸多佛经的记述。如（东晋）瞿昙僧伽提婆译《增壹阿含经》卷四云："是时，提婆达兜觉窹，不见诸比丘，极怀瞋恚，并吐斯言：'吾若不报怨者，终不名为提婆达兜也。'此是提婆达兜最初犯五逆恶。提婆达兜适生此念，实时失神足。……尔时，世尊告诸比丘：'提婆达兜不但今坏圣众，乃过去世时恒坏圣众。所以然者，乃往过去时亦坏圣众，复兴恶念：我要取沙门瞿昙杀之，于三界作神，独尊无侣。'是时，提婆达兜语阿阇世王：'古昔诸人寿命极长，如今遂短，备王太子一旦命终者，则复生于世间。何不取父王害之，绍圣王位？我今取如来害之，当得作佛。新王、新佛，不亦快哉。'尔时，阿阇世王即便差守门人，取父王闭在牢狱，自立为王，治化人民。时，诸群臣各相谓言：'此子未生则是怨家之子，因以为名阿阇世王。'尔时，提婆达兜见阿阇世王捡父王已，复兴此念：'吾要当取沙门瞿昙害之。'尔时，世尊在耆阇崛山一小山侧。尔时，提婆达兜到耆阇崛山，手擎大石长三十肘、广十五肘，而掷世尊。是时，山神金毗罗鬼恒在彼山，见提婆达兜抱石打佛，实时伸手接余处。尔时，石碎一小片石，著如来足，实时出血。尔时，世尊见已，语提婆达兜曰：'汝今复兴意欲害如来，此是第二五逆之罪。'尔时，提婆达兜复自思惟：'我今竟不得害此沙门瞿昙，当更求方便。'……是时，提婆达兜复作是念：'我今观察阿阇世王意欲变悔。'尔时，提婆达兜愁忧不乐，出罗阅城。尔时，法施比丘尼遥见提婆达兜，语提婆达兜曰：'汝所造极为过差，今悔犹易，恐后将难。'时，提婆达兜闻此语已倍复瞋恚，寻报之曰：'秃婢，有何过差，今易后难耶？'法施比丘尼报曰：'汝今与恶共，并造众不善之本。'尔时，提婆达兜炽火洞然，即以手打比丘尼杀。尔时，提婆达兜以害人事，往至己房，告诸弟子：'汝等当知，我今以兴意向沙门瞿昙，然其义理，不应以罗汉复兴恶意还向罗汉。今我宜可向彼忏悔。'是时，提婆达兜以此愁忧不乐，寻得重病。提婆达兜告诸弟子：'我无此力，得往见沙门瞿昙！汝等扶我至沙门所。'……提婆达兜来至世尊所，诸弟子：'我今不宜卧见如来，宜当下床乃见耳。'提婆达兜适下足在地，尔时地中有大火风起生，绕提婆达兜身。尔时，提婆达兜为火所烧，便发悔心于如来所，正欲称南无佛，然不究竟，适得称南无，便入地狱。尔时，阿难以见提婆达兜入地狱中，白世尊言：'提婆达兜今日以取命终，入地狱中耶？'佛告之曰：'提婆达兜不为灭尽至究竟处。今此提婆达兜兴起恶心向如来身，身坏命终，入阿鼻地狱中。'……尔时，阿难白世尊言：'提婆达兜身坏命终，为生何处？'佛告阿难：'今此提婆达兜身坏命终，入阿鼻地狱中。所以然者，由其造五逆恶，故致斯报。'"《大正藏》第2册，No. 0125，第803、804页。中国僧人亦有将"五逆"归纳具述为："言三业者，五逆之中，杀父杀母杀阿罗汉出佛身血，是其身业；破僧之罪，是口业。"（隋）慧远：《大乘义章》卷七，《大正藏》第44册，No. 1851，第610页。

[2] 1945年，大足石刻考察团将本龛称为"雷音窟"，杨家骆：《大足宝顶区石刻记略》，《文物周刊》1947年第21期。《大足石刻志略》称为"云雷音菩萨像"，陈习删：《大足石刻志略》，1955年油印本，第131—140页。《大足石刻内容总录》定名为"雷音图"，四川省社会科学院、大足县文物保管所编：《大足石刻内容总录》，四川省社会科学院出版社1985年版，第201—202页。

[3] 佚名译《大方便佛报恩经》卷一："尔时，如来现如是等身已，告阿难言，及十方诸来大菩萨摩诃萨，及一切大众诸善男子等：'……又佛放大光明，下至阿鼻地狱，上至有顶，所应度者皆令得见，不应度者对目不见。有时如来，或时许可，或时默然。当知诸佛世尊不可思议，不可测量，难可得知。汝今云何能如如来如是其深微妙难行苦行？汝作是问，真是大悲愍伤众生，闭三恶道，通人天路。阿难善听！当当为汝略说孝养父母苦行因缘。'"《大正藏》第3册，No. 0156，第128页。

[4] 陈习删认为："左壁五幕，据自《大方便佛报恩经》。右壁七幕三层，其释迦亲担父王棺及诣父王所看病，据自《普曜经》，余或为《睒子经》或《大意经》，皆释迦修菩萨行所经事迹。"并拟名为"佛牙伽蓝立像"，应是将主尊身下的《三圣御制佛牙赞碑》作为其命名的重要依据。陈习删：《大足石刻志略》，1955年油印本，第131—140页。也有观点认为，部分组雕出自《大方便佛报恩经》的《序品》《孝养品》《论议品》《亲近品》《恶友品》《对治品》等诸品之中，其余出自《贤愚经》《杂宝藏经》《佛说菩萨睒子经》《大般涅槃经》《净饭王般涅槃经》等佛教经典。参见阚文儒：《大足宝顶石窟》，《四川文物》1986年石刻研究专辑，第16—17页；胡文和：《大足宝顶和敦煌的大方便（佛）报恩经变之比较研究》，《敦煌研究》1996年第1期；胡same同庆、宋琪：《大足"释迦行孝、修行图"中的外道人物及其相关问题研究》，《敦煌研究》2005年第6期；陈明光：《大足石刻〈报恩经变〉疏理研讨——宝顶山大佛湾〈报恩经变〉图经为例》，《石窟寺研究》第五辑，第175—195页。

[5] 侯冲：《宗赜〈孝行录〉及其与大足石顶劝孝石刻的关系》，重庆大足石刻艺术博物馆编：《大足石刻研究文集》（4），中国文联出版社2002年版，第306—327页。

[6] 参见古正美：《大足佛教孝经经变的佛教源流》，重庆大足石刻艺术博物馆：《2005年重庆大足石刻国际学术研讨会论文集》，文物出版社2007年版，第136—172页。

[7] （后秦）鸠摩罗什译：《佛说阿弥陀经》，《大正藏》第12册，No. 0366，第346—347页。

图为西方三圣，阿弥陀佛居中，观音居左，大势至居右。每品下方各有一碑刻《观无量寿佛经》相应经文。左右侧的《十六观》，其左侧下端残损一观，依次为日观、水观、地观、树观、池观、总观、宝像观，右壁八观为法身观、观世音观、大势至观、普观、丈六金身观、上品观、中品观、下品观，每幅场景均有此观名称及相关偈颂。关于本龛的定名，学术界也有争论[1]。我们认为，"观无量寿经变"在构图和内容上比之"西方净土变"增加了"未生怨""十六观"和"三品九生"等情节，故宜定名为"观无量寿佛经变相"。

第19号　本龛造像中部刻一结跏趺坐禅修像，怀中抱一猿猴，禅修像座下刻绳索系住6种动物：犬、鸦、蛇、狸、鱼、马。禅修像心际出两道毫光，左侧毫光标注"善福乐"对应其上的天人图像，右侧毫光标注"恶祸苦"对应其上的地狱、饿鬼、畜生、阿修罗、人等图像。6种动物像下方则是释解图像内容和造像趋旨的偈、赞、颂文。按6种动物旁所刻配文及下部的《锁六耗诗》《论六耗颂》《咏心偈》等铭文，可知犬、鸦、蛇、狸、鱼、马等6种动物用以比拟眼、耳、鼻、舌、身、意等感官和意识（即谓"六耗"），主旨欲以表明心如猿猴，如能系住6种动物，则"六耗"即被关锁，心无旁骛，就像安寂静卧的猿猴一样，由此修善业可得福乐的果报。反之，则会因造恶而得祸苦的业报。关于本龛定名，因为壁面顶端横刻题名"缚心猿锁六耗"，故将本龛定名为"锁六耗图"。

第20号　本龛造像按其开凿的壁面层位，可分为四层。从上至下第一层刻10身圆龛佛像，均结跏趺坐；第二层当中刻一结跏趺坐、手持宝珠的菩萨像，菩萨像两侧共刻10身戴冕旒或进贤冠的王者像，王者像两端各刻1身戴幞头的官吏像；第三层刻10组地狱像；第四层刻8组地狱像，其中下部刻一站立卷发像。第一层10佛像，按其印契和手持器物与《地藏菩萨十斋日》中所诵佛号比对，认定为十斋日佛，即定光佛、药师佛、贤劫千佛、阿弥陀佛、地藏菩萨、大势至菩萨、观音菩萨、卢舍那佛、药王菩萨、释迦佛等十位佛和菩萨[2]。第二层中间主尊菩萨像手持宝珠，其胁侍像持锡杖，应为地藏菩萨。主尊像两侧的王者像和官吏像，根据各像的榜题，按从左至右的顺序，分别是现报司官、秦广大王、初江大王、宋帝大王、五官大王、阎罗大王、变成大王、太山大王、平正大王、都市大王、转轮圣王、速报司官。此地藏十王及两司造像，应是据自《佛说十王经》而刻[3]。第三层及第四层的18组地狱像，据各组榜题，第三层10组按从左至右顺序，分别是刀山地狱、镬汤地狱、寒冰地狱、剑树地狱、拔舌地狱、毒蛇地狱、锉碓地狱、锯解地狱、铁床地狱、黑暗地狱，上方刻出秤和镜，铭文标识为"业秤""业镜"。第四层8组按从右至左顺序，分别是粪秽地狱、鏊戴地狱、油锅地狱、刀船地狱、铁轮地狱、饿鬼地狱、铁围山阿鼻地狱、截膝地狱。此18组地狱，学术界的主导观点认为应是据自《大方广华严十恶品经》，并采撷《出曜经》《护口经》《华鲜经》的内容而刻[4]。而第四层中部的卷发人像，有认为是宝顶山石窟主建者赵智凤像[5]，有认为是柳本尊像[6]，也有认为是代表道者统一特征的不确指造像[7]。综合而言，我们将本龛各层的造像内容和佛典依据采用归纳整合的方式，将本龛定名为"地藏与十佛、十王、地狱变相龛"。

第21号　本龛造像按其开凿的壁面层位，可分为三层。从上至下第一层刻五佛四菩萨像；第二、三层居中刻主尊像，戴方巾，着交领宽袖服，结跏趺坐于莲座上；第二层刻主尊胁侍菩萨及10组组雕；第三层刻一众横列的17身侍女、官吏及庶民像。按本龛龛檐顶部"唐瑜伽部主总持王"题刻，联系龛第二层各组榜题铭文以及小佛湾《唐柳本尊传》碑，可知主尊为晚唐五代之际在四川"专持大轮五部咒"弘扬密法的阿阇梨柳居直。第一层五佛四菩萨像，据《唐柳本尊传》碑载，柳氏秉承的大轮五部密法，即"以毗卢为本尊，位居中央。其东方金刚部，佛曰阿閦；南方灌顶部，佛曰宝生；西方莲花部，佛曰阿弥陀；北方羯磨部，佛曰不空成就。……四方各开一门，有四菩萨主之，是为三十七尊，而毗卢居其中，故曰本尊。"因此，此五佛四菩萨像或即金刚界曼陀罗三十七尊坛仪中

1　有认为是"观无量寿经变"的，见阎文儒：《大足宝顶石窟》，《四川文物》1986年石刻研究专辑；有认为是"西方净土变相"的，胡良学：《大足宝顶大佛湾西方净土变相》，《敦煌研究》1997年第2期。

2　参见陈灼：《大足宝顶石刻"地狱变相·十佛"考识》，载重庆大足石刻艺术博物馆编：《大足石刻研究文集》（4），中国文联出版社2002年版，第382页。

3　（唐）藏川述《佛说预修十王生七经》云："……第一七日过秦广王……第二七日过初江王……第三七日过宋帝王……第四七日过五官王……第五七日过阎罗王……第六七日过变成王……第七七日过大山王……第八百日过平等王……第九一年过都市王……第十至三年过五道转轮王……十斋具足，免十恶罪，放其生天。"《卍续藏经》第1册，No. 0021，第409页。

4　参见陈习删：《大足石刻志略》，1955年油印本，第158页；杜斗城：《〈地狱变相〉初探》，《敦煌学辑刊》1989年第2期；胡文和：《四川摩崖造像中的"大方广华严十恶品经变"》，《敦煌研究》1990年第2期；重庆大足石刻艺术博物馆、重庆市社会科学院大足石刻研究所：《大足宝顶山大佛湾地藏与十佛、十王、地狱变龛勘查报告》，重庆大足石刻艺术博物馆编：《大足石刻研究文集》（3），中国文联出版社2002年版，第194—195页；张总：《大足石刻地狱——轮回图像丛考》，重庆大足石刻艺术博物馆：《2005年重庆大足石刻国际学术研讨会论文集》，文物出版社2007年版，第235—251页。

5　邓之金：《大足宝顶山大佛湾"六耗图"龛调查》，《四川文物》1996年第1期。

6　王天祥：《建构、转述与重释——赵智凤形象考释》，《西南民族大学学报（人文社科版）》2008年第9期。

7　杨雄：《大足宝顶鬈发人造像的佛教意义》，《重庆三峡学院学报》2015年第1期。

的五佛四菩萨，五佛即柳碑所云名号，四菩萨柳碑未记名号，按《金刚顶瑜伽三十七尊出生义》为金刚、金刚王、金刚爱、金刚善四身波罗蜜菩萨[1]。第二层造像，根据各组榜题及相关研究成果[2]，主尊像两侧的胁侍菩萨为持经书的文殊和持莲花的普贤菩萨。左右侧10组组雕像，左侧按从里至外的顺序分别是第十"炼膝"、第八"舍臂"、第六"炼心"、第四"剜眼"、第二"立雪"，右侧按从里至外的顺序分别是第九"炼阴"、第七"炼顶"、第五"割耳"、第三"炼踝"、第一"炼指"。10组雕像均为表现柳本尊自唐光启二年（886年）至天复六年（906年）二十年间的行化感应事迹。第三层造像，应是柳本尊信徒、侍从及衙吏像[3]。关于本龛的定名，大多数学者命为"柳本尊行化图"[4]或"柳本尊十炼图"[5]，我们认为，这两种定名均符合本龛的造像题材内容。

第22号　本龛共刻10身明王像，一字排列，以体量较大的一身居中，其余分列左右，左侧4身，右侧5身。左侧4身未刻榜题，右侧5身及居中明王像现存有榜题。据榜题文，居中明王为大秽迹金刚（释迦牟尼化），其右一为大火头明王（卢舍那佛化），右二为大威德明王（金轮炽盛光如来化），右三忿怒身名残失（除盖障菩萨化），右四为降三世明王（金刚手菩萨化），右五为马首明王（观世音菩萨化）。但大秽迹金刚明王左侧的4身明王和右三明王的身份却未明确，按照阎文儒引达摩栖那译《大妙金刚大甘露军荼利焰鬘炽盛佛顶经》的考释，右三明王为不动尊金刚明王（除盖障菩萨化），左侧的4身明王为步掷金刚明王（普贤菩萨化）、大轮金刚明王（慈氏尊菩萨化）、无能胜金刚明王（地藏菩萨化）、大笑金刚明王（虚空藏菩萨化）[6]。故而阎文儒认为十大明王是释迦牟尼佛、卢舍那佛和八大菩萨的化身像。因此，可将本龛定名为"十大明王龛"。

第23号　本龛为两龛并列的长方形龛，左龛内刻3身坐像，龛沿上方题刻"三清殿"，故3像为玉清、上清、太清。右龛内刻一顶盔着甲的武将骑于虎背上，另一像凤冠霞帔端坐其侧，此2像为赵公明夫妇[7]。因此，将本龛定名为"三清与赵公明夫妇龛"。

第24号　龛内刻2身像，左像手捧八卦骑于牛背上，右像三头六臂骑于虎背上，按龛左右沿所刻楹联，可知二像为老子和山神。因此，将本龛定名为"道祖与山君龛"。

第25号　龛内刻2身像，左像头戴冕旒端坐于座椅上，右像头戴花冠跣坐于莲座上，按龛外侧造像题记，可知为玉皇、地母像。因此，将本龛定名为"玉皇与地母龛"。

第26号　本龛于"鲁班仓"洞窟外西壁有题刻碑铭3则，壁面上方刻王德嘉书"宝顶"2字，壁面下部左侧刻龙必飞书"福寿"2字，壁面下部右侧刻一培修碑文。洞窟外北壁有题刻1则，为刘念行书"山水佳处"4字。因此，将本龛定名为"鲁班仓及外壁题刻龛"。

第27号　龛内刻一半身佛像，头戴宝冠，冠上方化现柳本尊像，双手于胸前结毗卢印。此像应是表现柳本尊证道成就无上正等正觉的毗卢佛像，因此可以将本龛定名为"正觉像"。

第28号　刻一头伏卧的狮子，定名为"狮子像"。

1　有学者对本龛的五佛做过研考，认定为阿弥陀佛、宝生佛、大日佛、阿閦佛、不空成就佛等五方佛。陈习删：《大足石刻志略》，1955年油印本，第142页。也有学者根据中央圆龛三佛的手印判识为毗卢遮那佛、不空成就佛和无量寿佛，进而判断为金刚界五佛，四菩萨未作定论，并指出本龛五佛四菩萨无法与金刚界九会曼陀罗一一对应，属于宗教意义上意向性存在。参见李静杰、黎方银：《大足安岳宋代石窟柳本尊十炼图像解析》，重庆大足石刻艺术博物馆编：《2005年重庆大足石刻国际学术研讨会论文集》，文物出版社2007年版，第190—223页。还有学者考论四菩萨为文殊、观音、普贤、大势至等四位菩萨。参见王熙祥、黎方银：《安岳、大足石窟中〈柳本尊十炼图〉比较》，《四川文物》1986年石刻研究专辑。
2　参见陈明光、胡良学：《四川摩岩造像"唐瑜伽部主总持王"柳本尊化道"十炼图"调查报告及探疑》，《佛学研究》第4期，1995年年刊。
3　王家祐、王熙祥、胡文和等学者曾分别撰文对第三层17身像的身份作过探讨，以为主尊身侧两身捧盘侍女像为丘氏二女；主尊左右侧从内而外第2身的两身文官像有蜀王的厢吏谢洪和上奏蜀王的官吏腾、汉州刺史赵君和蜀王遣使等说法；主尊左右侧从内而外第3身的两身武士像被认为是护法或蜀王官吏；右侧第4身被认为是丘绍之妻或大光明王；右侧第5身少女为张希照或是卢氏；右侧第6、7像和左侧第4、5像形象相近，且与丘氏二女有诸多相似之处，王家祐先生认为分别是第一代圣寿院主女尼、柳本尊途中所遇女子、成都玉津坊女子卢氏和第二代尼弓道，王熙祥先生认为是途中所遇女子、女弟子或仆婢、小师丁通、师恩希照，胡文和先生则认为均为侍者形象的沙弥尼；左侧第6、7像或被认为是广汉刺史所差人，或被认为是丘绍和赵君所请眼差吏；右侧第8、9、10像王家祐先生认为是《柳碑》末尾落款的作记"草泽张讷"、作跋"安养居士眉山张毗"、作书"张济"，王熙祥先生认为是邑都吏、杨直宣、袁承贵，或泛指柳氏弟子。参见王家祐：《柳本尊与密教》，《乐山市志资料》1983年第3期；王熙祥、黎方银：《安岳、大足石窟中〈柳本尊十炼图〉比较》，《四川文物》1986年石刻研究专辑；胡文和、胡文成：《巴蜀佛教雕刻艺术史》（下），巴蜀书社2015年版，第556—564页。
4　参见杨家骆：《大足宝顶区石刻记略》，《文物周刊》1947年第21期；龙晦：《〈柳本尊行化图〉的研究》，重庆大足石刻艺术博物馆编：《大足石刻研究文集》（5），重庆出版社2005年版，第214—220页。
5　参见王家祐：《柳本尊与密教》，《乐山市志资料》1983年第3期；胡文和：《安岳、大足"柳本尊十炼图"题刻和宋立〈唐柳居士传〉碑的研究》，《四川文物》1991年第3期。
6　《大妙金刚大甘露军荼利焰鬘炽盛佛顶经》是讲述八大菩萨转化为八大明王的，本龛的明王尊像却有3尊是佛变现的教令身，阎文儒据《阿娑缚抄》《佛说妙吉祥最胜根本大教经》认为，大秽迹金刚（释迦牟尼化）与大火头明王（卢舍那佛化）是相同的，而大威德明王既可说是文殊（妙吉祥）菩萨化身，也可以说是炽盛光如来的化身，因此，本龛的十大明王或许是在八大明王外添加衍生的。参见阎文儒：《中国石窟艺术总论》，天津古籍出版社1987年版，第280—286页。
7　参见刘长久、胡文和：《大足与安岳石窟某些造像的比较》，《四川文物》1986年石刻研究专辑；胡文和：《四川石窟华严经系统变相的研究》，《敦煌研究》1997年第1期。

第29号　窟内正壁刻3身佛像，左右转角处立一卷发僧人和一戴冠俗人。洞窟左右两壁共刻12身菩萨，左右各6身，窟中央圆雕一跪坐的菩萨像，面向正壁3身佛像。左右壁上方还刻有12组场景组雕。对于正壁3身佛像的身份，学术界存有两种意见，一种认为是毗卢舍那佛、阿弥陀佛、释迦牟尼佛，另一种认为中央佛像为毗卢遮那佛，左右侧两佛为阿弥陀佛和药师佛[1]，我们倾向于后者。至于左右转角处的两身立像，有学者认为是柳本尊的两名弟子袁承贵和杨直京[2]，也有学者认为是传法人和柳本尊[3]，但两种观点都缺少直接的资料可以佐证。左右壁的12身菩萨像，依照佛陀多罗所译的《大方广圆觉修多罗了义经》，左壁六菩萨分别为文殊、普眼、弥勒、威德自在、净业障、圆觉，右壁六菩萨分别为普贤、金刚藏、清净慧、辩音、普觉、贤善首，即以文殊、普贤为上首，按照十二菩萨问询顺序一左一右交错布置。中央的跪坐菩萨像，当是营建者主观添置的以突出12菩萨轮流问法主题的造像。左右壁上方的12幅场景组雕，属于善财童子五十三参中的撷取题材，并且与十二圆觉菩萨在佛教发展史和宗教义理方面皆有密切的联系[4]。本窟以表现十二圆觉菩萨问法为主题，甬道左壁也有南宋李耆岗书"报恩圆觉道场"六字，因此，可将本窟定名为"圆觉洞"或"圆觉道场"。

第30号　本龛利用自然山体岩貌雕凿了12组组雕，第1组前侧岩面题刻"朝奉郎知润州赐紫金鱼袋杨次公证道牧牛颂"文字，第1—10组每组以一牧人牧一牛构成中心图景，间或配以其他动物、植物、山景等加以组合渲染；第11组刻一结跏趺坐禅修者，牛不入图；第12组人牛均不入图，刻一轮圆月当空。上述各组则分别配刻颂词以作图解。由于本龛杨次公（杨杰）证道牧牛颂词与世传的宗慧禅师《牧牛歌》和《普明禅师牧牛图颂》内容相近，可参照后两者加以标目，12组图像分别为第一"未牧"、第二"初调"、第三"受制"、第四"回首"、第五"驯伏"、第六"无碍"、第七"任运"、第八"相忘"、第九"独照"、第十"双忘"、第十一"禅定"、第十二"心月图"，各组以牧牛比喻禅宗调伏心意渐次证道的境界和过程。因此，可将本龛定名为"牧牛图"或"牧牛道场"。

第31号　本龛主像为一蓄齐耳短发，身着交领服，右手上扬，张口作诉说状的男像。其左侧像侧首望向主像，作聆听状。主像上方为3身小立佛像。关于本龛的题材，有学者识读为栗呫婆子像[5]。该观点似出臆测，且与本龛残存铭文"□阿□□冰泉有□□□□缝开花事□□咄喝喝"的句意不相关联。我们认为，本龛主像的形貌特征似乎更接近于宝顶山石窟其他各处的卷发人形象，或是一带发修行的行者像，有待于进一步考识，故宜将本龛暂拟名为"修行者像龛"。

第32号　本龛正壁刻一佛二菩萨像，菩萨像左侧刻一水禽和一条鱼，其下方刻一水獭和一水禽；佛像下方刻两条鱼，其左侧刻一条龙和一飞禽。龛外左侧刻一渔夫背一鱼篓，其身后刻一猴子伸前肢探入篓内。据图像内容和本龛残存铭文，可知本龛造像是依据《佛说大鱼事经》而刻，表现鱼的生存环境险恶，须警惕外部诱惑，以免被捕获丧生[6]。故将本龛定名为"大鱼事经变相"。

第四节　晚期遗迹

（一）构筑遗迹

岩体加固：大佛湾第2、3、7、10、11、13、14、15、16、18、19、20、21、22、26、27、28、29、30、31、32号等龛窟，在龛窟外立面或窟室内壁面，因为岩壁基脚、软弱夹层带残蚀，或岩体裂隙、错位、坍塌等原因，可见有级数不等的条石或单块条石嵌砌于损毁部位。第14号窟窟顶因自然灾害导致塌陷，现可见窟顶大部由水泥板铺设；第29号窟甬道顶则因岩石破碎，现由两根钢筋混

1　参见阎文儒：《中国石窟艺术总论》，天津古籍出版社1987年版，第272页；童登金、胡良学：《大足宝顶山大佛湾"圆觉经变"窟的调查研究》，《四川文物》2000年第4期。
2　胡文和：《四川石窟华严经系统变相的研究》，《敦煌研究》1997年第1期；胡文和：《大足、安岳宋代华严系统造像源流和宗教意义新探索——以大足宝顶毗卢道场和圆觉洞图像为例》，《敦煌研究》2009年第4期。
3　童登金、胡良学：《大足宝顶山大佛湾"圆觉经变"窟的调查研究》，《四川文物》2000年第4期。
4　童登金、胡良学：《大足宝顶山大佛湾"圆觉经变"窟的调查研究》，《四川文物》2000年第4期；李静杰：《论宋代善财童子五十三参图像》，《艺术史研究》第13辑，第287—331页。
5　陈习删考释本龛主像引《西域记》云："大窣堵波，栗呫婆子别如来处。如来自吠舍厘城趣拘尸那国，诸栗呫婆闻佛将入寂灭，相从号送。世尊既见哀慕，非言可谕，即以神力化作大河，崖岸深绝，波流迅急，诸栗呫婆子悲恸以止，如来留钵，作为追念。"陈习删：《大足石刻志略》，1955年油印本，第130页。
6　（东晋）竺昙无兰译《佛说大鱼事经》："尔时世尊告诸比丘：'往昔时，有一水，饶诸大鱼。尔时大鱼敕小鱼曰："汝等莫离此间往他处所，备为恶人所得。"尔时小鱼，不从大鱼教，便往至他处所。尔时鱼师，以饭网罗线捕诸鱼，诸小鱼见，便逼大鱼所。尔时大鱼见小鱼来，便问小鱼曰："汝等莫离此间往他所。"尔时小鱼便答大鱼："我等向者以至他所来。"大鱼便敕小鱼曰："汝等至他所，不为罗网取捕耶？"小鱼答大鱼："我等至彼，不为人所捕，然遥见长线寻我后。"大鱼便语小鱼曰："汝等以为所害，所以然者，汝师遥见线寻后来者。昔先祖父母，尽为此线所害，汝今必为所害，汝非我儿。"尔时小鱼，尽为鱼师所捕，举着岸上，如是小鱼、大鱼有死者，此亦如是。'"《大正藏》第4册，No. 0216，第800—801页。

凝土横梁架护。此外，第29号窟窟室地坪现存4个柱洞，则是清代乾隆二十五年（1760年）为支撑窟顶架立龙柱所留遗迹。这些保护工程遗迹，除第29号窟柱洞作于清代，其余较早者可始于1953年，晚者可近到2007年，详情见本报告集第六卷上册及本册报告正文所述。需要指出的是，这些工程除用条石、钢筋混凝土等材料作表层加固或遮护外，有的龛窟还在岩体内实施了锚杆拉连、灌浆粘结等措施。

龛檐加固：大佛湾第5号龛龛顶现存的方形孔洞，第11、13、14、16、17、18、19、20、21、24、25、26、27号等龛窟的挑檐，可见有钢筋混凝土、水泥加固修补的遗迹，有的挑檐还在外缘塑作锯齿形的滴水。这些遗迹最早的施工时间可始于1954年，晚者可近到2011年，详情见本报告集第六卷上册及本册报告正文所述。个别龛檐也采用了锚杆加固、化学灌浆等保护措施。

排水水沟：大佛湾第1号龛老虎像前侧，第5号龛低坛左侧、主尊佛像足前，第8号龛窟顶上方崖顶边缘，第12-1号龛龛口上方，第14号窟窟门左右门颊外侧边缘，第20号龛"拔舌地狱"顶部、"五官大王"和"阎罗天子"下方、"锉碓地狱"右侧至"拔舌地狱"左侧、"截膝地狱"前侧等处凿有浅沟疏导山水。第10、11、12号等3龛则在龛像前侧砌筑蓄水池和弯曲的排水沟，将第12号龛龙嘴排除的流水导入蓄水池，通过排水沟再将山水引入山湾的山涧之中，形成一个完整的排水系统。第29号窟窟顶右侧及窟底东、南、西侧边缘与龛壁相接处，凿有排水暗沟和浅槽，并设一探井，在窟内也形成了一个较完整的疏导排水系统。这些工程除第29号窟建于明代洪武年间，其余施工较早者可始于1953年，较晚者在1975年，详情见本报告集第六卷上册及本册报告正文所述。

造像修补：大佛湾第2、3、6、15号等4个龛的造像残损处有用黄泥补塑的遗迹；第3、11、12-1号等3个龛造像局部也存有后世用水泥修补的遗迹，第11号龛曾采用化学材料有机硅封护加固；第2、10、15、30、31号等5个龛造像肢体等残损局部凿有数量不等的圆形或方形小孔，少量孔洞内存有木条残迹，应是后世补塑造像所为；第12号龛曾对龛上部作过复原修理，重砌了壁面并安置龙头像；第15号龛还对造像脱落部位采取了打小锚钉加固处理。详情见本报告集第六卷上册及本册报告正文所述。

搭建建筑：大佛湾于龛窟外侧搭建的保护性建筑，现较完整留存的是第8号龛前侧的清代建筑大悲阁，第28、29号上方的与牧牛亭相接的半亭式木构建筑，以及第30号龛上方的牧牛亭建筑，后两种均建于1956年。其他龛窟，如第6、7、9、9-1、15、16、17、19、20、24、26、27、31号等龛窟外侧立面，各自遗存有数量不等的枋孔、梁孔和凹槽遗迹，有的成列布局，有的呈上下或左右对应关系，表明这些龛窟在历史上都搭建过比较简易的保护性建筑，详情可见本报告集第六卷上册及本册报告正文所述。

纪念礼拜：第5号龛主尊佛像左侧低坛台面，即紧邻《宇文屺诗》碑左侧，凿一横向凹槽；主尊佛像与右菩萨像之间低坛台面，即《战符题灵湫泉诗》碑前后各凿一横向凹槽；右菩萨像右侧低坛台面，凿二横向凹槽。上述五个凹槽估计系后世信徒为安置纪念性碑刻所凿。第17号龛主尊佛像下方地坪，置一可移动的石案，案台面凿出方形浅槽，估计为信徒礼拜供香所用。

（二）妆绘遗迹

大佛湾除第1、12号两龛因未作龛檐裸露在外，被风雨侵蚀没有保存妆绘遗迹外，其余各龛窟均保存有不同程度的3种、4种、5种或6种妆绘色层。雕像之外的龛窟壁面，现存灰白色和红色两种色层，这两种色层基本可视为佛龛妆绘的基础色层。雕像妆绘通常以这两种色层为底色，再据尊像身份施以不同的色彩加以装饰。大佛湾的少量龛像，除进行彩绘装饰外，还使用了墨描、贴金、沥粉堆塑等技法给予突出表现，如第2、5、6、7、8、13、14、15、17、18、20、21、29等龛窟的个别造像存有金箔遗迹，第17、20号两龛主尊袈裟上存有沥粉勾勒花纹等。这些妆绘活动，据现存的妆銮碑刻题记，可知时代较早者在明嘉靖二年（1523年），较晚者在清光绪十五年（1889年），详情可见本报告集第六卷上册及本册报告正文所述。

（三）晚期铭文

碑刻题记：大佛湾晚期碑刻题记众多，视其内容、体裁可大致分为3类。一类是装彩记、功德记、培修记等，主要记述各时期僧俗两众妆銮、培修石刻的功德事迹，如第4、7、8、14、18、21、27、29、30号等龛窟内的相关题记、碑刻。第二类是劝善文、发愿文、偈颂句、杂议等，主要反映作者的宗教信仰和发愿心愿，如第18、20号等龛内的相关铭文。第三类是诗词、游记、题记等，主要反映作者的游历感受和喜好评判，如第14、18、21、28、29、30号等龛窟内的相关铭文。这些题刻按纪年较早者在明永乐十一年（1413年），较晚者在民国三十三年（1944年），详情可见本报告集第六卷上册及本册报告正文所述。

墨书题记：大佛湾第5号龛三身主尊像的袈裟下摆、裙摆等处因涂层、金箔脱落，露出了部分墨书题记。有字迹者42则，其中，主尊佛像上29则，左菩萨像上2则，右菩萨像上11则，文字依稀可辨者共16则。据残存文字，主要为清乾隆、嘉庆时期进山朝香信众的发愿文。第6号龛塔身上存有3则，其中1则可辨"乾隆二十五年（澠）"6字。第17号龛右侧壁存有1则。第19号龛右下侧存有2则。第20号龛主尊菩萨像头光上方墨书菩萨名1则。据此判断，墨书题记应主要是发愿文和题写尊像名号，详情可参见本报告集第六卷上册及本册报告正文所述。

附录　宝顶山大佛湾石窟造像一览表

序号	龛窟号	形制	年代	名称	主要内容
1	1	摩崖龛	南宋淳熙至淳祐年间（1174—1252年）	猛虎下山图	刻自山顶向下的扑噬状老虎1只。
2	2	横长方形摩崖龛	南宋淳熙至淳祐年间（1174—1252年）	护法神龛	龛内低坛上部横刻9身着甲胄，面容怪异，作忿怒状护法神立像；左右两端各刻3身兽首人身像，合称"六通神"；龛低坛下部横刻7身兽首人身像。
3	3	竖长方形摩崖龛	南宋淳熙至淳祐年间（1174—1252年）	六道轮回图	龛内刻怀抱巨轮的主尊无常大鬼立像和轮盘中的4圈图像。从内至外，轮心刻卷发人坐像1身及鸽子、蛇、猪像。第2圈刻天、人、阿修罗、地狱、恶鬼、畜生等"六道"图像。第3圈刻18组人物图像。第4圈刻18组轮回转世图像。轮盘外左右下方分刻裸猴少女、文臣武将。龛外右下角刻"猫鼠图"。
4	4	竖长方形摩崖龛	南宋嘉定十五年（1222年）至十七年（1224年）	广大宝楼阁图	龛中部横刻"宝髻、金髻、金刚髻"三仙人坐像，其头顶上方各纵向刻茂竹、童子像和双层楼阁等图像一列。龛下部横刻杜孝严书"宝顶山"。
5	5	横长方形摩崖龛	南宋淳熙至淳祐年间（1174—1252年）	华严三圣龛	龛中部高浮雕毗卢遮那佛、文殊菩萨、普贤菩萨三主尊立像，其身后壁共刻108个规整的小圆龛，内刻坐像1身或云纹等。
6	6	竖长方形摩崖龛	南宋嘉定十六年（1223年）	舍利宝塔龛	刻楼阁式舍利宝塔1座，平面呈方形，外凸三面，显露四级塔身四重檐。自第二级塔身始，正面及左右侧面各开一圆形浅龛，内刻佛像或云纹。第二级塔身额枋题刻"舍利宝塔"匾额。
7	7	竖长方形摩崖龛	南宋淳熙至淳祐年间（1174—1252年）	毗卢庵龛	龛内上部刻一四级宝塔，第一级塔身正面刻"妙智宝塔"匾额，自第二级塔身之上，其正面各刻一圆龛坐佛。塔身左右各刻像3身。中部刻一六角形亭阁，内刻坐式佛像1身；亭外刻像4身及虎1只。下部横刻魏了翁题书"毗卢庵"。
8	8	横长方形摩崖龛	南宋淳熙至淳祐年间（1174—1252年）	千手眼大悲像龛	龛内刻主尊千手观音坐像，戴化佛冠，身躯周围壁面浮雕830只手臂，手心皆刻眼，共持231件法器。主尊左右低坛各刻立像2身，作世俗装扮，似供养人像；外侧二身女像分别头顶猪首、象首，应为"毗那夜迦天"。低坛外侧左端刻持袋穷人像，右端刻捧钵饿鬼像。
9	9	竖长方形摩崖龛	南宋淳熙至淳祐年间（1174—1252年）	化城龛	龛内图像自下而上大致分作四层，每层刻楼阁建筑及诸多人物造像，皆漶蚀难辨。第一层楼阁门额存"化城"二字，第三层楼阁门额存"正觉院"三字，第四层左楼阁存"净土宫"三字。
10	9-1	竖长方形摩崖龛	南宋淳熙至淳祐年间（1174—1252年）	舍利宝塔	龛内浮雕方塔1座，显露正面及少许左右侧面。第二级塔身正面刻"舍利宝塔"塔名。
11	10	横长方形摩崖龛	南宋淳熙至淳祐年间（1174—1252年）	太子出家图	龛内造像漶蚀，从下至上，大致分作下部、中部、上部造像等三部分。下部造像共12身，推测为乔达摩太子出游四门遇老人、病人、死人、比丘等情节。中部造像共4身，推测为太子赴学、比试射艺等情节。上部造像共11身，推测表现太子出家情节。
12	11	横长方形摩崖龛	南宋淳熙至淳祐年间（1174—1252年）	释迦牟尼涅槃图	龛内刻主尊释迦牟尼涅槃像，头北足南，面西背东，右胁而卧。佛身前侧刻半身天王、弟子、菩萨像14身，头戴冕旒的国王像1身和抬案天王像4身，表现佛弟子们举哀的场面。佛身上方云台刻立像9身，为佛母摩耶夫人率眷属于忉利天下临举哀的场景。
13	12	三角形摩崖龛	南宋淳熙至淳祐年间（1174—1252年）	九龙浴太子图	龛上方刻九龙，游动于云气之中；中下方体量较大的龙头张口吐水，灌沐下方端坐的主尊释迦太子像。太子像两侧各刻半身天王1身，扶持方盆。

续表

序号	龛窟号	形制	年代	名称	主要内容	
14	12-1	方形摩崖龛	南宋淳熙至淳祐年间（1174—1252年）	太子降生图	龛内刻像3身。中刻立式摩耶夫人像，右手抬起握持树枝，其腋下刻光头、半身赤裸的太子像1身；左侧刻立式侍女像1身。	
15	13	横长方形摩崖龛	南宋淳熙至淳祐年间（1174—1252年）	孔雀明王经变相	中部	刻主尊孔雀明王菩萨像，一面四臂，手持孔雀尾、莲花、果实、经书，结跏趺坐于展翅的孔雀身上。
					左侧	第1组：刻立像2身，着武士装束。
						第2组：刻立像1身，残毁甚重。其右上旗面刻"药叉"2字。
						第3组：刻一扑倒像和一站立念诵像者，其右侧枯树中刻一蛇。
						第4组：刻立像3身，其下部及左侧另刻老虎、龟、犬、蛇等。
					右侧	第1组：刻立像2身。左立像双手合十，右立像龙首人身，双手拱于胸前。
						第2组：刻像3身。中像持经册，趺坐于孔雀背负的仰莲台上。左侍女立像双手胸前托盘，其内圆珠升起毫光。右武士立像，双手握旗杆，旗面竖刻"天胜修罗"。
						第3组：存立像2身。左立像双手持铜，右下立像双手捧圆轮，轮沿刻火焰纹；其身前存一鼓凸的遗迹，似兽。
						第4组：刻像5身。左起，第1像为立像，双手抱圆筒状物。第2像为立像，双手持笏。第3像为立像，头顶方盘，内盛花果，自花果间的放焰珠升起两道毫光。其身下部刻一龙。第4像为坐像，蓄短发，舒相而坐。第5像为立像，双手结印。其下方刻一龟，右侧刻一蛇。
16	14	马蹄形平顶窟	南宋淳熙至淳祐年间（1174—1252年）	毗卢道场	窟外崖	中为窟门，上刻"毗卢道场"匾额。左右上部对称共刻十六圆龛，内刻坐佛1身；下部左右刻半身四大天王像。
					窟内正壁	主体高浮雕转轮经藏一座，以须弥山为基座，其上依次刻莲座、平坐、帐身、帐檐、平坐、天宫楼阁等。轮藏帐身南面、东面、西面欢门内各刻坐佛1身，东南面、西南面欢门内各刻经匣1只。
					窟内东壁及北壁东侧	第1组：存像3身，中下刻菩萨立像和侍者立像各1身，上部刻坐佛1身。
						第2组：毁。
						第3组：残毁甚重，存像2身。中部刻坐像1身，其座前左侧刻跪拜像1身。上部造像毁。
						第4组：存像12身。中下部刻主尊一佛二菩萨像，佛像左右各刻侍者立像1身；佛座下刻像4身，居中2身为跪拜菩萨像，外侧2身为立式武士像。左菩萨座下刻象奴1身及大象1头；右菩萨像已毁，座下存狮奴1身及狮子1头。上部刻楼阁1座、坐佛1身、手臂1支、童子1身。此组应为"第九逝多林重阁讲堂会"。童子和手臂应为《华严经·入法界品》所言善财童子欲拜见文殊菩萨，而文殊遥伸手臂摩按其顶一事。

续表

序号	龛窟号	形制	年代	名称	主要内容	
16	14	马蹄形平顶窟	南宋淳熙至淳祐年间（1174—1252年）	毗卢道场	窟内西壁及北壁西侧	第1组：刻像8身。中下部刻一佛二菩萨主尊像3身，体量较大。二主尊菩萨像身前各刻立式菩萨像1身。佛座下部刻跪拜的菩萨像2身。上部刻坐佛1身，楼阁1座。楼阁第二层屋身刻"兜率宫"匾额。此组应为"第五兜率天会"。
						第2组：刻像10身。中下部中刻一佛二菩萨主尊像3身。左菩萨为第1组主尊之右菩萨。右菩萨座下刻狮子1头和狮奴1身。佛座下方刻菩萨像3身，中为跪式，左右侧身相对而立。上部刻坐佛1身、立像1身。此组应为"第七普光明殿会"。
						第3组：刻像10身。中下部刻一佛二菩萨主尊像3身。佛座下刻立式菩萨2身。左主尊菩萨像（含狮奴1身）为第2组造像之右主尊菩萨像。右主尊菩萨像座下刻一象。上部左侧"华严三圣"像3身，右侧跪拜像1身。此组应为"第三忉利天会"。
						第4组：刻像11身。中下部刻一佛二菩萨主尊像3身。佛像左右各刻立式侍者像1身；左菩萨像为第3组之主尊右菩萨像。右菩萨像座下刻狮1头和狮奴1身。佛座下方刻像3身，中为跪拜菩萨像，左右为武士像。上部刻楼阁1座，坐佛1身，童子1身。此组应为"第六他化自在天会"。
17	15	横长方形摩崖龛	南宋淳熙至淳祐年间（1174—1252年）	报父母恩重经变相	上层	横刻半身佛像7身，双手结印或持物；应为毗婆尸佛、尸弃佛、毗舍婆佛、拘楼孙佛、拘那含佛、迦叶佛、释迦佛等过去七佛。
					中层	序品：刻一对年轻夫妇相对而立，手持香炉，佛前礼拜；为"序品投佛祈求嗣息"。
						第1组：右刻坐式慈母像1身，左刻立式侍女像1身，手捧药碗；为"怀胎守护恩"。
						第2组：刻像4身。左前侧刻立式待产母亲像1身，其身左后刻扶持的侍女立像1身，身前刻胡跪的接生婆像1身，最右端刻立式父亲像1身；为"临产受苦恩"。
						第3组：刻像3身。左刻母亲抱持小儿侧身站立，右刻父亲像侧身相对；为"生子忘忧恩"。
						第4组：刻怀抱小儿的母亲坐像1身，小儿手持圆饼；为"咽苦吐甘恩"。
						第5组：刻母亲和小儿像各1身，侧卧矮床作把尿状；为"推干就湿恩"。
						第6组：刻母亲坐像和小儿立像各1身，母亲敞胸露乳，小儿张嘴含乳作吸吮状；为"乳哺养育恩"。
						第7组：前刻洗衣母亲像1身，其身后刻抱持小儿的立像1身，右后侧刻女童像1身；为"洗濯不净恩"。
						第8组：左侧刻一男一女立像2身，挽袖持刀，作杀猪状；右侧方案后刻像3身；为"为造恶业恩"。
						第9组：刻立像3身。其中，左为青年男像，作远行状；中为老母亲像，右为拄杖老父像，作送行状；为"远行忆念恩"。

附录 431

续表

序号	龛窟号	形制	年代	名称	主要内容	
17	15	横长方形摩崖龛	南宋淳熙至淳祐年间（1174—1252年）	报父母恩重经变相	中层	第10组：刻像3身。左刻青年男像1身，侧身作跪拜状；右刻老父亲、老母亲端坐像2身；为"究竟怜悯恩"。
					下层	右刻狱卒像1身和受刑者像3身，另刻铁蛇、铜狗；应是表现地狱场景。左刻铭文7则。
18	16	横长方形摩崖龛	南宋淳熙至淳祐年间（1174—1252年）	雷音图		壁面上部刻主像4身，左起第1身为"风伯"，屈肘抱持风袋作放风状。第2身为"雷公"，猪头人身，左手持锥，右手持短柄斧，作敲击状。第3身为"电母"，双手持圆镜。第4身为"雨师"，左手托盏，右手似持柳枝，屈膝骑跨龙身。雨师身右侧刻半身立像，手持簿册，应为雨师侍者像。此外，主像中部下侧和下部左右各刻遭雷劈火烧的受刑像1身。
19	17	横长方形摩崖龛	南宋淳熙至淳祐年间（1174—1252年）	大方便佛报恩经变相	中部	刻主尊半身佛像1身，头刻螺发，顶飞毫光，手结印相。佛头毫光内刻一单重楼阁，正面屋身勾栏内刻像4身；其檐下刻方匾，横刻"忉利□宫"4字；应为"天道"。佛头左右两侧另刻有5组小图像，皆残蚀。第1组刻像4身，下部刻俗人像3身，上部刻圆龛佛像1身；应为"人道"。第2组刻三面八臂立式武士像1身，分持圆轮、盾、执索、戟、长剑等，应为"神道"。第3组以城池为背景，刻狱卒、油锅及受刑者，应为"地狱道"。第4组上刻立像1身，下部纵向刻鹿、狮、象、牛等，应为"畜生道"。第5组刻立像1身和长发饿鬼像1身，应为"饿鬼道"。
					左壁	序品：横刻造像10身。最右刻光头弟子阿难立像1身。中刻青年乞丐立像1身，肩挑老迈父母乞讨。左侧横刻手舞足蹈的外道像6身。据铭文为"六师外道谤佛不孝"图。
						第1组：刻像4身，呈上三下一布置。从上至下，从左至右，第1像为卷发人坐像，第2、3像为世俗装男女坐像，第4像为双手合十的男跪像。据铭文为"释迦佛因行孝证三十二相"图。
						第2组：刻像5身，呈左三右二布置。左侧3像，上像右手持尖刀，作剜眼状。中像刻齐耳短发，双手合十而坐。下像侧身跪地，扬面、举盘，作承接状。右侧2像，左像头戴东坡巾，左手托举右像左手，右手搭其手腕，作把脉状。右像背靠三足凭几而坐。据铭文为"释迦因地行孝剜睛出髓为药"图。
						第3组：刻立式男像1身和鹦鹉3只。男像手握鹦鹉，作问询状；其左后方刻一丛稻谷。壁面左上刻一树，树杈间刻相对而立的鹦鹉2只。据铭文为"释迦因地鹦鹉行孝"图。
						第4组：刻像3身。左男像左手抱持小儿，右手握剑。小儿像双手交握胸前，左上臂及两前臂各刻一处凹陷。右女像双手作捧接状。据铭文为"释迦因地割肉供父母"图。
						第5组：中刻方台，另刻像4身和虎1只。台面刻仰卧的一副骸骨。台左侧刻虎1只，显露半身。台后侧刻一男一女2身立像，相对作悲戚状。二像间上方刻云纹，云头刻立像1身，似从天而降。据铭文为"佛因地修行舍身济虎"图。
					右壁	第1组：刻像3身。左下跪像，双手举盘，内置宝珠。右上刻坐像2身，其上方刻一飞鸟，可辨喙衔物。据铭文为"释迦因地雁书报太子"图。

续表

序号	龛窟号	形制	年代	名称		主要内容
19	17	横长方形摩崖龛	南宋淳熙至淳祐年间（1174—1252年）	大方便佛报恩经变相	右壁	第2组：刻像3身，水平布置。左男像，齐耳卷发，着袈裟，作指点状。中男像，双手合十，侧身礼拜。右立像，可辨弯腰站立。其身后刻一树，上悬挂衣物。据铭文为"释迦因地剜肉"图。
						第3组：刻像5身。其中，中刻方台，上刻仰卧像1身。左男像，着裲裆甲，左腰刻长剑、箭筒和弓囊，双手拱胸前。右男像，刻络腮长须，左手抚卧像右腋窝，右手置卧像后颈，作托扶状。右女像，双手屈肘托持卧像头后。上方男像，左手笼袖内，右手腹前托巾，巾上置葫芦形物，似俯望卧像。据铭文为"释迦佛因地为睒子行孝"图。
						第4组：刻像3身和树1株。左侧刻一树，树杈间刻1像，仰身坠下。其右下跪像1身，伸手作捧接状。右立像，长发上扬，张口露齿，尖耳上竖，伸指作指点状。据铭文为"释迦佛因地修行舍身求法"图。
						第5组：刻像4身。其中，中刻一床榻，床上刻仰卧像1身；床头刻佛像1身，其身后刻弟子立像1身；床尾刻立像1身。榻上卧像，枕圆枕，双目紧闭，抓握佛像左手。床尾立像，戴软脚幞头，双手前伸持物，垫于卧像双足之下。佛像，髻珠光芒圆弧下坠，覆卧像胸腹；左手握卧像双手，右手抚卧像前额。弟子像，光头，双手胸前合十。据铭文为"释迦牟尼佛诣父王所看病"图。
						第6组：刻像6身。其中，中前侧刻立佛1身，与二天王像共同抬棺；佛身前刻立像1身，持香炉作引路状；左后侧刻送行状弟子立像2身。据铭文为"释迦牟尼佛为末世众生设化法故担父王棺"图。
20	18	横长方形摩崖龛	南宋淳熙至淳祐年间（1174—1252年）	观无量寿佛经变相	中部上层	中刻阿弥陀佛、观音、大势至主尊像3身，皆半身。阿弥陀佛双手结印，观音菩萨左手持钵，右手持杨枝，大势至菩萨左手托贝叶经，右手结印。三主尊像间自下而上各刻一半身胁侍菩萨像和一楼阁。左右主尊菩萨像上方各刻十佛及一身飞天像，皆残蚀。 左右外侧分刻"大宝楼阁"和"珠楼"建筑，"大宝楼阁"底层屋前侧刻童子立像1身和半身菩萨像1身，第二层明间刻敲钟童子坐像1身；"珠楼"底层屋身前侧刻童子立像1身和半身菩萨像1身，第二层明间刻圆龛佛像1身。 三主尊像身前刻七段勾栏，柱首刻立式持乐器的乐童像共7身。左起第1身，左手托圆形手鼓，右手持槌作击鼓状。第2身，胸前竖一箫。第3身，胸前横持弓笛。第4身，左手持细腰鼓，右手持槌作击鼓状。第5身，左手袖内托细腰鼓，右手持槌作击鼓状。第6身，手横持笛，作吹奏状。第7身，举持六合板。
					中部下层	高浮雕一佛二菩萨为主像的"三品九生"造像9组，图文并茂。其中，"上品上生"居中，刻一排四身立式菩萨像；"上品中生"居左，"上品下生"居右，皆中刻一佛二菩萨主像3身。"中品三生"刻于左下侧，"下品三生"刻于右下侧，主像皆为一佛二菩萨像，"三生"俱呈"品"字形布置。此外，以"三品九生"造像为中心，其间另刻童子、迦陵频伽、飞鸟以及莲叶、莲蕾等。 最下刻九段勾栏及化身莲童像21身，栏外刻菩提树4株。

附录　433

续表

序号	龛窟号	形制	年代	名称	主要内容	
20	18	横长方形摩崖龛	南宋淳熙至淳祐年间（1174—1252年）	观无量寿佛经变相	左侧壁	第1组：刻女坐像1身，双手覆巾，上托宝珠；其头部右侧刻一日轮。据铭文为"日观"。
						第2组：刻卷发人坐像1身，其右肩外侧刻舒张莲叶，莲叶底部池水。池水上方刻一重檐庑殿顶楼阁，左右各刻一通方碑。据铭文为"水观"。
						第3组：刻披发齐耳的坐像1身，其身右前侧刻一六角亭，置于仰莲台上。亭身显露的三面均凿一椭圆形浅龛，内刻立佛1身。据铭文为"地观"。
						第4组：刻坐像1身，其身右前侧刻五株树，二大三小，间错布置。树后壁刻细密的菱形网格纹。据铭文为"树观"。
						第5组：刻坐式男像1身，其身前刻三张莲叶和三朵莲蕾，似浮于池面。据铭文为"池观"。
						第6组：刻半身武士像1身，其身右前侧刻一塔，显露一角；塔身左后侧刻一竹枝。据铭文为"总观"。
						第7组：仅存一仰莲座。应为"华座观"。
						第8组：存半身男像1身，双手合十。据铭文为"宝相观"。
					右侧壁	第1组：刻女坐像1身，其左侧凿圆龛，内刻坐佛1身。据铭文为"法身观"。
						第2组：刻戴展脚幞头的文官坐像1身，其左侧刻菩萨坐像1身。据铭文为"观世音观"。
						第3组：刻戴巾帽的男坐像1身，其左侧刻菩萨坐像1身，双手持带茎仰莲。据铭文为"大势智观"。
						第4组：刻披发齐耳的男像1身，其左侧刻童子坐像1身，双手合十。据铭文为"普观"。
						第5组：刻坐式女像1身，其左侧刻一佛二菩萨像3身，皆跣足而立。据铭文为"丈六金身观"。
						第6组：刻光头坐式男像1身，其左侧刻一菩萨二童子像3身。据铭文为"上品观"。
						第7组：刻半身武士像1身，其左上方刻坐像1身，左眼紧闭，右眼微睁。据铭文为"中品观"。
						第8组：刻女童坐像1身。据铭文为"下品观"。
21	19	竖长方形摩崖龛	南宋淳熙至淳祐年间（1174—1252年）	锁六耗图	龛中部刻坐像1身，短发齐耳，怀抱安静卧睡的猿猴1只；其头顶上方刻圆龛坐像1身，再上横刻"缚心猿锁六耗"。坐像座下刻6根绳索，分系犬、鸦、蛇、狸、鱼、马等6身动物。坐像心际发出两道毫光，左侧毫光标注"善福乐"对应其上的天人图像，右侧毫光标注"恶祸苦"对应其上的地狱、饿鬼、畜生、阿修罗、人等图像。此外，壁面空隙处题刻偈、赞、颂文等14则。	
22	20	横长方形摩崖龛	南宋淳熙至淳祐年间（1174—1252年）	地藏与十佛、十王、地狱变相龛	上部中央	中刻主尊地藏菩萨像，左手托宝珠，发出六道毫光，右手胸前结印，结跏趺坐。其左侍者为弟子像，光头，双手斜挂锡杖。右侍者为女像，刻齐耳短发，左手抚钵，右手托钵。
					第一层	横刻10身"十斋日佛"圆龛佛像。

续表

序号	龛窟号	形制	年代	名称	主要内容	
22	20	横长方形摩崖龛	南宋淳熙至淳祐年间（1174—1252年）	地藏与十佛、十王、地狱变相龛	第二层	横刻坐式主像12身和立式侍者像10身，对称刻于主尊两侧。从左至右，主像分别为"现报司官、秦广大王、初江大王、宋帝大王、五官大王、阎罗大王、变成大王、太山大王、平正大王、都市大王、转轮圣王、速报司官"。
					第三层	刻地狱场景10幅，据铭文，从左至右分别为"刀山地狱、镬汤地狱、寒冰地狱、剑树地狱、拔舌地狱、毒蛇地狱、锉碓地狱、锯解地狱、铁床地狱、黑暗地狱"。
					第四层	刻地狱场景8幅，据铭文，从左至右分别为"截膝地狱、铁围山阿鼻地狱、饿鬼地狱、铁轮地狱、刀船地狱、油锅地狱、镦戴地狱、粪秽地狱"。
23	21	横长方形摩崖龛	南宋淳熙至淳祐年间（1174—1252年）	柳本尊行化图	上部中央	刻像5身。中刻主尊柳本尊坐像1身，其双肩外侧各刻立式胁侍菩萨像1身，分持经册、如意；双膝外侧各刻立式侍女像1身，捧持盏盘，内置断手及经册。
					第一层	横刻"五佛四菩萨"坐像9身，均置身圆龛内。其中，五佛像居中，四菩萨像对称刻于两侧。
					第二层	横刻柳本尊行化图10组，对称布置。据铭文，左侧分别为"第一炼指、第三炼踝、第五割耳、第七炼顶、第九炼阴"，右侧分别为"第二立雪、第四剜眼、第六炼心、第八舍臂、第十炼膝"。
					第三层	横刻柳本尊信徒立像15身，装束各异，手持经册、莲花、假山、宝剑等。
24	22	横长方形摩崖龛	南宋淳熙至淳祐年间（1174—1252年）	十大明王龛		横刻"十大明王"半身初坯像，皆多面多臂，手持法器。据题刻，左起第5身为"大秽迹金刚"（本师释迦牟尼佛化），第6身为"大火头明王"（卢舍那佛化），第7身为"第九大威德明王"（金轮炽盛光如来化），第8身为"不动尊金刚明王"（除盖障菩萨化），第9身为"三世明王"（金刚手菩萨化），第10身为"马首明王"（观世音菩萨化）。此外，据考，左起第1身为"步掷金刚明王"（普贤菩萨化），第2身为"大轮金刚明王"（慈氏尊菩萨化），第3身为"无能胜金刚明王"（地藏菩萨化），第4身为"大笑金刚明王"（虚空藏菩萨化）。
25	23	方形龛	清宣统二年（1910年）	三清与赵公明夫妇龛		左龛并刻"玉清、上清、太清"3身坐像，龛沿上方题刻"三清殿"。右龛左像为顶盔着甲的武将像，骑于虎背上；右像为凤冠霞帔女像。此二像为赵公明夫妇。
26	24	方形龛	民国四年（1915年）	道祖与山君龛		龛内左刻手捧八卦骑于牛背上的道祖像，右刻三头六臂骑于虎背上山君像。
27	25	方形龛	民国四年（1915年）	玉皇与地母龛		龛内左刻头戴冕旒端坐于座椅上的玉皇像，右刻头戴花冠趺坐于莲座上的地母像。
28	26	不规则平顶洞穴	清同治十二年（1873年）之后	"鲁班仓"及外壁题刻		"鲁班仓"为一砌筑的不规则洞穴的俗称。洞外西壁题刻碑铭3则，其上方刻王德嘉书"宝顶"2字，下部左侧刻龙必飞书"福寿"2字，右侧刻培修碑1通。洞外北壁上部题刻刘念行书"山水佳处"4字。
29	27	圆拱龛	南宋淳熙至淳祐年间（1174—1252年）	正觉像		龛内刻一半身佛像，头戴宝冠，冠上方化现柳本尊像，双手胸前结毗卢印。龛外左右刻铭文8则。

续表

序号	龛窟号	形制	年代	名称	主要内容	
30	28、29	方形平顶窟	南宋淳熙至淳祐年间（1174—1252年）	第28号为狮子像、第29号为圆觉道场	窟外	左侧刻伏狮1只。
					窟内 正壁：横刻毗卢遮那佛、阿弥陀佛和药师佛3身主尊坐佛像，左右转角处分刻卷发僧人立像和戴冠俗人立像1身。
						左壁：从内至外，中部依次横刻"文殊、普眼、弥勒、威德自在、净业障、圆觉"6身菩萨坐像，菩萨像头顶上方，对应刻"善财童子五十三参"场景图像6组。壁面下部刻一香案。
						右壁：从内至外，中部依次横刻"普贤、金刚藏、清净慧、辩音、普觉、贤善首"6身菩萨坐像，菩萨像头顶上方，对应刻"善财童子五十三参"场景图像6组。壁面下部刻一香案。
						窟底：前侧圆雕跪坐的菩萨像1身，面向正壁，作礼拜状。
31	30	横长方形摩崖龛	南宋淳熙至淳祐年间（1174—1252年）	牧牛道场	壁面东侧前端题刻"朝奉郎知润州赐紫金鱼袋杨次公证道牧牛颂"1则，其后自东向西，沿壁面起伏，浮雕12组组雕，图文并茂。据颂词，第1组"未牧"，第2组"初调"，第3组"受制"，第4组"回首"，第5组"驯伏"，第6组"无碍"，第7组"任运"，第8组"相忘"，第9组"独照"，第10组"双忘"，均刻一牧人一水牛；第11组"禅定"，刻卷发人坐像1身，第12组"心月图"，刻明月1轮。	
32	31	竖长方形摩崖龛	南宋淳熙至淳祐年间（1174—1252年）	修行者像龛	龛内右刻立式主像，蓄齐耳短发，右手上扬，张口作诉说状；左像侧首望向主像，作聆听状。龛外上方刻立式佛像3身。	
33	32	横长方形摩崖龛	南宋淳熙至淳祐年间（1174—1252年）	大鱼事经变相	龛正壁上部刻一佛二菩萨像3身，菩萨像左侧刻一水禽和一条鱼，其下方刻一水獭和一水禽；下方两条鱼，其左侧刻一条龙和一飞禽。龛外左侧刻一渔夫背一鱼篓，举手作远眺状，其身后刻一猴子伸前肢探入篓内，作抓鱼状。	

图书在版编目（CIP）数据

宝顶山大佛湾石窟第15—32号考古报告. 上册 / 黎方银主编；大足石刻研究院编. — 重庆：重庆出版社，2018.5

（大足石刻全集. 第七卷）

ISBN 978-7-229-12694-0

Ⅰ. ①宝… Ⅱ. ①黎… ②大… Ⅲ. ①大足石窟-考古发掘-发掘报告 Ⅳ. ①K879.275

中国版本图书馆CIP数据核字（2017）第228212号

宝顶山大佛湾石窟第15—32号考古报告　上册
BAODINGSHAN DAFOWAN SHIKU DI 15-32 HAO KAOGU BAOGAO SHANGCE

黎方银　主编　　大足石刻研究院　编

总策划：郭　宜　黎方银
责任编辑：康聪斌　夏　添
美术编辑：郑文武　夏　添　王　远　吕文成
责任校对：刘　艳
装帧设计：胡靳一　郑文武
排　　版：杨　琴

重庆出版集团
重庆出版社　出版

重庆市南岸区南滨路162号1幢　邮政编码：400061　http://www.cqph.com
重庆新金雅迪艺术印刷有限公司印制
重庆出版集团图书发行有限公司发行
E-MAIL:fxchu@cqph.com　邮购电话：023-61520646
全国新华书店经销

开本：889mm×1194mm　1/8　印张：58.5
2018年5月第1版　2018年5月第1次印刷
ISBN 978-7-229-12694-0
定价：2000.00元

如有印装质量问题，请向本集团图书发行有限公司调换：023-61520678

版权所有　侵权必究